JN173846

【新装版】

仏教考古学事典

坂詰 秀一 編

The Dictionary of Buddhistic Archaeology

釈迦の遺跡

生誕の地・ルンビニー

阿育王石柱（ルンビニー）

開悟の地・ブッダガヤー

初転法輪の地・サールナート

入滅の地・クシーナガラ

初転法輪像（サールナート）

阿育王石柱の獅子
（サールナート）

釈迦と仏教の遺跡

推定カピラヴァストゥ〈ティラウラコット〉

ラージギル〈旧王舎城跡〉

サーンチー第2塔

アジャンター石窟群

編 者 言

　仏教考古学の分野が，日本の考古学界において市民権を得てから久しい。科学としての日本の考古学が形成されてから1世紀を越える歳月が経過し，その間，それぞれの分野で研究が進展してきた。仏教の考古学もその1つであるが，かつては「歴史時代」の考古学研究の中心的分野として位置づけられてきた。「歴史時代」の考古学は，その名称はともかく対象年代を暗暗裡に共通的に認識する語感として慣用化されてきたが，仏教考古学は，わが国に仏教が伝来し，定着し，発展してきた時の幅のなかに包括されている。

　創唱宗教としての仏教は，ゴータマ・ブッダ（釈迦）の生誕から入滅にいたる年代を上限とすることができようが，その年代については必ずしも一致していない。仏滅年代については，種々の学説が古今東西で論じられてきているが，そのような状況のもとで中村　元博士は，宇井伯寿博士説を発展させて，前383年説を提出された。この中村説は，いまに関係学界そして巷間に膾炙されている。よって前5～4世紀を仏教考古学研究の対象年代の上限としても誤らないであろう。

　前5世紀を上限とし，下限を考古学の概念によって昨日までと規定するならば，そこに研究対象の「時」が設定される。そして空間を仏教の伝播「地域」に求めるならば，仏教考古学が目標とする「過去の仏教」を物質的資料によって究明する時空的な対象が明瞭になる。

　仏教思想は言うまでもなく，形而上のモノであり，それによって形成された遺跡・遺構・遺物（物質的資料）は形而下の所産である。このように考えると仏教考古学は「仏教の展開」をモノによって追究しあきらかにする任務を有していることになろう。

　かつて，われわれは，石田茂作博士の指導のもとに仏教考古学の体系を『新版仏教考古学講座』（1975～77）によって具現化する仕事の一翼を担った。その講座の完結後，本事典の編集について慫慂されたが，意外に時を費すことになった。ここにようやく『仏教考古学事典』が完成した。当面する諸般の事情から，日本を主とし外国を従とせざるを得なかったが，さきの講座とあわせ活用して頂くことによって，仏教考古学の現状と問題点が理解されるであろう。

刊行にあたり，とくにご高配をいただいた坂輪宣敬・北川前肇両博士，そして編集に協力された岡本桂典・時枝　務・松原典明の三氏，執筆を分担して下さった多くの各位，万般にわたって尽力された宮島了誠氏などに対し感謝の意を表したいと思う。

　　平成癸未春彼岸

於　立正大学博物館

坂　詰　秀　一

執筆者（50音順）

秋田　貴廣	李　興範	板橋　正幸	猪股　喜彦	上野　恵司
大竹　憲治	大谷　昌良	岡本　桂典	垣内光次郎	河西　克造
金子　浩之	唐澤　至朗	北川　前肇	木津　博明	桐谷　征一
小林　昭彦	小林　康幸	駒田　利治	是光　吉基	斎木　勝
阪田　正一	坂詰　秀一	坂輪　宣敬	真田　広幸	渋谷　忠章
髙橋　堯英	時枝　務	戸根与八郎	中山　晋	似内　啓邦
野澤　則幸	野沢　均	野尻　侃	則武　海源	藤田富士夫
松原　典明	水沢　幸一	三好　義三	村田　文夫	山川公見子

編集協力者　　岡本桂典（高知県立歴史民俗資料館）

　　　　　　　時枝　務（立正大学）

　　　　　　　松原典明（石造文化財研究所）

目　　次

凡　例

1．本事典は，仏教考古学で用いられている基本用語，専門用語を主対象とする。日本を中心に，さらに朝鮮半島，中国，東南アジア，インドを範囲として項目をとりあげ，できるだけ簡潔・平易に解説した。
2．項目は，主として仏教考古学の視点から選択したので，仏教美術および仏法具類については，とくに下記の辞・事典を参照されたい。

中村　元編『図説　仏教語大辞典』東京書籍，1988

中村　元・久野　健監修『仏教美術事典』東京書籍，2002

岡崎譲治編『仏具大事典』鎌倉新書，1982

清水　乞編『仏具辞典』東京堂出版，1988

3．項目の配列は，五十音順とし，すべてにその読み方を平仮名で示し，外国の遺跡については次に原語を記載した。なお，カタカナ表記のものは五十音見出しの末に一括してある。
4．各項目の解説は，冒頭に用語の定義を簡潔に記した。また項目の内容的な重複は極力さけるようにした。
5．用語に複数の意味があるものや，時代によって概念が異なるものについては，(1)，(2)と区別して解説した。
6．時代の下限は原則として日本の場合，江戸時代においたが，それ以降についても必要に応じて記載した。
7．項目の末尾に原則として代表的な参考文献1編を記載したが，複数記載した場合もある。
8．表記は原則として，現代仮名遣い，常用漢字を用いたが，専門用語・固有名詞などは慣用的表記にしたがった。数字は原則として算用数字を用い，度量衡は，m，㎠，などの記号で示した。
9．「釈迦牟尼」，「釈尊」はすべて「釈迦」に統一した。
10．索引は，大きく「事項」「遺跡」「人名」にわけて記載した。

あ

青石経　あおいしきょう　経典を扁平な緑泥片岩の自然石に鏤刻したものを青石経と呼称している。昭和39年(1964)に愛媛県北条市善応寺辻之内の大日堂境内にある「南旡大日如来」の名号石の集積地点から出土した石経が，緑泥片岩を用いていたものが多かったことから青石経と呼称されている。また，青石経を刻石経，石経，刻字一石経と呼称している例もある。類例は少ないが，現在のところ愛媛県高縄半島の平野部を主体に分布が見られる。青石経と称される石経の石材は，緑泥片岩のほかに，少ないが安山岩・凝灰岩がある。

出土遺跡には，西条市福武八堂山経塚，今治市延喜乗禅寺経塚，北条市善応寺字辻之内経塚，北条市善応寺字辻之内大日堂経塚，北条市善応寺字長正寺経塚，松山市石手町石手寺境内石手寺経塚などがある。辻之内経塚の青石経は，大きさが縦10〜23cm，幅6〜17cm，厚さが1.5〜4cmで，刻された経典は『法華経』である。「序品第一」「方便品第二」「譬喩品第三」などが確認されている。文字数は一定ではなく，平均70文字で，行数は1行から6行で，表裏に刻されている。『法華経』を刻すると約1,200石が必要とされる。青石経に関連する埋納遺構は，確認されていない。青石経の造営年代については，発掘調査では明確にされていないが，辻之内経塚から安元2年(1176)と承久2年(1220)の紀年銘をもつ青石経が確認されたとされる。これによれば青石経の年代は12世紀後半から13世紀前半に位置づけられるが，今後再検討の余地を残している。なお，緑泥片岩を用いた墨書された礫石経も確認されている。石に経文を刻すことは，礫石経にも共通することでもあるが，数行の刻字は経意を伝えるもので，永続性のある写経の1つの方法でもあり，埋経の意図にふさわしいものである。書風からは鎌倉時代初期と想定されている。

[正岡健夫『愛媛県金石史』1965，岡本桂典「伊予出土の刻石経」『立正史学』53，1983]　　　　　（岡本桂典）

閼伽　あか　(argha，阿伽，閼閼，遏迦，閼伽香水，香花水，功徳水，水)　仏に供える浄水，聖水。それを汲む井戸を閼伽井，入れる容器を閼伽桶という。本尊，聖衆に対する供養の儀礼として用いられ，とくに密教において，「閼伽作法」が定型化した。静岡県湖西市の大知婆峠廃寺(平安時代)の中心堂宇前の湧水池から墨書土器「閼伽」が出土し，その水が閼伽井としての役割りをもっていたことが知られた。　　　　　　　　　　（坂詰秀一）

閼伽桶　あかおけ　密教法具。浄水，つまり閼伽水を閼伽井から汲んでくるために使用した手桶が閼伽桶である。閼伽水をいれた閼伽桶は閼伽棚に安置され，その後，閼伽桶は盤で覆われる。閼伽桶の形式は，一般的には高さ10〜15cm程度の円筒形の銅鋳製の桶で，口縁部2か所に耳を作り出し，鍋づる形の平たい把をつけている。桶の形はやや下すぼまりで，側面に子持ちの突帯がめぐるものが多い。底部は高台を備える。3か所に低い脚をつけたものもある。普通は蓋を備えていない。修験道では木製を用いることが多い。なお，閼伽水を六器に盛るために竹製の閼伽杓を使用する。また，持ち運びに竹筒を使用したことは記録の上からうかがえる。時代による形式変化は，鎌倉時代は桶を厚手につくり，耳や突帯の

表現が強く，桶自体も低く安定している。室町時代になると桶の下部が一段とすぼまり，薄手になり，高台も高くなる。装飾も弱くなり，小振りになってくるようである。

[奈良国立博物館『密教法具』1965，石田茂作監修『新版仏教考古学講座』5「仏具」1976] （山川公見子）

赤城塔 あかぎとう 塔形は素面の基壇の上に基礎を置き，その上に首をもった塔身を乗せ，笠・相輪を重ねる宝塔型式の石塔である。塔身はほぼ円筒形で高さをもつことと，上部に必ず頸をつけていることが特徴である。分布状況が群馬県の赤城山麓に限られることから地域名をとり，赤城塔と称している。なお石田茂作は「上毛塔」と呼称する。

　この形式の宝塔は，建治2年(1276)の長楽寺(尾島町)塔が初見で，南北朝期に入っても造立が続き，この地域は宝塔の一大造立圏になる。その後，南北朝期の後期になると，今まで宝塔の造立がなかった西方の西毛地域がその中心になる。この変化は造立者の盛衰による。また，

赤城塔（群馬県長楽寺）

鎌倉時代の赤城山周辺は新田氏という在地領主の勢力が強く，領内で産出する凝灰岩を用いてこの宝塔を好んで建立していたと考えられる。

[高崎市史編纂委員会『新編高崎市史』資料編3　中世1，1996] （斎木　勝）

赤碕塔 あかさきとう 鳥取県東伯郡赤碕町赤碕の海岸沿いに営まれる「花見潟墓地」の東端近くに位置する石塔。高さ約3m。方形の基礎に円筒形の塔身が乗り，笠部は隅飾突起を有する。全体に宝塔の形式だが，笠部を宝篋印塔形に作る独特のもの。基礎側面は2区に分けて格狭間を入れ，塔身側面には扉型を刻み下端に反花を飾る。全体の構成が鎌倉時代の様式をよくとどめており，鎌倉時代末期頃の作と推定される。昭和31年(1956)，塔を調査した川勝政太郎により「赤碕塔」と命名され紹介された。鳥取県保護文化財。同形式の石塔は町内に6基確認されている。

[赤碕町『赤碕町誌』1974] (真田広幸)

安芸国分寺跡 あきこくぶんじあと 広島県東広島市西条町吉行に所在。JR西条駅の北東約2kmの沖積地に位置する。昭和45年(1970)から3年間広島県教育委員会が，また，平成4年(1992)からは東広島市教育文化振興事業団が調査を実施している。

　寺域は東西約220m，南北約150mである。南門跡は当初推定された南門跡よりも南側に存在するようで，現在調査中である。中門跡は当初の南門跡の地で，基壇は東西15m，南北7m以上である。金堂跡は東西34m，南北約22.5mの基壇である。講堂跡は東西31m，南北約20.5mの基壇で乱石積である。この北に僧房跡と考えられる基壇がある。講堂跡と推定僧房跡を結ぶ長さ8m，幅6.5mの軒廊跡

が確認された。塔跡は西側にあり15m四方以上の基壇である。東側には掘立柱建物跡群がある。北端は一本板塀で北門跡もあきらかになった。遺物中の木簡のなかには「天平勝寶二年」を記すものをはじめ、35点以上が出土している。

［潮見浩・安田龍太郎「安芸」『新修国分寺の研究』4，1991，東広島市教育文化振興事業団『史跡安芸国分寺跡発掘調査報告書』Ⅰ～Ⅲ，1999～2001］

（是光吉基）

朝熊山経塚 あさまやまきょうづか 三重県伊勢市朝熊町に所在。伊勢市街地の東南に位置する朝熊ケ岳は、伊勢神宮の鬼門にあたり神宮鎮護の霊場とされ、福威智満虚空蔵大菩薩を本尊とする金剛證寺（本堂は重要文化財）が建立されている。朝熊ケ岳は標高553.4mで、山頂を経ケ峯といい、金剛證寺本堂の裏山にあたる標高540m，本堂との比高約80mの頂上東斜面に朝熊山経塚は営まれている。経塚からは、東方に鳥羽湾の島々を眺め、愛知県渥美半島・知多半島を遠望する。

明治の中頃に老樹の根本から「奉造立如法経亀壹口弁　右志者為現世後生安隠大平也　承安三年(1173)癸巳八月十一日　伊勢大神宮権禰宜　正四位下荒木田神主時盛　散位渡会宗常」と箆書き銘のある陶製経筒が出土した（第1号経塚）。また、昭和34年(1959)の伊勢湾台風による倒木で、銅製経筒2口、「散位□□□」銘をもつ銅鏡2面、青白磁合子1口（2号経塚）、平治元年(1159)八月十四日の奥書のある『法華経』及び『般若心経』・一切如来心中真言と随求陀羅尼の小呪、仏頂尊勝陀羅尼の計13巻の経巻を収めた銅製経筒1口、線刻阿弥陀如来像鏡1面・線刻阿弥陀三尊来迎像鏡2面・線刻阿弥陀三尊像鏡1面、銅製提子1口とと

もに片口鉢を蓋とした甕に収められて出土した（3号経塚）。この銅製鏡筒外面には「平治元年己卯八月十五日伊勢国度会郡山田郷　為干常勝寺比丘尼勧進如法経同国勝峯山奉安直之結縁比丘僧定西尋西厳雅珎永　遵西□□定意玄隆□勝厳西勧進比丘尼真妙敬白」と針書銘されている。これら1号から3号経塚の出土品は、昭和38年(1963)国宝に指定された。

昭和37・38年(1962・63)には，東西20m，南北30mの範囲が発掘調査され，約40基の単独あるいは複合した状態の経塚群の構造と埋納品があきらかにされた。経塚の構造は、径50cm，深さ50cmの土坑を掘り、底に台石を据え四方に扁平な石を立てて石室を構築し、その内部に陶製経筒や埋納品を収め、石室の上部を栗石を1～2段積み重ね蓋石で覆う形態が主体をなし、土坑に陶製経筒などを収め周囲を栗石で交互に3～4段積み上げ蓋石で覆う形態、土坑上面のみを栗石で積み上げ蓋石で覆う形態に区分される。また、これら3形態の地下式に加え、小石室を構築し、経筒を埋納する半地下・地上式の形態もあり、前者に比べ後出のものといえる。これらを被覆して築かれる外部施設まで残存している例は少なく、全容が判明しているのは11例で、いずれも方形塚の形状を示している。

経筒には「保元元年（1156）六月廿九日」と同筆と推定される陶製経筒のほか、「伊勢国度会郡金剛證寺奉□□如法経筒（中略）嘉応元歳（1169）十二月日　僧裕円僧賢永依量」の毛彫銘をもつ銅製経筒、「文治二年（1186）大歳丙午九月十八日　仮垣御薗下司散位渡会宗恒助成」銘を箆書きした陶製経筒があり、この経塚が保元元年（1156）から文治2年（1186）の30年間に造営されたことを示している。

「仮治御薗」は，伊勢神宮加治御薗を示すと考えられ，現愛知県渥美郡田原町加治に比定される。この地域は渥美古窯跡が分布している地域であり，陶製経筒の大半が渥美古窯跡の製品と考えられる。また，銅製経筒の外容器とされている甕は，常滑古窯跡の製品と考えられる。経筒に埋納された副葬品には，円鏡・方鏡・八稜鏡の和鏡や「湖州真□家　念□淑照子」銘をもつ宋の湖州鏡のほか，檜扇，ガラス丸玉，水晶，銅製小型椀・水滴，漆合子，青白磁合子・輪花皿・子壺，鉄製刀子・火打鎌・錐・鋏などがある。

表面採集品には，陶製の宝塔の破片，『妙法華経』巻6，随喜品十八の一節を刻んだ瓦経の破片があり，多数の地蔵尊の泥仏は近世に至っても，この地が霊場であったことを示している。

朝熊山経塚出土線刻阿弥陀三尊来迎鏡像
［稲垣晋也「三重県伊勢市朝熊山経塚発掘ノート－経塚の構造と造営次第－」『MUSEUM』451，1988］（駒田利治）

飛鳥寺 あすかでら　奈良県高市郡明日香村に所在する。現在の山号は，法興寺，大法興寺，元興寺などと呼ばれている。平城京の元興寺に対して本元興寺と呼び，

現在は，真義真言宗で案居院という。創建および造営の経緯については，『日本書紀』や『元興寺伽藍縁起并流記資財帳』が詳しい。用明2年（587）物部氏討伐に際して，蘇我馬子が戦勝を祈願して作らせたのが始まりとされている。崇峻元年（588）には，百済から仏舎利とともに派遣されてきた僧・寺工・露盤博士・瓦博士・画工らが参加して造営が開始された。崇峻3年（590）に山に入って木材を調達し，同5年（592）には仏堂と歩廊を起こし，推古元年（593）には仏舎利が心礎中に納められ刹柱が建てられたとされている。寺は，建久7年（1196）の火災で金堂と塔が火災にあっており，発掘調査によって発見された塔心礎納入品は，建久年間に再埋納されたものである。さらに昭和32年（1957）の発掘調査では，記録にない甲冑や砥石なども出土している。推古4年（596）には造営が終了する。本尊の丈六像は造仏工・鞍作鳥によって造られ，推古17年（609）に完成し金堂に安置され，20年間で完成したと伝えられている。

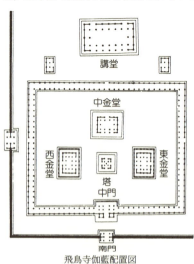

飛鳥寺伽藍配置図

伽藍配置は，主軸線上に塔跡と正金堂，塔の左右に東西金堂，これを回廊が囲み，回廊北に講堂を，南に南大門を配する形式である。飛鳥寺の瓦は，寺域の東南の飛鳥瓦窯跡で焼かれたほか，他の窯跡でも焼かれている。御所市上増遺跡が有力候補地である。瓦は，素弁蓮華文鐙（軒丸）瓦と重弧文字（軒平）瓦の組み合わせを基本としており，鐙（軒丸）瓦の文様の特徴から百済系の瓦であることがわかる。文様の特徴としては，花弁の端に切り込みが入る「花組」と花弁端に「珠文」を配置する「星組」の瓦が存在している。この文様瓦類は百済の扶余周辺でも同類の瓦が確認できる。

　［『飛鳥寺発掘調査報告書』（『奈良国立文化財研究所学報』5，1958）］（松原典明）

愛宕山経塚　あたごやまきょうづか　宮城県仙台市向山所在。丘陵に鎮座する愛宕山神社にあって，北方に満海上人が経典を埋納した経ヶ峰（伊達政宗霊廟）がある。

　愛宕山の切割に平行してつくられた長さ約7.2m，幅1.8m，高約1.5mばかりの土の塚の南に偏ったところに石室がつくられ，室町時代の年号を持つ経筒などが納められていた。石室は径約1.5mで，小岩を積み重ねてつくられてあった。経筒は銅板製鍍金円筒形経筒4口があって，そのうちの2口には享禄4年（1531）と天文9年（1540）の年号がある。いずれの経筒にも「大乗妙典六十六部」「十羅刹女」「三十番神」と刻まれている。埋納関係者には享禄4年（1531）銘の経筒は越前住呂善宥，年号のない経筒2口には上州住宥傳上人，信州住玄成坊とある。この埋経の特徴としては銭貨83枚が共伴していたことである。16世紀の埋経遺跡の中では銭貨の出土数が一番多い。その中に永楽通宝が41枚ある。

　［藤沼邦彦「宮城県の経塚について」『東北歴史資料館研究紀要』1，1975］

（山川公見子）

安倍寺跡　あべでらあと　奈良県桜井市大字安倍に所在する寺院跡。崇敬寺ともいう。安倍氏の氏寺とされている。昭和40年（1965）の調査により西に塔，東に金堂，それを廻る回廊があり，その北側に講堂を配す「法隆寺式伽藍」と考えられる。塔基壇は一辺約12mで礎石は残っておらず，心礎を据えた根石が基壇面から深さ約2.3mで発見され，「地下式心礎」であったことを伺わせる。金堂基壇は，東西約20m，南北約17mであった。金堂跡・塔跡・回廊跡の一部が復元されている。出土遺物は，八葉単弁鐙（軒丸）瓦や偏行唐草文字（軒平）瓦など山田寺との関係を示す瓦があり，その他に唐三彩の獣脚も確認されている。このことから山田寺（641〜678年）とほぼ同時期の白鳳時代の創建と考えられている。

　［桜井市教育委員会『安倍寺　昭和42年度調査概要』1968］（松原典明）

天沼俊一　あまぬま　しゅんいち　明治9（1876）〜昭和22（1947），東京都生。東京帝国大学工科大学建築学科卒。大学院，奈良県・京都府技師を経て京都帝国大学助教授・教授。建築史専攻。工学博士。

　法隆寺をはじめ古寺社の調査・修理・石塔・石灯籠の調査・研究に貢献した。九州国東半島に存在する中世石造宝塔の地域型に注目して国東塔の名称を提唱し，また慶長以前の石造灯籠の集成的研究を果たしたことで知られる。一方，大正11・12年（1922・23）及び昭和10・11年（1935・36）にインド・ネパール・スリランカの仏教遺跡を踏査し貴重な記録を残した。

　（主要著作）『國東塔講話』1919，『慶長以前の石燈籠』1937，『印度旅行記』1931，

『訂正増補印度佛塔巡禮記』上・下，1943，『法隆寺の建築』1931など　（追悼）「故天沼俊一先生追悼特輯」『史迹と美術』187・188，1948　　（坂詰秀一）

阿弥陀堂石仏　あみだどうせきぶつ　福島県相馬郡小高町大字泉沢薬師前地内に所在する磨崖仏。同地の薬師堂石仏・観音堂石仏と共に旧大悲山村に存在することから，大悲山磨崖仏群の１つの石仏という認識が地元では定着している。薬師堂石仏の東方に位置しており，昭和５年（1930）に薬師堂石仏が国の史跡に認定された際，「付阿弥陀堂石仏」として一括で史跡に指定された。本石仏の前には，礼拝堂が建てられているが，阿弥陀堂石仏自体は剥落が著しく，旧形態を把握することが困難である。成立年代については，小此木忠七郎の弘仁期説（９世紀前葉）もあったが，倉田文作の藤原期説(11世紀末）が支持されている。

　[福島県教育委員会『福島県の文化財－同指定文化財要録－』1989]（大竹憲治）

安房国分寺跡　あわこくぶんじあと　千葉県館山市国分959－２ほかに所在する。昭和51年(1976)の第１次調査をはじめ第３次調査まで実施されたが，小規模な発掘であるため伽藍配置を把握するまでに至っていない。第２次及び第３次調査により，ロームの地山を矩形に掘り込み版築を施した基壇が確認された。東西22m，南北15mの規模をもち，金堂の基壇と考えられている。基壇化粧及び礎石などは検出されていない。ただし現国分寺境内地に，上面が平滑に径40cmの円形に削り出された砂岩系の礎石と思われるものがある。厚さ約45cm，長径74cm，短径65cmである。

　安房国は養老２年(718)に建国するが，天平13年(741)に上総国に併合され，その後天平宝字元年（757）に上総国から独立するという歴史をもつため，古記録の記載から国分寺は定額寺があてられたと考えられている。

　出土瓦は素弁八葉蓮華文鐙（軒丸)瓦があるが，宇（軒平)瓦はない。その他金堂西側の瓦集積遺構から，火舎の一部と思われる三彩獣脚が出土している。

　[滝口宏『安房国分寺』1980，平野元三郎・滝口宏「安房」『新修国分寺の研究』２，1991]　　　　（阪田正一）

阿波国分尼寺跡　あわこくぶんにじあと　吉野川支流，鮎喰川西岸の標高９mの沖積地，徳島県名西郡石井町石井字尼寺に所在する。昭和45・46年(1970・71)に調査され，昭和48年(1973)に国の史跡に指定された。伽藍配置は，中門跡・金堂跡・北門跡が中軸線上に並ぶ配置で，寺域は方約１町半と推定されている。

　確認された金堂跡は，間口93尺（約28m），奥行60尺（約18m）の規模である。基壇の北からは，東西に並ぶ凝灰岩の切石の地覆石が６個，地覆石の下からは凝灰岩の切石の延石が５個確認された。中門跡と推定される場所からは，緑泥変岩の巨石が確認されている。北門跡は，金堂から北に約65mの位置にあり，礎石痕跡と玉石敷きの雨落溝の一部が確認されている。北門跡は，三間一戸と推定され，桁行が中央12尺，両脇間11尺，梁行が11尺と推定されている。中門跡からでた回廊跡は，金堂南寄りに取り付くと考えられ，中軸線から東西に約80mの位置に，寺域を画する南北の溝と築地があったと推定されている。瓦は，創建期の複弁八葉蓮華文鐙（軒丸)瓦と重圏文字(軒平)瓦が出土しており，平安期のものはほとんど出土していない。国分尼寺の南方約１kmのところに阿波国分寺跡，東方約１

kmに推定阿波国衙跡がある。

[稲垣晋也『阿波国分尼寺跡緊急発掘調査報告書』徳島県教育委員会・石井町教育委員会，1971，田辺征夫ほか『阿波国分尼寺跡緊急発掘調査報告書』徳島県教育委員会・石井町教育委員会，1972，田辺征夫・松永住美「阿波・国分尼寺」『新修国分寺の研究』5上，1987]

（岡本桂典）

淡路国分寺跡　あわじこくぶんじあと　淡路島南部の三原平野を流れる三原川右岸の扇状地，兵庫県三原郡三原町八木に所在する。国分寺跡には，現在も法灯を受けついだ律宗護国山国分寺がある。昭和26年(1951)に塔跡が国の史跡に指定された。心礎は現在の大日堂の下にあり，心礎や円形柱座に出枘をもつ礎石が計6個残っている。昭和59年(1984)から5年計画で発掘調査された。

その結果，寺域は東西1町半，南北2町で，周囲には外側に2mの幅の溝と築地塀がめぐらされていることが判明した。金堂跡では，階段跡と推定される盛り土，基壇の一部が確認されている。しかし，中門跡・南門跡・回廊跡・僧坊跡などの遺構については削平により不明である。塔跡については，心礎なども含めて北に2mほど動いていることが判明している。出土瓦から創建期は，奈良時代後期と推定されている。創建瓦は興福寺系で紀伊国分寺と同笵である。出土瓦は創建期から平安時代末期のものがある。紀伊国分寺跡と同じ伽藍配置と想定されている。

[三原町教育委員会『淡路国分寺跡』1985，武田信一「淡路・国分寺」『新修国分寺の研究』5上，1987]（岡本桂典）

安国寺　あんこくじ　足利尊氏と直義兄弟は，ともに臨済禅に帰依，尊氏は政争の相手であった後醍醐天皇が吉野で世を去った(1339年没)後に，冥福を祈るために京都に天竜寺を造立し(1345年)，夢窓疎石を開山とした。また，夢窓疎石の勧めにより後醍醐天皇や元弘の乱（1331年）の死者の冥福を祈るために，暦応元年（1338）に全国66か国と2島にそれぞれ1寺1塔を建てる計画をたてた。

安国寺は，地方守護の菩提寺院を安国寺化したものが多く，五山派の有力寺院が指定された。それらの中で大和・伊豆・下野・土佐の5か国は不明である。利生塔は，旧仏教系の天台・真言・律宗の寺院に設ける方向であったが，各国の事情により山城・駿河・相模などのように五山派の寺院に設けられた場合もあった。京都市八坂の法観寺は，仁治元年(1240)に建仁寺8世が入寺して臨済寺院となったもので，暦応元年には山城国利生塔として五重塔をあて，仏舎利2粒を納めている。利生塔の形態は五重塔が多いが，三重塔の場合もあったとされ，28か国の利生塔が確認されている。塔内に納められた2粒の仏舎利の内，1粒は東寺にあった弘法大師請来の舎利が当てられている。諸国塔婆料のために奉請された仏舎利は，暦応2年7月に15粒，同10月に20粒，暦応3年3月に18粒，暦応4年6月に15粒で，68粒となり，66か国と2島の数と一致する。暦応4年10月にも4粒が奉請されているが，これも利生塔に納められたものと考えられている。

安国寺と利生塔は，暦応元年頃から貞和年間(1345〜50)にかけて設けられたと考えられている。貞和元年2月6日には，光厳上皇の院宣により，寺は安国，塔は利生と名付けられた。寺塔の設置は宗教上の目的の他に，その存在を示すことにより室町幕府の統治下であることを示し，各国の守護勢力の維持にも役立てられ，

軍略的な一面も備えていた。室町幕府の初期政権は，各国の守護に依存していたため，各国の守護把握や治安維持を図るために各国守護の菩提寺などに寺塔を設置し，幕府の支配体制を円滑にする政治的意図があった。直義の失脚と尊氏の死後は，寺塔の設立の趣旨も忘れられ，義満の時には名目だけのものとなり，十刹や諸山などに転化していった。

[今枝愛真『中世禅宗の研究』1970，赤田光雄「禅宗と供養」『禅と無の境地—図説日本仏教の世界6—』1989]

（岡本桂典）

安東石塔 あんとうせきとう（アンドンソクタブ）安東地域には塼塔が他の地域より集中して造営されたが，一時的現象であり，流行はしなかった。統一新羅時代以後に建てられたと判断される。現在確認された塼塔は東部洞（トンブトン）の法林寺跡（ボムリムサジ）と推測される5層塼塔，新世洞（シンセイドン）の法興寺跡（ボブフンサジ）と推測される7層塼塔，錦渓洞（クムケイドン）の多層塼塔，造塔洞（チョウタプドン）の5層塼塔が遺存している。材料は粘板岩材あるいは煉瓦で，小さな規格材を組積式で蓄積して形成した。新世洞の7層塼塔の場合，基壇部は現在石灰で重修され原型を判断することはできないが，二重基壇と推測される。初層塔身部の南面には龕室が造営され，仏像が安置されたと推測される。屋蓋部の台（下敷）数は初層から7層順に9・9・8・7・6・5・3，屋蓋上面の段数は11・10・8・7・7・6・5である。すなわち，上下の逓減率が少ないことを窺うことができる。それは中国の塼塔形式を模倣した典型的な類例であり，屋蓋上面（落水面）には葺瓦の残片が残されていることから，木造建物を模倣表現したことと

塔材を保護したことが推測される。塼塔の安東地域への偏在については，塼塔を造営するために材料が豊富な地域的な特性があったと推測される。

[金元龍・安輝濬『韓國美術史』1993]

（李興範）

安養寺経塚 あんようじきょうづか 岡山県倉敷市浅原に所在。高梁川下流の左岸，勝福寺背後の裏山南斜面に位置する。昭和12年（1937）に瓦経塚（第1経塚），昭和33年（1958）に紙本経塚（第2経塚）と瓦経塚（第3経塚）が発見され，調査が行われた。

第1経塚は板石5枚が90×80cmの範囲内にあり，これより瓦経196枚，土製塔婆型題箋8本，土製宝塔1基，彩絵檜扇片，ガラス小玉5個が出土した。瓦経は表裏四周とも面取りがなされ，そのなかを界線で10行に分けている。1行の字詰は17字で『法華経』1部8巻と『般若心経』1巻が鏤刻される。また，仏像を鏤刻するものが4枚ある。不空成就如来は蓮華座上に坐す。光背は火炎付頭光身光である。薬師如来坐像は左手に薬壺を持ち頭光身光である。如意輪観音像は一面六臂で頭光身光である。不動明王像は憤怒相で岩上に坐し，海波が描かれる。題筆は頭部が四角錐でその下に3条の刻みがある。下方は柱状になる。『法華経』1巻に1本の割合で作られ，経題と品題が鏤刻される。宝塔は屋根，塔身，基部からなる。屋根は宝形造で塔身はゆるい胴張である。首部は低い円筒状になっている。

第2経塚は南北約40cm，東西約45cmの石囲いで，このなかから経筒（外容器），誕生仏，鉄製刀子，鉄器，青白磁片，土師質土器が出土した。経筒は高さ29.5cm，口径15.5cmで瓦質である。誕生仏は全長17.5cmで右手を欠失する。

第3経塚では瓦経が東西1.5m，南北1.1mで出土した。遺物は方形板状の瓦経302枚で『法華経』1部8巻，『仁王経』上下2巻，『薬師経』や願文などがある。塔婆型瓦経は39枚で『三千仏明経』が鏤刻される。円板状の瓦製品11枚には像容の仏像が描かれているが全容は不明。埋納時期については願文中に「応徳三年春」とあるところから，平安時代後期に比定される。

　［安養寺瓦経の研究刊行委員会『安養寺瓦経の研究』1963］　　　（是光吉基）

アウランガバード石窟寺院　Aurangabad
アウランガバード（北緯19度52分，東経75度17分）の北方3.2kmの地点にある仏教石窟寺院群。第1群は第1〜5窟，その東約1.2kmの地点に4窟（6〜9窟）から成る第2群があり，第2群の東1.6kmの地点に宗教的帰属不明の未完成の簡素な僧坊跡があり第3群とされる。ストゥーパの形態などから3世紀以前には遡れないとされる第4窟（チャイティヤ堂）以外は，建築的特徴や女神像などから6〜7世紀頃のヴィハーラ窟。第1群では第3窟が最大で，アジャンターの第16・17窟に描かれるスタソーマ・ジャータカ（Sutasoma Jātaka）の着色された浮彫が特筆される。第7窟のベランダ両側の祠堂も特筆され，ハーリティーとパーンチカ，ブッダとパドマパーニに従う6人の女神が祀られる。中央のドアの左側には，火，盗賊，難破などの災難から人々を救済する観音菩薩が描かれる。第9窟には四臂蓮華手菩薩なども見られる。

　［Debala Mitra, *Buddhist Monuments, Sahitya Samsad, Calcutta,* 1971］
　　　　　　　　　　　　（髙橋堯英）

アジナ・テペ　Ajina Tepe　ドゥシャンベから南へ約100km，アムダリアの支流ワフス川の流域クルガン・チュペの近郊にある7〜8世紀の寺院跡。1960年以降，ソ連のリツヴィンスキーらが発掘調査し，中央アジア最大の涅槃像が発見された。この仏教寺院跡は北部分の塔院と南部分の僧院からなる。塔院は方形の基壇だけが残る中央ストゥーパをヴォールト型天井の回廊が囲んでおり，ストゥーパはペシャワールのカニシカ大塔のように四方に階段が付いた形式と考えられている。小室と仏龕が連なり，東回廊南隅の土壇に涅槃像が配されていたが，頭部が欠落し首部からの残部が12mにおよぶこの涅槃像は，現在解体されドゥシャンベにおいて復元作業が行われている。僧院もほぼ同じ方形で中庭を囲むイワン型様式となっている。建物は泥塊と泥煉瓦でできており，内壁は壁画や塑像が施されている。塑像は多くあり彩色が施されているものも見られる。仏・菩薩・天王などの仏像が多く，細面で眼が細く螺髪などの特徴があり，体形はふっくらとして写実的で衣の線も柔和である。西トルキスタンの仏教美術の特徴を良く表わしている。

　［香山陽坪「ウズベキスタンの考古学」『北アジア民族学論集』5，1968，B.A. Litvinsky, *Outline History of Buddhism in Central Asia,* 1968］　　（則武海源）

アジャンター石窟寺院　Ajantā　インド西部のアジャンター（北緯20度32分，東経75度45分）郊外にある仏教石窟寺院。U字形に湾曲するワーゴラ川の北岸の岸壁に大小30の石窟がある。第9，10，19，26，29窟はチャイティヤ窟で，その他はヴィハーラ窟。開削は，1期が紀元前2世紀〜前1世紀頃から2世紀頃で，9・10窟のチャイティヤ窟を中心とする8，12，13，15Aの僧院窟のグループ。その他の窟院は第2期（5〜7世紀）に属し，

特に第19窟は装飾とバランスが最も見事なチャイティヤ窟といわれる。アジャンターの彫刻はグプタ朝期のインド美術資料の宝庫とされるが、特筆されるのはその壁画。第9・10窟の壁画は紀元前後に遡るインド絵画の遺品とされる。壁画が最も顕著なのが第1，2，16，17窟。6，11，15，19，20，21，22窟にも残る。仏，菩薩の周りにジャータカ図や仏伝図が描かれるケースが多く，天井や柱には装飾画が施される。

[Debala Mitra, *Buddhist Monuments, Sahitya Samsad, Calcutta*, 1971]

（髙橋堯英）

アショーカ王石柱　Aśoka Pillars

マウリヤ朝第3代アショーカ王（前272〜232）は，インド統一を果たすと，「武力」による政治から「法」（ダルマ）による政治へと政策転換し，摩崖法勅や石柱法勅によって新たな政治姿勢と政策を民衆に伝えた。特に，即位8年以降に北インドの要地や仏教遺跡に建立した石柱をアショーカ王石柱と呼ぶ。石柱はチュナール産の黄灰色砂岩一石からなる円柱で，表面は研磨されている。高さは7m前後のものと，13m前後のものがある。30ほどが報告されているが，現存するのは断片を含め15例であるという。ラウリヤー・ナン

アショーカ王柱（部分）（ルンビニー）

ダンガリの石柱は，鐘形蓮弁の柱頭の上に円盤が乗り，その上の頂上に獅子を戴く。サールナートの柱頭は4頭の獅子が背中合わせに配されたもので，後にインド共和国の紋章に採用されている。サーンチー，コーサーンビー，パータリプトラの小石柱法勅には，僧伽の乱れを戒める内容が述べられ興味深い。

[塚本啓祥『アショーカ王』1973]

（髙橋堯英）

アヌラーダプラ　Anuřadhapura

セイロン島中部の北方マルワトウ・オカ川の上流，アヌラーダプラにBC4〜AD769年の間，セイロンの首都がおかれた。ティッサ王（247〜207BC）の時，アショーカ王によって仏教が伝えられ，以後，歴代の王によって仏教が信奉されて南方上座部正統派の中心としてマハヴィハーラ（Mahavihara）大寺などが建てられた。アヌラーダプラには，8聖地と称される仏跡がある。ここには金粉塔（Ruanweli Dagaba），無畏山塔（Abhayagiriya Dagaba），祇園塔（Jetawarama Dagaba）などの覆鉢塔などがいまに残されている。この地の調査は1912年以降，スリランカ考古局によって発掘が進められ，各覆鉢塔は修復・整備された仏跡公園内に残されている。また出土遺物は同地の博物館に保管展示されている。

アヌラーダプラの金粉塔

[H.W. Cave, *The Ruined Cities of*

Ceylon, 1907]　　　　　　　（坂詰秀一）

アマラーヴァティー　Amarāvatī　アーンドラ州グントゥール県のクリシュナ川右岸にある仏教遺跡（北緯16度34分，東経80度21分）。古にはダーニヤカタカ（Dhāniyakaṭaka）と呼ばれ，紀元前3世紀頃から13世紀まで仏教信仰の中心として栄えたといわれ，14世紀のスリランカの碑文にもある長老がこの地の2階建ての堂宇を再建したと言及されている。1797年に2世紀頃の建立とされる大塔が発見され，多くの石板彫刻が発見された。しかし，その後の幾度かの無秩序な発掘調査や，18〜19世紀に土地の人々が遺跡の石を建築材料として再利用したことなどによって，塔は無惨にも破壊され，浮彫が施された欄楯や石板など数百個の遺物が伝えられているにすぎない。

　大塔の起源は紀元前3世紀頃まで遡れると考えられている。発掘の記録や石板上の彫刻に描かれた塔のイメージなどを総合し，この大塔は，高さ約1.8mの円形基壇上に直径が約50mの伏鉢状のストゥーパが乗る形のもので，四方には約1.8m×10mの長方形の突出部（āyaka）が設けられ，その上には5本のアーヤカ柱が建てられるという南インド独特の様式で建てられていたことが推察されている。塔の周りには約4m幅の繞道(にょうどう)が設けられ，さらにその周りには欄楯が設けられていた。欄楯は2.7mの高さの柱に3本の横材が組まれ，最上部には約83cmの高さの笠石が乗せられていた構造であったという。これらの欄楯も時代の経過とともにシンプルなものから壮麗なものに造り替えられていったという。塔の表面を覆った石板や欄楯は総て大理石で造られ，その表裏には仏伝やジャータカをモチーフとする壮麗な浮彫が施されていた。仏伝図では，ブッダを法輪や足跡などのシンボルで象徴的に表す古代期の表現法を用いたものが大多数であるが，仏像が表現されているものも若干発見され，数世紀にわたる増広が偲ばれる。

[Debala Mitra, *Buddhist Monuments*, Sahitya Samsad, Calcutta, 1971]

（髙橋堯英）

アユタヤ遺跡群　Ayutthaya　タイ国の代表的な仏教遺跡。アユタヤは1350年にラーマティボディ1世（Rāmāthibodi I）によって定められたアユタヤ王国の首都で，東西約4.5km，南北約2.5kmの周囲を河川に囲まれた城市であるが，多くの仏教寺院遺跡があることで知られる。1353年創建のワット・プッタイサワン（Wat Phutthaisawan），1369年創建のワット・プラ・ラム（Wat Pra Ram），1374年創建のワット・マハータート（Wat Mahathat），15世紀中葉のワット・ラージャブーラナ（Wat Rājabūrana）などウートーン（U Thong）様式の寺院，スリランカ様式のストゥーパをもつ15〜16世紀のワット・シー・サンペット（Wat Si San Pet），1569年直後にビルマのバインナウン（Bayinnaung）によって建てられたモン様式のストゥーパであるチェディ・プーカオ・トーン（Chedi Phūkhao Thong），16世紀末のアユタヤ様式のストゥーパであるプラ・チェディ・チャイモンコン（Pra Chedi Chai Mongkhon）など，さまざまな様式の寺院建築が見られる。なお，これらの寺院はレンガ・石材・木材などを併用して建てられたもので，とりわけレンガを多用しているところに特色がある。

[Clarence Aasen, *Architecture of Siam, A Cultural History Interpretation*, 1998]

（時枝　務）

アンコール遺跡群　Angkor　シュムリ

アップ市郊外にあるカンボジアの代表的な仏教・ヒンドゥー教遺跡。一時的な例外を除き、ジャヤヴァルマン2世（Jayavarman II）が王位についた802年からシャム軍の攻撃によって陥落する1431年まで、アンコール王朝の首都であった。宮殿跡・都城跡を中心に、ヒンドゥー教や仏教の寺院跡、灌漑池、道路跡、橋跡、窯跡など多数の遺跡からなる大規模な遺跡群である。

古代カンボジアでは3世紀以降ヒンドゥー教と仏教が併存していたが、9世紀にシヴァ派のヒンドゥー教徒を中心にデーヴァラージャ信仰が盛んになってからヒンドゥー教の勢力が強まり、仏教は影の薄い存在になってしまった。そのため、アンコール遺跡群の寺院跡は著名なアンコール・ワット（Angkor wat）をはじめ大部分がヒンドゥー教寺院であるが、1181年に即位したジャヤヴァルマン7世（Jayavarman VII）が大乗仏教を信奉し、仏教寺院を建立したため、アンコール遺跡群に多数の仏教寺院跡が残されることになった。彼は最初にバンテアイ・クデイ（Banteay Kudei）寺院の建設を手がけたとされ、次いで1186年に母の菩提を弔うためにタ・プローム（Ta Prohm）寺院を建設し、さらに1191年にプリヤ・カーン（Praah Khan）寺院の建設に着手した。その伽藍配置は、方形の区画の中央に二重の回廊に囲まれた中心祠堂を配したもので、クメールのヒンドゥー寺院の伝統に沿っており、仏教寺院としての特徴を見出すことが困難である。なお、寺院はラテライト・石材・木材などを併用して建てられたもので、プノン・クレーン（Phnom Kulén）には砂岩の石切場が確認されている。12世紀末にはアンコール・トム（Angkor Thom）都城の造営が開始され、それに伴って13世紀初頭には都城内の寺院であるバイヨン（Bayon）寺院が建設されたと見られるが、それは観音菩薩の顔を彫刻した塔をもつきわめて個性あふれる建築であった。そのほか、彼は12世紀末に仏教の興隆を意図して、タ・ソム（Ta Som）寺院やニャック・ポアン（Neak Pean）寺院など、多数の中規模の寺院を都城周辺に建設した。ニャック・ポアン寺院は、一辺70mを測る方形の池の中央に須弥山を象った祠堂を置き、さらにその池の四方に小さな池を配した特異な形式をもっている。

アンコール遺跡群からは、金銅製や石製の仏像、密教法具などの仏具が発見されており、遺物から仏教文化を探ることもできる。バイヨン寺院跡ではナーガ（Naga）上に坐る仏陀像が発見されているが、同様な姿態の仏像はタイやビルマなどテラワーダ（Theravāda）仏教圏に広く見られるものであり、13世紀初頭頃にはアンコールにテラワーダ仏教が伝播していた可能性が高いことが知られる。

アンコール・ワット

[藤岡通夫・恒成一訓『アンコール・ワット』1970、中尾芳治編『アンコール遺跡の考古学』2000]　　　（時枝　務）

飯盛山経塚 いいもりやまきょうづか　福岡県福岡市西区飯盛所在の瓦経埋経遺跡。飯盛山山頂から発見され，19世紀前半に成立した『筑前國續風土記拾遺』にその記載がある。その後，明治10年(1877)頃，江藤正澄により瓦経片34点が発見され，また，大正13年(1924)には近くから経筒が発見されたとの報告がある。

　瓦経には永久2年(1114)の日付が書き加えられている。瓦経は，縦が22～23cm，横18～19cm，厚さ1.5～1.8cmで，罫線が引かれ，17字詰10行で表裏に書写されている。書写された経典は，『法華経』が推定207～208枚のうち，第1巻が7枚分，第2巻が8枚分，第3巻が11枚分，第4巻が7枚分，第5巻が11枚分，第7巻が1枚分，第8巻が4枚分見つかっている。そのほかに，『無量義経』推定23枚中10枚分，『観普賢経』推定21枚中11枚分，『仁王経』上巻推定21枚中1枚，下巻推定18枚中5枚分，『般若心経』1枚，天部1片，願文，見つかっていないが『阿弥陀経』が推定で6枚あるといわれている。
　［八尋和泉「筑前飯盛山瓦経」『九州歴史資料館研究論集』8，1982］

（山川公見子）

伊賀国分寺跡 いがこくぶんじあと　三重県上野市西明寺字長者屋敷に所在。旧伊賀国は阿拝郡・伊賀郡・山田郡・名張郡の4郡からなり，伊賀国分寺跡は，伊賀盆地北部の伊賀郡に属し，標高約170mの台地上に立地する。国分寺跡の東約160mには国分尼寺と推定される長楽山廃寺が並んで南面し，北方約5kmの柘植川北岸に位置する伊賀国庁跡とは直線上の位置にある。

　国分寺の寺域は，東西約214m，南北約237mで，主要伽藍の中軸線は北から東に約4度30分振れる。伽藍配置は「塔が中門よりも南に建つ京内寺院型」と推定される。塔跡は，寺域南西隅部の径約12m，高さ1.1mの高まりとして残されているが，礎石抜取穴は不明である。寺域の中央部に礎石抜取穴から桁行7間，梁行4間の四面庇建物の金堂跡が推定される。金堂の南庇と柱筋をほぼ揃えて単廊の回廊が取り付き，金堂から南約48mに桁行5間，梁行2間の中門跡に取り付くと考えられる。金堂の北約40mに金堂と同形同大と復元される講堂跡が認められる。金堂跡・講堂跡・中門跡ともに高さ約0.7mの基壇跡として残されている。

　国分寺跡は廃絶後の状況が良く保存されている。寺域内での発掘調査は行われていないが，上野市教育委員会が昭和55～57年(1980～82)度に国分寺周辺で発掘調査を実施している。国分寺の瓦は，複弁四弁蓮華文鐙(軒丸)瓦1種類と重弧文字(軒平)瓦1種類，均整唐草文字(軒平)瓦3種類が知られる。

　国分寺の創建年代は，鐙(軒丸)瓦及び宇(軒平)瓦から推定して奈良時代8世紀後半には創建されていたと考えられる。その後，『東大寺文書』保安3年(1122)の名張郡収納所切符には，「名張郡□納所国分寺当年官布施内（中略）可被立用准米伍斛事」と見え，12世紀初期に至ってもなお官布施の米が支給されていたことが知られる。鎌倉時代では，「國分」の銘をもつ宇(軒平)瓦が出土しておりその存続が窺えるが，近世では長者屋敷跡として伝えられる。藤堂藩の『庁事類編』には，長者屋敷舗を砲術訓練場として用い，周囲に土塁状の高まりが巡っていたことが記され，築地跡と考えられる。大正12

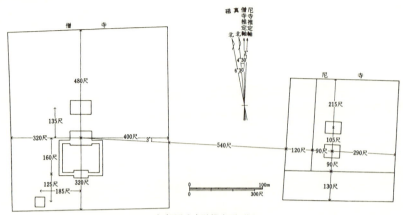

伊賀国分寺跡推定平面図

年(1923)3月7日国史跡に指定。

[山田猛「伊賀」『新修国分寺の研究』
2，1991]　　　　　　　　　（駒田利治）

壱岐国分寺跡　いきこくぶんじあと　長崎
県芦辺町国分にあり，対馬・多褹ととも
に嶋分寺と呼ばれる。長崎県の史跡指定。
国分寺として新たに建立した官寺ではな
く，既に存在した壱岐直の氏寺を国分寺
に転用したことが『延喜式』に記載され
ている。その時期についてはあきらかで
ないが，承和11年（844）には国分寺と
して機能していたようである。昭和62年
（1987）からの8次に及ぶ調査で伽藍の主
要部がほぼあきらかになった。寺域は南
北約80m，東西約60mで，中央北寄りに
塔跡と推定される6.6m四方の版築構造
の基壇建物があり，その西南に南北11.4
m，東西10.8mの版築基壇建物跡，これ
と対をなすように東に基壇建物がある。
また，塔跡の南約45mに南北2間，東西
3間の門跡があり，寺域の四至は溝で画
されている。出土した遺物は8世紀から
13世紀に及ぶが，鐙（軒丸）瓦は平城宮
6284A型式と同笵である。壱岐直の氏寺
を飾った可能性が高く，土器の出土状況
も8世紀末から9世紀初頭に顕著になり，

その頃に国分寺に転用された可能性が高
い。

[芦辺町教育委員会『壱岐嶋分寺』Ⅰ
～Ⅲ，長崎県芦辺町文化財調査報告書
5・7・8，1991・1993・1994]

　　　　　　　　　　　　　（渋谷忠章）

伊興経塚　いこうきょうづか　東京都足立
区伊興に所在する中世の経塚である。挟
間経塚とも称される。明治12年（1879）3
月に井戸の掘削工事中に発見された。埋
納状況などは明瞭にされていない。出土
遺物には，口径約6cm・高さ約11cmを測
るほぼ同寸の鉄板製経筒5点，鈍径約7.4
cm，台皿径約7.2cmを測る銅製六器，現存
高34.2cmを測る木製黒漆塗瓶子1対，高
さ14.5cm，口径5.8cmを測る銅製五鈷鈴1
点，高さ12.1cm，前後幅21.2cm，左右幅
20.3cmを測る星兜1点，そのほか銭貨18
点などが出土した。鉄板製経筒5点には，
紀年銘は認められないが，鉄製経筒の出
土例は少ない。黒漆塗瓶子は，木地を挽
物で仕上げたもので，胴部には杏葉文が
朱漆描されていた。製作年代は不明。銅
製五鈷鈴・星兜・銅製六器は，ともに平
安時代の製品と推定され，各製品の製作
時期には時間幅が認められる。星兜には，

室町時代の補修が認められる。伊興経塚の成立年代には、鎌倉時代と室町時代の2説があり、遺物の共伴関係があきらかではないため、その成立には検討を要する。出土遺物は、東京国立博物館に所蔵されている。

［関秀夫『経塚－関東とその周辺』1988、『足立区立郷土博物館総合案内』1986］
（野沢　均）

石川年足墓誌　いしかわとしたりぼし　大阪府高槻市真上町の丘陵で、文政3年（1820）に発見された。墓誌は、地下約1.5mの深さに、周りを木炭によって囲まれた、木箱状の木棺内から出土した。木棺は、長さ36.0cm、幅33.0cm、高さ14.0cmの大きさで、檜板を組み合わせて作られている。墓誌は、短冊形を呈する銅板で、長さ29.7cm、幅10.4cm、厚さ3mmを有する。表面は、周囲が唐草文の線彫で飾られ、その中に5条の縦罫線が引かれる。それに沿い6行計130字の文字が刻まれ、その全面に鍍金が施されている。墓誌の内容は、中国の墓誌銘にならって、姓名、出自、略歴、没年、埋葬場所など

石川年足墓誌

を記した本格的なものであり、天平宝字6年（762）に埋葬された。

［梅原末治「石川年足の墳墓」『考古学雑誌』10－12、1920］　（上野恵司）

石田茂作　いしだ　もさく　明治27（1894）～昭和52（1977）、愛知県生。東京高等師範学校専攻科卒。東京帝室博物館鑑査官補、鑑査官を経て、東京国立博物館陳列課長・学芸部長を歴任し、奈良国立博物館館長、文化財保護審議会委員など多くの役職をつとめた。文化功労者。その間、立正大学をはじめ東京文理科大学・明治大学・龍谷大学などで仏教考古学を講じた。文学博士。

「仏教関係の遺跡建物を対象とする」仏教考古学の体系化を果たし、寺院、塔・塔婆、仏像、仏法具、経典・経塚の5本の柱をたてて研究を進め、さらに墳墓を加えて『新版仏教考古学講座』（全7巻、1975～77）を監修した。

飛鳥時代の寺院をはじめとする伽藍配置の研究、日本仏塔の変遷過程を確立した仏塔研究、経塚の実態を究明した経塚研究、仏像を教儀に立脚して説いた仏像研究、密教法具などを統括的に論じた仏法具研究などのほか、古瓦の先駆的研究、奈良時代写経の研究、校倉の研究に大きな業績を残した。さらに、正倉院御物についての研究は広く知られている。

（主要著作）『佛教考古學論攷』6巻、1977～78、『飛鳥時代寺院趾の研究』1936、『総説飛鳥時代寺院趾の研究』1944、『日本仏塔の研究』1969、『那智発掘佛教遺物の研究』1927、『仏教美術の基本』1967、『奈良時代文化雑攷』1944、『伽藍論攷』1948、『東大寺と国分寺』1959、『写經より見たる奈良朝仏教の研究』1930、『校倉の研究』1951　（追悼）「石田茂作博士追悼」『考古学雑誌』63－2、

1977,「石田茂作博士追悼」『考古学ジャーナル』143，1977,「石田茂作博士の逝去」『古代文化』29−12，1977（坂詰秀一）

石塔寺 いしどうじ 滋賀県蒲生郡蒲生町石塔に所在する石塔集落の背後の山に位置する。阿育王山正寿院と号し，天台宗の寺で本尊は聖観音である。本堂の裏には，高さ約7.6mの花崗岩製で明治40年（1907）に国の重要文化財に指定された三重の石塔寺塔婆がある。インドの阿育王塔の1つとされる伝承がある。奈良時代前期の作とされ，わが国最古の遺品とされている。天智天皇8年（669）にこの地に移住した百済系渡来人が造立したものとする説がある。朝鮮半島の忠清南道扶余郡場岩面の百済石塔系の高麗石塔の長蝦里三層塔に最も近似しているとされている。塔は，各軸部と屋根を別石で造り，積み重ねるもので，相輪は後補である。3層までの高さ4.64mで第1層は2石，第2・3層は1石で造られている。初層の高さ1.45m，幅は下端で1.15m，第2層は高さ0.84m，幅下端で0.91m，第3層は，高さ0.63m，幅下端で0.71m，屋根は，初層幅2.53m，2層幅2.11m，3層幅1.69mである。第3層塔身正面の中程に一辺7cm，深さ7.5cmの方孔がある。伽藍の石塔であるのかは不明である。このことからやや時期の下がるものとする説もある。

なお三重塔の東の土壇上に「正安四年（1302）」銘の重要文化財の宝篋がある。基礎には「大工平景吉」とあり，近江の石大工銘を刻す。また，同じ土壇上に「嘉元二年（1304）」の五輪塔と「貞和五年（1349）」の五輪塔がある。当寺に残されている石仏・石塔には，15〜17世紀に造立されたものが多い。

［坪井良平・藤沢一夫「近江石塔寺の阿育王塔」『考古学』8−6，1937］

（岡本桂典）

石櫃 いしびつ 砂岩や凝灰岩質の軟らかい石材を用いて作られた容器。蓋と身のセットであり，印籠式にかぶさる。身と蓋両方，あるいはどちらかの一方を刳り容器とする。その機能は，大きく直接容器と間接容器に分かれる。前者は，火葬骨を直接収納するのに使われる場合が多い。後者は，骨蔵器・経筒・舎利容器などの外容器として使われる。一般的にこの名称は，奈良時代の火葬墓において，骨蔵器を入れるために作られた，間接容器を指す。骨蔵器用の場合は，身・蓋の中心に，骨蔵器の大きさに合わせた穴を穿ち，骨蔵器を完全に容器の中にはめ込む形をとる。全体的な形状は，円筒形・方形箱形などが多く，蓋は平たいもの，半円形のもの，家型のものなどが認められる。

円筒形を呈するものは直接容器として，群馬県佐波郡赤堀町多田山出土のものなどがあり，この種の直接容器は，群馬県赤城山西麓に集中する傾向が指摘されている。また，直接容器の方形箱形の例としては，大阪府寝屋川市高柳長楽寺出土のものなどが認められる。特異な例として，東京都昭島出土のものは，外面八角形の合子状を呈する直接容器で，木炭を充填した墓坑内から出土している。

間接容器として使われた例は，墓誌を伴う銅製の骨蔵器を内蔵するものとして，蓋部表面に二重に銘文を有する有蓋丸底深鉢形骨蔵器が入れられていた岡山県下道勝圀依母夫人墓誌，鳥取県伊福吉部徳足比売墓誌，京都府宇治宿祢墓誌例，奈良県僧行基墓誌などがあげられる。特異な例としては，方形箱形石櫃の中に，奈良三彩薬壺形骨蔵器が収められていた，

和歌山県高野口町出土のものがある。

一般的にこの名称は，上記のような意味で使用されるが，単なる石で作られた容器の意味でも用いられる。

石櫃

［石田茂作監修『新版仏教考古学講座』7「墳墓」1975］ （上野恵司）

石村喜英 いしむら きえい （本名・亮司）大正3（1914）〜平成6（1994），群馬県生。大正大学文学部史学科卒。東京都立の高校教諭を経て立正大学・大正大学講師。仏教考古学研究所を主宰し，日本歴史考古学会幹事をつとめた。武蔵国分寺跡とくに古瓦塼の研究を行うかたわら東日本各地の古代寺院跡，古瓦，瓦塔の研究，板碑の調査に業績を残した。また，梵字の日本伝来についての研究は注目された。文学博士。

（主要著作）『武蔵国分寺の研究』1960，『日本古代仏教文化史論考』1989，『仏教考古学研究』1993，『深見玄岱の研究』1973，『梵字事典』共著，1977

（坂詰秀一）

伊豆国分寺跡 いずこくぶんじあと 静岡県三島市の中心市街地内に所在する。昭和31年（1956）に軽部慈恩が発掘調査。同年，旧称蓮行寺（現在改称して国分寺）裏手の塔跡のみ国指定史跡とされた。軽部の発掘により主要伽藍の配置は，南大門・中門・金堂・講堂・僧房を中軸線上に配置し，中門から延びる回廊は外側の塔との関係から屈曲部をもちながら金堂に接して広場を形成し，一塔が回廊の外に配置されることが推定されている。宅地の間を縫うようなトレンチ調査であったが，石田茂作が遠江国分寺で実証した地割法の存在を追認する結果となった。出土遺物には火災の痕跡が残されており，『延喜式』中の「伊豆国山興寺。為国分寺。」の記載では，すでに火災によって国分寺が焼失し，近くの山興寺が代用の国分寺とされたことを指すと解されている。国分尼寺については，創建当初のものを国分僧寺南方の六ノ乗廃寺に推定し，『三代実録』承和3年（836）伊豆国分尼寺焼亡の記事から，代用尼寺を前出の山興寺の南方の大興寺とする説が採られた。

伊豆国分寺跡伽藍配置図

［軽部慈恩ほか『三島市誌』上巻，1958，山内昭二「伊豆」『新修国分寺の研究』7，1997］ （金子浩之）

伊豆山経塚 いずさんきょうづか 経塚発見地の伊豆山神社は，洞窟内の走湯や社地背後の日金山への自然崇拝に始まるといわれる静岡県熱海市に存在する古社である。明治前は「走湯（そうとう・はしりゆ）権現」あるいは「伊豆山権現」な

どと呼ばれており，源頼朝の挙兵の際にも大きくその勢力が関与した。このため，のちに箱根神社とともに頼朝の二所詣の対象とされ，以後，歴代の武家から尊崇された。

経塚は，関東大震災によって崩れた神社本殿背後の山の修復工事によって昭和2年(1927)に発見された。これまでに，銅製経筒12，土製経筒1，銅製観音小座像1，和鏡4，甕などが発見されており，昭和31年(1956)に静岡県指定文化財とされた。経筒の1つに永久5年(1117)銘，銅鏡に承安2年(1172)の銘を有し，その後も関連遺物の発見が続いている点から，数度に及ぶ埋経行為が行われているが，遺構の詳細はあきらかでない。

（金子浩之）

和泉国分寺跡　いずみこくぶんじあと　大阪府和泉市国分町に所在。槇尾川左岸の福徳寺周辺に位置する。和泉国はもともと河内国に属し，奈良時代の天平宝字元年(757)に成立する。国分寺は，国の成立後もすぐには設置されず，約80年後の平安時代，承和6年(839)に置かれたことが，『続日本後紀』の「和泉郡安楽寺をもって国分寺となす」との記述からうかがえる。新たに国分寺が造営されなかったのは財政的な理由からと考えられているが，既存の寺を国分寺に指定する例は，加賀国にも見られる。考古学的には，付近で奈良時代以降の複弁蓮華文鐙(軒丸)瓦が出土しているが，発掘調査が実施されておらず，寺域や伽藍配置などその詳細のすべてが不明である。なお，この正式な国分寺成立までは，国府に隣接する和泉寺が国分寺的な性格を持ち，本来国分寺が行う公式仏事を担当していたとされる。この和泉寺は，茅渟県主の氏寺とされるが，奈良時代の瓦が出土している

ものの，国分寺同様本格的な発掘調査が行われておらず，その詳細は不明である。

［和泉市教育委員会『和泉市の文化財』1993，江谷寛「和泉」『新修国分寺の研究』7，1997］　　　　　　　（三好義三）

出雲国分寺跡　いずもこくぶんじあと　島根県松江市竹矢町に所在する国分僧寺跡。意宇平野の北辺，低丘陵の南麓の緩傾斜地に位置する。昭和30年(1955)度からの発掘調査でほぼ遺跡の内容があきらかにされている。寺域は約150m四方で，画する施設は南門の東西で築地塀の痕跡が確認されている。主要建物は，中軸線上に南から南門，中門，金堂，講堂，僧房を配し，寺域の東南隅近くに塔を置く。回廊は中門から発し講堂に取り付く。金堂基壇には二重出枘式の礎石が残り，講堂と僧房の基壇は瓦積で化粧される。寺域中軸線上，金堂・講堂・僧房間には瓦敷の道路が設けられていた。出土する瓦類は，鐙(軒丸)瓦4種類と宇(軒平)瓦4種類が知られる。鐙(軒丸)瓦は外区に唐草文を飾り，宇(軒平)瓦は花文と唐草文を飾る新羅系統のもの。なお，寺域の東外側で掘立柱建物が出土し，寺域が広がる可能性が指摘されている。国指定史跡。

［山本清「出雲」『新修国分寺の研究』4，1991］　　　　　　　（真田広幸）

伊勢国分寺跡　いせこくぶんじあと　三重県鈴鹿市国分寺町字堂跡に所在。伊勢国は，13郡からなる大国である。伊勢国府跡や伊勢国分寺跡は，古くから畿内との交通路として発達し，律令制下に五畿七道の1つとして整備された東海道筋に設置された。東海道は，鈴鹿山脈に源を発する鈴鹿川北岸に敷設されており，鈴鹿山麓の東にあたる伊勢側には，三関の1つである鈴鹿関も設置されている。鈴鹿

関の下流では，近年伊勢国庁跡も確認された。

伊勢国分寺跡は，この鈴鹿川中流部北岸の標高約43mの台地上に位置する。明治時代までは土壇も良く残っていたようであるが，現在は伽藍中央部が微高地状となっている。昭和63年(1988)度から開始された発掘調査により，寺域は東西178m，南北184mのほぼ方形をなし，築地で区画されていたことがあきらかにされている。伽藍配置は，今後の調査に期せられる。

国分寺の所用瓦は，珠文縁単弁八葉蓮華文・珠文縁複弁十二葉蓮華文・重圏文・飛雲文縁単弁八葉蓮華文鐙（軒丸）瓦などと，重廊文字（軒平）瓦と数種類の均整唐草文鐙（軒丸）瓦がある。

国分寺東方には，「北院」と「南院」の2か所で奈良時代の古瓦が出土することが知られていたが，国分僧寺跡の東約300mに位置する「北院」が国分尼寺であることがほぼ確定した。尼寺は，現鈴鹿市国分町の集落内にあり，伽藍配置などは確認されていない。

また，「南院」は出土瓦が単弁八葉蓮華文鐙（軒丸）瓦や川原寺系の素文縁鐙（軒丸）瓦など白鳳期の瓦類が主体をなし，国分僧寺・同尼寺に先行して造営された寺院跡（南浦廃寺）であることが判明し，当地方の豪族であった大鹿氏の氏寺跡と推定されている。したがって，国分寺が創建された奈良時代後半から平安時代の10世紀後半ごろまで，国分僧寺・同尼寺並びに南浦廃寺の3寺院が整然と並び建っていたことになる。伊勢国分寺跡は，大正11年(1922)10月12日国史跡に指定。

[浅尾悟ほか『伊勢国分寺跡』第1次〜第5次発掘調査概要，1989〜93]

（駒田利治）

韋駄天山墳墓 いだてんやまふんぼ　新潟県北蒲原郡中条町大字平木田に所在する中世墓群で，平野の独立丘陵頂部に営まれ，奥山荘北条に含まれると考えられる。昭和29年(1954)8月に小出義治によって調査がなされた。遺構は，丘陵頂部に周溝で区切られた10×20mの墓域があり，中心に層塔・板碑・宝篋印塔が建てられ，周囲に珠洲焼の骨蔵器が埋められていた。出土遺物は，宝篋印塔（相輪16）・層塔5基以上・板碑1基・珠洲陶ロクロ成形壺の骨蔵器11・鉄製骨蔵器1・渡来銭7・青磁合子1，そのほか火葬骨が多量に検出された。墳墓の造営時期は，珠洲焼及び石塔類から14〜15世紀前半代と考えられる。平成6年(1994)3月付で国指定史跡奥山荘城館遺跡の1として，追加指定された。

[水澤幸一「韋駄天山遺跡の現状と課題」『歴史考古学』50，2002]　（水澤幸一）

板碑 いたび　名称から板状の碑ということであるが，石造塔婆の一形態である。用材としては一般的に剝離性のある偏平な石材が利用され，頭部を山形に整形し，その下に2条の切り込みを入れたわが国独自の形態である。

分布を見ると，北は北海道網走から南は鹿児島まで粗密はあるが，広く確認されている。関東に分布する武蔵型板碑は，埼玉県内でも27,000基が確認されている。

板碑の成立は，中世初期の混沌とした社会が背景にある。平安末期の源氏平家の内乱，その後，経済力を持ちはじめた武士階級の対立抗争による悲劇など，彼らは絶えず争いに直面したなかで，精神的な安らぎを仏教の信仰に求めるということになり，それが板碑による供養という行為に帰結したと考えられる。板碑は

江戸時代から研究されていたが，名称は定まっていなかった。「板石塔婆」や板碑の銘文に「青石塔婆」と刻まれていたことから，その名称が提唱されたりした。しかし，卒塔婆という本来の性格が，板碑という名称では表現されないため，適切さを欠くとされながらも，今日まで一般的に使用されている。

板碑の起源については，諸説ある。形状が五輪塔から発展したという五輪塔説は，池上年・服部清道・千々和實らによって継承された。三輪善之助は「頭部の三角形は寶形造の屋根を意味し，其下に二本の横線を劃するは木造建築の構造を現はしたものと考えられる」と記し，板碑の頭部形態は笠塔婆に由来するとした（「板碑の原始形に就て」『武蔵野』11－4，1928）。石田茂作は板碑の源流を碑伝とする跡部直治説を発展させた。その他，人形説や宝珠説がある。板碑の源流に関する諸説は板碑の特色である頭部形態，2条線の源流をどう理解するかによって板碑の祖型とするものが異なっていることが理解される。板碑は，鎌倉時代中期，武蔵国の荒川流域で産出した緑泥片岩を用いて作りだされてから全国に広まり，それぞれ地元の石材，凝灰岩，安山岩，花崗岩，黒雲母片岩などで造立された。その形状は，各地域や時代，石材によって異なるが，頭部を山形としてすぐ下は2条線を設ける。板碑は正面に主尊として，菩薩，仏の種子や尊像を彫り，その下半分には偈や真言，造立趣旨，建立年の紀年銘などを刻む。板碑の主尊は，画像やキリークなどの梵字による種子で示し，造立年月日や造立趣旨，偈という経文などの中からの語句を刻む。主尊により，種子板碑や画像板碑と呼称する。なお，種子板碑は，種子の数により一尊・

二尊・三尊種子板碑と呼ぶ。関東の武蔵型板碑では，中央に阿弥陀如来（𑖀）や勢至菩薩（𑖭），聖観音（𑖭）を脇侍とする板碑が多い。また，南無妙法蓮華経と題目を刻んだ題目板碑，南無阿弥陀仏という仏の名を刻んだ名号板碑がある。板碑の碑面荘厳のため，主尊などの基部に蓮華座という台座を設け，主尊上部には笠のように天蓋を下げる。紀年名や偈に近接して，花瓶・燭台・香炉・机の三具足を添える場合がある。

板碑に示された阿弥陀如来は，決して特定の宗派を表すものではなく，平安時代末から末法思想に伴って広まった浄土

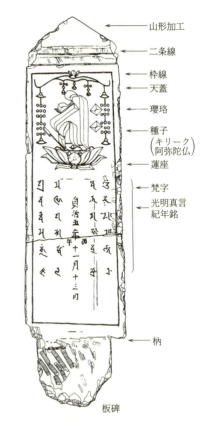

山形加工
二条線
枠線
天蓋
瓔珞
種子
（キリーク
阿弥陀仏）
蓮座
梵字
光明真言
紀年銘

柄

板碑

教の信仰に影響されたものと指摘されている。

これらは故人の冥福を祈るため，忌日に因んでの供養や，自分自身の生前供養，時代が新しくなると墓標として造立される例もある。他には，十仏，十三仏，二十一仏板碑，また，月待や庚申待信仰による月待板碑や庚申待板碑がある。

［服部清五郎（清道）『板碑概説』1933，石田茂作『日本佛塔の研究』1969，坂詰秀一編『板碑の総合研究』総論編・地域編，1983，千々和實『板碑源流考』1987，千々和到『板碑とその時代』1988］

（斎木　勝）

伊丹廃寺　いたみはいじ　兵庫県伊丹市緑ケ丘の伊丹段丘上に立地する白鳳時代の寺院跡。昭和33～40年（1958～65）に高井悌三郎が発掘調査し，昭和61年（1986）に国の史跡に指定された。

伽藍は南面し，西に塔跡，東に金堂跡を並列して配し，中門から派生する回廊跡はこれらの堂宇を取り囲む法隆寺式である。講堂跡は回廊の外，金堂跡の北方に位置しその両脇に僧坊跡が位置している。築地塀はこれら伽藍の外側にある。金堂跡は東西20m，南北16mである。基壇は地覆に塼を敷いたもので，その上部に栗石と瓦を交互に積み上げるという手法を用いている。階段は北面中央に1基，そして南面左右に2基つけるという類例の少ないものである。塔跡は，一辺12.7mで，階段は南面に1基つけている。講堂は27.5m×17.3mである。

伊丹廃寺は白鳳時代に創建され，金堂・塔が焼失し再建されたが，鎌倉時代後期に廃寺化した。金堂西基壇側に基壇を切り込んで3基の瓦窯跡が構築されていたが，平安時代後期の窯跡で，堂宇再建に際して必要な瓦を焼成したものと考

えられている。出土遺物に銅製の水煙，九輪，風鐸，塼仏などがある。

［伊丹市教育委員会『摂津伊丹廃寺跡』1966］　　　　　　　　　　（岡本桂典）

厳島　いつくしま　広島県佐伯郡宮島町。広島市の西方約20kmに位置する厳島は，古来より信仰の島として発展してきた。島の中心地には厳島神社があり，平安時代には平氏一門による参詣などに見られるように隆盛をきわめ，国宝平家納経はその一端を示すものであろう。神社の西側の丘陵上には経ノ尾経塚（清盛塚）があり，東西3m，南北12m，高さ1mの小礫を積みあげたものである。昭和17年（1942）には合子，和鏡，甕が出土した。いずれも平安時代に比定される。近年，経筒片，合子片が採集されている。菩提院跡の調査では室町時代の経筒蓋が出土した。なお『芸藩通志』の宮島町図の中に納経所と記す場所があり，回国聖によって持ちこまれた経筒を収納したものと考えられる。厳島神社境内地と弥山本堂横には「天正廿年」銘の水盤，大聖院境内には「天正七年」銘の石幢，弥山道には「慶長四年」銘の町石などの石造物がある。

（是光吉基）

威奈大村骨蔵器　いなのおおむらこつぞうき　奈良県香芝市（旧北葛城郡二上村）穴虫から，明和7年（1770）に発見された。

発見時の記録によると，大甕を伏せた下に，銅製の合子が入っており，その中に遺骨を入れた漆器が納められていたと伝えられるが，現在は合子のみが残っている。合子は，高台を除くと球形状を呈しており，総高24.2cm，最大径24.5cmで，上下で蓋と身に分かれる。墓誌は，蓋の表面に1行10字を基本として，39行計391字が放射状に刻まれ，全面鍍金が施されている。「小納言正五位下威奈卿墓誌銘并

序」とあり，あきらかに「墓誌」と記され，その姓名，出自，略歴，没年などが刻まれており，墓誌としては最も本格的なものである。威奈大村は『続日本紀』にも名前が見える人物であり，墓誌から慶雲4年(707)4月，46歳で逝去，同年11月21日に，任地で帰葬したことがわかる。
［水木要太郎「威奈大村墓」『奈良県史蹟勝地調査報告』1，1913］（上野恵司）

因幡国分寺跡　いなばこくぶんじあと　鳥取県岩美郡国府町国分寺に所在。千代川の支流袋川が形成した沖積平野に位置する。昭和47年(1972)から昭和51年の間，4次にわたって発掘調査が実施された。寺域は方220m，南門跡と塔跡が確認されているが，他は国分寺集落と重なり明確でない。南門は寺域の南辺中央に位置し，塔は南門の北西約50mに建てられている。なお，塔跡に8個の礎石が遺存していたが，現在は江戸時代に再建された国分寺境内に移転されている。遺物は，瓦類や塼，土器などが出土している。このうち軒瓦は，非常に少なくしかも断片的。代表的なものは以前に表採されたもので，上淀廃寺(鳥取県淀江町)の同系統の瓦当文様をもつ鐙(軒丸)瓦と，均整唐草文を配する宇(軒平)瓦である。国分尼寺跡は，国分寺跡の東側約600mに所在する法花寺集落の付近が想定されているが詳細は不明。
［亀井煕人「因幡」『新修国分寺の研究』4，1991］（真田広幸）

稲村坦元　いなむら　たんげん　明治26(1893)〜昭和63(1989)，福井県生。曹洞宗大学卒。曹洞宗研究生を経て，東京府史蹟保存調査嘱託，埼玉県史編纂嘱託，埼玉県郷土文化会会長などを歴任。埼玉県を中心に板碑の調査研究を進め，板碑の名称を青石塔婆とすべしと主張したこ

とは学史的に知られている。
（主要著作）『青石塔婆』(板碑)(日本考古図録大成13)1931，『武蔵野の青石塔婆』1955，『武蔵史料銘記集』1996，『武蔵における社寺と古文化』1999　(追悼)「稲村坦元先生追悼号」『埼玉史談』36−1，1989（坂詰秀一）

稲荷山経塚　いなりやまきょうづか　京都市伏見区深草にある稲荷大社裏山にあたる稲荷山の中腹北斜面御膳谷に所在する。『玉葉』養和2年(1182)4月16日条に記載されている藤原兼実の最勝金剛院山造営と推定されている。
遺構は，土坑に自然石の板石で東西約60cm，南北約30cm，高さ約45cmの石室を設け，そのまわりに石塊を詰め蓋石をし，上方にも石塊を約30cm積み，その上を土で覆っていたと伝えられる。封土は2m四方に垣石をめぐらした方形の小石積が考えられている。石室内の遺物は，東西に陶製経筒が各1個ずつ置かれていた。特に西寄りの陶製経筒には，10本の経軸・砂金内蔵の銀合子・銀塊・延金・玉類・古銭が納められていた。さらに土坑の北壁には花瓶が置かれていた。石室の蓋石上の積石の隙間に多くの鏡，短刀・合子などが納められていた。副埋品の出土地点によりその性格が異なる埋経遺跡である。
［守屋光春編『稲荷山経塚』1966］（山川公見子）

犬飼石仏　いぬかいせきぶつ　大分県犬飼町大字田原に所在し，昭和9年(1934)国の指定史跡。不動堂と呼ばれる覆屋を兼ねた礼堂の龕壁に，不動明王を主尊とし右に矜羯羅童子，左に制吒迦童子立像が刻出されている。不動明王は像高3.76mで凝灰岩の粗面に荒々しく厚肉に彫り，顔は丸顔で，巻髪に似た頭髪を弁髪にし

左胸前に垂らす。両眼を大きく見開き，右手に三鈷剣を執り，左手は外側に肘を張って羂索を握り右足を上に結跏趺坐した巨像である。古い様式を示しているが，地方色が濃く部分的に彩色が見られる。左右の２童子は，共に上半身裸形で裳をつけ，矜羯羅童子は胸前で合掌し，制吒迦童子は右手で握った剣を体の中央に立てて地を突き，その右腕に左手を添えている。造像の時期については，平安時代末，鎌倉時代初期・後期などの説がある。不動堂の左側の龕には，五輪塔・板碑・宝篋印塔などがあり，永徳２年(1382)に逝去した大友氏の武将吉弘一疊供養の五輪塔が安置されている。

［岩男順「彫刻」『大分県史』美術篇,1981］
　　　　　　　　　　　　　　（渋谷忠章）

犬伏経塚　いぬぶしきょうづか　徳島県板野郡犬伏字蔵佐谷の小高い山の中腹に築造された瓦経塚で，犬伏蔵佐谷瓦経塚ともいう。江戸時代から瓦経片の出土が知られていた。瓦経塚は東斜面を削りとった小さな段に，約2.3m×約2.1mの方形区画を造り，その回りに河原石を方形に並べて築き，中央に瓦経を埋納していたとされるが，盗掘され瓦経の埋納方法は不明である。埋納された瓦経に書かれた経典は，『無量義経』『法華経』『仏説観普賢菩薩行法経』で，瓦経は314枚と推定されている。「天仁二年(1109)七月五日書…」の紀年銘瓦経片が出土している。なお，周辺より平安時代の字(軒平)瓦が出土している。

昭和32年(1957)に板野蔵佐谷瓦経が一括県の有形文化財に指定され，昭和35年(1960)には瓦経塚も県の史跡に指定された。

［石田茂作「瓦経の研究」『仏教考古学論攷』３経典編,1977，網干善教「阿波国

出土瓦経片の集成―散在する資料の集録と復原―」『関西大学博物館紀要』１,1995］
　　　　　　　　　　　　　　（岡本桂典）

伊福吉部徳足比売墓誌　いほきべのとこたりひめぼし　鳥取県岩美郡国府町(旧宇部野村)宮下の岩常山の中腹で，安永３年(1774)に発見された。墓誌は，石櫃内の火葬骨が入った銅製容器の蓋上に認められた。容器は，総高17.1cm，蓋径24.2cmの大きさで，蓋と身に分かれる。身は，鉢形でくぼみ底であり，蓋は浅い半球状で，身に被せるように作られている。墓誌は，この蓋上に16行，計108字が放射状に刻まれている。墓誌には，明確に「火葬」の文字が見え，その内容は，姓名，出自，略歴，没年，火葬日などが記されている。それによると，和銅元年(708)に没し，和銅３年(710)11月13日に火葬されたことがわかる。徳足比売については，不明な部分が多いが，伊福吉部臣は，奈良時代に山陰地方において，相当の勢力を有する氏族である。

［梅原末治『因伯二国に於ける古墳の調査』鳥取県報２,1924，斎藤忠「因幡国伊福吉部徳足比売の墓について」『仏教史研究』９,1975］　　　　（上野恵司）

伊予国分寺跡　いよこくぶんじあと　高縄半島の先端部の東に広がる今治平野南部，三方を山に囲まれた標高10.5mの丘陵，愛媛県今治市国分字殿田に所在する。大正10年(1921)に塔跡が国の史跡に指定された。塔跡の北には，四国霊場第59番札所国分寺がある。昭和44年(1969)に塔跡を中心に発掘調査がなされた。

塔の基壇は，一辺17.4mの正方形をなし，12個の礎石が現在残っている。礎石のうち心礎と北東の側柱礎石３個，西北の四天柱は原位置を保っており，その他は移動，あるいは傾いていることが判明

した。心礎は三角形状をなす大石で，上面の中央に削りとられた痕跡があり，出柄があったことが考えられる。塔跡から南26mの地点で南回廊跡と考えられる北側溝幅4m，南側溝幅6mの2本の溝に挟まれた幅6mの整地部分が確認されている。出土瓦には，複弁八葉蓮華文鐙（軒丸）瓦，単弁六葉蓮華文鐙（軒丸）瓦，唐草文字（軒平）瓦，重弧文字（軒平）瓦があり，創建は8世紀後半，9世紀に改修がなされたと考えられている。国分尼寺跡は，国分寺跡の東南にある今治市桜井の桜井小学校敷地と推定されている。

[愛媛県教育委員会「伊予国分寺発掘調査概要」『愛媛の文化』8，1968]

（岡本桂典）

岩井廃寺 いわいはいじ　鳥取県岩美郡岩美町岩井に所在する古代の寺院跡。蒲生川右岸の河岸段丘上に位置する。地元で「鬼の碗」と呼ばれる塔心礎を中心として国史跡に指定されている。寺院跡の大部分は昭和26年（1951）に中学校敷地として造成されているためか，昭和60年（1985）度などに実施された発掘調査でも明確な遺構は確認されていない。塔心礎は，長径3.64m，短径2.36mの規模。上面に方形の柱座をつくり，柱座の中央に二重の円孔を穿つ。鐙（軒丸）瓦が5種出土しているが宇（軒平）瓦は知られていない。創建期は7世紀後半代と伝えられるが，発掘調査で出土しているものは8世紀後半代から9世紀代のものである。

[岩美町教育委員会『岩井廃寺跡発掘調査報告書』1986]　（真田広幸）

石見国分寺跡 いわみこくぶんじあと　島根県浜田市国分町に所在する国分僧寺跡。下府川の下流域に形成された沖積平野に面する台地上に所在する。国分寺跡には，江戸時代初期に開かれた金蔵寺が建つ。

昭和60年（1985）から昭和62年の間，3次にわたって発掘調査が実施されているが，塔跡以外遺構は確認されていない。塔跡は，金蔵寺境内の東南隅に土壇状に残り，数個の礎石が遺存する。調査で塔基壇を構成する塼が出土し，塼積基壇と考えられている。金堂などの主要な建物は，現金蔵寺の建物と重なると思われる。国指定史跡。なお，国分寺跡から南西に100mほど離れた場所で瓦窯跡が確認されている。国分寺跡から出土する瓦類のうち，鐙（軒丸）瓦は10種，宇（軒平）瓦は9種が知られる。両者の瓦当文様は大きく平城宮系と地方系に分けられ，平城宮系が創建時に使用されたと考えられている。このほかにも，金銅製の誕生仏が出土するが，国分尼寺跡からも同様の誕生仏が出土したと伝えられる。

[内田律雄・江川幸子「石見」『新修国分寺の研究』7，1997]　（真田広幸）

岩屋 いわや　大阪府南河内郡太子町春日に所在する。凝灰岩の石切場跡を転用した奈良時代の山岳石窟寺院跡とされる。約400m西方には，同じ山岳寺院跡として知られる鹿谷寺跡がある。竹内街道の岩屋越と呼ばれる間道のすぐ南にあたる。石窟が2か所あり，そのうち北側のものは，幅約7.6m，高さ約6.1m，奥行約4.5mをはかる。中央部には一石で彫られた石塔がある。この石塔は現状では三重で，高さ約2.1mの凝灰岩製。石窟内北側の壁面には，半肉彫の三尊像が見られるが，状態は非常に悪く，光背の一部が確認できる程度となっている。また，石窟の上部には垂木などを差していたと思われる径10m程度の孔があり，石窟の前面に木造建物が存在していた可能性が高い。一方，南側の石窟は幅約2m，高さ約1.8m，奥行約1.4mと小さく，仏像が安置さ

れていたのではないかと考えられている。
なお，奈良時代前半の土器のほか，中世期の瓦器なども確認されており，これらは岩屋が中世以降に修験道の行場として利用された際の遺物と考えられている。

[山本義孝「二上山麓の石窟寺院－鹿谷寺・岩屋の資料化と背景－」『史学論叢』23，1993]　　　　　　　　（三好義三）

引磬　いんきん　梵音具の一種。形状は，磬子を小形にした鋺状の小鐘中央に穴をあけ，その部分に紐などを使用し，竹や木を取り付けて柄としたものである。鉄桴などによって，鋺状の部分を打ち鳴らし使用される。引磬の名は，大衆を引くためとも，音が磬と異なり媚々と長く続くためともいわれる。各宗派で用いられる梵音具であり，手に持つ磬の意味で手磬ともよばれる。その用途は，『勅修百丈清規』によれば，引磬はもともと大衆の調誦の起止に用いられていたらしい。遺品としては，奈良県唐招提寺のものがあり，箱に天文13年(1544)の銘がある。また，京都府平等院鳳凰堂長押上の雲中供養菩薩(平安時代)の持物にも見られる。

[香取忠彦「梵音具」『新版仏教考古学講座』5，1976]　　　　　　（上野恵司）

印相　いんそう　仏教で説く諸仏諸尊が，その自らの内面的な意志を表示するために手や指を曲げたり，結んだりする種々な手の形を印相といい，印，印契ともいう。インドでは古くから手指で種々の型を作り意志を表す風習があり，それが仏像にも反映して仏の状態や種別を示す標識となったといわれる。この印相の型により仏像の尊命を判別し得る場合が多いが，施無畏・与願印や説法印などのように諸仏に通じて行われるものもある。

最も代表的なものとして，結跏趺坐して臍前で両手を組む姿の「禅定印」があ

る。これは略して定印とも呼ばれ，「法界定印(三摩地印)」と，阿弥陀仏に見られる「弥陀定印」にわけられる。法界定印は左掌に右掌を重ね，第1指(親指)の指頭のみを捻ずる。弥陀定印は「力端定印」とも呼ばれ，左右の五指を相又し，第2指をたてて第1指と捻じ，両手を臍前に安ずる状態をいう。

「説法印(転法輪印)」は仏陀説法の姿としてインド以来釈迦像に多いが，日本では阿弥陀像に多く見られる。説法印における掌の向きや指の捻じ方はさまざまあるが，そのほとんどが両手を胸前中央で甲を見せて絡ませる。「施無畏・与願印」は諸仏の通印で釈迦・薬師如来などに多く見られる。これは右手を胸前か肩前まであげて掌を外に向け五指を伸ばし，左手は同じく掌を外に向けて五指を伸ばして，垂下させるか膝の上あるいは膝のあたりに安じる。「来迎印」は弥陀迎接印ともいい，宗派によっては摂取不捨印ともいう。これは両手それぞれ第1指と第2指を捻じ，右手は胸前で掌を外に向け，左手は垂下し掌を外に向けるか，坐像の場合は膝上に上迎する。

そのほか，禅定印の右手を前方に伸ばして指先を地に触れる「触地印(降魔印)」，右手指先を頬に触れる思惟手，両手を胸前で合わせる合掌手，「善光寺式阿弥陀印」などがある。密教の諸仏の印相は，金剛界大日如来の「智拳印」や各「明王印」などのように，複雑でかつ種類も多い。

[石田茂作監修『仏教考古学講座』4「仏像」1976]　　　　　　（秋田貴廣）

印塔　いんとう　印仏の一種。広い意味では仏教版画に含まれる。仏塔の形を印捺，摺写したものをいう。亡き人の供養のために消息文の裏に印捺したり，寺院の仏

禅定印　　　　　与願印　　　　　施無畏印

智拳印　　　　　転法輪印　　　　降魔印

大威徳明王印　　降三世印　　　　定印（力端印）

合掌印　　　　　金剛夜叉印　　　馬頭明王印

印相

塔の修理費用を勧進するために，供養札として作られたりした。建長7年(1255)の唐招提寺五重塔供養札（奈良国立博物館蔵）などの遺品がある。なお宝篋印塔を略して印塔ということがある。

（坂輪宣敬）

印仏 いんぶつ　仏・菩薩・天部などの像を型に彫り，紙や布などに印捺したり，あるいは瓦に作ったり（瓦経）したものをいう。正倉院文書や奈良時代の文書に印仏の名称が見られるが，実際の遺品は12世紀中期以降である。一般に印捺したものを印仏，摺写したものを摺仏というが，厳密に区別しないこともある。時代的には印仏の呼称の方が古くから用いられた。印仏は日課の作善行や，仏像造立の費用を勧進するためなどに行われ，その多くは仏像の胎内に納入された。また亡くなった人の追善供養のためや護符（お守り）としての印仏もある。印仏は同種の像を数多く表すことが目的であるから，日課印仏では日付とともに印捺数を記したり，あるいは「四万九千躰」「六万躰」などと総数を記したりすることがある。なお平安時代に行われた瓦経は，仏像の胸に経文1字宛を表し，土中に埋納された。また日本では一般化しなかっ

印仏（瓦経）

たが，印仏の型を水面，砂，香泥，空中などに印捺する観想的な印仏の修法が，インド，中国では行われていた。

［石田茂作編『古代版画』「日本版画美術全集」1，1961，三井淳生『日本の仏教版画』1984，菊竹淳一編『仏教版画』「日本の美術」218，1986］　（坂輪宣敬）

院坊 いんぼう　寺院に付属する子院や僧房のこと。特に中・近世寺院に顕著に見られる多数の子院や僧房を指して用いる。坊院ともいう。古代寺院の僧房は大寺院の三面僧房に代表されるように1つの建物に多数の房室をもつことが多かったが，中世寺院では個々の院坊が独立した屋敷を構え，その内部に仏堂・庫裏・庭園などをもつようになる。和歌山県岩出町根来寺では中心伽藍をとりまく谷地に大規模な院坊群が確認され，発掘調査の結果，礎石建物跡・石垣跡・井戸跡・庭園跡・倉庫跡などが検出された。倉庫跡は内部に多数の甕を据えたもので，油倉であろうと推測されているが，こうした世俗的な性格が強い施設を取り込んでいるところに古代の僧房とは異なる性格を指摘することができる。福井県勝山市平泉寺跡では，中世後期の院坊跡が多数確認されているが，石敷道路の両側に石垣による区画をもった屋敷跡を計画的に配しており，院坊が都市的な場を形成していたことが推測されている。京都市大徳寺などの禅宗寺院では，中心伽藍へ至る参道の両側に多数の院坊が営まれているが，それらを塔頭と呼んでいる。塔頭は本来祖師の墓所に建てられた塔，あるいはそれを護持するために設けられた小庵を指すが，転じて子院のことをいうようになった。塔頭と院坊は，祖師の墓所の有無によって区別されるわけであるが，遺跡の実態として両者を識別するのは困

難な場合が多い。

　［石田茂作「伽藍配置の変遷」『日本考古
学講座』6,1956］　　　　（時枝　務）

う

上竹経塚　うえたけきょうづか　岡山県浅
口郡金光町大字上竹に所在。昭和6年
(1931)に発見されたが、出土状況などは
不明である。出土遺物には経筒蓋、経筒
底、三鈷杵、五鈷杵、飯食器、六器があ
る。経筒蓋は被せ蓋で、径8.7cmをはか
る。鈕は宝珠形を呈し、上面は盛りあが
っている。経筒底は径5cmで銅板を円形
に切ったものである。三鈷杵は長さ13.2
cmで鋳上がりは良く、蓮弁は複弁で鬼目
が小さい。五鈷杵は長さ9.8cmとやや小さ
い。鋳上がり状態があまり良くなく蓮弁、
鬼目など不鮮明である。飯食器は鋳銅製
で、口径4.7cm、高さ4.2cmをはかり高坏
形である。六器はいずれも鋳銅製で鋺が
8個、台皿7個が出土した。このうち7
個の鋺は口径6.2cm、高さ2.8cm、また、
台皿6個は口径5.6cm、高さ0.9cmである。
他の1つの鋺の口径は7.6cm、高さ3.8cm
で鋺の外側に2条の帯がある。台皿は口
径6.3cm、高さ1.3cmで、台座底に井形の
刻みがある。出土遺物より室町時代と考
えられる。

　［蔵田蔵「経塚論(10)」『MUSEUM』178,
1966］　　　　　　　（是光吉基）

上野廃寺　うえのはいじ　和歌山県和歌山
市街地の南、紀ノ川を望む和泉山脈の南
麓標高30mの台地上に位置する寺跡で、
和歌山市上野薬師壇にある。別名を紀伊
薬師寺跡ともいう。江戸時代の『紀伊続
風土記』には「廃薬師寺」と記されてい
る。昭和26年(1951)に国の史跡に指定さ
れ、昭和45年(1969)に追加指定された。

昭和43・58〜60年(1968・83〜85)に発掘
調査された。

　伽藍は南面し、やや台形状の地形に東
西に瓦積み基壇と塼積み基壇の三間塔婆
を配置し、中軸線上に桁行3間、梁間2
間の四面庇と考えられる金堂跡を配置す
る。金堂跡背後には、山が迫っているた
め、講堂跡は西塔の西に位置する。講堂
跡は桁行5間、梁間2間で身舎に4面廂
の入母屋造りとする。身舎後方に幅3間、
奥行1間強の瓦を立てた須弥壇遺構が確
認された。遺構の中央には、石積みの六
角形台座と束石が残り、中央間のみを来
迎壁としたものである。回廊跡は中門跡
からでて、塔・金堂跡を囲み講堂跡側面
の前端間に取り付く伽藍である。創建は
7世紀後期と考えられ、変形した薬師寺
式伽藍配置をとり、創建期の軒瓦は法隆
寺再建瓦の影響を受けた複弁八葉蓮華文
鐙(軒丸)瓦、均整忍冬唐草文字(軒平)瓦
の組み合わせで、類例の少ないパルメッ
トをレリーフした隅木蓋瓦が出土してい
る。

　［和歌山県教育委員会『史跡上野廃寺跡
発掘調査報告書』1986］　　（岡本桂典）

上原経塚　うえはらきょうづか　埼玉県大
里郡川本町上原に所在する室町時代の経
塚である。立地は、荒川左岸の河岸段丘
上で、現在は市街地となっている。昭和
6年(1931)3月宅地造成時に、塚を崩し
た際に経筒が発見された。経筒の埋納遺
構は、経筒の周囲から粘土が検出された
ほか埋納品などは検出されなかった。出
土の経筒は、銅板製八角形で高さ10.4cm、
径5.0cmを測るもので、銘文に享禄3年
(1530)とある。また、「奉納大乗妙典六
十六部」の銘文から回国納経に伴うもの
で、武蔵国に住む僧侶清順により奉納さ
れたものであることがわかる。経筒は、

川本町教育委員会が所蔵する。

［関秀夫『経塚－関東とその周辺』1988,
川本町編『川本町史』通史編, 1989］

（野沢　均）

烏含寺　うがんじ(オハムサ) **(聖住寺** ソンジ
ュサ)　忠南保寧郡聖住山に所在している。
種々の寺名（烏含寺，烏合寺〈オハップ
サ〉，烏会寺〈オフェサ〉，聖住寺）が混
同されているが，同寺異名である。史料
から判断すると，武王(ムワン)治世(616
年)に伽藍を創建したことと，烏合寺が
聖住寺の前身であることを判断すること
ができる。1968年に実測調査，1974年に
発掘調査が行われた。伽藍配置は南北の
中軸線上に中門，石燈，五層石塔，金堂
が建てられた。また金堂の北側には３基
の石塔が東西に並んでいる。石塔群から
離れた地点に建物跡礎石列がある。金堂
跡の左右に離れた地点に回廊跡と判断さ
れる遺構がある。伽藍創建は百済時代で
あるが，現在残されている遺構形態と遺
物は再建された統一新羅時代以後のもの
である。特異な３基の３層石塔も禅宗の
影響と共に発生した（聖住寺は九山禅門
の一派である無染〈ムヨム〉が開いた聖
住山派である）祖師あるいは高僧たちの
塔婆である。

［東国大学校博物館「聖住寺址発掘調査
特輯」『仏教美術』2, 1974］　（李興範）

請花　うけばな　上に据えた主体物を請
ける（受ける）部分で，上向きの蓮弁を刻
出して荘厳する。石塔では一般的に相輪
の宝珠の下，九輪の下に刻出されている。

　インド仏塔を見ると，請花に位置づけ
られる部分としては，傘蓋，傘竿を受け
る平頭が考えられる。様式的には平頭が
展開したものと思われる。請花の蓮弁は，
花弁面が１面のものを単弁，また，１枚
の弁の中央で２つに別れ，２つの膨らみ

を持つものが複弁とされ，その周囲をな
ぞって立体感を増すように縁取るのを覆
輪付きと呼称する。また，弁と弁との間
に小さな弁を刻出する場合もあり，これ
は間弁という。無縫塔では塔身を受ける
台座として請花は重要な位置を占める。
請花は塔身を荘厳するため，単弁，素弁
で８葉か16葉を刻出する。より重厚なの
は花弁を２段，あるいは３段葺にしてい
る。請花という部分装飾をより荘厳にし
て展開したものが蓮花座であろう。具体
的な仏塔としては舎利塔があげられる。
舎利塔は仏舎利を奉安するためのもので
あるが，その主体部を荘厳するために蓮
花座を据える。これらは，舎利塔を拝す
る人々に対して視覚的に宗教的信念を高
揚させるためと思われる。宝珠宝台舎利
塔も請花には筋弁を用いて荘厳している。
木造塔では請花は相輪の伏鉢と九輪の間
にある。青銅製で蓮弁が外反するように
設置しており，単弁で８枚，あるいは複
弁で４枚に鋳出している。このように，
請花は聖なる仏塔の主体物を荘厳し，そ
のための儀礼空間を演出するための舞台
道具と認識される。

［石田茂作『日本佛塔の研究』1969］

（斎木　勝）

宇治宿祢墓誌　うじのすくねぼし　京都市
右京区大枝塚原町（旧乙訓郡大枝村塚原）
宮田丘陵の竹藪から大正６年(1917)に発
見された。墓誌は，石櫃に入った銅製合
子とともに出土した。石櫃は，地下1.5m
の深さに，周囲を15個の自然石で囲まれ
た状況で検出された。花崗岩製であり，
総高43cm，一辺約43cmの方形を呈し，蓋
と身の上下に分かれている。身の上側中
央には，径17.0cm，深さ9.0cmの穴が彫ら
れ，蓋にも同径の浅い窪みが彫られ，そ
こに銅製の合子が納めてあった。銅製合

子は，総高約8.0cm，径12.0cmの大きさ
で，低い円筒形の身に，扁平な印籠蓋が
伴っていた。墓誌は，薄い銅板で上下を
欠損しているが，方形を呈していたと思
われる。遺存長は約9.3cm，幅5.6cmを測
る。遺存部分は，縦罫線3条を引き，そ
れに沿って4行28字が刻まれている。墓
誌の内容は，破損が激しく明確なのは宇
治宿祢の名と，年号のみである。年号の
「□雲2年」は，慶雲2年(705)または，
神護景雲2年(768)の2説あるが，後者の
可能性が考えられている。

[梅原末治「山城に於ける宇治宿祢の墳
墓とその墓誌」『日本考古学論攷』1940，
久保常晴「宇治宿禰銅板墓誌年代考」『続
佛教考古学研究』1977] （上野恵司）

臼杵磨崖仏　うすきまがいぶつ　大分県臼
杵市大字深田に所在し，平成7年(1995)
大日如来像ほか59体が国宝指定。臼杵川
の支流深田川に面した谷あいの凝灰岩堆
積層に龕をうがち，ホキ・堂ヶ迫・山王
山・古園石仏群の4グループに分けられ
る。ホキ石仏群は2龕からなり，1龕は
阿弥陀如来坐像を中心とし，その左右に
阿弥陀如来立像を各4体配して9品の阿
弥陀を刻出している。堂ヶ迫石仏群は4
つの小龕からなる。山王山石仏群は高さ
4.5m，横6.6mの龕に，3体の如来坐像
を配し三尊とも微笑みのある童顔である。
古園石仏群は，中央に大日如来坐像を据
え，その左右に如来・菩薩各2体ずつ，
さらにその左右に天部・明王を各1体刻
出する。大日如来像の頭部は前方に安置
されていたが最近復元された。ほぼ丸彫
に近く，臼杵磨崖仏群中最も秀作である。
製作年代は一部鎌倉時代以後に追刻され
たものもあるが，11世紀後半から12世紀
の約150年間に何期かにわたって制作さ
れたものと考えられている。

[濱田耕作『豊後磨崖石仏の研究』京都
帝国大学文学部考古学研究報告9，1925]
（渋谷忠章）

打敷　うちしき　須弥前机などに敷き掛
ける荘厳具の一種で，打布，内布，ある
いは卓圍，卓袱とも書く。一般的な形式
は，方形，長方形，三角形がある。顕密
を問わずに使われるが，密教は主として
長方形，浄土教系寺院では三角形を多く
用いる。『菩提場荘厳陀羅尼経』には，「是
の幢の中に於て獅子座あり，閻浮檀金を
以て成るところの七宝荘厳なり，種々の
天の妙服を以て其の座上に敷く」とある。
中世の板碑には前机に三角形の打敷が掛
けられている例が多い。仏教に限らない
場合は，奈良時代の資財帳などに記載さ
れた机や床の上を荘厳する褥に共通して
いるところがある。遺品は少ない。重文
に指定されている比叡山延暦寺の尾長鳥
文繍打敷は，墨書で延慶3年（1310）の
年号が明らかで，寺記により用途も明確
である。その他出土品では，奈良県般若
寺十三重塔納内品に赤地蓮池水禽文倭錦
打敷(重文)がある。

[石田茂作監修『新版仏教考古学講座』
5「仏具」1976] （松原典明）

団扇太鼓　うちわだいこ　膜鳴打楽器の一
種。木製円形の枠に一枚皮を張り，柄を
つけた太鼓。形状が団扇に似ているとこ
ろからこの名称がある。大きさは直径7
寸から2尺くらいまでさまざまあり，8
寸ほどの木の柄をもつ。柄の部分を左手
に持ち，右手で木製丸長の桴を用いて打
奏する。日蓮宗で題目を唱えたり『法華
経』の要文を誦するとき，調子を合わせ
てたたくことにより，「題目太鼓」とも呼
ばれる。唱題修行を野外で行う方法に「唱
題行脚」がある。唱題に合わせて団扇太
鼓を打ち鳴らしながら歩き回ることによ

り，同信の者を励まし，題目の功徳を伝える意味を持つ。太鼓で拍子をとる方法には，一本桴や二本桴で打つなど幾通りかの形がある。そのほかには，歌舞伎の黒御簾音楽の鳴物として，日蓮宗に関係ある場面などで使われたり，民俗芸能では盆踊りなどに用いられる。この太鼓の起源については定かでないが，安藤広重の「池上詣」や「会式風俗」に描かれていることから，江戸時代中期には普及していたものと思われる。　（松原典明）

宇野信四郎　うの のぶしろう　大正3（1914）〜昭和54（1979），東京都生。早稲田大学文学部国文学科卒。東京都立王子工業高校教諭のかたわら日本歴史考古学会の幹事として古瓦塼の調査研究を行う。とくに武蔵国分寺跡出土の瓦塼をはじめ，各地出土の古瓦塼の蒐集に尽力する。一方，武蔵国分寺の造瓦窯跡について関心をもち，窯跡出土の文字瓦の研究などでも大きな業績を残した。

（主要著作）『武蔵国分尼寺』共著，1975，『宇野信四郎蒐集 古瓦集成』田熊信之・天野茂編，1994　　　　（坂詰秀一）

梢付塔婆　うれつきとうば　「梢」は「木」偏に「肖」の旁で構成された文字で，木の先の細い「こずえ」の意味を持つことから先端に枝葉のついた塔婆であることを表すことになる。一般的に33回忌や50回忌に弔い上げと称し，死者に対して墓参りの終わりを意味するような日本の祖霊信仰に基づいて，墓地に青葉がついた木を立てることがある。それは2mくらいの生木の幹を削って，その表面に経文や戒名などを書いて供養することである。所によっては葉付き塔婆といったり，杉を用いるところから杉塔婆ともいう。この杉の葉をつけた塔婆を立てるのが最も一般的で，近畿地方や北陸，関東に見受

けられる。また，椎の木を用いるところも九州，一部の近畿，中部などで見られる。

広島県の草戸千軒町遺跡は，福山市の芦田川下流の河川敷に所在する遺跡で，13世紀後半から16世紀初頭まで寺の門前町，港町として栄えたと考えられているが，丸太材の片面を削って先端を尖らせた塔婆が出土している。塔婆は太さ4〜7cm，長さ130cm以上の枝を用いて，そ

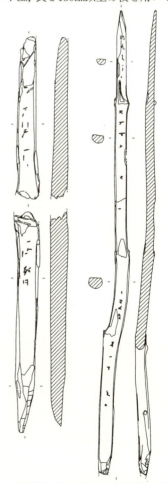

柱状塔婆（広島県草戸千軒町遺跡出土）

の基を尖らしており、また、出土状態を見ると、土坑墓のそばの地面に突き刺した状態で確認されている。塔婆は正面を偏平に削っており、その面に明瞭に判読はできないが「……敬日」、「五大種子」、あるいは「右二者……」と墨痕の一部が確認される。この塔婆が出土した面は、共伴した遺物などにより15世紀初頭から16世紀の初めと考えられている。
［新谷尚紀『日本人の墓』歴博ブックレット8，1998，広島県草戸千軒町遺跡調査研究所『草戸千軒町遺跡発掘調査報告』V，1996］　　　　　　　（斎木　勝）

雲岡石窟　うんこうせっくつ　古くは雲崗石窟、大同石窟ともいった。中国山西省大同市の西方15km，武州川北岸の断崖に東西約3km（主要窟は約1kmの間にある）にわたって開かれた仏教石窟。東部，中央部，西部の3群に分けられ、主要窟45，付属窟207を数える。塞外遊牧民族である北魏は第3代太武帝のとき、大規模な仏教弾圧を行った。しかし次の第4代文成帝は復仏の詔を出し、師賢、曇曜ら仏僧を重用した。雲岡石窟はその文成帝の和平元年（460），沙門統となった曇曜の奏請によって開鑿が始められた。そのときの窟が第16～20窟にあたるとされ、各々高さ13～16m余の巨像を本尊とし、曇曜五窟とよばれる。初期の窟には仏像、装飾文様、浮彫などに西方的な要素が強く、時代が下るとともに中国風の様相を示すようになる。北魏が都を平城（現在の大同市）から南の洛陽に遷した（494年）ことを契機として、雲岡石窟の造営は勢いを失い、やがて終りをつげた。北魏の造像活動はこの後、新しい都洛陽の郊外に造営された龍門石窟に受けつがれていく。
［京都大学人文科学研究所『雲岡石窟』1～16，1951～56，平凡社・文物出版社『雲岡石窟』1・2，1989・90］　（坂輪宣敬）

雲首塔　うんしゅとう　この塔は、角柱状の塔身をもつ石塔の頭部に雲の形を装飾しているため雲首塔という。本来は禅宗の位牌から発達したもので、僧の墓塔として石塔にもその形状で造立されるようになったのである。頭部をかざる雲形には、雲が渦巻くような形式、また、その渦巻文が様式化され、花弁のように文様化したものがあり、雲間に日・月を表すものもある。その他、石塔の頂部に円相を置いたものや唐草文を刻むものも見受けられる。雲形を正面に示すもののほかに、側面からも立体的に表現するものもある。

塔身は輪郭をまわし、正面に題目を刻んだ形式のものや、塔身に阿弥陀三尊を半肉彫りで示したり、梵字を刻んだり、あるいは法名、紀年銘を刻む石塔も確認される。規模で見ると塔高が6，7尺を示す大型塔になると、雲形と塔身を別材として造立するが、5尺の中型塔では雲形と塔身を同一材で建立している。雲首塔の多くは、江戸時代に造立されたものであるが、現在、最古の紀年銘をもつ雲首塔が京都市東山区の実報寺に確認されている。花崗岩製で高さは217cm、長方形の塔身上には別石の雲形を乗せている。塔身には幅の広い輪郭を回し、中央に「南無妙法蓮華経」、向かって右に「南無多宝如来　永徳三年（1383）癸亥三八」、左に「南無釈迦如来　為沙門日円逆修」と日蓮宗の三本尊を刻出している。銘文からすれば、日円が逆修塔として建立したもので、死後、墓塔となったものである。
［石田茂作『日本佛塔の研究』1969］
　　　　　　　　　　　　　　（斎木　勝）

雲版　うんぱん　梵音具の一種。主として禅宗寺院で用いられるが、浄土系諸宗及

び日蓮宗などの鎌倉新仏教の寺院でも見られる。外形が雲形に作られることから，この名称がある。

大きさは，縦・横とも約30〜60cmのものが中心である。その源流は中国と考えられ，日本においては『永平道元禅師清規』などに「雲版」の名称が見られる。多くの異名があり，雲版そのものにも打板・長板・打飯・斎板・板鐘などの銘が見られる。その用途は，衆僧の睡眠を覚ます時，座禅を止める時，斎食の時などの合図に使われる。材質は，銅または鉄の鋳造品であり，両面式と片面式がある。基本形は，大きく内湾する肩を左右に有する身部と，その中央から延び，吊手孔を有する頭部から成る。また，身部の縁に近い中央付近には，撞座が認められる。肩の部分を除く縁には，頭・身部とも括れ状に刻り込みが認められるものと，何も施されないものがある。また，刻り込みが深いものと浅いものも認められ，肩部分の内湾の深さと合わせ，それらが複雑に組み合わさり，多くの型式が認められる。一般的に古いものは，頭・身部共に，2か所の刻り込みが認められ，3弧を呈するものが多く，撞座の下に文様を持つ。片面式は，室町時代初期頃までに多く，それ以後は両面式が主流となってくる。日本最古のものは，福岡県太宰府天満宮にあるもので，文治3年（1187）の銘を有する両面式であり，形状は円形に近い。また，代表的なものとして，宮城県松島の瑞厳寺に，嘉暦丙寅年(1326)の銘を有する片面式の雲版がある。これは，形は正円に近いもので，頭部に浅い刻みが2か所，身の括れは左右に2，腰部に1か所ずつあり，縁の断面は半円形に近く，内側に子線が1条廻るものである。

雲版

［久保常晴「雲版」『仏教考古学講座』6，1936，香取忠彦「梵音具」『新版仏教考古学講座』5，1976］　（上野恵司）

雲峰寺経塚　うんぽうじきょうづか　山梨県塩山市上萩原の臨済宗雲峰寺北東の金毘羅神社境内から大正2年(1913)に神社修復工事の際発見された。当時の記録によれば平石を使った石室中央に壺が置かれ，その周囲に刀剣が立てられていたという。出土品は，銅製経筒，陶器壺，陶製外容器，和鏡3，刀身4，銭貨6などで，大正4年(1915)に東京帝室博物館（現東京国立博物館）に寄贈され，塩山市教育委員会にも渥美壺2点，常滑三筋壺1点が保管されている。平成4年(1992)には，塩山市史編さん室の確認調査が行われ，新たな遺構の発見にはいたらなかったが，大正年間の出土地点が特定された。経塚は平安時代から鎌倉時代にかけて構築されたと考えられる。

［田代孝『山梨の経塚信仰』1995］
（猪股喜彦）

ヴァイシャーリー　Vaiśāli　釈迦の時代の16大国の1つであるリッチャビー族の都である商業都市。ビハール州ムザファプル県のバサル（Basarh，北緯25度59

分，東経85度7分）に比定されている。この地の砦跡からは仏教的なものは発見されなかったが，その砦から南西に270mの地点からストゥーパ跡が発見された。また，砦から約3kmのコルフア（Kolhua）からはマウルヤ朝期のものと考えられている石柱とストゥーパ跡が発見されている。また，付近の畑からパーラ朝期のブッダ像も発見されている。石柱付近の池が玄奘が言及する猿池に比定されている。塔は，元々直径7.5mほどの土でできたものであったが，焼き煉瓦による増広を経て，3度目の増広後直径約12mとなり，4度目にさらに補強された。この塔にはアマラーヴァティーの大塔にあったアーヤカ（āyaka）と呼ばれる突出部が四方に設けられ，北インドには珍しい構造をしていたという。

ヴァイシャーリー

[Debala Mitra, *Buddhist Monuments,* Calcutta, 1971]　　　　（髙橋堯英）

ヴィハーラ　vihāra　仏教やジャイナ教の出家者の住居，僧院，精舎のこと。仏教の出家修行者らは遊行生活を送っていたが，釈迦在世中より雨期は仮設の小屋（āvāsa）や石窟などで暮らすという慣習があった。裕福な在家信者や王侯貴族による教団への園林の寄付により，大規模な恒常的僧院が整備されるようになり，僧院はヴィハーラ，アーラーマ（ārāma），サンガーラーマ（saṃghārāma）と呼ばれた。このような僧院は，町の喧噪を避けながらも，僧が町に托鉢に行くことが可能な場所に建てられた。

　最初期の僧院がいかなるものであったかは岩をくりぬいて造った石窟寺院にその姿の一部を見出すことができる。最初期の石窟寺院は一部屋あるいは数部屋かが適当に配置されたものであったが，紀元前2世紀頃になると，講堂の周りの三面に小さな僧房が配置された形が一般的になる。講堂は方形または長方形であったが，バージャー（Bhājā）のように前方後円の形をしたものもあった。講堂内部はホールとなっていたが，列柱の設けられた講堂もコンダネ（Kondane），ピタルコラ（Piṭalkhora）などに見受けられる。さらに，ナーシク（Nāsik），ジュンナール（Junnār），コンダネなどに見受けられるように，列柱を伴うベランダが入り口に設けられた僧院も存在する。伽藍内では，本来塔地と僧地が分けられていたが，3〜4世紀になると僧院内にストゥーパをまつるチャイティヤ堂を堂内に設置することが行われ，5世紀にはアジャンター（Ajantā）のように入り口にベランダを設け，列柱を伴う講堂の周り三面に小部屋の僧房群を設け，一番奥の中央の部屋を大きめの祠堂として仏像を安置した複雑な構造のものが造られ，僧の生活の場と礼拝の場という二面性を有するものも造られた。当初，木造であった屋外の僧院も，中庭の周りの四面に僧房を配すという構造で，堅固な煉瓦や石積みで2階建てやそれ以上の建造物として造られるようになり，高い壁面と1つしかない入り口によって僧の生活を外部と隔離する形式が一般化した。

[Debala Mitra, *Buddhist Monuments*, Sahitya Samsad, Calcutta, 1971]

（髙橋堯英）

ウダヤギリ Udayagiri　インドのオリッサ州プーリー県のブワネーシュワール駅の西5kmの地点で，道路によって隔てられた2つの山の東側の山中に残る石窟寺院群。破壊が激しいものを除き，大小18窟を数える。第1窟のラーニー・グンファー（Rānī-Gumphā　王妃の窟）は，約11m×6mの前庭の西・北・東の3面に2階建てで掘り出された壮大な僧院で，1階の西側にベランダ部の周りに3室，中央部に約7m×3mのベランダの周りに4室，東側にベランダの後ろに1室設けられ，2階は，9本の柱がある12m×2mのベランダの周りに6室設けられたもの。この石窟群は，第14窟ハーティー・グンファー（Hātī-Gumphā）で発見された碑文などであきらかなように，紀元前1世紀頃オリッサ地方を治めたチェティ（Cheti）王国のマハーメガヴァーハナ（Mahāmeghavāhana）朝のカーラヴェーラ（Khāravera）王，彼の第1王妃や子孫らの庇護によってジャイナ教の石窟寺院として発展したが，中世期にヒンドゥー教の苦行者らの住所となっていたという。

[Ramesh Prasad Mohapatna, *Udayagiri and Khandagiri Caves*, D.K.Publication, Delhi, 1981]　（髙橋堯英）

え

永寧寺　えいねいじ　北魏の献文帝が皇興元年（467），皇子孝文帝誕生の年に当時の都である大同に7層の塔を建て，永寧寺と称した。太和18年（494），北魏が洛陽に遷都した後，孝明帝（515～528）の

とき，その生母霊太后胡氏によって，洛陽城内に僧房1千を有する同名の寺が造営され，寺内には高さ1千尺（『洛陽伽藍記』による。『魏書』「釈老志」は400尺，『水経注』は490尺）という木造9層の塔が建てられた。柱間は方9間といい，壮麗をきわめたものであったという。北インドの僧菩提流支はこの頃洛陽に来て，永寧寺で訳経を行った。永寧寺は北魏の滅亡（534）に先立つ火災のため，永熙3年（534）2月，洛陽城内の多くの寺院とともに焼失した。東魏の撫軍府司馬楊衒之は廃虚となった洛陽を訪れ，往時の仏寺の盛んなさまを追想して，武定5年（547）『洛陽伽藍記』5巻を著わした。近年の発掘調査により基壇の一辺38.2m，高さ2.2m，礎石による初層の柱は124本という塔のプランが確認されている。

[水野清一「洛都永寧寺解」『中国の仏教美術』1968]　（坂輪宣敬）

柄香炉　えごうろ　机の上に置き香を燻ずる居香炉に対して，手に持って仏・菩薩に香供養を行う香炉で，手炉・柄炉ともいう。形は，居香炉に運びやすいように長い柄をつけたもので，基本的な形は一定している。焼香する炉，これを支える支柱・台，手に持つ長柄とからなる。『根本説一切有部毘奈耶』巻24に「僧伽の足に礼し，自ら香炉を執り，諸の僧衆を引いて出でて制定を遶りて寺中に還帰し」とあり，また『金光明経』巻2に「手に香炉を擎げて経を供養する時」と見え，手に香炉を持ったことが知られる。インドにおける柄香炉の形態は明確でないが，ガンダーラ彫刻に香炉を持つ仏像が見られる。わが国へは仏教伝来とともにもたらされたと考えられ，仏具の中でも古いものの1つである。法隆寺の玉虫厨子須弥壇には，居香炉を中心に左右に

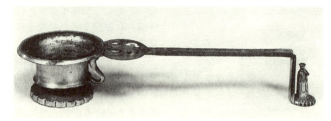

柄香炉

柄香炉を持つ僧が描かれている。『日本書紀』皇極天皇元年（642）7月27日の条には「手執二香炉一，焼レ香発レ願」とあり，柄香炉の存在を示すものである。

柄香炉の種類は各部の形状や装飾から鵲尾形柄香炉，獅子鎮柄香炉，瓶鎮柄香炉，蓮華形柄香炉の4種に分けられる。

鵲尾形柄香炉は，長柄の先端が鳥の尾羽のように3つに分かれ，鵲の尾に似ていることからこの名称がある。東京国立博物館蔵の法隆寺献納宝物に飛鳥時代とされる鍮石鍛製の柄香炉があるが，『法隆寺伽藍縁起并流記資財帳』に見えるものに相当すると考えられている。この形式は，柄香炉では最も古い形式と考えられている。

獅子鎮柄香炉は，柄の先端に獅子の鎮子を置くもので炉はやや浅く，朝顔形をなし台座は菊座である。この形式のものは，中国唐代のものと共通しており，奈良時代における代表的な形式とされている。東京国立博物館蔵の法隆寺献納宝物に白銅鋳製のものがある。

瓶鎮柄香炉は平安時代以降に見られる形式で，全体の形式は獅子鎮柄香炉と類似している。鎮子の形が瓶形となり，火炉に火舎香炉の蓋のような透かし蓋がつくものもある。鎌倉時代以降も形式化しながら近世まで用いられる。和歌山県那智経塚から平安時代後期と推定される瓶鎮柄香炉が出土している。

蓮華形柄香炉は，一般に鎌倉時代以降に見られるもので，形は開敷蓮華形の火炉を持ち蓮華を裏返した形で，伏蓮形の蓮華座の台がつき，柄は蓮茎を模した形である。和歌山県高野山龍光院蔵に鎌倉時代のものがある。なお，木製柄香炉が正倉院にあり，炉部・柄先端部獅子鎮子の奈良時代の紫檀金鈿柄香炉がある。

［中野政樹「供養具」『新版仏教考古学講座』5，1976］　　　　（岡本桂典）

越後国分寺跡　えちごこくぶんじあと　越後国分寺として現在知られている寺院は，新潟県上越市五智3丁目にある安国山華蔵院国分寺である。この寺院は永禄5年（1562）に上杉謙信によって再興され，これ以後五智国分寺とも呼ばれているが，これがそのまま古代の国分寺とは考えられてはいない。

越後国分寺に関する史料は『続日本紀』『弘仁式』『延喜式』に見え，天平勝宝8年(756)には成立し，10世紀中葉頃まである程度機能していたことがわかる。しかし，所在地については，古代以来の上越市直江津所在説・海没説・頸南（頸城郡南部）説・本長者原廃寺説へと変遷してきた。近年の考古学的成果からいくつかの候補地があげられてきたが，現段階で最も注目されるのは新潟県上越市本長者原にある本長者原廃寺である。基壇と考えられる版築遺構や瓦片などが検出されているが，寺院跡としての確たる証は

未だ発見されておらず，今後にその結果は委ねられている。

　［寺村光晴「越後」『新修国分寺の研究』7，1997］　　　　　（戸根与八郎）

越前国分寺跡　えちぜんこくぶんじあと　越前国府域に推定されている福井県武生市街地から西方約2km，武生市大虫本町にある大虫廃寺を越前国分寺に比定する説が有力となっている。昭和42年(1967)の発掘調査で，一辺約12mの乱石積の基壇（塔跡）が確認されたほか，4か所の瓦溜りが検出された。鐙(軒丸)瓦・宇(軒平)瓦・平瓦・丸瓦などが多量に出土している。高句麗様式の瓦から白鳳時代末期に創建され，平安時代初期まで存続していたことがわかる。寺域の規模や伽藍配置など全体は把握されていない。本廃寺が国分寺に転用された可能性は大きいが，積極的に国分寺に比定する十分な根拠はまだない。県指定史跡。大虫廃寺の西方には大虫神社，東北東約1.6kmには深草廃寺，西北0.9kmには丹生郡衙推定地と考えられている高森遺跡がある。

　［武生市教育委員会『越前国分寺推定遺跡─大虫廃寺・深草廃寺発掘調査報告』1967，斎藤優「越前」『新修国分寺の研究』3，1991］　　　　　（戸根与八郎）

越中国分寺跡　えっちゅうこくぶんじあと　富山県高岡市伏木一宮字国分堂の薬師堂境内とその周辺に比定されている。昭和11・12年(1936・37)に上田三平・堀井三友が，昭和41年(1966)に富山県教育委員会が発掘調査を行っている。これまで鐙(軒丸)瓦や宇(軒平)瓦，平瓦，のし瓦といった瓦類のほか須恵器や土師器，灰釉陶器，硯，塼，ふいご断片，鉄片などが出土している。関係遺構の検出はない。

　鐙（軒丸）瓦には，外面傾斜面に鋸歯文をもつ単弁八葉蓮華文鐙（軒丸）瓦ⅠB式(創建期瓦)，鋸歯文が彫り直され素文縁となった単弁八葉蓮華文鐙（軒丸）瓦ⅠA式などがある。これらとセットとなる均整唐草文宇(軒平)瓦もある。宇(軒平)瓦は，平城宮6314A瓦をモデルとしており，製作に平城宮の瓦工人が関わっていたことを示す。三河国分寺に類似瓦がある。年代は8世紀中頃に比定される。県指定史跡。

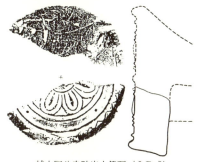

越中国分寺跡出土鐙瓦（ⅠB式）

　［古岡英明・西井龍儀「越中国分寺」『北陸の古代寺院』1987］　　　（藤田富士夫）

慧日寺跡　えにちじあと　平安時代前期に徳一によって創建されたといわれる寺院。磐梯山の山麓，福島県磐梯町大字磐梯に所在する。昭和26年(1951)に一部が発掘され，その後昭和60年(1985)以降現在まで継続的に発掘調査が行われており，伽藍の全貌があきらかになりつつある。寺域は磐梯神社地区・戒壇地区・観音寺地区の3区に大きく区分され，それぞれに複数の堂宇が配されているが，地形に大きく制約された伽藍配置である。磐梯神社地区は慧日寺跡の中枢と推測される所で，金堂と講堂が南北に並び，その東側に塔が配され，塔の北方に徳一廟と伝えられる石造層塔が存在する。戒壇地区は磐梯神社地区の西側，観音寺地区は磐梯神社地区の東北1.5kmに位置し，いずれも

礎石建物や石造層塔が確認されている。発掘調査では墨書土器を含む多量の土器類などが発見されているが、瓦が出土しないところから、柿葺など植物質の屋根材を用いていたと考えられる。

[磐梯町教育委員会『史跡慧日寺跡』一、1986]　　　　　　　　　　　（時枝　務）

円教寺　えんきょうじ　兵庫県姫路市の北西、標高360mの書写山にある天台宗の寺院で、円教寺境内約31万㎡が昭和9年（1934）に国の史跡に指定された。山号を書写山と号し、現在西国33か所の27番札所で、西の叡山ともいわれる。

円教寺は、康保3年（966）に証悟の聖といわれる性空上人が開創したと伝えられる。性空は、日向国霧島山・筑前国背振山で『法華経』を修めた後、書写山に草庵を開いたとされる。寛和元年（985）国司藤原季孝の寄進により、法華堂を建立、寛和2年には花山法皇が国司から献上された米100石を性空に賜った。これを基に講堂を建立し円教寺と称した。その後、藤原兼資などの貴族、源信・寂心などの名僧が結縁のため来山している。後白河法皇の御願により平清盛が仁安3年（1168）に『一切経』を施入した。また、白河法皇が御幸、後醍醐天皇が隠岐からの還幸の時に行幸している。書写山は、性空の名と共に皇族・貴族社会・武将から関心を集める地方霊場寺院となった。

円教寺は歴史上何度か天災や兵火により堂宇を失い、再建補修された。文明11年（1479）に五重塔が再度雷火により焼失したが、これは再建されなかった。伽藍は、重要文化財の講堂・食堂・常行堂・金剛堂・護法堂・鐘楼などが並ぶ。特に三之堂と呼ばれる大講堂・食堂・常行堂は、一山中の白眉でコの字状に並び、天台密教の仏堂では特異な配置である。講堂に安置された木造釈迦如来三尊像、昭和8年（1933）に再建された摩尼殿（観音堂）に安置された木造四天王像は、創建当初の藤原期のものである。姫路藩主本多家・榊原家・松平家などの歴代墓所もある。

[『兵庫県史』1・3、1974・1978]　　　　　　　　　　　（岡本桂典）

延暦寺　えんりゃくじ　京都市の北東にそびえる比叡山に位置する。この山は京都府と滋賀県にまたがり、日枝、叡山、北嶺などと呼称され、大比叡神・小比叡神を祀る信仰の山であった。延暦寺は山号を比叡山と号し、昭和9年（1934）に延暦寺境内が国の史跡に指定された。延暦寺は天台宗の総本山で、大津市坂本本町にある。初めは比叡山寺、叡山峯寺などと呼ばれた。一名、山門ともいう。平安京の北東方に位置し、鬼門に当たることから王城の鎮護とされた。

最澄は延暦4年（785）東大寺で受戒し、同年比叡山に登り草庵を営む。延暦7年には中央に薬師の小堂、右に文殊菩薩の小堂、左に経蔵を設け一乗止観院（後の東塔の根本中堂の基礎）と号した。比叡山寺の創立とされる。その後、最澄は入唐し、帰朝後に「六所宝塔願文」を著し、日本の東西南北と中央と全体を安鎮する6か所の宝塔を建て1000巻ずつの『法華経』を納めることを発願している。中央安鎮の塔は比叡山の山城国域に建て、日本総括の塔を比叡山上の近江の国域に建てている。弘仁9年（818）には、比叡山一山の四至並びに9院・16院の名を定めている。近江の国域に建てた塔が、後に比叡山東塔の中心となり、山城国域に建てた塔が西塔となり、教団の整備と発展が図られた。弘仁13年（822）最澄は中道院で没し、7日目に大乗戒壇建立の勅許が下り、翌年延暦寺と改称された。

直弟子円仁は天長8年(831)頃，比叡山の北端を開きここに『如法経』を納めた塔を建て北塔と称した。これが後の横川である。以後，三塔という宗教的な立場が整備され，後に教学と修行の場として三塔十六谷として展開していく。東塔は密教，西塔は顕教，横川は浄土教を特色として展開していく。延暦寺は慈覚大師円仁や園城寺を天台の別院とした智証大師円珍，無動寺を開き天台修験の1つ回峯行を確立した相応，元三大師で知られる良源，『往生要集』を著した恵心僧都源信などの高僧を輩出し，宗教的地位を固めていった。台密学の系統である円仁と円珍両門徒は，師を異にすることから反目が多く，天台の教学は山門と寺門に分かれ，武力をもって衝突するところとなり，多くの文化財を失うこととなった。

現在の建物には，平安時代の建物の伝統を継ぐものはあるが現存するものはない。仏像も平安時代に遡るものとして，西塔釈迦堂の本尊と横川中堂の本尊とその他数体である。法然・親鸞・日蓮・道元などの日本仏教の祖師がこの山で学び，また出家得度している。延暦寺は，織田信長の焼き討ちなどの受難や大火，法難を受けているが，天皇家や武将や信者により復興され，宗教的権威を保ち，現在に至っている。

特に，元亀2年(1571)の信長の延暦寺焼き討ちは，宗教的権威を壊滅させた歴史上の事件として著名である。しかし，発掘調査により元亀の時期には，山上の多くの堂字は失われ，根本中堂と大講堂のみの焼失が確認され，信長の比叡山への攻撃は，東塔の2つの堂字を炎上させたものであることがあきらかにされた。史上にいわれるようにすべて灰燼に帰したものでなく，山下の坂本において行わ

れたものであることが明確にされた。延暦寺は天台宗伽藍の代表的なものである。
[景山春樹『比叡山』1975]（岡本桂典）

エローラ石窟寺院 Ellora マハーラーシュトラ州のアウランガバード市北西25kmの地点にある石窟寺院（北緯20度1分，東経75度10分）。丘の西麓，南北約2kmに34の石窟がある。南側の第1〜12窟が仏教窟で西チャルキャ朝期（6〜8世紀）の開削。密教の影響を受けた多面多臂像や女性像が多い。第10窟は列柱を伴う前方後円のチャイティヤ堂の前にベランダと前庭を設けた大規模なチャイティヤ窟。ヴィハーラ窟では，中央奥に祠堂を設け，列柱によって通路を両サイドに確保して中央に2列の細長いベンチを設けたホールの両側に僧房を配した第5窟や，列柱のある広間を前殿とする仏殿で3層からなる第11・12窟などが注目される。第13〜29窟は7〜9世紀のヒンドゥー教窟で，カイラーサナータ寺は大岩盤を削り出した間口46m，奥行54m，高さ32.5mの岩石寺院として有名。第30〜34窟はジャイナ教窟で，8〜10世紀の造立。
[Debala Mitra, *Buddhist Monuments*, Sahitya Samsad, Calcutta, 1971]
（髙橋堯英）

お

笈 おい 僧侶や修験者が本尊・経典・仏具・生活用品などを背負って運搬するための道具。構造から板笈（縁笈）と箱笈（横笈）に大別される。板笈は民具のショイコを改良したもので，背板に紐で縛り付けて背負う形式で，元亀3年(1572)の紀年銘をもつ福岡県添田町英彦山神社の所蔵品が著名である。箱笈は四脚をもつ箱の背面に負紐を取り付けたもので，内部を

上下２段に区分し，上段が扉，下段がケンドン開きによって開閉できるような構造になっている。上段に本尊を祀り，下段に念珠・手錫杖・香合・密教法具・経典などを納めるようになっており，いわば厨子としての機能を兼ね備えている。表面は仏塔・輪宝・蓮池・宮殿などを象った金銅製の金具を取り付けたり，松竹梅や鶴亀などの文様を鎌倉彫で表すなど，装飾的な仕上げを行っている例が多く見られる。静岡県三ケ日町大福寺蔵の金銅装笈，福島県熱塩加納村示現寺蔵の椿彫木彩漆笈，永享２年(1430)の紀年銘をもつ山形市慈光明院蔵の金銅装笈などが代表的な遺例として知られる。

修験道では笈を重視し，修験十二道具の１つに数え，入峰修行に欠かせないものとしている。板笈は正大先達，箱笈は新客が背負うものとされ，明確に区分されている。板笈は縦１尺８寸，横１尺２寸，厚さ６寸の箱を皮で包み，表面に縦１尺３寸，横９寸の壇板を取り付け，長１尺の２本の脚と２尺２寸の赤色の笈紐を付したものと決められ，内部に不動尊・金剛袋・白色舎利・赤色舎利・前具・乳木・如意・香炉の８種類の法具を納める。それに対して，箱笈は，内部に金剛袋・金剛供の前具・抹香・散香・切華・華鬘・乳木・歯木・鈴具・壇等・油単の12種類の法具を納めるものとされている。山形県羽黒町羽黒山の秋峰修行では，修行中は笈のなかに本尊を祀るため，宿では笈を上座に安置し，供養を欠かさない。しかも，笈に宗教的な意味が付与され，さまざまな儀礼のなかで象徴的な役割を果たす。笈は実用的な運搬具としてだけでなく，宗教的な儀礼用具として位置づけられており，笈を専門に取り扱う笈役が定められているほどである。

箱笈（室町時代）

[光森正士「僧具」『新版仏教考古学講座』5，1976]　　　　　　（時枝　務）

笈ケ岳経塚　**おいづるがたけきょうづか**　加賀・越中・飛騨の境界点である笈ケ岳山頂（1841m）に位置する経塚。明治38年(1905) ８月，陸軍省参謀本部陸地測量部の三角点設置に際して，山頂の峰（石川県吉野谷村）で，作業員が経筒と埋納品多数を発見したものが帝室博物館へ収蔵された。２口の経筒は鍍金銅板打物製で，六十六部の廻国納経の銘文が刻まれている。永正15年(1518)の大乗妙典経筒は，武州太田庄光福寺の僧實栄が，旦那正朝逆修のため十覚坊に託した納経で，蓋と底を失い筒身の上下に火中した形跡がある。また１つは大聖寺の僧善養坊が，13度目に登拝した時の納経で，白山連峰でも三国の境界に位置する笈ケ岳が山岳修験の霊場であったことを伝えている。また埋納品は鎌倉～室町時代の和鏡２面・金銅仏２体・懸仏２体・木仏１体・短刀類（刃潰し）60点と極めて多彩であり，北陸を代表する経塚として知られている。

[高橋健自「加賀国笈岳発見の遺物　附足利時代後期の経筒名」『考古界』５-6，1906，『吉野谷村史』史料編（前近

代)，2000]　　　　　　　（垣内光次郎）

お一の匣（箱）　おいちのはこ　文永11
年(1274)に一遍上人は，熊野に参詣し，
証誠殿に参籠したとされる。そして，阿
弥陀仏を本地とする熊野権現に神意を問
い，御神示を受け成道されたという。こ
のことから，時宗の本宗では熊野権現を
祀るが，遊行中にこれを祀る十二光の第
一，無量光の笈匣が，お一の匣と呼称さ
れるものである。遊行中は，山野に宿る
ことが多く，社寺に宿る時は，十二光三
笈匣を僧と尼の間に置き，僧尼をわけた
といわれる。時代が下がると笈匣から輿
にのせ遊行するようになった。遊行寺宝
物館には江戸時代の御神殿の輿がある。
お一の匣と呼称されるものは，念仏賦山
のお札箱とともに遊行上人の側に安置さ
れ，歳末別時念仏に使われるようになっ
た。なお，天板の白道を一の字にみたて
て，「お一の匣」と称することもある。
　［鈴木規夫『供養具と僧具』日本の美術
283，1989]　　　　　　　（岡本桂典）

粟原寺跡　おうばらでらあと　奈良県桜井
市粟原に所在する寺院跡。国史跡。談山
神社所蔵の国宝「粟原寺三重塔の金銅伏
鉢」の銘文には「持統天皇 8 年（694），
草壁皇子の菩提を弔うために仲臣朝臣大
嶋が発願し，比売朝臣額田が22年かけて
金堂と釈迦像を作り，和銅 8 年（715）三
重塔に露盤を上げて完成した」とある。
中臣氏の氏寺との見方もある。粟原集落
南端の天満宮境内に三重塔跡，金堂跡が
ある。塔跡は心礎が原位置から移動して
いるものの三間四方の側柱と四天王柱の
礎石が残り，平面方 6 m，その西側に鎌
倉時代の十三重石塔と周辺に礎石群が見
られる。原位置を保っていないため金堂
の位置は確定していない。樋先瓦も出土
しており，本薬師寺創建時瓦に近く，複

弁八葉蓮華文で，中房に13個の蓮子を配
す。
　［『桜井の文化財』桜井市埋蔵文化財調査
センター，1996]　　　　　（松原典明）

横被　おうひ　法衣の一種。袈裟は偏袒右
肩に著けるので，当然右肩があらわにな
る。その右肩の部分を覆って細長く前に
垂れるのが横被である。一般に袈裟と同
様に縁をつけ，四隅に撲葉をつける。横
被は中国で成立したものとされ，日本で
は奈良時代には遺品，文献ともになく，
空海の請来品とされる健陀穀子の七条袈
裟に付属する横被が最も古い。主として，
天台，真言両宗及びその分派の各宗で用
いられる。横被は五条・九条袈裟には付
属せず，七条袈裟とともに用いられるが，
七条袈裟に必ず横被を著けるとは限らな
い。また七条袈裟と同種の布地で作る場
合と別種の場合とがある。　（坂輪宣敬）

近江国分寺跡　おうみこくぶんじあと　国分
寺については，天平勝宝 3 年(751)の『奴
婢見来帳』（『大日本古文書』3）に「甲賀
宮国分寺」と見えているのが初見である。
これは，聖武天皇が紫香楽宮に造立した
甲賀寺を指すものと思われる。甲賀寺跡
は，滋賀県甲賀郡信楽町黄瀬・牧の紫香
楽宮跡（内裏野遺跡ともいう）として昭
和元年(1926)に国の史跡に指定されてい
る。
　国分寺の寺名は，『日本紀略』弘仁12年
（821）の11月22日の条にも見え，延暦 4・
年（785）に国分寺が焼失したため，弘仁
11年（820）に定額寺国昌寺をもって国分
金光明寺としたと見えている。さらに，
『小右記』の寛仁元年（1017）の12月14
日の記事には，野火により国分僧寺，国
分尼寺とも焼失したとある。なお先に焼
失した国分寺跡については，甲賀寺とす
る説と，これ以前に近江国衙近傍の瀬田

の地に国分寺（瀬田廃寺）が移転されたものとし、瀬田の国分寺が焼失したとする説もある。

甲賀寺跡は東大寺式伽藍に類似した伽藍配置で、建物には中門跡・金堂跡・講堂跡・僧坊跡・鐘楼跡・経蔵跡などがあり、塔跡を柵で囲む塔院がある。東大寺において盧舎那仏が造顕される以前に造顕が企てられていたことなどを勘案すると、類似した伽藍をもつ甲賀寺が前身的な性格をもっていたと推定される。甲賀寺は、紫香楽宮廃止後に、近江国最初の国分寺（第1次）としての性格を有していたと推定されている。なお、紫香楽宮跡については、宮町遺跡がその比定地として考えられている。

近年、瀬田廃寺の西に位置する野畑遺跡で、8、9世紀の遺構群の包含層から「国分僧寺」と墨書された土器が出土し、当時期に大津市野郷原1丁目桑畑の瀬田廃寺（桑畑廃寺）が一時期国分僧寺（2次）であったと考えられている。その後の近江国分寺跡の推定国昌寺跡（3次）については、瀬田川の西、大津市光が丘町・田辺町・国分1丁目にわたる石山国分遺跡と考えられている。

［柴田實・林博通「近江」『新修国分寺の研究』3，1991］　　　（岡本桂典）

大分元町石仏　おおいたもとまちせきぶつ
大分県大分市大字元町に所在し、昭和9年(1934)国の史跡指定。大分市上野丘台地の東端崖面に高さ5mの龕をうがち、中央に薬師如来坐像、右に不動明王と二童子立像、左に毘沙門天立像が刻まれている。現在は、木造瓦葺の建物に覆われ岩薬師と呼ばれている。薬師如来像は、像高約3mで、臼杵石仏と同じく丸彫に近い刻出がされている。丸顔の面相に、弓状の眉と切れ長の伏し目、小作りの鼻、

小さく引きしまった口元が表現され、特に頭部は小さな螺髪は整然と表されている。両手首先は、現在欠失しているが、本来は別の石材で作り、柄差し刻ぎつけの可能性がある。後壁は舟型光背を浅彫りしている。毘沙門天立像は像高約2.8mであるが、上半身を欠落している。不動明王立像は像高約2.5mで、その左右に像高約1.5mの矜羯羅童子と制吒迦童子の2童子が彫り出されている。脇侍はいずれもかなり欠落しているが、彫出は本尊と同じく12世紀後半の製作と考えられている。

［大分市教育委員会『国指定史跡大分元町石仏保存修理事業報告書』1996］
（渋谷忠章）

大岩日石寺磨崖仏　おおいわにっせきじまがいぶつ
富山県中新川郡上市町大岩に所在する。真言密宗大岩山日石寺の不動堂内の巨岩正面に5体の石仏が彫られている。中央に高さ約3.1mの不動明王坐像を置き、向かって右に阿弥陀坐像と矜羯羅童子立像、左に僧形坐像と制吒迦童子立像を配する。不動明王と2体の童子立像で不動三尊を成す。不動明王と阿弥陀は半肉彫で、矜羯羅童子は厚肉彫。不動三尊は平安時代後期の作、阿弥陀像と僧形像は鎌倉時代初期の追刻である。不動明王坐像は、頭頂の蓮台や髪形などの特徴から東密系修験者が造顕し、立山信仰の影響があるとされる。

寺伝では奈良時代に僧行基が一夜で刻み、僧形像は行基自身の像とする。江戸時代以来、富山県下では「大岩写し」の小石仏が分布し、一部長野県や岐阜県にまで及ぶ。昭和49年（1974）に重要文化財の指定を受けた。

［藤原良志「日石寺磨崖佛・群像の成立」『史迹と美術』270，1957］

大岩日石寺の不動明王坐像

（藤田富士夫）

大隅国分寺跡　おおすみこくぶんじあと　鹿

児島県国分市向花にあり，国分平野の東北部にある城山の西南麓の微高地に位置する。大正10年（1921）国の指定史跡。指定地内に康治元年（1142）銘の六重石造層塔があり，この頃はまだ寺は盛大であったと考えられる。『三国名勝図会』に，天文年間に清水村楞厳寺の代春和尚が再興した記録があるが，明治初年（1868）の廃仏毀釈でその命脈を絶った。その後，住宅が建ち並び発掘調査はほとんど行われなかったが，近年，開発などに伴い寺域の一部があきらかにされた。寺域は，瓦の分布から東西1町，南北1町半の範囲が推定されているが，昭和56年（1981）の調査で北側の寺域を示すと推定される溝跡が確認された。また，六重塔周辺では建物の存在が確認されたが，その規模やその他の建物及び配置については不明である。出土した鐙（軒丸）瓦は径約14cmの複弁蓮華文で，宇（軒平）瓦は内区に偏行唐草文，周縁は上縁・下縁ともに円形珠文を配している。これらの大隅国分寺瓦は，姶良町宮田ヶ岡瓦窯跡から供給されたことが判明している。

［国分市教育委員会『国府（小路）遺跡』国分市埋蔵文化財調査報告書5，1990］

（渋谷忠章）

大谷探検隊　おおたにたんけんたい　浄土真

宗本願寺派第22代法主の大谷光瑞が，中央アジアの仏教遺跡などの研究のために派遣した探検隊。第1回1902～04年，第2回1908～09年，第3回1910～14年の計3回組織された。

第1回は大谷光瑞が自ら本田恵隆，井上円弘，渡辺哲信，堀賢雄を同行しペテルスブルクを経由し，西トルキスタンからパミール高原を越え，カシュガルに入った。光瑞と本田，井上はスリナガルからインドに入ったが，渡辺，堀はヤルカンドからホータンを経由しホータン側に沿ってタクラマカン砂漠を横断し，アクスからカシュガルに戻った後，クチャのギジル千仏洞やクムトラ千仏洞などの調査を行い，クルラ，カラシャフル，トルファン，ウルムチを経由して帰国した。

第2回は，光瑞の命を受けて橘瑞超と野村栄三郎により行われた。北京よりモンゴルを経由し，ホブドからアルタイ山脈を越え，さらに天山山脈を越えウルムチに到り，トルファン一帯の調査を行った。その後野村は天山南路を西進し，橘は南下してロプ・ノールの楼蘭を調査した。楼蘭はすでにヘディンやスタインが調査を行っていたが，橘は李柏文書などを発掘し成果を収めた。その後ニヤの調査などを行いカシュガルにて，先述の野村と合流し周辺を調査した後，パミール高原を越えてレーに到り調査を終えた。

第3回目は，橘と吉川小一郎が合流し行われた。光瑞がロンドンにおいて準備したもので，橘と従者ホッブスはロンドンからロシア経由でオムスクに行き，ジュンガリアを経てウルムチに入った。トルファンのアスターナなどを調査し，トルファン文書などの収集のあと，楼蘭の再調査に赴いた。楼蘭で前回とは異なる遺跡を発見し調査を終えると，西進しチ

ェルチェンからタクラマカン砂漠を横断し，クチャに到った。カシュガルの調査，さらにホータンの調査を行い，敦煌で吉川と合流した。敦煌では敦煌文書の収集などを行い，ハミ，トルファンなどの調査の後，橘は先にシベリア経由で帰国したが，吉川はトルファンやジュンガリアの調査をし，多くの資料を収集し帰国した。

大谷探検隊の3回の調査は，それまでヨーロッパ中心のこの学界におとらぬ業績を残したものといえる。

［『西域考古図譜』上・下，1915，『新西域記』上・下，1937，『西域文化史研究』全6巻，1958〜］　　　　　（則武海源）

大知波峠廃寺　おおちばとうげはいじ　三河と遠江の境である大知波峠付近の山上——静岡県湖西市に所在する。この峠は，南北に連なる弓張山系のなかの中山峠・本坂峠・多米峠などと並ぶものであり，標高350mを測る。寺号は判明せず，地名を呼び名としている。平成元年(1989)からの計画的な確認調査の実施によって，伽藍配置や寺域，継続期間などが判明している。峠を擁する稜線に接した静岡県側の東向斜面地に礎石建物跡12棟が検出された。これらの建物は，湧水を利用した池を取り囲んで配置される中央の一群と，南北の別群に三別される。また，各遺構は磐石と呼ばれるこの付近の山体に特有の自然石の巨岩の露頭位置や地形と関連しながら配置されている。建物群が営まれたのは10世紀中頃から11世紀の間だが，須弥壇と庇をもつ5棟の仏堂と，それを備えない僧坊や庫裏・門などの付随建物に用途が想定されている。建築手法としては，古代から中世への過渡的な様相の存在が指摘されている。中央の池には，堰・護岸遺構や曲物を利用した閼伽井の遺構が検出された。

遺物には灰釉陶器・緑釉陶器などの大量の器物があり，器種別構成では碗類が圧倒的多数を占め，使用痕の観察や出土地点の偏りから寺内での特殊な使用法の存在が想定されている。特に注目されるものは，445点を数える墨書土器の出土であり，「寺」「万」「祐」「祚」「吉」などがある。これらの陶器類の生産地は愛知県豊橋市二川古窯跡と静岡県浜北市宮口窯跡などに求められている。出土遺物・遺構共に古代的仏教から中世的仏教への変容を示す資料として注目される。

［湖西市教育委員会『大知波峠廃寺確認調査報告書』1997］　　　（金子浩之）

大野寺土塔　おおのでらどとう　大阪府堺市土塔町にある。国指定史跡。行基開祖と伝えられる大野寺の伽藍の1つ。『行基年譜』によれば，神亀4年(727)の建立で，『行基菩薩行状絵伝』の大野寺の部分には，頂部に宝珠露盤をのせた土塔が描かれている。この『絵伝』では，7段築造であるが，平成11年(1999)から行われた発掘調査で，13段築造であったことがあきらかになった。さらに，最下段の一辺が約54〜59m，最頂部までの高さが約9m，各段はレンガ状の粘土で構築され，瓦が葺かれていたこと，最上段が円形もしくは八角形を呈していたことが確認された。また，平城宮式や難波宮式の軒瓦とともに，多数の文字瓦が出土していることも特筆すべきである。これらの文字瓦の多くは，人名であることから，土塔の造営にはかなりの知識人が結集したと考えられている。このほか，奈良市にある頭塔や岡山県熊山町の熊山遺跡が類例として知られている。

［堺市博物館『堺の文化財（指定文化財編）』1986］　　　　　（三好義三）

太安万侶墓誌 おおのやすまろほし　奈良県奈良市此瀬町トンボ山，丘陵南斜面から昭和54年(1979)に発見され，発掘調査が行われた。墓誌は，径約4.5mの円形の盛土を有する，一辺約2mの方形の墓壙内から検出された。墓壙内は「木炭槨」とも呼ばれるように，多量の木炭で被覆され，その空間部には骨蔵器と考えられる木櫃が置かれていたと推定されている。そこには文字面を下にした銅板墓誌，またその上には，火葬骨と4粒の真珠，小鉄片2点，漆喰片4点が検出された。検出状況からは，火葬場を墓として利用した状況は認められず，別な場所で火葬したものと考えられる。火葬骨からは，小柄な男性で年齢は歯より40歳以上と考えられている。墓誌は，短冊形の銅板であり，長さ29.1cm，幅6.1cm，厚さ1mmを測るもので，2行41字が刻まれていた。墓誌の大きさは，大宝の大尺(唐尺)の1尺2寸に合致する。墓誌からは，『古事記』の編纂者太安万侶の墓であること，養老7年(723)の7月6日に没し，12月15日に埋骨されたことがわかる。墓誌に見られる位階勲などは，『続日本紀』の記載とも合致している。墓の発見された付近は，小治田安万侶墓や天皇陵なども見られ，奈良時代の皇族や貴族の葬地である。

〔奈良県立橿原考古学研究所編『太安万侶墓』奈良県史跡名勝天然記念物調査報告書43，1981〕　　　　（上野恵司）

大原廃寺 おおはらはいじ　鳥取県倉吉市大原に所在する古代の寺院跡。天神川中流域の東岸，急峻な山塊を負う丘陵先端部に位置する。昭和9年(1934)，耕作中に塔心礎が発見され，翌年に国史跡に指定された。昭和60年(1985)，道路新設計画に端を発し，平成10年(1998)までの間6次にわたって発掘調査が実施され内容

があきらかになった。塔を東，金堂を西，講堂を北に配する法起寺式伽藍配置。ただし，金堂の真北に講堂が置かれる。塔は一辺11mの規模。塔心礎は長径2.9m，短径2.8mと山陰地方最大級のもの。金堂は塔の西6mに位置するが建物規模は不明。講堂は金堂の北10mほど離れる，桁行7間，梁行4間の東西棟四面廂付掘立柱建物。鐙(軒丸)瓦は8型式12種類，宇(軒平)瓦5型式6種類が知られる。時期は，7世紀後半から8世紀後半代。創建期の鐙(軒丸)瓦は川原寺の系統に属するもので，近くの寺院跡のものと共有関係が認められる。

〔倉吉市教育委員会『史跡大原廃寺発掘調査報告書』1999〕　　（真田広幸）

大御堂廃寺 おおみどうはいじ　鳥取県倉吉市駄経寺町に所在する古代寺院跡。天神川の旧河道によって形成された自然堤防上の安定した微高地に位置する。平成8年(1996)から実施された発掘調査によって伽藍配置などがあきらかになった。寺域は東西135m，南北推定210mから220m。東側と西側は築地塀で画し，北側は段によって画す。寺域の東寄りに南北棟の金堂を置き，金堂の東側に塔，北側に東西棟の講堂を配置する川原寺式伽藍配置。講堂の北には僧房が建てられ，僧房西側には，長さ96mに及ぶ木樋を埋設した上水施設が設けられていた。出土遺物は，瓦類をはじめ，塑像・塼仏・銅製の匙や獣頭の仏具，木簡や木製容器類などがある。鐙(軒丸)瓦は15型式，宇(軒平)瓦は5型式が知られ，7世紀中頃から8世紀後半頃まで4段階の変遷が認められる。このうち，7世紀後半の軒瓦は川原寺系のもの。なお，「久米寺」と記された墨書土器があり，郡名を冠した寺院であったと考えられている。国指定史跡。

［倉吉市教育委員会『史跡大御堂廃寺跡発掘調査報告書』2001］　　（真田広幸）

大峯山頂遺跡　おおみねさんちょういせき

奈良県吉野郡天川村山上ヶ岳（標高1719.2m）の山頂に所在する祭祀遺跡。昭和58年(1983)から61年にかけて大峯山寺本堂の解体修理に際して奈良県立橿原考古学研究所による発掘調査が実施され、石組護摩壇・灰溜・階段状遺構・石組溝・石垣などの遺構、金仏・銅鏡・鏡像・懸仏・仏具・銅板経・経軸端・飾金具・銭貨・緑釉陶器・黒色土器・青磁・白磁など豊富な遺物が検出された。遺跡は奈良時代後期に「竜の口」と呼ばれる岩裂の周辺で護摩が焚かれたことに始まり、平安時代初期にそこに固定した護摩壇が設けられ、建物が建てられた。同中期には南側の湧出岩周辺に経塚（金峯山経塚）が営造され、後期には建物の整備が進み、鎌倉時代には山上に複数の院坊が建てられた。その後、江戸時代初期には現本堂が建設され、現在とほぼ同じ景観になったことが知られる。本遺跡は、修験道が山頂祭祀の伝統のなかから生み出され、独自な展開を遂げた歴史を考古学的に解明できる希有な遺跡である。

［菅谷文則ほか「地下発掘調査」『重要文化財大峰山寺本堂修理工事報告書』1986］　　（時枝　務）

大森山経塚　おおもりやまきょうづか

大森山は村山盆地の北部、山形県東根市市街地の南東に位置する標高278mの独立した丘陵で、明治38年(1905)、山頂から甕・壺のほか、銅製の筒状容器や石製の容器、鏡、刀剣30余振が農民により発見された。羽柴雄輔が発掘物について、「山形新報」に報告しており、経典を筒状容器に納めたとある。出土した遺物は、外容器となる甕・壺6点と内容器の銅製経筒4点、及び陶製・石製それぞれ1点、径106mmを測る銅鏡1面、30振の刀剣で、銅鏡は沢瀉とススキに2羽の尾長鳥をあしらった「秋草双鳥鏡」である。銅製経筒は円形鋳銅筒で、高さ27cm、径12.4cmの3個で、乳頭状のつまみをもつ鍍金製の蓋がつく。1つは高さ28cmの銅板打物製である。石製の容器は、凝灰岩を刳りぬいている。外容器となる甕と壺は珠洲焼で、時期は12世紀と推定される。現在遺物は、東京国立博物館に保管されているが、刀剣は錆により失われている。

［川崎利夫「東根市大森山の経塚と出土遺物」『サーベイ』19，2002］

（野尻　侃）

大谷磨崖仏　おおやまがいぶつ

大谷石（凝灰岩）で知られる栃木県宇都宮市大谷町1198番地に天台宗天開山大谷寺がある。大谷磨崖仏は、この境内にある大谷石の岩山にできた自然の洞穴（幅約30m、高さ約12m、奥行約13m）の壁面を方形に浅く掘り窪めた壁龕の中に浮き彫りにされており、向かって右から平安時代初期の作とされる千手観音像（像高3.89m)、平安時代後期とされる伝釈迦三尊（像高3.54m)、平安時代初期とされる伝薬師三尊（像高1.15m)、鎌倉時代初期とされる伝阿弥陀三尊（像高2.66m)の4群からなる。江戸時代の火災や後世の補修で痛んではいるが、平安時代の石仏彫刻としては優れた仏菩薩像群で、わが国の仏教史上、重要な遺跡との観点から、国の特別史跡（昭和29年）と重要文化財（昭和36年）の二重指定を受けている。磨崖仏の防災工事に伴う発掘調査（昭和40年）では、縄文時代草創期から鎌倉時代の土器、石器、人骨、懸仏、五輪塔、銅鉢などが発見され、古くから居住地や霊場として使われていたことが判明した。

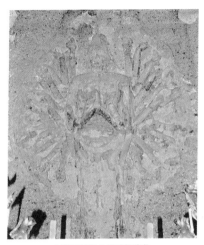

大谷磨崖仏の千手観音像

[塙静夫『大谷寺の歴史―洞穴遺跡と磨崖仏群―』1978，北口英雄『祈りの造形〜下野の仏像〜』1989]　　（中山　晋）

大山廃寺　おおやまはいじ　愛知県小牧市大字大山字郷島，字仲島に所在する尾張では稀な山岳寺院跡。丘陵の南中腹において，最高所の塔跡から山麓までの稜線上に開削した 3 か所の大きな造成面と，その両側の小支谷に点在する多数の造成面からなる。山麓に現存する江岩寺では，寛文 8 年（1668）に的叟和尚が記した『大山寺縁起』を伝える。昭和 4 年（1929）に塔跡に限定して国史跡に指定されている。昭和50年（1975）から 5 次にわたる発掘調査が実施され，方 3 間の礎石が完存する塔跡や，10世紀前葉の非瓦葺の掘立柱建物 3 棟，中世の礎石建物 2 棟などが検出された。出土遺物には「山寺」「大山」刻銘の瓦類のほか，7 世紀から16世紀までの造営期間を示す，「満月坊」「大」などの墨書土器をはじめとする多数の土器類がある。これらの調査成果から，昭和54年（1979）に寺域全体が国指定史跡「大山廃寺跡」と指定された。

[小牧市教育委員会『大山廃寺発掘調査報告書』1979]　　（野澤則幸）

岡崎譲治　おかざき　じょうじ　大正14（1925）〜昭和60（1985），福岡県生。九州大学文学部美学美術史学科卒。奈良国立博物館学芸課長を経て大阪市立美術館長。日本の金工品について研究し，とくに，仏法具類に関し大きな業績を残した。（主要著作）『仏具大事典』編，1982，『密教法具』共著，1965，「仏具の種類と変遷」『新版仏教考古学講座』 5，1976

　　　　　　　　　　　　　　（坂詰秀一）

緒方宮迫石仏　おがたみやさこせきぶつ　大分県緒方町大字久土知に所在し，間を200mほどはさんで東石仏と西石仏からなる。昭和 9 年（1934）国の指定史跡。東石仏は，高さ 7 m，幅7.2mの龕に像高2.65mの如来坐像を主尊とし，6 体の諸像が厚肉彫りにされている。右から風化が著しく像容不明瞭な立像 1 体，次に不動明王立像。主尊は薬師如来または大日如来ともいわれている。その左には持国天立像，次に毘沙門天立像，さらにその左に金剛力士像がある。諸像には彩色が残っている。西石仏は，龕の一段高い基壇上に裳懸座を設け，右から阿弥陀如来・釈迦如来・薬師如来坐像の 3 体が結跏趺坐する。いずれも像高1.45mで丸彫りに近い厚さで刻出されている。また，螺髪は方眼状にし，内心部に黄土を塗り，眉・眼・髭を墨で描き，唇に朱を入れる。光背は舟型光背で，その縁辺部に円形の連珠文を陰刻し，中に梵字種子を墨書する。技法にやや地方色が見られるが，藤原様式を踏襲しており12世紀後半に推定される。

[岩男順「彫刻」『大分県史』美術篇，1981]

　　　　　　　　　　　　　　（渋谷忠章）

隠岐国分寺跡　おきこくぶんじあと　島根県隠岐郡西郷町池田に所在する現在の国

分寺周辺に想定される。八尾川が形成した沖積平野に面する山塊の裾部に立地する。発掘調査は実施されておらず，詳細は不明。室町時代に再建され，多くの堂舎が建ち並んでいたというが，文久3年（1863）の廃仏騒動により破壊された。後に再建され，現在に法灯を伝える。現在，国史跡に指定されている本堂跡に大小の礎石が残るが，創建当時のものではない。なお，この本堂跡は後醍醐天皇行在所の候補地でもある。現在の国分寺周辺から少量の瓦類が出土しているが，鐙（軒丸）瓦，宇（軒平）瓦とも地方色の強い瓦当文様を飾る。特に鐙（軒丸）瓦の瓦当文様は，山陰地方に分布する上淀廃寺系のもの。国分尼寺は，国分寺の東南約400mに所在する。昭和44年（1969）からの発掘調査によって，柵列によって区画された中に，掘立柱建物群が配置されていることが確認されている。

［内田律雄「隠岐」『新修国分寺の研究』7，1997］ （真田広幸）

奥山久米寺 おくやまくめでら　奈良県高市郡明日香村大字奥山字西垣内に所在する。「大官大寺址」の東南に当たる。近世では奥山村の久米寺と呼ばれていたが，現在では橿原市の久米寺と区別するため「奥山久米寺」とよばれる。聖徳太子の弟の久米皇子の建立と伝わる。塔の基壇と鎌倉時代の十三重石塔が遺存する。伽藍は南北一列に整然と並ぶ四天王寺式伽藍配置と見られ，塔から金堂にかけて両側に花崗岩を一列に並べた参道が確認されている。蓮弁が角張り，幅広の無子葉単弁蓮華文鐙（軒丸）瓦や高句麗系鐙（軒丸）瓦，塼仏が出土しており，7世紀初頭の創建と見られる。

［「奥山久米寺の調査」『飛鳥藤原宮発掘調査概報』20，1990］ （松原典明）

押出仏 おしだしぶつ　仏菩薩像が半肉彫りされた原型に焼なました銅板をかぶせ，鎚や木鏨で打出し，原型の像容を写し取ったものをいう。原型は鋳銅製，像容が写し取られた銅板は一辺20～30cm，厚さ0.5mm程のもの。鎚鍱仏ともいう。鍍金が施され，髪部などを彩色し，厨子に納めて祀るか，厨子内壁の荘厳に用いられた。押出仏の特徴は，1つの原型から複数の仏像をつくることができ，また，いくつかの原型を組み合わせて表現できるところにある。

　文献では，中国東晋の太和年中（366～370年）に「金鍱の千像を造る」とあるのが初見という。遺品としては隋・唐時代のものが存在する。日本では白鳳時代から奈良時代，特に7世紀末から8世紀初め頃の遺品が多く，平安時代以降のものは知られていない。名称も『法隆寺伽藍縁起并流記資財帳』に「金涅押出銅像参具」などとあり，古くから押出像と呼ばれていた。ただし，中国の鎚鍱仏は像が高く打ち出され立体的なのに対して，日本の作例は打ち出しが低く平面的という相違点がある。

　遺例としては，奈良県法隆寺の玉虫厨子（国宝）の内壁や扉に貼りつめられた千仏像，同寺の厨子入銅板押出阿弥陀三尊及僧形像（重文），唐招提寺の銅板押出吉祥天立像（重文）など。他にも，独尊，三尊，五尊の如来や菩薩，天部，化仏など多くの遺例がある。遺品の多くは近畿地方の寺院に伝世するが，奈良県山田寺跡など寺院跡からの出土例も見られる。また，三重県鳥居古墳や千葉県峰崎横穴群3号横穴などからの出土品も知られている。前者は後世に投げ入れられたものであるが，如来像や千体仏など7世紀末から8世紀の所産。後者は7世紀後半頃

の如来三尊像で副葬品の可能性が高い。

　なお，押出仏の原型は「仏像型」と呼ばれ，正倉院や法隆寺，兵庫県一乗寺などに鋳銅製のものが伝来する。また，押出仏と製作時期や用途，図像が密接に関連するものに塼仏がある。

押出仏

[奈良国立博物館『押出仏と仏像型』1983]

（真田広幸）

鬼瓦　おにがわら　瓦葺建築の大棟，降棟，隅棟の端部に取り付け，小口の隙間から雨水が漏れ入るのを防ぐと共に棟端を飾る道具瓦で棟端飾板ともいう。8世紀以降，建物の安穏を願い鬼面文が用いられたため鬼板ともいわれ，14世紀以降，鬼面の立体的な造形から鬼瓦と呼ばれるに至った。大棟用と降棟用とに分けられ，前者は鐙（軒丸）瓦を跨ぐ形で下辺中央がアーチ状に大きく抉られている。後者はやや小型で7世紀後半のものは下辺中央と両端が抉られ，8世紀代になると中央のみ抉られている。頂辺は弧形，馬蹄形を呈するものが一般的である。棟木への固定方法は，中央部に釘孔を穿ち金具

を埋め込み留めるもの，瓦背に鈕や把っ手を作り縄などで引くもの，左右の外縁に直接金具を懸けて引くものなどがある。釘留式は8世紀以降一般的になり，鎌倉時代前期まで続く。初現は7世紀前葉の法隆寺若草伽藍所用のもので，単弁蓮華文を焼成前に手彫りしている。複数の蓮華文を飾る鬼瓦は百済の寺院跡などにその例があり，百済文化の系譜下にあると考えられる。他に7世紀代の蓮華文鬼瓦は，奥山久米寺，山村廃寺などから出土している。特に奥山久米寺からは二種の降棟用鬼瓦が確認されている。1つは角端点珠無子葉単弁蓮華文で，周囲に大粒の連珠文を廻らせている。笵（型）によって作られた鬼瓦としては最も古い。類似資料は推定小墾田宮跡からも出土している。もう1つは有子葉単弁蓮華文で，周囲に大粒の連珠文を廻らせている。類似資料は，山田寺跡，山村廃寺より出土しており，山村廃寺例は周囲に線鋸歯文を廻らせているが，外区の珠文帯を彫り直したものであることが確認されている。

　奈良時代前期は蓮華文が主体であるが，藤原宮や紀寺跡からは手彫り重弧文鬼瓦が，平城宮からは鳳凰文や獣身文鬼瓦が出土している。これらは鬼面文に先行する形と捉えられる。

　8世紀第2四半期以降，平城宮では鬼面文鬼瓦が登場する。「平城宮式」の外形は裾広がりのアーチ状で外縁部に珠文がないものである。8世紀中葉になると，各官寺においても鬼面文鬼瓦が用いられるようになる。「南都七大寺式」の外形は裾広がりのアーチ状で団栗眼に獅子鼻で下顎下歯を欠き，外縁部に珠文を廻らせている。8世紀末以降，長岡宮及び平安宮周辺寺院において南都七大寺系鬼瓦が広がるが，同時に蓮華文，宝相華文など

も並存している。興福寺では平城宮式と南都七大寺式の両方の特徴を備えた鬼瓦が出土している。

平安時代後期になると鬼面に角を付けるなど立体的な造形や，三彩，緑釉を付すものも出てくる。笵(型)に粘土を押し込んで作る方法の鬼瓦は，平安時代から鎌倉時代を通じて作られるが，半肉彫風で立体感にはやや乏しい。

鎌倉時代前期は，笵(型)作りの鬼瓦から手作りの鬼瓦への過渡期といえる。唐招提寺鼓楼の降棟用鬼瓦や元興寺極楽坊本堂の隅棟用鬼瓦などがあげられる。鎌倉時代後期から室町時代は手作りで一層高彫りの度合いが増し，二本角が出現し，般若相が加わり鬼瓦の呼称が登場する。この傾向は江戸時代まで及ぶ。そして，城郭建築の鬼瓦に家紋を飾るようになり，次第に一般民家にも用いられるようになった。

鬼瓦

[井内古文化研究室『鬼面紋瓦の研究』1966，山本忠尚「鬼瓦」『日本の美術』391，1998]　　　(松原典明)

小野毛人墓誌　おののえみしほし　京都市左京区上高野の崇道神社の裏山から，慶長18年(1613)に発見された。墓誌は，花

崗岩の板石を組み合わせた石室内から発見された。石室の大きさは，内側で長さ約2.6m，幅約1.0m，高さ約1.0mを有する。墓誌は，銅製で短冊形を呈しており，縦59.0cm，横5.9cmの大きさで，表面に26字，裏面には22字計48字が刻まれ，鍍金が施されている。その内容は姓名，官位，埋葬日が記されている。年号の丁丑年12月は，天武6年(677)と考えられるが，銘文中の「大錦上」「朝臣」という用語は，紀年段階ではありえないことから，これは営墓開始の時で，墓誌は天武朝末から持統朝以降の追納とする説が定説化しつつある。被葬者の小野毛人は，『続日本紀』和銅7年(714)の条によって，遣唐使で著名な小野妹子の子であることがわかる。

[梅原末治「小野毛人の墳墓とその墓誌」『考古学雑誌』7-8，1917]　(上野恵司)

小治田安万侶墓誌　おはりだやすまろほし　奈良県山辺郡都祁村大字甲岡の丘陵南斜面から，明治44年(1911)に発見された。その後，昭和26年(1951)に発掘調査が行われた。その結果，火葬の場を，そのまま墓に転用したと考えられている。その過程は，一辺約3.6mの正方形の土壙を掘り，その中で遺骸を火葬し，その後内部の炭や灰を一端掻き出し壙内を清掃し，新たに底に玉石を敷き(玉石については，火葬段階から敷いてあった可能性も考えられている)，その上に粘土と木炭・灰を交互に版築しながら土壙を埋め，土壙の上に小墳丘を造った。この土壙内に，遺骨を納めた長方形の木櫃が埋められており，その蓋上に金銅板の墓誌を中央にして，左右に2枚の小銅板が並列して置いてあった。木櫃は，総高約44.0cm，幅約28.0cmの大きさで，身と蓋にわかれ，各々刳り抜き式で，蓋は印籠蓋になっている。副葬品として銀銭「和同開珎」，土師器，

二彩釉陶器片などが出土している。墓誌は銅製で、3枚とも短冊形をしている。主板は縦29.7cm、横6.3cmで、表面に3行計44字が刻まれ、鍍金が施されている。副板2枚は、それぞれ最初に左琴、右書と刻まれており、長さ15.3cm、15.7cmで鍍金が施されず、表面に各1行10字が刻まれている。墓誌の内容は、主板には住所、官位、名前、埋葬場所が、副板2枚にはいずれも神亀6年（729）という年号が刻まれている。被葬者の小治田安万侶は、『続日本紀』に叙位の記事が見えるが、他は不明である。

［森本六爾「小治田朝臣安万侶墓誌」『中央史壇』11－5，1925］　（上野恵司）

尾張国分寺跡　おわりこくぶんじあと　愛知県稲沢市矢合町字椎ノ木、中椎ノ木に所在する8世紀後葉創建の寺院跡。木曽川支流の三宅川左岸の自然堤防上に立地している。昭和36年（1961）の石田茂作らによる発掘調査以後、6次にわたって調査が実施されている。確認された遺構には金堂、塔、回廊の一部、南門の位置が推定される南大溝などがある。金堂は瓦積基壇で東西25.6m、南北21.6mを測り、その西側面に回廊がつく。塔は金堂の南東約50mに位置し、瓦積基壇で一辺14.5mを測り、再建の可能性があるとされる。講堂、金堂、中門、南門が南北に一直線に並び、塔は回廊より外側の南東脇に配される東大寺式伽藍配置である。出土遺物には瓦類や土器類があり、その年代が、8世紀後葉から『日本紀略』にある元慶8年（884）の尾張国分寺焼失記事を裏付ける9世紀後葉までであることがわかる。

［稲沢市教育委員会『尾張国分寺の発掘調査』1968，井口喜晴・北條献示「尾張」『新修国分寺の研究』7，1997］

（野澤則幸）

飲食器　おんじきき　飲食は供物の1つである。仏陀に対しての飲食供養は、成道から入滅において在家信者によって行われ、仏伝中の成道と入滅時の事象には特に深い関係がある。飲食供養は仏陀在世中の請食供養から始まり、これが恭敬供養の供物として定型化されたと考えられる。

飲食器は仏に供養する飲食を盛る器で、広く在家の仏壇にも見られる。今日の仏飯器にあたるものである。密教で用いられる場合は、2個一具として通常用いられる。本来は応器からでたもので、応器に脚がつき、脚部が広がる形となる。応器は応量器ともいい、サンスクリット語のパートラ pātra の音写で鉢多羅、鉢多とも呼称され、訳して鉢、鉢器ともいう。鉢は、底が丸く極めて不安定な形状の僧具である。この鉢が供養具として用いられる時は、鉢支という台の上に置かれ、鉢と台が分けられる。東大寺蔵の奈良時代の銅鉢がその例の1つである。

これが次第に一体のものとして製作され用いられるようになる。台脚部には、2〜3本の突帯（紐）を廻らすものが多い。鉢支の形式を残しながら鉢と鉢支が固定されているものに滋賀県西寺常楽寺の平安時代の飲食器がある。素文で口径27.2cmである。平安時代後期のものには、栃木県輪王寺の飲食器がある。京都府東福寺蔵のものは、脚部腰に八葉の蓮弁を飾り、さらに脚部に複弁八葉の蓮華座を飾るもので、平安時代後期の飲食器とされている。

鎌倉時代以降の飲食器は、鉢支が高脚となり形態が定型化してくる。鎌倉時代のものには、東京都浅草寺、奈良県西大寺・法隆寺・唐招提寺の飲食器がある。西大寺蔵の飲食器は、蓮弁を飾り鉢の側

面に宝相華唐草文を施し，唐招提寺のものは，台脚から鉢側面まで筋蓮弁を巻き飾ったもので珍しい遺品である。

桃山時代には，仏壇に用いられるようになった。金属製品が多いが，陶器製のものも多い。静岡県掛川市大竹遺跡から16世紀後半の飲食器が出土している。

［中野政樹「供養具」『新版仏教考古学講座』5，1976］　　　（岡本桂典）

オケオ遺跡　Oc-Eo　ベトナム南部の代表的な仏教遺跡。シャム湾に程近い標高226mのバテー山の南側に広がるメコンデルタの低地に，五重の環濠と土塁で囲まれた長さ3km，幅1.5kmの長方形の城市跡があり，1944年にフランス極東学院のL・マルレ（L.Malleret）によって発掘調査が行われた。その結果，複数のレンガ建物のほか，木造建築の部材が検出され，木造建築を伴う城市であったことが判明した。また，土器など在地産の遺物以外に，2世紀に鋳造された古代ローマ帝国の金貨を再利用したメダルや後漢の夔鳳鏡と方格規矩鏡，ブラーフミー文字が書かれたインドの護符など，遠隔地から搬入された遺物が発見され，2～6世紀に扶南国の外港として栄えたことが知られた。発掘された建物の1つは寺院として使用された可能性が高く，内部から中国製の金銅菩薩立像などが発見されており，5世紀頃に仏教が伝播したと推測されている。

［L. Malleret, *L'Archéologie du delta du Mékong*, 4vols, 1959～63］

（時枝　務）

か

貝殻経　かいがらきょう　二枚貝の貝殻の内面に1字もしくは数字ずつ墨書か朱書で経典を書写したもの。山形県米沢市上小菅経塚，千葉県茂原市小楢経塚，同光町経塚，山口県防府市阿弥陀寺経塚などの例が知られているが，いずれも経塚の実態は不明である。貝の種類はハマグリ・カガミガイ・ハイガイなどが確認されており，内面が平坦で，文字が書きやすいものが選ばれている。一説に礫石経に使用する適当な石材が入手しにくい海岸地域で貝を代用品としたものといわれるが，『玉葉』養和2年(1182)2月18日の記事に，先例によって蛤貝に経典を書写した例が見えていることなどから，代用品と断定することは難しいと判断される。ただ，経文を1字もしくは数字のみ記すことは礫石経に通じるところがあり，両者が密接な関係にあることは疑いない。貝殻経の製作された時期や埋納方法などの解明は今後に残された課題である。

［三宅敏之「経塚の遺物」『新版仏教考古学講座』6，1977］　　　（時枝　務）

甲斐国分寺跡　かいこくぶんじあと　山梨県一宮町国分にある奈良・平安時代の寺院跡。臨済宗護国山国分寺を中心に約46,000㎡が国指定史跡。これより北約500mには国分尼寺跡がある。両寺は伽藍中軸線をそろえ，南北直列に配されている。伽藍地は南北255m・東西220mと推定されるが，近年の発掘調査で北辺想定線の北約80mの地点から尼寺北辺築地と同様な築地跡が新たに発見されたため，南北が335mとさらに範囲が広がることが想定される。伽藍配置は金堂を中心に回廊に取り込まれた塔が金堂の南東に位置し，講堂は金堂の背後に配される大官大寺式である。塔は礎石3個を欠くが最も遺存状況が良好で，柱間は一辺9.8m，11尺等間に復元される。基壇は平面規模一辺16.9mの河原石外装で，東辺より幅3.8m

の階段も検出された。金堂は現国分寺本堂及び薬師堂下にあり，講堂は礎石の遺存状況が塔に次ぐ。造営方位は国土座標に対し5度余り東偏する。軒瓦は鐙（軒丸）瓦12型式，宇(軒平)瓦10型式に分類され，南都七大寺系鬼瓦が知られる。創建期は天平19年(747)から760年代初め頃までと考えられ，尼寺跡出土の「大伴」銘墨書の存在から造営に大伴氏が深く関与していたことが推定されている。また国分寺関連遺跡より「金光明四天王護国之寺」の略称とされる「金寺」銘墨書土器が出土している。

　［坂本美夫「甲斐」『新修国分寺の研究』2，1991，山梨県『山梨県史』資料編1原始・古代1，1998］　　（猪股喜彦）

甲斐国分尼寺跡　かいこくぶんにじあと　山梨県一宮町東原にある奈良・平安時代の寺院跡。約500m南に伽藍中軸線を揃えた国分寺跡がある。南北に配する金堂・講堂両基壇部分を中心に約29,000㎡余りが国指定史跡。金堂基壇は講堂よりも1段高く築かれ礎石が18個現存し，講堂にも礎石が12個残る。両基壇とも道路工事により西側柱列を欠失するが，5間4面の建物が復元される。伽藍地は東辺を除く三辺が確認され，南・北辺が築地，西辺は溝で区画されていた。その範囲は南北180mで，東辺が未確認のため東西は不明であるが180m四方と考えられ，史跡の追加指定が行われた。北辺築地北側には「法華滅罪之寺」の略称とされる「法寺」「花寺」をはじめ人名・地名墨書土器が発見された居住域とそれらを区画する溝が確認され，寺地との関連が指摘される。造営方位は国土座標より5度余り東偏し，国分寺の方位と一致する。軒瓦は，鐙（軒丸）瓦4型式，宇(軒平)瓦4型式が知られる。

　［坂本美夫「甲斐」『新修国分寺の研究』2，1991，山梨県『山梨県史』資料編1原始・古代1，1998］　　（猪股喜彦）

戒体箱　かいたいばこ　密教の灌頂儀式の直前に授ける三昧耶戒場における戒文などを納めておく箱である。箱は長方形をなし，甲盛りのある蓋をもち，台脚がある。蓋の表面には金銅透し彫りの輪宝，羯磨などをつけ，身の側面にも同様の羯磨などをつける。長側面には環のついた金具を配し，紐により身と蓋を結ぶようにしてある。台脚は束を設け，区画に分け格狭間をつけている。箱には，黒漆に蒔絵を施すものや箱の表面に金銅板を施すものもある。内面は，錆下地黒漆塗りを施したものや曝をしたものもある。箱の表面には，煩悩を摧破する意を有する輪宝，現世流転の十二因縁を断ち，涅槃の十二因縁を得るという羯磨文を加飾するのを通例とする。金銅装で表される。

　阿闍梨の意向により異なるが，歯木・金剛線・名香・含香なども納める。『伝法灌頂目安』四によれば，戒体箱に納められたものは三昧耶戒作法1巻，両界私記2巻，受者頌文折紙雑書，歯木2枝，五色線を納めるとある。

　遺品としては，鎌倉時代以前の資料は確認されていない。愛知県万徳寺蔵の鎌倉時代の輪宝羯磨獅子蒔絵戒体箱（35.2cm×13.9cm×13.9cm）は，輪宝・羯磨と獅子，牡丹文の蒔絵を施すもので，輪宝・羯磨の一部分や獅子の眼が欠失していることから当初は，金板か螺鈿を施していたことが考えられる。京都府醍醐寺のものは鎌倉時代の鍍金輪宝羯磨文戒体箱，大阪府金剛寺には鎌倉時代の金銅装輪宝羯磨文戒体箱が1合ある。また，静岡県尊永寺にも戒体箱の遺品がある。

　［光森正士「僧具」『新版仏教考古学講座』

戒体箱

5，1976，鈴木規夫『供養具と僧具』日本の美術283，1989］　　（岡本桂典）

戒壇　かいだん　戒律を授けるために設けられた壇。インドではナーランダ（Nālandā）寺などに設けられ，『大唐西域求法高僧伝』によれば内部に塔をもつ方形の壇であったというが，遺構を特定することは難しい。それが中国に伝えられたのは，3世紀とも5世紀ともいうが，詳細が知られるのは唐の乾封2年（667）に道宣によって浄業寺に築かれたものが最初である。さらに，日本への伝来は鑑真によって果たされ，彼が天平勝宝6年（754）に東大寺大仏殿の前に築いたのに始まる。それが後に大仏殿の西側に移って東大寺戒壇院に発展するのであるが，それは内部に多宝塔を置くもので，屋根を架け，恒常的に授戒が行えるようになっている。そのほか，西国の福岡県太宰府市観世音寺と東国の栃木県南河内町下野薬師寺に設置され，授戒が行われるようになった。この3か所を日本三戒壇と呼ぶ。しかし，観世音寺の戒壇院は場所が特定できるものの，下野薬師寺は位置不明で，ともに実態を十分に知ることができない。また，鑑真が開いた唐招提寺にも戒壇が設けられ，律宗の僧侶の授戒が行われたが，その後身が現在も境内にある。天台宗を伝えた最澄は円頓戒を授ける戒壇の必要性を国家に訴えたが，実現したのは没後のことで，9世紀に入ってから比叡山延暦寺のなかに戒壇院が設置された。その内部には仏舎利のほか釈迦如来・文殊菩薩・弥勒菩薩を祀っており，東大寺とは異なった形態を採っているが，それは僧綱からの教団の独立を象徴するものであるといえる。このように，戒壇の遺跡が塔を伴うことが予測されるものの，その実態は不明な点が多い。

［石田茂作監修『新版仏教考古学講座』2「寺院」1975］　　（時枝　務）

外容器　がいようき　埋経に際して，経典を経筒に納めたうえ，さらにそれを保護するために陶磁器などの容器に納入する場合があるが，その容器を外容器と呼ぶ。外容器は経塚専用に製作されたものと日常的な什器を転用したものに大別される。前者を外筒と呼び，後者を外容器として区分することもあるが，必ずしも定着しているわけではない。量的には後者の転用品が圧倒的に多い。前者の埋経専用の容器には，陶磁器製と石製の2種類があり，和歌山県高野町高野山奥の院経塚出土の漆塗木製経筒を納めた天永4年（1113）の紀年銘を有する銅製経筒のような金属製の例も知られているが，一般的なものではない。

　陶磁器製のものは，渥美・常滑・珠洲・信楽などの窯で生産されたものが知られ，いずれも円筒形の身と蓋をもつ点で共通する。蓋には載せ蓋と被せ蓋があり，載せ蓋のものが基本的に平蓋のみであるのに対して，被せ蓋のものは平蓋・撮蓋・傘蓋など多様なものが見られる。渥美窯製品などでは，身や蓋の表面に箆書で花文や唐草文などの文様を描くものもあり，外容器を装飾しようという意識が見られる。なかには，福島県須賀川市米山寺経塚出土例のように，身に銘文を刻むもの

があるが，稀な例である。特殊な形態を示す岡山県邑久町大土井正八幡神社経塚出土例は，滋賀県大津市比叡山横川経塚出土の銅製容器と類似するところから，銅製容器を模倣して製作したものと考えられる。

　石製のものは，筒形と箱形があり，身の内部を刳りぬき，蓋を被せるように製作されるが，個々の形態は使用石材などによる制約もあって区々である。筒形のものとしては12世紀の山形県東根市大森山経塚出土例や16世紀の静岡県御殿場市古宮神社経塚出土例などが著名であり，箱形のものとしては正応2年(1189)の紀年銘をもつ経巻が納められていた京都市浄土寺経塚出土例などが知られている。後者の転用容器は壺や甕などを身とし，鉢などを蓋として被せるのが一般的な使用法であるが，なかには壺や甕を逆さにして経筒を覆うように被せた例も見られる。それらの生産地に注目すると，渥美・常滑・珠洲・信楽・東播系・亀山・十瓶山をはじめ各地の中世窯製品が使用されており，経塚の外容器から12世紀を中心とした時期の窯業の様相を知ることができる。ただし，それらの容器は墳墓で骨蔵器として用いられることも多いため，容器だけでは経塚の外容器として用いられたものであるかどうかを判断することが難しく，確実に経筒を伴う場合でないと正確なことがいえない点に留意する必要がある。

［三宅敏之「経塚の遺物」『新版仏教考古学講座』6，1977］　　（時枝　務）

回廊　かいろう　伽藍の中枢部を取り囲む廊下状の施設。インドの僧院では中庭の周りを僧房が取り囲むことが多いが，ナーランダ（Nālandā）寺僧院跡では中庭と僧房の間に列柱を巡らし，回廊を創り出している。仏塔では周囲に遶道を設けるが，洞窟寺院の塔院の場合，列柱を配してあたかも回廊のようにした例が多く見られる。これらが回廊の起源であろうことが推測されるが，中国では仏教が伝来する以前にすでに回廊をもつ建物があったことが殷代初頭の宮殿跡で確認されており，必ずしもインドから伝わったものといえないことが知られるが，日本に伝来した回廊がいずれに起源をもつものであるかは明確でない。

　古代寺院の回廊は，中門の左右に延び，方形の平面プランをとる点では共通するが，どこで閉じるかは寺院によって異なっている。閉じる位置から，金堂に取り付くもの，金堂・塔を囲んで閉じるもの，講堂に取り付くもの，講堂の背後で閉じるものなどに大別できる。回廊は，主要伽藍を区切る垣であるとともに，通路としても利用され，法会に際しては参列者の座となることが知られている。回廊は法会などの儀礼空間を確保する意味でも重要な施設であったといえる。飛鳥時代には梁間1間の単廊が基本であるが，奈良時代には梁間2間の複廊が主流となり，平安時代には中門をもたない回廊が密教寺院を中心に造営される。しかし，鎌倉時代になると，禅宗寺院で三門をもつ回廊が出現し，建物の名称こそ異なるが，奈良時代と同様な形態が復活する。単廊から複廊へ，さらに中門をもたないものへという変化は，法会のあり方の推移と密接に関わっている可能性が高い。単廊よりも広い空間を確保できる複廊は荘厳な儀礼を執行することが可能であり，中門のない回廊は密教儀礼の場としてふさわしい。

　古代の回廊は，法隆寺や東大寺などの古建築が残るが，大部分の寺院では礎石

や基壇から復元する以外に方法がなく，その実態は不明な点が少なくない。そうしたなかで，奈良県桜井市山田寺跡では回廊が倒れたままの状態で発掘され，胴張りのある柱や頭貫・大斗・肘木・虹梁などの建築部材が残っていたことから，古代寺院の回廊の実態が具体的になった例として注目される。一般に回廊は礎石建物であるが，千葉県市原市上総国分寺跡や鳥取県倉吉市伯耆国分寺跡などでは，掘立柱建物の回廊が検出されており，地方寺院などでは掘立柱を用いる例もあったことが知られる。回廊の基壇は，金堂や講堂などの中心的な建物に比べると簡略な場合が多く，自然石を利用した乱石積などが採用されている例が見られる。

［斎藤忠「寺院跡」『新版仏教考古学講座』2，1975］　　　　　　　（時枝　務）

加賀国分寺跡　かがこくぶんじあと　承和8年（841），加賀国に所在した勝興寺を転用したもので，加賀国府の推定地である小松市古府町の十九堂山遺跡（古府廃寺）に比定する説が有力である。『続日本後記』の承和8年9月10日条に，「以加賀国勝興寺為国分寺，准和泉国寺只置講師一員僧十口，其僧者便分割越前国々分寺廿口之内」とあり，加賀国分寺の設置は，定額寺と見られる勝興寺を転用し，越前の国分寺より僧10口を割いたもので，これは弘仁14年（823）に越前国の江沼郡・加賀郡を分割し，加賀国を新設した事情を反映したものである。また斉衡2年（855）には布薩戒本田2町が置かれ，次第に整備されたと見られる。遺跡から7世紀後葉と9世紀後葉の2時期の瓦が出土したことから，前者を勝興寺の建立時期，後者は国分寺の整備期と推定されている。　　　　　　　　（垣内光次郎）

瓦経　がきょう　粘土板に経文を書いて焼成したもの。兵庫県香寺町極楽寺経塚出土の瓦経願文には，その不朽性が謳われており，経典を永く保存するために案出されたものであると考えられる。紀年銘をもつ最古の瓦経は延久3年（1071）の鳥取県倉吉市桜大日寺経塚出土例であり，最新のものが承安4年（1174）の三重県伊勢市小町経経塚出土例であることから，瓦経は11世紀後半に出現し，12世紀後半まで盛んに製作されたものと推測される。現在，瓦経を出土した経塚は日本全国で約60か所知られているが，その大部分が愛知県以西での発見であり，瓦経が西日本を中心に分布していることが判明する。

瓦経は方形もしくは長方形であり，偏平な板状を呈しているが，大きさは経塚によって区々である。岡山県倉敷市安養寺経塚で発見された頭部が三角形の瓦経は，きわめて異例なものである。瓦経の大部分は，界線と罫線を引き，そのなかに経文を書写している。縦罫のみのものがほとんどで，なかには碁盤目状に縦横の罫線を引くものもあるが，きわめて稀である。経文の行数は10行か15行のものが主体であるが，少ないものでは3行，多いものでは16行のものが知られている。1行の字数は17字が主流であるが，少ないものでは9字，多いものでは21字のものが見られ，兵庫県山東町楽音寺経塚出土例などに見られる仏像型のなかに経文を書いた一字一仏の場合はその限りでない。経文は原則として瓦経の表裏面ともに書写されるが，経文の末尾部分や短い経典・陀羅尼などでは片面のみの写経が見られ，福岡市愛宕山経塚出土例のようにすべてが片面写経の例も知られている。罫線の欄外や瓦経の小口などには，経典の種類や巻数，あるいは順序を示す数字，いわば丁付などが記載され，その瓦経が

何枚目であるかを知ることができる例が少なくない。

瓦経に書写された経典は『法華経』が主体で、『無量義経』・『観普賢経』・『阿弥陀経』・『般若心経』がそれに次ぎ、そのほか『大日経』・『金剛頂経』・『蘇悉地経』の秘密三部経、『金光明経』・『仁王経』・『理趣経』の護国三部経、『顕無辺仏土経』・『八名普密陀羅尼経』・『文殊師利発願経』・『三千仏名経』・『梵網経』・『普賢十願経』・『薬師経』・『金剛般若経』・『寿命経』・『不動経』などさまざまな経典が書写されている。また、真言や陀羅尼のほか、曼荼羅や仏画などもあり、紙本経とは異なった特色をもっていることが確認できる。

1か所の経塚に埋納された瓦経の総数は、正確に知ることが難しいが、極楽寺経塚では現存する拓本から489枚にのぼることが知られる。石田茂作によれば、大日寺経塚が427枚、徳島県板野町犬伏経塚が314枚、福岡市飯盛山経塚が297枚、京都市盆山経塚が253枚と推測されている。瓦経の副納品は紙本経の経塚に比して乏しいが、陶製の五輪塔・仏像・光背・六器などが極楽寺経塚や小町塚経塚などで、瓦経に描かれた曼荼羅や仏画が安養寺経塚や佐賀県大和町築山経塚などで発見されている。

［石田茂作「瓦経の研究」『瀬戸内考古』2－1，1958，三宅敏之「経塚の遺物」『新版仏教考古学講座』6，1977］

（時枝　務）

鰐淵寺経塚　がくえんじきょうづか　鰐淵寺は、島根県平田市別所町に所在する天台宗の古刹。山内の聖地、浮浪滝にある蔵王窟から石製経筒などが出土したと伝えられる。石製経筒（重要文化財）は、淡灰色軟質の凍石製。載せ蓋式の円筒形の経筒で総高48.2cm，筒部の最大径が26.4cmの大きさ。蓋は半球状を呈し、頂部に線刻で不整形な星形が表されている。筒身は胴部にふくらみをもち、口縁部に蓮華文帯を刻出する。底部は十六角形に削り出され、そのうち5面に三角形上の刻線が施される。この刻線は、蓮華文の割付けと考えられるもの。筒身内部は粗削りのままで円筒形につくり、外面はよく研磨され、14行125字の銘文が刻まれている。銘文によると、仁平元年（1151）から同3年にわたる期間、僧円朗をはじめとする4人の写経生が『妙法蓮華経』8巻を写し、蔵王窟に埋納したことが知られる。なお、石製経筒とともに、2面の湖州鏡が発見されている。湖州鏡は円鏡と八花鏡で、円鏡鏡面に仁平2年の針書名がある。

［近藤正「島根県下の経筒について」『島根県文化財調査報告書』3，1967］

（真田広幸）

楽音寺経塚　がくおんじきょうづか　兵庫県朝来郡山東町楽音寺に所在する。昭和初期、楽音寺旧境内から出土したと伝えられる。出土地点は、浅い枝谷の奥まった丘陵裾部。径15〜30cmの川原石を積み上げた塚に、一仏一字瓦経を納めた甕（須恵器）を埋めていたとされる。瓦経は縦17.4cm，横17.2cm，厚さ1.0cmの大きさ。瓦経の両面に如来坐像を5列3段15体を陽刻し、各坐像の腹部に経文を1字ごと刻む。如来坐像は、二重円光の光背を負い、腹前で定印を結び蓮華座に坐す。刻まれている経文は『法華経』普門品。瓦経は5列3段に仏像が刻まれた型板を粘土板に押し当てて成型した後、経文を刻み焼成したものである。現在、伝わる瓦経の枚数は少ないが、『法華経』一部の経文が刻まれた同系の同大のものであれば、

その枚数は二千余枚となる。なお、楽音寺は大同2年（807）の創建で、鎌倉時代に現在地に移されたという。

[奈良国立博物館『経塚遺宝』1977]

（真田広幸）

角柱塔 かくちゅうとう 石塔の形が四角で、しかも石材として1材で構成されており、柱状を呈する塔形である。塔としての位置づけは、塔形にあるのではなく、そこに刻まれている内容である。角柱塔は自然石の土台や方形状の基礎に据えられているもののほかに、地面に直接据えられたものもある。その石塔の碑面には四方四仏種子や五輪釈迦三尊種子、阿弥陀種子及び造立目的や紀年銘が確認されるものもある。鎌倉時代から室町時代以後、供養塔や有名社寺への町石（1町ごとに距離を表示する）として立てられている。

寺院の門前に立てられている結界石も角柱塔の一種で、主に律宗、禅宗の寺に多い。銘文は「不許葷酒入山門」、「禁葷酒」、「不許葷肉入山門」、「不殺生界」などのほか、「禁芸術」というものもある。銘文の中の「葷」とはニラ、ニンニクなどの臭いをもつ野菜類とトウガラシなどの辛味のある食品を指し、肉を含め精力が出る食物を示す。群馬県太田市、桐生市周辺には、「名号角塔婆」と呼称されている角柱塔が約20基確認されている。形は四角柱状の石材の頭部を方錐状につくり、各面の上端部に板碑頭部の2条線のように2条の切り込みを周回する。碑面に「南無阿弥陀仏」と名号を刻み、上部に天蓋、下部に蓮華座、左右に銘文などを記した、高さ約90cm、幅30cmの方柱状の石塔である。

紀年銘には正応2年（1289）、永仁5年（1297）、正和5年（1316）、建武5年（1338）が見られ、在地の凝灰岩を利用している。これらの角柱塔は、特定の豪族（薗田氏）に起因する土地のみに造立されている。

角柱塔（群馬県東禅寺）

[石田茂作『日本佛塔の研究』1969，金子規矩雄『太田市史』通史編　中世，1997]

（斎木　勝）

過去現在因果経絵 かこげんざいいんがきょうえ 略して絵因果経という。下段に『過去現在因果経』を書写し、上段にそれを解説する絵を描いたもので、奈良時代に唐本に基づいて制作されたものである。『過去現在因果経』は4巻からなり、釈迦の伝記を説いた経典で、劉宋の求那跋陀羅が訳したものが流布している。経文のみで4巻のところに絵を描きいれたので8巻構成となっている。絵は素朴な筆致で、経文に対応した場面が描かれているが、明るい色彩と類型化した人物や樹木がほのぼのとした情感を醸し出している。正倉院文書によれば奈良時代には少なくとも3部あったことが知られ、現在京都市の上品蓮台寺、醍醐寺に伝来するほか、東京芸術大学などに所蔵されてい

る。なお，根津美術館と五島美術館に所蔵されているものは，建長6年（1254）に制作されたもので，鎌倉時代の遺品である。

[槙みどり「古因果経の絵画史的位置」『古美術』103，1992]　　（時枝　務）

笠置山磨崖仏　かさぎさんまがいぶつ　京都府相楽郡笠置町笠置山に，白雉12年（683）天武天皇の建立と伝えられる現真言宗智山派の笠置寺がある。この笠置山山上に二大磨崖仏がある。1つは奈良時代の作と思われる5丈の弥勒菩薩立像とされる磨崖仏であるが，鎌倉時代の末元弘の兵火により損傷し，挙身光式の光背形が見られるのみである。もう1つは，高さ約13mの花崗岩の崖面に高さ約9mにわたって線刻された菩薩像である。尊像は，壁面を二重光背状に彫りくぼめた中に，池中から生じた蓮茎の上に蓮華座を作っている。尊像は宝相華文の宝冠を戴き，胸には瓔珞を下げ，右手を上げ指頭を捻じ，左手を膝の上にのべる結跏趺坐像である。寺伝では，求聞持虚空蔵菩薩とされるが，如来形のように持物を持たず宝冠・瓔珞をつける点や笠置山が弥勒霊場であることから弥勒菩薩と考える説もある。別名，笠置山虚空蔵石磨崖仏ともいう。なお，笠置寺には鎌倉時代後期の重要文化財の十三重石塔がある。

[川勝政太郎『新版石造美術』1981]　　　　　　　　　　（岡本桂典）

笠塔婆　かさとうば　石造塔婆の一形式であり，祖形として平安時代以来，『餓鬼草紙』にも描かれているような木造塔に代わり石を材料として製作されたものである。形態としては塔身と笠の部分よりなり，下部を地面に埋め込んだ石塔である。時代が新しくなると基礎を置き，笠材の上面に宝珠を据えたものが一般的に見ら

れるようになる。田岡香逸は，このような笠塔婆という形態に先行する形で仏像を刻出した石仏があり，その尊像を荘厳するために仏像の頭上に天蓋を刻み，それが発展した荘厳手法として笠材を設置し始めたとし，また，それが尊像保存にもなることはあらかじめ意図したものと推定している。

石田茂作は，般若寺式笠塔婆，題目式笠塔婆，仏龕式笠塔婆，宝幢式笠塔婆の4種類に分類する。般若寺式とするものは，奈良市の般若寺に造立されている笠塔婆からの名称で，熊本市本光寺笠塔婆もこの型式である。また，日野一郎も同様の分類であるが，般若寺式笠塔婆を形状から，方柱式笠塔婆としている。基本的には，仏像をおさめる厨子を安置する施設がしだいに簡素化したものとも捉えられる。笠塔婆の塔身は当初板石状のものであるが，時代が下ると角柱状のものや自然石に近いものも利用され，形式は多様になる。塔形として主流を占めるのは長方形の塔身に主尊やそれに係わる種子や題目，名号を刻出し，笠・露盤・請花・宝珠を乗せる石塔である。また，塔身上方に仏龕をつくる形式や，断面が四角形で柱状の竿を立て，方形の笠を置き宝珠を乗せる形式もあるが造立数は多くない。

笠塔婆と塔形が似ているものに石幢がある。最古の笠塔婆は，熊本市本光寺笠塔婆で安元元年（1175）の紀年銘を持つ。塔身は四角柱状で四面とも蓮座上に塔身幅一杯の月輪（径30.5cm）内に種子を薬研彫している。種子は金剛界五仏の中の四仏を四面に配しており，凝灰岩製である。塔身に金剛界や胎蔵界の大日種子や四仏を顕わすのは，密教系の影響によると思われるが，阿弥陀三尊種子を刻出す

る塔も多いのは，浄土教によるものと考えられる。このように塔の形態と信仰の変化を見てみると，塔身四面に金剛界四仏の種子を刻み，四方から石塔を礼拝できるような形式のものから，塔身断面は長方形になり，正面礼拝の形式で観音，勢至を脇侍とした弥陀三尊形式になり，その後，礼拝の対象から供養塔として建立されるようになった。鎌倉時代の後期以降，この塔形は法華宗の造塔に採用され，方柱状の塔身の正面に「南無妙法蓮華経」を刻出したものが建立され，題目塔と呼ばれている。この塔形は，形状が大変シンプルなので，供養塔としたり，また，下乗石などの寺域を示すなどの表示塔としても利用されている。

笠塔婆（福島県如宝寺）

[日野一郎「笠塔婆」『古代』12，1953，石田茂作『日本佛塔の研究』1969，近藤昭一「笠塔婆考」『信濃』29−5，1977]

（斎木　勝）

柏尾山経塚　かしおさんきょうづか　山梨県勝沼町柏尾の真言宗大善寺東方の通称白山平山頂から昭和37年(1962)に工事中偶然に発見された。経塚は自然石を使った石室がほぼ1m間隔で並び，全部で6基あったという。そのうちの2号経塚から康和5年(1103)銘の銅製経筒(重要文化財で現在東京国立博物館が保管)が発見された。この2号経塚がいわゆる柏尾山経塚である。その他，陶製外容器1，黒色泥状の紙本経残塊，経軸残欠，ガラス小玉などが出土している。康和5年銘経筒は，蓋及び身に783字という全国経筒中最も長文が刻まれている。写経から埋納にいたる詳細な経緯や関係者の名前や年号が刻まれた銘文には，惣行事として甲斐国有力豪族で在庁官人の三枝氏の名前がある。三枝氏は大善寺大檀那であり，埋経の実質的な施主であったことが伺われる。

[田代孝『山梨の経塚信仰』1995]

（猪股喜彦）

火舎　かしゃ　密教法具。主に密教に用いられる居香炉。大壇の四面器や密壇の一面器の中央に置き，その左右に六器・花瓶・飲食器などを配して諸尊を供養する。形態は一般的に，獣脚や猫脚の三脚を有する胴(火炉)に灰を入れ，胴の上に幅広い縁を具えていた輪(甑)を重ね，これに宝珠形鈕をつけた饅頭形の蓋を被せたもので，蓋には煙孔が透かしてある。材質は主に真鍮か銅を用いる。火舎は古くから供養具として見られ，法隆寺の玉虫厨子の絵に描かれる。平安時代の特徴としては火炉に蓋を被せる単層式火舎で，甑は別作りのものを重ねるのが普通であり，煙孔は猪目と宝珠形があげられる。鎌倉時代以降は甑を重ね火炉を2段にした重層式火舎で，甑を蓋に固定したり，火炉と共鋳したものがある。

煙孔では，飛雲文に飛鳥文を加えた飛雲飛鳥文煙孔に平安後期から鎌倉時代に秀作が多いが，鎌倉時代以降は雲形は形式化して飛雲の性格を失っていくという

特徴がある。

[奈良国立博物館『密教法具』1965，石田茂作監修『新版仏教考古学講座』5「仏具」1976]　　　　　（山川公見子）

春日山石窟仏　かすがやませっくつぶつ　奈良県奈良市高畠町春日山の春日山中に所在する平安時代後期の作とされる磨崖仏で，別称「穴仏」とも呼ばれ，大正13年(1924)に国の史跡に指定された。南面する凝灰岩質の岩壁に東西2窟を穿っている。風化が著しく覆屋を設置している。東窟は間口約4.7m，奥行約3m，奥壁幅約4m，高さ約2mで，窟内に層塔として作られた石柱があり，像高60cmの4仏が彫られている。入り口部には邪鬼を踏む天部像が彫られている。東壁には像高93cmの観音菩薩立像3体が残っている。西壁には像高91cmの地蔵菩薩立像4体が残っており，衲衣には墨で彩色された痕跡を示す像もある。地蔵菩薩立像は宝珠を持つ古式の様相を呈したもので，平安時代の仏像様式を残している。西窟は間口約4.7m，奥行約2.3mで，西壁隅に火焔光背を背負う高さ106cmの多聞天像が厚肉彫りされている。横には像高94cmの阿弥陀坐像，さらに不空成就像と思われる像，中央に大日如来，その横には室生・阿閦仏を配置しており，金剛界五仏の配置である。不空成就仏と大日如来像の間に「□□□□□廿日始之作者今如房願意」と刻銘され，弘化2年(1845)の興福寺の記録によれば，久寿2年(1155)8月の年号が刻まれていたとされる。さらに阿弥陀仏の二重円光背の外側に，墨書で「保元二(1157)年大歳／丁丑二月廿七日仏造始四月廿一日開眼畢」と記されており，像造年代を知ることができる。東窟は，顕教四仏の塔を中心とする南都仏教系諸尊と六観音・六地蔵を配置し，西窟は金

剛界五仏の密教系諸尊を配置している。当時の顕教と密教の融合を示すものである。

[川勝政太郎『新版石造美術』1981，清水俊明『奈良県史』7　石造美術，1984]　　　　　　　　　　（岡本桂典）

上総国分寺跡　かずさこくぶんじあと　千葉県市原市惣社911ほかに所在する。江戸時代から布目瓦が出土し国分寺跡が所在すると考えられ，大正12年(1923)には塔跡が確認された。昭和23年(1948)以降断続的な調査により主要伽藍が確認され，方2町の伽藍地が想定された。昭和46年(1971)から開始された調査によって大きな成果が得られている。

　寺院地は東西約345m，南北約478mで，北東部は谷，南西部は古墳をさけており矩形を呈していない。伽藍は中央から南西に寄り，南大門，中門，金堂，講堂が南北線上に位置し，中門と金堂は回廊でつながり，塔は金堂東方に位置する。「東院」「油菜所」の墨書土器から政所院，薗院の付属施設もあきらかになった。国指定史跡。

　出土瓦は単弁二十四葉蓮華文鐙（軒丸）瓦と均整唐草文字(軒平)瓦の組み合わせと三重圏文鐙(軒丸)瓦と重郭文字（軒平）瓦の組み合わせがある。その他水瓶，浄瓶が出土している。

[滝口宏『上総国分寺』1973，滝口宏「上総」『新修国分寺の研究』2，1991]　　　　　　　　　　（阪田正一）

火葬場　かそうば　遺骸を火葬した場所，施設。平安時代以降「貴所屋」「山作所」「貴所」「竈所」「葬所」ともいわれた。中世以降には「荼毘所」ともいわれ，火葬場の中に直接遺骸を安置して火化した檜皮葺き建物「火屋」があったことも知られている。いずれも貴族，天皇など特

殊な階級の場合における名称であり，一般には該当しない。

火葬場の構造について，室町時代初期の『吉事略儀』を見ると「建物の中央にある炉の内側に薦二枚を敷き，その上に筵二枚を重ね，その上に炭と薪を積む。建物の東西南北に薪，炭，松，藁を積む。屋根の上を絹で覆い荒垣を一廻りさせ，鳥居を外に立てる」と記されている。『親鸞上人絵伝』中には，五輪塔などが近くに見える墓地の傍の土壙内での荼毘の様相が描かれている。文献に見られるような火屋すなわち荼毘所に当たる建物の遺構は，考古学上あきらかでない。わが国において7世紀初頭より始まっていたとされる火葬の実態を知る手がかりとして「火葬墓」があげられる。火葬墓は火葬場とは別に埋葬場所を設けたものと火葬場をそのまま墓としたものの2つに大別される。前者の場合，火葬場はそのまま廃棄される場合もあった。後者の場合，火葬場と墓とを共用した遺構の事例によって，火葬場の構造の一端を伺い知ることができる。

古代の事例として著名なものは，小治田朝臣安万侶墓（おおしだあそんやすまろ）（奈良県山辺郡都祁村（つげ））である。岡の斜面に一辺3.6mの壙を掘り，底に玉石を敷いて火葬された。その後，粘土を版築状に叩きしめ，版築の間層に荼毘の際に得た木炭，灰を混ぜている。壙の周囲は，火葬終了後に壙内の清掃で得た灰を混じえた黒色腐蝕土が置かれ，壙内を埋めた粘土をさらに積み上げ小封土を形造る。火葬骨を納めた木櫃の上に銅板墓誌が密着した状態で壙の掘方上部に埋められていた。その他には，岡山県市場（いちば）火葬墓の場合，径1.4m，最深部0.7mの半球状の壙を穿って火葬した後，須恵質有蓋角櫃容器を骨蔵器として

納めている。また，佐賀県稲佐火葬墓では，2×1m，深さ30cmの長方形壙で火葬し，その後炭と灰で充満させた壙の隅に骨蔵器が置かれていた。特殊な例として，大分県新田墳墓では自然石を組んだ石室で火葬が行われた後，骨蔵器を納めたと考えられている。

中世の事例として，三重県鈴鹿市東佐内遺跡では幅80cmの溝を廻らし，四隅に径30cmの柱穴のある5.3×6mの方形遺構の中央部に径80cm，深さ30cmの土壙があり，焼土や骨片が確認された。これは四隅に柱を立て，台と屋根を設けて遺骸を火化したと考えられている。広島市花園遺跡では，古墳の残存墳丘の中央に長方形の土壙を掘り込み，底面に十字型の溝を作り棺を火化したと見られている。これは火葬の際の熱効果を上げるための構造と考えられる。このほかにも土壙の外側に焚口や煙道のような溝をもつ火葬墓も検出されており，中世に入るとそれまでの火葬の風習を伝えながら，仏教思想の浸透により，人々の間で広く展開されたと考えられる。

特殊な例として窯槨墳（かまど塚）があげられる。大阪府堺市陶器千塚や，和泉市聖神社などで報告されている。横口式木心粘土槨と呼ばれる敷石の墓室を丸太材で合掌形に組み合わせ，その上を粘土で覆い，いわゆる「窯形墓室」を作り，その中で遺骸を火化させる仕組みになっている。共伴遺物により，7世紀初頭まで遡ると見られている。これは8世紀以降盛行する仏教思想や天皇喪葬の流行を背景とした火葬とは性格を異にすると考えられる。

［斎藤忠『墳墓』1978，石田茂作監修『新版仏教考古学講座』7「墳墓」1975］

（松原典明）

樫原廃寺 かたぎはらはいじ　京都府京都市西京区樫原内垣外町に所在する。京都洛西にある長岡丘陵東北端部に位置する。昭和42年(1967)に行われた発掘調査により、その存在があきらかになった。八角形の瓦積み塔跡基壇とその南側に中門と考えられる基壇、それに取り付く回廊跡が検出され、現在の地形状況とから、四天王寺式伽藍配置の寺院であったと想定されている。確認されたそれぞれの基壇などの規模は、塔基壇が一辺約5mで対辺の距離が約12.3m、中門跡が東西約20m、南北約11m、回廊跡の幅約5m。塔跡基壇中央部からは、一辺約2mの心礎が検出された。この心礎の形式や瓦積み基壇が採用されていること、出土した瓦から7世紀中葉の造立と考えられる。その後の調査では、塔北側の金堂推定地から小規模な基壇が確認されている。この北側基壇周辺からは、平瓦以外の瓦はほとんど出土していないことから、この建物は檜皮葺であった可能性が指摘されている。また、寺院西側と南側では、瓦窯跡(樫原廃寺西瓦窯跡、樫原廃寺瓦窯跡)が検出されている。なお、八角塔跡など伽藍南側は、国の史跡指定を受け、史跡公園として整備されている。
　[京都府教育委員会『樫原廃寺発掘調査概要』1967]　　　　　　（三好義三）

肩箱 かたばこ　修験者が笈の肩につけたので、この名称がある。形箱、形筥とも書く。『修験修要秘決集』巻上に、肩箱は木製で破蓋造り、虚心合掌の形を表わしたものとされる。長さは、1尺8寸、横6寸、高さ5寸の箱で、1尺8寸は十八界、横6寸は行者の六大、高さ5寸は金剛五智を表すものとされる。下から白色の策を通し、上部を蓮状にしばる。
　元来は、修験者が峯中灌頂などの書籍を納めたものであるが、後には種々のものを入れた。『三峯相承法則密記』巻上には、先達の肩箱には峯書、折紙、正灌頂乳木、硯墨筆、閼伽札、現参帳、磨紫金袈裟、折頭巾、番伝、八目草履、座配帳、番帳、役者帳、長張(碑伝草案)などを入れ、新客は長頭巾、螺緒、閼伽札、蠟燭、硯墨筆、上紙、柱燭台、折紙などを入れる。笈は胎蔵界、肩箱は金剛界、両者で金胎一致を示すものといわれる。
　　　　　　　　　　　　　　　（岡本桂典）

片山廃寺 かたやまはいじ　静岡県清水、静岡両市の間に横たわる有度山塊の南西斜面が静岡平野に没しようとする山裾に所在する。昭和5年(1930)、地元の大沢和夫によって発見され、駿河国分寺にふさわしい規模をもつ寺院跡として報告された。昭和23年(1948)以来、石田茂作・斎藤忠・望月薫弘らにより発掘調査が実施され、主要伽藍の規模と配置があきらかにされた。現況は、東名高速道路により、寺域の半分近くが高架の下であるが、静岡市による継続的な調査によって史跡整備事業も進んでいる。遺構は、金堂・講堂・僧房が南面して中軸線上に並ぶ配置をとるが、他の塔跡・中門・南大門・回廊などについては判明していない。近年の調査で、北と東の寺域を画す溝跡と西の寺域堺を示す柱穴列が検出されている。出土遺物から8世紀後半代の創建、10世紀前半代の廃絶が判明している。瓦には均整唐草文字(軒平)瓦が用いられ、平城宮の瓦との類似性が指摘されている。瓦窯は宮川清泉寺窪・小段瓦窯の両瓦窯跡からの供給とされる。　　（金子浩之）

勝尾寺牓示 かつおじぼうじ　勝尾寺は、大阪府箕面市粟生に所在する山岳寺院で、宝亀6年(775)に桓武天皇の皇子、開成皇子による創建と伝えられる。牓示に関

する記載は，寛喜2年(1230)の史料が初出で，その後の史料に「八天之石蔵」と呼ばれる牓示の記述があり，元禄2年(1689)の絵図には，寺の伽藍の周囲に，8か所の「八天之石蔵」が描かれている。昭和37～38年(1962～63)に発掘調査が行われ，これら8か所の石蔵があきらかになった。石蔵は，いずれも3段に構築された石積みの壇状の遺構で，最下段の一辺が約4mを測る。それぞれの石蔵からは，陶製容器に寺の方向を向いて納められた仏像が確認された。仏像は，四天王と四大明王の各1体ずつで，元禄2年の絵図に記載されている名称と一致した。石蔵の築造年代は，史料や出土遺物から，寛喜2年頃と考えられている。

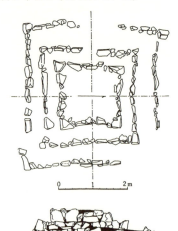

勝尾寺牓示の持国天石蔵

[『箕面市史』1，1964] （三好義三）

羯鼓 かっこ 鞨鼓とも書かれ，約音してカコとも呼ばれる。雅楽においては，左方楽に用いられる太鼓状の打楽器である。形状は，直径約25cmの2枚の鼓面に，中空の円筒を挟んで，馬革を調紐で締めつけたものである。通常は，黒漆塗りの木

の台上に横に置かれ，先端が棗の実に似た2本の桴で，両革面を打ち使用される。能の舞事では，体の前につけて使用される場合もある。雅楽では，指揮者がいないため，羯鼓の演奏者がこの役割を担う。唐書には，玄宗皇帝が羯鼓を好んだことが記されており，すでに中国ではこの時代には用いられていた。日本においては，推古天皇の時代，百済からの帰化人が中国の雅楽を伝える時に，一緒に伝わったといわれ，後に仏教の儀礼にも取り込まれるようになる。宝亀11年(780)に作られた，『西大寺資財流記帳』にも羯鼓の名は認められる。

[高峰秀雄『日本の伝統芸能雅楽』1995]
（上野恵司）

滑石経 かっせききょう 滑石に経典を刻んだものである。滑石を加工して弧状に湾曲した台形の板を製作し，その表裏面に罫線を引いて経文を刻むが，上下左右の小口面にも経文を刻んでいる。経文の行数は個体によって一定せず，字数も15字から21字までとばらつきが見られ，同一個体の表裏面でさえ一定しない。書写されている経典は『法華経』である。サイズに大小があり，上下で厚さが異なるなど不思議な形状を呈するところから，石田茂作は同心円状に組み合わせて円形の孔内に納められていたものと推測している。滑石経は，福岡県筑後市若菜八幡宮経塚出土例が知られるのみで，ほかに類例が確認されておらず，きわめて特異な遺物であるといってよい。北九州地方では長崎県を中心に石鍋などの滑石製品が生産されており，その技術を応用して製作されたもので，瓦経の影響のもとに成立したと考えられるが，事例が少ないため，詳しいことがわかっていない。

[石田茂作「滑石経に就いて」『考古学雑

誌』17−5，1927]　　　　（時枝　務）

羯磨　かつま　密教法具。羯磨杵・羯磨金剛などともいう。日本には空海・円行・恵運・円珍・宗叡の各師は4口を，最澄は2口を伝える。つくりは三鈷杵を十字に組み合わせたものである。異種に独鈷羯磨杵・蓮華羯磨杵などがある。また，轂の様式により蓮弁式羯磨・菊弁式羯磨がある。使用方法は，大壇上に四橛を立て壇線で囲われた内側に，正方四方あるいは対角線四隅に，蓮華形の羯磨台（羯磨皿）の上に乗せて羯磨を置くが，台密では羯磨台を使わない。羯磨の配置は，天台宗の胎蔵界では正方四方，金剛界では対角線四隅で，真言宗の場合は羯磨の配置は流派により異なる。なお，室生寺の金胎両部の大壇具より，蓮弁式羯磨は金剛界壇に，菊弁式羯磨は胎蔵界壇に配置されたと推測される。羯磨は壇に安置しない場合は，諸尊の三昧耶形として用いる。羯磨の形式の変遷は，古くは武器としての力強さを秘めているが，年代が下がると形式が重厚で装飾性を増す。
[奈良国立博物館『密教法具』1965，石田茂作監修『新版仏教考古学講座』5「仏具」1976]　　　　（山川公見子）

瓦塔　がとう　奈良，平安時代を中心として，粘土製の還元焔で焼成した1〜2mの仏塔の一種。木造重層塔婆を模したと思われる。五層塔が主だが七層塔もある。材質は須恵質のものと土師質のものがある。構造は，基壇部，軸部，斗栱部，屋蓋部，相輪部に分けることができる。各部は個別に焼かれ，中心柱を基台上に立て，軸部，屋蓋部を順次交互に積み上げ組み合わせるように造られている。造立の目的は，寺院建立に際し予定地に造って浄財勧募するためという「衆縁勧募説」，塔婆信仰と同様なものとする「造塔

信仰説」，木造高層塔婆の代りに造立したとする「塔婆代用説」，墓碑のごとく墳墓の表装とする「想定墳墓説」，供養塔のごとく墓辺や墓上に造立されたとする「墳墓標識説」などがあげられる。関東を主として北陸地方など，各地の百十数か所の寺院跡・窯跡単独出土例が知られているが，奈良時代中期と見られる代表的な遺品は，東京都東村山市廻田町出土の瓦塔である。ほぼ完全に近い状態で復原されている高さ2mの五層須恵質の瓦塔である。四層まで方3間，五層は方2間に作り，二重框に三手先斗栱を組み，屋根は瓦葺，四隅の降り塔に稚児塔をつけ，九輪，水煙，宝珠などを作り出したものである。ほかには埼玉県女影廃寺出土例

瓦塔

などがある。平安時代と見られる代表的な遺品は、静岡県三ヶ日町出土の五層土師質の瓦塔である。初層の周囲に柵を表し、塔内に仏像を安置している珍しいものである。その他には千葉県長熊廃寺出土例などがある。瓦の製作が盛んに行われた時代に並行して瓦塔も造られたが、石材加工の発達と共に石塔の普及が進み、瓦塔は衰退していったと思われる。

[石村喜英「瓦塔」『新版仏教考古学講座』3，1976]　　　　　　（松原典明）

金井沢碑　かないざわひ　群馬県高崎市山名町金井沢にある奈良時代の石碑。18世紀に現在地付近で発掘されたと見られるが、発掘地点は明確でない。その存在は江戸時代後期に広く知られるようになり、『古京遺文』や『集古十種』などにも収録され、山ノ上碑・多胡碑とともに上野三碑と呼ばれている。高さ約110cm、幅70cmを測る輝石安山岩の自然石の表面に、112字からなる銘文を9行にわたって刻んでいる。神亀3年（726）2月29日に、上野国群馬郡下賛郷高田里に住む佐野屯倉の管理者の子孫9人が、7世の父母の菩提を弔い、現在の父母の後生善処を祈願して、仏教に帰依し、知識を結んだことを記している。知識は一種の講集団であると考えられ、東国の豪族の間に仏教が浸透し、祖先供養を主たる目的とした講集団が結成されていたことが推測できる。佐野は『万葉集』にも見え、烏川対岸を含む付近一帯の地名であったと見られ、本碑の所在地もその一部をなしていた可能性が高い。近くの高崎市根小屋町では古代寺院跡が確認されている。

[尾崎喜左雄『上野三碑の研究』1980]　　　　　　　（時枝　務）

鼎形香炉　かなえがたこうろ　中国の銅器、鼎を象った香炉で、三足の脚をもち、火炉の下部の左右に耳をつけ、広い口縁部をもつ。胴部は、下部で著しく膨らみ、鈕をもつ蓋があり、鈕には獅子や龍が用いられるものもある。方形のものは、四脚で火炉に近い部分に耳がつくものがある。このほかに耳のないもの、口縁の鰐が大きくなっているものや蓋のないものもある。鼎形香炉は本来仏教の供養具ではなく、廟前に物を煮て供えた器を象ったもので、宋代になって仏教に取り入れられたと考えられている。わが国へは鎌倉時代に禅僧によりもたらされ、広く用いられるようになった。室町時代の板碑にも刻されたものが見られ、陶磁製の鼎形香炉もある。

京都府大徳寺蔵の鼎形香炉は鋳銅製で、脚は三足で胴の広い口縁部には雷文地に螭龍を配した文様の帯を巡らし、下部に反りのある耳をつける。蓋は側面に渦文を浮き彫り風にし、玉取獅子を置き鈕としている。蓋裏に「南禅寺方丈侍薬寿玉文安三年（1446）丙寅正月日」とあり、南禅寺の医者が寄進したもので、本邦で作られたものと考えられる。

埼玉県の上里町大光寺遺跡からは、青銅製鼎形香炉と青磁香炉が古瀬戸梅瓶型瓶子や分銅形の銅製品と共に出土している。香炉は14世紀前半と推定されるもので、口縁部に耳をつけ、底部には獣面の三足をつけたもので、胴部には3段の雷文をつけ、花文が配されているもので、出土例が増えている。

なお、神奈川県建仁寺の銅香炉は、中国の銅器の盂に似るものであるが、中世に鼎形香炉のように中国から伝えられた形と考えられる。脚がなく円座となり、文様構成も簡略化が目立つものである。高さ37.7cmで寛正4年（1463）の寄進銘があり、わが国で模倣されたものと考えら

れる。

[中野政樹「供養具」『新版仏教考古学講座』5，1976，鈴木規夫『供養具と僧具』日本の美術283，1989］　（岡本桂典）

蟹満寺 かにまんじ　京都府相楽郡山城町綺田にある真言宗智山派の寺である。山号を普門山と号し，別称紙幡寺・蟹満多寺・加波多寺ともいう。『大日本法華験記』巻下の123には，山城国久世郡の女人にかかわる観音信仰を背景にした，蟹報恩譚を中核とした寺の縁起が記されている。これらの説話は『今昔物語集』や『元亨釈書』にも受け継がれており，観音信仰と報恩譚が結びついた説話である。『大日本法華験記』ではこの寺名を蟹満多寺・紙幡寺，『今昔物語集』では蟹満多寺となっており，平安時代後期の説話と結びつき，かばた寺が蟹満寺となったとされる。

本来の本尊は頭部のみ藤原期の作である聖観音坐像である。現在は，奈良時代初めの丈六金銅仏の国宝釈迦如来坐像（240.3cm）が本尊となっているが，客仏とされる。釈迦如来坐像については，高麗寺から光明山寺，そして蟹満寺に移されたという説，井手町の井手寺から移されたという説がある。さらに，官寺の山城国分寺の本尊を移したという説もある。また，蟹満寺旧仏説も再浮上している。

発掘調査が平成3～5年（1991～93）にかけて行われ，白鳳期に創建された寺で，現本堂下に金堂跡の基壇と推定される遺構と東西回廊跡の規模が74mであることがあきらかになっている。金堂跡と推定される遺構は二重に巡る瓦積み基壇で，外側の瓦積みで南北17.8mである。

[中島正『山城町内遺跡発掘調査概報』第1～3次調査，山城町教育委員会，1991～93］　（岡本桂典）

香貫山経塚 かぬきやまきょうづか　静岡県沼津市街を一望できる香貫山の尾根線の1つに立地する。標高80m前後の尾根線を下った沖積地内の隣地には，五輪塔・宝篋印塔の混合形式として議論のある石造塔を寺域にもつことで知られる霊山寺がある。経塚は，大正7年（1918），鈴木嘉昭によって発掘されて『考古学雑誌』に報告された。銅製経筒2，銅鏡4，銅銭13，白磁合子，青磁碗片，水晶念珠，刀子，鏃，甕，鉢，壺などの出土品がある。これらは，尾根線の先端部に，背面を幅2mほどの堀で切って円形の塚を作りだした上に見つかり，塚の現況は高さ約2m，直径約10mほどの小円墳状を呈する。埋納坑が4か所見つかっており，小石室状を呈するものが報告されている。出土品のうち自然釉蓮弁刻文壺は12世紀代の渥美焼の優品とされる。また，小石室内に一字一石経が納められていたという。

[鈴木嘉昭「沼津香貫山の経塚」『考古学雑誌』9-10，1918］　（金子浩之）

鎌倉大仏 かまくらだいぶつ　神奈川県鎌倉市長谷4丁目に所在する浄土宗高徳院の本尊。正式名称を国宝銅造阿弥陀如来坐像という。像高11.39m，重量約122 t。建長4年（1252）に鋳造が開始され，弘長2年（1262）頃に完成したと伝えられているが，像の造立に関しては不明な点も多く，造立年代についても諸説がある。像は衣で肩を覆い，腹の前で定印を結んで坐する中国宋代の仏像の作風の影響を受けたものである。当初は大仏殿を有していたが，建武元年（1334）と応安2年（1369）の2度の大風で倒壊している。さらに明応7年（1498）の大地震では津波により海水が大仏殿まで上がったと伝えられている。平成12～13年（2000～01）に実施された発掘調査によって，従来不明で

あった大仏殿の礎石を据えた根固めの遺構が発見された。その成果から大仏殿の規模は7間四方で桁行145尺（約44m），梁行140尺（約42.5m）であったことが推定された。

[高徳院『高徳院国宝銅造阿弥陀如来坐像修理工事報告書』1961]（小林康幸）

上淀廃寺　かみよどはいじ　鳥取県西伯郡淀江町福岡に所在する古代の寺院跡。淀江平野に面する丘陵の南斜面に位置する。平成5年（1993）から実施された発掘調査により彩色壁画が出土し，大きな話題となった寺院跡。伽藍配置は，金堂の東側に塔を建てる法起寺式。ただし，塔は南北に2基並列して建てられ，さらに北側に第3の塔が計画されていたなど特異な伽藍配置となっている。講堂跡は不明。2基の塔と金堂の基壇は外周に石列をめぐらす瓦積基壇。北側の塔は塔心礎以外の施設はつくられておらず，何らかの理由で建立が中断されたと判断される。なお，伽藍中枢部北側の丘陵上に掘立柱建物群が存在し政所的な施設と考えられている。出土遺物は彩色壁画や塑像，瓦類など。鐙（軒丸）瓦・宇（軒平）瓦はともに5種類が知られる。創建期の鐙（軒丸）瓦は単弁十二弁の独特の瓦当文様で上淀式とも呼ばれるもの。また，丸瓦の中に「癸末年(683)」と刻まれた文字瓦がある。国指定史跡。

[淀江町教育委員会『上淀廃寺』1995]（真田広幸）

瓦窯　がよう　6世紀末に百済より伝来した造瓦技術で，大別すると「登窯」と「平窯」の2種がある。わが国では登窯が古く，後に平窯が構築された。どちらも基本的には燃焼室，焼成室，煙道を備えている。

登窯は窯底が登り勾配になっているもので丘陵の斜面を利用して，細長く横穴状に刳り貫き，最奥に煙道を設けたものである。わが国の初現的形態の登窯は，6世紀末に造立された飛鳥寺所用瓦を焼いた飛鳥瓦窯跡で，飛鳥寺南東の花崗岩丘陵の中腹にある。この窯址は，崇峻天皇元年（588）に渡来した百済の造瓦技術者4人によって築かれたものと考えられている。構造は，焼成室に規格化された瓦を整然と置くために数十の段を備え，焼成室と燃焼室の境に1.8mの高低差（階）を設けた地下式有階段形式である。地下式にはほかに無階有段，無階無段，有階無段などに分類され，さらに半地下式，地上式のそれぞれに有段・無段の形態がある。瓦は，須恵器と同じ還元焔焼法であるため，焼成室に段をつけていない須恵器窯と同一形態の窯で焼いた場合や，須恵器と瓦が同じ窯で焼かれる場合もあった。

平窯は平坦面または丘陵の中腹に穴を穿って築いた瓦専用窯であり，窯底がほぼ平らになっているものをいう。大別すると焼成室の底面が平坦なものと火熱の循環を効果的にするために焼成室に分煙垪を設けたロストル式がある。わが国の初現的平窯は，藤原宮所用瓦を焼いた奈良県橿原市高山瓦窯である。この窯は障壁や垪が施されておらず，平窯の祖形的なものといえる。ロストル式平窯は奈良時代後期から構築をみるもので，全国的に普及した陶窯の基本的形態といえる。これは地山を掘り込んで築いたもので，焼成室，燃焼室が障壁などで区別され，高低差（階）を設けている。焼成室の床上には瓦や石で細長い垪を数条作り，垪の上に瓦を立て並べる。垪と垪の間は障壁下部の通焔孔から焔が侵入する炕道が溝状になり，焼成室へ導かれる仕組みにな

っている。窯の側壁は，瓦をスサ入り粘土で交互に積み重ねて築いたものが多い。燃焼室の天井は瓦などを芯にしてスサ入り粘土で架構し，焼成室の天井は窯詰めしてから粘土で架構し，窯出しの際に一部を壊して瓦を取り出したと考えられる。形態は焼成室と燃焼室の高低差，障壁，分煙牀の有無，さらに地下式，半地下式，地上式の構築によっても分類されるが，半地下式が一般的である。焼成室の底面が平坦なものから分煙牀を持つものへの変化は直ちに起こったわけではなく，燃焼室と燃成室の間に分煙柱を設けるものがあった。

瓦窯は，寺院，建物などの造営時に一時的にその近辺に作られた場合と自然条件などにより遠隔地に作られた場合とがある。前者の例として，奈良県法輪寺所用瓦の造瓦窯である三井瓦窯や奈良県中宮寺，平隆寺所用瓦の造瓦窯である今池瓦窯があげられる。後者の例として，武蔵国分寺所用瓦を埼玉県北西丘陵地帯のいくつもの瓦屋で作られていたことがあげられる。平安宮造営時には，洛北一帯に瓦窯が築かれ，『延喜式』に記載のある小野・栗栖野瓦もその１つであり，代表的平窯である。

本来，瓦窯は一定の規範で構築されて

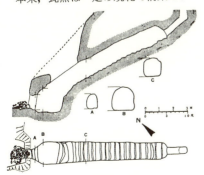

瓦窯（飛鳥瓦窯跡）

いたと思われるが，時代の推移や地方への伝播に従い，簡略化していく。瓦の大きさから，窯の規模は規範化され，１回の操業で焼成される瓦の量は約500枚前後と想定される。

［島田貞彦『造瓦』1937，大川清『日本の古代瓦窯』1972，『古代造瓦組織の研究』2002］　　　　　　　　　（松原典明）

唐草文　からくさもん　唐草文様とも，略して唐草ともいう。一般に連続した草花文様を指す。蔓草のように連なる波状の曲線の間に葡萄（葡萄唐草文）や柘榴（拓榴唐草文）を表したり，花が蓮花（蓮唐草文）や菊（菊唐草文）や八重咲きの花（宝相華唐草文）であったり，また蔓草自体が単純に文様化されたり（パルメット文様，別に忍冬文ともいう）する。それらを総称して唐草文というのであるが，基本型はパルメット文様とされる。忍冬文（忍冬文様）は明治頃からの呼び方であるが，モチーフが忍冬（スイカズラ）によるものとは特定できないため，パルメット（棕櫚）文様といういい方が行われている。

中国の南北朝時代にはパルメット文様を中心とする唐草文が盛行し，仏教石窟の中の装飾に多く表され，仏教との関係が深まった。わが国ではパルメット文様は飛鳥時代にすでに見ることができ，法隆寺関係の仏教美術にとり入れられ，「飛鳥唐草」の呼称がある。奈良時代以後の写経の表紙に描かれる宝相華文様も唐草文の一種とされている。

唐草文の起源をエジプト，メソポタミア，ギリシア，ローマなどの草花の装飾文様に求める説があり，またイスラム，インドの文化圏でも関連する文様が広範囲に見られ，唐草文は東西文化の交流を象徴する文様と考えられている。わが国では飛鳥時代以来，寺院の宇（軒平）瓦に

唐草文様が用いられているが，とくに古代の寺院跡の出土瓦については，鐙(軒丸)瓦と併せて文様の変化による年代の研究がすすめられている。また仏像の光背や宝冠，梵鐘や仏教関係の金工品をはじめ，さまざまな分野に時代を超えて装飾文様としての唐草文様が用いられ，そのバリエーションは近・現代におよぶ。

[小杉一雄『中国文様史の研究』1959，アロイス・リーグル，長廣敏雄訳『美術様式論』1970，山本忠尚『唐草紋』日本の美術358，1997，立田洋司『唐草文様』1997]　　　　　　　　（坂輪宣敬）

伽藍　がらん　僧侶が修行する清浄な場所のこと。具体的には寺院やその主要建物を指す。中国で経典を漢訳する際に，サンスクリット語のサンギャランマ（Samghārāma）を音写し，「僧伽藍摩」と表記したが，それを省略して伽藍というようになった。

初期の仏教教団はアーヴァーサ(āvāsa 住処)とアーラーマ(ārāma 園林)を活動の拠点としていたが，やがて教団の組織化の進展に伴って施設の整備が進み，『小品臥座具腱度』にはヴィハーラ(vihāra 精舎)・アッダヨガ（aḍḍhayoga 平覆屋）・パーサーダ（pāsāda 殿楼）・ハンミヤ（hammiya 楼房）・グーハー（guhā 窟院）の五種房舎が見えている。アーヴァーサは僧侶自身が自発的に設定した空間であり，雨安居の期間に過ごす仮設住居であったと見られるのに対し，アーラーマは在家信者によって寄進されたもので，恒久的な施設であった可能性が高いといわれている。そのほか，律蔵にはウポササーガーラ（uposathāgāra 布薩堂）・ウパッサーナサーラー（upaṭṭhānasālā 会堂）・バッターガ（bhāttaga 食堂）・ウダパーナサーラー（udapānasālā

井堂）・ジャンターガーラ（jantāghara 温室）・カンカマナサーラー（caṅkamanasālā 経行堂）・コッタカ（koṭṭaka 門屋）などが見え，僧院を中心にさまざまな建物があったことがうかがえる。しかし，それらの建物の実態は不明な点が多く，考古資料と突き合わせる作業も進んでいないため，経典から伽藍の展開を推測することは難しい。

インドではラージギル(Rajgir)のジーヴァカ(Jīvaka)園跡をはじめ，コーシャーンビー(Kausambi)のゴーシターラーマ(Ghoshitarama)遺跡，シュラーヴァスティー(Shravasti)の推定ジェータヴァナ(Jetavana)跡で，平面長楕円形プランの楕円形構造物が確認されており，初期仏教教団に関わる建物跡と推定されている。ジーヴァカ園は医師ジーヴァカが釈迦に寄進した果樹園であり，典型的なアーラーマであるところから，楕円形構造物はアーラーマに伴う建物であった可能性が高いと考えられる。その後，古代インドでは前3世紀頃にストゥーパ(stūpa)が出現し，それを中心とした塔院とヴィハーラ(vihāra)を中心とする僧院が，伽藍を構成するうえでの基本的な単位となった。ストゥーパは在家の信仰の影響を受けて成立したモニュメントであり，仏教教団の内的な必然性から生み出されたものではないため，塔院が僧院よりも一般信者と深く関わる施設であったことはいうまでもない。インドやパキスタンの古代寺院では，僧院と塔院は明確に区分されているが，平地寺院と石窟寺院では若干異なったあり方を見せている。

平地寺院では，僧院と塔院はそれぞれ別の区画をもち，僧院が方形プランを基本とするのに対して，塔院は円形プラン

のストゥーパを基本としながらも，方形の区画によって囲まれることが多い。僧院は中心部の広場を取り囲むように四面ないしは三面に僧房が配置され，個々の僧房が均質な空間を保つように工夫されており，僧の間における平等原則を重んじる仏教教団の拠点として機能していたことがうかがえる。初期寺院では，両者はあきらかに別の区画をもち，あたかも対峙するかのように配されている。

石窟寺院は塔院であるチャイティヤ（Caitya）窟と僧院であるヴィハーラ窟に大別される。一般にチャイティヤ窟は1基で，それを取り巻くように数基のヴィハーラ窟が設けられ，両者が組み合わさって石窟寺院の伽藍を構成している。

チャイティヤ窟は，内部にストゥーパかチャイティヤを祀るもので，その形態は時代とともに変化を見せる。前2世紀頃のグントゥパッリ（Guntupalle）窟は，平面円形プランの主室の中央に塔を置き，半球形のドーム天井を架け，前面に平面長方形プランの前室を設ける。同時期のジュンナール（Junnār）窟では，塔のまわりに列柱を配するが，やはり円形の平面プランを採用している。それが，1世紀のカルラー（Karlā）窟になると，平面半円形プランを呈する奥壁寄りに塔を安置し，その前面に平面長方形プランの比較的広い空間を確保するようになる。壁沿いに列柱をめぐらし，周囲に側廊を設け，ヴォールト天井を架しているのも，それ以前の時代には見られなかった特色である。その形態は初期キリスト教のバジリカ式教会堂に類似しており，天井部に椽を刻み出していることから，原型が地上建物に求められることは確実である。より新しい7世紀のエローラ（Ellorā）第10窟は，カールラー窟と基本的には同じ形態であるが，大きな平面方形プランの前室をもち，ストゥーパの正面に仏龕を穿って仏像を祀る点で大きく異なっている。初期には塔が重視されていたものが，だんだんと塔の比重が低下し，遂には仏像に取って代わられたことを示すものといえよう。

ヴィハーラ窟は，僧侶の住居で，個々の房室が平面方形か長方形プランであることは一貫して変わらないが，その配置の仕方は時代とともに変化したことが知られる。前2世紀頃のグントゥパッリ窟は，数基からなる3つの群から構成され，中央の1群のみ前庭を伴っており，東西の各群からも前庭へ通じるように設計されている。しかし，各房室は乱雑に配置されており，房室の大きさや形態も区々である。その後，前1世紀のナーシク（Nāsik）第3窟になると，中央に平面方形プランの広間を配し，その周囲の三面にやはり平面方形プランの房室を複数穿ち，前面に平面長方形プランの前室を設け，きわめて計画的な設計が見られるようになる。さらに，5世紀のアジャンター（Ajantā）第1窟では，奥壁に仏像を祀る祀堂を設け，広間の周囲に列柱を配して，側廊を造って房室と遮断された空間を確保するようになる。それはヴィハーラ窟に仏堂としての機能が期待されるようになったために生じた変化と見られよう。古代インドでは，5世紀以降になると，チャイティヤ窟・ヴィハーラ窟を問わず仏像を祀るようになり，石窟寺院の祠堂化が徐々に進み，僧院と塔院からなる伽藍構成のあり方が崩壊した。

パキスタンでは，平地が少ないために山岳寺院が発達し，特色ある伽藍が形成されることになった。メハサンダ（Mekhasanda）寺院は，塔院と講堂，厨房・食

堂と僧房群からなり，塔院では平地伽藍
同様に比較的大きなストゥーパを中心に
奉献された複数のチャイティヤが配され
るが，山腹に立ち並ぶ複数の僧院は地形
的な制約があって中央に広場をもつ建物
となっておらず，平地伽藍と異なった伽
藍を営んだことが知られる。しかも，僧
院のなかにさえ小さなチャイティヤが営
まれ，仏像が祀られていたことが確認さ
れている。こうしたあり方はタレリ
(Thareli)寺院跡，シクリ(Sikri)寺院跡，
ジャマール・ガリ(Jamal Garhi)寺院跡，
タフティ・バヒ(Takht-i Bahi)寺院跡な
どに共通して見ることができ，ガンダー
ラ地方の山岳寺院伽藍の特徴を知ること
ができよう。

　同様な傾向はアフガニスタンでも知ら
れており，ジャララバード(Jalalabad)の
ハッダ(Hadda)遺跡群では多くの石窟
寺院が確認されているが，それらの大部
分が平地に建設された寺院やストゥーパ
と一体となって1つの伽藍を構成してい
ることが確認されている。その点，石窟
寺院の場合それのみで伽藍が構成される
インドとは異なり，平地寺院と石窟寺院
を混在した独自な伽藍構成を展開してい
るといえる。ハッダ遺跡群では，すでに
ストゥーパに多数の仏像などが祀られて
おり，ストゥーパ自体が祠堂化している
状況が指摘できる。こうしたあり方がさ
らに展開したのが，2体の大仏を中心に
約700基の石窟を開鑿したバーミヤーン
(Bamiyan)遺跡群であり，平地寺院と石
窟寺院がセットになったロシア共和国の
カラ・テペ(Kara-Tepe)遺跡である。

　東南アジアでは，古代寺院の場合に僧
院と塔院が明確に区分されているが，や
がて独自の展開を始め，テラワーダ仏教
(Theravāda)が導入されるようになる

と両者の区分は曖昧になる。5世紀のピ
ュー(Pyu)の都市であるミャンマーのベ
イタノー遺跡(Beikthano)にある古代の
平地寺院跡では，僧院と塔院がセットに
なって1つの伽藍を形作っているが，両
者が至近距離に配されている点でインド
と異なっていた。同じミャンマーの11世
紀から14世紀のパガン王朝の首都である
パガン遺跡群では多数の寺院遺跡が確認
されているが，すでに僧院や塔院のほか
に祠堂・経蔵・戒壇院などさまざまな種
類の建物が見られ，しかも僧院や塔院で
も仏像を祀るものが多く，僧院と塔院が
対をなして1つの伽藍を構成するあり方
は明確でなくなっている。タイでは，13
世紀にテラワーダ仏教が伝播して以降，
本尊を祀る祠堂のヴィハーン(Vihan)を
中心とし，塔としては仏塔と訳されるス
リランカ系のチェディ(Chedi)，塔堂と
訳されるクメール系のプラーン
(Prang)，仏堂と訳される在地系のモン
ドップ(Mondop)があり，そのほか戒壇
のウボーソット(Ubosoth)，礼堂のカン
ブリエン(Kanburian)，日本の庫裏に当
たるクティ(Kutei)，鐘楼のホ・ラカン
(Hô-rakhang)，経蔵のホ・トライ
(Hô-trai)，休憩所のサーラー(Sala)
など，さまざまな伽藍を構成する建物が
設けられるようになった。なお，ベトナ
ム中部では，チャム語で仏教・ヒンドゥ
ー寺院をカラン(Kalan)と呼んでいる
が，それが伽藍に由来する言葉であるこ
とはいうまでもない。東南アジアでは，
平地寺院や山岳寺院は多く見ることがで
きるが，石窟寺院は南タイやジャワ島な
どで例外的に知られるのみで，しかもそ
の大部分はヒンドゥー化されたものであ
る。

　中国では，平地寺院・山岳寺院・石窟

寺院とも確認されているが，その伽藍の
あり方はインドと全く異なることが知ら
れる。平地伽藍は，後漢末に徐州に浮屠
祠が建立されたことが『呉誌』に見える
が，それは僧院と塔院を区別することな
く，両者の機能を併せ持った施設であっ
たと推測される。なぜならば，楼閣を中
心に閣廊をめぐらし，しかもその周囲に
3000人を収容することができたとしてい
るからである。楼閣は仏塔を中国風に改
めたものであり，閣廊は2層の回廊であ
り，おそらくその周囲には3000人を収容
できる僧坊があったのであろう。遺構と
しては北魏の永寧寺跡や唐の西明寺跡・
青龍寺跡などが発掘されており，いずれ
も方形区画のなかに堂塔を配するプラン
であるが，北魏では塔が中心を占めるの
に対して，唐では金堂に比重が移ってい
る。山岳寺院は，道教の影響を受けて形
成されたが，伽藍の実態は不明な点が多
い。近年，五台山竹林寺などの基礎的な
調査が行われたが，発掘調査は実施され
ておらず，本格的な研究は今後の課題で
ある。一方，石窟寺院の調査例は西域を
中心に枚挙にいとまないが，ヴィハーラ
窟が欠如し，チャイティヤ窟が中国的な
仏塔である層塔などが天井に達する塔廟
窟となり，新たに礼拝対象としての仏像
を窟内に彫刻しただけの尊像窟が多数造
営されたことがあきらかになっている。
尊像窟はいわば祠堂としての性格をもつ
寺院であり，その起源は中央アジアのバ
ーミヤーン遺跡群などに求められるが，
中国ではそれがむしろ石窟寺院の主体的
な存在となったところに特色がある。そ
のことから，中国では僧院と塔院からな
る伽藍構成はまったく見られず，むしろ
僧院と塔院の機能を併せ持った独自な伽
藍が創生されたことが確認される。

朝鮮半島では，中国の影響のもとに平
地寺院や山岳寺院が高度に発達したにも
かかわらず，石窟寺院は部分的にしか採
用されなかった。平地寺院は中国と同様
に塔・金堂・講堂を主要な堂塔とする伽
藍が営まれたが，1基の塔を囲むように
3基の金堂が配されるものや1基の金堂
の前面に2基の塔を配するものなど，そ
のあり方は実に多様である。統一新羅時
代から高麗時代にかけては，塔を2基も
つ双塔式の伽藍が多く営まれたが，塔は
石塔が主流であった点に特色がある。山
岳寺院は古代から造立されたが，主要堂
塔の配置が地形に左右されて不規則なだ
けでなく，修行のための阿蘭若処を伴う
伽藍も確認されている。また，石窟寺院
には石窟庵など見事な石仏を伴う例があ
り，中国の尊像窟の影響があったことが
知られるが，日本の国東半島周辺の石仏
などに影響を与えたとの指摘もなされて
いる。

日本では，朝鮮半島からの強い影響を
受けて仏教寺院の造立が開始されたため，
典型的な石窟寺院は造られず，平地寺院
と山岳寺院が基本であった。平地寺院で
は平面方形プランの伽藍が営まれ，6世
紀末の奈良県飛鳥寺の創建以来，畿内を
中心に多数の寺院が建立されたが，その
あり方は多様である。奈良時代に流行し
た南都六宗では塔・金堂・講堂・食堂・
経蔵・鐘楼・僧房を七堂伽藍と呼ぶが，
鎌倉時代に隆盛した禅宗では仏殿・法
堂・僧堂・庫院・浴室・東司・三門を指
しており，含める建物を異にしている。
しかし，仏殿が金堂，法堂が講堂に相当
する施設であることはあきらかであるの
で，最も大きな相違点は塔を含めるかど
うかであることが知られる。塔は，古代
寺院ではきわめて重要な建物であったが，

時代が下るにつれ伽藍に占める比重が低下し，中・近世寺院では塔をもたない寺院が主流となった。山岳寺院では建物を任意に配する伽藍が採用され，いわゆる神仏習合の結果，地主神などの神社も伽藍の内部に取り込まれた。中世には，修験道をはじめとする山岳信仰が活発になり，山岳修行の拠点として山岳寺院が位置づけられた。

このように，日本における伽藍のあり方は独自の展開を見せるが，最も大きな変化は寺院が墓地と密接な関係に置かれるようになることであろう。古代には，開山や開基などその寺と特別な関係にある人物を除いては寺域に墳墓を営むことはなかったが，鎌倉時代になると境内に営まれた高僧の墳墓の周辺に弟子などが墓域を営むことが見られるようになる。室町時代には，そうした風潮が俗人の間にも広まり，墳墓を営む階層の拡大とともに，寺墓が形成されるようになる。また，こうして寺院と墳墓が密接なものと認識されるようになると，逆に墳墓の脇に供養のための施設として寺院を創建する場合が出現する。そうして創建された寺院を，寺墓と区別して，墓寺と呼んでいる。畿内に典型的に見られる大規模な墓域である惣墓では，葬祭に関わる葬式寺とあくまでも供養のみに携わる菩提寺が機能的に分化し，葬式寺と菩提寺がセットとなって墓地をめぐる祭祀が執り行われることになる。近世寺院では，境内に隣接して墓地をもつものが多いが，起源としては寺墓に系譜をもつ場合と墓寺である場合の両者が存在する。しかし，実際には両者を峻別することは難しく，宗派を越えた檀越寺院として位置づけられるのが一般的なあり方である。むしろ，近世には，檀家をもつ檀那寺が葬祭に関

わり，墓地を有したのに対して，檀家をもたない祈禱寺が現世利益を追求し，墓地を所有しないという伽藍のあり方の相違に注目すべきであろう。

[高田修『佛教美術史論考』1969，坂詰秀一「初期伽藍の類型認識と僧地の問題」『立正大学文学部論叢』63，1979，曽野寿彦・西川幸治『死者の丘・涅槃の塔』1970，石田茂作監修『新版仏教考古学講座』2「寺院」，1975，石田茂作『仏教考古学論攷』1，1978]　　　（時枝　務）

伽藍配置　がらんはいち　寺院の建物の配置に関する類型。石田茂作は日本の寺院の伽藍配置を，塔や金堂などの主要堂塔の配置に注目し，飛鳥寺式・四天王寺式・法隆寺式・法起寺式・薬師寺式・東大寺式・山岳寺院（天台宗）・山岳寺院（真言宗）・山岳寺院（修験道）・寝殿造式・禅宗寺院・浄土系寺院・日蓮宗寺院・林泉寺院・城郭寺院・檀越寺院の16種類に分類し，伽藍配置を通して日本仏教の変遷をあきらかにしようとした。石田は，このうち最初に出現した飛鳥寺式伽藍配置では塔中心に伽藍が営まれたが，四天王寺式伽藍配置になると塔と金堂が同じ比重で扱われ，薬師寺式伽藍配置に至って金堂中心に転じ，東大寺式伽藍配置になると塔が従属的な地位に置かれたと考えた。しかも，それは仏舎利を納めた塔から仏像を安置した金堂へと重点が変わったことを示すとして，現身仏から理仏への信仰の推移によって生じた伽藍配置の変化であると説明した。

斎藤忠は日本の古代寺院の伽藍配置を塔のあり方に注目して一塔式・二塔式・無塔式の3種類に大別し，一塔式を四天王寺式・飛鳥寺式・法隆寺式・法起寺式・観世音寺式・川原寺式・元興寺式・遠江国分寺式・出雲国分僧寺式，二塔式を薬

師寺式・東大寺式，無塔式を下野国分尼寺式・信濃国分尼寺式に細別した。

坂詰秀一は，伽藍が舎利や仏像を祀る塔や金堂などの空間である仏地，僧侶が生活し，修行するための空間である僧地，修理や経営のための施設である政所などの空間である俗地から構成されていることを指摘し，それまでの伽藍配置が仏地のみを対象としたものであったことを批判し，僧地や俗地を含めた伽藍配置を設定する必要性を強調した。

上原真人は仏地と僧地の形式をあきらかにし，両者がどう結びついているかを解明するという方法で日本の古代寺院の伽藍配置を設定し，その変遷について考察した。上原は回廊の閉じ方によって，回廊が金堂に取り付くA型，回廊が金堂・塔を囲んで閉じるB型，回廊が講堂に取り付くC型，回廊が講堂の背後で閉じるD型の4種類に大別し，さらにD型以外を建物配置から細別した。A型は，塔を伽藍中軸上に置くA1型，西にもう1つの金堂，東に塔を置くA2型，塔を伽藍中軸よりも東に置くA3型，塔を伽藍中軸よりも西に置くA4型，塔を東西に置くA5型，回廊内に建物のないA6型に細別され，A1・A2型が7世紀，A3型が7世紀末から8世紀中葉，A4・A5型が8世紀中葉，A6型が8世紀前葉から9世紀初頭に営まれたとした。B型は，塔を中心に北・西・東に金堂を置くB1型，伽藍中軸上に塔・金堂を置くB2型，西に塔，東に金堂を置くB3型に細別し，B1型が6世紀末から7世紀初頭，B2・B3型が7世紀中葉から後半に造営されたとした。C型は，伽藍中軸上に塔・金堂を置くC1型，向かって左に金堂，右に塔を置くC2型，左に塔，右に金堂を置くC3型，伽藍中軸上

に金堂，左右に塔を置くC4型，伽藍中軸上に金堂，右に塔を置くC5型，伽藍中軸上に金堂のみを置くC6型に細別し，C1型が7世紀前葉から後半，C2型が7世紀後半から8世紀中葉，C3型が7世紀後半から8世紀後半，C4型が7世紀後半から8世紀前葉，C5型が8世紀中葉，C6型が8世紀前葉から後半の年代が与えられるとした。その上で，A型は金堂前面に儀式空間を確保する方向で変遷し，僧地が三面僧房のように定型化していたのに対して，B・C型では金堂前面の儀式空間への配慮が明確でなく，僧地も必ずしも定型化しておらず，B型では金堂・塔の周囲を巡る儀礼との関連が予測されるとした。さらに塔から金堂へと信仰の中心が移ったとする石田の見解を批判し，それは金堂前面に儀式空間を確保しようとした結果として塔が回廊外に出される現象に過ぎないとした。

森郁夫は，日本の古代寺院において主流を占めた伽藍配置に注目し，飛鳥寺式以降，7世紀には四天王寺式・川原寺式・法隆寺式・薬師寺式と続き，8世紀になって大安寺式が出現したと整理し，伽藍配置が変化した要因を東アジア諸国の動向に対応した朝廷の仏教観の推移に求めた。

このように伽藍配置は塔・金堂・講堂などの主要な堂塔の平面的な配置によって類型化されているが，坂詰が指摘するように仏地のみでなく，僧地や俗地を含めて検討することが必要であり，今後僧地や俗地の調査が進展すれば新たな視点から伽藍配置が設定されねばならないことは疑いない。しかも，石田を除けば，どの伽藍配置論も古代寺院のみを対象としたものであり，中・近世寺院は検討の対象になっていない。また，インド・中

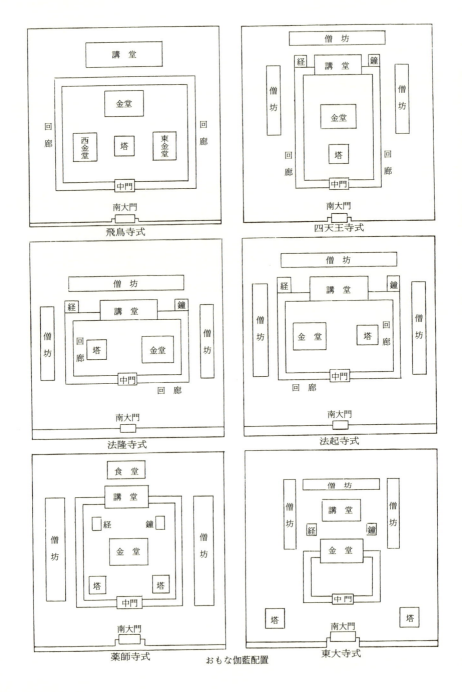

飛鳥寺式

四天王寺式

法隆寺式

法起寺式

薬師寺式

東大寺式

おもな伽藍配置

国・朝鮮などの寺院を射程に収めた伽藍配置の研究も、坂詰が試みているほかには進展しておらず、いずれも今後の課題として残されている。

［石田茂作「伽藍配置の変遷」『日本考古学講座』6，1956，石田茂作『仏教考古学論攷』1，1978，斎藤忠「寺院跡」『新版仏教考古学講座』2，1975，坂詰秀一「初期伽藍の類型認識と僧地の問題」『立正大学文学部論叢』63，1979，上原真人「仏教」『岩波講座日本考古学』4，1986，森郁夫『日本古代寺院造営の研究』1998］　　　　　　　　　　（時枝　務）

川勝政太郎　かわかつ　まさたろう　明治38（1905）～昭和53（1975），京都府生。京都帝国大学文学部史学科考古学選科卒。大阪工業大学教授を経て大手前女子大学教授，史跡美術同攷会会長。文学博士。

史跡美術同攷会を創立し，機関誌『史迹と美術』（月刊）を主宰して「石造美術」分野の調査と確立に寄与した。「石造美術」は石を材料として造られた美術的遺品，歴史考古学的遺品を総括した名称であるが，美術的なもののみを研究対象とする分野ではなく，広く石を材料として造られたすべての遺品の調査研究を目標とする，と説いた。とくに，石塔婆の調査は全国に及び先駆的な業績を残した。

（主要著作）『石造美術』1939，改訂1981，『日本石材工芸史』1959，『日本石造美術辞典』1978，『京都石造美術の研究』1943，『偈頌』1984，『梵字講話』1944

（著作目録）「川勝政太郎先生著作目録」『歴史考古学』11，1983　　（坂詰秀一）

河内国分寺跡　かわちこくぶんじあと　大阪府柏原市国分東条町に所在する。大和川の南岸段丘上に位置する。数回小規模な発掘調査が行われた後，昭和45年（1970）に塔と中門の一部が調査された。これら

の建物以外についての詳細は不明で，塔の西側に金堂や講堂などが，北側に食堂があると考えられている。この調査により，塔の基壇は，加工した凝灰岩を積み上げた一辺が約19m，高さが約1.5mの規模で，四方に階段が備えられており，床に方形の塼を敷き詰めていること，塔そのものは一辺が10.37mであったことが確認された。これらにより，七重塔であったと推定されている。遺物は，瓦のほか塼や相輪覆輪部などが出土している。瓦は，それぞれ9種類の鐙（軒丸）瓦，宇（軒平）瓦が確認されている。このうちの一部は，同市田辺所在の田辺瓦窯で生産されていたことが知られている。また，国分寺造営期の奈良時代中期以前の瓦も出土しており，造営以前の建物の存在も想定されている。一方，尼寺は国分寺の約700m西方にある「尼寺」という字名が残る平坦地周辺に所在したとされている。

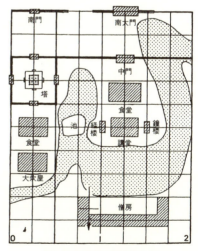

河内国分寺跡伽藍配置想定図

［大阪府教育委員会『柏原市国分東条町河内国分寺発掘調査概要』1970，江谷寛「河内」『新修国分寺の研究』7，1997］

（三好義三）

瓦 かわら　建物の屋根を葺くために粘土を一定の形に固めて焼成したもの。サンスクリット語の迦波羅（ガパーラ）の転訛ともいわれる。瓦は古代ヨーロッパ諸国にも見られるが、最も発達したのは中国であり、その後朝鮮半島から日本へと伝えられた。

最古の瓦とされるのは、中国陝西省岐山県鳳雛村所在宮殿遺跡出土の平瓦で、紀元前1000年頃西周初期と考えられる。漢代には一般家屋にも瓦が用いられるようになる。西周晩期には瓦当を持つ瓦が出現し、はじめ半円形の半瓦当から秦・漢代交代期には円形瓦当へと変化した。半瓦当の文様は饕餮（とうてつ）文、動物文などが主体であり、円形瓦当は「千秋萬歳」「楽琅富貴」など吉祥句や瓦当面を四分割して蕨手文などを飾るのが特徴である。北魏時代になると蓮華文が施されるようになり、唐代には単弁、複弁蓮華文の両者が見られ、外縁に珠文が廻らされるようになる。

朝鮮半島へは、紀元前2世紀に漢民族が楽浪郡を設置して伝えられた。瓦当文様は漢代のものに酷似し、瓦当面が四分割され吉祥句や雲気文が主流であった。朝鮮半島三国の中で最も早く瓦生産が行われたのは高句麗である。ほとんどが赤褐色を呈し鐙（軒丸）瓦の分割された瓦当面には蕾状（あぶみ）の単弁蓮華文と中房に蓮子を置くなどが特徴といえる。百済ではいわゆる「百済瓦当」と呼ばれる単弁蓮華文鐙（軒丸）瓦が見られ、中国南梁の影響が認められる。日本における軒瓦の文様成立に強く影響を及ぼした。三国時代新羅は高句麗・百済両国の要素を持つ瓦当文様であったが、統一新羅では蓮華文を基本としながらも忍冬文、飛天文の宇（軒平）瓦や、鬼瓦、文様塼（にんどう）なども作られた。

日本における瓦の初現は、『日本書紀』によると崇峻天皇元年（588）に百済より瓦博士4人が渡来し、真神原に飛鳥寺を建立するため瓦を焼いたことに端を発する。その後、四天王寺、法隆寺なども建立され、百済様式の無子葉単弁蓮華文鐙瓦や忍冬文字（軒平）瓦が使われた。中宮寺、豊浦寺などでは高句麗様式の鐙（軒丸）瓦が出土している。白鳳期には初唐様式、新羅様式の複弁蓮華文鐙（軒丸）瓦が主流を占め、重弧文字（軒平）瓦を伴う川原寺式と忍冬唐草文字（軒平）瓦を伴う法隆寺式があり、鐙（軒平）瓦・宇（軒平）瓦の外縁は鋸歯文を飾り、その後連珠文も加わる。奈良期以降は宇（軒平）瓦の外縁は連珠文だけになる。瓦当文様の製法は、木製のほか、石製、土製の型を用いる。宇（軒平）瓦の瓦当は、鐙（軒丸）瓦より遅れて発生した。同一の瓦当笵を使用し作られた瓦を「同系瓦」という。例えば飛鳥寺と法隆寺若草伽藍の所用瓦は同笵関係とされている。また、瓦の需要が多い場合、瓦当笵が複数作られ、同じ系統の文様が用いられる。このように作られた瓦を「同系瓦」という。

瓦の名称は、天平勝宝8年（756）『造東大寺司牒』に「男瓦、女瓦、鐙瓦、宇瓦、堤瓦」の5種類が記されており、当時の瓦の種類を知ることができる。中世、近世には男瓦は筒瓦、丸瓦、女瓦は平瓦、鐙瓦は巴瓦、軒丸瓦、宇瓦は唐草瓦、軒平瓦と呼ばれる。男瓦と女瓦の組み合わせを基本とし、軒先には男瓦の端に鐙（軒丸）瓦を、女瓦の端に宇（軒平）瓦を配す屋根葺を本瓦葺きという。

男瓦は円筒を半截した形で2形態あり、一方の端に段差を付け接続部のあるものと、一方の端から他方の端へ細くし重ね易くしたものである。前者を玉縁式（有（のき）

段式）男瓦，後者を行基式（無段式）男瓦と呼ぶ。女瓦は男瓦とほぼ同寸の曲率を持つ板状の瓦で，板瓦ともいう。製法は，桶のような模骨に布筒を被せ，粘土板をその上から覆い土管を作り，乾燥途中で3，4枚に分割する桶巻作りと，1枚ずつ蒲鉾型の成形台で作る一枚作りがあった。男瓦，女瓦とも古代瓦の凹面には布目の圧痕が見られ布目瓦とも呼ばれる。堤瓦は熨斗瓦とも呼ばれ，女瓦を縦半截したものである。大棟，降棟を高くするための瓦で積み上げた棟が堤のように見えることから名づけられた。鐙（軒丸）瓦は男瓦の一方の先端に円形の粘土板を付け，外面に蓮華文などの文様（瓦当部）を施したものである。平安末期から江戸期には巴文を付けたものもあり巴瓦ともいう。宇（軒平）瓦は女瓦の一方の先端に配され，瓦当部には重弧文などが施され，江戸期頃まで唐草文が盛んに用いられたことから唐草瓦ともいう。垂木先瓦は垂木の先端を装飾を兼ねて保護する瓦で，垂木の形により，方，円，楕円形がある。飛鳥寺からは蓮華文のものが出土しており，奈良期には南都諸大寺で施釉のものが使用されている。隅木蓋瓦は，入母屋，寄棟，宝形造りの建物の軒の隅木先端部を保護するため，箱のように覆い，木口面に文様をつけたものである。法隆寺，薬師寺には浅い蓋形に作ったものがあり，正面，側面に唐草文などを飾っている。面戸瓦は，男瓦，女瓦を葺き上げた際に大棟，降唐で女瓦の谷に生じた隙間を塞ぐための瓦で，男瓦整作途中で面戸瓦に転用したと思われるものもある。大棟用は左右対称形のため蟹面戸，降棟用は一方がやや細いため鰹面戸，登り面戸ともいう。

　塼は主に床材に使われるもので，粘土を方格型に入れて成形し，乾燥後焼成した煉瓦である。一辺30cmほどの方塼とそれを半截した長方塼がある。一般には無文様であるが，岡寺出土の天人塼，鳳凰塼は特殊な例である。須弥壇の壁面などを飾った。装飾瓦としては，大棟の両端を飾る鴟尾や，大棟，降棟，隅棟の棟端を飾る鬼瓦などがある。釉を施した瓦を施釉瓦と呼び，緑釉，二彩釉，三彩釉，灰釉などがある。奈良初期の寺院のほか，平城宮，平安宮からも発見されている。箆書や刻印などによって文字や絵などを記した瓦を文字瓦，戯画瓦と呼ぶ。

軒瓦

[石田茂作『古瓦図鑑』1930，奈良国立博物館『飛鳥白鳳の古瓦』1970，平安博物館『平安京古瓦図録』1977，森郁夫『瓦』2001]　　　　　　　　　（松原典明）

川原寺跡　かわらでらあと　奈良県高市郡明日香村川原に所在する寺院跡。「河原寺」「弘福寺」ともいう。寺跡は国史跡。藤原京四大寺の1つ。現在，中金堂跡に滋賀県石山寺から運ばれたという「瑪瑙の礎石」が，東塔跡には高さ1.3m，一辺15mの方形土壇があり，礎石が遺存している。創建について『日本書紀』には，「天武天皇2年(673)3月の条，書生を聚めて始めて一切経を川原寺に写したまふ」という記載がある。

　昭和32，33年(1957，58)の調査で明ら

かになった伽藍は，南大門，中門から中金堂に至る回廊の内庭に東に塔，西に東面する金堂を配している。中金堂の背後に講堂を置き，講堂の東西北は三面僧坊で囲まれている。一塔二金堂の川原寺式伽藍配置である。昭和49年(1974)の東門の調査によって，東門が南大門の1.8倍の規模であることが確認された。これは寺の東方に中ツ道が通っていたことによると推定される。また，伽藍全域に及ぶ広大な池を埋め立て，二条の暗渠を造営したとみられる遺構が検出され，斉明天皇の殯宮（川原宮）の遺構であると推定される。故に川原寺は天智天皇が斉明天皇の追善に創建した寺と考えられる。

創建時所用瓦は，面違鋸歯文縁複弁八葉蓮華文鐙(軒丸)瓦と重弧文字(軒平)瓦の組み合わせで川原寺式軒瓦と呼ばれ，五条市荒坂瓦窯で焼かれた瓦であることが確認されている。川原寺式軒瓦は，その後天武朝から持統朝にかけて全国的に波及した。

平安時代前期最初の火災にみまわれた時，寺の片付けをした場所が川原寺裏山

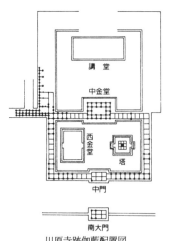

川原寺跡伽藍配置図

遺跡であり，昭和49年(1974)の調査では，数多くの塑像，塼仏，緑釉波文塼などの破片が出土した。特に橘寺出土遺物と原型が同じ方形三尊塼仏があり，背面に「阿弥陀」「釈」「勒」の篆書が施され，表面は蓮華座の上に中央が如来倚像，左右に菩薩を配し，いずれも円形の頭光背を伴い，頭上に天蓋と二飛天を配している優品である。

[『川原寺発掘調査報告』奈良国立文化財研究所，1960]　　　　（松原典明）

感恩寺　**かんおんじ(カムオンサ)**　慶尚北道慶州(キョンジュ)市陽北面龍当里に所在して，慶州市から東へ36km離れた東海(トンヘ)の沿岸に位置している。前方には海に注ぐ大鐘川(テジョンチョン)があり，後方は蓮台山(リョンテサン)に接している。周辺の海中には伽藍を創建した文武王(ムンムワン)の遺骨を安置した大王岩(テワンアム)がある。伽藍の創建動機は三国を統一した文武王(661～681年)が倭寇の侵略を阻止するために建立したと伝えられる。文武王が伽藍を建てる途中崩御して，その息子神文王(シンムンワン，681～692年)が681年に完成させた。

伽藍配置は南北の中軸線上に中門・金堂・講堂が配置され，中門から派出する回廊が講堂の左右に接している。金堂前方の左右には同型同大の東塔と西塔が併置されている双塔一金堂式である。特に金堂の左右から東・西回廊に連結される翼廊が設置された。金堂左右に翼廊が設置され，伽藍全体が塔金堂区域と講堂区域として分離された。通常，伽藍規模は東西より南北の幅が長いが，感恩寺の場合は地理的な状況によって南北距離の限界のため，伽藍規模がほぼ正方形の形態になっている。そのために対角線の交差

地点が金堂の中心点と一致しており，両塔の中心点と金堂の中心点を連結すると，二等辺三角形になる。すなわち，中門から金堂間の距離と金堂から講堂間の距離が同じであり，両塔の中心距離とほぼ一致している。精緻な地割法によって伽藍が造営されたことを窺うことができる。特に塔・金堂関係の距離地割法は日本の薬師寺（680年）と一致しており，創建も同じ時期である。

感恩寺伽藍遺構の大きな特色は金堂の下部構造である。文武王には没後に龍になって国家を守護する遺詔があって，神文王は父王のために龍が感恩寺に来て安息するように金堂下部に空所を構築した。特に金堂下部空所の東側面と中門跡の前後に龍穴と推測される遺構が発見された。また，中門跡の南側は崖になっているが，長大石を利用して東西方向に築台を構築し，その中央部から前方に突出部の石築遺構が形成された。突出部の石築遺構は龍穴の入口の役割と共に，感恩寺を往来するための舟の接岸施設の用途で造営された可能性が高いと推測される。

［国立慶州文化財研究所『感恩寺発掘調査報告書』1997］　　　（李興範）

元興寺　がんごうじ　奈良市内にある寺院。平城遷都に伴い「飛鳥寺」を移したものである。「法興寺」「本元興寺」ともいう。『続日本紀』には「養老2年（718）9月法興寺を新京に遷す」とある。『元興寺伽藍縁起并流記資財帳』によると，天平年間（729〜49）には四大寺の1つとして，国からの待遇が良く，奴婢，食封などの数が法隆寺，大安寺より多く経済的基盤が厚かったことがわかる。

宝徳3年（1451）奈良の土一揆によって金堂を焼失し，以降衰退した。現在の極楽坊は元興寺の僧房（東方南階大房）を踏

襲したものである。境内は国指定史跡。

昭和2年（1927）の調査で塔跡より，勾玉，真珠，金箔，銅銭など大量の鎮壇具が出土し，銅銭の中に「神功開宝」が含まれていたことから，塔の創建は銭のできた天平神護元年（765）以降であると考えられている。

元興寺極楽房本堂と禅室の解体修理の際には，瓦は材質などから飛鳥寺より運ばれたものと確認された。昭和49年（1974）には金堂跡の礎石が確認されている。金堂が中心となり，中門，回廊，講堂が配置され，一塔が中門の東方に立ち，塔と対称の位置に小塔院を配している。元興寺式伽藍配置と呼ばれる。

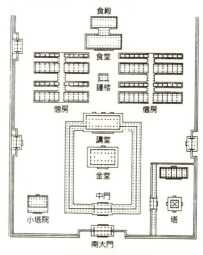

元興寺伽藍配置図

［「元興寺塔址埋蔵品出土状況報告書」『奈良県史蹟名勝天然紀念物調査報告』11，1930，元興寺仏教民俗資料研究所『元興寺古瓦調査報告書』1973，奈良県教育委員会『元興寺金堂跡発掘調査概報』1975］　　　（松原典明）

観自在王院　かんじざいおういん　岩手県西磐井郡平泉町平泉字泉屋にある。建立

は、『吾妻鏡』によると2代基衡の妻（安倍宗任の子）の発願とされる。寺院の建物は天正元年(1573)の兵火で焼失したが、舞鶴ヶ池を中心とする起状のある地形や庭園の景石が良好に遺存している。

院域の区画範囲は、西辺に遺存する土塁から東西130m、南北240mと推定され、東西中軸線から北寄りに中島をもつ不整形な舞鶴ヶ池、この北東側には鐘楼と普賢堂跡、北西側には大阿弥陀堂と小阿弥陀堂が位置している。これらの建物礎石は良好に遺存しており、各堂宇の名称は現在に伝承されている。

発掘調査は、平泉遺跡調査会が昭和29～33年(1954～58)に遺跡の構造と内容の確認のために実施し、さらに環境整備のため昭和47～52年(1972～77)平泉町教育委員会が実施しており、南門の一部や四脚門の構造の西門跡、西側に隣接する毛越寺の弁天池に起点をもつ鑓水遺構、毛越寺との間の玉石敷遺構や車宿と考えられる建物跡を発見している。伽藍全域は昭和27年(1952)に国の特別史跡に指定されている。

［藤島亥治郎編『中尊寺―中尊寺と観自在王院の研究』1961］　　（似内啓邦）

乾漆仏　かんしつぶつ　漆を使い、これを厚く塗り固めて作った仏像を乾漆仏という。乾漆像の技法は中国から伝わったもので、古くはこれを即、塞、あるいは夾紵といい、乾漆という言葉は比較的新しいものである。

中国での漆文化は古く、古文書の『韓非子』『史記』『周礼』などによれば、商・周時代にはすでに漆器が作られていた記録がある。漢時代には麻布を漆で張り合わせて形を作り、その表面を漆塗りで仕上げる「夾紵造り」の技法で器などが作られている。この漆工技術がやがて仏像

の造像技法として応用されるようになり、北魏から隋代へと漸次その制作が盛んとなり、丈六像や像高120尺におよぶ盧舎那仏像が夾紵で作られたと伝えられる。日本においては、7世紀後半から9世紀にかけての造仏に盛んに使われた。

日本における乾漆による仏像の製作方法は、脱活乾漆造(脱乾漆造)と木心乾漆造の2種類にわけられる。脱活乾漆造は、まず塑造と同様に心木を組み、それに縄やむしろを巻いて塑土を食いつきやすくした上で、作るべき仏像の大体の形を塑土で盛って作る。そしてその塑像の上に麻布を貼って覆う。さらに次に貼る麻布からは漆を十分に含ませて順次貼り重ねていく。重ねる麻布の枚数は薄いもので2、3枚、厚いものになると7、8枚から10枚以上重ねるものもある。漆が適度に乾いたら背面から麻布を切り開き、内部の塑土や心木を取り出す。空洞となった内部は張り子状態となり、時間の経過とともにやせや変形をおこすため、体内に支柱や横板、枠木などを組み入れて変形を防止する。次に塑土を取り出した窓部分に蓋をし、針と糸で縫合する。さらに細部の造形を木屎漆（漆とオガ粉や麻の繊維などをまぜて塑形しやすくしたもの）を盛って成形する。指先や遊離した衣、天衣などの部分は鉄心か銅心を入れて補強し、麻布を貼り木屎漆を用いて成形する。仕上げには漆箔ないし彩色を施し、切箔を押すものもある。

木心乾漆造は形の概容を塑土でなく木で作り、それに木屎漆を盛って整形したものである。この場合の木心は、木彫仏の制作初期の荒彫に少し手を加えたような状態のものである。この木心の多くは1木から彫りだした丸彫だが、中には前後に2材を寄せている場合もある。仕上

げは脱活乾漆造同様に漆箔，彩色，切箔などを施している。

乾漆造は木屎漆を竹べらなどで盛って整形する（モデリング）という独特な技法により，刀で削って彫出する（カービング）。木彫の雰囲気とはまた違って，柔らかくあたたかみのある形とモデリング素材特有の雰囲気を表出し得る。なお，木屎漆の中に漆以外に何を混入していたかなど，その技法の細部についてはまだ十分に判明していないところもある。

脱活乾漆造の現存する最古の作例は，当麻寺金堂の「四天王像」である。代表的な作例として，興福寺の「十大弟子・八部衆像」，東大寺法華堂（三月堂）には本尊「不空羂索観音像」と「梵天・帝釈・四天王像・金剛力士像」など９体の名品がある。一木式の木心乾漆造の作例としては奈良県聖林寺「十一面観音像」，京都府観音寺「十一面観音像」，奈良県興福寺「阿弥陀三尊像」が著名である。２材以上を寄せる木心をもつ例として，法隆寺伝法堂東間の「阿弥陀三尊像」がある。
　　［本間紀男『天平彫刻の技法』1998］
　　　　　　　　　　　　　　（秋田貴廣）

観世音寺　かんぜおんじ　福岡県太宰府市観世音寺に所在する。昭和45年（1970）国の指定史跡。観世音寺は，天智天皇が，百済救援の途上筑紫で崩御された母帝斉明天皇の冥福を祈願して建立を発願された寺である。工事の進捗を促す記事が『続日本紀』の和銅２年（709）２月１日条に記されており，それ以前に着手されたことがわかる。80年後の天平18年（746）に落慶供養が営まれた。さらに天平宝字５年（761）に三戒壇の一として戒壇院が付設され，遠の朝廷の官寺として確立した。現在も天台宗寺院として法灯を伝えている。伽藍配置については，遺存する五重

塔・講堂・南大門の心礎，礎石群，築地痕跡の土塁や発掘調査の成果，また『延喜五年観世音寺資財帳』などから復元されている。講堂と中門に取り付く回廊の内側には，東に五重塔，西に金堂が配される。このような伽藍配置は大和川原寺の簡略形と考えられており，観世音寺式と呼ばれている。
　　［高倉洋彰「観世音寺」『九州古瓦図録』
1981］　　　　　　　　　　（渋谷忠章）

神倉山経塚　かんのくらやまきょうづか　神倉山（神蔵山）は和歌山県新宮市の西に位置する権現山の南端，標高120mの山で，山頂には神倉神社がある。権現山の山麓，熊野川河口には熊野速玉大社があり，霊域を形成している。権現山には，熊野新宮経塚群ともいわれる平安時代から中・近世にかけて営まれた神倉山経塚，如法堂経塚，庵主池経塚，速玉大社境内経塚などの複合経塚群がある。

神倉山経塚は，権現山の東南尾根の末端に位置する断崖絶壁の中腹に露頭したごとびき岩周辺に営まれた経塚群で石垣修理中に発見され，昭和31〜32年（1956〜57）に調査された。ごとびき岩は神倉神社のご神体の霊石として崇拝され，経塚は直下の洞窟内（第１経塚）や岩陰（第２経塚），露頭岩盤の間隙（第３経塚）に営まれたもので，第１・２経塚は12世紀代から17世紀にわたる複合経塚であるが，第３経塚は単独経塚で内部構造が明瞭なまれな経塚である。

第１経塚は，12世紀後半から13世紀前半にごとびき岩洞穴の中に営まれたもので５基以上の経塚が造営され，埋経とは別に懸仏や陶器などが出土している。第２経塚は，13世紀末に営まれた経塚で，第１経塚の北にある岩陰に築造され，10数基の経塚が築造されていたと推定され

ている。また埋経とは異なる供養具も出土している。第3経塚は、約1m四方ほどの岩の間を岩盤まで掘り下げ、そこに縦・横・深さ60cmの石槨を厚さ10cmの板石をもって構築し、その中央に陶製経筒を納めていた。経筒蓋の上に湖州鏡を鏡面を下にしてのせ、経筒のまわりには和鏡と合子を置き、石槨には木炭を充填していた。蓋石には和鏡・合子・刀子を並べて、この上に砕石を積み土砂をかぶせて封土とした12世紀後半から13世紀前半にかけて営まれた経塚である。なお、第2経塚からは建治元年（1275）銘の「信濃井上源氏女敬白」と銘文のある経筒や無銘鋳銅製経筒が出土しており、東国からの埋納と考えられる。
　　　［上野元・巽三郎『熊野新宮経塚の研究』1963］　　　　　　　　　　（岡本桂典）

観音堂石仏　かんのんどうせきぶつ　福島県相馬郡小高町大字泉沢字後岩屋地内に所在する磨崖仏。観音堂石仏が営まれた岩窟は、間口10m・奥行2.75m・高さ9mをはかり、厨子形の構造を呈する。坐像で剝落しているものの、上部両端の岩壁に『大悲経』にある賢劫千仏の一部（いわゆる千手観音）が残存しており、旧大悲山村や大悲山磨崖仏群の名称も本観音堂石仏に由来する。東北に位置する薬師堂石仏に対し、本石仏は大悲山後岩屋の観音と称され信仰されてきた。この観音堂石仏にも大きな礼堂が建てられており、中国の石窟寺院の形態に類似する。なお、成立年代については、従来弘仁期説（9世紀前葉）がいわれてきたが、現在は倉田文作の藤原期説（11世紀末）を支持する研究者が多い。
　　　［斎藤忠『石窟寺院の研究』1999］　　　　　　　　　　　　　　（大竹憲治）

ガート　ghāṭ　ヒンドゥー教では、沐浴は単なる身体的浄化のみならず精神的浄化を可能にするものと考えられ、宗教的義務とされた。河川・泉・貯水池などの水で沐浴することが古来より行われ、特に浄化の力が強いものは、アルギャ（*arghya*）と呼ばれ、流れる川の水に沐浴し太陽を礼拝することとされた。さらに、聖なる場所とされる貯水池や池などにおける沐浴儀礼も重視され、このような場所の水は聖なるガンジス川の水そのものであると考えられた。このような場所は、沐浴する者、天界、大地という三者が交わる場所と考えられ、サンスクリット語でガッタ（*ghaṭṭa*）と呼ばれた。このような場所には沐浴が容易に行えるように、水辺に至る階段や堤が整備された。この階段や堤がヒンディー語でガートと呼ばれるようになる。ベナレスやハリドワールなどの聖地には川の水辺に下がるための幅広い階段が数多く設けられている。
　　　［Benjamin Walker, *Hindu World*, Munshiram Manoharlal, New Delhi, 1983］　　　　　　　　　　（髙橋堯英）

カニシカ塔　kaniṣka's stūpa　クシャン朝第3代カニシカ王が首都プルシャプラ（パキスタンのペシャワール、北緯34度0分、東経71度37分）に建立した仏塔。『法顕伝』『大唐西域記』には、仏教を保護したカニシカ王が高さ400尺に及ぶ大塔と伽藍を建立し、その伽藍に脇尊者などの学僧がいたと記す。雀離浮図と呼ばれたこの大塔跡地はペシャワール郊外のシャー・ジー・キ・デリー（Shāh-jī-ki-Ḍherī）に比定され、20世紀初頭に発掘された。基壇は特異な十字形基壇をし、一辺54mの方形の基壇の各々の中央に約13mの張り出し部があり、またその中央に約2mの張り出し部がある構造をしていたという。また、基壇の4つの角には丸

い塔が建てられていたことも判明した。基壇は荒削りの石と煉瓦ででき，表面はストゥッコの仏像とコリント柱で装飾されていた。基壇中央部は放射状の隔壁によって補強され，その中央の隔壁の間に小室を設け，有名な青銅製のカニシカ舎利容器が納められていたという。

［K.W.Dobbins, *The Stūpa and Vihāra of Kanishka I*, The Asiatic Society, 1971］　　　　　　　（髙橋堯英）

カニンガム　Sir Alexander Cunningham　1814〜1893，イギリスの軍人，インド学者。インド総督副官などを経てインド政府の考古調査官（1861〜65），後，インド考古局の長官（1871）に就任し，インド各地の釈迦関係遺跡を探索して，仏跡調査に大きな業績を残した。

（主要著作）*Archaeolgical Survey of India* 監修，23巻，1870〜85 ; *Ancient Geography of India*，1871; *The Buddist Stupa of Bharhut*，1871 ; *The Maha-hadhi*，1892　　　　　　（坂詰秀一）

カピラヴァストゥ　Kapilavastu　仏教の開祖・釈迦（Gotama Buddha）の故城。カピラヴァストゥの所在地については2説ある。1は，1879年にペッペ（W.C. Pepe）がインド・ピプラハワー（Piprā-hwā）の塔跡を発掘し，舎利壺などを検出した地，2は1899年にムカルジー（P.C. Mukherji）によって発掘されたネパール・ティラウラコット（Tilaulakot）の城跡とする説である。ピプラハワーについては，1972〜73年にインド考古局（K.M.Srivastava）によって再発掘され，ティラウラコットについては1967〜77年に立正大学とネパール考古局によって発掘された。

ピプラハワー（インド），ティラウラコット（ネパール）のいずれがカピラヴァ

ストゥの遺跡であるのか，また，まったく別の遺跡であるのか論議されているが，まだ決定していない。ただ，ピプラハワーが塔を中心に構成された僧院遺跡であるのに対して，ティラウラコットは，東西約450m，南北約500mの南北に主軸をもつ城跡であることがあきらかにされている。ともに北方黒色磨研土器（N・B・P）が出土し，釈迦とその直後の時代に営まれた遺跡であることが確認されている。

［K.M.Srivastava, *Buddha's Relics from Kapilavastu*，1986 ; Rissho University, Tilaura-Kot, *Nepal Archaeo-logical Research Report*, Vol I・II，1978，2000，中村瑞隆『釈迦の故郷を探る−推定カピラ城跡の発掘−』2000］　　　　　　　　（坂詰秀一）

カラ・テペ　Kara Tepe　ウズベキスタン南部テルメズ西北の丘陵にある1〜2世紀の石窟と仏教寺院跡。1937年にソ連のプチュリーナ，1961年にスタヴィスキーが発掘，調査した。石窟はヴォールト型天井の回廊を持つ祠堂があり，僧院は中庭を囲むイワン型様式。石彫，壁画，ストゥッコなどがある。石質は石灰岩で，1つの柱頭には2段の浮き彫りが施されており，上段は2匹のマカラをとらえた虎が，下段はアカンサス中に人物像が施されている。1966年に仏教的図像が発見された。

［Т. Б.Грек, Е. Г. Пчелина, Б. Я. Ставиский: Кара-тепе，1964］　　　　　　（則武海源）

カルラー石窟　Karlā　マハーラーシュトラ州のマラヴリ駅から北に約5kmの地点にあるカルラー村（北緯18度46分，東経73度29分）近くの山にある12のヴィハーラ窟・貯水タンク・チャイティヤ窟からなる石窟群。1世紀頃にはすでに存在し，

一部はグプタ期の造営とされる。間口14m，奥行き38mのチャイティヤ窟は碑文などから2世紀初期の開削とされ，入り口に岩を彫って造られたスクリーンがある。堂内に導くベランダ部には，中央と両側に合計3つの入り口があり，壁面には6名の男女の奉献者の姿が刻まれている。内部のストゥーパの両側には15本ずつからなる列柱があり，柱頭には連弁の上に2頭の象の上に女性が仲良く2人ずつ座す姿が掘り出されている。アーチ状の天井部には，木材の利用を彷彿とさせる梁がいくつも見受けられる。ヴィハーラ窟は簡素な造りで，長方形の講堂の周りに僧房を設けたものが主となっている。

[Debala Mitra, *Buddhist Monuments, Sahitya Samsad, Calcutta,* 1971]

（髙橋堯英）

ガンダーラ Gandhāra インド亜大陸の北西部，現在のパキスタンの北西辺境州ペシャワール県に相当する地域。この地域は，インダス川の西側で山に三方を囲まれた東西100km，南北70kmほどの三角形の盆地で，西から流れるカブール川，北からのスワット川，そして東北から流れるインダス川が合流し南方のパンジャーブ地方に流れている。気候は冬でも霜雪もなくて温和で，穀物や果物が豊かな地域でもある。この地域は，中央アジアや西方からの勢力がインドへ入るための門戸であった。インド・アーリアンの時代より数多くの異民族がこの地に侵入しさまざまな文化をもたらした。

紀元前6世紀には，シンド・パルティアと共にこの地はアケメネス朝ペルシアの属州の1つとしてペルシア文化の影響下に置かれていた。その後，紀元前4世紀には，アレキサンダー大王の東征によってギリシア文化がもたらされるが，ア

レキサンダーが去ると，この地はマウルヤ朝の支配下に約100年ほど置かれ，インド文化の影響下に入る。しかし，紀元前3世紀頃になると，アレキサンダーの残したバクトリアのギリシア人植民地を核にインド・グリークと総称される土着化したギリシア人の勢力が優勢となり，ヒンドゥークシュ山脈の北と南に2派に分かれて互いに相争う時代が訪れる。紀元前1世紀にはスキタイ系のサカ族が，1世紀の初頭にはサカ族の1グループとされるパフラヴァ族がこの地の盟主となるが，彼らはギリシア文化の愛好者としてこの地のヘレニズム文化を支えた。さらに，1世紀後半から2世紀初頭にはバクトリア地方の一部族であったクシャン族が西北インドの覇者として現れ，イラン，ギリシア，インドの文化の融合がさらに進んだが，彼らも3世紀半ばにはササーン朝ペルシアの侵入によって滅ぼされる。一時，4世紀にキダーラ・クシャンがカシュミールを中心に栄えるが，4世紀半ばにフン族の侵入によって滅亡する。

さまざまな支配者の庇護の下，仏教は着実にこの地で栄えた。マウルヤ朝期タキシラが北部州の州都とされた。タキシラのダルマラージカー大塔とその周辺地域の僧院は仏教の拠点として発展していった。西北インドにやってきた外国人にとって仏教の普遍的思想は魅力的だったらしく，仏教碑銘には数多くのインド・ギリシア，サカ族出身者の仏教教団への寄進が伝えられる。クシャン王朝のカニシカ王は首都プルシャプラに大塔と伽藍を建立したが，この時代，ローマとの通商によって刺激され活性化された経済活動を背景に，社会の富裕者層の寄進によって各地の仏教僧院で造寺造塔増広活動が盛んとなったが，その活動に花を添え

たのが，ギリシア美術の手法を受容しつつ西北インドの環境によって修正が施されたガンダーラ美術という仏教美術であった。ここに，解脱者は人として表現し得ないというインドの伝統が破られて，仏像が盛んにつくられ仏寺を荘厳した。ガンダーラはブッダの活動域から遠く離れていたことから，シャバーズ・ガリの「ヴィスヴァンタラ本生」，マルダーンの「捨身飼虎」などのエピソードのように，各地にブッダの本生譚や説話に由来する本縁地が設けられ，仏塔が祀られて信仰の対象となっていた。また，この地には，タフティ・バーヒーのように主塔を祀った塔院，多くの奉献塔が祀られた奉献塔院，そして僧院エリアがテラス状に配された山岳寺院が多い。

［樋口隆康『ガンダーラの美神と仏たち』NHKブックス，1986］　（髙橋堯英）

カンダギリ　Khandagiri　インドのオリッサ州プーリー県のブワネシュワール駅の西5kmの地点で，道路によって隔てられた2つの山の西側の山腹に残る石窟寺院群。大小さまざまの15窟の石窟から成る。ハーティー・グンファー（Hātī-Gumphā）で発見された碑文などから知られるように，紀元前1世紀頃，オリッサ地方を治めたチェティ（Cheti）王国のマハーメガヴァーハナ（Mahāmeghavā-hana）朝のカーラヴェーラ（Khāravera）王や彼の第1王妃，子孫らの庇護によってウダヤギリとともにジャイナ教の石窟寺院として開削され発展した。最大の窟は第2窟のアナンタ・グンファー（Ananta-Gumphā）で，入り口に3本の柱を設けた約8m×2m，高さ約2mのベランダの奥に4つの入り口を有する約7m×2m，高さ約1.5mの部屋を設けたものである。ベランダの3面にはベンチ

が設けられていたという。同じ様式の第8窟ボーラブジー・グンファー（Bhorabuji-Gumphā）は，後世，床面が掘り下げられて石敷きにされた時，入口や壁が破壊されたが，24名のティールタンカラ（tīrtha-ṃkara，救世主）像が祀られていることで知られる。

［Ramesh Prasad Mohapatna, *Udayagiri and Khandagiri Caves*, D.K.Publica-tion, Delhi, 1981］　（髙橋堯英）

き

紀伊国分寺跡　きいこくぶんじあと　和歌山県那珂郡打田町東国分にあり，紀ノ川下流の北岸，河岸段丘上の南端に位置する。現在も真言宗国分寺として法灯を継承している。昭和3年(1928)に国の史跡に指定され，昭和43年(1968)に追加指定された。昭和48〜50年(1973〜75)まで発掘調査された。

寺域は方2町で，主要伽藍は寺域の西側4分の3を伽藍地にあてている。伽藍配置は，中軸線上に南門・中門・金堂・講堂・軒廊・僧坊を置き，塔は金堂の東前方に配置，鐘楼と経楼は金堂の東西方向後方に配置する。回廊は，中門から塔・金堂を囲み講堂に取り付く伽藍で，薬師寺伽藍配置の西塔を取り除いた伽藍配置で，讃岐国分僧寺跡の伽藍と類似する。塔跡は一辺16.4mの瓦積み基壇で，3間塔婆の礎石が残る。僧坊跡は掘立柱建物跡で当初は13間×4間，第2・3期には，12間×4間と規模を縮小して再建され，11世紀には廃絶している。創建瓦と考えられるものは，興福寺の鐙(軒丸)瓦の系統を引く複弁蓮華文鐙(軒丸)瓦と均整唐草文宇(軒平)瓦であり，奈良・平安時代に限れば，鐙(軒丸)瓦13種，宇(軒平)瓦

16種を数える。

天平勝宝末頃には寺観を整えていたと考えられるが，元慶3年(879)には大火によりほとんどの伽藍を焼失している。讃岐国分寺跡の伽藍との類似性から寺工・瓦工も南海道を西に移動したと想定されている。

［羯磨正信・小賀直樹・藤井保夫「紀伊」『新修国分寺の研究』5上，1987］

（岡本桂典）

来住廃寺 きしはいじ 松山平野の東部，来住舌状台地標高30mの愛媛県松山市来住町852周辺にある白鳳期に創建された法隆寺式伽藍配置の寺跡である。昭和42・52〜53・62〜平成元年(1967・77〜78・87〜89)に発掘調査され，昭和54年(1979)に国の史跡に指定された。廃寺には，現在黄檗宗長隆寺があり，発掘当初は遺跡名を長隆寺跡と呼称していた。

塔跡は昭和42年に調査され，塔基壇が東西9.75m，高さ1mで8個の礎石が残存し，心礎は和泉砂岩の切石を2個寄せ合わせたものである。講堂跡は，現長隆寺の堂宇周辺に位置し，礎石と雨落溝が確認されている。僧房跡は講堂跡の西北に位置し桁行8間，梁間3間の東西方向の建物跡で，桁行総長19.2m，梁間の総長5.5mである。この僧房跡は回廊跡と切り合っており，回廊に先立ち建てられ，回廊が建てられたときに取り壊されたと考えられている。回廊跡は，西面回廊と南面回廊に伴う溝が確認され，西面回廊は85mまで確認されている。回廊は堂宇を取り囲むが取り付き状態は不明である。寺域は1.5町ないし2町と想定されている。

講堂の北で寺院の建物と重複して掘立柱建物跡が6棟確認されており，7世紀後半の寺院に先行する建物と考えられて

いる。昭和62〜平成元年の調査で回廊跡は，廃寺の一部に重複し西側の地で方1町規模を囲み，なかに正殿的建物をもつ施設があることがあきらかになった。

［松山市教育委員会『来住廃寺発掘調査報告書』1979，松山市教育委員会『松山市埋蔵文化財調査年報』II，1989］

（岡本桂典）

義城石塔 ぎじょうせきとう（ウィソンソクタプ） 慶尚北道義城郡金城面塔里に建てられた残存高さ9.65mの5層石塔である。基壇形式は石塔初期形式である単層基壇である。基壇は14個の石材を利用して地台石を形成，その上面の各面には隅柱2個，中間に撑柱2個を立てて，各柱の間には面石を1枚ずつ挿入して中石の役割になった。基壇上面の甲石は8枚の石材で形成された。柱石の形態は上部より下部が少し長い台形をなし，初層塔身は隅柱4個と面石で構成，特に南面には龕室と門扉が彫刻された。屋蓋部の台（下敷）数は初層が4段，2層以上は5段になっている。屋外上面(落水面)の段数はすべて6段になっている。2層以上は各面隅柱2個，中間に撑柱1個，各柱の間は面石で構成されている。特に2層以上の各塔身の長さは初層塔身の1/7になっている。塔の全体的な形態から判断すると，初層の木塔形式と2層以上の塼塔形式が混合された独特な形態になっているが，塔形式から重要なことは基壇形式，隅柱，面石，甲石，屋蓋などの形式は新羅石塔の祖型になっている。

［金元龍・安輝濬『韓國美術史』1993］

（李興範）

北野廃寺 きたのはいじ 愛知県岡崎市北野町字郷裏に所在する7世紀中葉創建の寺院跡。矢作川右岸の平坦な台地上に立地する。戦前から四天王寺式伽藍配置の

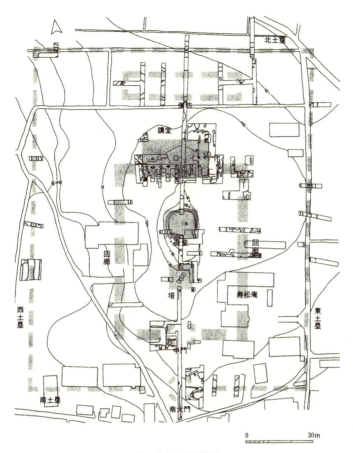

北野廃寺伽藍配置図

寺院として知られ，昭和4年(1929)に国指定史跡となった。昭和39年(1964)に石田茂作らによる発掘調査が実施され，南から南門，中門，塔，金堂，講堂，僧坊と一直線上に並び，回廊が中門から講堂につく伽藍配置が確認された。昭和52年(1977)に講堂跡の調査が実施された。伽藍の基壇規模は塔が一辺11.35m，金堂は15.3×13.2m，講堂は30.15×16.25mで，桁行8間×梁行4間である。寺域の周囲は内外に溝を伴う土塁によって区画されており，東西約126.5m，南北約146mを

測る。出土遺物には瓦塼類や土器類のほか，泥塔，塼仏，瓦塔，青銅製磐形垂飾などがある。瓦を焼成した瓦窯としては豊田市鴛鴨町の神明瓦窯が知られている。
[岡崎市教育委員会『北野廃寺』1991]
（野澤則幸）

北日名経塚 きたひなきょうづか 長野県埴科郡坂城町の北日名集落東方に所在し，千曲川に流下する日名沢川右岸の尾根先端部（標高545mの通称権現山）に立地する。尾根背後を上信越自動車道が横断している。ここは千曲川と坂城町全域を眼

下に望める景勝の地で，周囲には礫石経
（多字一石）が出土した観音平経塚や蓬
平経塚・社宮神経塚などの中世経塚が分
布する。現在，マウンドは遺存せず，経
塚跡には十三度社が祀られている。明治
29年（1896）に小祠再建に伴う社地の整地
で，地表下約20cmの場所から安山岩の平
石に囲まれた状態で経筒が発見された。
鋳銅製の円筒形経筒には，蓋中央部に「保
元二年大才丁丑九月二日甲子定西」と銘が陽刻
されており，経筒とともに和鏡（7面），
青白磁小皿，青白磁合子，中世陶器，刀
子(42本)，鉄製の片口が出土した。出土
遺物は東京国立博物館に所蔵されている。
本経塚は造立年（1157年）と願主，埋経状
態が把握された経塚として本県最古のも
ので，対岸の冠着山（姨捨山）麓の更埴・
戸倉地域に分布する経塚群とともに，千
曲川流域での平安末期の経塚分布（立地）
を考える上で貴重な資料である。なお，
「定西」の名は三重県伊勢市朝熊山経塚
と大阪府河内長野市天野町出土の経筒銘
にも確認される。

［米山一政「北日名経塚」『長野県史』考
古資料編　主要遺跡（北・東信），1982］
（河西克造）

基壇　きだん　建物の床面を敷地より高
くするために設けられた壇。通常礎石建
物に使用される。中国では，殷代に礎石
建物の基礎を版築によって固めることが
広まり，基壇が出現した。仏教寺院が建
てられるようになると，主要堂塔の建築
に版築による基壇が採用され，日本には
仏教建築を建てる技術として伝来した。
版築は基礎部分を掘り下げ，土を少しず
つ入れては棒で搗き固め，それを何度も
繰り返すことで礎石建物の重量に耐える
基礎を構築する技法であり，断面は壌土
と粘土が交互に積み重なった状態を示す。

日本最古の寺院である奈良県明日香村
の飛鳥寺では，きめ細かな版築の層の重
なりが確認されているが，その後省力化
のために1枚ごとの土層の厚みが増し，
奈良時代には中国の版築とはほど遠い粗
いものになった。飛鳥寺の東西金堂では，
下成基壇の上に上成基壇を重ねる二重基
壇であり，下成基壇の外装は玉石の乱石
積であることが確認されているが，上成
基壇については後世の削平のために不明
である。

基壇の外装は土層の断面を装飾するた
めに石材・瓦塼などで覆うことが多い。
石材では，玉石を用いた乱石積，長方形
などに加工したものを使用した切石積，
地覆石・羽目石・束石・葛石からなる本
格的な壇上積などがある。乱石積は簡易
な方法であるため，飛鳥時代から平安時
代まで長期間にわたって各地で使用され
ており，1つの寺院でもあまり重要でな
い建物に採用される場合も見られる。切
石積は壇上積よりも簡略なものであるが，
使用される石材は一部を欠くのみで共通
しており，積み上げ方を簡素化しただけ
である。壇上積は最下段に地覆石を置き，
一定間隔で束石を立て，その間に板状の
パネルである羽目石を嵌め込み，上端を
葛石で押さえた構造のものである。壇上
積は正式な基壇外装とされたようで，大
寺院ではこの方法が一般的であり，地方
寺院でも主要堂塔は壇上積のことが多い。
石材には凝灰岩や砂岩などの軟質のもの
ばかりでなく，花崗岩や安山岩などの硬
質のものも見られ，加工と積み上げのた
めの技術は専門性が要求されるものであ
ったことが知られる。

瓦や塼を用いたものは瓦積基壇と呼ば
れ，地覆石を置いた上に積むものと瓦の
みによって構築するものが見られるが，

いずれも平瓦を縦に半裁して用いる点で共通している。瓦積は7世紀後半から8世紀に盛んに行われたが、山城や近江を中心に分布し、渡来系氏族との関係が指摘されている。また、愛知県豊川市三河国分寺跡の塔では基壇外装が木造であったことが確認されているが、きわめて特殊な例である。基壇の上面は舗装しないことが多いが、方形や三角形の切石や塼を敷き詰めた例が見られ、現存する建物は大寺院が多いためにむしろ一般的に舗装されている。基壇の正面などには階段が設けられ、建物への出入りを容易にする働きをもっていたが、発掘された遺構では明確でないものも多い。

［小田富士雄「基壇」『新版考古学講座』8，1971］　　　　　（時枝　務）

木津惣墓　きづそうぼ　現在の京都府相楽郡木津町大字木津小字清水にあった惣墓。東西約170m，南北約40mの約3300㎡の敷地に約3300基の墓標や供養塔が祀られていたが，明治43年（1910）に廃止され，昭和初期に東山墓地（同町大字木津小字片山所在）へ移転した。現在は国の重要文化財の指定を受けた五輪塔のみが残されている。墓地の中央には，建物－式場－があった。明治初期まで「長福寺」と称する寺院が存在していたとされる。坪井良平の「山城木津惣墓墓標の研究」（『考古学』10－6，1932）は，この惣墓に建立されていた墓標や石仏約2300基について，2年半の歳月をかけて自らが調査を行い，まとめたものである。

旧地に残された五輪塔は，高さ約3.7mの花崗岩製で，水輪には梵字で「キリーク」が刻まれている。その地輪東側に「（前略）和泉木津僧衆等廿二人同心合力勧進五郷甲乙諸人造立之（中略）正応五年辰壬八月日（後略）」の銘があり，正応5年

（1292）に木津の僧侶22人により，5か村の多くの庶民の協力を得て建てられたことが知られる。坪井の調査によると，この墓地の最古の石造物である。なお，この五輪塔は，旧惣墓の西側の入口に存在していた。

惣墓とは，数か村の共同墓地で，大和を中心に畿内に見られ，15世紀末から16世紀初頭に成立したと想定されている。惣墓には，一般的に墓寺や斎場，供養塔（五輪塔や十三重塔など）があり，入口には六地蔵が存在し，結界を意味する鳥居が建てられている。この木津惣墓にも，これらの施設が備わっていたようで，入口には六地蔵や鳥居が造立され，墓寺として上述のように「長福寺」が存在していたと考えられている。

木津惣墓五輪塔

［木津町『木津町の歴史』1993］

（三好義三）

衣笠経塚　きぬがさきょうづか　神奈川県横須賀市衣笠町に所在する。坂の台経塚，衣笠城経塚，大善寺経塚などの異なる名称で呼ばれる場合もある。大正8年（1919）12月に大善寺の西方にあたる高台の大岩の裾付近から発見された経塚で，出土品

には銅製経筒，銅鏡（草花蝶鳥文鏡），白磁合子，白磁水滴，火打鎌，刀身残欠があり，特に白磁水滴は中国宋代に景徳鎮窯で生産された優品で，人物をかたどった唐児形水滴である。その造営年代は出土遺物から平安時代後期（12世紀）と考えられている。大善寺が長く修験の行場であったことから，修験関係の経塚であるとの見方もされている。出土品は現在，東京国立博物館に所蔵されている。

［蔵田蔵「経塚論(4)」『MUSEUM』154，1964］　　　　　　　　　　（小林康幸）

衣川廃寺　きぬがわはいじ　滋賀県大津市衣川に所在する飛鳥時代の寺院跡。国指定史跡。琵琶湖西岸の比叡山から延びる丘陵の先端部，琵琶湖の水面から約20mの高さに位置する。付近で瓦が採集されていたため，寺院跡などの存在が推察されていた。昭和45年（1970）以降に行われた発掘調査により，その概要があきらかになった。調査により確認された主要な伽藍に伴うと考えられる遺構は，2か所の方形と長方形の基壇のみで，それぞれ塔跡と金堂跡と推定されている。金堂跡を中心にすると，その南東側に塔跡が配置されている。塔跡の基壇からは，心礎や礎石の痕跡が確認されず，上部建物は建築されていないと考えられている。瓦などの出土遺物の状況から，創建の年代は，7世紀中頃，飛鳥時代終末期から白鳳時代初期で，近江では最も古い寺院として造営されるが，金堂が建てられ，塔の建立に着工してまもなく中止されたと推定されている。また，伽藍のすぐ南方の斜面では，この寺院用の瓦を焼成した瓦窯跡が検出されている。遺物としては，瓦塔が出土している。地元の氏族「和邇氏」の氏寺であったとの説がある。

［大津市教育委員会『大津市埋蔵文化財調査報告書30－史跡衣川廃寺跡整備事業報告書－』1999］　　　　（三好義三）

木之本廃寺　きのもとはいじ　奈良県橿原市木之本町に所在する寺院跡。伽藍など遺構は確認されていない。出土遺物には瓦や塼がある。出土した重圏縁単弁蓮華文鐙（軒丸）瓦は，吉備池廃寺，四天王寺，海会寺と同笵関係にあり，瓦当面の観察により吉備池廃寺→木之本廃寺→四天王寺→海会寺の順で瓦当笵が移動したと考えられる。これと組み合う忍冬文字（軒平）瓦は，法隆寺若草伽藍で使用された同一の施文具（スタンプ文）を使用した瓦である。また，法輪寺の宇（軒平）瓦と同じ「池上」の刻印のある宇（軒平）瓦も出土している。その他に方形三尊塼仏は橘寺型と三重県夏見廃寺型の両方が確認されている。官に関わる寺との同笵品を多く出土していることから，従来百済大寺ではないかと考えられてきたが，近年の吉備池廃寺の調査により吉備池廃寺を百済大寺，木之本廃寺は天武2年（673）に天武天皇が百済大寺を移転して建立した高市大寺である可能性が指摘されている。

［森郁夫『日本古代寺院造営の研究』1998］　　　　　　　　　　（松原典明）

紀吉継墓誌　きのよしつぐぼし　大阪府南河内郡太子町春日，妙見寺境内から江戸時代に発見された。墓の構造は不明であるが，墓誌銘が刻まれた瓦塼が遺存している。瓦塼は，長さ25.3cm，幅15.7cm，厚さ6.0cmで，2枚認められる。1枚は長辺を縦に縦罫線を4条引いて，4行計47字が刻まれていた。また，もう1枚は文字が刻まれていないことから，一方の瓦塼の蓋として用いられたものと考えられている。このように同形同大の2枚が1組となるのは，中国の墓誌の誌石と蓋石

の影響とも考えられ，同様の例は高屋連
枚人墓誌にも認められる。銘を有する瓦
墳には，延暦3年（784）1月25日の年月
日と官位，経歴などと合わせ，「墓誌」の
字が見える。墓誌に見える広純は，宝亀
年中に蝦夷の乱をしずめて功をたてた人
物であるが，その女吉継については不明
である。

［高橋健自「紀吉継墓誌考」『考古学』3－
7，1932］　　　　　　　　（上野恵司）

吉備池廃寺　きびいけはいじ　奈良県桜井
市吉備に所在する飛鳥時代の寺院跡。平
成13年（2001）国史跡指定。平成9，10年
の調査で東西約37m，南北約28m，基壇
の高さ約2mという飛鳥時代最大の金堂
跡が確認された。さらに一辺約30m，高
さ約2mの塔基壇と塔南方に南北約112
m，東西約160mの回廊と思われる遺構も
確認された。伽藍は東に金堂，西に塔を
配するが中門は金堂の前にあり，法隆寺
式伽藍配置とは異なることがあきらかに
なった。出土瓦は八葉単弁蓮華文周縁重
圏文鐙（軒丸）瓦で641年に造営の始まっ
た山田寺の瓦に類似するが，中房は大き
くわずかに膨らみ，花弁は弁端が長く反
転しており，山田寺より古い特徴を備え
ている。忍冬唐草文型押し宇（軒平）瓦は，
法隆寺若草伽藍の宇（軒平）瓦の転用であ
る。ただし若草伽藍の瓦は型を上下に反
転させ押捺しているが，この瓦は下向き
に押捺している。このほか，同型，同范
瓦は，橿原市木之本廃寺でも出土してい
る。これら瓦の特徴や塔基壇が九重塔の
規模に相当することから，吉備池廃寺が
舒明天皇11年（639）に建立された天皇発
願最初の寺である百済大寺ではないかと
推定されている。

［奈良国立文化財研究所・桜井市教育委
員会『吉備池廃寺現地説明会資料』1997］

（松原典明）

脚絆　きゃはん　僧侶や修験者が修行に
際して脛を保護するために着装する布製
の装束。脚半とも書く。修験十二道具の
1つ。上下2か所にそれぞれ2本ずつつ
けられた竪緒で脛に固定する。先端部が
方形を呈する筒脚絆，剣先形をなす剣先
脚絆，両者の特色を併せ持つ金胎不二の
脚絆の3種類がある。本山派では，筒脚
絆は春峰・順峰，剣先脚絆は秋峰・逆峰，
金胎不二の脚絆は夏峰などに使用するも
のとされている。教義のうえでは，春峰・
順峰が胎蔵界，秋峰・逆峰が金剛界，夏
峰が金胎不二に擬せられ，脚絆の種類が
行者の置かれている世界を象徴的に示す
ように工夫されている。なお，修験道で
は，黒色が一般的であるが，羽黒派の荒
沢寺では白色のものを用いる。脚絆は実
用性が高く，使用頻度が激しかったため，
遺物には古いものがほとんど残されてい
ない。

［宮家準『修験道思想の研究』1985］
（時枝　務）

経巻　きょうかん　巻子本の経典。経巻は
本来書物を指すことばであったが，仏教
の書物である経典が巻子本の装丁をとる
ことが多いことから，転じて巻子装の経
典をいうようになった。インドではター
ラ樹の葉や皮である貝多羅葉に経典を
サンスクリット語で書写したが，中国で
はもっぱら紙が用いられるようになり，
その装丁に巻子装が採用されることが多
くなったため，経巻が広く普及した。巻
子本は紙を横に長く継いで，軸に巻き取
るようにしたもので，表紙につけた紐で
結わえるのが通常のあり方である。経塚
出土の経巻には，経軸がないものや表紙
を欠くものなど，簡略な形態のものが見
られる。

経巻は，敦煌経など古代中国の経典に確認できるが，日本では天武天皇14年(686)に書写された『金剛頂陀羅尼経』が現存する最古のものである。もっとも，推古天皇22年(614)から翌年にかけて制作されたという伝聖徳太子筆の『法華義疏』が巻子本であり，7世紀前半にはすでに巻子本が伝来していたと見て大過あるまい。折本など後に一般的な存在となる装丁は奈良時代以前の確実な例が知られておらず，飛鳥時代には巻子本が基本であったから，百済から公伝した経典も巻子装であった可能性が高いと考えられる。平安時代後期になると，粘葉装や冊子が登場し，取り扱いやすさゆえに巻子本を凌駕していくが，それまでは経典といえば経巻と決まっていた。

経軸の両端には金・銀・金銅・銅・水晶・ガラスなどの経軸端が取り付けられるのがふつうで，花文などの文様を彫刻したものも多く，とりわけ装飾経の隆盛とともに華美なものが制作されるようになる。考古資料ではしばしば経軸端のみが検出されることがあるが，型式学的な研究はたち遅れており，形態や文様から時代を特定できるところまで至っていないのが現状である。料紙は麻紙・楮紙・雁皮紙などがあり，防虫のため黄蘗や橡汁で染めた染紙が用いられることも多く，紺色などの色紙を使用し，金泥・切箔・彩色などで装飾した装飾経も平安時代後期に盛んに製作された。

一般に界線と罫線を引き，1行17字詰で書写するのが基本であるが，大聖武などの大字写経ではそれよりも字数が少なく，細字法華経などではそれよりも多い。罫線は通常墨罫であるが，金泥や顔料を用いたものや箆押しのものも見られ，奈良時代には専門の職人である界師が引い

たことが知られている。文字は大部分が墨書であるが，朱書や金泥，あるいは誠意を示すために自分の血液で書いた血書のものも見られる。紙面に寺印などの印を押捺したものが，『一切経』など大量の部数をもつものに多く見られ，経巻の来歴を示す手がかりとなっている。経軸には撥軸・棒軸・本画軸・割軸・自在軸などがあり，経紙の取り付け方法にも全紙を糊付けしたものと先端を三角形に切ってつけたものがあり，時代による推移も確認されている。

[石田茂作『佛教考古学論攷』3「経典編」1977]　　　　　　（時枝　務）

経巻立　きょうかんたて　経巻を立てておく台である。木造金箔押やまれに蒔絵漆塗りのものがある。二脚により支える台の上の端に，2本の縦木を立て，その縦木の上下に，孔を穿った横木を交差させて，これに経巻を嵌入させ，立てる経巻具である。天台宗や日蓮宗では，八巻立てと称し『法華経』8巻，あるいは，開結2巻を加えて十巻立てとしている。浄土宗では七巻立て，真宗では四巻立てとしている。室町時代以降の遺品は見られるが，鎌倉時代以前の資料はほとんど知られていない。　　　　　　（岡本桂典）

行基墓誌　ぎょうきぼし　奈良県生駒市有里町の竹林寺境内から，文暦2年(1235)に発見された。発見の状況は，嘉元3年(1305)に凝然が書いた『竹林寺略録』に詳しい。発見時は，地下に八角形の石筒が認められ，その中に銅製の筒型容器があったとされる。この筒型容器に，「大僧正舎利瓶記」と題する309字の墓誌が刻まれ鍍金が施されていた。この「舎利瓶記」とした表題からは，当時の舎利信仰が読みとれる。また，筒型容器の中には，「行基菩薩遺身舎利之瓶云々」の銀の札

が付いた銀瓶が入っていたと伝えられている。現在は、この筒型容器の小片のみが遺存している。小片は三角形を呈し、縦10.6cm、横6.8cmの大きさで、残画を含め21字と縦罫線3条が認められる。墓誌の全文は、唐招提寺が所蔵する発見当時の『行基舎利瓶記』に記載されており、出自・略歴などと、火葬を含めた埋葬状況などが窺え、末行には、天平21年(749)3月23日の年号が見える。

[水木要太郎「行基菩薩の墓」『奈良県史蹟勝地調査会報告書』2、1914]

（上野恵司）

経軸 きょうじく 巻子装の経典で不可欠なものが、芯となる軸でこれを経軸と呼んでいる。軸に用いられるものは、素木（白木）のものや漆軸が多いが、竹籤状の軸材もある。一部の経巻には、技巧をつくした軸端が装着され、荘厳の経に仕立てられている。

奈良時代の軸には、白檀、紫檀、象牙などが見られ、遣唐使との関わりを示す輸入材も多く含まれている。天平勝宝頃から紫紙や紺紙経の盛行により木軸が主流であったが、金銅、銀、白金軸端の用例が増えている。平安時代には、紺紙金泥経が荘厳経の主流を占めるにあたり、金属軸首の需要が高まったが、水晶軸も根強く踏襲されている。その後、宝相華文線刻の金銅製撥形軸へと移行していく。奈良時代に紫檀軸に他の材を象嵌した紫檀木画軸が見られたが、遣唐使の廃止により木画技法も衰退し、螺鈿を用いた紫檀螺鈿軸首も見られるようになる。経塚から出土する紙本経は、巻子本がほとんどである。巻子本は、軸を芯にして巻いているものが一般的であるが、経塚出土のものは、軸がないものも多い。軸を用いている場合でも細い軸が用いられてい

る。奈良県金峯山経塚、和歌山県高野山経塚出土の紺紙経は、軸端に撥形や八角形の金銅、鍍銀の軸端を用い、巻末の経紙を山形に切り、軸木に糊付けしている。軸の作りは、2本の軸を互い違いにして中央で接合したものがある。経塚から出土する経巻の軸のほとんどが円箸状のもので、円箸を縦割りに2分して合わせたものである。また角箸状の四角柱状の軸にしたもの、竹籤状のものもある。2本の軸を中央で接合する軸や円箸状のものは、一般写経にも見られるが、後者のものは経塚出土の経巻に顕著に見られる。経塚出土の経巻軸は、ほとんど重視されていないことが考えられる。

[河田貞『仏舎利と経の荘厳』日本の美術280、1989]　（岡本桂典）

経軸端 きょうじくはな 経巻軸には、技巧を尽くした荘厳性に富む軸端が着装されている。奈良時代における軸仕様について注目されるものは、正倉院文書の天平10年(738)の『経巻納櫃帳』と天平勝宝5年(753)『大乗経納櫃目録』である。『経巻納櫃帳』に見える軸の仕様については、甲櫃の「涅槃経一部四十二巻」に着したものに紫檀軸以下、朱頂軸・沈水軸・沈軸・白檀軸・朱軸・花軸・漆軸・瑪瑙軸・黒柿花軸・赤木軸・樫軸・牙軸・黒柿軸・竹軸・金泥軸・以玉餝軸・琥珀軸・以金餝軸・水精軸の20種、『大乗経納櫃目録』の「放光般若波羅密教二部六十巻」の朱軸以下、漆軸・朱頂軸・紫檀軸・銀軸・白檀軸・金塗頂安青玉軸・白玉軸・水精軸・金鏤軸・梨軸・金塗銅軸・青玉軸・塗金軸端坐青玉・木絵軸・絵軸・白金軸の17種と多種多様の軸端が見られ、唐経の影響が反映されている。唐の長寿3年(694)の奥書のある法隆寺献納宝物中の細字法華経1巻は、軸頭に緑玉1顆を装

着しており，上記の「以玉餝軸」「金塗頂安青玉軸」の手法を示すものである。

　平安時代にも前代の軸端が踏襲されるが，特に信仰された『法華経』に顕著な荘厳が見られ，平家納経のような装飾経を生み出した。平安時代の軸端は，奈良県金峯山経塚に見られるような金銅・銀製軸端があり，岩手県中尊寺経や京都府神護寺の一切経に代表される金銅宝相華文線刻撥形が紺紙金字，金銀字経の通例として多用される。また紫檀螺鈿軸も見られ，遺品として東京都浅草寺，京都府本隆寺の紫檀螺鈿軸端などがある。広島県厳島の平家納経の軸端はほとんどが水晶製であるが，一様ではない。円筒形，八角形，宝珠形，撥形のほかに提婆品には類例のない五輪塔形が用いられている。また，銀鍍金の蓮弁を廻らし蓮華形に象ったものや金銅火焰形を被せ火焰宝珠を表した水晶火焰宝珠形軸端など多種多様である。さらに，螺鈿で側面に蓮華文，頂部に透し彫り八弁蓮華文，琥珀や緑ガラスを嵌入した『阿弥陀経』の黒漆螺鈿軸や種子を表した銅製軸端がある。興味深い遺品として権大僧都澄覚が河上宮に奉納した旨の寄進記を記す京都国立博物館蔵の紙本墨書法華経8巻の軸端は撥形の紫檀軸端であるが，中心の欠失した丸文を廻り花芯に碧玉を嵌め，花弁を象牙とした六弁花文六花を配しており，木絵軸の様相を伝えるものとされている。

　[河田貞『仏舎利と経の荘厳』日本の美術280，1989]　　　　（岡本桂典）

鏡像　きょうぞう　鏡像とは，銅板や鋳銅板の表面に鍍銀や鍍錫をほどこした鏡を用い，その鏡面側に線刻で尊像を表したものをいう。平安時代前半期から始まったとみられる鏡像の制作は，11世紀初め頃からは尊像を半肉彫のレリーフで表す

ようになり，13世紀頃からは丸彫に近い表現になる。基本的に鏡面に尊像を線刻したものを「鏡像」といい，半肉彫や丸彫の尊像を貼りつけたものを「懸仏」というが，懸仏は鏡像の表現方法が発展した結果成立してきたものであり，鏡像から懸仏へと展開する過渡期においては，厳密な区別がつけられないものも多い。材料的には銅製のものが主流だが，木製のもの（石川県高爪神社伝来の木板彩画懸仏）や鉄製のもの（石川県五社大明神の懸仏）もある。

　鏡像の起源は平安時代の天台法華の教理によってうち立てられた神仏習合の思想にある。本来はインドの諸仏・諸菩薩であるものが，衆生を救済するために日本の神々に姿を変えて現れたとする本地垂迹説に基づき制作されるようになった。神道で御神体とされていた鏡にその神の本地である仏や梵字を線刻したり，朱墨で描いたりしたものが始まりで，当時は「御正体」と呼ばれていた。懸仏もまた御正体と呼ばれたが，それは一般の拝観のために鏡像を立体化し，拡大したものと考えられる。

　平安時代前・中期の鏡像は，唐鏡や倣製唐鏡などの輸入された鏡に毛彫（毛のように細い線を刻み込む手法）することから始まったが，やがて唐式鏡や和鏡が用いられるようになる。さらに，これらの鏡を模した銅板や鋳銅板に鍍銀や鍍錫をした鏡を作り用いるようになった。技法的には，尊像を半肉に槌ち出す技法の鏡像が現れ始める。また台座を含めた尊像を肉厚に槌ち出したあと，像の細部に毛彫をほどこし，別材で作った鏡板に鋲留めする半肉彫の技法（「円乗寺の「釈迦如来像懸仏」）も流行する。図像的に見ると初期頃は中台八葉院曼荼羅，釈迦三尊，

阿弥陀五尊，蔵王権現と眷属などが線刻され，次第に阿弥陀，薬師，観音，不動などの独尊像も作られるようになった。

平安時代後期・鎌倉時代には蹴彫（楔状の鏨痕を連続させて線を刻む手法）による鏡像が見られるようになる。11世紀から12世紀にかけて，末法の到来を意識した平安時代の人々により盛んに埋経が行われたため，蹴彫鏡像の多くは日本各地の経塚から出土するものが多く，この風習はその後も続き，江戸時代にまでおよぶ。こうした遺跡はほぼ全国各地で発見されている。金峯山，那智山（国立博物館蔵「薬師如来像鏡像」「阿弥陀如来像鏡像」），鞍馬山などでは数次にわたり埋経されたためかなりの時代幅をもって遺品が出土するが，経筒には埋経年銘記のあるものが多く，年代を知る手懸かりは多い。神社に懸仏を奉納することと同様，経典を長く後世に伝えるために埋経を行い，その経典を土中で護持するために鏡像・懸仏が守護神として埋納されたと思われる。経典とともに埋蔵される蹴彫の鏡像とは別に，この時期は半肉彫の懸仏も隆盛期を迎え，多くの優品が伝えられている（鶴林寺「如意輪観音像懸仏」）。

南北朝・室町時代では，寺院内を荘厳に装飾するという目的のために制作され

鏡像

た懸仏が多い。尊像上部に天蓋をつけたり，左右に花瓶を配するなど仏殿内の荘厳を意識して制作されている。

江戸時代の懸仏になっては作りの優れたものもあるが，現代でいう絵馬のように何千，何万という単位の数が作られ祈願のために奉納された。

[難波田徹「鏡像と懸仏」『日本の美術』284，1990]　　　（秋田貴廣）

経蔵　きょうぞう　経典を収蔵するための建物。古代寺院では講堂の近くに設置され，鐘楼と対照的な位置に配されることが多く，楼閣風の建物をもつ場合には経楼と呼ばれる。法隆寺では経蔵が西側に置かれるが，逆の例も見られ，必ずしも一定していない。奈良時代の経蔵は，法隆寺では切妻造りであるが，東大寺や唐招提寺では宝形造りの屋根をもつ校倉造りであり，さまざまな建物の形式が見られる。内部に経架を残すものは稀であるが，岩手県中尊寺の大長寿院の経蔵には当初のものと見られる経架が遺存しており，旧態を知ることができる。京都の平等院や法金剛院跡の経蔵は，周囲に回廊を巡らす独立性の高い建物であったことが知られるが，類例は少ない。鎌倉時代の京都市醍醐寺山上伽藍の経蔵は，寄棟造りの屋根をもつ大仏様の建物で，内部に経室をもつ特色ある建物であった。奈良市十輪院の経蔵は，やはり鎌倉時代のものであるが，校倉造りで，周囲の壁に護法善神を配している。

応永14年（1407）建設の岐阜県安国寺経蔵は，入母屋造りの禅宗様の建物であるが，内部に八角形の輪蔵を備えている。回転式の輪蔵は，中国で南北朝時代に梁の傅翕によって案出されたものといわれ，多量の経典のなかから必要なものを楽に検索できる点で優れている。しかし，後

には回転するだけで読経したのと同じ功徳があると説かれるようになり，折角の発明も形骸化してしまった。輪蔵はベトナム・朝鮮・日本に伝えられたが，日本で確認できる最古の遺構が安国寺経蔵であるところから，日本に伝来したのは室町時代であった可能性が高く，禅宗の僧侶によってもたらされたものと推測される。江戸時代になると，各地に輪蔵が建設されたが，中国と同様に民間信仰に取り込まれ，回転することに功徳があると説かれるようになった。

[斎藤忠「寺院跡」『新版仏教考古学講座』2，1975]　　　　　　　（時枝　務）

経帙　きょうちつ　経巻を保持するため，竹や布，紙などで作られた上包みである。経巻を経帙に包んで櫃や厨子などに納めるのが一般的である。

　奈良時代の経安置状況を伝えるものは確認されていないが，正倉院に最勝王経帙など包み経の知られるものが，13枚伝わっている。正倉院に残るものには，簀の子状にした竹ひごを色糸を用いて縹綢調に編み，周囲に錦の縁をめぐらした竹帙（帙簀）がある。また同様の手法で竹のかわりに斑蘭を用いた斑蘭帙，紙帙の3種がある。竹帙のうち代表的な遺品は，最勝王経帙で竹を芯にして表は紫と白の絹糸で文様と銘文を織り出し，裏には紺綾，その間に白絁の芯を入れたものである。銘文には，「依天平十四年歳在壬午春二月十四日勅」「天下諸国毎塔安置金字金光明最勝王経」とあり，天平14年(742)に諸国の国分寺に安置された『金光明最勝王経』10巻の経帙であることがわかる。紙帙には，華厳経論帙があり，表には山形文を摺り出した楮紙を用い，左上に「華厳経論第一帙」の題簽を記し，縁を臈纈風の染め紙で飾る。修理により新羅国官

文書を裏返して芯として用いていることが明確になり，新羅経帙であることがあきらかになった。

　出土資料では，和歌山県高野山奥院経塚の天永4年(1113)銘経筒から『法華経』など11巻，供養目録1巻，願文1巻の計13巻とこれを納めた経帙が出土している。紐は多彩な色糸による組み紐である。京都府神護寺にも後白河法皇が奉納した紺紙金字一切経の竹帙があり，202枚が伝来している。法隆寺献納宝物の中に建久年間（1190～99）に源頼朝が寄進したとされる2枚の経帙があり，奈良県法隆寺にも本来は一具であったと考えられる経帙がある。竹帙は細い竹簀を黄・褐・白の撚糸で七条の縹綢に編み，周囲に金襴を張り，裏に水色の絹地を張る。金襴・裏絹地は宝永4年(1707)に修理されたものである。

[河田貞『仏舎利と経の荘厳』日本の美術280，1989]　　　　　　（岡本桂典）

経塚　きょうづか　経典を納めた塚。地下に埋納し，土や石による低いマウンドを伴うことから「塚」と称されるが，実際にはマウンドが明瞭でない例も多い。

　埋経は仏教の作善業の一種であり，中国で創始されたとする説もあるが，10世紀末頃に日本で生み出された可能性が高く，その遺跡は日本のみで確認されている。

　経塚で使用される経典は紙本経のほか，瓦経・銅板経・滑石経・青石経・礫石経・貝殻経など，さまざまな材質のものが知られている。経塚から発見された経典の種類は，『法華経』が圧倒的に多く，『無量義経』と『観普賢経』の開結二経がそれに伴う場合があり，そのほかに『般若心経』『金剛頂経』『理趣経』『大日経』『阿弥陀経』『弥勒経』『蘇悉地経』『金光明経』

『仁王経』『顕無辺仏土経』『八名普密陀羅尼経』『文殊師利発願経』『三千仏名経』『梵網経』『普賢十願経』『薬師経』『金剛般若経』『寿命経』『不動経』などさまざまなものが見られる。

経塚の立地は「勝地」と呼ばれる風光明媚な場所が多く、山頂や社寺の境内、墳墓の周辺、あるいは辻や街道の傍らなどが好まれる傾向がある。それらはいずれも聖地視され、経塚を営むのにふさわしいと判断された土地であるが、墳墓の場合には経塚の造営後に周辺を墓地として利用した例が多い。経塚を築くことでその土地が聖性を帯びると意識されていたと考えられる。経塚は1基のみ存在する場合もあるが、数基以上が群集することも多く、なかには数十基営まれている大規模な経塚群も知られている。

紙本経の経塚は、経典を経筒などの容器に納め、地下に埋納し、その上を石や土で覆い、低いマウンドをなすものが基本であるが、容器を納める小さな石室をもつものと土坑内に直接埋めるものに大別できる。石室は板石を方形に組み合わせて構築した例もあるが、大部分は自然石を乱雑に組んだもので、不整形な石組に過ぎないものが一般的である。通常、石室には蓋石が伴うが、石室内を木炭で充填した例も知られており、防湿効果を期待した施設と考えられる。土坑は円形の平面プランをとるものが多く、底部に偏平な自然石を置いたり、容器の周囲に木炭や小石を詰めるなど、防湿を目的とした設備を伴う例もある。埋納の際、鏡・利器・銭貨・合子・仏像・仏具などの副納品を納め、利器を周囲に配して除魔の効験を期待したと見られる事例も知られている。上部には低いマウンドを築くことが多く、周囲に平面方形プランの石垣を巡らしたり、方形の台状に石材を積み上げるなどの外表施設をもつものが見られ、火葬墓との類似点が指摘できる。経塚上に宝塔などの経塚標識が造立されていた可能性は十分に考えられ、如法経碑などの経碑も知られるが、それらと地下遺構の関係が明確になった確実な例がない。なお、石室や土坑さえもたず、岩陰や岩裂などを利用した例が、和歌山県那智勝浦町那智経塚や島根県平田市鰐淵寺蔵王窟などで確認されているが、純粋な埋経と呼べるか疑問がある。

紙本経が残存する例は少なく、残っていても蠟燭状の塊になっているものが多く、開巻できるものはごく稀である。大部分は巻子で、紺紙金字経や血書経、あるいは朱墨交書経などが見られるが、界線や罫線をもたず、経軸をもたないなど概して装丁が簡略なものが多い。また、経典を書写し終えてから経巻を巻戻すことなく、そのまま巻末が上部に来た状態のものも多く見られる。なお、例外的に、佐賀県相知町セセリ谷経塚や山形市大森山経塚などで粘葉装か冊子の可能性のあるものが知られている。

紙本経を入れる容器は、直接納入する経筒とそれをさらに保護するための外筒や外容器に大別されるが、経典が残っていないなどの理由からいずれか明確でない事例も存在する。経筒には銅製・鉄製・石製・陶磁器製・木製・竹製などがあり、一般に筒形のものを経筒、箱形のものを経箱と呼んで区分しているが、経塚では経箱よりも経筒の使用例が圧倒的に多い。経筒は円筒形が基本であるが、六角形や八角形のものも見られ、なかには塔形に作られたものも存在する。経筒は筒身と蓋から構成されるのが普通で、筒身は一般に1個体であるが、九州地方を中心に

数個の円筒を積み上げて筒身とするものが見られる。底部は平底系・上底系・台底系に分けることができるが、和鏡を嵌め込んだものや、脚をもつものなども見られる。蓋は載蓋・被蓋・入蓋に大別され、さらに平蓋・盛蓋・撮蓋・傘蓋に分類され、さまざまな形態のものが見られる。筒身・蓋は無文のものが多いが、なかには文様や仏像などを描いたものも見られ、瓔珞などで装飾した例も枚挙にいとまない。経筒には銘文を有するものが多数あり、鋳出銘・刻銘・針書銘・墨書銘に分類されるが、本尊・製作年月日・供養年月日・製作者名・施主名・勧進僧名・願意・奉納場所などさまざまな情報が得られる。なかには、奈良県天川村金峯山経塚出土の藤原道長経筒のように長文のものも見られ、金石文史料としての価値はきわめて高いものがある。

外容器には、経塚専用に製作された外筒と日常的な什器を転用した外容器があるが、量的には後者が多い。外筒は円筒形を呈する容器で、陶磁器製・石製・銅製のものがある。陶磁器製には渥美・常滑・珠洲・信楽などの窯で生産されたものや、白磁のように中国で生産されたものが見られ、特殊な器形や銘文をもつものが存在することから注文生産されたものと考えられる。石製品は、筒形と箱形があり、身の内部を刳りぬき、蓋を被せる。後者の外容器は壺や甕などを身とし、鉢などを蓋として被せるのが一般的な使用法で、渥美・常滑・珠洲・信楽・東播系・亀山・十瓶山などの製品が用いられている。

副納品は鏡・利器・銭貨・合子・仏像・仏具などが主体である。鏡は和鏡・湖州鏡・唐式鏡・漢式鏡、利器は短刀・刀子・太刀・小柄・剣・鏃・鉾・鎌など、銭貨は宋銭をはじめとする渡来銭など、合子は青白磁製のもの、仏像は金銅仏・木造仏・石仏・鏡像・懸仏など、仏具は密教法具・供養具・僧具・梵音具などが見られ、その他に仏塔・化粧用具・文房具・火打鎌・錐・鈴・兜などが知られる。

瓦経の経塚は、岡山県倉敷市安養寺経塚や佐賀県大和町築山経塚などで土坑に直接埋納された状況が確認されており、石室などを伴わないのが一般的であったと見られる。瓦経は立てた状態で重ねて埋納されていたが、必ずしも経典の順序に沿って置かれているとは限らず、埋納に際して経典の順序が尊重されなかったことが知られる。副納品は、安養寺第三経塚では上部に宝塔が置かれ、築山経塚では周縁部に仏像を描いた瓦経が配されていた。仏像を描いた瓦経は安養寺第一経塚でも確認されており、出土状態は不明であるが、築山経塚と同様な用いられ方をしていた可能性が高い。

瓦経は方形もしくは長方形で、偏平な板状であるが、大きさは経塚によって異なる。一般に界線と罫線を引き、経文を表裏面ともに書写するが、片面のみの写経も知られている。1か所の経塚に埋納された瓦経の総数は極楽寺経塚では拓本から489枚にのぼることが確認できる。瓦経の副納品は紙本経の経塚に比して乏しく、陶製の五輪塔・仏像・光背・六器、瓦経に描かれた曼荼羅や仏画が見られるのみである。

銅板経の経塚は福岡県豊前市求菩提山普賢窟や大分県豊後高田市長安寺などで自然の岩陰内から発見されたことが知られるが、いずれも埋納された状態ではなかったと考えられ、厳密な意味で経塚と呼べるかどうか問題がある。金峯山経塚でも銅板経が発見されており、山上蔵王

堂解体修理に伴う発掘調査においても確認されているが，元禄時代の整地層中からの出土であり，本来の状態を知ることができない。

銅板経は方形の銅板に経文を鏤刻したもので，普賢窟や長安寺のものは罫線をもつが，金峯山経塚のものはそれがない。また，前者は銅製の収納箱に納められるようになっているが，後者は端に2つの孔が穿たれており，折本形式になっていたことが知られ，大きく形式を異にしている。

滑石経や青石経の経塚は実態が不明であり，滑石経の場合同心円状に納入されていたと推測されているが，遺構が確認されているわけではない。滑石経は滑石の表裏面や上下左右の小口面に経文を刻むもので，サイズに大小があり，しかも上下で厚さが異なる。青石経は緑泥片岩の自然石に鏤刻したもので，字数などが石の大きさに左右される点は礫石経と共通しているが，刻書か墨書かで大きく異なっている。滑石経は福岡県，青石経は愛媛県のみで知られており，きわめて地域性の強い遺物といえる。

礫石経の経塚は，礫石経を地下に埋納し，上部にマウンドをもつのが基本的な形態であるが，埋納位置や埋納施設，あるいは地上標識などにさまざまなあり方が見られる。埋納位置は基底部のみでなく，マウンド中やマウンド上などがあり，埋納後にマウンドを築いた場合とマウンド構築後に埋納した場合があったことが知られる。埋納施設は，あるものとないものに大別され，あるものはさらに石室と土坑に細分される。いずれも，礫石経を直接埋めたものが多く，甕や壺などの陶磁器や石製経箱に入れた例もあるが，きわめて稀である。しかし，木製の箱形

容器や布製と推測される袋状容器に収納した例も知られており，一見直接埋納と見られるものでも当初は有機質の容器を伴っていた可能性があるので注意を要する。地上標識としては経碑・石塔・石仏などがあるが，紙本経の経塚に比して伴う確立が遙かに高く，マウンドが明瞭でなくてもなんらかの標識があるものが多いといえる。また，礫石経は社寺建築・仏塔・石造物・墳墓・園池などに伴う例が見られるが，それらは経塚といえないものが大部分である。

礫石経は手ごろな大きさの自然石に経典を墨書したもので，1石に1字のみを書く場合と複数の文字を書く場合が見られ，長いものでは数行以上にわたる経文を書いたものが見られる。容器には陶磁器製・石製・木製などのものがあり，副納品としては鏡・利器・銭貨・仏像・仏具・火打鎌などが確認されているが，いずれも稀である。

貝殻経は二枚貝の貝殻の内面に1字もしくは数字ずつ墨書か朱書で経典を書写したもので，山形県・千葉県・山口県などで事例が知られているが，経塚の実態は不明である。いずれも海岸に近い場所に営まれた経塚であるところから，礫石経の代用品として製作された可能性が指摘されているが，その当否は不明である。

ところで，現在確認されている最古の経塚遺物は，金峯山経塚から出土した寛弘4年（1007）在銘の藤原道長奉納の経筒であるが，その長文の銘文には，56億7千万年後に弥勒如来が現れて説法する時に備えて，経典を保存した旨が説かれている。しかし，そこには極楽往生や現世利益などさまざまな願意が籠められており，経塚の起源を一元的に弥勒信仰に求めることには無理がある。経塚が末法

思想を背景に成立したことはほぼ確実であるが、造営者の現世的な欲求や文化的な価値観を反映して、弥勒信仰をはじめとする諸信仰が複雑に交錯するところに形成された可能性が高い。

　経典を永く保存するために案出されたと考えられる瓦経は、延久3年（1071）の鳥取県倉吉市桜大日寺経塚出土例が最古のものであり、承安4年（1174）の三重県伊勢市小町塚経塚出土例が紀年銘をもつものでは最も新しいことが知られている。このことから、瓦経は11世紀後半に出現し、12世紀後半まで盛んに製作されたと推測され、経典を保存しようという意志が平安時代に強く、徐々に薄れた可能性が高いことが推測される。

　長元4年（1031）に比叡山横川の僧覚超らは慈覚大師円仁が書写した如法経を埋納して保存しようと図ったが、それ以後如法経を書写し、供養を行った後に、地中に埋納することが流行した。こうして、如法経供養と経塚造営が結びつき、如法経信仰に基づいた経塚が各地で造営されるようになった。当時、横川は浄土教の震源地でもあり、本来密教的な作法として生み出された如法経であったが、その伝播の担い手の思想を反映して浄土教的な性格を帯び、経塚もまた浄土教の影響を強く蒙ることになった。三重県伊勢市朝熊山経塚では阿弥陀三尊来迎図を刻んだ鏡像が出土しており、往生祈願を目的に経塚が造営されるようになったことが推測され、経典保存とは大きく異なる性格の経塚が出現したことが知られるのである。

　こうした風潮は墳墓の傍らに故人の追善供養を目的とする経塚を営むことを助長した。『玉葉』には藤原兼実が皇嘉門院聖子の菩提を弔うために最勝金剛院山に

三重県朝熊山経塚

経塚を造営したことが見えるが、その遺跡は京都市稲荷山経塚に比定され、化粧道具など豊富な副納品を伴う経塚遺物が知られている。墳墓と経塚が隣接して営まれた遺跡は京都府福知山市大道寺経塚など各地で確認されているが、経塚が1基ないし数基であるのに対して墳墓が多数に及ぶ遺跡が大部分であり、しかも経塚が先に造営され、その周辺に墳墓が営まれたと考えられる例が多い。それらの遺跡は、貴族の場合と異なり、経塚の近くに墳墓を営むことで往生できるとする意識に支えられていた可能性がある。いずれにせよ、こうして12世紀には、経塚が死者供養と密接に結びつき、当初の意趣とはまったく異なった背景のもとに造立されるようになったのである。

　13世紀以降、経塚の造営は下火になるが、16世紀には回国納経に伴って経塚が営まれるようになり、持ち歩き可能な小型の経筒が盛んに利用された。廻国納経は回国聖が日本中を巡り歩き、各国ごとの主な霊場に経典を奉納するという作善業で、施主の依頼を受けて執り行われるものであった。回国納経では、永正17年（1520）に造立された島根県大田市南八幡宮の鉄製納経塔に納められていた多数の経筒が示すように、経典は経塚に埋納されるとは限らず、経塚を築くことなく

社寺や聖地に奉納されることも多かった。回国納経は，結果的に多数の経塚を残すことになったが，その意趣は平安時代の埋経とはまったく異なるものであった点が留意されなければならない。

中世以降礫石経の経塚が造営されるようになるが，近世になると爆発的な流行を見せ，各地に多くの遺跡が残されている。礫石経は１字もしくは数字（ときに十数字）のみ書写したものが主体で，経典を復原することは不可能であり，数行以上にわたって書写した礫石経でも正確を期すことは困難であることから，経典の保存を目的としたものでないことはあきらかである。礫石経の経塚に伴う経碑の銘文などによれば，五穀豊穣や村内安全など民衆の生活上の願いを反映して造立されたものがほとんどで，現世利益的な性格が強いものであることが知られる。[石田茂作「経塚」『考古学講座』20・24・33，1929〜30，三宅敏之「遺跡と遺構」『新版仏教考古学講座』6，1977，『経塚論攷』1983，関秀夫『経塚の諸相とその展開』1990，松原典明「礫石経研究序説」『考古学論究』3，1994]　（時枝　務）

経塚標識　きょうづかひょうしき　埋経を行った痕跡のある遺跡が経塚である。一概に埋経遺跡といっても埋経を行うに至るさまざまな過程により，その痕跡が違ってくる。多くは経容器を伴った埋経遺構の発見により認定される。

本来，埋経を行う過程は，嘉禎２年（1236）の『如法経現修作法』によれば，①前方便事，②堂内外の荘厳，③行水作法，④正懺悔，⑤『如法経』の御料紙ならびに水迎え，⑥写経の用意，⑦『如法経』筆立作法，⑧『如法経』の筒への奉納，⑨『如法経』の十種供養，⑩『如法経』の埋納という10過程にわけられる。

そのうち埋経遺跡として認識されるのは⑩『如法経』の埋納である。

この内容は，事前に石室か土坑の経典埋納施設が用意され，その中に外容器を置き，経典を納めた経容器を入れる。その後，外容器の蓋をして，石の壇を築き，標識となる石塔を安置する。このように埋経地点に標識を建てる例は，最古の埋経である寛弘４年（1007）銘の藤原道長の経筒の銘文中に金銅燈籠を建て，常に灯すという内容が記されていることより，早くから行われていたと推測される。

実際に標識と考えられる石塔が確認されたのは，京都府鞍馬寺経塚の石造宝塔，同じく善峯寺経塚の石造宝篋印塔である。標石の場合は，香川県船積寺経塚は経容器は発見されていないが，直径12m，高さ２m余りの円形封土に約30cmの葺石があり，約1.2mの石があった。また，宮崎県岩戸経塚は10〜20cm大の自然石を６mの環状に配石し，その中心にそれより大型の石を置いていた。

なお，16世紀における埋経遺跡にも標識を設置しているものがある。天正12年（1584）銘六角宝幢形経筒を出土した岩手県山谷観音堂経塚は塚上に植木があり，兵庫県大松山経塚と一本松経塚の銅板製鍍金経筒は松根を掘り起こしたとき発見されたことから標識として植樹されたと考えられ，銅板製鍍金天文11年（1542）銘経筒を出土した茨城県南経塚には石造五輪塔が建てられていた。

[石田茂作「經塚」『考古學講座』2，1926]　（山川公見子）

経机　きょうづくえ　経典を安置したり，読誦の時に用いる比較的小型の机で経卓ともいい，禅宗では経案と呼ぶ。『仁王般若波羅密経』巻下受持品に「七宝の案を作り，経を以て上に置くべし」と見えて

いる。宝亀11年 (780) の『西大寺資財帳』には、経典を納めた厨子を置く机として「漆塗榻」「牙床榻漆、金銅釘并肱金等」「牙象榻」「榻机」「白木榻足机」などの机の名称が見られる。

経机の形式は明確ではないが、四脚を垂直にしたもの、脚が下広がりの榻足のもの、四脚の上方を牙床形に割ったもの、8足、16足などの多足机、花形の足をつけたものなどがある。員数の呼称には、1前、1基、1台などの使い分けがある。平安時代以降は坐り机のように低いものになり、経典安置のみではなく、看経や写経用に用いることも多くなったと思われ、天板に経巻や筆管が落下しないように筆返しをつけ、四角形の足を外に外反させたものが一般的となったと考えられる。また、欄間を作るものや欄間に格狭間をつけたもの、引き出しをつけたものも見られるようになる。

経机の形式は、平安時代から鎌倉時代にかけて定着したと思われ、『法然上人絵伝』や『慕帰絵詞』などの絵巻物に経机が描かれていることから知られる。それらは、写経したり、読んだりするために用いられ、天板の上に筆返しをつけたもの、天板の下に欄間を作るもの、足が榻足のもの、真っ直ぐなものなどさまざまなものが見られる。

特殊な例として、平安時代から鎌倉時代初めのものと推定される東大寺蔵の「香象大師画」像に描かれている机は、十六足経机で、西来寺の「聖徳太子勝鬘経講讃図」などにも8足の机が見られ、経典が置かれている。遺品では、京都府高山寺蔵の黒漆机が古制を保つものとされている。岐阜県横蔵寺の蒔絵の経机2基は、永正8年 (1511) の銘をもつもので、異形式のものである。奈良県長谷寺の朱

漆塗経机は、欄間に牡丹、菊、椿の透し彫りのあるもので桃山時代のものである。千葉県臼井浄行寺には天正3年 (1575) 銘のものがある。

［岡崎譲治「荘厳具」『新版仏教考古学講座』5、1976］　　　　　　（岡本桂典）

経筒　きょうづつ　紙本経を保護し、納置するための筒形の直接容器をいう。経塚から出土するものの他に墳墓、仏像の胎内、石塔などに納められたものがある。

伝世品では、法隆寺献納宝物に唐の長寿3年 (694) の奥書をもつ紙本墨書細字法華経(国宝)を納入する栴檀製経筒がある。また、正倉院宝物中に『梵網経』付属の檜金銀絵経筒と沈香沫塗八角経筒がある。天暦4年 (950) に勘録された『仁和寺御物実録』には、『法華経』、『最勝王経』などの経巻を1巻ずつ黒漆塗や牙の管に入れて、さらに錦などの布袋に包み金銀蒔絵の経箱に納めたことが見えている。伝世品で鎌倉時代のものは稀で、愛知県万徳寺に紺紙金字法華経の序品を納めた重文の金銅宝相華唐文透彫経筒がある。出土経筒と思われるものであるが、大阪府施福寺に金銅宝相華唐草文経筒がある。

経筒は、通常経塚出土のものを指すことが多い。紙本経の容器は直接容器とさらにこれを保護する間接容器に分けられ、間接容器は外容器あるいは外筒と呼称している。直接容器は、基本的には箱形と筒形に分類されている。単に経筒という名称を記したものは、銘文や史料上には見られない。平安時代の経筒に見られる名称について、銘文から見てみると篋・匣・箱・宝塔・塔・筒・管・亀などさまざまな名称が見られる。

出土経筒の材質には、金属製・陶磁器製・石製・木製・竹製などがある。金属製品の経筒が埋経容器の主体をなしてい

る。金属製品では銅製品が主体をなし，鋳製品と板金製品がある。鉄製品もあるが，残っているものは少ない。経筒の構造は通常，蓋，身，底からなっている。鋳造製品では底部も鋳造したものと身のみを鋳造のものがある。また，身が数個の輪になった北九州を中心に見られる輪積形式の経筒もある。板金製品は，板を筒状にし鑞付けしたものと帯状の板金で留めたものがある。一端を凸状に作り，それに一方の切り込みを差し込んで折り曲げた舌どめと呼ばれる技法もある。銅製品が経筒に用いられたのは，それが当時の生活に溶け込んでいた素材で，展性に富み耐久性があったからであろう。筒身の形は巻子本の経巻を納置しやすいように円筒形のものが多い。また，八角形や六角形をなす多角形のものもあるが，数が少ない。瓶形と称される方形の屋根に相輪を備えた伝福岡県出土の永久4年（1116）銘宝塔形経筒，福岡県四天王寺経塚の保安4年(1123)銘経筒のように口縁部が細くなり瓶状をなすものがある。蓋の形式は多様性に富み，蓋と身の合口部については，かつて石田茂作は蓋の形式を載せ蓋式，被せ蓋式，入り蓋式と呼称した。また被せ蓋式，はめこみ蓋式，印籠蓋式と称することもある。蓋は平蓋，盛蓋，撮蓋，傘蓋に石田は分類したが，平蓋と盛蓋，傘の3種類に分類することもある。鈕の形式は，おおよそ乳頭形，宝珠形，相輪形，塔形，その他の仏像形，独鈷形などに分けられる。底は，平底，上底，台底などの形がある。室町時代には，聖地巡礼などと結びつき，回国納経が盛んになり，携帯できる小形の経筒が盛行する。

陶磁製の容器には，須恵質，瓦質，白磁製，青磁製のものがある。陶磁製の容器も外容器と直接容器に用いられたものがある。直接容器の経筒として認識されるものは，主に北九州に見られる。塔形鈕をつけた被せ蓋の福岡県四天王寺山経塚出土とされる青釉経筒，四天王寺第四経塚出土白釉経筒がある。被せ蓋が乳房状を呈し，伏碗形の蓋の頂部に突起の鈕をもつ四天王寺山第二経塚の陶製褐釉経筒もある。また，経筒の身が下すぼまりで，基部に蓮華座を配し，盛り蓋を用いた青白磁経筒が福岡県西油山経塚，愛媛県松山市興居島経塚から出土している。中国宋代の輸入陶磁器を用いたものである。国産の陶製容器は，外容器として用いられたものが多いが，岐阜県桜堂経塚の陶製経筒は出土状況から直接容器として認識できるものである。納置経の痕跡を認め難い場合は，両者の区別がつけにくい。福岡県太宰府経塚出土の久安3年（1147）の彩画のある容器は，法量的に直接容器とも外容器とも考えられるものである。

瓦製経筒としては，和歌山県神倉山第二経塚から出土したもの，個人蔵のものがあり，銅製経筒と法量的に近似している。蓋と身に合わせ口の目印の刻線をつけている。

石製容器は，東北から九州まで分布するが，特に北九州の佐賀県，福岡県に多く分布する。石材には，白雲母岩，凍石，滑石など比較的軟質の加工のしやすい石材を刳り抜いて造っており，底と身を分けて造ったものもある。石製容器の場合，内部納置の経筒が存在する場合は，外容器として認識できるが，石筒で確実に経軸や経片が確認できる場合は，石製経筒といえる。小田富士雄「西日本の石製経筒」（『九州文化論叢』）によれば，石製容器のうち直接容器の経筒であると確認及

び想定できるものは西日本の25例中11例であるとされる。身は円筒ないし中膨らみの円筒状に造り，蓋を被せる。蓋は円盤状，または方形盤状のものと屋根蓋形がある。屋根蓋のものは，相輪を備えるもの，頂部に宝珠を載せる仁平4年（1154）の福岡県稲元経塚の例がある。口縁部に蓮弁を配し，蓋を半球状に造った仁平元年（1151）の島根県平田市鰐淵寺蔵王窟から出土した石製経筒があり，宝塔形の一種と考えられるものである。石製容器が北九州に分布するのは，良質の滑石の産地であったことに起因しているが，石製品が経筒に用いられるには限界があった。

竹・木製品経筒の出土品は腐食しやすいため発見例は少ないが，京都府花背別所経塚から鈕付きの木製円板や中心に孔を穿つ円板が確認されており，これらは蓋あるいは底板と考えられる。竹製経筒は，史料などによればかなり用いられていたと考えられ，嘉禎2年（1236）の宗快の『如法経現修作法記』の「如法経筒奉

経筒

納次第」に「筒銅，或又用竹筒」と見えており，埋経容器として竹筒や檜筒が用いられていたことが知られる。埋納容器ではないが，像内納入経筒の例として11世紀初頭の造像とされる興福寺薬師如来坐像に竹製経筒が使用されたものがある。経筒に記される銘文には，鋳銘，刻銘，針書銘，墨書銘があり，仏像や真言などを記したものもある。

[石田茂作「經塚」『考古学講座』20・24・33，1929～30，三宅敏之「経塚の遺物」『新版仏教考古学講座』6，1977，岡崎譲治・稲垣晋也・河田貞・飯田宗彦「種類別経塚遺物」『経塚遺宝』1977]

（岡本桂典）

経典　きょうてん　経とは，サンスクリット語でスートラ（sūtra）といい，修多羅と音写され契経と漢訳されている。典とは規範となる不変の道理をいい，そのことから，仏教における経典とは，仏陀の教えが書かれた典籍を指すことになる。インドにおけるスートラとは，たて糸の意味であり，転じて教えの基本線，綱要の意味となった。仏教以前においては宗教または学術の基本説をまとめた短い文章を指した。これにより，仏教においても釈迦の教え，または賢人の教えを文章としてまとめたものをスートラと称した。たとえば，龍樹の『中論』五百偈を「経」と称している。また仏教伝来以前の中国においては，聖者・賢人の著述を「経」としたので，仏教がもたらされて経典が漢訳されるに至ると，釈迦の教説であることを示すため「経」の字を用い，さらに釈迦の悟られた真理は諸仏の理に契い，衆生の機根に契うことを示して，契経ともいう。隋代の天台大師智顗（538～597年）は，『法華玄義』巻1において「経」の字を釈し，「声，仏事を為す，これを称

して経となす」と記している。釈迦は音声，ことば（梵音声）によって真理を人々に伝え，人々は釈迦の教えを耳根をとおして受けとめ，自己の迷妄を打破して悟りへの道を歩む。のちに，釈迦の教えを聴聞した人々，釈迦の救いの世界にあずかった者たちが，これらの教説を文字としてまとめたものが経典であるとみなしている。ここに，智顗が経典を仏説，仏の衆生救済の事実が示されているものと受容していることが確認できる。

　経典の一般的形式として，その冒頭は「如是我聞」（このように私は聞きました）の語で始まる。これは，釈迦の説かれた教えを弟子が聴聞したままに述べているという意味に解釈されている。すなわち，経典は釈迦入滅後，弟子たちによって行われた結集によって成立したものであるという意味を有している。結集とは；仏弟子である比丘たちが集まって，仏陀の教えを誦出し，互いの記憶を確認しながら，合議の上で聖典を編集することをいう。つまり，釈迦の教説を聖典として編纂する会議を指す。釈迦の滅後数百年間は，記憶暗誦を基としてその教えは受けつがれたが，その散逸を防ぐため，また仏教教団の統一化をはかるためにも，このような結集が必要とされた。伝承によれば，結集は4回行われた。第1回は，マガダ国王舎城郊外に500人の比丘たちが集って行われ，仏弟子摩訶迦葉が座長となり，阿難や優波離がそれぞれ経と律の編集主任を担当したという。第2回は，仏滅後100年頃，戒律上の異議が生じたことで毘舎離に700人の比丘が集まって開かれたとされる。第3回は，仏滅後200年にマウリア王朝の阿育王の治下，パータリプトラにおいて千人の比丘を集めて行われたという。第4回は紀元2世紀頃，

カニシカ王のもとでカシミールの比丘500人が集められて行われたという。このような結集伝承が存在しているが，経典成立史の文献学的研究によれば，漢訳の『阿含経』は部派仏教の諸部派の経が混合したものといい，大乗経典においては西暦紀元前後から『般若経』などが大乗教徒によって編集され，ついで4世紀ごろまでに，『維摩経』，『阿弥陀経』，『法華経』，『大集経』，『華厳経』，『涅槃経』，『解深密経』などの多数の大乗経が成立し，さらにその後，『大日経』，『金剛頂経』などの密教経典が現れている。中国においては，経典（経），戒律（律）及び経典・戒律の解説書や教義書（論）の三蔵を中心に，若干の中国成立の文献を加えたものを大蔵経と呼んでいる。仏教が広まった諸国でこの大蔵経が編纂されているが，それには，パーリ語による南伝大蔵経，漢訳大蔵経，チベット大蔵経，モンゴル語大蔵経，満州語訳大蔵経などが現存している。これらの大蔵経のなかで，経典を最も多く収めているのは漢訳で，『大正新脩大蔵経』に1505部が収められている。ちなみに，チベット語訳の北京版は1029部である。なお，後漢の時代，インドから中国へ仏典（経・律・論）がもたらされると漢訳がなされ，それに基づき漢訳仏典の目録が成立している。南北朝時代の『出三蔵記集』（15巻・梁の僧祐撰）をはじめとして，現存する仏目録は19種ほど現存している。なかでも，唐の智昇が開元18年（730）に撰した，後漢から唐の開元年間の訳経の目録『開元釈経録』（20巻）が代表的である。

　　　　　　　［中村元『佛教語大辞典』1975］

　　　　　　　　　　　　　　　　（北川前肇）

響堂山石窟　きょうどうざんせっくつ　河北省邯鄲市西南の峰峰鉱区にある仏教石窟。

15kmほど離れた南北2つの石窟からなる。鄴(河北省臨漳県)に都を置いた北斉の文宣帝(在位550〜559年)時代の創建とされ,隋,唐,宋,元,明にかけて修復,拡張が行われた。南響堂山石窟は西紙坊の鼓山の南麓に位置し,邯鄲市の新興工業地帯に近い。窟は,山肌に上下2層にうがたれ,上層に5窟,下層に2窟があり,華厳洞,般若洞,阿弥陀洞,釈迦洞などと名付けられている。北響堂山石窟は,和村の西方の鼓山の山腹に位置し,南北中の3区に分れ,大業洞,刻経洞,二仏洞,釈迦洞など9洞からなる。刻経洞の傍には,北斉の唐邕が,天統4年(568)から武平3年(572)にかけて刻経した旨を記した石碑(「唐邕刻経記」)がある。南北両窟合せて16の窟と,大小の仏像1400体余を数える。響堂山石窟は北魏から唐時代へと変化する仏像様式の過渡的な表現を示している。また刻経は当時の末法意識の下で行われたものである。

[東方文化学院京都研究所『響堂山石窟』1937]　　　　　　　　(坂輪宣敬)

経箱　きょうばこ　経典を納めるための箱型の容器。四脚をつけた経櫃と区別するために,脚をもたないものを指して用いられることが多く,木工品・漆工品・金工品が知られる。奈良時代までは日常的な什器を転用していたが,平安時代になると経典専用の容器が作られるようになり,『一切経』や『大般若経』のような大部の経典を収納する実用的なものとともに,『法華経』のような少量のものを納めるための装飾的なものが製作された。

木工品は大部な経典の容器として広く用いられているが,古い遺品に乏しく,わずかに久安5年(1145)に末代によって埋納されたと推測される静岡県富士山頂経塚出土例が知られるのみである。漆工品では,大阪府藤田美術館蔵の仏功徳蒔絵経箱や奈良国立博物館蔵の蓮唐草蒔絵経箱など平安時代前期に遡る遺品が知られ,平安時代後期になると滋賀県延暦寺蔵の宝相華円文蒔絵経箱・奈良県当麻寺奥院蔵の倶梨伽羅龍蒔絵経箱・大阪府金剛寺蔵の蓮池蒔絵経箱など蒔絵技法を駆使した華美な作品が多数製作されるようになる。鎌倉時代にも同様な傾向が見られ,京都市勧修寺蔵の蓮池蒔絵経箱や奈良市西大寺蔵の月輪牡丹蒔絵経箱など,贅を尽くした遺品が確認できる。金工品では,蓋の中央に「妙法蓮華経」の5文字を双鈎体で表し,周囲と身の側面を宝相華文で飾る滋賀県比叡山横川経塚出土の金銅宝相華文経箱が,長元4年(1031)に上東門院彰子が奉納したと推定され,現存する最古のものと見られる。また,表面に花鳥唐草を毛彫し,その間を魚々子で埋めた金銀鍍双鳥宝相華文経箱をはじめとする奈良県金峯山経塚出土の3例は,寛治2年(1088)か同4年に藤原師通によって埋納されたものと考えられる。また,天文24年(1555)銘の京都市要法寺蔵のものは蓮華唐草文を地透彫で表しており,中世後期には珍しい優れた技術を見せている。

[三宅敏之「経塚の遺物」『新版仏教考古学講座』6,1977]　　　　(時枝　務)

経碑　きょうひ　礫石経経塚の標識として地上に建立された石碑や石塔のこと。経碑の型はさまざまであり石仏を用いた例もある。築造の目的,供養者名,供養の年月日,経典名などを記す。大分県大野郡上尾塚普光寺参道脇の「暦応二年(1339)」銘を有する八面石幢は,「浄土三部経一石一字」「奉書写法華経七部」などが記されている古い例であるが,碑下に礫石経が埋納されているかは不明であ

る。16世紀前半より「一字一石」の語が見える石碑の造立が目立ってくるが，そのほとんどが碑下の礫石経については未確認のままである。経碑下より実際に礫石経が発見された例は，熊本市建軍町の「弘治四年（1558）」銘が古く，和歌山県新宮市如法堂の「承応三年（1654）」銘の例など全国各地で30数か所に止まっている。その大半が江戸時代の造立である。「諸願成就」「五穀豊穣」「子孫繁栄」など経碑の銘文から，礫石経の書写供養が民衆の身近に取り入れられていたことがわかる。

経碑（大分県八面石幢）

［松原典明「礫石経研究序説」『考古学論究』3，1994］　　　　（松原典明）

曲彔　きょくろく　禅宗において用いる椅子で，曲録，曲彔・曲木，曲彔とも書く。法話や法要において師家や導師が腰をかけるもので，曲線的な背もたれがあり，そして臂かけをもつ特徴的な椅子である。中国宋代に流行したとされる。曲彔の名称については，『禅林象器箋』に「曲彔，蓋し木を刻みて屈曲する貌，今の交椅は曲彔然たり，故に略名は曲彔木，遂に木を省きて単に曲彔と称するなり」とある。禅師語録にも「曲彔木床」「曲木禅床」などが見られる。

曲彔は，構造によって2種に分けられる。造りつけ曲彔と交脚を折りたためる折りたたみ式曲彔である。

造りつけの曲彔は，鎌倉時代から用いられたと考えられている。脚部の地付き部分が真っ直ぐなものとわらび手風，猫足風になったものがあり，脚部は横木で連ね，前方に靴置きの小台を置く。そして，臂かけ，背板などを床に造りつけとし，床は皮革をはっている。遺品としては京都府妙心寺の唐草文透彫と四花菱透彫の室町時代の木造漆塗曲彔の2脚がある。また，京都府曼殊院に明の山水螺鈿の木造漆塗曲彔がある。折りたたみ式曲彔は，桃山時代から見られ，背板の低いもの，長いものとがあり，蒔絵などが見られる。遺品には京都府瑞光寺に南蛮人蒔絵の木造漆塗曲彔，高台寺に桃山時代の木造漆塗曲彔がある。

頂相にも曲彔は見られ，南宋の嘉定11年（1218）の運庵普厳像が京都府大徳寺にある。同寺には南宋の咸淳元年（1265）の虚堂智愚像もある。東福寺には嘉熙2年（1238）の無準師範像が1幅，神奈川県建長寺には鎌倉時代の蘭渓道隆像が1幅，円覚寺には弘安7年（1284）の無学祖元像が1幅，京都府万寿寺には弘安2年（1279）の円爾弁円像が1幅あり，各師は曲彔に坐っている。

[光森正士「僧具」『仏教美術論考』1998]
(岡本桂典)

魚鼓 ぎょこ　梵音具の一種。禅宗で用いられている。長魚形で、食堂・庫院の軒下に水平に吊るされ、木槌で打ち鳴らされる。その用途は、斎食の時などに、僧を集める合図として使われた。現存するものは、大きな鯉形をしたものが主であり、背中で吊るされ、腹部の下辺から内部を抉り、空洞としたものが多い。木魚と魚鼓を同一異名とする場合もあるが、木魚は堂内に置かれるもので、魚鼓は吊るされるものであり異なる。また、魚梆・鳴魚・魚版ともいわれるが、魚版はとくに魚鼓の姿を厚板にかたどったもので、禅宗寺院の浴室で用いられる。『勅修百丈清規』によれば、魚は日夜眼を開いているため、修行僧の怠惰を戒めるために用いられたともいわれる。中国伝来であり、日本には承応年間に、隠元が伝えたのが最初といわれるが、明確ではない。

[香取忠彦「梵音具」『新版仏教考古学講座』5、1976]　　　　　(上野恵司)

金鶏山経塚 きんけいざんきょうづか　岩手県西磐井郡平泉町字花立にある。金鶏山は、平泉遺跡のほぼ中央に位置し、北西に中尊寺、南側に毛越寺や観自在王院、さらに、東方に南流する北上川の沖積段丘には無量光院跡・柳之御所遺跡など多くの遺跡を見下ろせる円錐形の山である。この金鶏山は、都市平泉造営の区画の基準となり、シンボルでもあった。そのため信仰の対象となり、平泉鎮護のために藤原秀衡が雌雄一対の黄金の鶏を埋めたとする伝説が後世に伝えられている。見事な稜線を描く標高60mの山頂部や山麓には、12世紀の末法思想の影響を受けて経塚が築かれており、20基前後の経塚が存在していたようである。

発掘調査は行われておらず、昭和5年(1930)には盗掘を受け、大半が破壊されている。この盗掘の際や昭和10年(1935)に出土した遺物のうち、12世紀代に焼成された常滑産の甕が東京国立博物館と毛越寺の支院である千手院に、また、渥美産の袈裟襷文壺や青銅製経筒が同じく東京国立博物館に収められている。現在、狭い山頂には祠が祀られており、現在でも信仰の対象となっている。

[平泉郷土館『平泉の埋蔵文化財』1991]
(似内啓邦)

金山寺香炉 きんざんじこうろ　鰐状の縁をもつ、やや外に広がる円筒状のカップ形の火炉の胴部と裾広がりの台脚から成る居香炉である。金山寺香炉の名称は、韓国全羅北道の法相宗の祖真表律師にゆかりの深い名刹金山寺に由来する。

韓国の表忠寺蔵の金山寺香炉は、口径26.1cm、高さが27.5cmで台脚底に「大定十七年(1177)」の銘があり、火炉には梵字、台脚には龍文が銀象嵌されており、製作年代の明確なものである。わが国に舶載されたものがあり、法隆寺献納宝物中の「大定十八年(1178)」銘の香炉の脚底縁には、「大定十八年戊戌五月日造金山寺大殿弥勒前青銅香垸一座壱具都重三十斤……」と銀象嵌による長銘があり、作成時期や由緒があきらかである。この香炉は年号より高麗時代に考案されたものと考えられる。形状から火炉が欠失したため香炉の台脚部を逆さにし香炉として使用したものと考えられる。

奈良県長谷寺に高麗時代の「白雲寺香垸」とある銅製銀象嵌金山寺香炉が伝来している。高さ28cmで、前面に高麗時代に発達した宝相華・梵字・蓮弁などの象嵌技法を施したものであり、追刻に「洛山観音前□来納辛卯十二月日」とある。

奈良県西大寺には，高さ32.4cmの口縁上面と胴部に梵字と唐草文を銀象嵌したものがあり，「寄進西大寺真言堂永徳二壬戌（1382）十二月日願主沙門禅誉」の墨書銘のあるものがあり，室町時代に用いられていたことがわかる。

法隆寺綱封蔵のものには，金山寺香炉を模してわが国で造られたものがある。高さ28.0cm，口径18.5cm，底径15.0cm，火炉深15.3cmで，口縁は縁の反りがほとんどなく，胴部には圏帯をめぐらしている。表面は無地で，「応永四丁丑（1397）法隆寺　舎利殿」と3行にわたり刻銘があり，本邦においての製作時期がわかる。

［中野政樹「供養具」『新版仏教考古学講座』5，1976，鈴木規夫『供養具と僧具』日本の美術283，1989］　（岡本桂典）

金峯山経塚　きんぶせんきょうづか　奈良県吉野郡天川村洞河に所在。平安時代から鎌倉時代にかけて造営された経塚である。

出土した遺物は多数あるが，最も有名なものに，元禄4年（1691），大峰山山頂の山上嶽に蔵王権現を祀る本堂改修に伴い出土したといわれている藤原道長による鋳銅製経筒がある。これには道長の名前があることをはじめ，寛弘4年（1007）という年号を含め筒身側面に24行に及ぶ銘文が刻まれている。この年号は日本国内で埋経が行われた初現である。また，鏤刻された銘文には，道長が百日潔斎をして，『法華経』をはじめ『開結経』，『阿弥陀経』，『弥勒上生下生成仏経』，『般若心経』の経典を自ら書写し，金峯山に詣でて埋経を行い，埋納した場所の上に金銅燈籠1基を立てたことが記され，『御堂関白記』『栄華物語』など文献に現れた道長の金峯詣と合致するものであることから，埋経遺跡研究上とくに重要なものといえる。なお，道長の経筒が出土した井

筒丘は涌現岩が訛ったものと推測されている。

さらに道長の曾孫に当たる師道の寛治2年（1088）銘願文も発見されており，師道の埋経も『後二條師道記』などの文献資料に詳細な記録が残され，発見されているいずれかの経箱がこれに該当すると推測されている。

金峯山経塚から発見された遺物の多くは，明治20年代（1887〜1896）の山上事務所の建設，大正11年（1922）の水路修理工事，翌年の調査に伴うものであり，本堂南に位置する蔵王権現涌現岩一帯からとくに多くの遺物が集中しているが破損しているものが多い。発見されている経容器は，経箱が約8個，経筒は50個以上，経典は道長の経筒に伴う長徳4年（998）紺紙金泥経と銅板経がある。神仏像は丸彫像，透彫像，半肉彫像，毛彫像に分けられ，製法も鋳銅製や銅板製があり，鏡像も含まれるが，その像の多くは蔵王権現像である。鏡も多く見つかっており，円形の和鏡が半数以上を占めるが，鏡は火災したものが含まれることから埋経に伴わないものもあるとされる。仏具，古銭，利器類，銅塔などもあるが埋経との関係は不明なものが多い。

［石田茂作『金峯山經塚遺物の研究』帝室博物館學報8，1938］

（山川公見子）

ギジル石窟寺院　Qyzil　新疆ウイグル自治区クチャにある「赤い」を意味する仏教石窟寺院。ムザト川の左岸の断崖に石窟総数236窟（中国編号）を数え，天山南路で最大の仏教石窟寺院である。石窟の多くは僧坊跡などであるが，壁画などが残る窟も50窟以上にのぼる。1903年の大谷探検隊を皮切りに，各国の探検隊が殺到したが，特に1906年のグリュンヴェ

ーデル（A. Grünwedel），1914年のル・コック（Le Coq）のドイツ隊が調査において多大な成果をあげ，このドイツ隊の協力者であった E.ヴァルトシュミットは，出土したブラーフミー文字形態や写本類，壁画などから開窟年代を500年前後（第1期），600〜650年頃（第2期），650年以降（第3期）と分類した。またドイツ隊はその窟の特徴にあわせて，楽天窟や孔雀窟，悪魔窟，摩耶窟などの名称を各石窟に付している。

　　［Grünwedel. A., *Alt-Kutscha*, 1920］
　　　　　　　　　　　　　（則武海源）

く

九鈷杵　くこしょ　密教法具。五鈷杵の4本の脇鈷の間にさらに各1鈷を加えて九鈷とした金剛杵である。日本にあるものは中国製，あるいはその写しである。九鈷杵の形式は3種に分けられる。その1は中国宋時代に流行した形式で，把の中央の鬼目部を無文の球形につくりその両側に蓮弁を飾り，中鈷を四角にして脇鈷より長く突出させ，8本の脇鈷はその基部に龍頭形をつける。次はこの形式を基本に把部に菩薩面や鬼面，人面などを飾り，脇鈷の張りが弱くなったもので，中国元〜明時代にかけてのものと考えられ，和製の九鈷杵ではこの形式の写しが多い。その3は鈷を複雑な龍や鳳凰の姿につくり，把部は鬼面や牡丹文の浮彫で極めて装飾的な九鈷杵で，九頭龍杵とか九頭龍大威徳杵とも呼ばれ，中国元時代頃の成立と思われるものである。九鈷鈴とともに大威徳明王法を修するときに使用したという。

　　［奈良国立博物館『密教法具』1965，石田茂作監修『新版仏教考古学講座』5「仏

九鈷杵

具」1976］　　　　　　（山川公見子）

九鈷鈴　くこれい　密教法具。金剛鈴の1つ。九鈷杵形の柄をつけた鈴で，九鈷杵とともに大威徳明王法を修するときなどに用いられる。九鈷鈴の多くは大陸製のものでチベット系の要素が強く，中国元時代以降のものである。和製は近世のものに限られる。九鈷鈴は2種にわけられる。その1つは把の上部に菩薩面をつけ，鈷部は中鈷を高く突きだし脇鈷の基部に龍口を備え，鈴身は厚手で裾張りが強く，笠形に装飾花弁を伏せ，側面上部に瓔珞文を飾り，下帯に三鈷杵文をめぐらすのが特徴である。もう1つは九頭龍大威徳鈴とも呼ばれ，細部形式は把の部分を鬼面や牡丹文の浮彫で飾り，脇鈷を龍や鳳凰にかたどった複雑な透かし彫りで中鈷の頂部に宝珠をつける。鈴は薄手のベル形で，肩に伏せた蓮弁の中に梵字や仏像を鋳出する。側面は上帯に唐草文，下帯に龍文をめぐらすものが多い。中央部は瓔珞文を飾るものと素文にするものとがある。

　　［奈良国立博物館『密教法具』1965，石田茂作監修『新版仏教考古学講座』5「仏具」1976］　　　　　　（山川公見子）

百済寺跡　くだらじあと　大阪府枚方市中宮にある古代寺院跡。国の特別史跡に指定されている。淀川の支流穂谷川と天野川に挟まれた標高30m前後の台地上に位置する。百済王氏の氏寺とされる。その存在は，江戸時代から知られ，『河内名所図会』などに記述が見られる。昭和7年

(1932)及び昭和40年(1965)に発掘調査が実施されている。これらの調査から、寺域は約160m四方、伽藍配置は薬師寺式であることがあきらかになった。ただし、回廊は講堂ではなく、金堂に取り付いている点で、薬師寺式とは異なり、新羅の感恩寺と同じ伽藍配置となっている。遺物は、瓦や飾り金具をはじめ、塔の伏鉢が出土している。出土瓦から、創建年代は8世紀後半と考えられている。文献史学上において、「百済寺」は『続日本紀』の延暦2年(783)が初見で、すでにこの時点では存在していたとされ、百済王敬福が天平勝宝2年(750)に河内守に任命された際の創建と考えられている。廃絶時期については、文献上は弘仁8年(817)まで記述があり、遺物からは、平安時代中期頃と見られている。現在は史跡公園となっている。

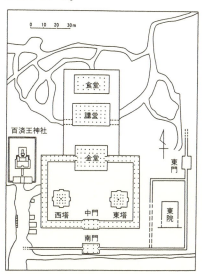

百済寺跡伽藍配置想定図

［大阪府教育委員会『河内百済寺発掘調査概報』1966］　　　　　　（三好義三）

国東塔　くにさきとう　大分県を代表する石造美術品。宝塔の一種で、国東型宝塔ともいわれる。明治45年(1912)、豊後高田市富貴寺大堂の修理工事に来played天沼俊一は、境内にある大小2基の珍しい石塔に興味を持ち、大正3年(1914)「豊後国東半島に於ける一種の石塔」と題して『建築雑誌』327に紹介し、この石塔が国東半島の各地に分布していることから「国東塔」と命名した。その後、国東塔の研究は河野清実や入江英親に引き継がれ、約500基の所在と国東半島を離れた下毛郡や玖珠郡にまで分布していることが判明している。

国東塔は、下から基礎・台座・塔身・笠・相輪からなり、宝塔との違いは台座の有無にあるが、それだけで一般の宝塔とは異質のものに見える。台座は、平面が円形で反花と蓮花座からなるがいずれか一方だけの場合が多い。塔身は円筒形で、上部と底部に丸みを持たせたなつめ形、茶壺形、球形のものなどがあり、普通は軸部と首部にかけて小孔がうがたれ、塔身内部は空洞になっている。相輪は、最下部に方形の露盤があり、露盤の上には反花と蓮花座からなる請花がある。その上の相輪は、普通九輪であるが5つや7つの場合もある。造立の目的は、銘文から納経(国東町岩戸寺国東塔)・供養(安岐町釜ヶ迫国東塔)・逆修(豊後高田市熊野墓地国東塔)・墓標(豊後高田市富貴寺境内小型国東塔)からなる。造立の年代は、弘安6年(1283)銘の岩戸寺国東塔を最古とし、鎌倉時代から江戸時代にまで作られている。規模では、元亨元年(1321)在地の武士紀永貞が父の供養のために造立した国東町長木家国東塔は、総高3mを超す堂々とした石塔である。岩戸寺国東塔・釜ヶ迫国東塔・長木家国東塔・武蔵町照恩寺国東塔・大田村財前

墓地国東塔・大田村石丸国東塔の6基は
国の重要文化財に指定され，その他県の
有形文化財に指定されている国東塔も多
数ある。
　[天沼俊一『國東塔講和』1919，大分県
教育委員会『国東塔の分布と特色』大分
県文化財調査報告書42，1979]
　　　　　　　　　　　　　　（渋谷忠章）
久能寺経　くのうじきょう　代表的な装飾
経の1つで，静岡市久能寺に伝来したと
ころからその名があり，同市鉄舟寺など
に所蔵されている。当初は『法華経』・『無
量義経』・『観普賢経』を一品ずつ書写し，
全30巻からなっていたが，現在は4巻を
欠失する。料紙は上質の斐紙を染めた色
紙で，表裏に金銀の切箔などを散らし，
金色の界線を引き，欄外には金銀泥や緑
青で花鳥や虫草を描く。経文は各巻が異
なる人物によって書写されるが，いずれ
も能筆で，平安時代後期の書風をよく示
している。大部分の巻末には別筆で結縁
者名が書き込まれており，それらが鳥羽
院周辺の人々の名であることから，永治
元年(1141)3月10日の鳥羽上皇逆修講に
際して上皇の新御堂に供えられたものと
推測されている。なお，寿量品は鳥羽院
直筆であるといわれている。
　[兜木正亨「信仰と経典」『新版仏教考古
学講座』6，1977]　　　（時枝　務）
久保常晴　くぼ つねはる　明治40(1907)
～昭和53(1978)，北海道生。立正大学文
学部史学科卒。立正大学文学部教授を経
て立正大学名誉教授，文学博士。
　仏教考古学を専攻し，題目を中心とし
た板碑や墓標の調査研究，仏法具(とくに
雲版，鰐口)の考古学的研究，モノの名称
論(瓦・梵鐘・擬宝珠)について研究した。
金石文資料を採り入れた私年号の研究は，
独創的な研究として学界を裨益した。他

方，立正大学ネパール仏跡調査団の第1
次団長をつとめ，長熊廃寺跡(千葉県)，
有馬古墓(神奈川県)などの発掘調査を
実施した。
　(主要著作)『佛教考古学研究』1967，『続
佛教考古学研究』1977，『続々佛教考古学
研究』1983，『日本私年号の研究』1967
　(追悼)「追悼・久保常晴先生」『立正大
学考古学研究室彙報』21，1981
　　　　　　　　　　　　　　（坂詰秀一）
求菩提山　くぼてさん　福岡県豊前市大
字求菩提に所在。九州山地に連なる大分
県境近くにあり，前面に周防灘，背後に
は英彦山がある。求菩提山は早くから修
験の修行の場として開け，埋経遺構が多
く発見されていることから埋経と修験道
の関係をうかがうことのできる好資料と
いえる。
　上宮地区，中宮地区，尾越地区，護摩
場地区から埋経遺構及び鋳銅製や陶製経
筒，合子や鏡などの副埋品が発見された。
とくに上宮地区の社殿東南平坦地にある
第8区では，西から東にむかって一直線
に1m間隔に順次つくられた5基の小石
室の埋経遺構が発見され，各遺構に同形
同大の経筒が納められていた。これらの
経筒は半筒形の鋳銅板2枚を接合し，底
板をはめ込んだ求菩提型経筒である。そ
のうちの1～3号経筒には保延6年
(1140)及び願主僧隆鑁の銘文が刻まれ
ていた。また，社殿東南基壇に接した平
地である第20区の埋経遺構は長楕円形土
坑底の平石3枚に，銅鋳製経筒1本と陶
製経筒2本が立てられ，土坑内は木炭で
充填されていた。このように埋納された
経典も多いが，岩窟に奉納された経典も
多く残されている。なかでも普賢窟から
は康治元年(1142)銘の銅板の『法華経』
33枚及び図像を配した経筥が見つかって

いる。

［北九州市立歴史博物館編『研究紀要』
1〈豊前修験道〉1979］（山川公見子）

熊野磨崖仏 くまのまがいぶつ　大分県豊
後高田市田染地区の南端にあり、国東六
郷山寺院胎蔵寺から旧鎮守熊野社へ至る
参道を登りつめた場所に、如来像と不動
明王像の雄大な姿が岩肌に浮彫にされて
いる。県北を代表する磨崖仏で、昭和30
年(1955)に国の指定史跡。向かって右側
の大日如来と称される如来像は、岩壁を
浅く彫りくぼめた龕に高さ7mの巨大
な像形を刻出する。切れ長の眼、角張っ
た顎など顔の表現は力強い。後方に傾い
た姿で刻出し、頭部は両耳後方まで厚肉
彫にするが、体部は下方になると浅く下
半身の表現を確認できない。頭部の背面
には円形の後背を刻み、その上方には三
面の種子曼荼羅がある。不動明王像は高
さ約8mあり、幅広の鼻翼に顎の張った
面相には左眼をすがめた天地眼を刻み、
二牙を上下に出す。左右下方には矜羯
羅・制吒迦の二童子像が刻出されている。
如来像に比べて浅彫で、同じく下半身の
表現は判然としない。如来像は平安時代
中期、不動明王は12世紀後半に推定され
ているが異説も多い。

［岩男順「彫刻」『大分県史』美術篇,1981］
（渋谷忠章）

熊山遺跡 くまやまいせき　岡山県赤磐郡
熊山町吉原に所在。北から南に流下する
吉井川の東岸にある熊山山頂（標高508
m)から派生する丘陵上に構築された石
積遺構群で、昭和48・49年(1973・74)に
調査が行われた。石積遺構は、熊山神社
境内地区1基、竜神山地区1基、南山崖
地区6基、経盛山（清盛山）地区2基、
風神山地区3基、南の峰地区8基、大谷
山地区1基、高津山地区1基、山頂三角

点地区1基、尺八山地区1基、獅子が谷
地区2基、舟下山地区1基、烏帽子岩地
区1基があり、これらは標高350m以上の
高い地に構築されたものであるが、その
他低位置に築かれた千躰、行人山、千躰
明人山、坂根竜神様、香登宮山の石積遺
構も存在する。石積遺構の大多数の基壇
長は1.5〜4mであるが、熊山神社境内1
号石積遺構は規模も大きく、よく整った
ものであるところから、昭和31年(1956)
国史跡に指定された。遺構は3段の方形
石積基壇で、露出する岩盤上に築かれて
いる。最下壇は一辺11.7m、南東隅から
の高さ約90cmをはかる。その上に一辺7.9
m、高さ1.2mの石積があり、この四面の
中央部に高さ65〜90cm、幅62〜73cm、奥
行90〜136cmの龕が造られている。その上
の段は一辺約3.5m、高さ1.2mの規模の
石積である。

昭和12年(1937)の乱掘により、5段重
ねになる須恵質筒形容器や三彩小壺など
が出土した。筒形容器は底部から上部に
向ってやや細まり、最上部は宝珠状にし
四面に火焔状の突帯がある。この遺物の
使用目的などについては不明である。遺
構の性格については詳らかではないが、
仏塔の一種であると考えられている。築
造時期については出土遺物から奈良時代
の末頃と推測されている。

［熊山町教育委員会『熊山遺跡　岡山県
赤磐郡熊山町史跡熊山遺跡緊急調査概
報』1974］（是光吉基）

供養具 くようぐ　供養とは、供施、供
給、供とも称する。仏法僧の三宝や亡者
の霊などに対し、物心両面の供養を行い
資養する行為をいう。この供養に必要と
される仏具・供物が供養具である。不殺
生を主張する仏教が、バラモン教などが
行う動物供養に対し行った祭儀形式で、

油を塗り，香を焚き，花や水を供え，燈をともす風習を採用したものといわれる。インドの初期仏教教団においては，衣服，飲食，臥具，湯薬の四事供養を主として僧団に施与されたが，後には塔や仏像・教法，僧，僧団に房舎，土地まで施与するようになり，僧団経営の軸となった。

供養については，『十地経論』第3に三種の供養について見えている。それによると，利養供養とは衣服臥具など，恭敬供養とは香，花，幡など，行供養とは修業信戒行などとある。供養の中心は，利養供養，恭敬供養で，特に仏具との関係の深いものである。供養物については，『仏本行集経』第1に仏陀に供養する四事供養と法身像塔に供養する「幡・蓋・花・香」の四事がある。また，『法華経』第4「法師品」には，「華，香，瓔珞・抹香・塗香・焼香・絵蓋・幢幡・衣服・伎楽」と2種の四事をあわせてあげている。『陀羅尼集経』では，仏像の身を飾ることや梵音具などを含めた21種の供養具をあげている。この中で香水・雑花・焼香・飲食・燃燈の五事を重要な供養として別記している。『大無量寿経』では，「懸繒・然（燃）燈，散華，焼香」の4種をあげている。さらに，『蘇悉地羯羅経』巻下には「塗香・花・焼香・飲食・燃燈」となっている。

供養具も仏典により説くところが異なっているが，供養具は仏に施供，資養する用途や役割をはたすものである。一般的には，香炉，花瓶，燈台（燭台），飲食器の4種が仏供養具の基本をなしている。香炉・花瓶・燭台は，中世以降において形式化し，三具足，五具足と称され一組として用いられるようになった。奈良時代の『法隆寺伽藍縁起并流記資財帳』『大安寺伽藍縁起并流記資財帳』などの諸記

録には，供養具として鉢・多羅・鋺・銚・鉗・匙・釦・箸といった飲食器のみが記され，香炉や水瓶などは別記されているので，供養具の概念が当時は異なっていたようである。

供養具には，香供養具・華供養具・燈供養具・飲食供養具，三具足・五具足がある。香供養具には，居香炉の博山炉，火舎香炉，蓮華形香炉，三脚香炉，鼎形香炉，蛸脚香炉，金山寺香炉，香印盤，象炉，柄香炉の鵲尾形柄香炉，獅子鎮柄香炉，瓶鎮柄香炉，蓮華形柄香炉，そして，香合がある。華供養具には，花瓶の亞字形花瓶，徳利形花瓶，尊形・觚形花瓶，そして常花，華籠などがある。燈供養具には，燈台の高燈台，多燈形燈台，燭台，置燈籠の石燈籠，金燈籠，釣燈籠などがある。以上の香炉，花瓶，燭台を一組にした三具足，また香炉を中心とし，左右に花瓶と燭台を各2個並置した五具足がある。飲食供養具には，鉢，仏餉鉢，鋺，托子，釦がある。水瓶には，仙筈形水瓶，王子形水瓶，布薩形水瓶，志貴形水瓶，龍首水瓶があり，香水壺，香水杓などがある。密教法具のなかに密教特有の供養具がある。煩悩を断ち，人間が本来持っている仏性を覚醒させ，清浄身を保ち修法を遂行するために，道場を浄めて荘厳し諸天諸仏を供養するための供養具である。つまり，修法の完遂にあたり，助力を願う諸天諸仏に燈明をかかげて，香を焚き，花を飾り，飲食物を供養する仏具である。これらには火舎，花瓶，六器，飲食器，濾水器，塗香器，閼伽桶，燈台などがある。

［中野政樹「供養具」『新版仏教考古学講座』5，1976，鈴木規夫『供養具と僧具』日本の美術283，1989］　（岡本桂典）

鞍馬寺経塚　くらまでらきょうづか　京都市

左京区鞍馬本町所在。明治11年(1878)，大正12年(1923)，昭和6年(1931)の3回に及ぶ発掘が行われ，総数200点以上の遺物が発見されている。遺物の出土地点は，1回目が信徒の霊夢により発掘され，鞍馬寺旧本堂の背面の裏山である。その後，この地点は3回目の発掘で本堂改築に伴い丁寧に発掘された。なお，この場所は現在の本堂内陣にあたる。2回目は護摩堂裏山であるが，1回目の鞍馬寺旧本堂裏山の土砂を付近の山裾に放置したものと考えられていることにより，すべて同じ地点からの遺物の出土と推測される。遺構の詳細は不明であるが，平安時代後期から室町時代にかけて追納され続けた複合経塚と考えられている。経塚の標識として石造宝塔が建てられ，その下にある封土の内部に石室が設けられ経筒などの遺物が納められ，そのやや西の礫石群から多くの懸仏が発見された。

当経塚の遺物は一括して国宝に指定され，銘文を有する経筒では，保安元年(1120)，治承3年(1179)，永正13年(1519)，「法橋院尚」の銘文を刻んだものがある。とくに保安元年銘経筒には明経博士を助ける助教の清原信俊が願主となり，重怡ら4人の僧侶に父母の追善供養のため，『法華経』，『無量義経』，『観普賢経』，『弥勒上生経』，『弥勒下生経』，『弥勒成仏経』を10日で如法書写させたことが記されている。なお，清原信俊は和歌山県粉川寺境内から発見された天治2年(1125)銘経筒にも願主として名前が出てくる。

また，当経塚からは3種の宝塔が発見されている。1つは経塚の標識として建立されていた石製宝塔である。残り2つは出土したものであり，1つは平安時代後期の建造物を忠実に模倣した銅製宝塔であり，基壇・塔身・軒裏・屋根・水輪に分けて鋳造し組み立てられたもので，塔身の内部には経巻が納められていた痕跡が残され，もう1つは銅製宝塔よりやや簡素であるが同様のつくりである鉄製宝塔である。その他，銅製宝幢形経筒，金銅製三尊仏像，銅製水瓶，鉄製刀子，鉄製鐸，鉄製鋏，鉄製提子，陶製筒，青白磁合子，剪刀，銭貨，硯，水晶玉などがある。

[田澤金吾『鞍馬寺經塚遺寶』1933]

（山川公見子）

庫裏 くり 庫裡とも表記する。寺院の財物を保管し，仏前の供物を整え，住僧の食事などを準備する建物をいう。実際には住僧の生活空間に当てられ，また檀家の接客空間としても用いられたが，近代以降は住職とその家族の住まいとなっている。中世の塔頭寺院や子院では，仏堂の傍らに住僧のための施設が営まれたが，それが庫裏の起源であると考えられる。そのため，庫裏には本尊を祀ることはなく，もっぱら僧侶と檀家のための空間であるところに本質がある。僧房が僧侶の生活空間としての性格のみを付与されているのに対して，庫裏は寺院経営などの世俗的な業務をこなす場としても位置づけられており，古代寺院の僧域と俗域を合わせたような性格をもっている。

このような性格をもつため，庫裏の建物は本堂に比して簡略なことが普通であり，限りなく住宅建築に近い場合が多い。近世になって発達した檀越寺院式伽藍配置では，本堂の脇に庫裏が配されるのが通常であるが，玄関や書院をもつものも多く見られ，檀家のための接客機能が意図されたことが窺える。また，庫裏には庭園が付属することも多く，書院と庫裏を繋ぐ廊下に面して坪庭を営む例は一般

的である。長野県宮田村の熊野寺跡では本堂の左側から庫裏が検出されたが，本堂から出土した遺物が宗教色の強いものが多いのに対して，庫裏の出土遺物は日常的な生活用具が主体を占めていたことが知られている。宗教的な空間としての本堂と生活空間としての庫裏を区別することで，寺院としての機能を空間的に整理し，効果的な運営ができるように工夫されていたことが窺えよう。しかし，東京都八王子市松山廃寺では本堂と庫裏が明確に区分されておらず，1棟の掘立柱建物が両者の機能を併せもっていたと推測され，村落寺院では独立した庫裏をもつことができない場合が見られたことが知られる。

[時枝務「仏教寺院 中・近世」『歴史考古学の問題点』1990] （時枝 務）

軍守里廃寺 ぐんしゅりはいじ（グンスリベイサ） 百済の古都扶余（プヨ）にある。いわゆる軍守里廃寺（6C前半）式の伽藍配置は，伽藍中軸線の南北に塔を中心として，南大門・中門・金堂・講堂が一直線にならび，中門の左右から派出する回廊が講堂に接続する単塔一金堂式配置である。軍守里廃寺の堂塔地割法は日本の四天王寺と近似し，出土遺物も日本の飛鳥時代の遺品と共通する点が多く，当時三国の間に仏教文化の交流が緊密にあったことを窺うことができる。金堂基壇の構造は東・西・北の面は平瓦を建て廻した瓦積基壇で形成された。南面基壇は「∧」の模型で平瓦を重畳した瓦積基壇である。

[朝鮮古蹟研究会『昭和11年度古蹟調査報告』1937（石田茂作『総説飛鳥時代寺院址の研究』1944に所収）] （李興範）

クシーナガラ Kuśinagara 仏典に現れる16大国のマッラ族の首都。釈迦入滅の地。ウッタルプラデーシュ州デオリア県のデオリアから北東に35km，そしてゴラクプルの東54kmの地点カシア（Kasia）（北緯26度44分，東経83度55分）近くに比定されている。

遺構で注目されるのが，ニルヴァーナ・チャイティヤ（Nirvāṇa-caitya）と呼ばれる仏塔と涅槃堂である。両者とも2.7mの高さの基壇上に建ち，仏塔の円筒基壇は16mの高さに及ぶ。1910年の発掘によると，頂上から4.2mの所から煉瓦で造られた直径・高さとも64cmの円形の部屋が発見され，中から銅製の舎利容器が発見された。舎利容器には炭，貝殻，貴石，真珠，灰と小さなエメラルド，5世紀のクマーラグプタ1世の銀貨などが入った2つの銅製の筒と銀の筒に入れられた小さな金製の筒が発見された。舎利容器は銅板で蓋がされていたが，その銅板にはインクを用いグプタ期の書体で縁起経が記され，ハリバラ（Haribara）によって涅槃塔にその銅板が奉献されたと記されていた。さらに10m下から，高さ約30cmの小さなストゥーパの基壇が発見され，その西側の表面に仏龕があり，様式から1世紀のものとされる仏像が発見された。1927年にこの塔は再建され，内部にオリジナルのレプリカが納められた。1876年に涅槃堂跡から煉瓦製の台座上に横たわるチュナール砂岩製の6.1mに及ぶ涅槃仏像が発見され，5世紀の書体で「マハーヴィハーラスヴァーミン・ハリバラ（Mahāvihārasvāmin Haribara）の寄進」と記された碑文が発見された。涅槃堂は調査の年に再建されたが，再度，1956年の仏誕2500年記念祭の折再建された。

涅槃堂の北と西側には8つほどの僧院跡があり，増広の過程からクシャン時代から10～11世紀にかけて何度かの再建を

経ていることが理解されている。この地から東に1.6kmの所にラーマバール・ストゥーパ（Rāmabhār stūpa）と呼ばれる仏塔がある。基壇最下部の直径約47m，高さ15mのこの仏塔は釈迦の荼毘所跡とされている。

　　[D.R.Patil, *Kuśīnagara*, Archeological Survey of India, New Delhi, 1981]
　　　　　　　　　　　　　　（髙橋堯英）

クムトラ Kumtura　新疆ウイグル自治区クチャの南西30kmにある仏教石窟寺院跡。ムザト川の下流両岸にあり，中国名は丁谷山千仏洞。阿奢理弍寺と考えられており，1903年の大谷探検隊をはじめ，その後ドイツのグリュンヴェーデル（A. Grünwedel），フランスのペリオ（P. Pelliot）の探検隊により調査された。クムトラ石窟には5〜7世紀のクチャ周辺の西方的な壁画と，7〜8世紀の中国的な壁画とが存在する。40余りの石窟に壁画やクチャ（亀茲）文字が残っている。ムザト川の浸食や塩害により下方部分の窟は剥落や変色も見られるが，堤防が作られ被害を食い止めている。

　大谷探検隊が日本に将来した塑像菩薩頭部，グリュンヴェーデルがドイツに将来した壁画などが存在し，東西様式の消化状況をうかがうことができる。

　　[A. Grünwedel, *Alt-buddhistich kultstatten in chinesisch-Turkistan*, 1912, 「庫木吐拉」『中国新疆壁画全集』4，1995]
　　　　　　　　　　　　　　（則武海源）

け

磬 けい　梵音具の一種。一般的には禅宗以外の各宗派で用いられる。俗に「うちならし」とも称され，磬架に懸けて使用される。

一般的な形は，左右均等の山形を呈し，上下の縁は弧線の組み合わせ状になっている。縁の内側には，子縁と呼ばれる縁の形と同じ稜線が廻る。中央には撞座がつき，その両側には同じ文様，あるいは似た文様が認められる。また，上縁には左右対称の位置に紐孔がつく。一般的に古い磬の形は，素文の片面であり，山形が全体的に直線的であるが，新しくなると両面磬となり，上下の縁が弧線の組み合わせ状になる傾向が指摘されている。片面式のものは，平安時代から鎌倉時代初期にかけて，小型のものに多いが，これは鏡作りに携わった工人が，磬の製作にも関わっていたためと考えられている。形は山形以外にも，蝶形・蓮華形・円版形・雲形などがある。材質は，石・玉・銅・鉄などであり，元来は中国の古い楽器であり，その字の示すように石または玉製であった。中国の楽器は，その形状が「へ」の字形であり，日本とは異なっている。使用法は，仏堂内で導師の右脇，あるいは右脇の机上に置かれ，読経の合間に叩かれる。

　磬の字は，『法隆寺伽藍縁起并流記資財帳』（天平19年＜747＞）や『大安寺伽藍縁起并流記資財帳』（天平19年＜747＞）の中にも見られ，正倉院には鉄の方磬や鉄磬の残欠が現存しており，8世紀には使用されていたものと思われる。『造寺所作物帳』（天平6年＜734＞）には，磬の銅と白鑞の配合率が示されており，磬及び十字形磬の名称も記載されている。十字形磬については不明であるが，この文よりすでにこの時期，わが国でも磬の製作が開始されていたことが想定できる。紀年銘より最古のものは，京都府峰定寺のもので，蠟型鋳造により造られたと考えられている。裾幅が17.1cmの小型の片

面磬で，平らな裏面に双鉤体で「大悲山」「仁平四年△盥」と記されている。大悲山は，峰定寺の山号であり，仁平4年は，1154年にあたる。特種なものとしては，奈良県興福寺の華原磬がある。この磬は，伏せている獅子の背中上に立つ4龍の胴間に，鉦鼓を重ね合わせたものを懸けてあり，唐代の作品と思われる。

磬

[広瀬都巽『日本銅磬の研究』1943，香取忠彦「梵音具」『新版仏教考古学講座』5，1976]　　　　　　　　（上野恵司）

磬架 けいかけ　磬は，上縁に取り付けられた2つの紐孔（耳）に紐を通して懸けられる。この磬を懸けるものが磬架と呼ばれる。一般的には木製であり，架の上部は州浜形を呈する。現在最古と思われる磬架は，岩手県中尊寺金色堂の孔雀文磬が懸けられているもので，平安時代のものである。

[香取忠彦「梵音具」『新版仏教考古学講座』5，1976]　　　　　　　　（上野恵司）

警策 けいさく・きょうさく　禅堂で僧衆が坐禅をするときに惰気・眠気を戒め醒ますために用いる策鞭であるが，師家の威厳具ともなっている。臨済禅では「けいさく」，曹洞禅では「きょうさく」という。形状は，筋を大きくしたような扁平な長い板状のものである。その長さは，約4尺2寸，幅約2寸である。竹篦のかわりに用いることもある。遺品は，禅僧の頂相の持物に見られる。現在も用いられるが，遺物としては古いものは見られない。京都府酬恩庵の室町時代の一休和尚像持物，滋賀県永源寺の室町時代の寂室和尚像持物がある。

坐禅中に警策を受けたなら低頭合掌して謝し，人我の見を起し瞋恚の念を生じてはならないとする。また，自ら進みて打擲を請うこともある。また，朝の誦経，問答の際などにも用いる。

[光森正士「僧具」『新版仏教考古学講座』5，1976]　　　　　　　　（岡本桂典）

慶州 けいしゅう（キョンジュ）　新羅が935年に滅亡するまで1000余年間の都である。慶州地域は盆地を形成し，東は明活山（ミョンファルサン），西は西岳（仙桃山，ソンドサン）・玉女峰（オクニョポン），南は南山（ナムサン）・金鰲山，クムオサン），北は北岳（金剛山，クムガンサン）に囲まれ，山から流れる江が慶州市の西・南・北方を迂回している。宮跡は南山西側の山麓，昌林寺跡（チャンリムサジ）の周辺と推測される。文献史料には「金城」（クムソン）の宮城の名称が現れる。遺跡は瞻星台（チョムソンテ）の周辺と判断される。確認された宮跡は「月城」（ウォルソン）（在城）で，現在の仁旺洞（インワンドン）地域である。統一新羅時代の宮跡は月城の東北側の臨海殿跡（イムヘジョンジ）の周辺である。その東側には雁鴨池（アンアップチ）がある。重要な寺跡に興輪寺跡（フンリュンサジ），皇龍寺跡（ファンリョンサジ），芬皇寺跡（ブンファンサジ），四天王寺跡（サチョンワンサジ），望徳寺跡（マントクサジ），仏国寺（ブルグックサ），石窟庵（ソックグルアム）などがある。　　　（李興範）

華籠 けこ　供養華を盛るもので，法会

の時に散華の偈を唱えて仏に供養する時に用いる。散華供養とは，仏国土における自然の散華の様を諸仏供養の儀式としたものである。インドでは，貴人を迎える時に浄めのために生花を床に蒔くことが行われたという。華籠は，華筥，花籠，花筥ともいう。もとは，衣裓，華篋，華盤などと称した。東密の根本二流の１つ広沢流では「けこ」，小野流では「はなかご」と呼ぶ。

華籠の形状は円形の浅い皿状をなし，竹で編んだものや金属で編んだ金網のもの，薄い展板に模様を透し彫りにしたもの，木製，紙胎漆塗製のものがある。

正倉院には，「中宮斎会花筥／天平勝宝七歳七月十九日／東大寺」と墨書された竹籠があり，聖武天皇の御母藤原宮子の１周忌の斎会に用いられたものと考えられている。正倉院には深鉢形のものの中の九口に「東大寺花籃」の墨書銘のものがあり，散華供養の華籠ではなく，生花を洗うものに使われたともいわれる。また，正倉院蔵に青・赤・緑・黄などのガラス玉を銀製の線で繋ぎ暈糸欄様にし，籠状に編んだ雑玉華籠もある。

滋賀県神照寺蔵の鎌倉時代の金銀鍍透彫華籠は，銅板に宝相華文を透し彫りしたもので，花を鍍銀し他の部分を鍍金したもので，背面３か所に環を付け組み紐を垂飾するようにしている。愛知県万徳寺蔵の鎌倉時代の華籠は，紙を貼り重ね素地を作り，その上に黒漆を塗り固め彩色を施し，金箔を押して八葉蓮弁を表し，さらに蓮弁の間に三鈷を８個表した紙胎漆塗彩画華籠である。京都府醍醐寺のものは，唐草文を透し彫りした金銅製華籠で，提手をつけている。底裏には，慶長18年(1613)紀年銘と銘文がある。江戸時代のものは各地にかなり遺品が残ってい

る。華籠に入れて法会の時に散華供養を行う花びらは，一般には紙製で花葩と呼称される彩色を施したものである。一部では，樒葉，菊花，蓮弁などの生花を用いることもある。正倉院蔵のものは，最大径25.3cmと大きなもので，緑色の蓮弁を象ったもので，金箔を散らしたものである。緑金箋と称され，大仏開眼当時に散華されたものと思われる。

なお，『円光大師行状畫図翼賛』第十に「華籠とは散華の時に用う。当後竹或は銅鑰を以て作り，真紅等の組紐を垂れ，盛るに華を以てし，時に随て散供するなり。是れ諸経に所謂る衣裓に倣えるなり」とある。衣裓については『法華経』「化城喩品」には「各衣裓以て諸天華盛り……」とあり，『阿弥陀経』には「各，衣裓を以て衆妙華を盛り，他方十万億の仏を供養す」とある。華籠は衣裓を模したものといわれている。

[中野政樹「供養具」『新版仏教考古学講座』5，1976，鈴木規夫『供養具と僧具』日本の美術283，1989]　　（岡本桂典）

袈裟 けさ　サンスクリット語のカシャーヤ kasyāya の音写語。意訳して壊色，不正色，染衣などという。インドで比丘の著すべき三衣を，その色から名づけた。袈裟は捨てられた布を使うこと(体賤)，布を裁断して価値を失わせて再び縫い綴ること(刀賤)，及び青(銅錆のような汚れた青)，黒(緇泥ともいい，河底の土の濁った黒)，木蘭(樹皮の色。黄味を帯びた褐色。また茜といって赤土のような汚れた赤)の壊色を用いること(色賤)の３種賤を備えることを本義とする。３種賤の中では袈裟の原意が示すように色賤が最も重視される。袈裟は大きさの順に僧伽梨(大衣・重衣)，鬱多羅僧(上衣・上著衣)，安陀衣(内衣・下衣)に分けられ，

合せて三衣といい，これが比丘の使用を許されたすべての著衣である。しかし中国，日本などでは季候風土や衣服の習慣，また僧の社会的立場などにより，インドの三衣とは相違し，儀式用に法衣の上に著する形となり，美麗なものも作られた。しかし壊色ということや，布を縫い綴って田の形（田相）を表すことなどは，現在の袈裟の伝統の中に生き続けている。布地のたての条数の多少によって五条・七条・九条ないし二十五条などの区別があり，そのまま袈裟の大きさを示している。

［井筒雅風『袈裟史』1965］（坂輪宣敬）

袈裟箱 けさばこ　袈裟を納めた箱。袈裟は本来三衣からなるので三衣箱（さんね箱）ともいう。寺院において袈裟とともに大切に伝承されるものである。しかし奈良時代の袈裟箱はなく，平安時代以降の遺品が知られている。京都府東寺（教王護国寺）の蒔絵海賦文様（かいぶ）・合口造のもの（国宝），東京都根津博物館の銀平文宝相華文様・合口造のもの（重文），東京国立博物館の蒔絵松喰鶴文様・被蓋造（かぶせふた）のもの（重文）などは，いずれも平安時代の遺品である。鎌倉〜南北朝時代の作とされる和歌山県金剛峯寺の螺鈿葛文様・被蓋造のもの（重文）は三衣箱とよばれている。なお東寺の袈裟箱は，空海請来と伝える健陀穀子（けんだこくし）の袈裟を納めていることで名高い。

（坂輪宣敬）

偈頌 げじゅ　インドのサンスクリット語（梵語），ガーター（gāthā）を漢語に音写した場合，伽他，迦陀，伽陀，偈などの用例があり，漢訳した場合，句，頌，諷頌などの用例が見られる。それらのことから，偈頌とはガーターの音写である「偈」と，意訳の「頌」を合わせた漢訳の１つと考えられる。単に「偈」とも称する。

ガーターとは讃歌，詩句の意味であり，古代インドの祭典に関する典籍の中の頌文をいい，仏教経典においては，経典の１つの形態を指す。漢訳経典は，散文体で表現される長行（じょうごう）と，韻文体の詩句を用いた詩頌とに分けることができる。この韻文体の形態を偈，あるいは偈頌という。その内容は，仏陀の教えを述べたり，仏・菩薩などの徳をたたえるものである。偈頌は，長行との関係において，２つに分けられる。重頌偈（応頌偈ともいう）（じゅうじゅげ）と孤起偈（こきげ）である。重頌偈は長行の部分で述べた教説を重ねて韻文で表現する偈頌で，孤起偈は前後の文脈に関係なく独立した文章表現を用いる韻文をいう。たとえば，漢訳の『妙法蓮華経』における重頌偈は，長行の部分に「その時に世尊，重ねてこの義を宣べんと欲して，偈を説いて言わく」とあって，つづいて偈頌が説かれる。「自我偈」と称する場合も同様で，上記の文のつぎに，「自我得仏来　所経諸劫数　無量百千万　億載阿僧祇」と５字（言）１句からなる韻文が説かれ，25偈半の偈頌が記されている。孤起偈の例としては，「提婆達多品」第12において，８歳の龍女が釈迦説法の虚空会（こくうえ）に登場するが，そのとき龍女は釈迦を讃歎する。そのありさまは，「龍王の女，忽ちに前に現じて，頭面（ずめん）に礼敬（らいきょう）し，却って一面に住して，偈を以て讃めて曰さく（もう）」とあって，つづいて「深達罪福相　徧照於十方」と５字１句からなる詩頌が６偈半，説かれている。この龍女の讃仏偈が孤起偈にあたる。

仏教の歴史においては，長行と偈頌の形式を区別しないで，偈と称する場合もある。経典に説かれる教理や讃歎が散文体や韻文体の形態をとっていても，これらを分けることなく，８字を１句として，８字４句の32文字を１頌，あるいは１偈

と数える場合である。つまり，8字4句の32文字を1偈と数えることで，これを通偈という。たとえば，『大般若経』が10万頌，あるいは10万偈あるというのは，この数え方による。散文と韻文とを通して32文字を1偈とする通偈に対して，純粋に偈頌の韻文を別偈と称する。この別偈に前述の重頌偈と孤起偈とが存在する。この形式は，1句を3文字から8文字として4句からなる。いずれも4句を1偈として数えることから一四句偈とも呼び，そのうち2句からなるものを半偈という。『大般涅槃経』に説かれる雪山童子が，「諸行無常　是生滅法」の半偈を聞き，のちの半偈を聞くために，自己の身命をささげることを約束し，「生滅滅已　寂滅為楽」の教説を書きとめた物語が記されている。このことから雪山童子は半偈のために身命をささげたと称讃される。また，この別偈は一定の字数を1句としていることから，結句偈ともいう。
［鈴木学術財団編『漢訳対照梵和大辞典』1986］　　　　　　　　　（北川前肇）

下乗石　げじょうせき　寺院や神社の参道に，これより内は神聖な場所であるから，必ず乗物や馬から下りて徒歩で参入すべき旨を標示する石塔がある。「下乗」，「下馬」と大きく彫り込んでおり，これは輿や車馬の乗り入れを禁止する標識である。1つは下乗石で，もう1つは下馬石であるが，単なる境界標識ではなく，笠塔婆の中に下乗石として造立されたものなどである。その中で下乗石は一定の地域・区域を神聖な場所として標示し，それより内にはみだりに入ることを許さない禁制の石標であり，神社や寺院の参道の入口，または中途に立て，それより内には乗物に乗ったまま入ってはならないという標示である。そのほか，禅寺などでは「不許葷酒入山門」，「禁葷酒」と臭気のある野菜と酒を一般人が寺内に携えて立ち入ることを禁ずるというような，禁制の文字を刻んだ石標も造立している。

在銘最古の下乗石は，京都市高尾の神護寺の下乗笠塔婆である。花崗岩製で塔身の高さ194cm，幅31cm，側面厚さ24.5cmを測り，現状は笠部を欠失しているが，塔身の上面に枘穴があるところから笠があったことは確実である。塔身の正面上部に金剛界大日の種子が薬研彫りされており，その下方に「下乗」の2字を彫っている。以下に「正安元年(1299)十月日造立之　権大僧都乗瑜敬白」と刻む。下馬石は近世以後に普遍化するが，中世に遡る資料は少ない。また，下乗石は下馬石に比べ普遍的であるが，中世に造立されたものは現在10例前後，確認されているに過ぎない。

下乗笠塔婆（香川県白峯寺）
［川勝政太郎「下乗石塔に就いて」『史迹と美術』138，1942］　　（斎木　勝）

血書経　けっしょきょう　自分の血を混ぜた朱墨で書写した経典。血字経ともいう。書写する人が誠意あることを表すために行うものといわれる。唐代の敦煌経の断

片が最古の例で，南宋の僧祖南は自身の指を刺して『法華経』8巻・『無量義経』1巻・『観普賢経』1巻・『金剛経』100巻・『阿弥陀経』500巻を血書したといわれ，血書が中国で始まった作法であることが知られる。

日本では平安時代から行われたようで，『後拾遺往生伝』には良昭が後生菩提のために「血字法華経」を，『台記』には天養元年(1144)に藤原敦任が「血経」をそれぞれ書写したことが見える。また，後者には，天養2年閏10月25日には藤原頼長が敦任に左手の食指を傷つけさせて，その血で『薬師経』を書写し，さらに27日には無名指の血で『薬師経』と『寿命経』を写していることも見える。貴族の間で血書経が盛んに制作されていた状況が推測できよう。『吉記』によれば，讃岐に配流になった崇徳院は自らの血で5部の『大乗経』を書写したといわれ，血書経が恨みを籠める手段として使用されたことが窺える。

血書経の遺品は必ずしも多くないが，高山寺尼経の『釈迦如来五百大願経』は嘉禎3年(1237)5月26日に尼明行が一字一礼を修しながら血書したもので，京都国立博物館蔵の『法華経』は嘉禄2年(1226)10月3日に京都の信濃小路にあった小堂で孝阿弥陀仏が定恵の10指から採血して両親の菩提を弔うために書写したものであることが，それぞれ奥書からあきらかになる。経塚出土の経巻でも，東京都八王子市白山神社経塚の仁平4年(1154)の「法華経」のように，血書経の存在が確認されており，血書が広く行われていたことが推測される。

[兜木正亨「信仰と経典」『新版仏教考古学講座』6，1977]　（時枝　務）

毛原廃寺　けはらはいじ　奈良県山辺郡山添村毛原に所在した寺院跡。8世紀に創建された寺院跡である。笠間川北岸の段丘上に位置している。金堂・中門・南大門などの礎石が確認されている。この礎石群は円柱座と地覆を造り出した精美なものである。金堂の規模は，礎石の配置から7間×4間の規模で前面1間を吹放しとする形式で，中門と南大門は，5間×2間の規模である。この他の建物群は，金堂の南西に回廊の一部や，西100mの位置に5間×4間の礎石群が確認されているが，すべての発掘調査が未だ行われていないので，全体の伽藍配置はあきらかでない。創建・沿革については不明な点が多いが，所在地が笠間庄に当たり，笠間庄は東大寺の荘園地であったことがあきらかで，何らかの関連が注意されている。

[西崎辰之助「毛原廃寺址」『奈良県史蹟勝地調査会報告書』5，1918]

（松原典明）

花瓶　けびょう　生花や常花を仏に供養する華供養具の1つ。花を挿す器は，一般に花生，花入，花瓶などと称される。密教法具では，華瓶・花瓶と書いて「けびょう」という。

水瓶の口に花挿すことは，西域の仏画や曼荼羅にも見え，『陀羅尼集経』第11には「瓶の口に雑華を満著し，若し生華なくんば綵華をもって充つ」と見え，『大日経疏』第8には，「迦羅舎(瓶)は諸種の宝薬を容れ，その口に宝華を挿す」とあり，瓶に花を挿して供養する記述は見えておらず，瓶は本来花器でなかった。花瓶の使用は明確ではないが，宝瓶を起源としていると考えられている。香炉，燭台と一具をなし，三具足や五具足の中にも見られる。

通常，密教では大壇上に花瓶を安置す

る時は5瓶を用いる。中央部に置くものを中瓶と称し，他は四隅に各1瓶ごと安置する。天台系の大壇供では中央に5瓶を配置し，さらに2瓶を四隅に置き，13口用いることもある。仏前に供される花瓶には，口縁部が広口で頸部が細く，胴が膨らみ台脚が付き，文字の「亞」の字に似る亞字形の花瓶，中国の玉壺春と称される瓶に似る徳利形の花瓶，中国宋・元代の青磁に見られるもので，形状は口縁が大きく開き，頸部がやや細く，膨らみの少ない胴部をもつ中国古代の尊や瓠の形状に似る尊形・瓠形の花瓶と称されるものがある。

亞字形の花瓶は宝瓶を倣ったものとされ，出土品では，静岡県修善寺裏山から平安時代の金銅亞字形花瓶が金銅火舎とともに出土している。また，和歌山県那智経塚，京都府稲荷山経塚（東京国立博物館蔵），埼玉県妻沼経塚などからも出土している。埼玉県慈光寺蔵のものには，徳治2年(1307)の紀年銘が裏底にある。徳利形の花瓶は，わが国の辣韮徳利と称されるものに類似しているもので，鎌倉時代以降に見られ，大阪府観心寺の元徳2年(1330)の針書き銘のものや東京都浅草寺，愛知県岩屋寺に鎌倉時代のものがある。徳利形の花瓶は慈覚大師請来形と呼称されることもあり，比叡山法曼流の大壇具などにも見られる。また，この形式の花瓶を素文化し，大形に作ったものに高野徳利と呼称される花瓶がある。愛知県大薬師不動院に慶長11年(1606)の紀年銘をもつ花瓶が1対ある。

尊形・瓠形花瓶は，中世に発展した大型禅宗寺院に遺品が見られ，50〜70cmの大形のものが1対として使用されている。大徳寺のものは，丈長のため頸に金輪を掛けて柱などに固定する例がある。神奈川県称名寺の青磁牡丹唐草文花瓶は，朱漆塗りの六角形華足の置き台が伴っている。三具足では奈良県唐招提寺の外箱に永正13年(1516)の墨書書きのある銅製三具足がある。瓠形花瓶も三具足に見られるが，例に，外箱に天正15年(1587)の墨書のある滋賀県聖衆来迎寺三具足がある。奈良県長谷寺の明代の銅象耳付花瓶は天文5年(1536)の銘をもつものである。花瓶は出土品にもかなり見られるが，板碑にも刻されている。

花瓶

［中野政樹「供養具」『新版仏教考古学講座』5，1976，鈴木規夫『供養具と僧具』日本の美術283，1989］　（岡本桂典）

華鬘 けまん　仏殿の内陣の梁に懸ける荘厳具。神輿の長押や帽額にも懸けられた。サンスクリット語で Kusumamala。倶蘇摩は花，摩羅は環，花輪，王冠，念珠，頸飾の意味で，糸や紐で多くの花を綴り，結んで頸または体の装飾とした自然発生的なものが，仏殿の供養装飾にも及ぼされ，次第に仏堂の耐久的荘厳具に固定したものと考えられる。形態は団扇形を呈し，上部に懸垂のための環があり，生花を連ねて作った頃の名残りとして，紐の残部を揚巻結びで中央に飾るのが通例となっている。さらに蓮華唐草文や宝相華文，立花形蓮華の浮き彫り，迦陵頻伽文，尾長鳥文などが切透かしで表現さ

れているものもある。わが国では、『日本書紀』持統天皇元年の条の「花縵」が初見で、その他の古記録にも「華鬘」「華鬘代」「糸花鬘」「玉花鬘」が見られる。わが国に遺存する仏堂装飾用華鬘は数多くあるが、銅製華鬘が最も多く、他に木製、皮革製、珠玉製などがある。正倉院宝物の花形及び鳳凰形裁文華鬘は、金銅製の先駆的遺品といえる。平安時代後期の代表的遺品は、岩手県中尊寺の金銅迦陵頻伽文華鬘である。木製は、鎌倉時代以降のものが散見されるが、代表的な遺品は、奈良県霊山寺の木製彩色華鬘である。これは、開敷蓮華を連ねて輪とした形式で、華鬘の原初形態を示すもので興味深い。皮革製のものを牛皮華鬘と総称する。これは、定型化した華鬘の流れの中で銅製よりも先行する。代表的な遺品に唐招提寺牛皮華鬘があり、天平時代の文様意匠の伝統を強く残す。玉華鬘の遺品としては、神奈川県称名寺にあり、鎌倉時代後期の作りと見られる逸品である。

[廣瀬都巽「華鬘」『佛教考古學講座』4，1936]　　　　　　（松原典明）

こ

格狭間　こうざま　格狭間の「格」は「方形に組み合わせた材」、「いたる」、「究める」などの意味があり、「狭間」はせまい所という意味をもつ。一般的には建築、彫刻の台座、脚に相当する部分の装飾として広範囲に用いられる。奈良時代は、その形状が動物の牙に似ていることから「牙床」と称された。奈良時代末期には「牙象」、平安時代末期は装飾の透かしと認識され「眼象」と称された。石田茂作は「香様」と呼ぶ。また、「格狭間」は格子のある狭間の意で、特に櫺子格子を入

れたものを呼ぶとした。形式的には形状から、掌を合わせたような形の合掌式、上面が連弧状態の連弧式、上面を肘木で支えるような形の肘木式、一見木の葉のような葉状式、また、以上に属さない交混式の5つに分類している。時代の変遷を見ると、肘木式は最も早く現れ、格狭間の起源に最も近い形状と考えられている。奈良時代に多くなり、以後次第に衰えて鎌倉時代以降ほとんど認められない。合掌式と葉状式のものは奈良時代後期に起こり、多くは平安後期、鎌倉、室町時代に隆盛した。連弧式は奈良時代のみに認められ、交混式は平安時代末期に起こり、江戸時代に隆盛したという。

川勝政太郎は「台座の束の両側に附けられた持ち送りの上部が伸びて連絡し、二つの持ち送りによって包まれた形が格狭間を生み出した」（『新版石造美術』1981）としている。

石塔で格狭間が刻まれているものは、層塔、宝塔、宝篋印塔、無縫塔、笠塔婆の基礎側面と五輪塔の台座部分、また、宝篋印塔の露盤側面に輪郭を回し、その内部に格狭間を刻むものもある。関西の宝篋印塔で、基礎部に中心飾付格狭間をもつものがある。格狭間に装飾文として一茎蓮、三茎蓮、宝瓶三茎蓮、開花蓮を刻む塔もある。

[石田茂作「香様の起源と発展」『考古学雑誌』31・7・8，1941，川勝政太郎「格狭間の変遷」『史迹と美術』78，1937]
　　　　　　（斎木　勝）

高山寺　こうさんじ　京都府京都市右京区梅ヶ畑栂ノ尾町に所在する寺院。国指定史跡。世界遺産。宝亀5年（774）光仁天皇により創建される。鎌倉時代初期の建永元年(1206)に後鳥羽院により明恵上人へ譲られる。平安京の北西約10kmの山

中に位置する山岳寺院で，鎌倉時代の伽藍や規模は，神護寺に所蔵されている重要文化財の「高山寺絵図」－寛喜2年（1230）－や「高山寺寺領牓示絵図」からうかがうことができる。天文16年(1547)に兵火に遭い，経蔵兼社殿の国宝石水院（五所堂）以外は焼失。開山堂脇に建つ2基の花崗岩製宝篋印塔は，暦仁2年（1239）頃の作品で，形式的には最も古いものである。このほか石塔では，同じ場所に建つ如法経塔や石水院脇の笠塔婆があり，ともに鎌倉時代後期の作品として著名である。また，仏像が描かれた木造の転法輪筒が所蔵されているが，この作品は，仏像の表現形式としては特異例として知られる。なお，国宝に指定されている『鳥獣戯画』も有名。

［高山寺典籍文書綜合調査団編『高山寺資料叢書』全17巻別巻1，1971～1987］
（三好義三）

高仙寺　こうせんじ（ゴソンサ）　慶州（キョンジュ）市暗谷洞に所在している。慶州の中心部から東方8.5km離れた場所に建てられた。遺跡は西側の山に接して平坦な台地に建てられており，東側には渓谷の川（閼川，アルチョン）が北から南に流れる。高仙寺の創建時期は遅くとも686年以前には堂・塔などの伽藍の諸般要件を具備した寺院であったと見られる。伽藍の草創時期は，石塔形式と出土した瓦当の文様形式から判断すると早くとも文武王（ムンムワン，661～681年）時代の以前に遡りえない。伽藍配置は地理的状況によって南北の中軸線から東南向きに偏って建てられた。東に金堂，西に塔が建てられ，中門から派出する回廊は塔と金堂を囲んで講堂に接続しており，塔と金堂の間には再び回廊が設置され，塔が回廊によって囲まれていた。東側の金堂

区域を中軸線上から見ると中門・金堂・講堂が建てられ，講堂の左右には鐘楼，経楼と推定される跡がある。北側には僧房と推定される東側の建物跡と元暁（ウォンヒョウ）が居住した西側の建物がある。特に金堂の左・右の中央から翼廊が派出して金堂の東・西回廊に接続している。これまでの伽藍形態から見ると特異な伽藍類型である。

［文化財管理局『高仙寺址発掘調査報告書』1977］
（李興範）

上野国分寺跡　こうづけこくぶんじあと　上野国分寺は，僧・尼寺が建立され，群馬県前橋市元総社町・群馬郡群馬町に東西327mを隔てて並列している。

僧寺は，史跡保存整備を目的として本格的な発掘調査が実施されている。伽藍地は東西218m，南北230mほどで築地が囲み，塔・金堂・講堂などの堂塔の基壇が発見されている。塔は3間(10.8m)で国分寺中最大級の規模である。金堂は桁行7間，梁間4間(24m・13.5m)，基壇規模は東西30.6m，南北20.1mを測る。双方共に凝灰岩を用いた壇上積基壇をとっている。講堂は据方が発見されている。

尼寺はトレンチ調査が実施され，伽藍地には南大門・中門・東西門・金堂・講堂が確認され，講堂のみが全面露呈している。

二寺の寺院地は，関越自動車道の調査により，夥しい住居跡，二寺を繋ぐ道跡・工房などが発見され，「法花寺」・「東院」と墨書された土器類の出土がある。

［前沢和之・高井佳弘「上野」『新修国分寺の研究』3，1991］
（木津博明）

講堂　こうどう　仏法を講じる堂。禅宗では法堂と呼ぶ。古代寺院では金堂の後方に配するが，僧房や経蔵などが近くに置かれ，しかも金堂よりも広い室内空間を

確保し，僧侶の集会に便利なように工夫されていることが多い。講堂は僧域を構成する建物として位置づけられていたと見られる。インドでは僧院の近くに講堂が配されたようであるが，実態が不明な点が多く，中国では金堂の後方に置くあり方が確立したことが確認できる。朝鮮でも中国の伝統を受け継ぎ，日本では最初の寺院である奈良県明日香村飛鳥寺ですでに講堂が金堂の後方に設置されており，以後飛鳥時代から奈良時代にかけてそのあり方が継承される。

大規模な寺院では正面8間の建物が一般的で，奈良市薬師寺では二重の屋根に裳層を付しているが，地方寺院では小規模なものも営まれた。同市唐招提寺の講堂は平城宮の朝集殿の一部，法隆寺東院の伝法堂は貴族の殿舎を移建したとされ，金堂と異なって，転用建物でも機能を代替することができた。中央の大寺院では講堂の基壇外装として壇上積基壇が一般的であるが，地方寺院のなかには，金堂が壇上積基壇であるのに対して，講堂は自然石乱石積基壇や瓦積基壇を採用するというように，金堂よりも一段軽い外装であることがしばしば見られる。おそらく，仏域の主要建物である金堂に比して，僧域に属する講堂が軽視されていたことの表れであろう。

奈良時代にはさまざまな法会が盛んに行われ，講堂とその周辺が重要な儀礼空間であったので，講堂は寺院になくてはならない施設であった。ところが，密教が伝来すると，講堂のあり方がそれまでとは大きく変わり，京都市東寺（教王護国寺）の講堂には多数の仏像が配され，儀礼空間が制限されるようになり，同市醍醐寺や仁和寺では講堂の存在自体が確認できない状態である。山岳寺院では，地形に左右されて位置が一定しないが，滋賀県大津市比叡山延暦寺や和歌山県高野町高野山金剛峯寺のような大寺院のみでなく，長野県戸隠村顕光寺跡や福島県霊山町霊山寺跡などでも講堂が存在したことが知られている。平安時代後期の京都市六勝寺跡では，法勝寺跡や尊勝寺跡は講堂をもつが，その他の寺院には講堂が設置されておらず，至近距離にあったために省略された可能性が高い。講堂は本来寺院に欠かせない存在であったが，密教が広まると必ずしも必要不可欠なものでなくなり，講堂をもたない寺院が多く出現したのである。鎌倉時代には禅宗寺院で法堂が重視されるようになるが，ほかの宗派では講堂が復活することはなく，大部分の中世寺院では講堂が造られなかった。そうした状態は近世にも続き，講堂をもった檀越寺院はほとんど見られず，講堂をもたないほうが一般的なあり方となった。

［斎藤忠「寺院跡」『新版仏教考古学講座』2，1975］　　　　　　　　　　（時枝　務）

広渡廃寺　こうどはいじ　兵庫県小野市字竹ノ本に所在した寺院。国指定史跡。加古川の左岸段丘上に位置する。付近で瓦が採取され，昭和初期までは建物の基壇状の高まりが残っていたため，古代寺院の存在が想定されていた。その当時は，「土橋廃寺」と呼ばれていた。昭和48年（1973）から50年にかけて，発掘調査が実施され，その様相があきらかとなった。薬師寺式伽藍配置を有し，7世紀後半から8世紀初頭の創建で，一度火災に見舞われたものの再建されたと考えられている。寺域の詳細は不明であるが，東西約100m（1町），南北約160m（1町半）の規模とされる。回廊は，東西約70m，南北約110mで，南北に門を配する。西塔の

基壇は，一辺約10mで，河原石の乱石積み化粧が見られる。東塔は，削平を受け詳細はあきらかではないが，一辺11m程度の規模と推察されている。金堂基壇は東西約15m，南北約13mの規模で，塔と同じ化粧が施されている。講堂は，基壇が東西約24m，南北約11mであった。出土遺物としては，須恵器などの土器，4種類の鐙（軒丸）瓦や重弧紋をはじめ数種類の宇（軒平）瓦のほか，瓦塔や塼仏，飾り金具，塑像の螺髪の破片が確認されている。なお，平安時代の半ばには衰退し，約2km東方に所在する浄土寺に吸収されたと考えられている。

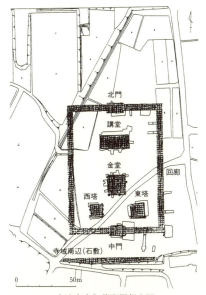

広渡廃寺伽藍配置想定図

［小野市教育委員会『播磨広渡寺廃寺跡発掘調査報告』1977］　　（三好義三）

光背　こうはい　光背は仏像の頭部あるいは全身の背後に像を包むように配され，仏の光明を表す。如来三十二相の1つ「丈光相」は仏の体から発している一丈の長さの光明であり，光背はこの仏身から発する光を造形したものである。

インドの光背は，はじめは単純な円板状であったが，グプタ時代には植物文様を配した華麗な表現となる。それが西域を経て中国へと伝わる間に火焔の表現を生み，さらに中国では中国古来の雲気文を大胆に取り入れて展開した。光背にはふつう頭光・挙身光・二重円光の3種類があるが，さらに形状で分類すると円光・輪光・宝珠光・放射光・舟形光などがあり，意匠の面からは光線・火焔・雲気・雲・蓮華・唐草・化仏・千仏・飛天・宝塔・宝珠・龍などのモチーフがさまざまに組み合わされて用いられている。

日本においては，飛鳥・白鳳時代に特徴的なものとして三尊形式の場合に三尊を1つの光背でおおう一光三尊形式がある。天平時代になると技巧をこらしたものが出はじめ，次の時代に流行する二重円光が早くも出現する。二重円光とは，頭部背後の円光（頭光）と体躯背後の円光（身光）を組み合わせたものをいう。平安時代にはいると，尊格を明瞭に示すためにさまざまなヴァリエーションが生まれる。如来・菩薩像では二重円光が多く，天部では円光の周辺に火焔をつけたものが，明王像では火焔光が大部分を占めるようになる。特に不動明王像の場合には迦楼羅（インドの神話上の鳥）焔が表される。また9世紀後半頃には板を舟形に形どり，表面に化仏や唐草を彩画した舟形板光背が流行し，11世紀にはいると阿弥陀如来像の流行とともに，周縁部に飛天を配した飛天光背が大流行した。鎌倉時代になるとさらに種々の変化を見せ，特に虚空蔵菩薩像や愛染明王像には，円相と呼ばれる二重円光の周辺を大きな円相でつつんだものが現れる。（秋田貴廣）

興福寺　こうふくじ　奈良市登大路町に所

在する法相宗大本山。南都七大寺の１つ。天智天皇８年（669）藤原鎌足の臨終に際し，妻鏡女王が山階陶原の地に伽藍を設けた山階寺が始まりとされ，その後壬申の乱をへて天武天皇元年（672）飛鳥浄御原への遷都に伴い，高市郡厩坂里に移したのが厩坂寺と呼ばれ，和銅３年（710）の平城遷都に伴い左京三条七坊の地に寺地を得たという。『続日本紀』には，「養老４年（720）始めて養民，造器及び造興福寺仏殿の三司を置く」とある。まず，藤原不比等が中金堂の創建に着手し，不比等没後（720），藤原氏の氏寺であるにもかかわらず，養老４年（720）に官寺に列せられた。元明・元正天皇が長屋王に命じて北円堂を，聖武天皇が東金堂を，光明皇后が五重塔と西金堂を相次いで建立し，さらに藤原氏によって講堂本尊，東院諸堂，南円堂の建設が続いた。

　伽藍は，南大門，中門，中金堂，講堂が一線に並び，講堂の周囲三方に僧坊を置く三面僧坊で，これは川原寺伽藍の流れを受け継ぐものである。中門と中金堂は回廊で結ばれ，その東方には東金堂と五重塔が東側回廊で囲まれた一画に置かれた。伽藍の西方には北円堂と西金堂を配す。昭和30年（1955）から次次にわたり調査が行われている。代表的な遺物として興福寺式軒瓦といわれる７世紀から各時代の瓦が大量に出土している。外縁線鋸歯文複弁八弁蓮華文鐙（軒丸）瓦と均整唐草文字（軒平）瓦が多数を占める。特筆すべき点は，久米寺所用軒瓦のうち鐙（軒丸）瓦１種と宇（軒平）瓦３種の同范品が興福寺より出土していることである。これは，久米寺から興福寺への瓦工の技術伝達が密接であったと考えられる。その後，中金堂の基壇中から玉類，銭貨類が，南円堂の築土から和同開珎など80数

枚の銅銭が確認され，地鎮供養の際に埋納されたものと考えられる。緑釉波文塼も出土している。

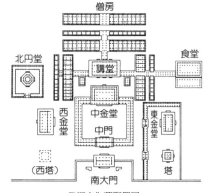

興福寺伽藍配置図

［「興福寺食堂発掘調査報告」『奈良国立文化財研究所学報』７，1959，『興福寺防災施設工事発掘調査報告書』1978，森郁夫「興福寺式軒瓦」『奈良国立文化財研究所文化財論叢』1983，藪中五百樹「興福寺の地鎮・鎮壇具」『出土銭貨』３，1995］
（松原典明）

興福寺金堂鎮壇具　こうふくじこんどうちんだんぐ　奈良市興福寺中金堂から出土した鎮壇具。明治７年（1874）と同17年の二度にわたり発見され，興福寺と東京国立博物館に分蔵されているが，いずれも中金堂の須弥壇周辺から出土しており，本来一括遺物をなしていたものと考えられる。その種類は金塊・延金・砂金・銀鋌・銭貨・玉類・水晶六角合子・水晶六角柱・琥珀六角柱・琥珀円柱・琥珀櫛形・刀剣・刀子・刀装具・銅鏡・金銅大盤・銀大盤・響銅盤・金銅鋺・銀鋺・金銅脚杯・角小杯・銀匙・銀鑷子など多岐にわたり，しかも優れた作品ばかりで，考古学のみならず美術史の資料としても注目されている。これらは和銅７年（714）の中金堂創建時に一括して埋納されたと考えられ，

興福寺金堂出土鎮壇具

編年の定点としても重視され，東大寺金堂鎮壇具とともに奈良時代を代表する鎮壇具の白眉である。

　　［藪中五百樹「興福寺金堂鎮壇具の検討」『瓦衣千年　森郁夫先生還暦記念論文集』1999］
　　　　　　　　　　　　　　　（時枝　務）

光明真言　こうみょうしんごん　不空大灌頂光真言，大灌頂光真言ともいい，略して光言という。大日如来の真言で，一切諸仏菩薩の総呪である。

　　『不空羂索毘盧遮那仏大灌頂光真言経』によれば，唵(オーン，oṃ帰命)，阿謨伽（アモーガ，amogha），尾盧左曩（ヴァーイローチャナ，vairocana），摩訶母捺囉（マハームドラー，mahāmudrā），麼抳（マニ，maṇi），鉢納麼（パッドマ，padma），入嚩攞（ジヴァラ，jvala），鉢囉鞞哆野（プラヴァルタヤ，pravar-ttaya），吽(フーン，hūṃ)とある。意訳すれば帰命・効験空しからざる遍照の大印，大日如来の大光明の印，宝珠と蓮華と光明の大徳をもつ智能，菩提心に転化せしめよとなる。『不空羂索神変真言経』第28「灌頂真言成就品」にも，光明真言は諸々の罪障を除くが，この真言をもって加持した土砂を死体にかけ，あるいは墓上塔上にかけると仏の光明が及び，極楽浄土に往生できると説かれている。

　　また，日本では，平安時代の恵心僧都源信の『二十五三昧起請文』にも，光明真言を108遍誦して土砂を加持し，亡者の死体の傍らに置くことが見えている。追

135

善供養などに功徳あるとして流行した。梵字で書いた光明真言は中世の各種石塔に見られるが，特に板碑に多い。笠塔婆に見られる古い例は，奈良県奈良市般若寺弘長元年(1261)の笠塔婆の1基の裏面に光明真言と大随求小呪がある。埼玉県児玉郡美里町白石宗清寺の応安6年(1373)銘弥陀三尊板碑に，弥陀三尊立像の両脇に漢字で光明真言を刻んだものがある。　　　　　　　　　　（岡本桂典）

高野山奥之院経塚　こうやさんおくのいんきょうづか

弘法大師高野山御開創1150年記念の整備事業で，弘法大師御廟（和歌山県伊都郡高野町）の瑞籬内から昭和39年(1964)11月に偶然発見された。後に石田茂作が中心となって調査した。

経容器は，御廟基壇東北隅より東へ13mの地点，地下1mに埋納され，経容器には，鋳銅製経筒が納められていた。陶製外容器の蓋裏に「永久二年(1114)」「奉埋之尼法薬」の墨書銘が書かれ，経筒には，「天永四年（1113）」銘の年号が鋳出されている。経筒の中には，黒漆塗檜製曲物印籠蓋造の内筒が納められ，中に外包紙と綾絹の経帙で包まれ，さらに上下を紙紐で結ばれた経巻13巻（『紺紙金泥妙法蓮華経』一部8巻，『同無量義経』・『同観普賢経』各1巻，『紺紙銀泥般若心経』，『同阿弥陀経』1巻）と『紙本墨書比丘尼法薬願文（永久2年3月15日付）』と『紺紙銀泥比丘尼法薬供養作善目録』各1巻が納められていた。内筒の内底には白地平絹墨書の金胎・法華種子曼荼羅の3枚が方形にたたんで敷かれていた。銘文によれば，埋経は永久2年9月10日に高野の霊窟にされ，弥勒の三会の暁に自らこの経を開き衆会の皆を随喜せしめたいとある。この埋経は，比丘尼法薬（63歳の時）により営まれた経塚であるが，

その人物を比定できる史料は見出されていない。

［石田茂作・蔵田蔵ほか『高野山奥之院の地寶―和歌山県文化財学術調査報告書6―』1975］　　（岡本桂典）

皇龍寺　こうりゅうじ（ファンヨンサ）

新羅の代表的な護国伽藍皇龍寺は，真興王（ジンフンワン，540〜576年）の代から，三国統一直前の善徳女王（ソントクヮワン，632〜647年）までの4代，94年にわたって建立され，新羅・高麗両王朝600年以上にわたって崇仰された。遺跡は東の方面に明活山（ミョンファルサン），西に仙桃山（ソンドサン），南に南山（ナムサン），北に小金剛山（ソクムガンサン）の東西・南北線の交叉点に該当する都の中心地に位置する。従来は塔と金堂とが南北一直線上に配置する単塔一金堂式と考えられたが，1976年以降の発掘調査によって，金堂の東西にさらに1基の建物跡が発見され，創建伽藍は単塔一金堂式，再建伽藍は単塔三金堂式であったことが判明した。創建伽藍の完成時期は566年に伽藍の重要部分すなわち南北の中軸線上に中門・塔・金堂・講堂が建てられ，569年には回廊まで完成した。再建伽藍は丈六尊像を安置した大金堂である。現在，中金堂跡には三尊仏を安置した仏像台座とその左右にまた小規模の仏像台座が5つずつある。金堂建立時期（584年）は丈六尊像鋳造時期（573年）より遅く，先に金堂の所在地点に丈六尊像を鋳造安置した後，その上に大仏殿金堂を建立したものと推定される。また，再建伽藍に九層の木塔が建立された。現在，礎石が整然と残され，心礎石の上面には方形大石が置かれてある。九層木塔跡の全面の左右には経楼と鐘楼と推定される遺跡がある。再建伽藍の三金堂は特異な横並列の

単塔三金堂式の伽藍配置であり，それは中央が天極星，左側が太子，右側が后妃のような横並列の配置形態から見ると，皇龍寺の横並列の単塔三金堂式配置と同様の配置が企画されたと考えられる。

［文化財研究所『皇龍寺遺跡発掘調査報告書』1984］　　　　　　（李興範）

郡里廃寺　こおざとはいじ　徳島県を流れる吉野川北岸の扇状地に位置する徳島県最古の白鳳時代創建の寺院跡で，美馬郡美馬町字銀杏木・願成寺にある。別称，立光寺跡ともいう。

昭和39年(1964)に石田茂作が試掘と測量を実施し，解体された六角堂のあった所を塔跡，その西に金堂跡，北の庵付近を講堂跡と考え，法起寺式伽藍配置を想定し，規模を方1町と推定した。昭和37・38年に発掘調査された結果，東西94m，南北120mの規模をもつ法起寺式伽藍配置の白鳳時代創建の寺跡であることが確認された。寺跡の周囲には，土塁が廻らされていたと考えられる。塔跡の基壇は，一辺12.1mで，心柱は八角形である。金堂跡は，東西約18m，南北約15mと推定されている。塔跡・金堂跡以外の建物については不明である。創建期の瓦は，有稜素弁八葉蓮華文鐙(軒丸)瓦，宇(軒平)瓦は無文の厚手の平瓦を使用したと考えられる。

寺跡の東には，6世紀後半の史跡段の塚穴古墳があり，当古墳に代表される穹窿式天井の横穴式石室は，律令期の美馬郡下に分布しており，これらの古墳の造営集団は寺の造営と深い関係があったと考えられている。

［稲垣晋也ほか「立光寺跡の発掘調査」「阿波・立光寺跡調査概報」『徳島県文化財調査報告書』11，1968］　（岡本桂典）

古瓦名称論争　こがわらめいしょうろんそう

日本における古瓦の名称を，『正倉院文書』(正集7所収文書)に見られる「男瓦・女瓦・堤瓦・鐙瓦・宇瓦」とすべしと提唱した石田茂作とそれを支持した會津八一の見解に対して，足立康が「軒丸瓦・軒平瓦」の造語を提示し，「鐙瓦・宇瓦」を「軒丸瓦・軒平瓦」とすべしと主張した。その後，石田提唱の歴史的名称に同調した久保常晴，そして「圓瓦當・平瓦當」を提唱した村田治郎なども加わり，足立との間で論争となった。

足立は，古い名称(鐙瓦・宇瓦)，一般の名称(巴瓦・唐草瓦)，新提唱の名称(軒丸瓦・軒平瓦)と分類し，藤原宮跡の発掘報告以来，専ら新提唱名を使用し，以降，奈良文化財研究所などが使用して現在に至っている。一方，歴史的名称を使用する研究者，なお，藤沢一夫提唱の「端丸瓦・端平瓦」を用いる研究者もある。

［坂詰秀一『仏教考古学の構想』2000］　　　　　　（坂詰秀一）

国清寺　こくせいじ　天台智者大師智顗の死(隋開皇17年・597)を悼んだ晋王広(後の隋の煬帝)が，智顗の遺旨を受けて，その翌年に天台山中仏瀧峯の南麓に創建した寺院。はじめ天台山寺とよばれたが，煬帝即位のとき(605年)，国清寺と名づけられ勅額を賜わった。智顗の弟子で天台三大部を筆受した灌頂が住し，以後天台宗の根本道場となった。延暦23年(804)入唐した最澄は，天台山で第7祖道邃から菩薩戒を受け，帰国して日本に天台宗を開いた。日本からの留学僧として他に，義真，円載，円珍，成尋，俊芿，重源，栄西などが国清寺を訪ねている。唐の会昌の法難のときに破壊され，以後いく度かの風・火災と再興をくり返し，現在の主要な建物は南宋時代の再建とされる六角九層の塼塔を除き，清の雍正年間

(1723～1735年)頃のものである。なお，智顗や当時の教団に関する文献104種を集めた資料集はこの寺の名を付けて『国清百録』(灌頂撰)と呼ばれる。

[山崎宏『隋唐仏教史の研究』1967，斎藤忠『中国天台山諸寺院の研究』1998]

(坂輪宣敬)

虚空蔵寺跡 こくぞうじあと　大分県宇佐市山本に所在する白鳳寺院跡である。開基は『八幡宇佐宮御託宣集』によると僧法蓮とされている。発掘調査は，昭和29年(1954)以来，平成10年(1998)まで12次にわたって実施された。これまでの調査により，南門・中門，塔，金堂，講堂の位置及び回廊の一部が確認され，法隆寺式の伽藍配置をもつと考えられている。創建瓦は川原寺系複弁蓮華文鐙(軒丸)瓦，法隆寺系忍冬唐草文字(軒平)瓦の組み合わせであり，大宰府系瓦がほとんどなく畿内の影響が強い。塔跡からは新羅系偏行唐草文字(軒平)瓦，塼仏が出土している。塼仏は奈良県南法華寺と同一様式であり畿内との直接的な関係が窺われ遺構に伴って出土した九州唯一の例として知られている。さらに寺域の周辺には，3地点で7基の供給瓦窯が確認されている。窯の操業は8世紀初頭頃～後半におよんでおり，寺の創建からその後の補修に係わる瓦の生産実態があきらかになってきている。塔跡が県史跡に指定されている。

[大分県教育委員会『法鏡寺跡・虚空蔵寺跡』1973]　(小林昭彦)

国分寺 こくぶんじ　奈良時代に国ごとに置かれた官寺。天平13年(741)2月の勅で，聖武天皇は諸国に金光明四天王護国之寺(国分僧寺)と法華滅罪之寺(国分尼寺)を置くことを定め，鎮護国家を目的とする寺院の造営に着手した。国分僧寺には僧20人を置き，『金光明最勝王経』を，国分尼寺には尼10人を置き，『法華経』を読誦させ，護国と滅罪を祈願した。本尊には，大和国の東大寺のみ毘盧遮那仏，それ以外は釈迦如来が祀られた。東大寺と法華寺を指して総国分寺ということもある。

一般に国分寺は国府の近くに建設されたが，国府集落のような人家が密集するところは避けられたため，国府の周縁部に位置することが多い。国府周辺は道路が整備され，条里制などの土地区画が存在する場合が大部分であり，なかには国分寺に先行する寺院が営まれていたところも見られる。僧寺と尼寺は至近距離に置かれることが多かったが，地形や人文的な条件などによって，両者の位置関係は左右されたため，必ずしも一定していない。大部分の国で国分寺跡が確定しているが，不明な国も見られ，僧寺跡が判明していても尼寺跡が不明な国もある。

国分寺の寺域は方形の平面プランを基本とするが，実際には地形的制約などで変形していることが多く，面積も2町以外に3町や3.5町などが見られる。寺域の境界には築地・土塁・堀などが設置され，道路が走る場合も多く，外界と明確に区分されている。群馬県群馬町上野国分僧寺跡では築地の存在が発掘調査で確認され，鳥取県倉吉市伯耆国分僧寺跡では土塁と堀が取り囲むことが判明しており，宮城県仙台市陸奥国分僧寺跡では掘立柱列が部分的に検出されている。

国分寺の伽藍配置は，従来一律に塔を1基欠いた東大寺式伽藍配置と考えられていたが，調査が進展するにつれさまざまな伽藍配置の存在が確認されるようになった。神奈川県海老名市相模国分僧寺跡や千葉県市川市下総国分僧寺跡は法隆

寺式伽藍配置，岐阜県大垣市美濃国分僧寺跡は法起寺式伽藍配置を採用しており，各地の国分尼寺跡は塔をもたない点で特異な伽藍を形成している。しかも，東大寺式伽藍配置の変形とされるものでも，回廊が金堂に取り付くものと講堂に取り付くものがあり，回廊内に塔を置くものと外に置くものが見られる。東大寺では回廊は金堂に取り付き，塔は回廊の外に配されていることからすれば，それ以外のものを東大寺式伽藍配置と理解することは難しい。

東京都国分寺市武蔵国分僧寺跡などでは，金堂と塔などの建物によって主軸方向が異なっており，計画性に欠ける点が指摘できるが，それらの例は造営工事が長期間にわたり，途中で中断するなどの理由で，当初の計画通りにいかなかった結果生じた可能性が高いと考えられる。国分寺の造営に当たっては，政府から度々督促の指示が出されているが，莫大な経費のかかる大事業であっただけに，しばしば延滞したものと判断され，その考古学的証拠がこうしたかたちで残ったものといえる。武蔵国分僧寺跡では主要堂塔を通る主軸が西に大きく振れており，隣接する国分尼寺を考慮したための計画であろうといわれているが，同様なことは伯耆国分僧寺跡や長野県上田市信濃国分僧寺跡でも見られる。

国分僧寺の金堂・講堂は桁行7間・梁間4間のものが基本で，壇上積基壇を採用するものが多い。礎石建物が一般的であることはいうまでもないが，鹿児島県川内市薩摩国分僧寺跡の金堂のように，掘立柱建物が見られるのは意外なことである。国分尼寺では，金堂・講堂ともに僧寺と同規模か，桁行5間・梁間4間と一回り小さいのが普通であり，僧寺に比

してやや小振りな場合が多いようである。上野国分僧寺跡や静岡県磐田市遠江国分寺跡では国分寺創建に先立つ掘立柱建物が検出されているが，前者が国分寺造営工事に関わる施設と判断されているのに対し，後者は天平9年(737)に出された詔に応じて釈迦如来などを祀った仏殿であろうと推測されており，前身建物の性格を一律に理解することができないことを示している。

国分寺の堂宇は瓦葺が一般的で，軒瓦^{のきがわら}の文様にはさまざまなものが見られるが，東大寺式は信濃国分寺跡などきわめて少ない。平城宮系のものは，茨城県石岡市常陸国分寺跡・千葉県市原市上総国分寺跡・静岡市駿河国分寺跡・岡山県総社市備中国分寺跡など各地で知られており，畿内からの技術的援助のもとに寺院造営が進められたと推測されている。しかし，武蔵国分寺跡・下総国分寺跡・島根県松江市出雲国分寺跡・宮崎県西都市日向国分寺跡などでは独自な文様をもつ独創的な軒瓦が採用されており，地方独自の造瓦活動が行われたことが知られる。また，国分寺の瓦には多数の文字瓦が見られ，郡名や人名などから地方豪族が施入した知識物であると考えられている。上野国分寺の場合，国分寺所用瓦を焼成した窯跡が群馬県安中市・吉井町・藤岡市・伊勢崎市・笠懸町などで発見されており，しかもそこから供給された同笵瓦を用いた寺院がほぼ郡単位で建立されていて，地方豪族自らも国分寺と同じ瓦を葺いた寺院を営んだことが知られる。国分寺の造営には，中央官庁の指導があったことは確実であるが，地方豪族の果たした役割も大きく，両者のバランスのあり方がそれぞれの国分寺の伽藍や瓦などに反映している可能性が高い。

国分寺は10世紀までは修理を繰り返しながら存続するが，11世紀以降衰退し，中世寺院として復活した例も見られるものの，大部分は遺跡となった。国分寺の研究は，仏教史の解明に寄与するばかりでなく，古代の国家史や地域史にとっても重要な課題となっている。

［角田文衞編『国分寺の研究』1938，石田茂作『東大寺と国分寺』1959，角田文衞編『新修国分寺の研究』1〜7，1986〜97］　　　　　　　　（時枝　務）

極楽寺経塚　ごくらくじきょうづか　兵庫県神埼郡香寺町須加院常福寺の裏山に所在する瓦経の埋経遺跡。寛政11年(1799)に土製仏像，土製六器などとともに約500枚に及ぶ瓦経が発見された。当時の姫路藩主酒井忠道は，これらの瓦経を整理し拓本を採らせた。この拓本には，書写された経典のみならず，11枚の粘土板に両面に書かれた願文と書写した各経典の奥書が含まれていることから埋経の詳細が知られ，早くから埋経遺跡研究の一級資料とされてきた。

瓦経の大半は明治維新の混乱で行方不明となっていたが，平成7年(1995)から8年(1996)にかけての特別史跡姫路城跡の内堀(現護国神社裏手)の調査の際，幕末から明治時代始め頃に石垣上から無造作に投棄されたと思われる瓦経が，岸近くに集中した状態で56点発見された。なお，発見された瓦経には享和3年(1803)2月頃から翌文化元年(1804)4月にかけて本格的な拓本採取が実施されていたことが，瓦経面に記された年月日などの墨書痕跡から窺える。

［姫路市教育委員会『世界文化遺産姫路城跡発掘調査報告書　播磨極楽寺瓦経―特別史跡姫路城内堀出土―』1999，間壁忠彦「播磨極楽寺瓦経の奥書願意」『摂河泉とその周辺の考古学』2002］

（山川公見子）

柿経　こけらきょう　木片に書写した写経。柿経の形態は細幅と広幅のものに大別され，前者が刀子などを用いて薄く削り出したものであるのに対して，後者は鉋を用いて量産したものであるところに特色がある。また，前者には両面に写経するものが多いのに対して，後者は片面の写経のみであることが知られている。両者の違いは時間的な前後関係に対応し，奈良市元興寺極楽坊の資料では前者から後者へと変化したことが確認されており，その変化の画期は1450年頃と推測されている。広幅のものは江戸時代まで製作されたことが知られている。

柿経は手本に依りながら写経されるのが通常のあり方で，1枚が1行17字詰めの原則を守って書写し，20枚ないし40枚を1把として籠などで束ねるか，叺に収納することが多い。両面写経の場合，20枚を1組にし，表面の写経が済んでから後ろから裏返し，裏面に写経するというのが，一般的な柿経の写経方法であった。書写された経典は『法華経』がもっとも多く，そのほか『浄土三部経』・『地蔵本願経』・『阿弥陀経』・『華厳経』・『大方等大集経』・『理趣経』・『血盆経』・『文殊経』・『般若心経』・『随求陀羅尼』などが知られており，往生祈願と密接な関係にあるものが多い。柿経は僧侶のみでなく在俗の個人や講集団によっても書写され，逆修会などに際して多用されることで，庶民信仰と深い関係をもつようになった。紙が貴重であった中世には，安価な柿経を用いることで，庶民の間に写経という作善業を導入することができたのである。

伝世した柿経は寺院の天井裏や須弥壇下などに安置されたり，仏像の体内に納

入されたりした例が知られ，出土品は経塚や墓地，あるいは石窟や湖沼などの聖域から発見されたものが多く見られる。元興寺極楽坊では境内から多量の柿経が出土し，往生祈願をはじめとする供養に用いられ，庶民信仰の遺物であることが知られた。柿経の出現時期は12世紀に遡り，和歌山県新宮市神倉山経塚出土例が確実なものであるが，断片のため詳細を知りえない。また，栃木県足利市樺崎寺跡では14世紀の「法華経」が出土し，群馬県吾妻郡草津町草津白根山湯釜からは15世紀の「血盆経」が発見され，14〜15世紀に柿経が東国に広まっていたことが知られている。

［元興寺文化財研究所『日本仏教民俗基礎資料集成』6，1975］　（時枝　務）

興居島経塚　ごごじまきょうづか　愛媛県松山市興居島1番地に所在。興居島は松山市高浜港から西方2kmに位置する。経塚は同島の姫阪神社から約100m下がった斜面で，昭和10年(1935)に発見された。経塚の規模や構造などは一切不明である。出土遺物は青白磁製経筒1口，和鏡2面，湖州鏡2面，刀身片で，現在，東京国立博物館が所蔵する。青白磁製経筒は高さ26.2cm，口径9.3cmをはかる。筒身の側面には沈線による唐草文があり，底部に向って細まってくる。底部には蓮台がある。蓋は入蓋式になっており，上面には放射状の花弁文がある。なお，鈕は欠失している。和鏡の1つは一重圏の秋草双鳥鏡で，鈕は捩菊座である。径10.5cmをはかる。もう一面の和鏡は一重圏の山吹双鳥鏡で，鈕は葵座で，径11.2cmの大きさである。湖州鏡は六花形素鈕鏡と素文素鈕鏡で，いずれも径10.5cmをはかる。刀身は21.3cmが現存する。出土遺物より平安時代後期と考えられる。

［愛媛県『愛媛県史』資料編　考古，1986］
　（是光吉基）

五鈷杵　ごこしょ　密教法具。独鈷杵の四方に脇鈷をつけたもので五鋒金剛ともいわれ，入唐八家が皆この杵を請来した。一般的な形式は把の中央に鬼目4個をつけた鬼目五鈷杵で，鬼目が鬼面になった鬼面五鈷杵もある。この場合は鈷に縦の樋を刻み，脇鈷の基部に獅嚙形を飾る。この他に請来形五鈷杵，都五鈷杵，割五鈷杵がある。請来形五鈷杵は把の中央部を16面の切子形につくり各面の中心に宝珠や円文を刻み，中央の鈷を八角につくりその下方に3本一組の節をつけ，さらに4本の脇鈷のそれぞれ外縁3か所に雲形(火焔)を飾る。雲形五鈷杵とも呼ばれる。台密寺院にある場合は火焔五鈷杵と呼び，鬼目部は16面につくらない。都五鈷杵は，4本の脇鈷を中鈷に添えて極端にすぼませたもので，鎌倉時代や室町時代のものに優品がある。割五鈷杵は，五鈷杵を縦割りにして片方の鈷を3鈷，もう片方を2鈷とした2つの杵を互い違いに組み合わせた着脱式のもので，人形杵とか二方五鈷杵ともいわれる。鎌倉時代以降であるが数が少ない。

五鈷杵

［奈良国立博物館『密教法具』1965，石田茂作監修『新版仏教考古学講座』5「仏具」1976］　（山川公見子）

五鈷鈴　ごこれい　密教法具。金剛鈴の1つ。五鈷杵の柄をつけた金剛鈴で，入唐八家のうち7師までがこの鈴を請来している。金剛鈴の中では種類・数量とも圧

倒的に多く遺存している。細部の形式により大別すると素文鈴，仏像鈴，三昧耶鈴，種子鈴などに分類される。素文鈴は通常最も多く見られる形で，鈴身に紐帯をめぐらすものである。この祖形は唐時代のもので京都府東寺の空海請来の五鈷鈴である。これは把の鬼目が特に大きく，鈴身に3段の紐帯が施され，鈷部の中鈷が八角形で，4本の脇鈷は下方で屈曲したものである。これが和風化して，鈷部の中鈷の断面が方形で，脇鈷の下方に嘴形を飾る。平安時代後期以降，各時代を通じてある。中には把を16面切子にしたり，脇鈷に雲形をつけたものなどがある。仏像鈴は鈴の側面に仏像を半肉に鋳出したものを総称し，明王鈴，四天王鈴，梵釈四天王鈴がある。三昧耶鈴は鈴の側面に三昧耶形を鋳出した金剛鈴である。種子鈴は日本独特のもので，鈴身の側面に種子をめぐらしたもので，金剛界五仏鈴と胎蔵界四仏鈴に分けられる。

［奈良国立博物館『密教法具』1965，石田茂作監修『新版仏教考古学講座』5「仏具」1976］　　　　　（山川公見子）

五種鈴　ごしゅれい　密教法具のうち，金剛鈴の独鈷鈴，三鈷鈴，五鈷鈴，宝珠鈴，塔鈴を併せて五種鈴という。大壇上に安置し，五智五仏の説法を表すものとされる。中央に塔鈴（大日如来），東に五鈷鈴（阿閦如来），南に宝珠鈴（宝生如来），西に独鈷鈴（無量寿如来），北に三鈷鈴（不空成就如来）と安置されるのが普通であり，金剛界五仏の配置を意味する。なお，このときに五種杵（独鈷杵，三鈷杵，五鈷杵，宝珠杵，塔杵）をそれぞれの鈴の前に横たえる。五種鈴の遺物で最古のものは和歌山県那智経塚出土品で，平安時代後期のものである。なお，各時代ごとに代表する遺物は残されている。

［奈良国立博物館『密教法具』1965，石田茂作監修『新版仏教考古学講座』5「仏具」1976］　　　　　（山川公見子）

巨勢寺跡　こせでらあと　奈良県御所市古瀬に所在する巨勢氏の氏寺とされる寺院跡。塔跡が国史跡。『日本書紀』天武天皇朱鳥元年（686）8月23日辛卯条に，「封二百戸を巨勢寺に施入した」とあるのが初見。遺存する塔基壇は，一辺1.6mの方形花崗岩で心礎は径88cm，深さ12cmの心柱受け孔に径19cm，深さ1.2cmの蓋穴を穿ち，その中心に径13cm，深さ5.4cmの舎利孔をさらに穿つ。この舎利孔を囲むように三重円形溝と放射する一条の直線溝を刻み，心礎を貫通する水抜き穴に連絡している珍しい造りであり，五重塔と見られる。昭和62年（1987）の確認調査では，版築瓦積基壇を持つ講堂と回廊，築地，瓦窯跡，梵鐘鋳造遺構なども確認された。金堂と塔が東西に並び北面回廊が講堂にとりつく法隆寺式伽藍配置の可能性がある。7世紀前半の巨勢寺式といわれる八弁蓮華文の鐙（軒丸）瓦が出土しており，同型の瓦が御所市朝妻廃寺，和歌山県佐野廃寺などで認められることから紀ノ川筋南海道との交流が考えられる。

［奈良県立橿原考古学研究所『巨勢寺跡発掘調査現地説明会資料』1987］
（松原典明）

古代寺院　こだいじいん　古代の仏教寺院。インドでは中世になるとヒンドゥー教（Hinduism）が台頭し，仏教が衰退したため，仏教寺院の大部分が古代寺院といえる。前4世紀に遡るとされるジーヴァカ（Jīvaka）園跡などで知られる楕円形建物は，僧たちが安居の期間居住したものと推測され，僧院の起源をなすものと考えられる。前3世紀には仏塔が出現するが，仏塔は在家信者による崇拝施設で

あったため，すぐには僧たちの受け入れるところとはならなかった。しかし，前2世紀になると，石窟寺院においてヴィハーラ（Vihāra）窟とチャイティヤ（Caitya）窟が組み合わせられて造営され，僧院と仏塔が結合する。2～4世紀のナーガールジュナコンダ（Nagarjuna-konda）遺跡では，最初仏塔と僧院がセットで営まれたが，それに仏塔を伴うチャイティヤ堂が付設され，ついで仏像を祀るチャイティヤ堂に代わり，さらに仏塔を欠く寺院が出現したことが知られる。仏像の出現によって，仏塔が変化をきたし，やがて仏像に取って代わられ，それを祀る金堂が重視されるようになったのである。中国・朝鮮・日本などでは仏教が長く栄えたため，古代に創建された寺院が中世以後も法灯を伝え，現在まで遺跡とならずにきた例も見られるが，大部分の寺院は中世以前に遺跡となった。法隆寺のように古代寺院の面影を今日に伝える例はきわめて稀なものといわねばならない。

　中国では初期寺院の実態に不明な点が多いが，北魏の洛陽永寧寺跡などではすでに楼閣建築の影響を強く受けた木造塔と金堂が伽藍の中心となっており，インドで廃れた塔が新たな装いのもとに，仏像を安置した金堂と並んで営まれたことが知られる。中国でも石窟寺院が造営されたが，インドのようにヴィハーラ窟とチャイティヤ窟が区分されることはなく，むしろ祠堂に相当する仏像を祀るための窟が主体となっている。現存する寺院では，山西省五台県東冶鎮の南禅寺の金堂が8世紀に遡る遺構で，中国最古の木造建築として著名である。

　朝鮮では高句麗の清岩里廃寺が八角形塔の三方に金堂を配しており，そのあり方が奈良県明日香村飛鳥寺と共通することが指摘され，日本の古代寺院に大きな影響を与えたことが知られる。また，百済では中心軸上に塔・金堂・講堂を一列に並べた四天王寺式と共通する伽藍配置の存在が確認され，日本の古代寺院の伽藍配置が主として朝鮮に源流をもつことは疑いない。軒瓦の文様も共通点が多く，『日本書紀』に見えるように日本の造瓦技術が百済から伝えられたことは遺物によって確認でき，仏教伝来が文化史的にいかに大きな出来事であったかが窺える。

　日本では，推古4年（596）に蘇我馬子によって飛鳥寺が創建されて以後，多くの寺院が建立されたが，7世紀前半には有力氏族や渡来系氏族が造立主体であったために，その分布は畿内に集中していた。しかし，7世紀後半になると，地方豪族による寺院造営が行われるようになり，東北地方南部から九州地方北部まで分布が広がった。寺院の正確な数は不明であるが，7世紀後半に約600寺を越えていたと推測されており，各地で寺院の造営が活発に行われたことが判明する。寺院を造営するためには，大工・石工・瓦工・仏師などさまざまな工人を必要とするが，いずれも当時の最新技術をもつ工人であり，一般に地方豪族が容易に確保することができる人々ではなかった。そこで，中央の有力氏族のなかには地方豪族の造寺活動を支援するために，自ら掌握している工人を派遣するなどの協力を行うものが現れた。また，工人が地方に土着したり，在地の工人を育てたりすることによって，各地で寺院を造立することが可能になった。それらの寺院は，塔・金堂・講堂・中門・鐘楼・経蔵・僧房などからなる伽藍をもつが，その伽藍配置には四天王寺式・法隆寺式・薬師寺式な

どさまざまな形式が見られた。

こうして，多数の地方寺院が造立され，寺院数の爆発的な増加がもたらされたが，その大部分は豪族の創建にかかるもので，一般民衆とは直接関係ないものであった。ところが，8世紀になると民間における僧侶の活動が盛んに行われるようになり，村落寺院などと呼ばれる仏堂が出現した。それらの仏堂は単宇仏堂か，もしくは2，3棟の建物からなり，瓦葺のものもあるが，萱葺や板葺と推定されるものもあり，いわゆる七堂伽藍を備えるようなものではなかった。また，瓦塔や石塔などのみのものもあり，寺院というよりも仏堂として理解されるものであるが，造営者が民衆であると考えられる点において画期的なものと評価できる。

一方，この時期には，聖武天皇によって国分寺造立の詔が出され，諸国に国分寺が置かれることになった。国分寺は僧寺と尼寺からなり，護国と滅罪を祈願するための寺院として性格づけられ，国家と地方の関係のうえに立脚した国家仏教の拠点として位置づけられた。大和国には東大寺と法華寺が置かれ，東大寺には毘盧遮那仏の大仏が安置され，鎮護国家の理想を内外に示した。国分寺の造営は，中央官衙からの指導・援助はあったにせよ，大部分の国で郡司や国衙官人として出仕する地方豪族が実質的な担い手となった。そのため，国分寺の伽藍配置は一定せず，軒を飾った瓦の文様も東大寺式や平城宮系のものも見られたが，地方独自の文様を採用するところが少なくなかった。また，国分寺の造営に参加した地方豪族が，国分寺に知識物として瓦などを寄進するとともに，自ら国分寺と同笵の軒瓦を葺く寺院を建てることも盛んに行われた。

しかし，8世紀には盛んであった寺院の造立も，密教が流行する9世紀になると陰りを見せ始め，10世紀には建物を修理して維持するばかりで，新たな造立はごく稀になった。こうして，古代寺院の多くは荒廃に任せ，11世紀までには大部分が廃絶し，中世まで存続したものは少なかった。

[高田修『佛教美術史論考』1969，石田茂作監修『新版仏教考古学講座』2「寺院」1975，狩野久編『古代を考える古代寺院』1999，森郁夫『日本古代寺院造営の研究』1998]　　　（時枝　務）

骨蔵器　こつぞうき　遺骨を納める容器。遺骨は，遺体の処理の方法で，火葬や二次葬などがあるが，一般的には火葬骨を納めた容器にこの名称が用いられる。骨蔵器は，他に蔵骨器・蔵骨容器・骨壺・骨甕・骨櫃などとも表現されるが，岡山県出土の下道氏の墓誌中に「…右二人母夫人之骨蔵器…」と刻まれており，奈良時代においては，少なくとも「骨蔵器」という用語が使用されていたことがわかる。その起源は，釈迦入滅後，荼毘にふされた遺骨－仏舎利を入れた「舎利容器」にあるといわれる。

日本における火葬の出現は，『続日本紀』文武天皇4年（700）条に見える僧道昭の例とされるが，遺構が知られる火葬の例は，大宝2年（702）に火葬された持統天皇であり，『阿不幾乃山陵記』によれば，夫である天武天皇の檜隈大内陵へ合葬された。その際に遺骨は，骨蔵器として銀製筥が，外容器として金銅製桶が使用されている。

骨蔵器は，一般的には火葬された場所とは異なる場所に埋納される場合が多く，直接埋納されるもの，陶製・石製の外容器内に納められるものなどがあり，安置

方法も直接墓壙内に納められるもの，小石室内，横穴式石室，横穴墓内に納められるもの，墳丘内に納められるものなどがある。火葬墓の初現期である8世紀には，墓誌を伴う骨蔵器も畿内を中心に検出されている。

骨蔵器の材質は，金属・ガラス・土・石・木と多様である。材質は，金銅・青銅製が中心であり，木製では漆塗のものも見られるが，主流は陶製のものである。その形態は，陶製では有蓋壺形，土師製では甕形が主体をなす。金属製では，合子状のものや鋺形のものが見られ，畿内を中心に四国・九州に多く分布する。相対的には，材質と形状の組み合わせで，多種多様な様相を示している。

古代における代表的な骨蔵器としては，金銅製のものでは，奈良県香芝市（旧北葛城郡二上村）穴虫出土の威奈大村骨蔵器があげられる。骨蔵器は合子状を呈しており，その蓋には墓誌が刻まれている。これには，外容器としては甕が用いられ，合子の中には漆器が存在していたことから，合子状の容器は直接の骨蔵器というよりは，中間容器として理解される。

鍍金していない銅製のもので，有蓋鋺形を呈するものは，伊福吉部徳足比売の墓誌が刻まれていることで有名な鳥取県岩美郡国府町（旧宇部野村）宮下出土のもの，「骨蔵器」の銘が見られる下道氏の墓誌が刻まれる岡山県小田郡矢掛町東三成出土のものなどがある。組み合わせの印籠蓋を有し，浅い円筒形を呈するものでは，銅板に刻まれた宇治宿祢墓誌を伴う，京都市右京区大枝塚原町（旧乙訓郡大枝村塚原）出土のものが認められる。これは，外容器として石櫃が伴っている。また合子状を呈するものは，兵庫県宝塚市北米谷や奈良県宇陀郡神戸出土のもの

が著名である。その他，大阪府柏原市（旧南河内郡玉手村）黄金塚出土のものは，長持状の櫃形骨蔵器ともいえる形を呈する。

ガラス製では，銅板に文禰麻呂墓誌が刻まれた奈良県宇陀郡榛原町出土例や，福岡県宗像郡宮地獄神社境内出土例があり，いずれも緑色を呈する鉛ガラスを使用した壺形の骨蔵器が見られる。三彩の例では，和歌山県伊都郡高野口出土のものがあり，形は壺形を呈している。また，伝ではあるが大阪府茨木市安威大職冠山，神奈川県川崎市登戸出土例も三彩として知られる。緑釉が施されているものとしては，京都市東山区山科北大日町大日廃寺出土例があり，壺形を呈する。

灰釉陶器・須恵器のものは，短く直線的に立ち上がる口縁部と，肩部に最大径がくる肩の張った壺に，天井の平らな蓋を伴う，奈良県正倉院蔵の遺物から，薬壺とも呼ばれる有蓋壺形が，骨蔵器としては主流である。この器形は，部分的な変容が認められるものの出土例が多い。舌状把手がつくものでは，銀板に刻まれた僧道薬墓誌で著名な奈良県天理市岩屋出土のものがその代表例である。また，三脚や四脚の獣脚を有するものもあり，東京都昭島市出土のものは三脚であり，八角形の合子状の石製外容器内に納められていた。

土師製のものは，甕・壺の転用が主体であるが，蓋として皿・坏が用いられる場合が多い。一般的には外容器を伴わず，直接墓壙に埋納される。この土師製のものは，南関東の武蔵南部を中心に長胴の甕を骨蔵器として転用する例が多く見られ，地域色となっている。

同様に，地域色を示す骨蔵器として，吉備地方に分布する陶棺の形を呈する骨

蔵器がある。横穴式石室などに用いられる陶棺と比較するとやや小型であるが，材質は同じように須恵・土師製両方存在する。また，その出土状況は横穴式石室内において，通常の陶棺と共伴する例もあり，地域色の強い骨蔵器といえる。横穴式石室ではないが同様な例としては，静岡県の大北横穴墓群内に，骨蔵器の安置が認められる。

　石製のものとしては，凝灰岩や安山岩などの軟らかい石材を用いたものが多い。石製のものは，金属製骨蔵器の外容器としても用いられるが，本来の骨蔵器として製作されたものも多く認められる。形は，蓋の部分が家形を呈するものや，合子状のもの，櫃形を呈するものなどがあり，特に合子状のものは，群馬県の赤城山麓に集中する傾向も指摘されている。

　木製の刳り抜き式では，小治田安万侶・太安万侶墓誌を伴う例，組み合わせ式では，石川年足の墓誌を伴う例などがある。

　特異なものとしては，主に日常使用容器の転用骨蔵器の底部に，穿孔を有するものが多く見られ，実用的な防湿と信仰的な意味が指摘されている。また，骨蔵器の中に，副葬品以外に砂などを入れる例があって呪砂と考えられ，信仰的な意味が認められる。古代の骨蔵器は，基本的にはそれ専用に製作されたものと，日常使用容器などを転用したものに分かれ，前者は金属製品に多く，そこには被葬者の階層の問題も考えられる。骨蔵器の盛行年代は，出土例の多い畿内の例からは，8世紀の後半代に集中し，9世紀代には減少する傾向が指摘されている。中世においては，材質の大きな変化は認められないものの，その形態が複雑になってくる。特に陶製のものは，六古窯の製品を

中心に，骨蔵器として転用した例が多く認められる。また近世の骨蔵器は，中世に比較し在地製品の使用，日常容器の転用化が特徴である。

　　［坂詰秀一「骨蔵器」『新版仏教考古学講座』7，1975］　　　　　（上野恵司）

狛坂廃寺磨崖仏　こまさかはいじまがいぶつ
　琵琶湖の南，竜王山山頂近くの標高約490mに狛坂寺跡がある。磨崖仏は，その一画の滋賀県栗東市荒張（りっとう）に所在する。昭和19年(1944)に国の史跡に指定された。磨崖仏は，山頂近くに露呈する高さ約7.3m，幅4.34mの花崗岩に三尊仏を浮き彫りにしている。さらに上辺には三尊仏を2組と脇侍の計9体の仏像を配している。三尊仏は持送り式格狭間を刻す須弥壇にあり，中尊の如来は宣字座（こうざま）に坐し，両脇に蓮華座に立つ菩薩像が配されている。中尊は胸前で右手掌を外に向け，左手は右手に添えるような形である。脇侍はそれぞれ中尊側の手を胸に当て外側の手を下に下げ，やや腰を中尊側にひねり蓮台上に立っている。中尊については，阿弥陀仏・弥勒仏・盧遮那仏などの説がある。年代については，奈良時代，平安時代前期，平安時代後期などの説がある。狛坂寺は，聖武天皇の勅願により創建されたという金勝寺の別院とされ，尾根づたいに約3km離れている。近年，周辺から7世紀末から8世紀初頭の頃と考えられる瓦が出土しており，磨崖仏の年代の参考資料となっている。

　　［川勝政太郎『新版石造美術』1981，林博通「狛坂寺跡」『近江の古代寺院』1989］
　　　　　　　　　　　　　（岡本桂典）

護摩杓　ごましゃく　密教法具。護摩壇法で蘇油（そゆ），五穀（ごこく），飲食（おんじき）などの供物を護摩炉の中に注ぐための杓で，大小2種で一組とする。実際の使用には蘇油のべたつき

をさけるため，五穀と飲食専用の小杓を別に備え3本使用する場合が多い。『金剛頂瑜伽護摩儀軌』に大きさ及びつくりの規定があり，大杓は注杓といい，ざくろ形で杓の中に三鈷文を飾り，柄を取り付け，口と柄元に蓮華文を刻むとあるが，『大日経疏』第二十に方形の大杓が説かれている。小杓は瀉杓といい，円形で，杓中に蓮華文あるいは金剛杵文を施す。材質は伽陀羅木または金属とあるが，一般的には杓の匙部を銅製にして独鈷形の木柄をつける。匙は規定通りが多く，匙の中に装飾文を刻んだものは少ないが，刻文を持つものでは注杓では三鈷杵文，瀉杓では輪宝文が多い。なお，行者の右側に置き，大小杓は壇上に直接触れないように杓休，杓安などと呼ばれる杓皿を備えることが多く，杓の柄を置くための杓懸という台を用いることもある。

［奈良国立博物館『密教法具』1965，石田茂作監修『新版仏教考古学講座』5「仏具」1976］　　　　　　　　　（山川公見子）

小町塚経塚　こまちづかきょうづか　三重県伊勢市浦口に所在。伊勢神宮が鎮座する伊勢市北西部には，宮川が東流し伊勢湾に注いでいる。宮川南岸には，標高150mと115mの鞍形を呈する低丘陵が広がり，丘陵裾には標高20mほどの海成段丘が続いており，小町塚経塚は豊受大神宮（外宮）の西約1kmで，この段丘上の北端に造営されたと考えられ，背後に高倉山を控え前方に宮川・五十鈴川下流域の沖積平野と，遠くはるか伊勢湾を見渡すことができる。

小町塚経塚の存在は，江戸時代にも知られており，天保4年(1833)『五鈴遺響』には「天明中ニ転勦スル農夫ノ一堆ノ地ヲ穿ケルニ数百枚ノ古瓦ヲ得タリ，各経巻ヲ写シ或ハ仏像或曼陀羅梵字等ヲ彫セ

ラル所謂経塚ト称スル類ナリ」と紹介され，わずかな封土のあったことが推測できる。

出土遺物は，瓦経，瓦製五輪塔地輪，胎蔵界五仏土像，陶製光背，陶製台座が現存し，その他経筒，鏡の出土が伝えられる。瓦経は数百枚にのぼると推定され，東京国立博物館・神宮徴古館・國學院大學・早稲田大学などで保管されているが，出土総数については不明である。唯一現存する完形品が東京国立博物館に所蔵されており，縦23.7cm，横29.3cm，厚さ1.5cmの横長の方形。左右1.3〜1.6cmと上下1.5〜1.8cmの余白を残して15間の罫線を引く。罫線の間隔は1.7〜1.8cmとほぼ一定し，表裏に『大日経』巻4を篆書きする。小町塚経塚出土の瓦経は，大半が15行に書写され，1行は17字が一般的であるが「偈」により字数は多少増減する。書写された教典は，『法華経』，『無量義経』，『観普賢経』，『大日経』，『金剛頂経』，『蘇悉地経』，『心経』，『理趣経』，宝篋印陀羅尼，梵字真言，随求即得陀羅尼，金剛界礼懺文の12種類である。紀年は，承安4年(1174)の5月から6月に限られる。願文から遵西，西勧が願主となって勧進し，度会常章，春章らが檀越になり，佐伯国親やその一族が結縁をな

小町塚経塚出土瓦経

し，他に磯部氏や大中臣氏らが参画していることが知られる。瓦経などの製作地は，渥美半島である。

［和田年弥「伊勢小町塚経塚の研究」『三重考古』3，1980］　　　（駒田利治）

高麗寺跡　こまでらあと　京都府相楽郡山城町高麗寺に所在する古代寺院跡。国指定史跡。木津川右岸段丘上に位置する。高句麗系渡来氏族の狛氏の氏寺とされる。昭和13年(1938)に田中重久らにより発掘調査が実施され，法起寺式伽藍配置の寺院であることがあきらかにされ，次いで梅原末治らが塔跡などの調査を行っている。その後，昭和59年(1984)から5か年計画で範囲確認調査が実施された。この調査では，講堂の概要があきらかになり，その規模や形状が講堂よりむしろ金堂に近いことから，いわゆる川原寺式伽藍配置であった可能性が示された。また，飛鳥寺創建瓦と同笵の鐙(軒丸)瓦が出土していることから，7世紀初頭にはすでに寺に関係する施設が存在していた可能性はあるものの，塔をはじめとする主要伽藍の整備は，7世紀後半以降であることが確認された。この整備期の瓦は，川原寺と同笵であり，この笵がさらに南滋賀廃寺に移動したことが知られており，伽藍配置とともに川原寺との関係が指摘されている。このほか，特筆すべき事項としては，塔心礎の舎利孔が穿たれていること，出土遺物の観音菩薩像の線刻平瓦や菱形石製品があげられる。

［山城町教育委員会『史跡高麗寺跡』1984］　　　（三好義三）

護摩炉　ごまろ　護摩を焚くための炉。護摩壇の中央に据える。護摩の種類に応じて異なった形式の炉を用い，円形の息災炉，方形の増益炉，三角形の降伏炉，八葉形の敬愛炉，半円形の釣召炉などがある。もっとも一般的に用いられるのは息災炉で，平面形を円形とし，口縁部に鍔を巡らし，底部を丸底に作る。鍔の正面部分に蘇油器を置くための突出部を作り出したものと作らないものが見られ，前者が主に真言宗で用いられるのに対し，後者は天台宗で用いられる。鉄製のものが主流であるが，銅製や石製のものも見られる。古い遺品は少ないが，3本の獣脚をもつ長野県塩尻市広丘長谷寺跡出土の鉄製護摩炉や，やはり3本の獣脚をもち，鍔が六花形を呈する岩手県平泉町柳之御所跡出土の鉄製護摩炉は12世紀に製作されたものと考えられ，鍔をもたない滋賀県大津市園城寺伝世の銅製護摩炉も底が浅いところから12世紀以前に遡ると推測される。

［岡崎譲治「密教法具」『新版仏教考古学講座』5，1976］　　　（時枝　務）

五輪塔　ごりんとう　石造塔婆の一種で，ほぼ全国に普遍的に造塔されており，宝篋印塔と並んで中世を代表する供養塔であり墓塔である。また，その他として舎利塔や板塔婆などにも採用されている。五輪塔形の起こりは密教のあらゆる事象が空・風・火・水・地の五大を元素として構成されるということに基づくものであるが，五輪塔の起源については定かではない。この五大思想は空・風・火・水・地の5つの要素が離合集散して宇宙が構成され，万物が創られたという。五輪塔を塔婆とすることは，人間が死ぬことにより五大に戻ったことを象徴的に示すことでもある。五輪塔が成立したことにより，密教はそれを胎蔵界大日如来の三昧耶形とした。石田茂作は五輪の思想と形象は中国にあるが塔としての造形はわが国で生まれ，その定形化は平安時代中期ではないかとしている。

奈良県当麻寺や岩手県中尊寺願成就院の古式の五輪塔は水輪が有頸をなし壺形を呈していることなどから，宝塔から五輪塔が出現したとも考えられている。塔形は下部から基礎の地輪，塔身の水輪，笠の火輪，請花の風輪，宝珠の空輪で形状的に四角，円形，三角形，半円形，宝珠形となる。また，五輪塔形を人間の頂・面・胸・臍・膝に対応させて仏身を体得させる。なお，基礎部に基壇，さらに反花座を設ける塔もある。石塔は空風輪・火輪・水輪・地輪の４材よりなるものが一般的であるが，１材によるものや水輪・地輪が同材のものもある。

　時代的変遷を見ると，平安時代後期頃より原始五輪塔が現れ，鎌倉中期頃には塔形が整い，巨大塔が出現する。南北朝時代頃になると，造塔数は多くなるが規模的には中型塔となる。室町時代になると小型化し，塔高も平均化する。五輪塔を形態的に見るならば，地輪幅に対する高さの比率が大きいほど時代が新しくなる傾向を示す。室町時代後半になると塔勢が変化する。すなわち空風輪・水輪の弧状のラインが立体感を失い，空風輪の先端が尖り，火輪軒の四隅が反り返って突出する。これらは江戸時代になるとこの傾向を増すようになる。

　石造塔で最古銘の資料は，岩手県平泉町の中尊寺釋尊院五輪塔で，凝灰岩製，反花座の一側面に横位置で「仁安四年（1169）□四月二十三日檀主秀」の紀年銘がある。各輪別材造りで風空輪を欠き宝珠形の石を乗せる。火輪下部に高さ13cm，幅81cmの基壇を据え，中心に蓮花座を作り地輪を乗せる。水輪の輪郭は上下がやや張る形状で，火輪は軒が薄く緩やかに反り，屋根の勾配は直線的で上端には薄い露盤を刻み古色を示す。各輪四方

に蓮座上の月輪内に大日法身真言の５梵字を刻出する。これに次ぐものは，大分県臼杵市にある。空風輪の一部を欠損するが，「嘉応弐年（1170）歳次庚寅／七月二十三日」の紀年銘がある。凝灰岩製で高さは147cm，風輪の下端が火輪に食い込む古い様式である。火輪は屋根の反りはほとんどない。水輪は上下の四方を削った団形，地輪は縦64cm，幅72cmの方形で，各輪四方に胎蔵界五仏と大日三真言の梵字を刻み，塔全体が重量感のある塔勢が感じ取られる。この臼杵の嘉応塔に類する五輪塔が東国東郡の国東町浜崎の不動院跡にある。７基あり，一石造りで素朴な塔形である。そのうちの１基の総高は113cm，地輪の高さ45cm，幅67cmで，加工して各輪の刻出をしているが全体的に浅い。水輪は上面，下面の彫り込みは各輪をかろうじて分ける状況である。現地の状況は板碑型の塔を中心に，左右に３基ずつ並んでいる。

　13世紀後半の初期の五輪塔は大型塔が多い。しかし，14世紀の後半に至り小型塔になり，塔形が簡略化された様相を示す。また，五輪塔の変化した塔形が出現する。それは五輪塔を半裁して平面的な塔形にしたり，舟形光背で五輪塔を陽刻した塔などである。空風火輪と水地輪と２材で構成される独特の五輪塔が和歌山県の高野山奥之院に確認される。在銘塔では弘安７年（1284）から嘉暦２年（1327）までの約40年間にわたっており，風輪下端が球形のまま火輪上端に食い込んだように刻出する。水輪の上面中心に径３寸，深さ３寸の納骨円穴が穿たれており，水輪が壺状をなしていると表現できるような状態である。水輪上端は口縁部のごとくやや突出し，火輪との接合を強固な状況にしている。このように水輪に上端か

ら円穴を穿って火葬骨の安置設備として，また，舎利容器としての舎利塔の様相をもつことは注目される。

室町時代後期になると一石五輪塔が出現する。規模は小型になるというのではなく，総高が1尺5寸（45cm），2尺（60cm），2尺5寸（75cm）の3種に規格化されているといったほうがよく，これらはあきらかに商品として流通して依頼に応じて銘文を刻出して各地に搬出されたものである。なお，全体的には銘文のない一石五輪塔が多数確認されるが，これは碑面に墨書あるいは朱書によって供養者の願文を施したり，または，墨書した紙を碑面に張りつけたと考えられ，事実，高野山では朱書あるいはその上に金泥書した痕跡をもつ多数の資料が確認されている。

石塔としては地輪は長い方柱状で，底面が平らな安置式や底面が加工のない粗叩きの例もあり，地面に埋め込んで建立したものと考えられる。水輪の形状は文明年間（1469～）頃よりソロバン玉のようなつぶされた形になり，火輪の軒端は永禄年間（1558～）頃より反り，棟の勾

五輪塔（奈良県忍辱山墓地）

配も急傾斜になる。

［藪田嘉一郎編『五輪塔の起源』1967，『続五輪塔の起源』1972，石田茂作『日本佛塔の研究』1969，川勝政太郎『新版石造美術』1981］　　　（斎木　勝）

鼓楼　ころう　太鼓を配置する建物。寺院においては，中国の禅宗伽藍の影響を受けた禅宗寺院や，宗教儀礼に太鼓が多用される日蓮宗寺院，また戦時の合図などに太鼓が使用されると考えられる城郭寺院などにおいて，鐘楼と対置して認められる場合が多い。

［石田茂作監修『新版仏教考古学講座』2「寺院」1975］　　　（上野恵司）

金鼓　ごんぐ　梵音具の一種で，その用途は鉦鼓と同じと考えられる。本来は，衆人を集めるために打鳴らされたものといわれる。金属製の鼓・鉦の類を指し，金口・鉦鼓・鐃・伏鉦などとも呼称される。また，現在鰐口といわれているものも，金鼓とも称していたようである。『和名類聚抄』には，ヒラカネ・タヒラカネの名も窺える。形状は，鰐口が耳が2つで，鼓面が両面であるのに対し，金鼓は耳が3つで，片面が空洞なる点が異なる。鉦鼓との区別については明確ではなく，古くは寺で用いられるものを金鼓，戦闘・楽器用のものを鉦鼓とし，後に片面のものを総称して鉦鼓と呼んだとの説もある。金鼓の名称は，中国の『大唐西域記』巻4などにも見られ，日本においては『延暦二十年多度神宮寺伽藍縁起并流起資財帳』に「金鼓一面径六寸縁火災……」，『今昔物語』巻20の九にも「其の寺に阿弥陀の聖といふことをして行く法師有けり，鹿の角をつけたる杖を，尻には金を杌にしたるをつきて，金鼓を扣て，万の所に阿弥陀仏をすゝめ行けり」と記されている。実物に刻まれた例としては，奈

良県長谷寺所蔵のものは「八幡宮福樂寺奉施入金口　永覺建久三年（1192）十一月廿一日」の銘が，京都府壬生寺所蔵のものには「奉鑄顯金鼓壹口。正嘉元年（1257）丁巳五月廿九日」の銘が見られる。

［香取秀真『金鼓と鰐口』1923，香取忠彦「梵音具」『新版仏教考古学講座』5，1976］　　　　　　　　（上野恵司）

金剛寺　こんごうじ（クムガンサ）　扶余（ブヨ）郡恩山面琴公里の月美峰の山麓に所在する。遺跡の前方には琴江川（クムガンチョン：金剛川，クムガンチョン）が東南方面に流れている。遺跡の規模は東西約170m，南北約150mの方形区域である。伽藍の創建縁起あるいは寺名は文献史料には見出されず，出土した「金剛寺」の銘文瓦から寺名が知られる。しかし，銘文瓦片が創建当時のものかどうか判断することは困難である。伽藍創建時期は出土した瓦当文様から判断すれば，百済扶余時代の6世紀頃創建されたと推定される。通常伽藍は南北の中軸線上に建てられるが，特に金剛寺跡の場合は東西の中軸線上に伽藍が建てられた。東から西の中軸線上に中門・塔（木塔）・金堂・講堂が配置され，中門の左右から派出する回廊が講堂に接続する単塔一金堂の典型的な百済伽藍形式である。基壇遺構状態から判断すると3回以上建立された。創建当時は中門，塔，金堂，講堂からなる。堂塔の規模と地割法は軍守里廃寺（グンスリペイサ），日本の四天王寺式伽藍と共通点が多い。

［『金剛寺』国立博物館古蹟調査報告，7，1969］　　　　　　　　（李興範）

金剛杖　こんごうじょう　僧侶や修験者が修行の際に使用する木製の杖。修験十二道具の1つ。上端を方形に加工し，周囲を六角形などに面取りし，長さは使用者の身長に合わせて製作する。修験道では，正先達は檜製で断面円形の檜杖を使用し，新客は閼伽桶や小木を担ぐために檜木を用いるので，金剛杖はもっぱら度衆が使うことになっている。実際には，金剛杖を檜木に転用することが多く，結果的に新客も金剛杖をつく場合がほとんどである。金剛杖は四国遍路などの巡礼も使用するが，上端に五輪形を作り出すものも見られ，修験道とは異なる特色が知られている。金剛杖の教学的な意味付けは，修験道が悪魔を打ち破る金胎不二の塔婆であるとするのに対し，四国遍路は弘法大師の象徴であると説明するが，修行中に物故した場合などには巡礼の墓標とすることがあるというから，やはり塔婆としての性格を認めているのであろう。近世後期を遡る遺物は残されていない。

［宮家準『修験道思想の研究』1985］
　　　　　　　　（時枝　務）

金剛盤　こんごうばん　密教法具。大壇や密壇上に五鈷鈴と五鈷杵，三鈷杵，独鈷杵を安置する台。基本形は，縁取りのある銅鋳製の盤の下に低い三脚をつけたもので，三角形に近い不整四葉形につくる。形式は弘法大師請来形，素文式，鈴座つきの3種に分けられる。

弘法大師請来形金剛盤は奥と左右の三方は蓮弁形，正面は連弧形，三脚は花形，盤の縁は太い鍔縁で，鈴杵を置く盤面は深くくぼみ，盤面には輪宝，金剛杵，金剛杵の鈷の間に三昧耶形，二茎の蓮華を配し，これらの周囲に内行花弁帯をめぐらす。素文式金剛盤は一般的な金剛盤で平安時代後期以降に成立し，不整四葉の三角形の盤に猫脚形の三脚をつけたものである。盤面の四葉の切り込み2か所に猪目を透かすものと透かさないものがあ

り，概して猪目を透かすもののほうが古い。鈴座つき金剛盤は鎌倉時代以降成立し，素文式金剛盤の盤上に五鈷鈴安置用の蓮華座がつけられ，胎蔵界壇の用具を基本としたものと考えられている。

金剛盤の変遷は，古いものは全体に穏やかで丈が低い三角形であるが，鎌倉時代中期以降は盤の前縁が張り出して菱形に近くなる。縁は古いものは低く細いが，鎌倉時代中期頃から稜が高く太く，盤胎も厚くなる。三脚は古いものは小形で細く丈も低いが，鎌倉時代のものは太く，室町時代では丈は高いが力の弱いものとなる傾向がある。小金剛盤は独鈷杵あるいは三鈷杵のみを置くもので，古いものは少ない。

　［石田茂作監修『新版仏教考古学講座』5「仏具」1976］　　　　（山川公見子）

金剛峯寺　こんごうぶじ　金剛峯寺（高野山真言宗総本山）のある高野山は，和歌山県の紀ノ川左岸，紀伊山地北端標高約1,000m前後の山々に囲まれた東西6km，南北3kmの盆地状の範囲である。昭和57年(1982)に金剛峯寺境内（伊都郡高野町高野山）が国の史跡に指定された。

空海は，延暦23年（804）に唐に渡り，長安の青龍寺の恵果に師事し真言密教の灌頂を受け，大同元年(806)に帰国，10年後の弘仁7年(816)に嵯峨天皇から高野山を賜り，弟子泰範・実慧などを草庵を造立するために向かわせ，空海は2年後に登山している。伽藍の建築年代は明確ではないが，最初に建てられたのは高野明神社，次いで金堂，宝塔の順であったとされている。当初の伽藍は金堂，宝塔，廿一間僧坊の3棟と考えられている。真然により伽藍の形態を整えたが，初度の中絶と正暦5年(994)の落雷による伽藍の炎上で第2の中絶があった。その後

も覚鑁との争い，学侶方と行人方との反目，信長の高野聖の虐殺や高野攻めなどの危機に瀕しながらも法燈を展開している。

金剛峯寺の名称は，「高野の四至の啓白文」に「この勝地に託いて聊かに伽藍を建てて，金剛峯寺と名く」（『性霊集』巻9）とあり，高野山伽藍の総称であった。その後，学侶方，行人方，聖方の3派に分かれて活動していたものを，明治2年(1869)神仏分離により学侶方の青巌寺と行人方の興山寺を合併し金剛峯寺とし，他の塔頭や宿坊と区別した。現在の壇上伽藍は，真言密教の教義を具現化した伽藍配置をとり，南北中軸線上に金堂（昭和9年〈1934〉再建）と中門（跡），後方の東西に胎蔵界を表す根本大塔（昭和12年再建），金剛界を表す西塔（天保5年〈1834〉），西方に山王院本殿（大永2年〈1522〉）と拝殿，鐘楼，孔雀堂，准胝堂，御影堂と宝蔵を配置している。その前面に六角経蔵，東方には愛染堂，大会堂，不動堂，三昧堂，東塔などの諸堂を配置している。奥の院は北東部に位置し，空海の御廟を中心にした地域である。空海は入定後に浄窟に納められ，墳丘を築きその上に五輪塔，宝塔が建てられた。現廟はこの墳丘の覆屋にあたり，天正3年(1575)に再建された宝形造りの三間堂で，最も神聖な場所とされている。

藤原道長の登上後，皇族や貴族などの登上が相次ぎ，平安時代末頃からは納骨信仰が行われるようになり，納骨信仰や大師信仰は全国に流布し，徳川氏も帰依し各大名もこれにならい，一の橋から御廟に至る2kmの参道沿いに供養塔群や非塔形供養塔などが宗派を問わず建立されている。その数は数十万基ともいわれ，現在も建立が行われている。

[総本山金剛峯寺『高野山』1979，（財）元興寺文化財研究所『高野山発掘調査報告書』1982]　　　　（岡本桂典）

紺紙金泥経　こんしこんでいきょう　紺色に染めた料紙に金泥で経文を書写した装飾経。紺紙金字経・紺泥経などともいう。一般的な写経を素紙墨字経と呼ぶのに対応する言い方であるが，素紙墨字経という呼称はあまり使用されることがない。表紙に紺紙金銀泥宝相華文の装飾を施し，見返しに紺紙金泥釈迦説法図などを描き，料紙の界線は金泥で引くのが通常のあり方である。紫紙金字経・紺紙銀字経・紺紙金銀交書経などは紺紙金泥経と同様の意趣で制作した装飾経であると考えられるが，遺品は少なく，紺紙金泥経のバリエーションとして理解することもできる。

　紺紙金泥経の起源は中国に求められるといわれ，奈良時代には写経字経所の存在が史料に見えているが，奈良時代に遡る遺品は知られておらず，現物を確認できるのは平安時代になってからである。とりわけ，浄土信仰が隆盛を迎えた平安時代中期以降に盛んに制作され，『法華経』のほか『一切経』・『五部大乗経』などが知られている。写経が作善業として定着すると，追善供養や現世利益を目的とした写経がしばしば行われ，いかにも功徳をもたらしそうな装飾経が好んで制作されたのである。

　経塚出土の経典では紺紙金泥経は稀であるが，奈良県天川村金峯山経塚出土の藤原道長経は11世紀の遺品で，一部に破損は見られるものの，平安時代中期の作風をよく伝えている。12世紀に書写された中尊寺経・荒川経・神護寺経などの「一切経」は紺紙金泥経の典型であり，紺地に映える金文字の経文とともに，見返し絵として描かれた仏画の美しさが高く評価されている。また，奈良県明日香村多武峯談山神社などに所蔵される，『法華経』の経文を塔形に配した法華経金字宝塔曼荼羅図は，紺紙金泥経の変形ととらえられよう。鎌倉時代になると，徐々に紺紙金泥経の制作は下火になり，室町時代以降は特殊な例を除いては，遺品が見られなくなる。

[兜木正亨『信仰と経典』『新版仏教考古学講座』6，1977]　　（時枝　務）

金胎寺　こんたいじ　京都府相楽郡和束町原山に所在する真言宗醍醐派の寺院。鷲峰山の山中にあり，修験道の行場であった。南に位置する大和大峰山に対し，「北の峰」とも称される。本尊は弥勒菩薩。元弘元年(1331)に戦乱により，多宝塔以外が焼失。本尊の木造弥勒菩薩は，寄木造りの鎌倉時代の作品。国の重要文化財に指定されている。鷲峰山の山頂にある宝篋印塔は，花崗岩製で，「釈迦□仏滅後二千余歳正安二年願主仁尊」との銘文がある。釈迦入滅紀年が記され，相輪以下が状態よく残された鎌倉時代中期（正安2年〈1300〉）の代表的な作品として，重要文化財に指定されている。愛染明王が安置されている多宝塔は，永仁6年(1298)の建立で，重要文化財。寺蔵の銭弘俶八万四千塔は，中国五代十国時代の後越国王であった銭弘俶がインドの阿育王の故事にならって作った銅鉄製の小塔の1つで，重要文化財の指定を受けている。

[『和束町史』1，1995]　　（三好義三）

金堂　こんどう　本尊を祀り，寺院の中心をなす仏堂。禅宗では仏殿，あるいは大雄宝殿と呼ぶことが多い。中国で仏を金人というところから，仏を安置する堂という意味で，金堂の名が生まれたものと考えられる。

インドでは，最初仏像を祀ることはなかったが，やがて僧院の一角に仏像を祀る祠堂が営まれるようになり，それが金堂として発展することになった。6世紀に開削されたアジャンター（Ajaṇṭā）第1窟は，方形の平面プランをもつヴィハーラ（Vihāra）窟で，その奥壁に小さな室を穿って仏像を祀っている。それが，7世紀のアウランガーバード（Aurangābād）第7窟では，広間の中央に仏堂を配し，周囲に繞道を巡らせ，前室を設けており，祠堂としての性格を一層強めている。このようにインドでは金堂の成立過程をある程度辿ることができる。

中国では，寺院建築が建てられるようになった当初から金堂が中心的な存在であったと見られ，石窟寺院では仏像を祀るための祠堂窟があり，平地伽藍では金堂が仏塔とともに伽藍を構成する主要な建物として位置づけられている。

朝鮮でもほぼ同様なあり方が見られるが，朝鮮の清岩里廃寺などでは金堂が複数存在する可能性が高く，日本で最初に建てられた寺院である奈良県明日香村飛鳥寺でも3つの金堂が塔を取り囲むように存在していることが知られている。また，奈良市興福寺にも3つの金堂があり，古代寺院では複数の金堂をもつ場合があったことを知りうる。奈良県斑鳩町法隆寺の金堂は現存する最古の木造の金堂で，塔と並んで配され，二重の屋根をもち，裳階を付けている。奈良市東大寺の金堂は大仏殿と呼ばれ，内部に大仏を祀るため，きわめて巨大な建物となっている。古代寺院の金堂の屋根には鴟尾を載せることが多く，奈良市唐招提寺金堂の屋根には最近まで奈良時代の鴟尾が載っており，往時を偲ぶことができた。

平安時代に創建された滋賀県大津市比叡山延暦寺では，東塔で根本中堂，西塔で釈迦堂，横川で中堂と呼んでおり，金堂とはいわない。和歌山県高野町高野山金剛峯寺では現在金堂があるが，元の講堂を後世そう呼ぶようになったのであり，大阪府河内長野市観心寺でも同様である。また，京都市神護寺や奈良県室生村室生寺の金堂は，かつては根本堂と呼ばれていたことが知られている。このように，密教寺院では金堂の名を用いないが，実質的には変わらない。鎌倉時代に創建された禅宗寺院では金堂を仏殿と呼び，江戸時代に伝来した黄檗宗の京都府宇治市万福寺などでは大雄宝殿と呼ぶが，いずれもそれぞれの時代に中国で使われていた呼称をまねたものと考えられる。近世の檀越寺院では，本尊を祀る堂をもっぱら本堂といい，もはや金堂ということはない。しかし，本尊を祀り，寺院の中心的な堂である点で，実質的には金堂とみなしてよいことはいうまでもない。

［斎藤忠「寺院跡」『新版仏教考古学講座』2，1975］　　　　　　（時枝　務）

金銅仏　こんどうぶつ　金銅仏とは，銅で鋳造された仏像の表面に，金の鍍金（金メッキ）を施して全身を金色に仕上げるところからそういわれる。金銅仏の多くは，表面に鍍金を施した後，さらに宝髻や眼・唇などには彩色を施すのが普通である。鍍金をする理由としては，如来三十二相の1つに「金色相（全身が金色に輝いている）」があり，これを表現したものと思われる。現在見られる銅造の仏像たちの中には，鍍金がはげ落ちて当時の面影を残していないものも多いが，造像当初は金色に輝くまばゆい像であった。

日本に最初に公伝された仏像は，『日本書紀』に「釈迦金銅像一軀」とあるように金銅仏であったと考えられる。現在残

る最古の金銅仏は法興寺(元興寺)「釈迦如来坐像」(飛鳥大仏)であるが, その大半は江戸時代の補作であり, 眼部などの一部のみ当時のものが残されている。推古31年(623)には法隆寺「釈迦三尊像」が造られており, わが国の初期の仏像はほとんど金銅仏であった。この頃は金銅仏の方が木彫像より格式が高く, 大寺院の本尊は金銅仏が主流であったが, 今日「小金銅仏」と呼ばれる1尺前後の金銅仏は, 当時にあっては個人的信仰に基づく造像であったと考えられる。その後奈良時代まで金銅仏は盛んに造像され, その最大のモニュメントが天平勝宝4年(752)に開眼供養が行われた東大寺大仏「盧舎那仏坐像」の造像であった。造像当時5丈3尺5寸(約17.82m)のこの巨像は, 国の銅と富のあるだけを注ぎ込んで造立された。平安時代になると金銅仏の制作は木彫などの制作に押されてその数を減らすが, 鎌倉時代にはいると経塚の造営や神仏習合による山岳信仰隆盛の影響から, ふたたび金銅仏が製作されるようになった。鎌倉時代以降は一般的に金銅仏は小型化してくるが, それでも江戸時代に至るまでその制作は続けられた。

銅造は, 銅と少量の錫, 鉛で鋳造されるが, 銅の含有量が多ければ鍍金ののりがよく発色も美しい。しかし錫や鉛を多く加える方が, 鋳型に流し入れるときのまわりがよく, 技術的な失敗は少ない。時代が下るにつれ鋳造技術上の理由から, 錫や鉛の含有量は多くなり, 鋳造における失敗は少なくなったと思われるが鍍金の発色は鈍くなった。

鋳造方法には, 蠟型, 土型, 木型の3種がある。平安時代までは蠟型鋳造が多く, 平安時代以降は木型もしくは粘土を原型とする鋳造が多くなっている。蠟型鋳造は, 粘土で大体の形を作りその上に蜜蠟をはりつけ細部を作りだしたものを原型として, その上に鋳物土(外型)をつけて焼き固める。この際に蠟は溶けて流れだし, 彫刻をした部分は空洞となるので, そこに溶かした銅を流し込む。蠟が溶ける際, 内部の粘土(中型)と外型の土がずれたり動いたりしないように, 中心に鉄芯を立てたり中型と外型をつなぐ型持と呼ぶものをおくのが普通である。溶銅が十分固まった後, 外型と中型をこわして像をとりだす。木型もしくは土型鋳造の場合は, 木ないし土で仏像を作り, まず表面側から外型をとり, その外型から中型を作ったあと外型と中型を寄せて, その空洞部分に溶かした銅を流し, 固まってから外型をはずす。

いずれの鋳造の場合でも, 鋳造後に鏨や鑢などで表面仕上げを行い, 最後に鍍金を施す。鍍金法はアマルガム鍍金法と呼ばれるもので, 純金と水銀をまぜたものを溶解させ像表面に塗り, 火であぶることで水銀を蒸発させて金を固着させるものであった。

[小口八郎『古美術の科学』1980]

(秋田貴廣)

金錍 こんぺい 密教法具。独鈷杵の鈷の先端に宝珠をつけたもの。原型は古代インドの医療器具で, 眼病患者の眼膜を抉除したり薬を塗るのに用いた。よって, 衆生の眼膜を取り去り仏心眼を開かせる意味を持たせた法具で, 灌頂のとき阿闍梨が受者の両眼を加持したり, 仏像の開眼供養などに使用する。金錍は両端に宝珠をつける両珠金錍と片端に宝珠をつける片珠金錍の2種類の形式がある。両珠金錍はこの1本で両眼を加持し, 片珠金錍は2本使い加持する。金錍の鈷は, 断面が八角形と四角形のものがあるが八角

形が多い。両珠金箆は平安時代のものが法隆寺献納宝物に含まれ，平安時代初頭から鎌倉時代にかけてのものは埼玉県慈光寺，鎌倉時代のものは滋賀県弘法寺のものがある。片珠金箆は鎌倉時代のものもあるが，一般的には室町時代以降のものが多い。なお，両珠金箆と片珠金箆をセットにしたものは鎌倉時代のものにあるが珍しい。金箆の時代変化は金剛杵の変化と同じで，古いものは鬼目が大きく，蓮弁が素弁式で，把部よりも鈷部が長い。時代が下がるにつれ，鬼目は小さくなり，蓮弁が単弁式や筋蓮弁となり，把部が長くなる。

［奈良国立博物館『密教法具』1965，石田茂作監修『新版仏教考古学講座』5「仏具」1976］　　　　　（山川公見子）

さ

西寺跡　さいじあと　京都府京都市南区唐橋西寺町に所在する寺院跡。国指定史跡。東寺（教王護国寺）とともに平安京の官寺として造営された。羅城門の西に，東寺とは対称的に位置した。延暦16年（797）以前に造営が始められ，天長3年（826）頃には金堂などの伽藍が整う。正暦元年（990）に塔以外の伽藍が焼失し，天福元年（1233）に塔が火災に遭い，荒廃する。同時に造営された東寺と比べ，官寺の色彩が濃く，国の行事が多く催されていた。密教の影響を受けた東寺とは異なった面を持つ。そのため，律令国家の勢力低下とともに寺勢も衰えた。昭和34年（1959）以降断続的に発掘調査が行われ，伽藍配置などがあきらかにされた。伽藍の規模や配置は，現在も創建時と変わっていない東寺の伽藍配置とほぼ同様だが，塔の位置が逆になっている。調査による出土遺物は，土師器などの日常雑器のほか，緑釉陶器が見られる。また，瓦にも緑釉瓦があり，幡枝瓦窯（京都市左京区）で焼成されたことが知られている。「西寺」と刻印された瓦も出土しており，これは坂瓦窯（大阪府枚方市）で生産されたことが確認されている。

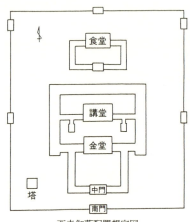

西寺伽藍配置想定図

［京都府教育委員会『埋蔵文化財発掘調査概報（1964）』1964］　　（三好義三）

西大寺　さいだいじ　奈良市西大寺芝町に所在する真言律宗総本山。南都七大寺の1つ。藤原仲麻呂の乱を契機として，天平宝字8年（764）9月孝謙上皇の発願により造営が始まり，翌天平神護元年（765）金銅製四天王像の鋳造を開始し，宝亀11年（780）に完成した。寺地は右京一条三・四坊に31町の広大なもので，東の大寺・東大寺に対し，西の大寺・西大寺と号されるほど東大寺と同規模を誇っていた。貞観2年（860）には主要伽藍を焼失し，平安時代に入り衰退するとともに，勢力を伸ばしていた興福寺の支配下に入ったが，鎌倉時代に律僧叡尊が復興に努めた。文亀2年（1502）の兵火で大半が焼失して以降大々的な再建は行われなかった。伽藍

は，薬師金堂，弥勒金堂と2金堂を持つ特殊な型で中心線を引き，東西両塔は金堂院の外に置く大安寺式伽藍配置であった。当初，東西両塔とも八角七重で建立する計画が四角五重に変更されたとする記事が，『日本霊異記』下第36の「塔の階を減じ，寺の幢を仆して，悪報を得る縁」にある。これを裏付けるかのように，昭和30年(1955)の調査で東西両塔とも八角形基壇の基礎地形を確認した。また，垂木の木口を保護する垂木先瓦も三彩釉で文様を施した円形と方形のものの両方が出土し，緑釉瓦も確認されている。『西大寺資財流記帳』によると，神護景雲3年(769)に造営された薬師金堂の大棟両端に銅鐸を卿えた鳳形を立てた金銅製鴟尾を配し，棟上に2頭の獅子が支えた蓮華形の火焰付き茄形を置くなど，さまざまな部分で唐の影響が感じられる。昭和57年(1982)の東塔基壇改修工事の際には，

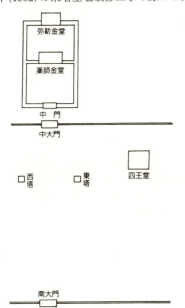

西大寺伽藍配置図

銅銭が版築によって築き上げられた築土に含まれていたことが確認され，これは，塔基壇造営時に地鎮供養が行われたことを示している。

[「西大寺東西両塔」『日本建築学会論文報告集』54，1956，「西大寺境内の調査」『奈良国立文化財研究所年報』1982]

（松原典明）

斎尾廃寺 さいのおはいじ　鳥取県東伯郡東伯町槻下に所在する古代の寺院跡。なだらかな起伏の丘陵地帯に位置する。国特別史跡。塔・金堂・講堂の基壇と礎石が非常に良く残る。寺域は，溝によって区画された南北200m，東西160mの方形。塔を東，金堂を西に配する法起寺式伽藍配置だが，金堂の真後に講堂を配す。塔と金堂は乱石積基壇。講堂には基壇状の高まりはない。出土遺物は瓦類をはじめ塑像断片や塼仏など。瓦類のうち鐙(軒丸)瓦は5種，字(軒平)瓦は4種が知られる。7世紀後半，創建期の鐙(軒丸)瓦は複弁八弁で外縁に雷文を飾るいわゆる紀寺式の系統。組み合う字(軒平)瓦は法隆寺系統の忍冬文を配するもの。ともに，山陰・山陽地方に見られない独特の瓦当文様である。また，8世紀後半段階の軒瓦には伯耆国分寺のものと同形式が認められる。塑像断片は，仏頭や脚部などで多種類に上る。塼仏は夏見廃寺タイプの方形三尊塼仏。

[鳥取県埋蔵文化財センター『歴史時代の鳥取県』1989]　（真田広幸）

相模国分寺跡 さがみこくぶんじあと　相模国に設置された国分僧寺で，現在の神奈川県海老名市国分南1丁目に所在する。昭和40・41年(1965・66)と平成4年(1992)の2度にわたって発掘調査が実施された。伽藍は東側に金堂，西側に塔を配し，中門から延びた回廊が講堂に取り付く法隆

寺式伽藍配置で，講堂の北側には僧房が置かれ，さらに北側で性格不明の北方建物が確認されている。金堂は桁行7間，梁間4間，塔は3間四面で，塔の基壇外装は壇上積であるが，北側は乱石積による後補がなされている。講堂は西側が増築されている。僧房は東西2棟あり，いずれも桁行20間，梁間2間で，当初掘立柱建物であったものを後に礎石建物に改造している。回廊は南側と西側では単廊であるが，東側では築地塀であったことが知られ，変則的なものであったことが判明している。出土遺物には瓦類のほか，金銅製の水煙残欠がある。なお，国分尼寺は北方約500mの地点に所在する。

[内山毎吉『相模国分寺志』1920，岡田茂弘「相模国分寺跡を掘る」『古美術』18，1967]　　　　　　　（時枝　務）

擦管　さっかん　木造塔はその中心に心柱を立てるが，擦管とは相輪の心柱の外側を保護するように嵌め込む青銅製の円筒形の筒である。木造塔は，一般的に総高の約30%が相輪であるが，先端の龍車を除くとそのほとんどは擦管の部分である。

　擦管は木造塔の相輪の請花上より部材にして15，6個を積み上げて全体を構成する。国宝の法隆寺五重塔は，15個の擦管を積み上げている。各々継ぎ目は下部の擦管が密接するように〝印籠決り〟と呼ばれるような手法で繋いでいる。これらの部分は大風や台風・地震の振動により損傷することが多く，補修・修繕痕を確認することが多い。擦管には水煙を取り付けるための肘壺や九輪を固定するための割挟みの突出部が鋳出されているものもあり，それらが継ぎ目の受けの役目をする。

[竹島卓一編『法隆寺國實保存工事報告書　國寶法隆寺五重塔修理工事報告』1955]　　　　　　　　　　（斎木　勝）

薩摩国分寺跡　さつまこくぶんじあと　鹿児島県川内市国分寺町の洪積台地にあり，西を薩摩国府跡に接続する。昭和19年（1944）塔跡が国の指定史跡，同51・57年（1976・1982）追加指定。薩摩国分寺の創建は，九州の他の国分寺に比べやや遅れ，天平勝宝8年（756）から弘仁11年（820）の間と考えられる。昭和43〜45年（1968〜1970）の3次にわたる鹿児島県教育委員会の発掘調査で大要があきらかになる。金堂跡は3回にわたる建て替えがあり，創建時は5間×4間の入母屋形式の屋根構造をした建物が考えられている。再建時は規模が拡大され，瓦積基壇としている。金堂の北側にある講堂は，礎石や掘方が失われ東西23.8m，南北12.4mの基壇が推定されているが，再建講堂は縮小されている。塔跡は金堂の東南にあり，現状から1間1.48m等間の3間四方をなす七重塔が考えられている。このように伽藍配置は，創建時が川原寺式，再建時は大官大寺式と復元されている。出土した軒先瓦は，鐙（軒丸）瓦が肥後国分寺，宇（軒平）瓦が豊前国分寺の創建瓦当文を模倣している。

[川内市教育委員会『薩摩国分寺跡』1985，河口貞徳「薩摩」『新修国分寺の研究』5下，1987]　　　　　　（渋谷忠章）

佐渡国分寺跡　さどこくぶんじあと　新潟県佐渡郡真野町国分寺にある奈良時代の寺跡。1920年代後半に発見・調査され，昭和28年（1953）に実測調査が行われた。伽藍配置は南大門・中門・金堂が一直線に並び，中門と金堂は回廊で結ばれ，回廊の東端から約60mの所に塔がある。金堂の北東側に新堂があり，伽藍主軸から5度東に偏ることと，出土した瓦から平

安時代のものと考えられている。講堂・僧坊の所在と寺域については不明である。建物の配置は天平尺で33尺を地割りの基準としている。発掘調査が全くなされていないため，それぞれの堂宇の建て替えの有無や版築の状況など詳細な点については不明である。瓦は今まで多量に採集され，鐙(軒丸)瓦は高句麗系で21型式30種以上，宇(軒平)瓦は17型式24種以上あり，その種類が多い点が特徴的である。国指定史跡。史跡公園として整備され，活用されている。

［斎藤忠「佐渡国分寺の諸建築とその規模」『越佐研究』5・6合併号，1953，戸根与八郎「佐渡」『新修国分寺の研究』7，1997］　　　　　　(戸根与八郎)

讃岐国分寺跡　さぬきこくぶんじあと

国分台丘陵の南，蓮光寺山の東山麓，香川県綾歌郡国分寺町国分に所在する。現在，当地には真言宗御室派白牛山千手院国分寺があり，本尊は国指定の木造千手観音像で四国霊場第80番札所である。国分寺跡は昭和3年(1928)に国の史跡に指定され，昭和27年(1952)に特別史跡に指定された。昭和58〜62年(1983〜87)度まで史跡整備に伴う確認調査がされた。

　寺域は，東西の築地跡や大溝が確認され，東西220mと確認されたが，南北については明確でない。伽藍配置は南面し，主軸は寺域の西4分の1に偏っている。南門跡・中門跡・金堂跡・講堂跡・僧房跡が一直線に並ぶ伽藍配置と考えられている。

　金堂跡は，現在国分寺の境内に32個の礎石が残っており，桁行7間，梁間4間の建物と考えられている。塔跡は，17個の礎石が残り，心礎を含め15個が原位置を保っている。心礎の上には，鎌倉時代のものと推定される石塔が造立されてい

る。講堂跡は，現在の本堂が建てられているところと考えられている。僧坊跡は礎石建物跡で，全国の国分寺跡では最大規模の桁行21間，梁間3間で創建当初のものと推定されている。僧坊跡は，中央桁行3間分を食堂的な空間とし，左右に3間を1つの単位とする房が各3房置かれている。南1間は吹き放しで，後方の梁間2間の桁行中央間を通路とし，その両脇に方1間の室を2室，計4室設け，24室あったと考えられる。10世紀中頃まで機能していたとされる。回廊跡基壇は幅6mで，塔跡を取り囲み金堂と中門を結んでいたと考えられる。講堂跡の東に鐘楼跡と推定される礎石建物跡，西に掘立柱建物跡がある。

［国分寺町教育委員会『特別史跡国分寺跡』1986，松本豊胤「讃岐」『新修国分寺の研究』5上，1987］　　(岡本桂典)

讃岐国分尼寺跡　さぬきこくぶんにじあと

讃岐国分寺跡の東約1.5kmの香川県綾歌郡国分寺町寺町新居にある。昭和3年(1928)に国の史跡に指定された。現在，史跡には浄土真宗興生寺派法華寺があり，境内に19個の礎石を残している。昭和55・57年(1980・82)に確認調査が実施され，溝跡，建物跡，土坑が確認されている。南北に走る溝跡は，幅2m，深さ90cmで，10世紀には埋没しはじめたと考えられている。溝跡は南西部で40m程度で，寺域の西を画する溝とも考えられ，寺域は1町半と想定されている。法華寺内に残る礎石は，金堂跡の礎石と考えられるが，伽藍配置や規模などは明確ではない。出土した八葉複弁蓮華文鐙(軒丸)瓦は，国分寺跡からも出土している。

［香川県教育委員会『讃岐国分尼寺跡』1983，松本豊胤「讃岐」『新修国分寺の研究』5上，1987］　　(岡本桂典)

佐貫石仏 さぬきせきぶつ 佐貫石仏（大正15年国指定史跡）は，栃木県塩谷郡塩谷町大字佐貫797番地の鬼怒川左岸に南面して聳え立つ高さ約64mの石英粗面岩の岩壁に線刻されている。石仏は，崖面の風化と剥落で顔と台座の蓮弁以外はほとんど見えないが，像高約18.2mの大日如来坐像で平安時代末の作とされる。顔は長さ約3m，幅約1.6m。台座の蓮弁は八葉で，高さ3.3m前後。線刻の幅は4.5〜6cm，深さは3〜4.5cm。なお，石仏のはるか左肩上にある，奥の院（大悲窟）といわれる小洞穴に納められていた銅板阿弥陀曼荼羅（昭和62年県指定有形文化財）は，縦16.5cm，横17.9cmのほぼ方形で，幅約1cmの縁には1条ないし2条の小さな列点がある。その表面より約0.4cm窪んだ面に15体の如来，菩薩，天部，僧形像が3段5列に鋳出され，中央の阿弥陀如来坐像は，他の尊像より容貌や衣文が鮮明で立体的。その表情や膝頭の張り具合などから藤原時代の作とされる。真言宗智山派東海寺（宇都宮市篠井町）蔵。

佐貫石仏

[渡辺龍瑞「佐貫石仏」『栃木県史』資料編 考古二，1976，北口英雄『祈りの造形〜下野の仏像〜』1989]（中山 晋）

傘蓋 さんがい インドでは，Chattra（チャットラ）という。野外での仏の説法の際，熱暑を避けるために頭上に掲げる物をいい，転じて仏像や菩薩像の上部に掲げられ天蓋となったといわれる。傘はその形状を示し，蓋は尊貴のシンボルとされる。

紀元前2世紀後半から1世紀初頭にかけてのインドの仏塔は，低い円筒状の基壇の上に半円球の覆鉢を設置し塔身とした。その覆鉢の頂部には平頭という方形のものを載せる。この平頭の上には傘竿を建てて，この傘蓋を掲げる。覆鉢は塔身なので塔としての中核であるところから，その頂部に傘蓋を掲げて敬うのである。傘蓋の状態を見事に示す仏塔がある。インド，ローリアン・タンガイ出土の高さ140cmの小型仏塔は，上部ドーム状の覆鉢に傘竿を中立させて，6個の円形の傘蓋を受けている。

[杉本卓洲『インド仏塔の研究』1984]（斎木 勝）

山岳寺院 さんがくじいん 平地寺院に対して山地に立地する寺院をいう。石田茂作は，山岳寺院が山林修行を重視した平安仏教の所産と考え，奥の院の有無などによって天台宗と真言宗の伽藍を区分し，中世に発展した修験道もまた独自の伽藍類型を創出したとした。それに対して，藤井直正は山岳寺院の成立が7世紀に遡るとし，『日本書紀』などに見える「山寺」を山岳寺院と理解した。坂詰秀一は古代寺院を平地任意伽藍・平地方形区画伽藍・山地任意伽藍・山地区画伽藍の4類型に大別し，前二者を都邑修学型伽藍，後二者を坐禅修行型伽藍と性格づけた。このうち，後二者が山岳寺院として把握されるものであるが，建物配置が地形に制約されて規則性をもたないものと，山地にありながら方形区画を意識して可能

な範囲の規則性を確保したものがあり、山岳寺院の伽藍配置が一般に考えられているよりも複雑なあり方を示すことを指摘した。また、坐禅修行型伽藍として把握することによって、山岳寺院が平地寺院に比べて修行の場としての性格が強いと考えた。この性格づけに関しては上原真人の批判がある。上原は平地伽藍と山地伽藍という対比が自然立地に基づくものであるにもかかわらず、山地伽藍が山林仏教の拠点となった寺院であるというように先験的に性格づけることを批判し、文献史料に見える「山寺」と考古学でいう山岳寺院が別の概念であることを説いた。「山寺」が俗地との隔絶性を基調として成立しながらも、本寺との有機的なつながりを失っていないことを指摘し、山林仏教の拠点となったとは限らないとの見解を示した。この点、藤井の見解とは相反する理解であるといえるが、考古学上の概念である山岳寺院とあくまでも文献史料中の用語である「山寺」が一致しないのはむしろ当然のことであり、両者を同一視するのが誤りなことは確実である。しかし、山岳寺院の場合、なぜ寺院用地にふさわしい平地ではなく、制約の大きい山地にあえて建立したのかが問われなければならないであろう。一般に山岳寺院とされる福島県磐梯町慧日寺跡や石川県小松市浄水寺跡では境内に神聖視されていた湧水があり、静岡県湖西市大知波峠廃寺では伽藍の中心部に湧水と磐座の存在が指摘されているが、それらの事例は山岳寺院が立地する場所が一種の聖地であった可能性を示唆する。奈良県吉野町竜門寺跡や同大淀町比曽寺跡は、吉野地域を神仙境とみなす古代貴族の意識を背景に創建されたと考えるのが自然であり、やはり一種の聖地と考えられて

いたことが山岳寺院を創建する基盤となっていたことは疑いない。聖地は行場としても好適な場所であり、山岳寺院が僧侶の修行の拠点となったことも十分に考えられ、先験的に決め付けることは慎まねばならないとしても、山岳寺院が修行の場としての性格をもっていたことまで否定し去ることはできない。むしろ、平地寺院と密接な関係が見出せる山岳寺院が多いのは、山岳寺院が平地寺院の僧侶が修行する場として機能していた可能性を示唆するものと考えられよう。山岳寺院は日本のみでなく、アジア各地に見られるものであり、パキスタンのように山岳寺院が圧倒的多数を占める地域もある。斎藤忠は「山岳寺院」にかえて「山林寺院」の名称を提唱している。それらを包括した山岳寺院の概念規定は今後の課題である。

［藤井直正「山岳寺院」『新版仏教考古学講座』2、1975、石田茂作『仏教考古学論攷』1、1978、坂詰秀一『歴史考古学研究』II、1982、上原真人「仏教」『岩波講座日本考古学』4、1986、斎藤忠「山林寺院の研究」『斎藤忠著作選集』5、1997］　　　　　　　　（時枝　務）

三鈷杵　さんこしょ　密教法具。独鈷杵の両端にさらに各2本の鈷をつけたものである。入唐八家のうち6師が請来しているが、正倉院に2口の三鈷杵があることから奈良時代にはすでに日本に伝えられたと推測されている。三鈷杵は鈷の形式より3種に大別される。その1は憤怒三鈷杵といわれるもので、鈷の先端が鋩のように鋭い逆刺しをつけたもっとも古い形式である。その2は大師請来形といわれ、鈷の基部に近い個所を内側に屈折させるものである。その3は脇鈷に鳥の嘴形の突起をつけ、平安時代以降もっとも

普通に見られるものである。把部も鬼目
式のものと鬼面式のものがある。鬼面式
のものは脇鈷の基部が獅嚙形や龍口形で
あるのが普通である。三鈷杵の時代変化
も独鈷杵に準ずるが、南北朝時代から把
部の断面が楕円形に、室町時代になると
もっと扁平になってくる。また室町時代
のものは三鈷の先端が鋳着いて三鈷の張
りも弱くなる。

[奈良国立博物館『密教法具』1965, 石
田茂作監修『新版仏教考古学講座』5「仏
具」1976]　　　　　　（山川公見子）

三鈷柄剣　さんこつかけん　修験道用具。
修験者が入峯するときに携行するもので
ある。これは三鈷杵に剣をつけたもので、
不動明王の利剣になぞらえたものである。
降摩祈禱に用い、採灯護摩に先立ち法剣
師により四方除摩という法剣の作法を行
い、道場を浄めたり、護摩に使う乳木を
清めたりする。

[石田茂作監修『新版仏教考古学講座』
5「仏具」1976]　　　　（山川公見子）

三鈷鈴　さんこれい　密教法具。金剛鈴の
1つ。三鈷杵形の柄をつけた振鈴で、独
鈷鈴と同じく鈴身に2段の突帯をめぐら
すのが普通である。入唐八家のうち円行、
円仁、恵運、宗叡の4師により持ち帰ら
れたことが記録上知られるが、当時の遺
品は見つかっていない。和製では平安時
代後期のものが古く、和歌山県那智経塚
や大阪市立美術館所蔵の尊永寺形の鈴が
ある。鎌倉時代のものでは鬼目が8個で、
鈴身に4段の突帯があるものもある。中
国製の三鈷鈴では元時代以降と見られて
いる遺物がある。特徴としては鈴身の裾
の張りが強く、鈴の側面に瓔珞文や梵字
などを飾ったり、把部に菩薩面をつけた
りしている。

[奈良国立博物館『密教法具』1965, 石
田茂作監修『新版仏教考古学講座』5「仏
具」1976]　　　　　　（山川公見子）

参道　さんどう　寺院に参詣するための
道路。古代寺院では、幹線道路から寺院
まで至る道路があったと考えられるが、
確認された例は少なく、群馬県群馬町上
野国分寺跡や高知県南国市土佐国分寺跡
などの例は中門跡へと通じており、南大
門の位置が不確実であるが、両門を潜っ
て伽藍中枢部へ入っていたものと思われ
る。また、武蔵国分寺跡の南方参道は、
武蔵国府跡から続くもので南大門の南方
から検出されている。平安時代の山岳寺
院では、地形的な制約を受けて堂宇が散
在しており、参道は伽藍に至るまでの道
のみでなく、伽藍内の堂宇を結ぶ道をも
包括することになった。京都市如意寺跡
や静岡県湖西市大知波峠廃寺では、堂宇
間の参道が発掘されており、如意寺では
斜面に設けられた階段状の遺構まで検出
されている。

中世には、和歌山県高野町高野山金剛
峯寺をはじめとして参道沿いに町石を造
立する例が見られるようになり、路面を
石敷にした例が出現する。和歌山県下の
熊野古道は社寺参詣のための街道であっ
て、参道ではないが、やはり部分的に石
敷道路として整備されており、参道に準
じる遺跡として注目される。中世末期の
社寺参詣曼荼羅を見ると、参道の周囲に
さまざまな宗教施設が整備されていた様
子がうかがえ、参詣者はそれらを拝しな
がら伽藍の中枢部へと徐々に入り込んで
いったことが推測できる。そこでは、参
道は単に主要堂塔へ至る道であるのみで
なく、そこを辿ることによって宗教的な
体験ができるように工夫されていたわけ
で、参道が参詣者のための修行道として
の性格を強めていたことが知られる。

近世になると，参道の両脇に参詣者を顧客とする店などが設けられ，ときには門前町を形成する場合も見られるようになる。参道の周辺にはさまざまな石造物や奉納物が建てられ，宿や休憩所が営まれて，観光地としての要素をもつまでになる。このように，参道には，さまざまな付属施設が存在するが，それらを含めて考古学的な調査・研究はきわめて遅れているのが現状である。

　　［石田茂作監修『新版仏教考古学講座』
　　2「寺院」1975］　　　　（時枝　務）

山王廃寺　さんのうはいじ　群馬県前橋市総社町に所在する白鳳寺院跡。北東1.5kmには，7世紀後半に築造された宝塔山・蛇穴山古墳の大型方墳を有する総社古墳群が位置する。現在も宅地が密集するため，部分的な発掘調査しか出来得ていない。伽藍配置は，法起寺式の塔と金堂の配置を逆にした伽藍配置をとる。規模はまだ判然としていない。

　創建瓦は素弁八葉蓮華文鐙（軒丸）瓦であるが，直後に葺かれた複弁七葉蓮華文鐙（軒丸）瓦は固有意匠である。過年の調査により出土した瓦には，「放光寺」と篦書した女瓦があり，『上野國交替實録帳』定額寺項に記載のある「放光寺」と，辛巳歳（681）の紀年銘のある「山ノ上碑」に刻まれた「放光寺僧」，近代まで存在した「昌楽寺放光院」などの「放光寺」は同一寺院であることがほぼ確実視されている。また，寺院の下層から発見された掘立柱建物跡群は「放光寺」の創建を創意した，「上毛野君（朝臣）氏」の居館跡としての性格が推定されている。

　　［木津博明「古代群馬郡考」『群馬文化』
　　219・220，1989］　　（木津博明）

三明寺経塚　さんみょうじきょうづか　静岡県沼津市北郊の愛鷹山麓に営まれ，現況

「門池」（かどいけ）と称する用水池に面して立地する。剛嶽山三明寺という寺の山下にあたる位置だが，三明寺は明治初年に廃寺となっている。

　経塚は，享保19年（1734）の暴風による倒木をきっかけに発見されたが，同年埋め戻されて該地に石碑を建立して供養したという。その後，昭和15年（1940）に静岡県史編纂事業の一貫として石田茂作らの指導のもとに発掘された。この時の状況と古記録などを合わせた復元的な報告があり，それによると，陶製の外筒容器40数個が蜂の巣のような形姿で中央の大甕を取り囲む形態が推定されている。中央の6個の銅製経筒以外には経筒が見つからないことから，江戸時代以前の盗掘の可能性が指摘されている。経筒には「奉施入　百如法経銅筒　大施主散位伴宗長　女施主橘氏　建久七年九月二十四日」などの銘があり，鎌倉初期に一括埋納された経塚として注目される。

　　［鈴木裕篤「三明寺経塚とその周辺」『沼
　　津市歴史民俗資料館紀要』5，1981］
　　　　　　　　　　　　（金子浩之）

サールナート，ダメーク塔　Sārnath, Dhamekh stūpa　インドの聖地ベナレスの北約7kmの地点（北緯25度22分，東経83度1分）にあり，リシパタナ（Ṛṣipatana 仙人堕所），ムリガダーヴァ（Mṛigadāva），ムリガダーヤ（Mṛigadāya 鹿野園）などと呼ばれる。ブッダの初転法輪の地。遺跡はアショーカ王時代に遡り，この地から僧院の分裂を戒める破僧伽法勅が記されたアショーカ王柱が発見された。王柱の南には，アショーカ王に帰せられるダルマラージカ（Dharmarājikā）塔があり，最後の12世紀の増広を含め6回の増広を経ている。内部から砂岩製の箱と人骨片・真珠・金箔板などが入った大理石

の舎利容器が発見された。根本精舎付近でシュンガ時代の欄楯柱が十数本発見され，クシャン時代の遺物では，バラ比丘がカニシカ王の3年に寄進した巨大なマトゥラー仏立像などが有名である。サールナート考古学博物館蔵の初転法輪像に代表されるように，グプタ朝後期（6〜7世紀）にはこの地でサールナート派仏教美術が栄え，衣の襞を表さず体に密着したように表現した優美な姿と心静かな表情を特徴とする仏像が数多く制作された。

　ブッダの住居跡とされる根本精舎（ムーラ・ガンダクティー（Mūla-gandhakuṭī）は18m四方の煉瓦積みの建物の東面に張り出し玄関，他の三面に祠堂が設けられた十字形の外形をしている。最大の建造物はダメーク塔で，基壇の直径が約28m，高さは約43mある。基壇は石積みで，その上に煉瓦積みの円筒が積み上げられた構造で，グプタ朝期のものである。頂上から深さ90cmの所から6〜7世紀の仏教碑文が刻まれた石板が発見されている。石積みの下にはそれ以前の時代のものと考えられる煉瓦積みが認められる。碑文によると，サールナートでは12世紀頃ま

サールナート，ダメーク塔

で改修・増築活動が盛んに行われていたという。僧院は敷地の北側に集中的に建てられており，それらは幾度かの増広を経ているが，クシャン朝期以前には遡ることはできないという。

［Debala Mitra, *Buddhist Monuments*, Sahity Samsad, Calcutta, 1971］

（髙橋堯英）

サーンチー Sāñcī　インドのマディヤ・プラデーシュ州のボパール北東にある仏教伽藍（北緯23度29分，東経77度45分）。第1塔南門の傍らから発見されたアショーカ王柱などからマウルヤ朝のアショーカ王時代（前3世紀中葉）に成立したことが検証され，12世紀頃まで栄えた。この地は古にはカーカナーヤ（Kākaṇāya）またはカーカナーヴァ（Kākaṇāva）と呼ばれ，グプタ時代の碑文にはカーカナーダボタ（Kākanādaboṭa）という名で現れる。

　遺跡の中央やや西よりにある第1塔は，高さ16.5m，基壇の直径が約37mもある大塔で，鉢を伏せた形のインドの覆鉢塔の典型で最古のものとされる。アショーカ時代の煉瓦積みの塔が，シュンガ朝時代（紀元前2世紀頃）に石積みで増広され，基壇上と基壇の周りの繞道の周囲に欄楯が巡らされた。さらに，紀元前1世紀頃，四方の入り口に仏伝図・本生図・守護神像・動植物文様などが豊かに浮彫されたトーラナ（toraṇa 塔門）が付加され，グプタ時代に4体の仏陀坐像が基壇部に付加されて現在の形となる。塔の北側にやや小さな第3塔があり，仏陀の直弟子のシャーリプトラとマウドガリヤーヤナのものと記された舎利容器が発見された。第1塔の西，丘の斜面の下のやや離れた所に小規模な第2塔があり，塔門はないがL字形をした4つの入り口を伴

う紀元前2世紀頃の欄楯が見事である。この塔からは、アショーカ王の頃ヒマラヤ地方の布教伝道に尽くしたカーサパゴッタ（Kāsapagotta）とマッジマ（Majjhima）を含む3世代10人の高僧の舎利が発見されたという。仏堂では、第1塔の南にある5世紀の第17堂のように、前面の玄関部に4本の柱が設けられた石積みの平屋根長方形の御堂や、内陣部は壁だが前室部が列柱でできたチャイティヤ堂である第18堂など興味深い建造物が見受けられる。僧院跡は6世紀以前には遡ることはできないが、いくつかは以前の遺構の上に建てられたものである。最大の僧院跡は第2塔付近の第51僧院。第46・47僧院は11世紀のもの。

　［J. Marshall & Alfred Foucher, *Monuments of Sāñchī*, Swati Publications, Delhi, reprint, 1983］　　（髙橋堯英）

サヘート・マヘート Saheth-Maheth　古代インドのコーサラ国の都、舎衛城（シュラーヴァスティー Śrāvastī）と祇園精舎（ジェータヴァナ Jetavana）の古地（北緯27度30分、東経82度2分）。ウッタルプラデーシュ（Uttarpradesh）州のゴンダ・バフライチ（Gonda-Bahraich）地方にあり、ゴンダ-ゴーラクプル（Gonda-Gorakhpur）線のバラランプル駅から約17kmの地点にある。祇園精舎跡のサヘートからは、数多くの仏堂、仏塔、僧院跡が発見されたが、最古のものはクシャン時代の僧院跡とバラ比丘が説一切有部の所領として奉献したカニシカ王の頃のマトゥラー仏など数体の仏像。

　最大の寺院跡は Temple No.2 で、ジェータ太子の園林を釈迦に寄進するため、敷地に貨幣を敷き詰めて買い取ろうとしたと伝えられる豪商アナータピンダカの建立したガンダ・クティー（Gandha-kuṭī）

といわれるが、遺構の最下部はグプタ時代のもの。祠堂と広間から成る Temple No.3 から上述のバラ比丘の寄進した仏像が発見されたが、祠堂の枠組みと広間跡が残るのみ。Temple No.1 も同様な様式の建物であるが、10世紀の僧院内の内庭に建てられたもの。Temple No.11 と 12 は、前にベランダがあり、その奥に3部屋が一列に設けられ、中央の部屋の周囲に繞道が設けられるという興味深い様式を有する。クシャン時代の貨幣が埋蔵されていた僧院Fと僧院G以外の僧院跡はほとんどが中世期の僧院跡。仏塔では、Stupa 17と18がクシャン時代の創建で、他は9・10世紀などに幾度かの増広を経たもの。しかし、クシャン時代の碑文を伴う仏像などが多数発見されている。

　サヘートから北東に約45m離れた地点にある舎衛城跡マヘートにもパッキー・クティー（Pakkī-kuṭī）、カッチー・クティー（Kacchī-kuṭī）と呼ばれる煉瓦積みの建物跡があり、殺人鬼アングリラーマの改悛の場所とアナータピンダカの塔の場所であるといわれる。町の南端の壁から1kmほどの地点に、3基の煉瓦積みの仏塔跡がある。1つは直径約16m、2つ目は直径約31m、3つ目の塔は周囲が540m、高さ15mの壮大なもの。

　［Debala Mitra, *Buddhist Monuments*, Sahitya Samsad, Calcutta, 1971］

　　　　　　　　　　　　　（髙橋堯英）

サンカーシャ Saṃkāśya　ブッダの八大霊廟の1つ。伝承によると、ジャイナ教徒やアージーヴィカ教徒らに奇跡をおこせるならおこして見せよ、とチャレンジされたブッダは、シュラーヴァスティーでマンゴーの実を1日にして大木にして、その木の下で蓮華上に坐していたり立っていたりするさまざまな姿を現出し、

さらに空中にて肩から火炎を出して足下から水を出したり，肩から水を出して足下から火炎を出したりする神変を行ったとされる。その後，死別した母マーヤーのために忉利天を訪れ，そこで母に法を説いて雨期を過ごしたという。ブッダは，帝釈天が造らせた，水精，黄金，白銀の3つの階段の中央の黄金の階段を歩き，梵天・帝釈・須山天を従え地上に降りたといわれるが，その降りた場所がサンカーシャとされる。ウッタルプラデシュ（Uttarpradesh）州のファルカバード（Farukhabad）地方のサンキッサ（Sankissa）がその地に比定され，ストゥーパ跡とアショーカ王柱の柱頭が発見されている。

[Debala Mitra, *Buddhist Monuments*, Sahitya Samsad, Calcutta, 1971]

（髙橋堯英）

し

四王寺山経塚 しおうじやまきょうづか　福岡県粕屋郡宇美町大字四王寺所在。四王寺山にある毘沙門堂境内一帯に，多くの平安時代の経塚が営まれた。とくに毘沙門堂後方で北にあたる御殿場の跡から，防火線に沿って東方にある石垣に囲われた長方形の封土内から見つかった3基の遺構は著名である。

東の遺構は，瓦で埋経施設をつくり，中央の底石の上に鋳銅製四段積上式経筒を納めていた。中央の円形石室内には経巻10巻を納め薄い陶器で蓋をした六耳壺があり，蓋石の上に短刀と小壺を配し，封土内から土製水瓶破片が出土した。西の土坑には銅板製円筒形経筒が納められていた。この経塚の南にあった方形マウンドからは青白磁合子，その下に木製台

に乗せられた元永2年(1118)銘鋳銅製有節円筒形経筒と和鏡2面を納めた東播系丸底大甕があった。それから，毘沙門堂東方林叢中の小高いところの土坑から，瓦製円筒形外容器に納められた鋳銅製有節円筒形経筒が見つかった。毘沙門堂境内の東北隅の積石地下0.6mの所から，滑石製阿弥陀如来立像が鋳銅製有節円筒形経筒を抱擁するような形で出土した。その他に，保安4年(1123)鋳銅製鍍金宝塔形経筒，長承2年(1133)鋳銅製有節円筒形経筒，久安2年(1146)銘鋳銅製四段積上式経筒，白磁経筒など多くの遺物がある。

[島田寅次郎「四王寺の来歴と遺物の発見」『史蹟名勝天然紀念物調査報告』2-11，1927]　　　　（山川公見子）

四橛 しけつ　密教法具。橛はくいの意味で，修法のときには大壇の四隅に立てられる。そして四橛に壇線が張られ壇上を結界する。入唐八家の請来目録では金剛橛と呼ばれている。四橛は金剛杵を細長くかたどったもので独鈷形と三鈷形がある。通常は独鈷形で，中央部に鬼目，その上下に蓮弁帯を飾り，下端は反花座を設け柄を作り出して壇に立てるようにつくる。細部による分類は上下の鈷にあたる部分により，独鈷式宝珠なし四橛，独鈷式宝珠有り四橛，蓮華式宝珠なし四橛，蓮華式宝珠有り四橛の4種に分けられる。独鈷形は金剛界橛，蓮華式の場合は胎蔵界橛と呼び，金剛界，胎蔵界の修法により使い分けたといい，宝珠のあるものは灌頂用，ないものは鎮壇用と伝えられるが，宝珠のあるものは鎮壇でも使用できる。四橛の材料は木製が主であるが，銅や鉄などの金属製のものも多く存在している。四橛の年代は鬼目や蓮弁帯の形式，突帯の作り方など金剛杵と同じ

である。

［奈良国立博物館『密教法具』1965, 石田茂作監修『新版仏教考古学講座』5「仏具」1976］　　　　　（山川公見子）

地獄谷石窟仏　じごくだにせっくつぶつ　奈良県奈良市高畑町春日山の史跡春日山石窟仏の東南約900mにあり，西南に面した凝灰岩質の壁を刳り抜き仏像を刻している。別名，「地獄谷聖人窟」または「聖人窟」とも呼ばれる。大正13年(1924)に国の史跡に指定された。石窟は，間口3.9m，奥行2.9m，高さ2.4mあり，奥壁と両側壁に6体の仏像を線刻する。奥壁の高さは1.7mで，中央高1.7m，幅1.2mの枠取りをし，二重蓮華座に結跏趺坐する如来像を線刻する。尊名は釈迦・弥勒仏・盧遮那仏など諸説ある。胸に卍(吉祥相)が刻まれ優美な蓮華座上に坐し，気高い威容を備えている。東大寺大仏の蓮華座蓮弁に刻まれた如来仏に似ていることから奈良時代像造説もある。全体に彩色が観察され，金箔を施した跡なども残るが，後世に塗り替え直されている。如来に向かって左脇に二重円光背の如来像，右脇に十一面観音立像を線刻する。中尊と作風が異なることから室町時代追刻説もある。側壁の東面には妙見菩薩と虚空蔵菩薩ともいわれる菩薩像があるが，星座が刻されていることから妙見菩薩と推定され，平安後期の造立であろう。他に阿弥陀如来と千手観音などと推定される像もある。春日山石窟と同様な目的で造営された石窟と考えられ，春日山石窟と同時代との説もある。造立の背景には，奈良時代後期に春日奥山が山岳修験の修行場となっていたことが考えられる。中尊を修行僧が本尊として位置づけていたことも考えられる。

［川勝政太郎『新版石造美術』1981, 清水俊明『奈良県史』7　石造美術，1984］
　　　　　　　　　　　　　（岡本桂典）

地鎮　じちん　寺院の建設に先立って行う地鎮めのための儀礼。顕教と密教では作法が異なる。奈良時代までは顕教による地鎮が広く行われ，その依拠する経典は『陀羅尼集経』であったと考えられるが，詳細な作法は不明な点が多い。『陀羅尼集経』自体は本来密教経典であるが，純密が伝来してからは依拠されることがなくなったもので，もっぱら顕教が隆盛した時期に使用されたところから，雑密の徒が関与した可能性は否定できないものの，基本的には顕教の地鎮として理解することができる。また，古代寺院の地鎮では，陰陽師が関与したことがあきらかであるが，奈良市西大寺などの塔や興福寺などの金堂で出土している鎮壇具がはたして陰陽師によって残されたものであるかどうかはあきらかでない。それらのなかには，『陀羅尼集経』に説かれている七宝などに該当するものが含まれており，仏教との関連が予想されるところから，一概に陰陽師によるものと言い切れない面がある。

平安時代になると，もっぱら密教による地鎮が行われるようになるが，天台宗と真言宗ではその作法を異にする。天台宗では，地鎮と鎮壇を一体のものと捉え，地鎮を一度行うのみである。それに対して，真言宗では，地鎮と鎮壇を区分し，地鎮は堂宇の基壇を築く前に行うもの，鎮壇は建物ができてから修するものとされ，地鎮と鎮壇の二度修法を行うことが基本となっている。また，真言宗では賢瓶を使用し，橛の上に輪宝を載せるのに対して，天台宗では賢瓶を用いず，輪宝の上に橛を立てることになっているなど，細部において相違点が指摘できる。しか

し，顕教の地鎮めと比較すれば，その差は小さなものであり，密教法具を使用した作法である点で共通している。密教による地鎮は近世まで連綿と伝えられ，寺院のみでなく，城郭などの世俗的な建築にも応用された。

［森郁夫「奈良時代の鎮壇具埋納」『研究論集』Ⅲ，1976，「古代における地鎮・鎮壇具の埋納」『古代研究』18，1979，「古代の地鎮・鎮壇」『古代研究』28・29，1984］

（時枝　務）

竹箆　しっぺい　竹箆子ともいう。割竹を重ねて「へ」の字状に作り，頭部や把所に藤を巻き，黒漆を塗って仕上げる。一方に紐を結び，房をつける。形状は，弓の弦を外した形で，その長さは一定ではないが，3尺くらいである。禅宗においては，坐禅の時にこれを用いて警覚を与える。また，禅師が法話の時にも持ち，威儀を正す威儀具の一種でもある。中国から伝わったもので，曹洞宗では常にこれを持つという。『諸宗階級』巻上「竹箆の事」に「日本にて道元派は導師たる者は其の身を放さず，行住坐臥所持いたすべき義に候」とある。

単独の遺例はほとんどなく，肖像彫刻の持ち物に見られる。愛知県妙興寺の木造大応国師像の持ち物である竹箆は，鎌倉期とされ，長野県安楽寺木造惟仙和尚像の持ち物の竹箆も鎌倉期とされている。

［光森正士「僧具」『新版仏教考古学講座』5，1976，鈴木規夫『供養具と僧具』日本の美術283，1989］　（岡本桂典）

四天柱礎　してんちゅうそ　塔の四天柱を支える礎石。自然石と人工品があり，人工品は柱孔を穿つものと柱座を作り出すものに大別され，後者はさらに柱座のみのものと柱座に出柄のあるものに細分される。柱座は平面が円形を呈するものが多く，方形のものも知られるが，出柄のあるものは円形の柱座のみに見られる。方形のものは，奈良県明日香村川原寺跡など，7世紀の寺院に多く採用され，概して円形のものよりも古いものに見られる傾向がある。なお，四天柱の外側には12個の側柱礎が配されるが，側柱礎には地覆を受けるための施設である地覆座が設けられた例がある。その場合，礎石は柱座と地覆座をともにもつものとなるが，隅の4個の地覆座は直角方向に設けられるのに対して，中間のものは左右に延びる形態を採る。四天柱礎や側柱礎は塔に欠かせないものであるが，すべてが残っている遺構は案外に少なく，心礎に比して研究が立ち後れているのが現状である。

［岩井隆次『日本の木造塔跡』1982］

（時枝　務）

四天王寺　してんのうじ　大阪府大阪市天王寺区四天王寺に所在。国指定史跡。標高18m前後の上町台地上に位置する。中門から塔・金堂・講堂が直線上に並ぶ伽藍配置は，百済の定林寺や軍守里廃寺などと同様で，「四天王寺式」として知られる。創建の年代は，文献史学上からは推古朝の末年頃とされている。考古学の観点からも，出土した創建当時のものと考えられる瓦のうちに，法隆寺創建伽藍に伴うものと同笵の瓦が含まれており，それらが法隆寺のものと比して型崩れしていることから，法隆寺と同時期かやや遅れた時期，7世紀前半頃の創建と考えられている。寺域内において，昭和9年（1934）の天沼俊一以来数十回の発掘調査が行われている。これらの調査により，中門と塔，金堂は開創時に建てられたが，講堂や回廊が造営されたのは，7世紀中〜後半にかけての時期であったことが確認された。この講堂などの造営時の瓦に

百済大寺とされる木ノ本廃寺と同笵のものが出土している。このことは、この時期が大化の改新を経て、仏教の興隆施策が蘇我氏から天皇家へと移り、天皇家は百済大寺を中心に仏教の推進を図ろうとした時期であることとあわせ、当時における四天王寺が官的に拡充整備されたと想定する考えの根拠となっている。さらに、奈良時代でも後期難波宮と同笵の瓦が出土しており、この時期においても官との関係が存在していたことがうかがえる。なお、中世期の庶民信仰が盛んな時期には、当寺の西門が極楽浄土の東門に通じているとみなされ、永仁2年(1294)に忍性によって石鳥居が造立され国の重要文化財に指定されている。

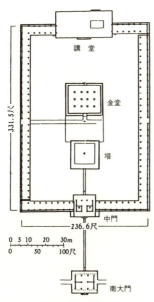

四天王寺伽藍配置図

[(財)大阪市文化財協会『大阪市天王寺区四天王寺旧境内遺跡発掘調査報告』1、1996]　　　　　　　(三好義三)

四天王寺　してんのうじ（サチョンワンサ）　新羅による三国の統一（668年）後に、唐が新羅を征服するために攻撃した際（675年）に護国のために伽藍を創建したことに始まる。遺跡の地理的状況は古来から神聖視された「神遊林」（シンユウリム）であり、新羅時代の「七処伽藍之墟」の1つである。平坦な丘陵上に建立され、伽藍の配置形態は、南北の伽藍中軸線上に南大門・中門・金堂・講堂が配され、中門から派出する回廊が講堂を囲んでいる。伽藍中央部の土壇を金堂跡として、金堂跡の東南方と西南方また北東方と北西方に各々方形土壇の跡とその上に礎石が残っている。金堂を中心として前方の左右跡は双塔、後方の左右は鐘楼、経楼の建物と判断される。四天王寺伽藍は韓国の双塔伽藍形式の始源であり、鎮護国家のために建てられた歴史的に有名な寺院である。

[朝鮮古蹟研究会『大正11年度古蹟調査報告』1、1924]　　　　　　　(李興範)

信濃国分寺跡　しなのこくぶんじあと　長野県上田市大字国分に所在し、千曲川によって形成された第3段丘上に立地する。背後の第2段丘上にはその法灯を受け継いだ現国分寺、第1段丘上には染谷台条里水田跡がある。現在、寺域には国道と鉄道が東西に横断しており、一帯約5万5,000㎡が史跡公園として整備されている。国指定史跡。寺域南前方には奈良時代の東山道(推定)が東西にのびている。昭和38年(1963)から46年(1971)にかけて実施された発掘では、僧寺で中門、金堂、講堂、回廊、塔、僧房、尼寺で中門、金堂、講堂、回廊、尼房、経蔵、北門などが確認され、講堂、金堂、中門が南北一直線に並ぶ東大寺式(国分寺式)の伽藍配置と判明した。僧寺(100間四方)、尼寺(80間四方)とも築地で囲まれており、40

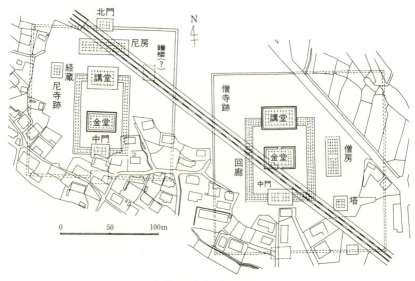

信濃国分寺跡伽藍配置復元図

m間隔で近接して並置する。さらに尼寺の北方には平安時代初期に補修瓦を焼いたとされる瓦窯跡（平窯）が２基発見された。僧寺・尼寺から鐙(軒丸)瓦，宇(軒平)瓦など多量の瓦と土師器・須恵器・灰釉陶器・緑釉陶器，鉄釘，古銭（和銅開珎など）が出土し，僧寺跡から２面の円面硯が発見されている。創建期の瓦文様には，鐙(軒丸)瓦に八葉複弁蓮華文，宇(軒平)瓦に均整唐草文があり，前者は奈良県東大寺所用瓦や平城宮出土瓦の文様と酷似する。なお，僧寺の講堂北方の寺域内より磬が出土しており，現国分寺北側に接する国分遺跡群の最近の調査で僧寺跡と尼寺跡の中間を通り，東山道(推定)と交差が推定される道路状遺構がみつかっている。

[上田市教育委員会『信濃国分寺─本編─』1974，斎藤忠「信濃」『新修国分寺の研究』3，1991]　　（河西克造）

柴田常恵　しばた　じょうけい　明治10 (1877)〜昭和29 (1954)，愛知県生。真宗東京中学高等科，郁文館中学内史学館で史学を学ぶ。東京帝国大学雇（人類学教室），同助手を経て内務省・文部省嘱託，慶應義塾大学講師。

内務省時代，日本各地の史跡調査を行うとともに，仏教考古学の分野に大きな業績を残した。とくに『佛教考古學講座』の編集顧問として項目と執筆者の選定にあたり，自ら「佛教考古學概論(一)」（第１巻）を執筆し，仏教考古学の体系化の先鞭をつけた。

（主要著作）『筑後石人写真集』1912，『日本石器時代人民遺物発見地名表』第４版，1919，『柴田常恵集』日本考古学選集12，1971　（追悼）「柴田評議員逝去」『考古学雑誌』40─3，1971　　（坂詰秀一）

鴟尾　しび　屋根建築部材の１つで，主に大棟の両端に付せられる魚体に似た形の一対の棟飾り。その形から『倭名類聚抄』には「久都賀太」と訓じられている。鴟尾，蚩尾，鮴とも書かれる。鴟吻，鯱もこの一種である。起源としては，中国

後漢の陶屋に両端の反りを強調したものが見られ、鳳凰の羽を立てた形を表す反羽と呼ばれていた。鴟尾の語は『晋書』に登場し、北魏の石窟にその形が見られる。鴟は古代中国では海中の魚で浪を噴出させ、雨を降下させるものと信じられており、これを屋上に設けることにより防火の呪的要素をもたせたと思われる。材質は、瓦製が多く、石、青銅、鉛、木のものもある。

日本に伝来したのは飛鳥時代で、法隆寺の玉虫厨子の屋根にも表現されている。奈良、平安時代は、ほとんどの寺院、宮殿に多く使用された。奈良県唐招提寺金堂の鴟尾は、8世紀の唐様式の姿を伝える貴重な伝世品である。その他に瓦製の鴟尾は、大阪市四天王寺出土品、大阪府高井田廃寺出土品、奈良県和田廃寺出土品が知られる。近年の調査では福井県王子保窯跡、新潟県横滝廃寺からも破片が出土しており、大阪府羽曳野市西琳寺跡より蓮華文などが浮き彫りされた白鳳時代の仏教美術を伝える逸品が出土してい

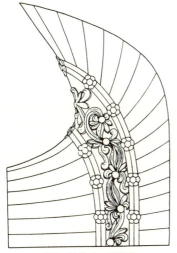

鴟尾（法隆寺，復原図）

る。石製品は珍しく、群馬県高崎市山王廃寺出土品、千葉県印旛郡龍角寺、鳥取県大寺廃寺出土品が名高い。

平安時代以降は鬼瓦が主流になるが、鎌倉時代には鯱が登場し、『男衾三郎絵詞』に描かれているのが最も古く、山梨県大善寺本堂の厨子が名高い。その後、城建築にも盛んに使われ、近年の調査では、安土城跡より目玉、牙などに金箔を施した鯱の破片が発掘されている。

［奈良国立文化財研究所飛鳥資料館『日本の鴟尾』1980］　　　（松原典明）

紙本経　しほんきょう　紙に書写された経典。装丁は巻子が主体であるが、そのほかに冊子・粘葉装・折本などが見られる。経文は通常墨書であるが、朱・金・銀などで書かれることもあり、血を混ぜて書く血書経も知られている。料紙は素紙のほか紺紙などの色紙を用いることもあり、金銀箔や金銀泥などで飾った装飾経も見られ、見返しに仏像などを描くことも広く行われた。一般に界線・罫線を引き、17字など一定の字数を定めて、楷書体で書写する。1字ごとに礼拝しながら写経する作法もあり、経文を神聖視する意識から、1字ごとに文字の下に蓮座を配し、あるいは仏像形を描くことも行われた。巻子本では、中心に経軸を入れて巻き上げるが、その軸の両端に金属・水晶・ガラスなどで製作した経軸端を取り付けることが多い。

インドでは経典は貝多羅葉にサンスクリット語で書写されたが、後漢に中国に伝来して漢訳されると、すでに中国で発明されていた紙を用いた写経が出現した。筆と墨も中国で開発されたもので、紙本経は中国で誕生した写経であるといえ、北魏から唐まで盛んに制作されたが、宋代に版経が流布するようになって衰退し

た。

日本には朝鮮を経由して伝播し、天武2年(673)には川原寺で『一切経』が書写されたことが『日本書紀』に見え、奈良時代には官立の写経所が設けられて本格的な写経事業が行われたが、それらの経典がすべて紙本経であったことはいうまでもない。また、東大寺などの大寺院にはそれぞれ写経所が置かれ、僧侶による写経が行われた。その結果、奈良時代には和銅経・聖武天皇勅願経・光明皇后願経・紫紙金字金光明最勝王経などが制作され、隋唐の影響のもとに独自な写経が生み出された。

平安時代になると、円仁が草筆石墨による『如法経』の写経作法を伝え、『法華経』を主体とする『如法経』が盛んに書写された。『如法経』は経塚に埋納されることも多く、経筒に入れて地下に埋められたが、大部分は腐って現存しない。稀に遺存していた例を見ると、いずれも素紙を用いたものであるが、界線や罫線を引かず、軸木をもたないものが確認できる。また、巻子では巻末から巻くのが常識であるが、経塚出土の経典には巻頭から巻いたものが見られる。おそらく、書写したまま巻き戻すことをせずに、そのまま埋納したものと考えられる。このように経塚出土の紙本経には、一般の写経に比して簡略なものが多いが、それは作善業としての書写する行為を重んじ、経典そのものの体裁を軽視したためと考えられる。

平安時代中後期には、経典を荘厳することが功徳をもたらすと考えられ、さまざまな装飾経が盛んに制作された。現存するものとして中尊寺経・平家納経・久能寺経・慈光寺経・荒川経などが知られている。また、早く写経することが意義あるとする頓写経や死者を1日のうちに救い出すために行われた一日経など、経典に対する信仰と深く結びついた写経も盛んであった。

［兜木正亨「信仰と経典」『新版仏教考古学講座』6，1977］　　　（時枝　務）

志摩国分寺跡 しまこくぶんじあと　三重県志摩郡阿児町国府に所在。旧志摩国は、志摩半島にあり、中央には深く入り込んだ的矢湾が広がり、的矢湾の南東には安乗半島が湾と太平洋を隔てている。志摩国分寺跡として比定されている遺跡は、この半島の基部に位置する国府の国分寺境内周辺で、外洋に面した標高20m前後の低丘陵地上に立地する。

推定地周辺では、発掘調査が行われたことはなく、伽藍配置などの詳細は不明である。鐙(軒丸)瓦・宇(軒平)瓦の出土と「大門」「大堂」「御堂後」などの地名から推定地とされている。したがって、僧寺と尼寺の関係についても判明していない。

採集された鐙(軒丸)瓦は、変形複線文縁複弁蓮華文で中房に1＋4の蓮子を配し、比較的肉厚の複弁を4弁と複弁の間に大きな素弁を4弁配する。外区は、鋸歯文状に斜行する文様帯に9個の珠文と3個一組の蓮子を交互に配する。宇(軒平)瓦は、重弧文と偏行唐草文の2種の破片がある。後者は、上顎部に複線鋸歯文帯、下顎部に唐草文の間に珠文を配する。

『類聚三代格』巻44、出挙条の天平16年(744)の詔文によれば、志摩国分寺の財源については尾張国の正税をあてたことが知られ、『日本後紀』大同4年(809)には「志摩国分二寺僧尼安置伊勢国国分寺」と記され、志摩国分寺及び尼寺は平安時代初期には伊勢国分寺に吸収されたものと考えられる。

[大西源一「志摩」『新修国分寺の研究』2，1991]　　　　　　　　（駒田利治）

下府廃寺　しもこうはいじ　島根県浜田市下府町に所在する古代の寺院跡。下府川下流域に形成された沖積平野の北側，丘陵裾部の微高地に位置する。塔心礎の存在が古くから知られており，塔跡周辺が国史跡に指定されている。平成元年（1989）から平成4年の間，発掘調査が実施され塔跡と金堂跡が確認されている。塔を東，金堂を西に置く伽藍配置だが，講堂跡は検出されていない。地形的に金堂と塔の北側に講堂を建てる余裕はない。塔心礎は南北長2.51m，上面に方形の柱座をつくり，中央に円孔を穿つ。出土する瓦類のうち，鐙（軒丸）瓦12種類，宇（軒平）瓦6種類が知られる。いずれも地方色の強い瓦当文様であり，なかには石見国分寺跡や石見国内の寺院跡出土の軒瓦と同系統のものも含まれる。

[浜田市教育委員会『下府廃寺跡』1993]　　　　　　　　（真田広幸）

下野国分寺跡　しもつけこくぶんじあと　栃木県下都賀郡国分寺町大字国分に所在する。国指定史跡（大正10年）。金堂・講堂・塔などの基壇が平地林の中に残されており，東大寺式の伽藍配置と推定される。昭和57年（1982）～平成4年（1992）度まで，栃木県教育委員会により伽藍地及び寺院地の範囲確認を目的とした調査が行われた。寺院地の規模は，南北457m・東西413mで，Ⅰ期～Ⅳ期に変遷している。Ⅰ期（8世紀中葉）は，主要堂塔の造営期である。仮設的な仏堂を造営中の金堂東方に建てている。Ⅱ期（8世紀後葉～9世紀前半）は，主要堂塔が完成し伽藍地を掘立柱塀で囲み，寺院地を溝で区画する時期である。Ⅲ期（9世紀後半代）は，掘立柱塀を築地塀に建て替え，寺全体の改修を行う時期である。Ⅳ期（10世紀以降）は寺院地の溝が完全に埋まり，伽藍地に接近して竪穴住居群が展開する時期である。部分的な改修を行う。

[斎藤忠「下野」『新修国分寺の研究』

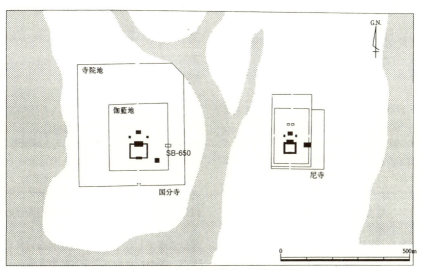

下野国分寺・尼寺跡の寺院地・伽藍地全体図

3，1991，栃木県教育委員会『下野国分寺跡』XIV，栃木県埋蔵文化財調査報告220，1999] （板橋正幸）

下野国分尼寺跡　しもつけこくぶんにじあと　下野国分寺跡の東方600mに位置し，現在史跡公園として整備されている。国指定史跡（昭和40年）。昭和39（1964）～41・43年の調査で，主要堂宇が確認された。平成5～10年（1993～1998）度には，範囲確認を目的とした調査が行われた。その結果，伽藍地の規模は，南北約205m・東西約135mになる。寺院地は，南北約261m・東西約147mの範囲を溝で区画しており，その東側には南北約211m・東西約52mの張り出し部が付設している。国分寺同様I～IV期に変遷している。I期（8世紀中葉）は仮設的な仏堂を建て，主要堂宇の造営を行う時期である。II期（8世紀後葉～9世紀中葉）は，伽藍地を掘立柱塀で囲み，その外側を寺院地として溝で区画する時期である。III期（9世紀後葉）は，掘立柱塀から築地塀に建て替える時期である。IV期（10世紀代）は，周囲に竪穴住居群が展開する時期である。

[斎藤忠「下野」『新修国分寺の研究』3，1991，栃木県教育委員会『下野国分寺跡』XIV，栃木県埋蔵文化財調査報告220，1999] （板橋正幸）

下野薬師寺　しもつけやくしじあと　栃木県河内郡南河内町大字薬師寺に所在する古代寺院遺跡。7世紀に下毛野氏によって創建されたと推測される。昭和41～46年（1966～71），同62年（1987），平成4～9年（1992～97）にわたって発掘調査が実施され，塔を回廊の外側に置くいわゆる東大寺式伽藍配置であることが判明した。伽藍は南大門・中門・金堂・講堂が主軸に沿って南北に並び，中門の両翼から延びた回廊が講堂に取り付き，講堂の背後に性格不明の北方建物と僧房が建ち，塔は金堂の東側回廊外に位置する。戒壇は東大寺・観世音寺とともに日本三戒壇に数えられているが，推定位置に現在は安国寺六角塔が建っているため，遺構の実態は不明である。創建期の軒瓦は面違鋸歯文縁をもつ蓮華文鐙（軒丸）瓦と重弧文字（軒平）瓦の組み合わせで，いわゆる川原寺式の特色をもち，7世紀後半に遡る。8世紀の軒瓦は線鋸歯文縁をもつ蓮華文鐙（軒丸）瓦と唐草文字（軒平）瓦の組み合わせで，宇（軒平）瓦が興福寺などと同笵関係にあることから，近畿地方から出張した瓦工人によって製作されたことが知られる。

[栃木県教育委員会『下野薬師寺跡発掘調査報告』1973] （時枝　務）

下道氏墓誌　しもつみちうじぼし　岡山県小田郡矢掛町東三成の丘陵から，元禄12年（1699）に発見された。墓誌は，骨蔵器である銅製容器の蓋部分に刻まれている。容器は，高さ約16.0cm，口径約21.0cmの丸底で鉢形を呈する身に，高さ約9.0cm，径約25.0cmの摘付の蓋をかぶせたものである。なお，周辺にはこの容器を納めてあったと思われる石櫃の破片が遺存していた。蓋の表面は，紐状突帯で3圏に区分されており，中圏に1行29字，外圏に1行18字，計47字が墓誌として刻まれている。銘文からは，この銅製容器が，下道圀勝とその弟圀依の「母夫人之骨蔵器」であることが記され，和銅元年（708）11月27日の年号が認められる。「骨蔵器」の名称は，これに由来するものである。下道氏は，岡山県を中心とする吉備地方の大豪族であり，『続日本紀』によると，圀勝は遣唐使として著名な吉備真備の父であり，葬られた夫人は祖母に当たる。

[角田文衞「備中国下道氏塋域に於ける

一火葬墓」『考古学雑誌』34－4，1944]

（上野恵司）

下総国分寺跡　しもふさこくぶんじあと　千葉県市川市国分３－1790ほかに所在する。古くは江戸時代に注目されるが，学術的には昭和７年(1932)に平野元三郎・滝口宏により講堂の基壇が確認された。その後，市川市史の編さんに伴う発掘によって法隆寺式伽藍配置をとることがあきらかにされた。

　寺院地の区画は溝によって行われ，北辺と西辺の溝が確認されている。塔の軸線などから推定される規模は東西約276m～360m，南北約333m～340m で，東辺，南辺は台地縁辺が利用されたと考えることが妥当のようである。北西隅の修理院は営膳関係施設として造寺所に相当

すると考えられている。

　主要伽藍は金堂，塔，講堂があり，金堂が最大規模で東西31.5m，南北19mで版築による基壇である。軸線の傾き及び塔版築の築土から瓦が出土しない点から，主要伽藍の時期差が考えられている。

　出土瓦は鐙(軒丸)瓦に宝相華文と単弁十六葉蓮華文などがあり，宇(軒平)瓦に宝相華文と均整唐草文がある。

　[平野元三郎・滝口宏「下総国分寺址考」『史蹟名勝天然紀念物調査』10，1933，滝口宏「下総」『新修国分寺の研究』2，1991]

（阪田正一）

下総国分尼寺跡　しもふさこくぶんにじあと　千葉県市川市国分4－1971ほかに所在する。僧寺とともに江戸時代から注目されていたが，学術的には昭和７年（1932)，

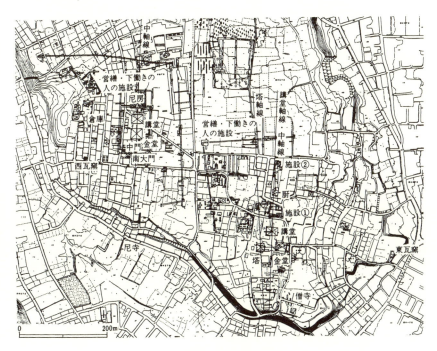

下総国分寺全体図

平野元三郎・滝口宏により金堂及び講堂が確認され、「尼寺」の墨書土器の出土によって尼寺の位置を確定するとともに僧寺の位置も確定した。僧寺の西側約30mに東辺区画溝が位置し、西辺を除いて区画溝が確認されている。西辺は台地縁辺をもって区画されると考えられている。

寺院地は北辺の東西が約324m、東辺の南北が約400mであり、主要伽藍は東辺区画溝寄りに位置し、伽藍地は東西約75m、南北約142mで、金堂、講堂が南北に並び、講堂の北側には尼房が位置している。金堂は東西25.5m、南北22.4m、講堂は東西26m、南北18mの基壇規模を呈している。

出土瓦は宝相華文鐙(軒丸)瓦と宝相華文字(軒平)瓦であるが、僧寺の瓦と比較すると文様が崩れたものが多いことから造堂が僧寺より遅れたと考えられている。付属施設を示す「院」「新院」の墨書土器が出土している。

[平野元三郎・滝口宏「下総国分寺址考」『史蹟名勝天然紀念物調査』10, 1933, 滝口宏「下総」『新修国分寺の研究』2, 1991]

(阪田正一)

釈迦の遺跡 しゃかのいせき 釈迦(Gotama Buddha)の遺跡は、北インド、ガンジス河の中流域に点在する。生誕の地・ルンビニー(Lumbini)、開悟の地・ブッダガヤー(Buddha Gaya)、初転法輪の地・サールナート(Sārnāth)、入滅の地・クシーナガラ(Kuśinagara)を4大仏跡、それにラージギル(Rajgir)、サヘート・マヘート(Sahāt Mahāt)、ヴァイシャリ(Basarh)、サンカシャ(Sankasya)を加えて8大聖地と称されている。ラージギル(王舎城)はマガダ国の首都、サヘートは祇園精舎、マヘート(舎衛城)はコーサラ国の首都、ヴァイシャリ(毘舎離城)はヴァッジ国の首都、サンカシャは伝三道宝階降下の地である。これらの地には、いずれも釈迦の所縁と称される遺跡が残され、発掘調査が行われている。

[樋口隆康『インドの仏跡』1969, 曽野寿彦・西川幸治『死者の丘・涅槃の塔』沈黙の世界史8 インド, 1970, Debala Mitra, *Buddhist Monuments*, 1971, 中村元編『ブッダの世界』1980](阪詰秀一)

写経 しゃきょう 筆写した経典。または経典を筆写する行為をいう。大乗仏教では写経を重視し、とりわけ『法華経』では経典そのものを法身の舎利として崇拝する思想が強く見られ、それを書写することによって大きな功徳が得られるとする信仰が生まれた。日本では紙に筆で墨書するのが基本であるが、それは中国で一般化したもので、インドや西域などでは植物の葉や樹皮を利用した貝葉経が流布していた。中国では後漢(25～220)に漢訳経典が出現するとともに紙本経が誕生したと見られ、北魏・隋・唐と盛行したが、北宋以後は印刷技術の進歩によって版経にとってかわられた。

日本へは朝鮮を経由して伝播し、天武2年(673)に川原寺で『一切経』の写経がなされたことが『日本書紀』に見えるのを初見とし、以後急速に広まったものと考えられている。写経を行うためには文字を習得していることが前提となり、そのため、もともと文字をもたなかった日本では僧侶の間に文字が普及するまで写経が広まらず、仏教公伝後約1世紀を経てはじめて大規模な写経が可能になった可能性が高い。奈良時代には、国家によって写経司という役所が設置され、その管理下にある写経所で、官吏である写経生が経典の筆写にあたった。写経生には書の上手な人物を試験で採用し、しかも

紙や墨は上質なものを用いたので，奈良時代の写経には美術的に優れたものが多く見られる。和銅経・長屋王願経・聖武天皇勅願経・光明皇后願経・紫紙金字金光明最勝経などが著名である。

平安時代になると，律令制の弛緩とともに写経所が停廃され，寺院や個人による私的な写経が主体となった。また，写経をすることで功徳が得られるとする信仰が強まり，如法経・頓写経・一筆経・血書経・装飾経などが流行した。如法経は一定の作法にもとづいて草筆石墨で書写するもので，比叡山横川を中心に信仰が昂揚し，経典を地中に埋納する経塚の造営とも深い関係をもった。頓写経は速筆で書写した経典で，正確さや美しさよりも速さを重視し，短期間に仕上げることに意義を見出した信仰的な色彩の強いものである。経塚出土の経典のなかにも，経軸を欠くものや巻首が奥になったまま巻き戻していないものなどが見られるが，それらも写経自体を作善業として重視するという信仰を反映したものといえよう。一筆経は一人で『一切経』などを書写するというもので，一人で大量の経典を書写することに価値を見出すものであるが，やはり写経という作善業を重視する信仰に裏付けられたものと考えられる。血書経は原則として写経する者の血液を混入した朱墨で書写した経典で，自らの血液によって誠心誠意写経したことを示そうとしたもので，やはり写経という行為を重視したものである。それに対して，装飾経は経典そのものを飾り立てることによって功徳を得ようとしたもので，頓写経などと目的は同じでも異なった方法を採用したものといえる。

[兜木正亨「信仰と経典」『新版仏教考古学講座』6，1977，『法華写経の研究』1983]

（時枝　務）

錫杖　しゃくじょう　サンスクリット語のカカッラ（khakhara）あるいはヒッカラ（hikhara）の漢訳語である。喫棄羅と音写し，有声杖，声杖，智杖，徳杖，金錫ともいう。比丘十八物の1つで，僧が遊行の時に携帯する僧具である。

『四分律』巻52に，諸比丘が道を行くに蛇や毒虫などの害からのがれるために，錫杖をもち音をたてることを許すとある。また，『十誦律』巻56に「杖法とは，仏寒林の中に在りて住す，諸の腹行の毒蟲多くして諸比丘を嚙む。仏言わく『有声杖を作りて毒蟲を駆遣すべし』是を杖法と名づく」とあり，錫杖は遊行に際して音を振り鳴らし，毒蛇毒虫悪獣などを追い払うのを目的に用いられたことがわかる。また，病気や高齢の僧侶が身を支えるために用いることを許されている。さらに，乞食をするときに信者の門前で合図するのに用いられることもある。

錫杖の材質については，鉄製・銅製で鉄の場合は鍛造が一般的である。形状は，杖頭部（錫）と柄部，石突（鐏）の柄部から構成され，杖頭部は多くのものがハート形の形状の大環を作り，頂部や環の内側に宝珠や宝塔，仏像などを表し，大環の左右に数個から6個の遊環をつけている。柄は木製のものがほとんどであるが，鍛鉄製のものもある。大環の左右に各2か所括りを設けるものがあるが，多くは手錫杖に見られる。手錫杖は，柄が短く法会などで梵唄を唱えながら振り鳴らすものである。

錫嚢が『十誦律』に説かれているが，正倉院宝物に杉板の錫杖箱がある。錫杖は常に浄手（右手）にもち，不浄手にもつことを禁じている。仏像の持物にも見られ，千手観音像，不空羂索観音，地蔵菩

薩像に見られる。錫杖は、役行者の彫像や画像にも見られ、修験十二道具の1つとされている。修験道では、十界六度を実践することから、六輪の菩薩の錫杖を用いるとされている。奈良県正倉院には奈良時代の鉄錫杖、栃木県輪王寺には平安時代の銅錫杖頭がある。香川県善通寺には唐代の金銅錫杖がある。栃木県男体山、和歌山県那智経塚などからも出土例がある。

金銅錫杖（香川県善通寺）

［光森正士「僧具」『新版仏教考古学講座』5，1976］　　　　　（岡本桂典）

灑水器　しゃすいき　密教法具。浄水（香水）をいれる器。修行中、行者が加持を行い浄めた水を、散杖をもって自身及び道場や壇上の供物などに灑いで灑浄するものである。塗香器とあわせて二器ともいう。灑水器は塗香器より大きくつくるが、両者は全く同一の姿であり、高台つき鋳銅製鋺で、高台のついた台皿と蓋からなる。そして、鋺の側面には2本ないし3本の突帯を設け、蓋は2段に盛り上がった甲盛り形で頂上に鈕をつけている。

蓋上の鈕は修法の内容により違い、独鈷鈕は調伏法、三鈷鈕は息災法、蓮華鈕は敬愛法、宝珠形鈕は増益法であるが、宝珠形鈕の二器が一般化しており、灌頂をはじめ諸部諸法に使用されたようである。なお、散杖はかつては柳を用いていたが、昨今は梅の枝あるいは白檀でつくる。長さは36〜55cmほどの枝の樹皮を取り払ってつくる。台密系では散杖を通すために蓋の鈕に環をつけたものもある。

［奈良国立博物館『密教法具』1965，石田茂作監修『新版仏教考古学講座』5「仏具」1976］　　　　（山川公見子）

舎利塔　しゃりとう　サンスクリットのシャリーラ（Śarira）の音写。舎利は釈迦の遺骨を指す。寂滅した釈迦を火葬にしたとき、その舎利を巡って諸王が争いかけたことは舎利8説の伝説に有名である。ドーナというバラモンが舎利を等分に分割したために争いは未然に防がれ、8人の王達は8等分の舎利を、バラモンは舎利を分けた器の瓶を、土地の人々には火葬の灰が分け与えられ、それぞれ舎利8塔と瓶塔、灰塔の計10塔が各地に建立された。

舎利塔は厳密にいえば、舎利を内蔵する容器を保護するための外容器的な機能を持つものと、水晶五輪塔そのものが仏舎利を収納する容器となる場合の2つの様態がある。共にそのものの形状をもって仏舎利の荘厳具としたものであり、宝塔形舎利塔、多宝塔形舎利塔、金亀舎利塔（瑜祇塔）、五輪塔形舎利塔、宝篋印塔形舎利塔がある。

埼玉県美里町広木上宿遺跡から漆箱に納められた状態で、舎利塔と思われる小型宝塔5基と小型未開敷蓮華5本が出土した。これらは金・銀・金銅・銅・鉄という異なる金属によって製作されたも

ので，金製宝塔の総高は3.46cm，重量は11.41ｇ，銀製，金銅製もほぼ同規模である。銅製は4.4cm，重量は17.63ｇ，鉄製は推定で6.9cm，重量は57.96ｇである。鉄製宝塔を除く，金・銀・金銅・銅製の小型宝塔の塔身部は空洞になっており，前3者には開閉ができる扉が設置され，軸部には長方形の扉口が切り込まれている。これら塔身部の収納機能から仏舎利を直接納める宝塔形舎利容器という機能が考えられる。

水晶製舎利塔（神奈川県鶴岡八幡宮境内遺跡出土）

［奈良国立文化財研究所編『仏舎利の荘厳』1983］ （斎木　勝）

舎利容器　しゃりようき　舎利とは，梵語のSarisaの音訳で，身体や遺骨の意味であるが，通常釈迦の遺骨を指す。釈迦入滅後，門弟により遺体は荼毘にふされ，その遺骨，舎利は八等分され，それを奉安するため8塔が建立されたといわれる。この際に，仏舎利を入れた容器が舎利容器であり，舎利容器は通常入れ子状に，徐々に大きい容器に被覆される場合が多い。

インドでは，この8塔に属すると思われる2塔が発掘され，舎利容器が検出されている。1つはピハール州ヴァイシャーリーの塔であり，そこからは滑石製の，紐を有する球形の合子状の舎利容器が検出されている。同じように，ウッタル・プラデーシュ州ピプラハワーで発掘された塔からは，小石室内から舎利容器として，滑石製壺形2，滑石製ローター形1，滑石製の小形のもの1，水晶製壺形1の計5個の舎利容器が検出されている。特に滑石製壺形の1つは，合子状の球形を呈しており，蓋には塔形状の紐が認められ，銘文が刻まれている。古代インドの舎利容器は，必ずしも材質と形態の一致は見られないものの，材質は滑石・水晶・凍石・大理石などの石製品と，金・銀・銅などの金属品，特種な象牙製品などに区別され，その形は合子・塔・円筒形のものなどが知られる。

仏教における舎利の埋納と塔の建立は，インドから中国，朝鮮半島を経て日本に伝わった。日本における文献から見た舎利の埋納は，『日本書紀』敏達天皇13年（584）に，司馬達らが献上した舎利を，翌年蘇我馬子が大野丘に塔を建て，その柱頭に埋めた記事，次いで崇峻天皇元年（588）に百済から献上された舎利を，推古天皇元年（593）に飛鳥寺の塔心礎の中に安置した記事，推古天皇31年（623），新羅・任那の使者がもたらした舎利を四天王寺に納めた記事，『上宮聖徳法王帝説』裏書に記載されている山田寺の記事などがある。特に，山田寺の記載は詳細であり，これによれば，塔心礎の中に円孔を穿ち，舎利孔をつくり，そこには大型の銅鋺が認められ，中には金，銀，金銅の三重の壺があり，さらにその中に8粒の舎利を入れた，青いガラス瓶があっ

たことが知られる。

　現存する飛鳥・白鳳時代の舎利容器は、6例のみである。奈良県法隆寺のものは、基壇上面より2.7m下の心礎上面中央部に穿たれた舎利孔内から検出された。舎利容器は、入れ子状になっており、外側より銅製佐波理鋺、四方に銀製鎖をかけ金製針金を巻いた鍍金銅製佐波理蓋付鋺、菩薩形と唐草文を透かし彫りにした銀製卵形容器、唐草文を透かし彫りした銀製卵形容器、銀製の宝珠形栓をした壺形を呈するガラス容器となっていた。奈良県法輪寺のものは、元文4年(1739)に三重塔が修理され、その時の記録が『仏舎利縁起』に残っている。それによれば、心礎中央に金蓋がされた舎利孔があり、蓋の下には金壺、その中には金製の針金で閉じられた銀製箱があり、中には舎利が納められた卵形を呈するガラス容器が入っていたことが知られる。現存するものは、金壺とされる銅製有蓋壺と舎利2粒である。滋賀県崇福寺の例は、舎利孔が心礎の側面に穿たれた特異なもので、内面は朱塗りで金箔が貼られていたといわれる。舎利容器は、四重の入れ子になっており、外側より銅製格狭間透かし台脚付有蓋箱、銀製有蓋箱、見込み部分に8弁花形の請座をもつ金製の有蓋箱、金製蓋を装着した短頸壺状のガラス瓶の順となっている。最後のガラス瓶内には、舎利として水晶3粒が入っていた。大阪府太田廃寺出土のものは、不明な部分も多いが、心礎上面中央の長方形の舎利孔から発見されたといわれ、四重の入れ子状態で納めてあったと想定されている。その順は、外側より大理石製の四脚付有蓋容器、銅製有蓋鋺、銅製有蓋箱、金製有蓋箱である。岐阜県山田寺の例は、塔心礎上面の舎利孔から出土したといわれ、

現存するものは銅製佐波理有蓋鋺のみである。三重県縄生廃寺の例は、明確な発掘調査で検出されたもので、心礎上面中央部に穿たれた舎利孔から、ガラス製卵形容器を納めた滑石製有蓋壺上に、唐三彩碗を伏せておいた状況で検出された。

　この代表的な6例以外に、奈良県飛鳥寺出土の金銀器、大阪府衣縫廃寺のものといわれる石製容器、また本来は奈良県檜隈廃寺のものとも想定される於美阿志神社十三重石塔に安置されたガラス容器などが舎利容器として認識されている。

　日本における舎利容器は、発祥地のインド同様に、必ずしも材質と形態の一致はみないものの、入れ子状のものが多く、最終的な舎利容器としてはガラス製を意識していたものと思われる。また、外容器として石製のものは認められるものの、金属製品がかなり意識して使われていたものと思われる。舎利容器の埋納方法としては、心礎に舎利孔を穿ち、埋納するのが通例だったといえる。舎利容器は、広義においては骨蔵器に含まれるものであり、骨蔵器の中には、舎利容器と同じような様相を示すものも多い。

　[中野政樹「舎利とその容器」『新版仏教考古学講座』3，1976，岡本敏行「舎利の安置と舎利荘厳具」『荘厳—飛鳥・白鳳仏のインテリア』大阪府立近つ飛鳥博物館，2001]　　　　　　（上野恵司）

十三塚　じゅうさんづか　十三塚は、その名が示すとおり13の土饅頭型の塚が、平坦な台地部や痩せ尾根上に列状に配列する。規模は同形が列をなすものと、中央の一塚が特に大なるものが主流であって、特に後者には、非業の死を遂げた武士の怨霊を慰める信仰譚が多く伝承されている。十三本塚・十三坊・十三人塚・十三菩提・十三仏塚・十三峠・十三森・十三騎塚な

ど，各地でさまざまな呼び方をされてきた。

文献のうえでは，盛土された形態から墳墓と一部混同されながらも，近世後期の地誌である『新編武蔵風土記稿』・『筑前国続風土記』・『江戸名所図会』などに登場する。その性格について貝原益軒は，『筑前国続風土記』のなかで，父母の死後三日より始まる十三年忌までの法事供養にあわせて順次築いたとするなど，現在でも俎上にある十三仏信仰説を視野にいれた見解を披瀝していた。

十三塚の本格的な研究は，『考古界』第8篇第11号（明治43年〈1910〉）に発表された柳田國男の論文を嚆矢とし，各地における所在や数・配列，口碑などの諸説が披瀝され，その成果は昭和23年（1948）に堀一郎との共著『十三塚考』に結実する。十三塚の研究は，「塚には二種類ある」と初めに柳田が喝破したように，当初は土饅頭型でありながら墳墓でない庚申塚・念仏塚など，考古学の調査研究から埒外の信仰遺構としての関心であった。しかし，昭和40年代頃から発掘されはじめ，現在では発掘調査による積極的な記録化が図られている。総じて遺物の発見が少なく，塚の性格や時期の特定などの解明は容易でない。

神奈川大学日本常民文化研究所が，柳田の作製した一覧表を基礎に昭和57・58年（1982・83）度実態調査したところ，全国で332か所が確認でき，うち13の塚が完全保存されているのは17か所，逆に消滅していたのは136か所であった。築造意図などについては，聖天と十二壇説，四臂不動明王と十二天説，十三仏説などがあり，発掘資料からは室町期の成立を示唆する。

十三塚の多くは旧国や村境などに築か

れており，その性格は地域の中・近世史や疫神の信仰など民間信仰とも関連づけて考察する必要がある。今後における仏教考古学の重要な研究テーマである。

［木下忠「十三塚研究の視点」『考古学ジャーナル』274，1987］　　（村田文夫）

十三仏　じゅうさんぶつ　十三仏とは，不動明王・釈迦如来・文殊菩薩・普賢菩薩・地蔵菩薩・弥勒菩薩・薬師如来・観音菩薩・勢至菩薩・阿弥陀如来・阿閦如来・大日如来・虚空蔵菩薩をいう。十三仏信仰とは，初七日から三十三回忌に至る13回の供養仏事にこれら13の仏菩薩を順次配したもので，それぞれの仏菩薩が本尊となり死者の追善を行うだけでなく，自身の死後の法事を生前に修める逆修（予修）にも信仰された。今でも野辺送りの信仰として，新墓に十三仏の名や種子を書いた卒塔婆を立て，7日ごとに1葉を折る風習が各地に伝承されている。

不動明王から阿弥陀如来までの十仏は地獄の十王とされ，平安時代末期の末法思想が盛んであった時期を経て鎌倉時代以降に説かれるようになった。また阿閦如来・大日如来・虚空蔵菩薩の三仏を加えた十三仏信仰に関する史料については，『見聞随身鈔』『蔭涼軒目録』など15〜16世紀に集中する。一方，石造物の研究で見ると，十三仏板碑は関東地方を中心に文明12年（1480）頃に集中し，十三石仏は天文19年（1550）頃を中心に関西方面に集中するなど，造立の時期に地域性が認められる。そして江戸時代には，『十三仏鈔』（寛永19年〈1642〉）などが出され，十三仏信仰が広く定着した様子が窺える。

十三仏信仰については，数量的に符合する十三塚築造との関連でしばしば言及され，それは『筑前国続風土記』巻之二で貝原益軒が主張したように，十三塚研

究の黎明期からあった。佐野賢二の研究によれば，板碑造立の流れからはさほど重視されていない虚空蔵菩薩が，15世紀中葉，十三仏の主尊として板碑に現れるのは，虚空蔵を重視する修験信仰が民衆に受け入れられた現れで，修験者は山中に御霊（みたま）が他界するという観念（山中他界観）と十三仏信仰を成立させ，逆修や追善供養のため塚を築いたという。十三塚

十三仏板碑

が成立した中世的世界での十三仏信仰の一端が示されている。

［佐野賢二「十三仏信仰と十三塚」『十三塚―実測調査・考察編―』神奈川大学日本常民文化研究所調査報告10，1985］

（村田文夫）

重層塔 じゅうそうとう　層を重ねる塔，すなわち五重塔などのように同じ形状の屋根を重ねて，中心に相輪を立てた塔のことである。そのほかに三重，七重，九重，十三重塔もあるが，七重，九重塔は木造塔として現存せず，石造層塔に確認される。石造塔として見ると，笠（屋根）の層数により奈良時代前期より三重，五重，七重，九重，十三重塔とあらゆる種類を確認することができる。全国的に最も隆盛するのは鎌倉時代中期から後期にかけてである。平面は一般的に四角形で，基壇の上に基礎を据える。四面それぞれに格狭間（こうざま）を刻出するものもあるが，素面のものもある。塔身には塔の主尊を表す四方仏を，種子（しゅじ）あるいは容像で示す。

塔身に刻出する仏は，東にウーン（阿閦（あしゅく）），西方タラーク（宝生），南方キリーク（弥陀），北方アク（不空成就）を配し，金剛界四仏を表すのが一般的である。笠は軒下に木造塔婆に似せて器厚のない方形座を造り出し，庇状の屋根の下に垂木を彫り出している。笠の上部には露盤を置き，柄穴（ほぞあな）で相輪を受けて固定する。相輪は円柱状に下部より伏鉢（ふくばち），請花（うけばな），九輪，請花，宝珠の各部分より成り，1石で彫成する。

古い塔としては，滋賀県石塔寺の三重塔があげられる。花崗岩製で，高さは約750cmである。軸部は高さがあり，屋根の軒反りはゆるやか，安定感を示すため，2層，3層を初層に比べると極端に小規模にしていく。在銘最古の石造層塔は，

奈良県明日香村の竜福寺の五重塔である。屋根と軸部は別石造りで軒の出方は少なく、屋根の四隅は薄く降棟を刻出している。紀年銘は最下層の塔身の四面にあり、最後に「天平勝宝三年（751）」と刻む。これに次ぐのは、奈良市の塔の森六角層塔で、この六角という塔形は国内では唯一である。現在は6層であるが七重か九重塔と推定されている。基礎に刻まれた格狭間は持ち送り部分の上が切れた古い形式で、塔身は六角柱で6面とも輪郭をとり八葉素文の蓮花文を示す。笠は軸部と一体に造り出したもので、上面は六方に降棟を造るとともに軒裏にも垂木を彫り出している。また、柄によって上の笠材との連結を強固にしている。凝灰岩製である。

　他の石造層塔では、鎌倉時代中期を境として中期以前の石塔の軸部は別材造りが多いが、中期以降はすべて軸部を造りつける形式になる。

十三重塔（大分県佐伯市上岡）

［川勝政太郎『新版石造美術』1983、石田茂作『日本佛塔の研究』1969］

（斎木　勝）

十二光箱　じゅうにこうばこ　時宗独自の僧具で、時衆が遊行する時に12の必要な用具を入れて背負った箱である。時宗では法話・説教の場において、経机または、僧尼、男女の愛憎の煩悩をさけるために十二光箱を結界として用いている。形状は長方形をなし、大きさは縦1尺5寸、横1尺ほどの箱である。天板には、中央に縦長の白線帯、その左右に赤と青の線帯を引いている。これは、「散善義」（『観経疏』）に記される水（青線）・火（赤線）の二河に挟まれた白道の中路、つまり来世と現世の境の二河白道の比喩を象ったものである。箱の上部構造の形式には、上に桟蓋を置き箱形としたもの、前面に両開戸を設け厨子形式にしたものの2形式がある。箱の下部は三方に板を張り、左右両側面に格狭間をつけ吹放ちにした形である。底板の下の四隅に脚をつけている。一遍上人は、弘安10年（1287）に時衆の宗徒としての12の道具を示しており、それ以外は不必要とした。そして、その1つ1つに阿弥陀如来の別名十二光仏をあて、用いる際の心掛けを示した。その道具とは、引入（椀・鉢）、箸筒、阿弥衣、袈裟、帷（夏衣）、手巾（手拭）、帯、紙子、念珠、衣（直綴）、足駄、頭巾である。十二箱をもって1組とし、各箱の蓋裏には、十二光仏の仏名を書くところから十二光箱の名称がある。正安元年（1299）の奥書のある『一遍上人聖絵』などに描かれたものは、箱式のものである。

　遺品として、愛知県称名寺に鎌倉時代の木造黒漆塗の十二光箱が1箱ある。高さ36cmで、時宗遊行上人真教（1237〜1319）の所用と伝えられるもので、下部を吹放ちの厨子形式にし、上部は置蓋式の箱状にしつらえたものである。天板は明確ではないが、朱漆塗りと群青で、胡粉彩色

の白道を表している。また，蓋裏には，十二光の第三「無礙光仏」の名が朱漆で記されている。島根県万福寺・群馬県聞名寺に，蓋を欠失しているが鎌倉時代のものがある。また，大阪府藤田美術館蔵のものは鎌倉時代のもので，箱の大きさは高さ37.3cm，上部は観音開きの扉付きの厨子形，下部は箱式十二箱と同じで箱式の発達した様式と思われる。天板裏に十二光の第一，「無称光仏」の名が記されている。

［鈴木規夫『供養具と僧具』日本の美術283，1989，光森正士「僧具」『仏教美術論考』1998］　　　　（岡本桂典）

繡仏　しゅうぶつ　布などに色糸をもって縫い取りを行い，仏・菩薩像などを表したもの。浄土のありさまなど広く仏教関係の刺繡をも含めて，繡仏ということもある。

敦煌莫高窟の北魏時代の出土品の断片に供養人像の刺繡があり，「勧修寺繡帳」とよばれる「刺繡釈迦如来説法図」（奈良国立博物館）は唐代の将来品の可能性が高い。山梨県身延山久遠寺の「刺繡十六羅漢図」16幅も中国からの将来品で，明代の作とされている。わが国では『日本書紀』の推古天皇13年（605）に，丈六の刺繡の仏像の製作が命じられたという記事が古い。仏像ではないが推古天皇30年（622）の作とされる中宮寺の「天寿国繡帳」が，年代の確かな最古の遺品である。

繡仏は平安時代には一時衰えるが，鎌倉時代には再び盛んとなり，以後釈迦如来，大日如来，阿弥陀三尊来迎像や『法華経』，両界曼荼羅，文殊菩薩像など多様な主題による繡仏の作品が遺されている。

［奈良国立博物館『繡仏』1964］

（坂輪宣敬）

修行窟　しゅぎょうくつ　僧侶や修験者によって参籠行の行場として使用された洞窟や岩窟。9～10世紀に出現し，19世紀まで継続的に営まれたが，とくに13世紀から16世紀にかけて盛んに造営された。自然の洞窟や岩陰を利用したものと人工的なものに大別されるが，それぞれ変化に富んだ様相を見せている。

大峯山脈の大普賢岳の支峰である文殊岳の中腹にある奈良県川上村笙ノ窟では，9世紀に遡る可能性をもつ灰釉陶器，11世紀の黒色土器椀，12～13世紀の瓦器椀・銅鏡・火打鎌・小玉，13世紀の仏像片・金銅金具・水晶五輪塔・御正体などが出土しており，9～10世紀に修行窟としての利用が開始され，11～12世紀には多くの修行者が参籠するところとなった可能性が高い。笙ノ窟での参籠については『法華験記』や『扶桑略記』などの文献に見え，10世紀頃から山岳修行者の行場として広く知られていたことがうかがえる。『金峰山草創記』によれば，笙ノ窟での修行は9月9日から翌年3月3日まで参籠する難行であった。参籠行は山中に長期間籠ることによって神仏の超能力を体得し，行者自身の験力を高めようとする修行であったと見られ，修験道の重要な修行方法であった可能性が高いと考えられる。

福岡県添田町英彦山の智室窟では基壇石列・柱座・排水溝などが検出されており，木造建築を併設していたことが知られ，しかも数度にわたる建替えが確認されている。智室窟の周辺からは11世紀の土師器坏や13世紀から16世紀にかけての舶載陶磁などが発見されており，修行窟の造営時期と使用期間を知ることができる。英彦山では修行窟が山内の中心部に多数営まれ，あたかも伽藍中心部のようなあり方を見せており，修験道寺院の伽

藍を構成する重要な施設となっていることが知られる。そのほか，山形県鶴岡市金峯山（きんぶさん）の藤沢岩屋，群馬県嬬恋村門貝鳴尾熊野神社奥の院（つまざい），福岡県豊前市求菩提山（きん）などで中世に遡る修行窟が知られている。

［時枝務「修行窟小考」『物質文化』45，1985］　　　　　　　　　（時枝　務）

修験具　しゅげんぐ　修験道で用いる法具の総称。修験道は山岳修行で得た験力でさまざまな宗教活動を行う宗教で，日本古来の山岳信仰を母胎に仏教・道教・陰陽道などの影響を受けて成立したが，独自の教団が結成されるのは中世になってからのことである。そのため，修験具のなかには，頭巾（ときん）・結袈裟（ゆいげき）・最多角念珠（いらたか）のような修験道独自の法具のほかに，篠懸（かけ）・法螺（ほら）・錫杖（しゃくじょう）・肩箱（かたばこ）・笈（おい）・金剛杖（こんごうじょう）などもともと仏教で使用していた法具を取り込み，修験道独自の改変や意味付けを施したもの（はんがい・ひっぴき）も含まれる。また，斑蓋・引敷・脚絆（きゃはん）・檜扇（ひおうぎ）・柴打（しょうち）・走縄（はしりなわ）・八目草鞋（やつめわらじ）など，本来山村に生活する人々が日常的に使っていた民具を，修験者が採用して法具として整備したものも含まれており，なかには斑蓋・引敷・脚絆・走縄・八目草鞋のように厳密には法具として規定できないものがある。それらは，僧具として分類すれば理解しやすいが，修行専用の用具を一概に僧具とすることができないからこそ，修験具という分類が意義あるものとなっているともいえる。

しかし，中世後期から近世前期にかけて修験十二道具，あるいは修験十六道具として定着したものは，その出自のいかんにかかわらず，修験具として把握することができる。そのため，修験具のなかには僧具・梵音具などに分類されるものが重出する例が見られるが，それは修験

道がもつ独自の歴史性に由来する結果である。

16世紀に成立した『修験三十三通記』の「衣体分十二通」には，斑蓋・頭巾・篠懸・結袈裟・法螺・最多角念珠・錫杖・肩箱・笈・金剛杖・引敷・脚絆のいわゆる修験十二道具が初めて見えており，同時代の『修験修要秘決集』・『彦山修験秘決印信口決集』・『彦山修験最秘印信口決集』などにも同様な内容が見えるが，どの法具を修験十二道具に含めるかという点では史料によって異同がある。そこで示された修験十二道具に，檜扇・柴打・走縄・八目草鞋を加えると，いわゆる修験十六道具である。この16種類の法具が狭義の修験具であるといってよい。

ところが，矢島恭介は，さらにそのほか大刀・長刀・弓矢・斧（鉞）（おの）（あかおけ）・閼伽桶・水瓶（すいびょう）・小木取（こぎとり）・壇箒木（だんぼうぎ）・体比（ひじころ）・小打木（こうちぎ）・花盤（かばん）・鈴・誓海（せいかい）・白銅桶・本尊の15種類を追加する。その内容を見ると，武器まで含まれており，そのまま修験具として受け容れることは難しいが，たとえば斧は入峰斧と考えられるので，修験具として促えるべきであることはあきらかである。そのほか，閼伽桶・小木取・壇箒木・体比（肘比）・小打木は，やはり修験道独自のものである可能性が高く，修験十六道具以外にも修験具が多数存在することは疑いないであろう。

［矢島恭介「修験道の用具について」『新版仏教考古学講座』5，1976］

（時枝　務）

修験道遺跡　しゅげんどういせき　修験道は山岳での入峰修行とそれによって体得した験力に基づく呪術宗教的活動を特色とする宗教で，12世紀までには成立していたと考えられている。その後，徐々に修験者の組織化が進み，本山派と当山派

という全国的な規模の教団が形成された。中世の修験者は漂泊生活を送る者が多かったが，近世になると地域社会に定住し，民衆生活に即した宗教活動を行うようになる。しかし，近代になると修験道廃止令が出され，修験道は壊滅的な打撃を受けた。修験道遺跡には修行窟・修験道寺院・修法遺跡・池中納鏡遺跡・御正体埋納遺跡・修験者墓などがある。

修行窟は岩窟などを利用したり，人工的に開鑿した参籠行のための施設で，内部に金銅仏や懸仏などの崇拝対象を祀り，炉や祭壇などの供養施設を設置し，花瓶や六器などの供養具を配したものである。

修験道寺院は，修行の拠点としての山岳寺院と里修験の活動の中心となる寺院の二者があり，前者の例としては羽黒山・戸隠山・立山・白山・石動山・大峯山・三徳山・英彦山・求菩提山などがあり，後者の例としては埼玉県富士見市十玉院跡や群馬県吾妻町潜龍院跡などが知られている。

修法遺跡は，加持祈禱を修した痕跡で，修法壇跡・山頂遺跡・閼伽井跡などがある。修法遺跡には大壇・護摩壇・五壇などがあり，山岳のものは山頂遺跡と，里のものは塚と深い関係にある。山頂遺跡は山頂に銅鏡・錫杖・銭貨・陶器・土器などを投供・埋納したもので，栃木県日光市男体山山頂遺跡や奈良県天川村大峯山頂遺跡などにおいて確認されている。閼伽井は仏に閼伽(水)を供える閼伽作法に不可欠なものであるが，石川県羽咋市福水ヤシキダ遺跡では井戸状遺構の周囲から銅鋺・銅鉢・三鈷鐃・銅錫杖などが発見されている。

池中納鏡遺跡は，池のなかに鏡を納入する儀礼の結果残された遺跡で，羽黒山や群馬県赤城山小沼などで事例が知られている。

御正体埋納遺跡は鏡像や懸仏を聖地に埋納した痕跡で，金峯山経塚・和歌山県新宮市阿須賀神社境内遺跡などが著名である。塚は人工的な盛土で，山伏塚・十三塚・七人塚・三山塚・富士塚などさまざまな種類が知られているが，いずれも修験者をはじめとする民間宗教家の関与のもとに造営されたものと見られる。経塚も塚の一種類であるが，羽黒山・大峯山・那智山・英彦山・求菩提山など，修験道の霊場に営まれた事例が著名である。

修験者の墳墓も塚をなすものが多く見られ，山形県白鷹町の入定塚や島根県松江市檜山古墓などの発掘調査例が知られるが，後者で検出されているような輪宝形金具は各地の近世墓で確認されている。輪宝形金具は磨紫金袈裟に取り付けられていた金具で，磨紫金袈裟が当山派で多く用いられたことに注目すれば，それを出土した墳墓が修験者のものであることが判明する。

これらの修験道遺跡は相互に密接な関係にあり，それらが複合して遺跡群をなす場合も多く，とりわけ地方修験の場合には一山組織を反映するかたちで遺跡が残されているのが普通である。

[時枝務「修験道」『季刊考古学』2，1983]

(時枝　務)

種子　しゅじ・しゅうじ　サンスクリット語の「植物の種」を意味するビージャ(bīja)の漢訳。一般的に唯識説では「しゅうじ」と読み，密教で諸尊を象徴する文字を指す場合は「しゅじ」と読み慣わす。植物が種から生じ，種を育成して，次世代に種が受け継がれる生成現象から，譬喩的意味で用いられる。

「しゅうじ」は，唯識思想の重要な基礎概念として扱われる。阿頼耶識に内蔵

胎蔵界 大日如来	胎蔵界 大日如来	金剛界 大日如来	金剛界 大日如来	阿弥陀如来 千手観音	阿弥陀如来 千手観音
不空成就 如来(北)	阿弥陀 如来(西)	宝生如来 (南)	阿閦如来 (東)	弥陀三尊	釈迦如来
天鼓雷音 如来(北)	無量寿如来 (西)	開敷華王如来 (南) 日天	宝幢如来 (東) 日光菩薩	釈迦如来 多宝如来 二仏	釈迦三尊
薬師如来	薬師三尊	勢至菩薩	観音菩薩	文殊菩薩	普賢菩薩
月光菩薩 月天	地蔵菩薩	弥勒菩薩	虚空蔵 菩薩	十一面観音 菩薩	馬頭観音菩薩
不動明王	不動明王	不動三尊	愛染明王	聖天	弁財天

おもな種子

されるこの種子が，現実世界を生み出す因となり，現実世界に影響される果とな り，同時に自らの複製を生成する原因としても作用するという。種子識は阿頼耶

識の異名。

一方「しゅじ」は，密教において仏・菩薩・諸天，あるいはそれぞれの教義を一字で標示する梵字(サンスクリット文字)を指す。音が通じるところから種子とも書く。この梵字が多く諸尊の真言の一字を用いて象徴的に表しているために，一字から真言全体が生じ，真言全体は一字に集約されるとの意味から種子とされる。この特徴的な書体は，西暦6～9世紀頃にインドにおいて流行したシッダマートリカ書体(siddha-mātṛkā 悉曇文字)を基礎とし，漢字語圏用の縦書き・毛筆主体・発音など独自の変化をとげた。また一字に諸尊やその教義を集約した真言の秘義を重んじて，さまざまな教理的意味付けをした結果，日本では神秘的・呪術的要素が重要視され，その結果，仏教美術にも応用されることとなった。例えば，密教の四種曼荼羅の1つに数えられる種子曼荼羅(法曼荼羅)は，仏・菩薩の尊容を一切図像化せず，金剛界の大日如来を 𑖪 (vam 鑁)，胎蔵界の大日如来を 𑖀 (a 阿)とするごとく，諸尊を象徴する梵字（種子）によってのみ構成され，その神秘性を高めている。『大正新脩大蔵経』図像第12巻に『種子曼荼羅集』の影印が掲載されているが，実際の遺品としては平安時代の京都府平等院の木板阿弥陀種子曼荼羅（国宝）や鎌倉時代の京都府高山寺の月輪形厨子（重文）などをはじめ，仏像胎内の納入品や，阿・鑁・吽の3字を縫い込んだ種子袈裟，繍仏・幡・華鬘・十二天図・宝篋印塔・護摩札・位牌・卒塔婆などに広く用いられ，それらの表現は平安時代以降次第に装飾性を増していくのである。

（坂輪宣敬）

数珠 じゅず 珠数・誦珠・呪珠とも書き，念珠ともいう。和訓では「おもいのたま」と読む。称名または陀羅尼念仏などを誦する時に，数を記憶するのに用いるが，今日では仏教徒がほとんど持ち，礼拝具として最も普及した。「比丘六物」，「比丘十八物」には含まれず，原始仏教，初期仏教では数珠は僧具に含まれていない。古代インドにおいては，数珠はバラモン教で用いられ，2，3世紀に仏教で用いられるようになったというが，その経緯は不明である。

密教経典には記述が多く，『陀羅尼集経』巻2「作数珠法相品」には，用途・珠数・種類・功徳について述べている。珠は珠匠により作られるが，珠匠は八斎戒を受け荘厳された道場において製作した。『蘇悉地羯羅経』巻下には，数珠は右手によって掐ることが見えている。『大方広菩薩蔵文殊師利根本儀軌経』巻11「数珠儀則品」には，数珠の素材の採取，作法などや数珠に用いる糸は5色の糸を用いることが見えている。珠の数によって上・中・下を区別し，上品は108，中品は54，下品は27とし，別に最上品は1080の数とするとしている。『金剛頂瑜伽念珠経』には念珠の作法と功徳について，頭上，身体，頸，臂などに付けて行動することもあったようで，各々の罪業浄化功徳を説いている。念珠の数の108は百八煩悩の数を指すとされ，その他念誦なども108遍唱えたり，鐘を108回打つことも1誦，1回に煩悩を清めることを象徴したものであろう。

数珠の珠名には，母珠・成珠・四天珠・記子・浄明珠・記子留(露)などがあり，各珠がすべての数珠に備わっているとは限らず各種の形式がある。形式は，主に6種に分けられている。①母珠，記子もないもの。②1母珠で記子のみをつける

もの。③2母珠で，各母珠に記子を10顆ずつつけるもの。④2母珠で，一方に記子(20顆)をつけ，一方は紐のみをつけるもの。⑤2母珠で，1母珠に記子(20顆)をつけ，他の母珠に記子(10顆)と他に10顆を1連とした記子をつけるもの。⑥輪抜2連数珠，1連は母珠とも40顆，他の1連は母珠とも27顆とする。この2連と交え，一方に金環に紐をつけ，記子を6顆，10顆をつけるものなど種類が多い。現在は，宗派により用いる数珠に相違がある。作法についても種々口伝があり一様ではない。

数珠については，優品が伝世しているが，文献にも見えている。『法隆寺伽藍縁起并流記資財帳』には，「合白檀誦数弐烈丈六分壱烈仏分壱烈（略）養老六年（722）……」と見えている。また『大安寺伽藍縁起并流記資財帳』や『東大寺献物帳』などにも数珠が見えている。これら古記録によると数珠を誦数，あるいは念珠と称し，数え方には一烈・一貫・一具が見られ一定ではない。数珠の材質には白檀・水精（金剛子）・牙・銅・銀・菩提樹・琥珀・水精琥珀混用・紫瑠璃・白銀・瑪瑙などが見られる。

遺品には法隆寺献納宝物中に奈良時代の琥珀誦数，平安時代の金剛子念珠，和歌山県金剛峯寺蔵の平安時代の紙胎花蝶蒔絵念珠箱1合と念珠2連がある。京都府東寺蔵に伝弘法大師所用といわれる平安時代の水精念珠がある。なお近世墓地からも出土例が多くある。奈良時代の鑑真和尚像，行信僧都像などは数珠を持たず，平安時代の良弁僧正像，智証大師像も数珠を持たない。鎌倉時代では，弘法大師像，慈恵大師像，重源上人像，親鸞上人像などは数珠を持ち，これに対し興福寺法相六祖像，唐招提寺の行基菩薩像

などは持たない。鎌倉時代，その後においても禅宗高僧画像（頂相）は念珠を持たない。しかし平安時代の勤操像は数珠を持つ。一般的には鎌倉時代以後，肖像画にも数珠が見られるようになると思われる。仏像彫刻では，観音菩薩像が数珠を持つのが顕著である。唐から請来された法隆寺九面観音立像には数珠が見られ，中国の河南省洛陽の南郊，看経寺の石室壁面の7世紀から8世紀初頭と考えられている羅漢像にも数珠が見られる。

［光森正士「僧具」『新版仏教考古学講座』5，1976］　　　　（岡本桂典）

塵尾　しゅび　主尾・朱尾・獣尾・獣麈とも称する。細長い板などの両側に横並びの獣毛を挟み柄をつけたもので，全体を団扇形にしたものである。塵払いや蠅払いに用いたものと解され，払子と似ている。講経の際に手に持ち威儀を正す法具である。

中国宋の天禧3年(1019)，道誠編集の『釈氏要覧』巻中に「鹿之大者曰_塵。群鹿随_之。皆看_塵_所往随塵尾所_転為準。今講者執_之象_彼。」とあり，塵は大鹿のことで，群をなす鹿が大鹿の尾の動きにより行動することから，衆生を導く法具となしたとされる。『今昔物語』巻第11「聖徳太子於此朝始弘仏法語」第1に「太子天皇ノ御前ニシテ，袈裟ヲ着。主尾ヲ取テ高座ニ登テ。勝鬘経ヲ講ジ給フ」とある。

正倉院の宝物に，奈良時代の長さ61cmの柿柄塵尾がある。この柿柄塵尾を納めた箱もあり，最古例である。正倉院宝物には他に奈良時代の漆柄塵尾，東京国立博物館に所蔵される法隆寺献納宝物に毛を欠く奈良時代の黒漆柄塵尾がある。西大寺には鎌倉時代の漆柄塵尾があるが，遺品は少ない。

[光森正士「僧具」『新版仏教考古学講座』5，1976，鈴木規夫『供養具と僧具』日本の美術283，1989]　　　（岡本桂典）

修法遺跡　**しゅほういせき**　修法は，密教で本尊に対して儀軌に則った作法を実践することによって，期待する結果を得ようとする儀礼で，息災・増益・敬愛・降伏・鈎召などさまざまな種類があり，目的によって本尊や作法を異にする。しかし，修法の結果残される痕跡は意外と乏しく，考古学的には修法壇跡・山頂遺跡・閼伽井跡・塚などが確認できるに過ぎない。

修法壇跡としては大壇・護摩壇・五壇の存在が確認されている。大壇跡は和歌山県那智勝浦町那智山経塚で知られるが，仏像や仏具などの遺物から存在は確実であるものの，偶然の出土であったため出土状態など一切不明である。護摩壇跡は，奈良県天川村大峯山頂遺跡で平安時代に遡る遺構が確認されているが，大部分は江戸時代の遺構と考えられるもので，宮城県歌津町田束山清水寺跡・同県牡鹿町金華山・山形県羽黒町羽黒山・静岡県森町南光寺跡・長野県川上村金峰山修験道遺跡・福岡県豊前市小石原深仙宿跡などで類例が知られる。静岡県湖西市大知波峠廃寺では，廃絶した堂の整理後に行った鎌倉時代の護摩跡と見られる焼土痕が検出されているが，壇などは存在していない。五壇は羽黒修験道独自の壇であるといわれ，その遺構が山形県鶴岡市金峰山に存在しているが，やはり近世のものである。

山頂遺跡は修法のみの遺跡ではないが，護摩壇が検出されている大峯山頂遺跡をはじめ，多数の仏具などを出土している日光男体山頂遺跡など，なんらかの修法が行われた痕跡である可能性が高いと考えられる。閼伽井跡は石川県羽咋市福水ヤシキダ遺跡で知られ，井戸状遺構の周辺から三鈷鈴・錫杖・銅鋺などが検出されており，閼伽に伴う修法の痕跡と考えられている。塚は人工的に積み上げたマウンドをもつ遺構で，焼土を伴うものや仏具が出土しているものが見られるところから，修法を行った場合があることが推測されるが，すべての塚が修法遺跡というわけではない。

[時枝務「修験道」『季刊考古学』2，1983]　　　（時枝　務）

修法壇　**しゅほうだん**　密教で行う修法に用いる壇。インドでは土製であったというが，中国で木製のものが用いられるようになり，日本でも主に木製のものを使用するが，修験道では土製や石製のものを用いることもある。修法壇は修法の種類によって異なるものが用いられるが，一般的に使用される木製のものは華形壇・箱壇・牙形壇・密壇の4種類で，表面を黒漆で仕上げた例が多い。

華形壇は大壇とも称され，密教の大法を修する際に本壇として用いられるが，側面に蓮弁を飾るところから華形壇と呼ばれる。平面はいずれも方形であるが，台座をもつ発達様とそれをもたない根本様に大別され，基本的には後者から前者へ展開したと考えられている。根本様の遺品としては，素弁の蓮弁で飾る奈良県室生寺灌頂堂の13世紀のものが最も古く，単弁の仰蓮と複弁の伏蓮の境目に金剛線を巡らした神奈川県称名寺例はそれに次ぐ14世紀に製作されたと見られる。発達様の遺品では，京都市東寺御影堂や岩手県中尊寺などに12世紀のものが残り，正応2年(1289)銘の奈良県法隆寺例や正和元年(1312)銘の和歌山県高野山西塔例など鎌倉時代のものも多数知られ，根本様

よりも優品に恵まれている。箱壇は上下の框に束を立てた箱形を呈し，蓮弁をもたない素朴なもので，真言宗では作法に従って使用後破却することが多い。それに対して，天台宗では箱壇を常用するため，古い遺品が残されており，格狭間のなかに蓮華文などを飾った愛媛県石手寺例は鎌倉時代に遡るものである。牙形壇は牙壇ともいい，正方形の天板の四隅に脚をつけたものであるが，脚部が象牙形をなすところからその名がある。護摩壇に使用されることが多く，京都市醍醐寺三宝院例などが知られるが，古い遺品に恵まれない。密壇は平面が長方形を呈し，一面器を配するのに用いられるもので，格狭間をもつ箱形のものと四脚を付けるものがある。後者は供壇と呼ばれる。いずれの形式とも古い遺品に乏しい。

［岡崎譲治「密教法具」『新版仏教考古学講座』5，1976］　　　（時枝　務）

須弥山　しゅみせん　仏教的な世界観で宇宙の中心にあるとされる巨大な山。サンスクリット語でスメール（Sumeru）もしくはメール（Meru）といい，その音を写して須弥山・弥山・蘇迷盧と呼び，漢訳して妙高山という。

『倶舎論』11によれば，虚空のうちに広さ無限・厚さ16億ヨージャナの風輪があり，その上に深さ11億2万ヨージャナの水輪がある。その水輪の表面が凝固し，径12億3450ヨージャナ・厚さ3億2万ヨージャナの金輪が形成され，その上に須弥山を中心に鉄囲山で囲まれた九山八海が載るという。須弥山は高さ16万ヨージャナを測るが，その下半部は海中にあり，周りを7つの山が同心円状に取り巻くという。九山とはこの7つの山に須弥山と鉄囲山を加えた総称である。山と山の間には海があるので，ちょうど8つとなり，

それを総じて八海と呼ぶのである。須弥山の頂上には帝釈天の宮殿がある忉利天があり，中腹には四方に四天王宮が置かれ，山腹には難陀龍王や跋難陀龍王が侍る。山上より上方は諸天界となり，日月は須弥山の周りをめぐり，九山八海の外側の東西南北には四大洲がある。四大洲は，東勝身洲が半円形，南贍部洲が三角形，西牛貨洲が円形，北倶盧洲が方形であるとされ，われわれが住んでいるのは南贍部洲であるという。

南贍部洲はインド亜大陸の形状を反映しているといわれるので，北側に位置する須弥山はヒマラヤ山脈を意識している可能性が高く，古代インド人の生活領域のあり方が須弥山説に投影していると考えられる。こうした須弥山世界を視覚的に表現した図を須弥山図という。カンボジアのニャク・ポアン（Neak Pean）寺院は，一辺70mを測る方形の池の中央に祠堂を営み，さらにその池の四方に小さな池を配した特異な形式であるが，これが海中に浮かぶ須弥山を象徴したものであることは容易に理解できる。

日本では奈良県明日香村石神遺跡から出土した須弥山石が著名である。しかし，これは7世紀の庭園遺跡に伴う石造物で，表面に山岳文様を描くが，はたして須弥山を表現したものかどうかは疑問である。同県斑鳩町法隆寺に伝来する玉虫厨子は，須弥座の上に宮殿を載せた飛鳥時代の工芸品であるが，その須弥座に密陀絵の技法で描かれた彩画のなかに須弥山図が見える。また，天平勝宝4年（752）に開眼供養が行われたことが知られる奈良市東大寺の大仏の蓮弁には，28枚の蓮華蔵世界が線刻の技法で描かれているが，そのなかに須弥山図が見える。同寺二月堂本尊の銅製光背は火災に遭って破損してい

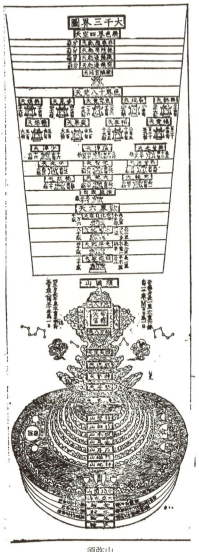

須弥山

るが，奈良時代の製作にかかるもので，表裏面に線刻画があり，裏面に須弥山図が確認できる。このように，飛鳥時代から奈良時代までの遺品には須弥山が表現されている例を見出すことができるが，それ以後の時代の事例が知られておらず，

須弥山への関心が失われてしまったものと考えられる。

［濱田耕作「二月堂本尊光背の毛彫」『国華』20，1907］　　　（時枝　務）

須弥壇　しゅみだん　須弥壇は，荘厳具の1つで須弥山，サンスクリット語のスメール（sumeru）の観念に基づき作られた仏・菩薩の台座である。古代インドの世界像では，須弥山は宇宙の中心とされる。インド神話によれば，須弥山は帝釈天の座所とされている。帝釈天は，梵天と共に仏教の護法神としてとりいれられたヒンドゥー教の神である。インド神話の観念が，仏像礼拝の盛行により仏教に浸透し，須弥山が仏陀の在所とされたと考えられている。この観念は中国においても一般的となり，日本へも伝えられた。『扶桑略記』第5の白鳳9年（658）の条には「薬師寺金堂，丈六金剛須弥座の薬師一軀を安置す」との記述が見えている。

須弥壇は，仏堂内において建造物の一部のように内陣の中央，または後方に大きく造り付け，その上に台座に安置した仏像を祀る大形のもの，須弥壇自体が仏像の台座となるものの両者がある。須弥壇の素材には，石壇と木壇がある。

石壇の代表的なものには，奈良県薬師寺金堂内陣の白大理石の須弥壇がある。昭和32年（1957）に修理されたものである。基本的には壇上積基壇式の形式である。上に葛石を置き，下に地覆石を据え，その間に束石を立て，束石と束石の間に羽目石を入れる。また，唐招提寺金堂花崗岩の須弥壇があるが，当初は凝灰岩であったと推定されている。奈良県法隆寺の夢殿には八角二重の石造須弥壇があり，現在は花崗岩であるが元は凝灰岩であった。なお，この時期に仏像に付随した台座として，漢字の宣字に似る宣字形台座

と呼ばれるものがある。法隆寺の釈迦三尊中尊台座，薬師寺の薬師如来坐像台座などがある。

　木壇は，仏堂内部の床を板張りにするもので，奈良時代末から平安時代初期に現れる。奈良時代末から平安時代初期のものとしては奈良県室生寺五重塔の初層内の遺構がある。岩手県中尊寺金堂の黒漆塗須弥壇が最も名高いものである。京都府平等院鳳凰堂の黒漆塗須弥壇も平安時代のものであるが，江戸期に牡丹唐獅子を入れたため内容をそこなっている。和様のものは，上下框の中に束を立て，束間の羽目板に連子や格狭間を入れた伝統形式で，壇上の四周には組勾欄をめぐらし，勾欄の四隅や正面の親柱に擬宝珠をつけたものが多い。格狭間の内部にも文様を飾るものが多く，和様須弥壇と呼ばれている。中尊寺の須弥壇の荘厳法を継ぐものとして，鎌倉時代の和歌山県浄妙寺本堂の螺鈿装和様須弥壇，奈良県法隆寺の東院舎利殿の和様須弥壇がある。当麻寺曼荼羅堂の須弥壇は寛元元年（1243）銘のものである。

　鎌倉時代以後，禅宗様と呼ばれる中国宋代様式を汲む禅宗様（唐様）須弥壇と呼ばれるものが現れる。この基本形式は，上框の下辺と下框の上辺に繰形という面取りの板を数段に重ねたもので，中央の軸部が次第に細くなるものである。軸部四隅には束を立て四側面に羽目板を張るものである。中央の羽目板には装飾を施すものが多い。遺品では，神奈川県の建長寺・円覚寺の須弥壇があり，円覚寺のものは脚を備え，建長寺のものは脚をつけない形である。岐阜県永保寺の須弥壇は正和2年（1313）の銘のあるものである。

　和様と禅宗様を折衷したものを折衷様須弥壇と呼称している。全体の形態は，禅宗様と変わらないが，軸部に和様須弥壇のような束を立て，その区分した部分に羽目板に連子を入れたり，格狭間を設けるものである。鎌倉時代のものに兵庫県弥勒寺本堂の須弥壇，また応永4年（1397）の兵庫県鶴林寺のものなどがある。
　[岡崎譲治「荘厳具」『新版仏教考古学講座』5，1976]　　　（岡本桂典）

城郭寺院　じょうかくじいん　室町・戦国時代の寺院で，境内を堀や土塁で防御した形態をいう。その名称は石田茂作の城郭伽藍からで，石田は「城郭伽藍は主として戦国時代一向宗一揆によって，設営された一種の伽藍形式」と規定し，室町時代の浄土宗伽藍の一部に臨時の武装をさせたものとして，既存の寺院から伽藍配置を説いている。中世考古学の進展により名称が城郭寺院へと変わり，河内・山城・加賀など一向一揆が盛行した地方での分布が確認され，山科本願寺跡（山城），林超勝寺跡・若松本泉寺跡・鳥越弘願寺跡（加賀）などの調査もあるが，伽藍の規模など不明なことも多い。遺跡の共通点としては，室町後半〜戦国期の浄土真宗本願寺派の中本山格や大坊主の跡地において，半町〜2町方形に巡る大型の堀や土塁が見られ，内部に区画と御屋敷や鐘撞堂などの通称が確認できるとともに，門前に小規模な寺内町の形成が推定できることである。これは三門の左右に鐘楼や鼓楼を置き，正面に祖師堂・阿弥陀堂を建て，門前に坊舎の存在を認めた石田の見解に適合したことから，同種の遺跡を城郭寺院と認知する見解が広まっている。また境内を囲む大型の堀や土塁は，すでに居館を構えていた守護や有力国人などの在地領主との同一性を明示するとともに，門徒組織を介して地域を支配した寺院を象徴する構造物と見られ

る。さらに戦国後半には石山本願寺や金沢御堂のように，本願寺派の城塞として機能し，その後は近世城郭に利用される寺院もある。

［石田茂作「伽藍配置の変遷」『日本考古学講座』6，1977］　　（垣内光次郎）

鉦架　しょうかけ　鉦鼓は，上縁に取り付けられた2つの耳に紐を通して懸けられる。この鉦鼓を懸けるものが鉦架と呼ばれる。

最古の遺品としては，奈良県東大寺の建久9年(1198)銘を有する鉦鼓に伴う架が認められる。この鉦架は，錫平文で文様が施されている。架以外にも，蓮華文が施されたT字形撞木・念珠一連・蓮実形柄杓などが付属する。

［香取忠彦「梵音具」『新版仏教考古学講座』5，1976］　　（上野恵司）

常行堂　じょうぎょうどう　常行三昧を屋内で修する堂で，常行三昧堂ともいう。常行三昧とは，『摩訶止観』第2上「修業」の項に説くところの四種三昧（常坐三昧・常行三昧・半行半坐三昧・非行非坐三昧）の1つで，仏立三昧，般舟三昧ともいう。阿弥陀仏を本尊として，阿弥陀仏の名を唱えながら休むことなく，90日間その周囲を歩きながら心に阿弥陀仏を念じる修業である。唱と念を同時に行じ，あるいは先に念じ唱える。唱え後に念じて唱と念が続くようにし，心に阿弥陀浄土の光景と仏の三十二相を念じたりする。中国の天台大師智顗が始めた顕教的な修業道場の1つで，比叡山に最澄が取り入れ，初期の伽藍計画に四種三昧を修する堂が含まれていたが，建立されたのは法華三昧堂だけであった。常行三昧堂を最初に建てたのは円仁で，唐から帰朝し，嘉祥元年(848)に東塔に常行三昧堂を建てたとされる。創建当初の建物は残って

いないが，記録によると檜皮葺の方5間堂で，西に孫庇をもち，屋根は宝珠を載せ宝形造りの仏堂と考えられるもので，堂内に金色の阿弥陀坐像と四摂菩薩が安置され，壁面には浄土図などが描かれたと考えられる。平面は堂の中央に仏像安置する求心形をなす方五間堂であったと思われる。仁寿元年(851)に入唐中の五台山で習伝された念仏三昧を行った。五台山の念仏三昧法は，常行三昧そのままではなく，念仏の音声を5種に分けて曲調をつけ名号を唱えるものである。比叡山では不断念仏という。

その後，比叡山では，常行堂を増命により西塔に建立，そして横川にも康保5年(968)建てられた。その後，浄土教の発展に伴い，各地に建てられた。阿弥陀堂と異なり，在俗のものによって自邸内に建てられることはなかった。比叡山の西塔の常行堂は，文禄4年(1595)に再建されたもので往古の姿を伝えるものである。岩手県平泉の毛越寺の常行堂跡は，平安時代末のもので，求心形の五間堂であったと考えられる。兵庫県鶴林寺の平安時代末の常行堂，兵庫県円教寺の室町時代の常行堂などがある。常行堂と法華堂の2つの堂を廊でつないだものを，天秤で荷を担ぐ姿に似ることから担堂とも呼んでいる。

［文化庁『文化財講座　日本の建築』2古代II・中世I，1976］　　（岡本桂典）

鉦鼓　しょうこ　梵音具の1つで，鐘鼓・常古・鉦ともいわれる。青銅鋳造製で，形は鰐口を半面にしたものに似ている。表面は中央に向けてやや膨らみ，同心円の凸帯により，数圏に区分される。上縁の2か所には，ほぼ対象的な位置に，紐を通す耳がついており，この耳の孔に紐を通して架に吊るし，撞木などで叩いて

鳴らす。一般的に古いものは，先端部が梵鐘の駒爪のような張り出しが認められず，耳の部分が全体の大きさの割には小さいといわれる。

『大安寺伽藍縁起并流記資財帳』中には，「鉦鼓四面」と記載されているが，用途は明確ではない。『扶桑略記』巻26の記述から，元来は雅楽の楽器の一種と思われる。雅楽では，左方の唐楽，右方の高麗楽に各1基，羯太鼓を設け，さらにそれに付随して鉦鼓を配置するのが通常といわれる。特に雅楽では，火焔宝珠形の縁をつけた鉦架に懸けて，桴で打って演奏される。奈良県東大寺には，銘より東大寺の鎌倉再興に尽力した俊乗坊重源が渡部浄土堂における迎講用として使用したと想定される建久9年(1198)銘の鉦鼓があり，重源が大勧進職であったため勧進鉦鼓として伝承されている。

おそらく鉦鼓は，最初は雅楽の打楽器として用いられたものが，浄土宗においては迎講をはじめ念仏用，勧進用として使用するようになったものと思われる。紀年銘のある鉦鼓として最古のものは，奈良県東大寺のもので，長承3年(1134)の銘が認められる。この銘文にも「鋳四口」と刻まれており，先の『大安寺伽藍

鉦鼓

縁起并流記資財帳』の記載とも合わせ，鉦鼓は本来四口で一式であったことがわかる。

[香取忠彦「梵音具」『新版仏教考古学講座』5，1976]　　　　（上野恵司）

上五里廃寺　じょうごりはいじ（サンオリペイサ）　平壌（ピョンヤン）市大城区林原洞（旧名：大同郡林原面上五里）に所在している。清岩里廃寺（チョンアムリペイサ）跡の東南約2kmの大同江（テドンガン）北岸に建てられた。1939年の発掘調査の結果，八角塔の基壇とその東西の金堂跡が確認された。塔基壇の上面には切石を立てならべた方形輪郭が設けられ，塔基壇の外側には雨落溝が施されていた。その近くには東西に金堂跡が露出し，基壇の上面には平石が平行にならべられていた。八角基壇の東西には東・西金堂跡に通じる部分に平石を敷き，南北にも階段施設と見られる遺構があることから，南側には中門，北側には中金堂（北金堂）が建てられたものと推測される。清岩里廃寺式伽藍配置と同様，一塔三金堂式と思われる。出土遺物の中から高句麗時代の瓦当20余点が出土している。

[斎藤忠「昭和十四年における朝鮮古蹟調査の概要－平壌大同郡林原面上五里高句麗建築跡の調査」『考古学雑誌』30－1，1940]　　　　（李興範）

縄牀　じょうしょう　縄榻，縄床ともいう。腰を掛ける床の部分と背をもたせかける背板の部分に縄を張り作る椅子である。比丘十八物の1つで，『大乗比丘十八物図』『眞言宗持物図釈』には，脚のつくものと床部のみのものの2種が示されている。インドにおいては，本来脚はなかったと思われ，『十誦律』巻39には，比丘が地に縄牀を敷き結跏趺坐していると蛇の害にあったため，脚支を取り付けたとあ

る。脚支は八指の高さにしたとある。

縄牀の種類には、『四分律』巻12に「縄牀とは五種あり、旋脚縄牀、直脚縄牀、曲線縄牀、入陛縄牀、無脚縄牀、木牀も亦是くの如し」とある。『十誦律』巻10には、縄牀を細縄牀の5種と麁縄牀の5種をあげており、細縄牀は臥床の寝台で、麁縄牀は、椅子である。麁縄牀には、珊蹄脚、籐郎劬脚、羝羊角脚、尖脚、曲脚があり、脚の高さは、仏の八指とされている。『四分律』巻19には、床部に綿・草束を使うことを禁じている。『禅林象器箋』第28類には、「縄を以て穿つて坐具となす。即ち今の交椅なり。一に胡床と云う。隋は胡を悪み名を改めて交床とす。唐に縄牀と改む」とある。また、携帯できるように6つに分解でき、これを袋につめ受持常用したという。

わが国においては、遺品は少ない。神奈川県建長寺蔵の喜江禅師の室町時代の頂相に縄牀が描かれている。また、京都府大徳寺真珠庵には桃山時代から江戸時代の木造縄牀が1脚ある。

［光森正士「僧具」『仏教美術論考』1998］
（岡本桂典）

正倉院　しょうそういん　正税を納める倉の名称で、官衙・寺院に設けられた。寺院の場合、東大寺、西大寺、興福寺などに設けられていた正倉が知られているが、現在では主として東大寺正倉院を指している。校倉造高床の宝庫には、聖武天皇の遺品などが収められ、勅封倉であった。宝庫は、南・中・北の3倉からなり、大仏開眼会、聖武天皇葬儀に用いられた品物など「正倉院御物」として伝えられ、奈良時代仏具の伝世品として重要な遺品が収められている。　（坂詰秀一）

賞田廃寺　しょうだはいじ　岡山県岡山市賞田に所在。岡山市街の北東を流下する旭川下流の左岸平野上に位置する。昭和45年(1970)岡山市教育委員会によって調査が行われた。国史跡。金堂跡、塔跡、西門跡、南と西側の回廊跡、東南、西側の築地跡が、また、背後からは瓦窯跡が検出された。寺域は1町四方で、川原寺式ないしは薬師寺式の伽藍配置をとるものと考えられている。金堂跡の規模などについては不明である。塔跡は金堂の東側に位置し、基壇は石英粗面岩製壇上積基壇で、38尺(11.514m)四方の規模をはかる。この東辺中央には3段からなる階段があり、幅5尺(151.5cm)を計測する。また、階段の復元から基壇高は2尺(60.6cm)と考えられている。西門は壇上積基壇で、それにとりつく5段の階段が確認された。遺物は瓦類、奈良三彩などが出土した。造立時期は飛鳥時代末期と考えられている。

［賞田廃寺発掘調査団『賞田廃寺発掘調査報告』1971］　　（是光吉基）

浄土庭園　じょうどていえん　仏教の浄土思想を基本とし、また末法思想に大きく影響されて平安時代の中期以降盛んに造られるようになった池庭の1つの形式で、仏堂と一体となって仏の浄土を荘厳するために仏堂前面に設けられた苑池を中心とした庭園。また浄土庭園を伽藍の中心に設け、その周囲に阿弥陀堂などの仏堂を配した形式の寺院を浄土庭園式寺院もしくは臨池伽藍と呼ぶ。京都府法界寺、浄瑠璃寺、宇治平等院、岩手県平泉の毛越寺、観自在王院、無量光院、鎌倉の永福寺跡、横浜の称名寺などが代表的な事例として著名である。

［鎌倉市教育委員会『浄土庭園と寺院』1997］　　（小林康幸）

上人壇廃寺　しょうにんだんはいじ　福島県須賀川市上人壇・岩瀬森地内に所在する。

上人壇廃寺の発掘は，昭和36年（1961）に開始され，その後も昭和51年から同55年（1976〜1980）まで6次にわたり調査されている。その結果，中門・金堂・講堂などの堂宇群が南北に並んで検出されており，特に金堂跡推定地の土壇は良好な状況で遺存している。また，これらの堂宇群を囲むように，二重の溝が東西約80m・南北約84mにわたり確認されている。出土遺物は，灰釉陶器・円面硯・鐙（軒丸）瓦をはじめ鉄製鉦鼓・瓦器質六角塔片・金銅製軸頭なども出土している。古代陸奥国磐瀬郡の郡寺に比定する見解が有力である。

　［須賀川市教育委員会『上人壇廃寺跡』
1981］　　　　　　　　　（大竹憲治）

定陵寺　じょうりょうじ（ジョンルンサ）　平壌（ピョンヤン）市から約20km離れた平壌市力浦区域戊辰里王陵洞（旧地名；平安南道中和郡東頭面真坡里）に位置する。寺跡の一帯は約12万㎡の広い地域で，

1974年に発掘された。寺跡の北向の丘陵には高句麗の古墳群（真坡里古墳群）が散在しており，特に寺跡の北方150mの地点には高句麗の始祖東明王陵（ドンミョンワンルン）がある。定陵寺は，陵を護る祈願寺刹としての陵寺であったと推定される。

　伽藍配置形態は，回廊で多数に区画された複雑な形態で南に面している。中心伽藍の配置は南北の中軸線上に中門，八角塔，中金堂，講堂を配置して，中金堂の左右に東金堂と西金堂が配置された。中門の左右から派出した回廊が塔，中金堂，東金堂，西金堂を囲んでいる単塔三金堂式である。そして回廊の外の北側に講堂がある。塔と中金堂の間を回廊で区画したことと，中金堂の左右には鐘楼，経楼と見られる2つの建物跡があり，東金堂が西金堂より小さいことは，後に重建または増築されたために東金堂と西金堂の対称性が失われ，中金堂の左右に伽

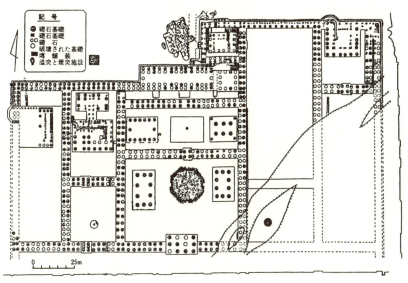

定陵寺伽藍配置図

藍機能上から2つの建物が増築されたものと推定される。講堂の東と東北方向に建てられた建物は、特に建物跡の東側に南北方向の長い坑道跡がある。残存している坑道は部屋の中から北側に延長して、北回廊の近くに煙突跡があることから、煙の通りのために作った温突施設で、僧房であったと思われる。中心建物群の西側の回廊の外側には2つの建物跡がある。下部の跡には坑道の温突施設があり、王陵の祭祀に使用される祭器あるいは炊事施設すなわち厨房の機能があった建物跡と思われる。中心建物群の東側の回廊の外側の建物跡は、南側の半分は小川の流れによってほとんど破壊されて、東北側の一部の跡が残存している。東北側の建物跡の北側と東側に深い水溝が見られることから、全体伽藍跡の東南方向が低い地帯でほとんどの水がその方向へ流れたことは判断するに難くない。この遺構も西側に北の方面に延長した坑道の温突施設が見られることから、一般僧侶たちが宿泊した僧房であったと思われる。

中心建物群の北側にはいわゆる岩山がある。東明王は高句麗人に対して民族的な聖人として崇拝されたことはいうまでもない。国民は東明王の没後に、世に降臨して再び善政を布くことを希望したと思われる。そのために定陵寺の最北端にある怪岩石を利用して須弥山の形象を現わして、その上方に東明王陵を造成したと推測される。

　　　　　[金日成綜合大学考古学・民俗学講座『東明王陵とその附近の高句麗遺跡』1976]

　　　　　　　　　　　　　　　　（李興範）

定林寺跡　じょうりんじあと　奈良県高市郡明日香村立部に所在した寺院跡。立部寺ともいう。『七代記』に「上宮太子造寺」とあり、聖徳太子が建立した八寺の1つ

に数えられた。『太子伝玉林抄』で室町時代初期まで存続していたことを伝えている。塔跡と回廊の一部が遺存する。昭和28年(1953)の調査で、塔の二重基壇と円形柱座を彫る地下式心礎が確認され、法隆寺式伽藍配置の可能性が示唆された。7世紀前半の素弁十一弁蓮華文鐙(軒丸)瓦、三重県夏見廃寺と同型の「方形三尊塼仏」、塑像菩薩頭部などが出土している。昭和52年(1977)の調査では、南面回廊跡と考えられていた遺構が鎌倉時代の築地であり、板状石積みと塊石の乱積みされた講堂の基壇も鎌倉時代に再興されたものとわかった。左に塔、右に金堂、後に講堂、中門から出る回廊が講堂にとりつく形の「法起寺式伽藍配置」の可能性も考えられている。

　　　　　[「石田茂作「橘寺・定林寺の発掘」『飛鳥』1964,「飛鳥・藤原宮跡の調査（定林寺の調査)」『奈良国立文化財研究所年報』1978]　　　　　　　　　　（松原典明）

定林寺跡　じょうりんじあと（ジョンリムサジ）扶余(ブヨ)東南里に所在している。中央部に建てられた5層石塔の初層塔身部には、新羅が三国を統一した直後、唐の将帥蘇定方によって戦勝紀功文として「大唐平百済国碑銘」の銘文が彫られている。その銘文によって「平済塔」と呼ばれていたが、出土した文字瓦から寺名が定林寺と判断され、定林寺塔と呼ばれた。伽藍配置は南北の中軸線上に中門・塔・金堂・講堂が建てられ、中門の左右から派出する回廊が講堂の左右跡に接続する単塔一金堂の典型的な百済伽藍形式である。出土した瓦当文様から判断すると百済扶余時代に創建された。中門と南大門の間の左右からは蓮池跡が検出された。石塔様式から、創建当時は木塔が建てられ、後に石塔に変更されたと推測される。そ

のために地割法が崩れ，創建当時の伽藍地割法は軍守里廃寺（グンスリペイサ）の1：1：1.5の伽藍配置と同様と推測される。

　　[忠南大学校博物館『定林寺』1981]

　　　　　　　　　　　　　　（李興範）

浄瑠璃寺　じょうるりじ　京都府相楽郡加茂町に所在する真言律宗寺院。山号は小田原山と号する。同寺に伝わる『浄瑠璃寺流記事』によると，永承2年(1047)に義明上人を本願，阿知山大夫重頼を檀那として創建されたという。浄瑠璃寺の伽藍は，本堂である九体阿弥陀堂（保元2年〈1157〉建立）と苑池をはさんでその東側に建つ三重塔が東西方向の同一軸線上に位置する臨池伽藍配置を採る。伽藍がこの形に整えられたのは，三重塔が移建された治承2年(1178)頃とされる。現在の浄瑠璃寺伽藍は，発掘調査を経て往時の姿に復元，修景整備がなされたものである。本尊である9体の阿弥陀如来坐像，四天王立像（いずれも国宝）や吉祥天立像（重要文化財）は著名な彫刻作品である。

　　[『名勝浄瑠璃寺庭園環境整備事業報告書』1977]　　　　　　（小林康幸）

青蓮院　しょうれんいん　京都府京都市東山区粟田口三条坊町に所在する寺院。梶井門跡，妙法院門跡とともに天台宗三門跡の1つで，粟田御所ともいう。かつては十楽院とも号した。もともとは，他の天台門跡と同じく最澄が開いた比叡山の青蓮坊として始まったとされ，12世紀後半に京都三条小白川に移り，白川坊と号する。さらに，元久2年(1205)，祇園に移転し，吉水坊と称する。そして，嘉禎3年(1237)，現在地に三度移転し，今日に至る。旧仮御所は，光格天皇（在位1779〜1817）の仮皇居で，国の史跡に指定されている。また，和歌山県明王院の

「赤不動」，滋賀県園城寺の「黄不動」とともに，日本三大不動の1つである「青不動」を所蔵している。この「青不動」－絹本著色不動明王二童子像－は，全身が青黒色に塗られていることから，こう呼ばれる。製作年代や作者は確定されていないが，その作風から11世紀後半の作品と考えられており，作者は仏師円心（延深とも）と推定されている。国宝。

　　[京都国立博物館編『不動明王』1981]

　　　　　　　　　　　　　　（三好義三）

鐘楼　しょうろう　鐘を懸ける建物。日本で現在残る鐘楼は，寺院に伴うものが多い。法隆寺の鐘楼は，平安時代中期の建築であり，2間・3間の楼造りで，屋根は切妻形である。建物の下位外周には，袴腰が設けられている。国分寺の発掘調査では，鐘楼は金堂・講堂間の左右，いずれかから検出される場合が多い。一般的に南面する寺院の場合は，南北にやや長く，桁行3間，梁行2間である。また，鐘楼の基礎の部分は，常陸国分僧寺などの調査例では版築が顕著に認められている。

　　[石田茂作監修『新版仏教考古学講座』2「寺院」1975]　　　（上野恵司）

燭台　しょくだい　燈火に蠟燭を使用した蠟燭を立てる台で，蠟燭立とも呼ばれる供養具である。三具足，五具足の1つで，三具足の場合は香炉の右に，五具足の場合は，香炉の左右に安置する。仏の前の卓上などに香炉及び花瓶と共に安置する。一般に用いられるようになるのは，室町時代からである。

　　天平19年(747)の『大安寺伽藍縁起并流記資財帳』に蠟燭と思われるものが記されている。また，観応2年(1351)成立の『慕帰絵詞』には三脚つきの燭台が燈台とともに座敷の燈火器として用いられ

ている。室町以前においても一部で用いられていたと考えられ，『仏日庵公物目録』には「銅蠟燭台二対」と見えている。『和漢三才図会』には，燭台の形式は一定せず，装飾が施され，蠟燭を立てるのが機能であると述べている。

神奈川県長勝寺の永享4年(1432)銘の黒漆燭台は，請に釘を立てそこに蠟燭を立てるものである。唐招提寺には三具足の舶載品の燭台があり，永正13年(1516)の墨書の箱書きがあり，蠟燭はこのころから用いられるようになったと考えられる。また，この燭台と同形のものとして滋賀県聖衆来迎寺のもので箱書きが天正15年(1587)のものがある。

真宗では，鶴亀燭台といわれる形式のものがあるが，大永8年(1528)の京都府日宗寺蔵の日蓮聖人画像に前机に鶴亀燭台が描かれており，室町時代には日蓮宗でも用いられていたと考えられる。また，参詣者が蠟燭を供えるための多燈形燭台もある。

[中野政樹編『燈火器』日本の美術177，1981，鈴木規夫『供養具と僧具』日本の美術283，1989]　　　（岡本桂典）

白水阿弥陀堂　しらみずあみだどう　福島県いわき市内郷白水町願成寺院内に所在し，国宝に指定されている建造物である。元禄3年(1690)の『奥州石城磐ヶ前之郡白水谿阿弥陀堂縁起』によると，本堂の創建は藤原秀衡の妹・徳姫が当地の豪族岩城則道に嫁ぎ則道死後，永暦元年(1160)に冥福を祈って造営したとされている。この堂宇の様式は，方形造りのトチ葺き屋根を持ち，方3間で中心に方1間の内陣を配し，そこに須弥壇が設置された典型的な平安後期の常行三昧堂である。須弥壇中央には寄木造り阿弥陀三尊，左右に持国天・多聞天があり，いずれも

国宝・白水阿弥陀堂

国の重要文化財である。現在は浄土式庭園が復元されており，平泉の毛越寺の浄土式庭園に酷似する。なお本阿弥陀堂の裏山には，平安時代末の白水経塚がある。

[いわき市教育委員会『史跡白水阿弥陀堂境域復元整備報告書』1994]

（大竹憲治）

持蓮華　じれんげ　蕾をつけた蓮茎（未敷蓮華）を象って作った僧具である。未敷蓮華は，凡夫が阿弥陀如来の本願により身を託し浄土に往生し，成仏する途中の修業の身であることを象徴している。

持蓮華は，両手の中指と中指の間に挟み，これを手中におさめる。時宗において法要や合掌礼拝の際に用いるもので，普通は一木で作られ，これに漆を塗布している。蕾の下方に輪転する輪をつけたものがあるが，仏陀の説法を象徴したものであろう。念仏を唱えながら指でまわしたものと考えられる。また，阿弥陀三尊を嵌入するものや舎利を納入するものもある。阿弥陀三尊の小像を嵌入したものは，仏凡一体の妙旨を示さんとしたものであろう。開敷していない凡夫も念仏により，また臨終正念により，開敷する蓮の台に乗ぜんがために念仏をすすめる意味があったと考えられる。

遺品としては，鎌倉時代末の作とされる山梨県称願寺の他阿上人真教坐像に納

められた17.2cmのものがある。静岡県西光寺には2本の持蓮華があり、1本は相輪を付けたもので共に室町時代のものである。時宗成立以前のもので、持蓮華として用いられたものではないが、京都府大念寺の阿弥陀如来像の胎内の納入品として、仁治元年(1240)の墨書包紙とともに漆箔未敷蓮華が発見されている。僧具の持蓮華とは性格を異にするものであるが、極楽往生を願ったものであろう。

なお、真宗では木製蓮華形柄香炉を持蓮華と呼んでいる。

[光森正士「僧具」『新版仏教考古学講座』5，1976，鈴木規夫『供養具と僧具』日本の美術283，1989]　　　　（岡本桂典）

神宮寺　じんぐうじ　仏教の立場から神社の祭祀を行うために、神社に付属して営まれた寺院。神願寺・神護寺・神供寺・宮寺・神宮院などともいう。三重県多度町にある多度神宮寺が文武天皇2年(698)に創建されたことが『続日本紀』に見えるのが最も古く、ついで福井県敦賀市気比神宮寺が霊亀年間(715～17)に創建されたことが『藤原武智麻呂伝』に出ており、すでに7世紀末から8世紀前期に神宮寺が造営されたことが知られる。こうした神宮寺が生み出された背景には、神がさまざまに悩んだあげく、神身を離脱し、仏法に帰依したいと望んだと説明する神仏習合の思想が広まったことがある。神仏習合の立場に立てば、仏法を聞きたがっている神に対して、日夜僧侶が読経することが必要になり、そのための寺院を創建しなければならなかったわけである。

こうして、三重県伊勢市伊勢神宮に逢鹿瀬寺、奈良県桜井市大神神社に大御輪寺・平等寺、大分県宇佐市宇佐八幡宮に弥勒寺というように各地の神社で神宮寺

が創建され、むしろ大きな神社には神宮寺が付属するのが常識となった。神宮寺には社僧が置かれ、神前で読経して神を祀ったが、その過程で仏教と神祇信仰の習合は一層進んだ。宇佐神宮の弥勒寺は近世まで存続したが、その伽藍は東西2基の塔をもつ薬師寺式伽藍配置で、金堂が桁行5間・梁間4間、講堂が桁行7間・梁間4間の大きな堂宇であったことが知られる。弥勒寺は中世以降強大な権力をもち、宇佐神宮領の荘園を支配したこともあり、中世には金堂の桁行が7間、講堂の桁行が9間に増築された。

神宮寺は別当として神社の祭祀を取り仕切り、寺侍などを擁して神社の経営に積極的に乗り出した例が多く、中世から近世にかけて寺社勢力として成長した。大神神社の神宮寺であった平等寺は、大和国の修験者の拠点となり、中世後期には当山十二正大先達の一寺に伸し上がった。修験道はそれ自体神仏習合の色彩の強い宗教であり、独自な神道教学である三輪神道を打ち立てた大神神社を背景に、多くの修験者を惹きつけ、教団としての組織化を進めたのであろう。近世には、村々の鎮守にも神仏習合色が強まり、別当が管理することが一般化した。別当は寺院が勤めたが、仏教の諸宗派に属することもあれば、修験道であることもあった。修験道寺院である場合、いたって簡素な建物であることがしばしばであったが、それでも神宮寺と称されることがあった。

明治政府は神仏習合を否定し、両者を分離する政策を実行したが、その結果、神宮寺は廃寺となり、建物や什物が悉く破壊される例が多く見られた。神仏分離後、神宮寺の遺跡は神社の境内にそのまま残された所が少なくなく、今日でも境

内の平場がかつて神宮寺であったことを伝える例が多数知られるが，発掘調査が行われた例は稀である。神仏分離以後に太田多禰子神社となった大御輪寺の一部が発掘され，寺院としての姿が部分的にでもあきらかにされたのは稀有の例に属するが，今後各地で調査が進めば神宮寺特有のあり方が考古学的にあきらかにされると期待される。

［石田茂作監修『新版仏教考古学講座』2「寺院」1975］　　　　（時枝　務）

真言　しんごん　サンスクリットのmantra の訳語で，漫怛攞と音写し，思考・祈禱・讃歌・呪文などの意味がある。日本の密教では真言・陀羅尼・呪・密呪，明呪という。密教における諸尊の呪句，呪，すなわち一般には秘密の言葉を真言という。大きく分けて，唱える時に短いものを真言，長いものを陀羅尼という。一字二字のものを種子ということもある。

真言は真実なる言語，つまり仏の言葉と理解され，人間の用いる言葉は虚偽を含む言葉である不実語であるのに対し，真実をそのまま示した仏の言葉，実語を指したものである。後に密教の言葉として用いられ神仏への祈りの言葉として使用されるようになった。内容は本尊などの種子を示すものや本尊などの徳を讃える句からなるもの，そして教えを説くもの，字義不詳の句を連ねたものなど多くある。大乗仏教において，声を出して真言を唱えたり，真言を書き写すことを祈りの主要なものとしたのは，密教の特色である。真言を唱え文字を観ずればその真言に応じて功徳があり，即身成仏して悟りを開くことができ，世俗的な願も満たすとされる。

真言の音声，サンスクリットの文章は，古代インドに求められる。バラモン教の聖典ヴェーダの４種のうちの紀元前１世紀の成立とされる『アタルヴァ＝ヴェーダ』に淵源があるとされる。マントラはヴェーダの中に見られる讃歌で，祈禱句であり呪文であった。バラモン教の一派のシヴァ教においては，梵天（ブラフマン）を生物や音を創造した絶対者とした。音声は森羅万象の代表であり，梵天の一部分とし，真言の修法を行ずれば，すべての存在を支配することができるとし，生死の苦からの解放を図った。インド民族宗教において，仏教が発展する過程で，真言を唱えることにより仏教の目的である成仏も可能であるとされた。もっとも釈迦は，世俗の呪文や呪術を認めなかったので，初期仏教では呪文を用いることはなかったとされている。ただ『十誦律』第46などに毒蛇や歯痛などに呪を用いることを許可している。漢訳では漢字音写し，日本では音写の漢字音を読誦する。

真言は明や陀羅尼ともいうが，身に表すものを明として区別することもある。さらに法身仏の説法を真言といい，日本の東密では密教経典，台密では顕密両経の経典は本質的には大日如来の秘密加持をもととしたものであり，真言秘密蔵であるとしている。真言は，真剣に唱えることにより呪力を増す。行者の胸中に内蔵された思惟がそのまま真実の言葉となり，眼前の礼拝する対象に秘かに通じるという。これは真言密教の教義のとおり，法身如来の言葉であるからである。この言説は如来・菩薩金剛・二乗・諸天・地居天説の５種に区分され，仏部・蓮華部・金剛部の３種などに分けられる。『大日経』第７「持誦法則品」には，真言の前後に付される語句により４種に分類している。初めに唵（オーン，oṃ），終わりに莎縛訶（スヴァーハー，svāhā）のある

ものを息災法，初めに吽（フーン，hūm），終わりに吽発吒（パト，phat)のあるものを降伏法，初めに唵，終わりに吽発吒とあるものを摂召法，初めと終わりに納摩（マナハ，manaḥ)とあるものを増益法の真言としている。一尊の真言に広・中・略がある時は大呪(大心呪)，中呪(心呪)，小呪(心中心呪)という。真言には，仏が衆生を救済するためにさまざまな仏身をとって説く真言と法身大日如来によって説かれるところの大真言がある。前者は顕教の真言，後者は密教の真言となる。密教では，真言は仏・菩薩の本誓を示す秘密語である。

［宮坂有勝「真言とは何か」『大法輪』55－4，1988，望月信亨『望月佛教大辞典』全10巻，1955］　　　　（岡本桂典）

心礎　しんそ　木造塔の心柱を支える礎石。自然石を利用したものと人工品に大別され，後者は柱穴・柱座・添柱穴・枘穴・舎利孔・蓋受孔・排水溝などの有無や組み合わせによって，さまざまな形式に細分できる。柱穴をもつものは心柱を嵌め込むのに対して，枘を作り出すいわゆる出枘式のものは心柱を載せるわけで，造塔技術を大きく異にすると考えられる。概して嵌め込み式が古く，出枘式が確認できるのは7世紀後半に入ってからであるが，系譜を異にするためその変化を単線的に理解することはできない。舎利孔は心礎に穿つものが多数見られるが，ないものも多く，建物の地上部分に安置した場合があったことは確実である。排水溝は柱の径に即して環状に巡らすものが多く，防湿を意図したものと考えられるが，設置しない例が多い。心礎は塔基壇の中心部に設置されるが，基壇上面から掘り下げた位置に置く地下式，基壇上に置く地上式などが見られ，地下式でも設置される深度には浅深が見られる。設置に際しては，底部に根石が敷かれ，心礎上面の水平を保つ工夫がなされている。心礎には花崗岩・石灰岩・安山岩など比較的硬質の石材が多く使用され，石工がさまざまな技術を駆使して製作したと見られるが，終末期古墳の石室や石槨などの石材加工技術との共通点も指摘されている。なお，中世以降の塔には，稀に心礎をもたないものが見られるが，古代寺院の塔は必ず心礎をもっており，心礎の有無でその遺構が塔かどうかを判断できる場合が大部分である。

［石田茂作「塔の中心礎石に就いて」『考古学雑誌』22－2・3，1932，岩井隆次『日本の木造塔跡』1982］　（時枝　務）

ジーヴァカ園　Jīvakāmravana　釈迦在世中のインドで，コーサラ国と覇権を競い合ったマガダ国のビンビサーラ王，アジャータシャトル王に仕えた侍医ジーヴァカがブッダに寄進したマンゴー園のこと。四方を山に囲まれた王都ラージャグリハ（Rājagṛha　王舎城）の南東隅にあったといわれ，旧王舎城内壁の東門を出たところで，霊鷲山に向かう道筋にその跡は存在する。そこからは，周囲を囲む野石積みの壁と，長方形の建物の短い2辺が円弧のように設けられ，長い直線からなる2辺の一辺に2つの入り口が設けられた形の大きな野石積み講堂跡が4つと，付属施設と考えられる長方形の部屋の土台などがあきらかにされている。後世定型化した，入り口が1つで，内庭の周りに複数の僧房を配した仏教僧院の形式とは，かなりかけ離れた構造をした様式の僧院が存在したことが判明し，最初期の頃の仏教僧院の姿を示すものとして注目されている。

［Debala Mitra, *Buddhist Monuments*,

Sahitya Samsad, Calcutta, 1971]

（髙橋堯英）

シー・サッチャナーライ遺跡群　Sri Satchanalai　タイ国の代表的な仏教遺跡。

スコータイ（Sukhothai）時代に栄えた城市で，チャオプラヤー川の支流であるヨム川の右岸に立地し，長さ約1500m，幅約1000mの長方形の平面プランをもち，環濠と土塁に囲まれているが，その内部と東部のチャリエン地区に多数の仏教寺院跡が残されている。西部地区にはラーマ・カムヘン王（Rama Khamheng）によって1286年に舎利が奉安されたというワット・チャン・ロム（Wat Chang Lom），さまざまな形式の塔が複合したチェディ・チェット・テーオ（Chedi Chet Thaew），ストゥコ製の浮彫が美しいワット・ナン・パヤー（Wat Narng Phya）など，東部地区には13世紀末にラーマ・カムヘン王がクメール寺院を整備したワット・マハタート（Wat Mahathat）などがある。また，東部地区のワット・チャオ・チャン（Wat Chao Chang）は，クメール時代の寺院であるが，ジャヤヴァルマン7世（Jayavarman VII）が主要道路沿いに建てた宿駅に付随するダルマサーラー（Dharmasālā）の最北の例として貴重である。シー・サッチャナーライ遺跡群の仏教寺院建築は主にレンガと木材を併用して建てたものであったことが知られる。

［千原大五郎『東南アジアのヒンドゥー・仏教建築』1982］　　（時枝　務）

シャー・ジー・キ・デリー　Shāh-ji-ki-Dherī　クシャン朝のカニシカ王が建立したカニシカ大塔の発見場所。

法顕や玄奘らの記述から，カニンガム（A. Cunningham），フーシェ（A.Foucher）は，土地の人々がシャー・ジー・キ・デリー（「王の塚」）と呼んでいたペシャワールのガンジ（Ganji）門外にあった2つの大きなマウンドを大塔跡と断定した。その地を1908〜09年に発掘したスプーナー（D.B.Spooner）は，十字形基壇をした大塔跡，碑文の刻まれた舎利容器を発見し，中国人巡礼僧らの記述を物質的に検証した。出土した舎利容器は青銅製で，蓋の上には梵天と帝釈に礼拝される仏陀坐像が，その下の蓋の胴部に白鳥らしき鳥の列，舎利容器の胴部には童子たちとカニシカらしき奉献者が支える花綱の上に坐る3体の仏陀像，そして奉献者を挟むように日神と月神の像が描かれている。碑文は，舎利容器が説一切有部に帰属するカニシカ伽藍に王の治世1年に寄進されたと記し，当時の仏教の有力部派と王権との関わりを示している。

［S.Konow, *Kharoshthi Inscriptions*, Indological Book House, Varanasi, reprint, 1969］　　（髙橋堯英）

シャーバーズ・ガリ　Shābāz-Garhī　ペシャワールの東北東65kmの地点にある山に囲まれた小さな三角地を，フランス人学者のフーシェ（A. Foucher）は玄奘が伝える跋虜沙城跡であると比定した。

この古の都城跡は，父の貴重な象をバラモンに喜捨して国を追われたスダーナ太子が馬や2人の子，そして妻までもバラモンらに寄進し布施行を行ったというヴィスヴァンタラ本生に基づく逸話の本縁地とされる。ペシャワールからチャールサダ，マルダーン経由でインダス川の渡河点であったフンド（Hund）を結ぶ道路上の岩山にある。フーシェはここで僧院の残跡を発見したというが，この地からは大きな石2つに刻まれたアショーカ王の摩崖法勅が発見されている。1つは未だ岩山の山腹にあるが，他は山麓に

落ちており，両者とも現在では石の囲いをされている。碑文は西北インドで用いられたカロシュティー（Kharoṣṭhī）文字で刻まれ，第14章法勅全文が刻まれている。

　　［京都大学学術調査隊編『文明の十字路』1962］　　　　　　　　　（髙橋堯英）

シュエダゴン・パゴダ Shwedagon Pagoda
ミャンマーの代表的なパゴダ。首都ヤンゴンにある。伝説では2500年前に仏髪を納めて創建された仏塔であるというが，その後改修を繰り返してきたため，当初の形は知り得ない。最初は高さわずかに9mであったというが，1362年にバゴー（Pegu）のビンニャー・ウー（Byinnya-U）によって増拡されて22mとなり，さらに1774年にはコンバウン（Kongbaung）王朝のスィンビューシン（Hsinbyushin）王が傘蓋を新調して現在の120.6mになったという。その形は一辺473mの方形の平面プランをもつ基壇上に円錐形の覆鉢を置き，先端に宝珠をもつ傘竿を載せたもので，装飾的なストゥーパというべきものである。基壇部には64基の小塔が配されるほか，彫刻やモザイクで飾られた小さな祠堂が奉献されており，独特な聖域を形作っている。パゴダはレンガを積み上げて構築し，セメントで形を整えたうえ，表面に金箔を貼って仕上げており，眩しいほど金色に輝いている。

　　［Elizabeth Moore, *Shwedagon:Golden Pagoda of Myanmer*, 1999］

　　　　　　　　　　　　　　（時枝　務）

シュラーヴァスティー Śrāvastī 釈迦在世中，ビンビサーラ王が統治したマガダ国と北インドの覇権を競ったプラセナジート王が治めたコーサラ国の都。舎衛城（しゃえい）として漢訳仏典に現れる。ブッダはこの都近くの祇園精舎に25年間止住したと

される。その他，町の東にあった長者の娘ヴィシャーカーが寄進したプールヴァーラーマ（Pūrvārāma），プラセナジート王が建立した尼僧院ラージャーカーラーマ（Rājākārāma），王妃マッリカーが建立したマッリカーラーマ（Mallikārāma）などがこの地にあったと仏典に言及されている。ウッタルプラデーシュ（Uttarpradesh）州ゴンダ・バフライチ（Gonda-Bahraich）地方にあるサヘト・マヘート（Saheth Maheth）の村付近の塁壁で囲まれたエリアがその王城跡とされる。マヘートにはパッキー・クティー（Pakkī-kuṭī），カッチー・クティー（Kacchī-kuṭī）と呼ばれる煉瓦積みの建物跡がある。前者は，殺人鬼アングリラーマがブッダによって調伏され改悛した場所といわれ，後者はアナータピンダカの建立した塔の跡であるなどといわれる。前者からはクシャン時代に端を発する何層かの建造物跡が認められ，初期の地層からストゥーパの基壇を思わせる円筒形の土台が発見されたが，はっきりと仏教との関係を示す遺品は発見されていない。後者からは何ら宗教的帰属を示す遺物は発見されていない。町の南端の土塁から約1kmほどの地点に，3基の煉瓦積みの仏塔跡がある。1つは直径約16mの円形の煉瓦積みの遺構で，その中央部より表面に蓮華文様が彫られた長方形の砂岩の石板の舎利容器が発見された。蓮華の中心部がコップ状に彫られ，骨片，金箔板，水晶，円形の銀箔板，そして細長い打刻印貨幣が納められており，別の石板が被せられ蓋がされていたという。2つ目は直径約31mの構造物で，同心円状に3つの煉瓦積みの壁が設けられ，その隙間に土が盛られて造られていたが，内部から舎利容器は発見されていない。3つ目の塔は周囲が540m，高さ15

mの壮大な仏塔跡である。

[Debala Mitra, *Buddhist Monuments*, Sahitya Samsad, Calcutta, 1971]

(高橋堯英)

シュリー・クシェトラ遺跡　Śri-Ksētra

ミャンマーの代表的な仏教遺跡。シュリー・クシェトラはサンスクリット語名で、ビルマ語名はタイエーケッタヤーという。所在地の地名をとってフモーザ（Hmawza）遺跡と呼ぶこともある。現在のピエイ（プローム　Prome）の近くにある。ピュー国（Pyu）は5～7世紀に栄えたピュー族の国家で、『大唐西域記』にも見えているが、その首都が置かれた場所がシュリー・クシェトラ遺跡である。遺跡は城壁と環濠に囲まれた都市で、中心部に宮殿跡があり、環濠の内外に墳墓跡や寺院跡などが分布している。寺院跡では、ボーボーヂー・パゴダ（Bōbōgyi Pagoda）、パヤーヂー・パゴダ（Payagyi Pagoda）、パヤーマー・パゴダ（Payama Pagoda）などのストゥーパ跡、ベーベー（Bebe）、レーミェッナー（Lemyethna）、イースト・ゼーグ（East Zegu）などの祠堂跡が確認されており、塔と祠堂が組み合わさるものであったことが知られるが、伽藍配置は明確に把握されていない。寺院跡からは石製や金銅製の仏像、粘土製の小塔、銅製の鈴などが発見されている。

[Aung Thaw, *Historical Site in Burma*, 1972]

(時枝　務)

ショトラク　Shotorak

玄奘のいう迦畢試国の質子伽藍跡。『大唐西域記』には、首都（現在のベグラム）の東方3，4里の北山の下に、僧徒300余人が住む大伽藍があり、カニシカ王の圧倒的軍事力を恐れた黄河より西の地域の外国人が送った人質を礼遇したカニシカが住まわせた夏の住居で、質子が帰国を許された後も、その僧院では年に2回法会を開いて彼らの幸福を祈っていた、と述べられている。カブールの北60km、ベグラムから4kmの地点、パンジシール川の右岸にコー・エ・パルヴァン（Koh-e-Palvan）という名の小山があり、北麓に3つの遺跡がある。その1つがショトラク寺跡。奉献塔が多く発見され、焔肩仏など特徴のあるガンダーラの石像彫刻が数多く発見された。ストゥーパD-4からはクシャン朝のヴァースデーヴァ王の銭貨が発見されており、出土した土器にはスタンプの円形文などが見られ、3～4世紀の遺品が数多く発見されている。

[Jacques Meunie, *Shotorak*, Les Edition D'Art et D'Histore, Paris, 1942]

(高橋堯英)

す

水煙　すいえん

木造塔の相輪の上部、九輪と竜車の間にあり、炎の如く、上空にたなびくような透し彫りの飾り金具である。形状には種々のものがある。水煙は4枚あり、本来は同一の型により鋳造したとみるべきであるが、塔の解体修理時などの詳細な調査によると、水煙文様の断面が梯形をしていたり、各個ごとに型造りして鋳造していることがわかった場合もある（国宝興福寺三重塔水煙）。

水煙の軸元は、擦管より造出しの肘壺（ひじつぼ）や割栓で固定している。木造建築物であるため、最も恐れるのは火災であり、それを防ぐ意味にも塔上に水煙として掲げたものである。なお、石造重層塔の場合は、四方に水煙形を模した突出が付される塔もある。

[井関正敬「水煙文様の分類と時代的推

水煙（奈良県法隆寺五重塔）

移について」『史迹と美術』599，1989]

（斎木　勝）

随心院　ずいしんいん　京都府京都市山科区小野御霊町に所在する寺院。境内は国の史跡に指定されている。小野小町の旧跡であったとする伝承がある。平安時代中期，正暦2年（991）仁海により，前身の曼陀羅寺が創建された。随心院は，もともとその子院であったが，朝廷の祈願所となったことなどから，寛喜元年（1229），逆に曼陀羅寺を掌握する。承久の乱と応仁の乱で兵火に遭い，荒廃したが，近世初期に豊臣秀頼の帰依が発端となり，再興された。平安時代の阿弥陀如来坐像をはじめ，鎌倉時代では，快慶作とされる金剛薩埵坐像や絹本著色愛染曼陀羅図（いずれも重要文化財）が所蔵されている。また，伝わっている『随心院文書』は，奈良時代から室町時代の史料

で，一部が重要文化財に指定されている。なお，平成6年（1994）に境内地内において発掘調査が行われたが，随心院に直接結びつくような遺構は確認されていない。

[（財）京都市埋蔵文化財研究所『平成3年度　京都市埋蔵文化財調査概要』1995]

（三好義三）

水瓶　すいびょう　サンスクリット語の軍持（kuṇḍikā）の訳で，瓶，澡瓶，水罐ともいう。比丘十八物の1つであり，本来は僧具の1つで飲用水や手洗水の容器であったものが，仏・菩薩に閼伽を供える容器として用いられるようになったと考えられる。

　唐代の僧義浄が記した『南海寄帰内法伝』巻第1の6「水有二瓶」に，「凡そ水は浄と触に分かつ。瓶に二枚有りて，浄は咸瓦瓷を用い，触は銅鉄を兼ねるに任す」とある。水には浄（飲用水）と触（手洗いなどの水）があり，水瓶にも2種あり，浄水は土製の瓶，触水は銅・鉄製の瓶に入れるとある。さらに浄瓶は，浄手（右手）に持ち必ず浄処に置き，触瓶は触手（左手）に持ち触処に置くことが記されている。また，水瓶の口は人間の口に合うように作り，蓋の高さは二指でその上に銅製の箸ほどの孔を穿ち，飲水はこの中に入れる。瓶の側面には，孔を穿ち罐の口より二指高くし，ここから水を注ぐとある。

　水瓶には，胴の形や注口により種々の形態がある。先の『南海寄帰内法伝』に記述されたものに通じるものが仙盞形水瓶で，法隆寺献納宝物の中に奈良時代の仙盞形響水瓶，奈良文化財研究所蔵に平安時代の仙盞形瓦瓷水瓶がある。

　仙盞形水瓶から尖台と注口を除いた形で，胴が長円の卵形をしているものを王子形水瓶と呼んでいる。群馬県観音山古

墳から銅製のものが出土している。法隆寺献納宝物中に響銅王子形水瓶があり，胴部に「塔弥勒仏□囿」と墨書があり，供養具であったことが明確である。王子形水瓶の1つに胴の肩が張る下膨形のものもある。

法隆寺献納宝物の中に「布薩」の墨書のある布薩会に用いられたものが2口ある。これを一般に布薩形水瓶と呼称している。形は王子形の胴部をわずかに下膨らみとし，肩部の一方に注口を付し，頸・肩・胴部に紐帯を廻らすものである。滋賀県弘法寺の鎌倉時代の金銀鍍布薩水瓶，愛知県聖衆来迎寺の建治2年(1276)の銅布薩形水瓶がある。

志貴形水瓶は，大きく開く頸部で肩衝形の胴部の肩に細長い注口と把手が付くもので，紐に獅子などを置くものがある。遺品としては愛媛県大山祇神社の鎌倉時代の銅鋳造の水瓶がある。広島県耕三寺には鎌倉時代の銅鋳造の水瓶があり，また滋賀県己爾乃神社に寛正6年(1465)銘のものがある。

龍首水瓶は法隆寺献納宝物中にあるもので，高さ49.8cm，細長い頸部で，下部は膨らむ胴部をもち，注口に龍首形の蓋がつき，龍身に似せた把手もつけられている唐代の水瓶である。

　　　　［中野政樹「供養具」，光森正士「僧具」
　　　　『新版仏教考古学講座』5，1976］
　　　　　　　　　　　　　　　（岡本桂典）

崇福寺跡　すうふくじあと　滋賀県大津市滋賀里町甲の比叡山中腹に近い山裾の三尾根を削平し，平坦地を造り尾根にまたがる伽藍を配置した近江大津宮と深いかかわりのある寺院跡である。昭和3・13〜15年(1928・1938〜40)に発掘調査され，昭和16年(1941)に国の史跡に指定された。崇福寺の建立時期は『扶桑略記』『日本紀略』などには天智7年(668)とされている。「滋賀寺」とも「志賀山寺」「滋賀山寺」「志賀寺」などとも称されていた。

主要伽藍は谷を隔てた三尾根の上に築造されたものである。北尾根は小字を弥勒堂と称し，東西約22.7m，南北15.8mの瓦積み基壇があり，その上に礎石があって東西5間，南北3間の建物跡がある。この建物跡の東北約10mの所にも瓦積み基壇が確認されている。中尾根は，東西約40m，南北約18mの平坦部を造り出し，周囲に切石を配し，東寄りに方約10mの基壇をもつ3間×3間の塔跡を配している。塔の西に東西約11.4m，南北約11.6mの小金堂跡を配している。南尾根西寄りの中央部に金堂跡と考えられる5間×4間の南面する建物跡がある。金堂跡の東には講堂跡とされる建物跡，この北側に低い土壇の上に3間×2間の小規模の建物跡がある。南尾根西北部の北斜面に面した平坦地に建物跡があり，雑舎などが存在したと考えられる。心礎南側面に小孔があり，その中に金銅製外箱，銀製中箱，金製内箱，そして金製蓋付瑠璃壺が入れ子になった舎利容器が納められていた。舎利容器からは舎利3粒，ガラス製玉・唐草文金銅背鉄鏡などが納められていた。無文銀銭は12枚が舎利容器に付着した状態で出土した。これらの遺跡からは白鳳時代から鎌倉時代の遺物が出土している。

北尾根・中尾根の堂宇は白鳳時代の創建と確認されている。尾根にまたがった主要伽藍配置のうち，北の二尾根を崇福寺跡，南尾根の諸堂宇は方位や礎石の造りが異なり，後に桓武天皇により建立された梵釈寺とする説がある。北尾根と中尾根間を流れる谷川に金仙瀑と呼称される滝があり，そこに人為的な石窟があり，

修行場と想定されている。

[柴田實「大津京阯」上「崇福寺阯」『滋賀県史蹟調査報告』9，1940，林博通「崇福寺と金勝寺」『考古学ジャーナル』426，1998]　　　　　　　　（岡本桂典）

居香炉　すえこうろ　置香炉ともいう。多くは仏殿中の机の上に置き香を燻ずる香炉である。三具足，五具足の１つとして必ず備えられる。『大安寺伽藍縁起并流記資財帳』に「単香炉」と見えており，また『法隆寺伽藍縁起并流記資財帳』の「合香炉壹拾具」には，「丈六分白銅単香炉一合口径三寸一分。高三寸六分」とあり，他の香炉の法量と比較するとこの単香炉が居香炉であったと思われる。飛鳥時代のものに玉虫厨子に描いている多足の香炉がある。また，滋賀県大津市南滋賀廃寺からは８世紀の四脚の三彩居香炉が出土している。

居香炉は種類が多く，博山炉，蓮華形香炉，金山寺香炉，蛸脚香炉，三脚香炉，鼎形香炉，香印盤，火舎香炉，象炉がある。香炉には，金属製，陶製，玉製，木製があり，金，銀，金銅，白銅，赤銅，銅，鑞石，白磁，青磁，牙，瑠璃，紫檀などの材質がある。

[中野政樹「供養具」『新版仏教考古学講座』5，1976，鈴木規夫『供養具と僧具』日本の美術283，1989]　　（岡本桂典）

居箱　すえばこ　据箱，接僧箱，説相箱とも称され，また三衣箱ともいう。法会や修法に際し，座側の脇机上に置かれる。三衣・法具あるいは式次第の順序を書いた差定，その主旨を書いた表白などを入れる。形態は蓋のない長方形の木箱で，腰に廻らした帯により身と台に分けられ，台の側面四方に格狭間を作る。普通は香炉箱と居箱の二箱一具として用いられる。『阿娑縛抄』（巻14・曼荼羅供本）の「随

身物」の項に「居箱，香炉箱」と見えており，阿闍梨が参堂する時に随従し，居箱は左脇机に置き，香炉箱は右脇机に置くとある。また，同巻16（修法本）には「左机灑水，塗香，三衣箱，右机香炉箱，仏布施，名香等を置く」とあり，居箱を三衣箱と称することが知られる。

密教以外の浄土宗などの諸宗でもこれを用い，礼盤の正面にこれを置く。説教の時は高座の上に置き，議論の問題を書いた算題をこれに入れる。この場合は説相箱と呼ばれる。

平安時代のものに大和文華館の銅板地花鳥螺鈿説相箱がある。鎌倉時代のものに京都府誓願寺旧蔵の金銅龍螺鈿波文説相箱がある。

[光森正士「僧具」『新版仏教考古学講座』5，1976，鈴木規夫『供養具と僧具』日本の美術283，1989]　　（岡本桂典）

末松廃寺　すえまつはいじ　北加賀の野々市町末松に所在する白鳳寺院。国指定史跡。昭和42・43年（1967・68）に国の文化財保護委員会（現文化庁）の指導による発掘調査で，7世紀中頃〜後半に建立された法起寺式伽藍配置を確認している。伽藍の東に位置する塔跡は，一辺13mの基壇上に，一辺が10.8mの塔建物があり，西の金堂跡は，東西20m×南北18mの基壇が検出されている。南門・中門・講堂などは未確認であるが，東西80mの築地が塔と金堂を囲む。主な出土品としては，約8km南にある辰口町湯屋窯で生産された単弁六葉蓮華文軒丸瓦や和銅開珎の銀銭などがある。北加賀でも唯一の白鳳寺院で，地上式の塔心礎も北陸では最古の形式であることから，各地に寺院造営の技術を広めた中核の寺院と見られている。また周辺は『和名類聚抄』の「拝師」郷に比定されることなどから，加賀郡の郡

領層である道君氏の氏寺とする説が有力である。 　　　　　　　　　　（垣内光次郎）

周防国分寺跡　すおうこくぶんじあと　山口県防府市国分寺町の、多々良山の南麓の緩傾斜地にあり、現在真言宗国分寺として法燈を受け継いでいる。周防国衙跡の北西900mに位置し、昭和32年(1957)に周防国分寺旧境内が国の史跡に指定された。旧境内地は南北に長い長方形で、総寺域は東西1町10間、南北2町で、当初の国分寺寺域をそのまま受け継いでいるとされる。周防国分寺も消長興廃を経てきており、応永24年(1417)に一山炎上している。その後、大内氏や毛利氏の擁護を受け再建を経ている。昭和28・29・56年(1953・54・81)に一部発掘調査がなされた。現在の本堂は7間×4間で、創建当初の金堂跡と考えられているが、やや疑間視する傾向もある。回廊跡は確認されていない。塔跡は古記録などから金堂跡の東南30間のところに位置すると考えられていたが、明治38年(1905)の工事で礎石は転用されており、ぐり石などを残すのみでかなり破壊されていた。塔跡は一辺26尺、脇間8尺、中間10尺と推定されている。出土瓦は、単弁八葉蓮華文鐙(軒丸)瓦、均整唐草文字(軒平)瓦などが出土している。

[防府市教育委員会『周防国分寺・国府跡』1983、森江直紹「周防」『新修国分寺の研究』4，1991]　　　（岡本桂典）

菅尾石仏　すがおせきぶつ　大分県三重町菅尾地区にあり、昭和9年(1934)国史跡、昭和39年(1964)に重要文化財に指定。高さ4m、幅約9mの龕に千手観音・薬師如来・阿弥陀如来・十一面観音が裳懸座上に結跏趺坐する姿に彫出され、右端にやや斜め向きの毘沙門天を含め5体の仏像を刻出する。この独特な尊像配列は、

熊野権現を勧請したものといわれ、中央の阿弥陀如来は熊野本宮の祭神家津御子神、薬師如来は速玉大社の速玉神、千手観音は那智大社の夫須美神、十一面観音は若一王子社の主神天照大神、毘沙門天は熊野十二所権現の1つである米持金剛童子を配したものである。地元では岩権現・五所権現と呼ばれている。毘沙門天は、甲冑をまとい右手に宝剣、左手は高く挙げて宝塔を持つ。他像に比べて浅彫りで小規模であるが、力強さを感じる。坐像4体はいずれも舟型光背を負い、奥行きが深く丸みの顔は眼鼻立ちは小作りで気品がある。製作時期は12世紀後半に推定されている。

[岩男順「彫刻」『大分県史』美術篇，1981]　　　（渋谷忠章）

杉崎廃寺　すぎさきはいじ　岐阜県吉城郡古川町杉崎字淡原に所在する7世紀中葉創建の寺院跡。飛騨古川盆地の北西隅に近く、宮川右岸の沖積低地に立地する。古くから金堂の礎石群や二重孔式塔心礎の存在が知られ、昭和6年(1931)に岐阜県の史跡指定を受けている。平成3年(1991)より遺跡公園整備を目的とした発掘調査が実施され、小規模ながら中門、金堂、塔、講堂、鐘楼などの主要堂塔を備えた本格的な寺院であることが判明した。金堂の東に塔が近接して並び、金堂の正面に中門、後ろに講堂、北東隅に鐘楼があり、中門と講堂をつないで一本柱の掘立柱柵列が取り囲むほかに例を見ない特異な伽藍配置をなしている。伽藍内部全面に人頭大の玉石を敷き詰めていることも特徴的である。出土遺物には瓦類のほか、7世紀中葉から9世紀までの土器類、建築部材や工具、食事具、装飾具など多数の木製品がある。

[古川町教育委員会『杉崎廃寺跡発掘調

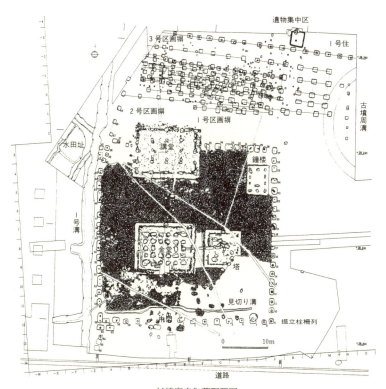

杉崎廃寺伽藍配置図

査報告書』1998]　　　（野澤則幸）

塗香器　ずこうき　密教法具。塗香器は、行者が五体を清浄にし、三業の垢を除き去るために塗る香末（沈・白檀・龍脳・ウコンなど）を入れておく容器である。これは単独で使用されるよりも、灑水器と一対として密教の修法に用いられることから総称して二器と呼ばれる。この場合、塗香器は灑水器より小ぶりであるが、形式の上では両者が全く同一の姿につくられる。形は高台を備えた銅鋳製の鋺で、高台のついた台皿と蓋からなる。そして、鋺の側面には2本あるいは3本の突帯が設けられ、蓋は2段に盛り上がった甲盛り形につくられ、その頂上に鈕をつけて

いる。蓋上の鈕は修法の内容により独鈷、三鈷、蓮華などあるが、宝珠形鈕が一般化している。

　二器として使用される以外に、塗香器が2個と閼伽器・華鬘器2個ずつとともに六器を構成し、使用される場合がある。六器としての器形は、蓋はなく、鋺の側面の突帯もなく、閼伽器・華鬘器とともに同じ大きさである。

[奈良国立博物館『密教法具』1965、石田茂作監修『新版仏教考古学講座』5「仏具」1976]　　　（山川公見子）

厨子　ずし　厨子は舎利・仏像・仏画・経巻などを安置するもので仏龕とも呼ぶ。もともと厨とは厨房を意味し、厨子はそ

の調度品の容器を名づけたものが転じて仏教用具として用いられるようになった。中国唐時代の道宣撰の『広弘明集』第16には、尊像を厨子や櫃に納置することが中国の梁代にはすでに盛んであったことが記されている。その形式はインドの石窟寺院の龕に基づくものといわれるが、わが国の仏教寺院にて用いられたこの種の容器は形式や用途の上で必ずしも一定せず、多様なものとなっている。

奈良時代には、仏像を安置する容器を「宮殿(くうでん)」と呼んでいたことが天平19年(747)の『法隆寺伽藍縁起 并流記資財帳』にあり、厨子とは呼ばれていなかったようである。宝亀11年(780)の『西大寺流記資財帳』には、仏像を安置する容器を「宮殿」のほか「六角殿」「六角漆殿」と呼び、これに対して仏画を奉献する容器を「仏台」または「台」と呼んだ。これらに対し経典を納置する容器を厨子と呼び、「漆涅厨子」「漆平文厨子」などがある。中国で檀龕と呼ぶ仏龕式厨子は、インド石窟寺院の龕に基づき、諸尊を厨子の内部に浮彫で表しており、代表例の「金剛峯寺諸尊仏龕」は小型で枕本尊とも呼ばれる。鎌倉時代には、弘安8年(1285)在銘「霊山寺厨子」や長弓寺の「四柱造り厨子」、唐招提寺の「宝形造り日供舎利塔厨子」、奈良国立博物館の大型円筒の「大般若経厨子」など多くの遺品が残り、また宮殿厨子を受け継いで定型化した春日厨子や中国宋代建築様式の影響を受けた禅宗様(唐様)厨子、禅宗様基壇と春日厨子を混合した折衷様厨子も現れる。このほか奈良時代から経巻などを収納した箱形厨子を携行用に首から懸けるため奥行きを浅くつくった平厨子、携帯に便利なように工夫された携帯用厨子や小型の木瓜形(こうがた)厨子の頂点に鐶をつけた懐中用厨子

もある。また正倉院北倉には檜の厚板3枚に3対の角柱を通して楔でとめた四方吹き抜けの棚厨子がある。

[石田茂作監修『新版仏教考古学講座』5「仏具」1976]　　　　（秋田貴廣）

篠懸 すずかけ　修験者が用いる上衣と袴からなる法衣。鈴繋・鈴懸・鈴掛などとも書く。修験十二道具の1つ。上衣は身2巾・襟1巾・脇入2巾・左右の袖各2巾ずつ4巾の計9枚の布を縫製して製作し、両袖に各1本、背中に2本の貫(ぬき)をつける。袖をたぐりあげ、貫を結べば行動的な姿態になるので、必要に応じて使用した。袴は8枚の布を用いて製作し、前を6襞、後ろを3襞に仕上げ、脇に白色か青色の2本の露紐をつける。露紐は金剛界大日如来を示すバン字形に結ぶのが正しい結び方である。篠懸は柿色に染めた無紋の柿衣が広く用いられたが、そのほか白色無紋の浄衣、白地に不動明王の種子(しゅじ)カンマーンを書いたカンマン着、青黒色の石畳紋の摺衣などが知られる。なお、着用にあたって、上衣を袴から出すのを懸衣、袴の中に入れるのを着籠という。篠懸は、教義上金剛界・胎蔵界の曼荼羅を表したものといわれ、それを身に着ければ俗人といえども法体となることができるとされる。頻繁に着用されたために残りが悪いが、旧修験道寺院に江戸時代の遺物が伝存している例が多数見られる。

[宮家準『修験道思想の研究』1985]　　　　　（時枝　務）

頭塔 ずとう　方錐階段状の土または石で築いた塔で、わが国には奈良市高畑町に存在する。頂部までの高さ約10m、一辺約30mの方錐台形を成す。高さ1.2mの方形基壇上に7段の石積みを施し、最上層は一辺約4mの平坦部になり中央に五

輪塔が立つ。第1, 3, 5, 7壇の四方各面に半肉彫で如来浄土, 仏伝を表した石仏が数基ずつ配されている。三尊仏の構図をとるものが多いが, 一尊像や涅槃像もある。元々石仏の周囲は石で組み合わせ, 龕状に作られたものである。遺構は国史跡, 石仏は国重要文化財に指定されている。頭塔の由来は, 大江親通が記した『七大寺巡礼私記』(保延6年〈1140〉)に奈良の高僧玄昉の頭を埋めた墓として紹介され, 今日では『東大寺要録』や『東大寺別当次第』から, 神護景雲元年(767)に東大寺初代別当良弁の命により, 弟子の実忠和尚が国家鎮護のため造営したとされている。

[奈良国立文化財研究所『史跡頭塔発掘調査報告』2001] (松原典明)

摺仏 すりぼとけ しゅうぶつともいう。仏・菩薩・諸尊像や曼荼羅などを版に彫り, 上に紙を置いて摺写したものをいう。版を手に持って印捺する印仏とは区別するが, 厳密ではない。

文献や中国からの将来品を別として, 平安時代前期までの日本での摺仏の遺品は知られていない。京都府浄瑠璃寺九体阿弥陀仏中尊の胎内の阿弥陀仏連坐像や, 京都府三十三間堂本尊胎内の千手観音二十八部衆などの例が古い。鎌倉時代以降, 摺仏の作例は多くなり, 版は大型化し, さらに筆彩色を加えた仏画の代りとなるものも現れてくる。その内容は阿弥陀如来, 十三仏, 涅槃図, 曼荼羅, 観音・地蔵菩薩, 不動明王, 十二天, 聖徳太子など多岐にわたる。

[石田茂作編『古代版画』「日本版画美術全集」1, 1961, 三井淳生『日本の仏教版画』1984, 菊竹淳一編『仏教版画』日本の美術218, 1986] (坂輪宣敬)

駿河国分寺跡 するがこくぶんじあと 昭和5年(1930)に大沢和夫によって片山廃寺が発見され, 駿河国分寺にふさわしい規模をもつ寺院跡として報告されたことをきっかけに駿河国分寺を巡る論争が起こっている。片山廃寺を駿河国分寺とする大沢に対して, 足立鍬太郎は昭和6年発刊の『静岡県史』において否定し, 片山廃寺を有力豪族の氏寺とした。その根拠として, 国府推定地からの距離が遠く, 中世段階で国分寺を称する寺が駿府城の北西辺に所在することが文献上確認される点などをあげている。一方, 昭和23年(1948)以降, 片山廃寺の発掘調査に着手した石田茂作・望月董弘らはその規模, 伽藍配置, 出土遺物などへの考古学的所見から改めて片山廃寺を駿河国分寺とする見解を示した。しかし, 国分寺の必須要件とされる塔跡の存在が発掘調査によって確認されていない点から, 原秀三郎は足立説を支持する記述を『静岡市史』に示した。これに対し, 平野吾郎は, 片山廃寺の伽藍規模や駿府城周辺での発掘調査成果を通覧して, 改めて片山廃寺を駿河国分僧寺とする所見を示している。

[坂詰秀一「駿河」『新修国分寺の研究』2, 1991] (金子浩之)

スコータイ遺跡群 Sukhothai タイ国の代表的な仏教遺跡。スコータイは13世紀中葉にシー・インタラチット(Sri Intharathit)王によって建国されたタイ族の国家で, その首都の遺跡がスコータイ遺跡群である。遺跡は三重の環濠と土塁に囲まれた城市跡で, 東西1800m, 南北1360mの平面長方形プランを呈するが, その内外に多数の仏教寺院遺跡がある。王宮跡に隣接するワット・マハタート(Wat Mahathat), 巨大な仏像を安置したモンドップ(Mondop)が残るワット・シー・チュム(Wat Si Chum), 遊行仏の浮彫

で知られるワット・トラパーン・トーンラーン（Wat Trapang Thonglang），鐘形の大きなチェディ（Chedi）をもつワット・サー・シー（Wat Sra Si）などが著名である。いずれも，レンガ積みの部分のみが残されているが，ワット・マハタートなどでは20世紀初頭まで梁などの木材が残存していたことが知られており，当初はレンガと木材を併用した建物であったと推測される。

[Gosling Betty, *Sukhothai-Its History Culture and Art*，1991]　（時枝　務）

ストゥーパ　Stūpa　仏塔の意。元々，茶毘に付した後の遺骨や灰を納めた塚や祈念碑を意味した。同義語的にチャイティア（caitya）が用いられる。仏教以前の時代からの祈念碑・墳墓の製作の慣習は，ジャイナ教などでも行われたが，特に仏教で隆盛となり，釈迦のみならず高徳の出家者の遺骨を祀るものや，参拝者が福徳を求めて寄進した奉献ストゥーパなども造られた。中でも仏の遺骨を祀る仏塔は，涅槃に達した「ほとけ」そのものとして礼拝され，仏像崇拝が定着した2世紀以降でもストゥーパは礼拝され奉献塔が捧げられた。

マハーパリニッバーナ・スッタンタ（Mahāparinibbāna-suttanta）は，釈迦の入滅後，在家の有力信者らが茶毘に付した仏舎利を八分し，各々の地域にストゥーパを建立して祀ったことをストゥーパ崇拝の起源として伝える。さらにディヴィヤーヴァダーナ（Divyāvadāna）は，紀元前3世紀のアショーカ王が，それら8塔の内の7塔から分骨してインド全土に8万4千の仏塔を建立したことを伝えている。事実，ニガーリー・サーガル（小石柱法勅）は，アショーカ王が過去仏カナカムニ（Kanakamuni）のストゥ

ーパをも建立したと述べ，サーンチーやサールナートの大塔内部からは，彼の頃のものといわれる基壇の直径が約18mほどの煉瓦製のストゥーパが発見されており，古塔を覆うように度々ストゥーパが増広された様もあきらかにされている。

この紀元前1世紀頃のサーンチー第1塔がインドのストゥーパの典型とされ，それは円形の基壇（medhi）上に頂上が平らな覆鉢（aṇḍa）が乗せられ，頂上に箱形の平頭（harmika）が置かれ，その中央に柱（yaṣṭi）に支えられた傘蓋（chattra）または相輪（chattravali）が据えられ，基壇の周りには右繞三匝の行が行われた繞道（pradakṣina-patha）が敷設され，その周りに四方に塔門（toraṇa）が設けられた欄楯が巡らされたものであった。多くの仏塔の欄楯の支柱（stambha），柱と柱をつなぐ横材（貫石，sūchi），欄楯最上部の笠石（uṣiṇīsa）や塔門には，ジャータカの場面，夜叉・夜叉女像，蔦や蓮華文様などさまざまなモチーフの見事な浮彫が施され，また，アマラーヴァティー（Amalāvatī）のように，浮彫を施した石版で塔面を覆ったものもあった。

形態に地域差もあり，南インドのアマラーヴァティーやナーガールジュナコンダ（Nāgārjunakoṇḍa）では塔門は造られず，基壇の四方に柱が立てられたアーヤカ（āyaka）壇が設けられたものが造られ，西インドの石窟寺院では専らストゥーパを屋内に納めたチャイティア堂が造られた。西北インドでは，幾重にも重ねられた方形基壇を有し，覆鉢も円筒形に変化した高さの高いストゥーパが主流となっていた。中にはカニシカ大塔のように高さが120mを超えるという，中国や日本の木造重層の塔への過渡期を示すものもあったらしい。さらに，スリランカで

は輪相が円錐形をした形式が発展し，これがもとになり東南アジアでは，一般にパゴダと呼ばれる覆鉢が鐘形に造られて相輪が尖塔状になった形態が発展していった。

このように隆盛を極めたストゥーパの崇拝だが，当初，仏教教団内では解脱を目指す出家者が関わってはならない在家者の宗教行為とされ，伽藍内でも律蔵の規定に則り，僧院のある僧地と大塔や奉献塔が設けられた塔院，すなわち塔地とが厳密に区別されていた。しかしバールフット（Bārhut）の寄進者リスト中に僧尼の名も見られるように，紀元前2世紀頃になると次第にストゥーパ崇拝が出家者にも浸透し，タキシラのピッパラ（Pippala）僧院のように，4〜5世紀の僧院増広の際にクシャン時代からの仏塔を僧院内に取り込んだケースやカーラワーン（Kālawān）やモフラー・モラードゥ（Mohṛā Morādu）のように僧院内の僧坊を2世紀後にストゥーパ室にしたケースも見られ，仏教信仰の重要な一面となっていた。

ストゥーパ（シュリー・クシェトラ遺跡）

[Debala Mitra, *Buddhist Monuments*, Sahitya Samsad, Calcutta, 1977]
（髙橋堯英）

せ

清岩里廃寺　せいがんりはいじ（チョンアムリペイサ）　大同江（テドンガン）北岸の平壌市大城区清岩里洞の近くにあり，高句麗時代の王城と推定される清岩里土城の中心部に位置している。南面には大同江が流れている。遺跡の出土品には寺名を銘記するものはないが，史料から判断すると高句麗文咨王（ムンザワン）治世7年（498年）に建てられた金剛寺（クムガンサ）と推測される。伽藍配置は中軸線上に塔を中心にして，その北・東・西に金堂を配し，中門の左右から派出した回廊が塔・東金堂・西金堂・北金堂（中金堂）を囲んでいる単塔三金堂式である。そして回廊の外の北側に講堂がある。この形式は高句麗時代の上五里（サンオリ）・元五里（ウォンオリ）・土城里廃寺（トソンリペイサ），定陵寺跡（ジョンルンサジ）配置，新羅芬皇寺（ブンファンサ）の創建伽藍，日本の飛鳥寺式伽藍配置に見られる形式である。特に塔の八角基壇は，八角塔を中心にして，塔の東西南北の各面には中門，東金堂，西金堂，中金堂に通じる門と階段が設置され，また，外の各面にも出入りする門と階段が設置されたことが推定される。

[朝鮮古蹟研究会『昭和13年度古蹟調査報告』1937]　（李興範）

青龍寺　せいりゅうじ　陝西省西安市街の南東約5kmに位置する寺院。隋時代の創建とされ，はじめ霊感寺といったが，唐景雲2年（711），青竜寺と改めた。唐時代には隆盛で，仏像造像活動の中心の1つでもあった。唐の代宗のとき，不空の弟子恵果は青竜寺東塔院に住して青竜寺和尚とよばれた。恵果の最晩年（永貞元

年・805)，入唐した空海は青龍寺に恵果を訪ねて師事し，金・胎両部曼荼羅法，伝法阿闍梨位の灌頂を受けた。その他円行，宗叡らも青竜寺で修学した。

青龍寺の寺跡は1973年に発掘調査が行われ，1981年に空海記念碑が，1984年には恵果・空海記念堂が，日中の協力により建立された。

[N.S.シャツマン，田中淳ほか訳「青龍寺の密教仏堂」『仏教芸術』220，1995]

(坂輪宣敬)

石経 せききょう　石材に刻んだ経典。中国で儒教の経典を正しく後世に伝えるために始められたもので，『易経』や『論語』などを刻む後漢の熹平4年(175)に着手された熹平石経が現在知られる最古の例であるが，その後に道教や仏教でも行われるようになった。熹平石経は国家的な事業として実施され，洛陽の大学の門外東側に建てられたが，五代までに破損して散逸した。魏の正始年間(240〜249)に製作された正始石経は門外西側に造立され，熹平石経に相対していたが，古文・篆書・隷書の3つの字体で書かれたところから三体石経とも呼ばれる。唐の開成2年(837)に完成した開成石経は，長安の大学に建てられたもので，現在は陝西省博物館に所蔵されている。そのほか，本文のみでなく注も刻んだ五代後蜀の広政石経，北宋の嘉祐石経，臨安の大学に建てられた南宋の紹興御書石経，乾隆59年(1794)に北京の大学に建てられた清の例などが知られる。

このように，儒教の石経は公的な色彩が濃く，国家を挙げて取り組まれることがしばしばであったが，仏教の石経は，公的な支援を受けることはあっても，僧侶などの信仰に根ざして行われる私的性格の強いものであった。仏教の石経は，

北斉時代に盛んに製作され，山西省太原風峪の石経，天統2年(566)に着手され，武平3年(572)に完成した河南省武安響堂山石窟の石経，山東省寧県の水牛山文殊般若経碑，武平元年に製作された山東省泰安県徂徠山の刻経，山東省泰安県泰山の経石峪などの例が知られるが，いずれも深山の石室などに納められたり，刻まれたものである。

響堂山は南響堂山と北響堂山の2つの峰からなり，いずれにも石窟があるが，北響堂山には写経碑が現存しており，北斉の高官唐邕が仏典を永久に伝えることを欲して石経を製作したことが判明する。中国では政治権力による仏教弾圧が何度も行われ，その都度経典を守るために腐心してきた経験があり，そうした人為的な被害から経典を保護するための工夫として石経を取り入れた可能性が考えられよう。とりわけ，北周の仏教弾圧は熾烈極まるものであったため，仏教徒の危機意識を煽り，護経の手段としての石経が普及したものと見られる。泰山のものは山腹に露出した岩石に『金剛経』など，徂徠山のものはやはり山腹の摩崖に『大般若経』・『文殊般若経』などを刻んだもので，山岳仏教的な信仰を背景に製作された可能性が高いと考えられる。北京西南の房山の石経は，『一切経』を刻んだ大規模なもので，隋代に着手され，唐・遼・金と500年にも及ぶ長期間にわたって製作が継続された稀有な例である。なお，これらの石経には書として優れたものが多いことから，拓本に採ることが宋代以後流行し，各種の拓本帖が編集され，書道の手本に供された。

[角井博「宋拓の漢石経残字」『MUSEUM』309，1976]　　(時枝　務)

石幢 せきどう　石造塔婆の一種で，幢と

は「のぼり」「はた」「おおい」「ほろ」の意味を持つ。型式は寺院の仏堂内の須弥壇脇に天井から下がっている幢幡を6組,あるいは8組合わせた形状を石造物にしたものとされる。川勝政太郎は石幢の祖形を,中国で唐代以後に造られた経幢と理解し,石田茂作は「宝幢式笠塔婆」として多角面をとる石柱の上に蓋をかぶせ,宝珠を乗せた形の石塔としている。田岡香逸は石幢を笠塔婆の進化した型式として捉え,方柱状の塔身を持つ特殊な笠塔婆としている。

石幢は広い意味において笠塔婆型式の石塔で,塔身が六角・八角であっても同様である。塔形には単制と重制があるが,1石で彫る柱状の幢身と笠・宝珠よりなり,その下部を埋めて建立する石塔を単制石幢という。一方基礎,竿,中台,塔身(龕部),笠,請花,宝珠の構成で6材よりなるものを重制石幢という。形状は石灯籠に似ているが笠に蕨手がないこと,龕部に火口が穿たれていないこと,竿に節が刻出されていないことの違いがある。

石幢で初期の資料の1つとされているのが,栃木県小山市の満願寺六面石幢である。笠を失っているが六角型の幢身で上面幅は19cm,下面は20cmで裾広の状況で,上端には円形の奉籠孔が穿たれている。上部には金剛界五仏の種子を刻み,「オン(帰命)」の面の下に「文治四年(1188)」の紀年銘を確認する。花崗岩製で高さは現状で76cmである。

鎌倉時代に該当するものは少ないが,香川県長尾町の長尾寺には,弘安6年(1283)と同9年(1286)の紀年銘をもつ八面石幢が確認される。共に凝灰岩製で前者は幢身4面の上方に金剛界四仏の梵字を刻み,下面は繰形座で安定させ,八角の笠と押し潰したような下脹れの宝珠

を1石で作り据える。なお,本塔を深沢邦夫は笠塔婆と見る。

南北朝に入ると関東西部地域には緑泥片岩の板碑6枚を六角形状に組み合わせ,その上面を偏平な石材で笠とした,板碑の影響を受けた単制の六面石幢が確認される。埼玉県小川町大聖寺の六面石幢は高さ182cmで,幢身の各面は線刻により輪郭を巻き,上方には蓮座上に弥陀種子を薬研彫する。その1つの碑面中央に「奉読誦法花経一千部供養」と刻み,関わった51名の交名を記している。キリークの弥陀信仰を碑面に掲げながら,『法華経』を奉読していることは注目される。なお,康永3年(1344)の紀年銘を確認する。その他,同様の塔形を採るものには,毛呂山町宿谷,貞和2年(1346)銘がある。高さは112cmで,緑泥片岩製の六角形の板石を上下にはめ込んでおり,6枚の碑の内,1枚を欠失している。1面は『般若心経』秘鍵,2面は『法華経』如来寿量品,3面は『梵網経』,4面は『般若心経』秘鍵所載の偈を刻む。

石幢の造立が増えるのは室町時代に入

六面石幢(埼玉県大聖寺)

ってからで，地蔵信仰と結びつき，龕部に六地蔵を彫り込んだ重制石幢が造立される。

　　[川勝政太郎「石幢」『史迹と美術』93，1938]　　　　　　　　　（斎木　勝）

石動山　せきどうざん　能登・越中の山境にある信仰の山で，山頂（標高565m）に堂塔伽藍と僧坊群が展開した山岳寺院。国指定史跡。山名は隕石伝承をもつ動字石に由来し，「いするぎ」「ゆするぎ」とも呼ばれ，鎌倉時代は石動寺，室町中頃から天平寺と総称された。山内は神域である大御前の山頂に本宮・梅宮・剣宮などの五社を置き，その南斜面に開山堂・籠堂・多宝塔・五重塔・講堂・行者堂・仁王門などの伽藍を配する。また周囲には石動山の座主・大宮坊を始め，東林院・仏蔵坊・千手院・旧観坊・円光坊などの僧坊跡と墓地跡が広がり，最盛期には北越鎮護の霊場として360余坊，衆徒３千人を擁したと伝えている。昭和52年（1977）から発掘調査と史跡整備を継続しており，平成14年には大宮坊が復元された。

　　[『鹿島町史』石動山編，1986]
　　　　　　　　　　　　　（垣内光次郎）

関野　貞　せきの　ただし　慶応３（1867）～昭和10（1935），新潟県生。東京帝国大学造家学科卒。奈良県技師を経て東京帝国大学工科大学教授，同名誉教授，工学博士。

　建築史学を専攻し，平城宮大極殿跡の発見，法隆寺非再建論，楽浪古墳の発掘を実施し，考古学と建築史学の協同の調査研究に大きな業績を残した。広い視野から日本建築史論を展開し，古瓦の研究にも先駆的な業績をあげた。また，『朝鮮古蹟圖譜』（15冊，1915〜35）の編集にあたった。

　（主要著作）『日本の建築と藝術』1940，『朝鮮の建築と藝術』1941，『支那の建築と藝術』1938，『山東省における漢代墳墓の装飾』1916，『支那佛教史蹟』共著，1925〜28　（追悼）『考古学雑誌』25−8，1935，『先駆者の業績　関野貞』1980
　　　　　　　　　　　　　（坂詰秀一）

石仏　せきぶつ　「石仏」とは石で造られた仏像のことをいうが，わが国においては中世以後，庶民信仰との結びつきの中で多くの石の彫刻が造られたことから，研究者によっては「石仏」という呼称を，信仰にかかわる石造物の総称として用いることもある。石仏は移動できる「単独仏」，移動できない「磨崖仏」「石窟仏」に大きく分けることができる。磨崖仏は露出した岩層面に彫ったもの，石窟仏は岩屋状に岩層をうがった中に彫ったものである。

　石は，その堅牢性から早くから仏教彫刻の素材として選ばれた。仏像誕生の地ガンダーラと中インドのマトゥーラでは，１世紀後半頃より石による仏像彫刻が造られた。ガンダーラとマトゥーラではその造形様式が大きく異なるが，彫刻素材となる石種においても，ガンダーラでは主に片岩，マトゥーラでは主に赤色砂岩が用いられた。マトゥーラの仏像はグプタ朝５世紀中葉の頃に古典的完成の時代を迎え，それは国境を越えて東南ではスマトラ，ジャワ，カンボジアなどに伝わり，東北では西域を経て中国，朝鮮，日本まで影響を及ぼしている。

　インドでは，玄武岩質の断崖状の地形を利用した石窟寺院が盛んに開鑿された。アジャンターの後期石窟（５世紀後半）中のチャイティヤ窟（窟内にストゥーパをまつる形式）では，ストゥーパ正面に設けられた龕内や基壇などに仏像が彫刻されている。またヴィハーラ窟（僧の居住空

間)の奥壁にも仏像をまつる祠堂が設けられ，僧坊から仏殿への変貌が見られる。

石窟寺院造立は，インドより西域，さらに中国に伝わり，山西省大同に近い雲岡石窟や，洛陽の龍門石窟など，大規模でかつ卓越した磨崖石仏群を今に残す。中国では各地域，各時代にわたって石窟芸術が展開された。これらはいずれも世界的に著名であるが，他にも独立した石仏は多く造られた。

朝鮮半島においては金銅仏も多く造られたが，花崗岩による石仏が最も中心的な位置を占める。古くは新羅統一時代の慶州石窟庵の優秀な石仏や慶州南山の磨崖仏などがあり，その他独立の石仏も多く造立された。

『日本書紀』巻20によると，百済から鹿深臣が弥勒菩薩の石像を請来したのは，敏達天皇13年（584）であり，それがわが国の石仏のはじめといわれている。仏教伝来後まもなく，半島で造られた石仏が伝来し礼拝することがあったと考えられるが，飛鳥時代の遺品となるべき石の仏像は見出されてはいない。仏像ではないが，「飛鳥の猿石」と呼ばれる一群は飛鳥時代の石彫として著名である。

わが国で現存最古と考えられる石仏像は，奈良県石位寺の「三尊石仏」と，兵庫県の「古法華三尊石仏」，繁昌の「一光五尊仏」で，3例とも優れた技術と造形表現を示すが，いずれも奈良前期，8世紀以前には遡らない。

奈良後期の石仏の作例としては，奈良市頭塔の「四面仏」があり，花崗岩の自然石の各面に都合13の仏像が，中に1，2の線刻のものの他は薄肉彫で表されている。

平安以前の磨崖仏として，奈良市滝寺，奈良県室生村の飯降の磨崖仏があるが，

いずれも火災を受けてかなり破損している状況である。また京都府笠置寺の本尊は，かつては花崗岩の大壁に巨大な壺形の龕（高さ17m，幅14m）を彫り込み，二声聞とともに線刻で表された弥勒仏であったが，元弘元年（1331）の兵火で消失し，今は龕を残すのみである。

平安時代に入ると石仏の遺品も地域的に広まり，特に前代では少なかった磨崖仏は，北は東北，南は九州地方に及び，内容においても後期になると規模の大きなものが多数造顕された。作柄においては，当時の木彫仏との緊密な造形的関連性が認められることが特徴といえる。

この期の古い作例は，弘仁年間の作と考えられている「狛坂寺跡磨崖仏」で，7m弱の花崗岩岩壁に三尊仏が浮彫にされている。他に京都府笠置寺の総高9mに及ぶ線刻「虚空蔵石磨崖仏」，佐賀県の浮彫「鵜殿窟磨崖仏」などがあげられる。

石窟式のものとしては，福島県泉沢の石仏群や，大分県臼杵市深田中尾の諸石仏が，規模，内容ともに優れて著名である。また栃木県大谷寺は，大谷石の名で著名な凝灰岩の大岩壁を利用した大磨崖である。

次の鎌倉時代の石仏は，数量においても種類においてもはなはだ豊富である。また平安時代が磨崖仏の時代であるのに対し，鎌倉時代は単独仏の時代といえる。もちろん磨崖仏も多いが，造形的な意欲はむしろ単独の石仏に向けられた。

磨崖仏では，大きなものとして奈良県室生村に残る「大野寺弥勒如来磨崖仏」が像高11mの線刻，滋賀県「富川阿弥陀三尊磨崖仏」が6～7mの薄肉彫である。ただしこれらはむしろ例外で，この期の磨崖仏は一般に小規模になる。

単独仏では，京都地方に比叡山西塔の

「弥勒仏坐像」や北白川の「二体阿弥陀仏」など，一石一尊の厚肉彫の像がかなり見受けられる。奈良地方の単独仏は像種も技法も多様で，各宗派の諸仏が見られるとともに，線刻・薄肉彫，陰刻または陽刻の厚肉彫，ないしは丸彫など一通り揃っている。特異な存在に奈良市十輪院の「石仏龕」がある。花崗岩の切石を積んだ，高さ約8尺の壁面に諸仏を刻し，本尊として厚肉彫の地蔵を安置する。龕と本尊は制作期が異なるが，両者の結合によって地蔵曼荼羅を展開している。関東・東北地方の作例としては，二十五菩薩と呼ばれる「箱根山地蔵石仏群」や，舟形光背を背負う鎌倉市九品寺（くほんじ）の「薬師如来坐像」，丸彫の「浄光明寺地蔵石仏」などがある。

わが国において石仏として造立された仏像の種類は一定していないが，通常信仰を集めている諸仏は一通り造顕されており，特異な例はきわめて少ない。そのなかでも，浄土教の普及によって阿弥陀三尊像，冥界思想により民間信仰の王座を占めた地蔵像の数は圧倒的に多い。

石仏の造立願主は古くは上流ないし中流階層であったが，中世末から庶民の参加もあって，おびただしい数の石彫像が造立された。群像のほか，交通の発達に伴い道祖神や庚申塚が全国にわたって造像されるようになった。　　（秋田貴廣）

関山神社経塚　せきやまじんじゃきょうづか
新潟県中頸城郡妙高村関山の関山神社境内にある平安時代末期の経塚。旧別当宝蔵院が作った分限帳（天保12年〈1841〉）によると，和銅元年（708）裸行（らぎょう）上人によって開山されたといわれている。関山神社案内によると，養和元年（1181）木曽義仲が越後国府に入り，妙高山頂に金銅三尊阿弥陀如来を祀り，三社大権現を勧請

したという。古来から妙高山は阿弥陀信仰の対象となっていた。大正15年（1926）関山神社拝殿脇に忠魂碑を建立する際，鋳銅製の経筒1口，珠洲（すず）焼の甕3口，片口2口が出土している。詳細な出土状況などについては不明であるが，妙高山信仰に関連する経塚と考えられる。鋳銅製の経筒には紀年名はないが，外容器と考えられる珠洲焼の甕が仁安2年（1167）在銘の富山県日石寺経塚，新潟県天神山姫塚経塚の甕に酷似していることから，造営時期は平安末期と推定される。出土品は東京国立博物館に保管されている。

［新潟県「関山神社経塚」『新潟県史』資料編2，1983］　　　　（戸根与八郎）

石棺仏　せっかんぶつ　何らかの理由で古墳から掘り出された石棺の内側に刻まれた石仏。仏像が浮き彫りにされたもののほか，種子（しゅじ）や名号が刻まれた作品もある。種子の場合，阿弥陀三尊がほとんどで，仏像の場合では，阿弥陀如来と地蔵菩薩が多い。その土地の支配者層が逆修や順修のために造立したものと考えられているが，銘文の刻まれた作品の中に「結衆（ぎゃくしゅ）」と記されているものも見られることから，庶民層が造立した例もある。播磨，なかでも現在の兵庫県加西市や加古川市周辺の一部に多く見られ，それ以外の作品も近畿地方に集中する。造立の時期は，鎌倉時代から室町時代にかけてのものがほとんど。播磨の作品は，地元産出の凝灰岩製が多く，転用された石棺は，家形石棺の蓋石の例が多い。最古の作品は，文永2年（1265）の銘が記されている姫路市別所町北宿（きたじゅく）の真禅寺所在のものである。

このほか，その代表的な作品として，加西市豊倉所在の豊倉弥陀石棺仏や同じ加西市玉野新家山（しんけやまぶし）伏峠にある3基の石棺仏などがあげられる。前者は，家形石棺

の蓋石を利用した作品で，阿弥陀如来坐像が浮き彫りにされており，鎌倉時代後期の製作と想定されている。後者は，家形石棺と長持形石棺の転用で，3基それぞれに定印弥陀坐像，薬師如来，地蔵菩薩が彫られている。うち2基には，建武4年(1337)と暦応元年(1338)の紀年銘が見られる。播磨以外では，正和2年(1313)銘の大阪府柏原市青谷所在の地蔵堂に祀られている地蔵石棺仏が著名である。

[宮下忠吉『石棺仏』1980]（三好義三）

石窟寺院 せっくつじいん leṇa インドにおける石窟寺院の開削は，紀元前3世紀に始まり，11〜12世紀頃終わるまで，大小約1200ほどの石窟寺院が造られたという。特に，マハラーシュトラ州のムンバイ周辺の西デカン地方に1000以上の窟院が存在し，その75％が仏教窟院であるという。インドの石窟寺院の歴史は大まかに3期に分けられて考察されている。

第I期は前3世紀から前2世紀の窟院で，仏教以外の帰属のもの。ブッダが修業時代に瞑想したといわれる石窟や第一結集の場である七葉窟などの自然洞窟もあったが，この時期開削された石窟寺院としてはインド東部のビハール州ガヤーの北方約30kmの地点にあるバラーバル丘とナーガールジュニ丘にあるマウルヤ朝時代に開削されたアージーヴィカ教の石窟寺院があげられる。特に，前者のスダーマ窟やカルナ・チョウパル窟では，硬質の花崗岩を見事に掘削し，しかも天井を含むすべての内壁を磨き上げているなど，高い造成技術レベルを示しているという。バラーバル丘のローマス＝リシ窟の入り口には，木造建築物の切妻正面の形が忠実に写されており，いわゆる木造建築の模倣が目立つこともこの時代の石窟の特徴であるといわれている。

第II期は前2世紀から2世紀頃までのもので，西デカンと南インドのアーンドラ・プラデーシュ州に存在する仏教窟院である。これらは礼拝窟であるストゥーパを祀るチャイティヤ窟と比丘が修行生活を送るヴィハーラ窟（僧院）から構成されていた。チャイティヤ窟の最古のものは，紀元前2世紀のものとされるアーンドラ・プラデーシュ州のグントゥパッリ窟で，ストゥーパを中心に祀るドーム天井を有する円形の祠堂の前に小さな前室が付された形態のものである。少し後代のジュンナールのトゥルジャー・レナ窟では，前室はないがストゥーパの周りを取り囲む12本の円形列柱が二重の繞道を形成し，中央のストゥーパ上はドーム天井，その周りの繞道上はドームの頂点からはかなり低いレベルで半アーチ状の天井という構造をしている。前1世紀初頭か前2世紀末の開削と考えられているバージャー石窟寺院のチャイティヤ窟のように，ヴォールト天井を有し，前方後円の馬蹄形をしていて，ジュンナールのトゥルジャー・レナ窟の円形列柱の前部を開くように前室部からストゥーパの裏にかけて壁沿いに逆U字形状に列柱を設け，礼拝空間をなす内側の身廊部と外側の側廊部が分けられる形式のものが発展し，以後，この形式のものがチャイティヤ窟の基本形となり，カーネリー第3窟，アジャンター第9・10窟などで踏襲された。ヴィハーラ窟の最も素朴な形式は，ジュンナールなどで見受けられる一辺2mほどの小さな四角い単独房室を掘ったものであるが，ほぼ正方形の広間の正面を除く三面の壁に数個ずつの房室を設けた形式がヴィハーラ窟の基本形となっている。房室は，1人用あるいは2人用で，壁面の一部にベッドが掘り出され，

燈火を置いたと考えられる小さな龕も設けられたものもある。ナーシク第19窟のように、正面に2柱(壁柱を含めると4柱)を立てた小さなベランダがあり、小規模な広間の周りの3面に2室ずつ僧坊が設けられたものから、第3窟(2世紀初頭〜中葉頃)のように、ベランダが一段高くつくられ、正面は腰壁をもつ列柱によって飾られ、大きな広間の三面に計18室の僧房が設けられた大規模なものまで開削されている。また、このようなヴィハーラ窟の側には、ヴィハーラ窟に住む僧侶たちが利用するための水槽が掘られていることが多い。

第III期は5世紀から11〜12世紀末頃までの石窟寺院で、仏教、ヒンドゥー教、そしてジャイナ教の石窟が含まれる。第III期の仏教窟としては、西デカンではアジャンター、カーネリー、アウランガバードなど第II期の仏教窟院が一時の空白期を経て継続して造営されたケースや、エローラのように新たに造営されるに至ったケースがある。また、中インドのマディヤ・プラデーシュ州のバーグ(5〜6世紀)、ダーナム(7〜8世紀)、西インドのグジュラート州のジュナーガル、サーナー、タラージャー(7〜8世紀頃)などがこの時期の石窟寺院として知られている。この第III期の仏教窟の特徴の1つは、仏像が礼拝の対象としてストゥーパに取って代わることになったことである。アジャンターの第19・26窟、エローラの第10窟のようにチャイティヤ窟も造られたが、これらのチャイティヤ窟ではストゥーパ正面に広脚の仏陀座像が設けられ、ストゥーパが仏像の単なる支えという印象をさえ与えている。さらに、この時期の仏教窟院のもう1つの特徴は、ヴィハーラ窟の中に仏像が祀られるよう

になり、仏堂と僧院とが合体した形で1つの寺院を形成していたことであるという。この傾向の顕著な例として、後期ヴィハーラ窟の完成形とされているアジャンター第1窟があげられ、奥壁中央部に仏堂を設け、その前に列柱が方形に立ち並ぶ回廊を有する広間の左右と奥壁に僧房を設けるスタイルとそのバリエーションがアジャンターやアウランガバードで盛んに用いられた。この時期のヒンドゥー窟は5世紀初頭に開窟が始まり、6〜8世紀に隆盛となり9世紀頃に終末を迎えたといわれる。特にエレファンタ窟やエローラ第29窟などの巨窟やエローラのカイラーサナータ寺院に見られる岩石寺院のような巨大な造営が顕著である。ジャイナ窟に関しては、第I期のラージギルのソンバンダル窟やウダヤギリ・カンダギリ窟のようにすでにその存在が知られていたが、その後第II期の時代には造営は行われず、第III期に入ってジャイナ窟が現れるのは7世紀頃であったという。ジャイナ窟では開祖マハーヴィーラが本尊として祀られ、ティールタンカラと呼ばれるマハーヴィーラ以前の24名の祖師像が窟院内の壁面や柱に荘厳されている。

[佐藤宗太郎『インド石窟寺院』1985]

(髙橋堯英)

石窟仏 せっくつぶつ　石窟仏とは岩屋状に岩層をうがった中に彫った仏像をいう。ただしかなり深く彫り込んでいたとしても、露天の場合は磨崖仏と呼ばれることもあり、その区別は厳密なものではない。石窟形式の仏像は日本ではあまり発達・造立されず、インドや中国、朝鮮半島で多く遺構が見られる。

インドでは前2世紀以降、玄武岩質の断崖状の地形を利用して石窟寺院が盛ん

に開鑿されたが，アジャンターの後期石窟の中，ストゥーパ正面に設けられた龕内や基壇などに，彫刻された仏像を見ることができる。

中国における最初期の仏教石窟である敦煌莫高窟では，北涼時代から元にいたる長い期間に492窟もの石窟が造られ，1400体余りの彩塑が残されている。北魏の古都・大同の雲岡石窟は，460年に開掘されてから494年の洛陽遷都まで造営され，53窟の遺構が残されている。特に曇曜五窟（第16〜20窟）の巨大な5体の本尊は，歴代北魏の皇帝の姿を表したといわれ，偉大な皇帝と大仏の合体を象徴している。洛陽遷都後すぐに造営の始まった龍門石窟は，北魏・唐代を中心に五代・宋にいたるまで造営が続いた。そのうち奉先寺堂には，本尊盧舎那仏を中心に九尊の巨像が彫りだされ，その造形は唐の写実を具現している。他にも中国では多くの石窟寺院が開窟され，彫刻・絵画など多数の石窟芸術が残されている。

朝鮮半島においては，古新羅に軍威石窟や断石山石窟など，大規模で美しい石窟寺院が残る。また統一新羅時代になると，慶州を中心に仏教美術が花開き，その白眉といわれるのが石窟庵の諸仏である。

わが国の石窟形式のものとしては，宇都宮市大谷寺の諸仏が，凝灰岩の大岩壁に表された仏像として知られている。ただしこれは塑造の技法を用いた石心塑像と呼ぶべきものである。他に著名なものとして大分県臼杵市の諸仏，同じく高瀬の石窟五尊，福島県泉沢薬師堂の諸仏などがある。　　　　　　　　（秋田貴廣）

石刻経　せっこくきょう　石に経典の文字を刻したものを一括して石刻経といい，略して刻経ともいう。石刻経は，基本的には石を用材とする写経の一種と見ることができ，その形態や目的によって磨崖（あるいは摩崖）・石壁・碑塔（石碑・石塔）・経幢・石版・外装・埋納などに分類される。磨崖とは自然の崖壁あるいは岩石の表面に経文や法語を刻写するものをいい，石壁とは造営された石窟を中心にその内外の壁面に，碑塔とは碑・碣・浮圖・石塔・石柱などの表面に，経幢とは石幢の幢身の各面に，石版とは出版（拓本・摺写・印刷をふくむ）を目的として石版面に，外装とは建造物・器物・造像などの表面に経文や法語を刻写するものをいう。

石刻経の思想は，中国において仏教の終末観である末法思想の流行を背景に，とくに北斉時代（550〜577）に山東省で急速に発達した。今日に残る著名な石刻経の遺例としては，磨崖刻経では山東省東平洪頂山（北斉553）・山東省泰山経石峪（北斉）・山東省泰安徂徠山（570）・山東省鄒城鉄山（北周579）・山東省鄒城葛山（580）・山東省鄒城崗山（580），石壁刻経では河南省安陽善応村小南海石窟（560）・河北省邯鄲釜山南響堂寺（565）・河北省邯鄲鼓山北響堂寺（568〜572）・河北省渉県古中皇山（唐王山，北斉）・河南省安陽宝山霊泉寺大住聖窟（隋589）・河北省曲陽黄山八会寺（593）・河北省房山雲居寺雷音洞（616〜）・四川省安岳臥仏院刻経洞（唐727〜），碑塔刻経では甘粛省北涼石塔十二因縁経（428〜）・山東省泗水維摩経碑（北斉560）・山東省鉅野華厳十悪品経碑（564）・山西省太原晋祠金剛経石柱（武周698〜704）・甘粛省敦煌莫高窟元六字真言碑（元1348），経幢刻経では河南省鞏県浄土寺尊勝経幢（唐731）・浙江省銭塘霊隠寺呉越王銭俶経幢（北宋969），石版刻経では敦煌出土石版金剛経

拓本（唐824）、外装刻経では北京市昌平居庸関過街塔尊勝経（元1345）、埋納刻経では四川省都江堰霊岩寺刻経（唐768）、河北省房山雲居寺石経（遼・金）などがある。

［氣賀澤保規編『中国仏教石経の研究－房山雲居寺石経を中心に－』1996，桐谷征一「中国における石刻経の類型」『身延山大学仏教学部紀要』2，2001，桐谷征一「北斉大沙門安道壹の刻経事跡」『大崎学報』158，2002］　　（桐谷征一）

石刻経窟遺跡　せっこくきょうくついせき　仏教修行のために造営された石窟の壁面を磨いて、そこに仏典の経文や法語を刻写した遺跡のこと。これを石刻経（刻経）の類型の上では石壁刻経遺跡と呼ぶことも可能であろう。インドや中国を通じて仏教石窟が多く造営され、より一般的にはその窟内には修行の目的に応じた仏菩薩諸天などの仏像が安置されるが、南北朝末期の北斉（550〜577）に至り、その洞窟の壁面あるいは洞窟に連なる周辺の外壁も含めて、そこに一種の写経である石刻経が登場するようになった。したがって石刻経窟遺跡としては厳密にはあくまで仏像を主とした石窟に石刻経が付加されたものと、当初より石刻経を目的に造られたものとがある。その成立の歴史的な背景には、疑いなく仏教の終末史観である末法思想の存在が指摘されよう。蕭斉曇景訳『摩訶摩耶経』や北斉那連提耶舎訳『大集月蔵経』などの経典は、仏法破滅の時代の到来を詳細に予言しているが、仏教徒のそれに対する超克のエネルギー、すなわち聖典を未来永劫にわたって不朽に遺したいという祈りが石刻経を生んだのである。

最近の研究では、従来一括して考えられていた磨崖刻経と石壁刻経はその特色の相違から区別して考えられている。磨崖が、主に石質の硬い花崗岩に1文字が約30cmから50cm平方の大きさで刻字され文字数としてはごく少なく限定されるのに対し、石壁の場合は、石質は比較的軟らかい石灰岩に、1文字が約2〜3cm平方の刻字で、ときに数万文字に及ぶ遺跡が存在している。主な石刻経窟遺跡としては、河南省安陽善応村小南海石窟（北斉560）・河北省邯鄲釜山南響堂寺石窟（北斉565）・河北省邯鄲鼓山北響堂寺石窟（北斉572）・河北省渉県古中皇山石壁（北斉）・河南省林県洪谷寺千仏洞（北斉574）・河南省安陽宝山霊泉寺大住聖窟（隋589）・河北省曲陽黄山八会寺石壁刻経（隋593）・河北省房山雲居寺雷音洞（隋616）・四川省安岳臥仏院刻経洞（唐727〜）などがあげられる。

［水野清一・長広敏雄『響堂山石窟』東方文化研究所，1937，桐谷征一「房山雷音洞石経攷」野村耀昌博士古稀記念論集『佛教史仏教学論集』1987，氣賀澤保規編『中国仏教石経の研究－房山雲居寺石経を中心に－』1996］　　（桐谷征一）

摂津国分寺跡　せっつこくぶんじあと　現在の大阪府大阪市天王寺区国分町，同市大淀区国分寺町に所在。この2か所は、いずれか一方であるという説と、時代により移転したという説がある。天王寺区国分町の天徳山国分寺付近からは、工事に伴い奈良時代の複弁蓮華文鐙（軒丸）瓦や均整唐草文字（軒平）瓦が出土していることなどから、大阪市はここを「摂津国分寺」として比定し、顕彰史跡に指定している。しかし、昭和61・平成3年（1986・90）に行われた発掘調査では、奈良時代の瓦は出土しているものの、奈良時代の瓦を包含する整地層の存在以外には、直接奈良時代の寺院に結びつく遺構は確認さ

れていない。一方，大淀区国分寺町にある護国山国分寺周辺からも，当時の遺構や遺物は確認されていない。移転説は，摂津国府が延暦24年（805），現在の大淀区長柄付近に遷された時に国分寺も移転したという。なお，尼寺は現在の大阪市東淀川区柴島町にある法華寺に比定されており，同寺の境内には，礎石や塔心礎が保存されている。

摂津国分寺跡出土鎧瓦

［『大阪市史』1，1988，江谷寛「摂津」
『新修国分寺の研究』7，1997］

（三好義三）

塼 せん　建物の床や壁に使われる建築部材。タイルの一種。瓦質・陶製・石製などのものがある。中国で生み出され，朝鮮を経由して日本に伝えられ，寺院や宮殿に盛んに用いられた。形態から方塼・長方塼・三角塼・異形塼に大別され，文様と技法から素文塼・文様塼・施釉塼に分類されるが，文様塼や施釉塼の例はきわめて少ない。

　方塼は方形で，最も一般的な形態であるが，大きさには大小があり，建物の規模によって左右されたものと考えられる。方塼はおもに床に敷く敷塼として用いられたが，敷き方には建物の一辺に平行して敷く布敷と45度傾けて敷く四半敷が見られ，後者の場合には三角塼を併用した。

長方塼は，長方形を呈するもので，おもに基壇の外装や雨落溝を設置するための部材として使用された。三角塼は，方塼を斜めに半截した形態のもので，もっぱら四半敷に使用された。異形塼には扇形や梯形，あるいは作り出し部や切り欠き部を設けたものなどさまざまな形態のものがあり，須弥壇の部材や井戸枠として使用されたものなど使用方法も多様である。

　大部分の塼は素塼であるが，表面に文様を施した文様塼も製作され，そのうち絵画的な意匠をもつものは画塼と呼ばれる。朝鮮の統一新羅時代の塼には蓮華文などを華麗にあしらったものが多く見られ，類似した文様をもつものが北九州地方で知られており，朝鮮からの影響を受けて製作されたものと考えられている。福岡県太宰府市観世音寺出土のものは，中心部に蓮華文を配し，そのまわりに花唐草文をめぐらし，縁を連珠文で飾っている。画塼としては，奈良県高取町南法華寺出土の鳳凰文塼と同明日香村岡寺出土の天人塼が著名であるが，いずれも大きな方塼で，素縁をめぐらし，そのなかに闊達な描写力で鳳凰や天人を描いている。文様塼のなかには釘穴をもつものが見られ，壁面や須弥壇などの装飾に用いたことが推測され，塼仏と共通した使用方法であったことが知られる。

　施釉塼には緑釉と三彩のものがある。緑釉塼は奈良県明日香村川原寺跡・奈良市東大寺二月堂・同法華寺町などで知られ，いずれも波文を描いたもので，法華寺町出土例は裏面に数字が陰刻されているところから敷塼であり，しかも配列順が事前に決められていたと考えられる。三彩塼は法華寺の東側で検出されており，表面に襞状の起伏が認められることから

須弥山などを表現するための部材として用いられた可能性が高いが，破片のために使用方法を特定することはできない。

塼は瓦と同様に型を用いて成形され，窯で焼成されたものであるが，施釉塼のみは施釉陶器と深い関係にあるものと見られる。東京都国分寺市武蔵国分寺跡をはじめ地方寺院でも塼を用いており，瓦とともに塼が各地に伝えられたと見られるが，瓦に比して需要度が低かったことは確かである。

[稲垣晋也「瓦塼」『新版仏教考古学講座』2，1975]　　　　　　（時枝　務）

銭弘俶八万四千塔　せんこうしゅくはちまんしせんとう

呉越国は建国(907年)以来70余年，南方の杭州を都として，銭氏一族の諸王が相ついだ。当時は唐末五代の戦乱の時代であり，また北方では丁度後周世宗による仏教排斥運動（三武一宗の法難の1つ）が行われていたが，呉越諸王はみな仏教を信奉した。とくに第5代の忠懿王銭弘俶（諡号が忠懿なので忠懿王といい，銭俶ともいう。）は，造寺，造塔のかたわら，インドの阿育王(アショーカ)の故事にならって8万4千の金銅の小塔を造り，国内各地に安置したことで名高い。この塔は内部に唐の不空の訳した『宝篋印陀羅尼経』を納めたので宝篋印塔とよばれる。塔は笠の部分の四隅に馬耳状の突起をもち，相輪を立て，塔身部四面に釈迦本生譚を表すなど，独特の形態を有する。

銭弘俶はまた戦乱のため仏教経論の失われたことを嘆き，高麗，日本に使者を出してこれを求めた。日本からは天台僧日延（生没年未詳。天暦10年〈956〉帰国）が応答の使者として呉越国に赴いた。銭弘俶はこれを喜び，日本未伝の多くの内外典とともに，この宝篋印塔1基を遺した。鎌倉時代以降，わが国では宝篋印塔

が盛んに造られるが，日延の将来した銭弘俶の塔は，その造塔に少なからぬ示唆を与えたとされる。平安時代の道喜による康保2年（965）の『宝篋印陀羅尼伝来記』に伝来のことなどが記されている。

[石田茂作『日本仏塔の研究』1969，石田茂作監修『新版仏教考古学講座』3「塔・塔婆」1976，斎藤忠『中国天台山諸寺院の研究』1998]　　　（坂輪宣敬）

塼造塔　せんぞうとう

日干しレンガを用材として造営された塔であり，日本では認められない。韓国の慶州市九黄洞にある芬皇寺石塔は，7世紀初期の塔と見られ，安山岩の石材を塼のように小割りにして築き上げている。現在塔は平面方形の3層であるが，当初は9層であったと伝えられている。各層の軒は持送り石で構成されており，屋根も塼を積んでいる。2，3層は初層に比べ小さくなる。初層の四方面には入口が設けられており，左右に金剛力士像が陽刻されている。また，塔をのせる基礎四隅には石製の獅子を配している。1915年，石塔解体修理の際に，塔中心部の初層と2層の間から石櫃が出土し，その内部から舎利のほか，各種玉類（勾玉，水晶玉，ガラス玉，管玉）や金銅製の透彫金具，鋏，針筒（内部に金，銀針各1個），鈴や芋貝，その他が確認された。

高麗時代の塼塔として，京畿道の神勒寺多層塼塔がある。高さは9.4mで，基壇は7段の花崗岩を積む。塔身を塼積しているが，その面には唐草文が半円の中に配されている。半円は上下2段で交互に弧状を呈している。屋根は下2段の段形で，上面は初層で5段であるが簡略化されている。

韓国の塼造塔は慶北の安東市に集中しており，時代は8，9世紀の統一新羅時

代に盛んであったとされている。

　[高裕燮『朝鮮塔婆の研究』1978，朴洪
國『한국의전탑연구』1998]　　　（斎木　勝）

禅頂札　ぜんちょうふだ　山岳修行で山頂
に登拝した記念に奉納された札。栃木県
日光市男体山頂遺跡出土例が典型的なも
のとして知られている。現在男体山では
山頂を極めることを禅頂と呼んでいるが，
中世には禅定を用いており，禅頂のこと
ばが使われるようになったのは近世のこ
とである。中世には，長方形や駒形の銅
板に住所氏名・奉納年月日・登拝度数な
どを刻んだものが見られ，小さな孔が穿
たれており，釘などで固定できるように
なっている。山上の樹木や小祠などに打
ち付けたりしたのであろう。貞治3年
（1364）に13度目の登拝を果たして禅頂
札を奉納した伴家守は，貞治5年にも14
度目の登拝を記念した禅頂札を納めてい
るが，その際彼は正月28日から登拝した
8月28日まで重潔斎を行っていたことが
銘文から知られる。中世の禅頂札が専門
的な修験者によって奉納されたことがう
かがえよう。それに対して，近世の禅頂
札は木製の札に墨書した簡易なもので，
男体山講の講員によって奉納されたもの
が多く見られる。

　[日光二荒山神社『日光男体山　山頂遺
跡発掘調査報告書』1963]　（時枝　務）

禅版　ぜんばん　坐禅の時に身をよせる
ための僧具で，禅板・倚版ともいう。細
長い板で，上端を丸く刳り，その下に円
孔を穿っている。長さは1尺7・8寸で，
幅2寸，厚さ3・4分である。禅版は，
坐禅の時に頤を支えたり，膝の上に横に
置き定印を組むときにも用いられる。か
つては，小孔に紐をとおし，縄牀の背に
結び，板面を斜めにして身をよせかける
背もたれとして用いていた。

これに禅法語を刻するものがある。茨
城県法雲寺にある中峰明本所持の禅版は
中国元代のもので，「万法一帰一帰何処」
と刻されている。東京都の永青文庫蔵で
江戸期のものであるが，「刻古人剋古
云々」と刻するものがある。

　[光森正士「僧具」『新版仏教考古学講座』
5，1976，鈴木規夫『供養具と僧具』日
本の美術283，1989]　　（岡本桂典）

塼仏　せんぶつ　焼成された粘土板上に
仏菩薩像が浮彫状に表されたもの。漆箔
や彩色が施され，堂塔内の壁面を飾るも
のとして，あるいは，厨子に納め礼拝仏
として用いられた。製作法は，原型から
起こした雌型に粘土を詰め，取り出した
後，焼成する。

　中国の北魏の時代から見られ，日本で
は白鳳時代から鎌倉時代の間に見ること
ができる。7世紀後半から8世紀前半代
の寺院跡から出土するものが最も多く，
8世紀後半以降の例は少ない。主な出土
地は，奈良県橘寺，川原寺裏山遺跡，山
田寺跡，三重県夏見廃寺，茨城県結城廃
寺など。塼仏が出土する遺跡は全国に分
布するが，約5割が畿内に集中する。

　塼仏は，形態や仏菩薩の像容などによ
り大型多尊塼仏，方形三尊塼仏，火頭形
三尊塼仏，独尊塼仏，連座・連立塼仏な
どに大きく分けられる。大型多尊塼仏は，
阿弥陀三尊像を中心に天部像や比丘像を
配した装飾性が豊かなものが夏見廃寺の
出土例のほか，奈良県法隆寺や唐招提寺
に伝わるが，夏見例の須弥壇部分に「甲
午年」（694）の銘がある。方形三尊塼仏
は，正方形に近い塼面の橘寺・川原寺系
と，長方形の塼面を有する夏見廃寺系に
大別される。両者は中尊の光背や脇侍の
像容などに相違点があり，前者は畿内，
後者は地方に主として分布している。火

頭形三尊塼仏は，船形の塼面に三尊像を配するもので畿内に集中し，独尊塼仏は方形，菱形，宝珠形などの塼面にそれぞれ独自の尊像が飾られる。連座・連立塼仏は，同一の塼面に同形同大の独尊像を数体配したものである。夏見廃寺では，大型多尊塼仏をはじめ，多数の方形三尊塼仏，3種類以上の独尊塼仏や連座塼仏が出土しており，他でも数種類の塼仏が出土する例があることから幾種類かの塼仏を組み合わせて壁面を荘厳したと考えられる。なお，塼仏の図像は，押出仏と共通するものが多い。

三尊塼仏
[倉吉博物館『塼仏』1992]　（真田広幸）

そ

僧具　そうぐ　仏教で使用するあらゆる用具を，仏具あるいは法具とよぶとすれば，僧具は仏具(法具)の一種である。しかし仏具（法具），僧具，荘厳具，供養具，梵音具及び密教法具，修験用具などの分類内容は必ずしも一定していない。また三宝の区別に従って，仏具，法具，僧具と分ける説もある。『古事類苑』は仏具，僧具，僧服の3部門に分けるが，そ

の内の僧具としては，鉢，錫杖，数珠，独鈷，三鈷，五鈷，如意，払子，竹箆，坐具，漉水嚢をあげている。仏教では古く，三衣一鉢という。三衣は大衣（僧伽梨），上衣（欝多羅僧），内衣（安陀衣）の3種の衣をいい，鉢は托鉢のとき，供養された食物を入れる器をいう。これに坐具（尼師壇。坐臥のとき用いる）と漉水嚢（水をこすもの）の2つを加えて比丘六物という。欲望を絶つために，僧として必要最小限の持物を示したものである。六物にさらに十二を加えて比丘十八物という。十八物は前記六物のほか，仏像，菩薩像，経，律，火燧，香炉，縄座（縄を張った椅子），水瓶，手巾，楊子，澡豆（豆の粉で作った洗い粉），刀子，鑷子（毛ぬき）などであるが，はじめの4つは僧具とはいいがたい。これら僧具は，僧が日常の修業生活の中で必要とした用具と考えられる。
[蔵田蔵『仏具』日本の美術16，1967，石田茂作監修『新版仏教考古学講座』5「仏具」1976，光森正士『仏教美術論考』1998]　　　　（坂輪宣敬）

荘厳具　そうごんぐ　仏の偉徳をより効果的に示すために，礼拝の仏像の周辺を荘厳するものである。広義には寺院の場合は寺域全体を含み供養具，梵音具，僧具も含むものである。狭義には堂内の荘厳として天蓋・仏壇・厨子・幡・幢・水引・前机・脇机・礼盤などがあげられる。

　1）天蓋：インドではチャトラと呼び，熱暑を避けるための傘蓋が転じて仏菩薩の荘厳具となったといわれている。また，『観仏三昧海経』第六には仏に献じた宝華や仏が発する光明が化して天蓋となったとも記されている。懸蓋または宝蓋ともいう。

　2）須弥壇：須弥山をかたどった壇の

意味で仏殿内において仏像を安置し荘厳するものである。古くインドで須弥山は帝釈天の坐するところであったが，次第に仏菩薩の座として用いられるようになったもののようである。

3）厨子：仏像や経巻などを安置するもので豆子とも書き，仏龕とも呼ばれている。本来「厨」は厨房すなわち庖屋を意味し，厨子はその調度品の容器を総称したものである。

4）華鬘：仏殿の内陣の長押などにかける荘厳具である。形は団扇形なし唐草文，蓮華文の透かしたものが多い。梵語では倶蘇摩摩羅という。

5）幡：仏殿内の柱や天蓋にかけたり，堂外の庭に立てて飾って仏殿を荘厳するものである。梵語では波多迦（パータカ）という。平安時代の『倭名抄』には「波太」と訓じている。

6）礼盤：修法のとき導師が坐る木製の方形の牀座で，宗派を問わず広く用いられている。礼盤を使用するにあたっては上に半畳と呼ばれる方形の畳を重ねるのを通常としている。

7）打敷：須弥壇や前机などに掛ける荘厳具の一種である。打布・内布あるいは卓圍・卓袱とも書く。

8）前机（卓）：仏堂内の本尊を祀る須弥壇の前に置き，三具足（香炉・花瓶・燭台各1）や五具足（香炉・花瓶2・燭台2）などの供養具をのせる机である。また，密教では前机を壇として用い密壇供（火舎・六器・花瓶2）を供えることも絵巻などに描かれている。浄土教・禅・日蓮宗などでは卓と称している。

9）経机：経典を安置したり読誦のときに用いる比較的小型の机で経卓ともいう。禅宗では経案という。

以上が狭義の堂内における荘厳具の主

なものである。

［石田茂作監修『新版仏教考古学講座』5「仏具」1976］　　　（松原典明）

装飾経　そうしょくきょう　表紙・見返し・料紙・本文・経軸端・紐などに装飾を加えて荘厳した写経や版経。表紙には色紙を用いたもの，金銀切箔を散らしたもの，あるいは金銀泥で絵画や文様を描くなどさまざまな工夫をこらしたものが見られ，装飾的な綾や羅などの裂を使用することが多い。平家納経では題箋に細工を施した金具を用い，異なる材質を効果的に組み合わせて，経典を美しく仕上げようとしている。見返しには金銀泥や顔料で仏画や経意絵などを描いたり，金銀箔や砂子を散らしたりしたものが見られ，装飾経の特色を遺憾なく発揮している作品が多く知られている。料紙には紫紙や紺紙をはじめ，さまざまな色紙を使用しており，異なる色の色紙を継ぎ合わせたものもある。また，金銀泥や顔料で草木蝶鳥を描き，あるいは金銀箔を散らすなど，装飾に余念がないものが多数知られる。経文の一字一字ごとに蓮台・宝塔・仏像などを描くものもあり，あらかじめ蓮台などの押し型を用意して，それに顔料を着けて押捺したものが少なくない。界線を金銀や朱などで引き，経文を金銀，あるいは金銀交書で書写する例はしばしば見られる。経軸端には紫檀・金・銀・銅・水晶などを使用し，さまざまな文様を刻んだり，描いたり，蒔絵や螺鈿の技法を駆使したりしたものがある。

　装飾経は中国で出現し，日本でも奈良時代に制作されるようになるが，盛んに制作されるようになるのは平安時代中期以降のことで，平安時代後期から鎌倉時代前期にかけて隆盛を迎えた。その頃の遺品は，中尊寺経・久能寺経・扇面法華

経・竹夫島経など，その事例は枚挙に遑がないほどである。貴族を施主とするものが大部分で，末法思想や浄土信仰を背景に，功徳を積むための作善業として制作されたものが主体をなしている。なかには故人の髪を料紙に漉き込み，書状を再利用するなどしたものも見られ，往生祈願の一環として制作された装飾経もあることが知られる。

　［兜木正亨「信仰と経典」『新版仏教考古学講座』6，1977］　　（時枝　務）

惣爪廃寺　そうづめはいじ　岡山県岡山市惣爪に所在。昭和3年(1928)国史跡に指定された。別名津寺跡とも呼ばれる。調査が実施されていないため寺域や伽藍配置，建物の規模など詳細については不明。ただ，塔心礎が地上に露出しており，長径2m，短径1.5mをはかる。この中央に直径70cm，深さ17cmの円柱孔が穿たれ，さらに底面に直径16cmの小孔がある。造立時期は奈良時代前期と考えられている。

　［岡山県教育委員会『岡山県の文化財』(一)，1980］　　（是光吉基）

僧道薬墓誌　そうどうやくぼし　奈良県天理市岩屋町の丘陵西斜面から，昭和33年(1958)に発見された。墓誌は，一般的に把手付有蓋薬壺形骨蔵器といわれる須恵製の蓋付の容器中から発見された。発見時は，骨蔵器の下には河原石が敷きつめられ，上には大甕がかぶせてあり，その周囲を土と河原石で固め，地表には小封土があったと伝えられている。骨蔵器は，総高21.8cmの大きさで，身の内側には赤色顔料が認められた。墓誌は，出自と没年が刻まれた単純なもので，銀製鍛造で短冊形を呈している。墓誌の大きさは縦13.7cm，横2.3cmで，表裏計32字の銘文が刻まれていた。表面は，8文字以下は2行になっている。裏面の年号から，

和銅7年(714)に没したことがわかる。

　［小島俊次「天理市岩屋領西山，銀製墓誌」『奈良県史跡名勝天然記念物調査抄報』13，1960］　　（上野恵司）

惣墓　そうほ　複数の村落の共同墓地で，近畿地方の中心部，旧畿内の大和，山城，和泉，河内などの平野部に存在する。郷墓ともいう。中世期の墓制度を考えるうえで重要。惣村制度の発達により，各村が独自の掟を定めて自律し，墓地も自主管理するようになった15世紀末から16世紀中頃に成立したとされるが，その発生は，近年しばしば発掘調査により発見されるような中世期の墓地群に遡ると考えられている。民衆の葬送の変化により江戸時代後半から明治初期に変革する。

　惣墓の成立の背景には，念仏仏教の民衆化とともに，民衆の火葬墓の採用がある。こうした念仏仏教の普及に寄与し，この火葬を執り行ったのが「三昧聖」であり，この三昧聖の動向と惣墓の変革が密接に結びついている。明治初期の変革は，この三昧聖がそれまで持っていた年貢免除などの特権が明治政府に剥奪されたことによって，組織解体が進み，民衆の葬送が火葬から土葬へ変化したことによるところが大きい。大和の場合，惣墓は2か村から十数か村で形成され，この村を「墓郷」と呼ぶ。一般的に，墓地内には，墓寺(聖寺)や斎場，火葬場，供養塔(五輪塔や十三重塔など)があり，墓地の入口には，六地蔵や六字名号碑，一尊地蔵があり，結界を示す鳥居が建立されている。また，斎場の中心には迎本尊(地蔵または阿弥陀石仏)があり，その前に棺台と供物台がある。坪井良平が約2300基の墓標などを調査した「山城木津惣墓」も山城南部に位置し，この大和と同じような惣墓であった。

このほか，近年の調査により，惣墓を形成する村は，水利や宮座を形成する村と必ずしも一致しないことや浄土宗であることが多いこと，1つの惣墓に両墓制を採用している村と単墓制の村が混在している例があり，この場合両墓制の村は，惣墓を埋め墓とし，村にある墓（村墓，寺院）に石塔を建てていることなどがあきらかになった。

［吉井敏幸「大和地方における惣墓の実態と変遷」『中世社会と墳墓』1993］

（三好義三）

僧房 そうぼう　僧侶が居住する建物。サンスクリット語でヴィハーラ（Vihāra）といい，精舎と漢訳され，僧坊とも表記する。

インドでは，本来安居の期間の住まいであり，ジーヴァカ（Jīvaka）園跡などに見られる楕円形建物跡がそれに当たると考えられているが，やがて公共的な性格を強める過程でパリヴェーナ（Pariveṇa）と呼ばれる房室が設けられるようになった。平地寺院では方形の建物で，中心部に広間を配し，その四方ないし三方に房室をもつ僧院が建てられた。石窟寺院のヴィハーラ窟では三面に房室をもつ場合が多いが，初期のものでは，前2世紀頃のグントゥパッリ（Guntupalle）窟のように房室が乱雑に配置され，大きさや形態も区々であったことが知られる。その後，前1世紀のナーシク（Nāsik）第3窟では，すでに中央に平面方形プランの広間を配し，その周囲の三面に方形の平面プランの房室を複数穿っており，定型化した僧房が確立したことが知られる。房室内には寝台が設けられている場合もあるが，稀な例であり，入り口以外になんの施設も装飾もないのが通例である。

日本の古代寺院では，講堂を囲んで三方に僧房が配されることが多く，三面僧房と呼んでいる。1つの房は桁行2～3間，梁間4間で，前後各1間を入り口と居間に当て，中央部の2間を寝間とする例が多い。これを桁行方向に複数連ねたものが僧房の建築で，細長い外観を呈していたことが知られ，奈良県斑鳩町法隆寺の東室には奈良時代の遺構が現存している。大寺院では，梁間4間のものを大房と呼び，それよりも間口の狭いものを小子房といって区分し，両者を備えていたところが多い。奈良時代には大房と小子房を合わせて1単位が構成され，およそ10人ほどの僧侶が起居していたことが知られており，僧房が寺院組織と密接な関係に置かれていたことが推測される。古代寺院ではすべての僧侶が僧房で生活していたわけで，三面僧房というあり方に象徴されるように，共同生活を重んじる姿勢が濃厚であったといえる。

僧房は中央では礎石建物が主体であるが，地方寺院では長野県上田市信濃国分尼寺跡など掘立柱建物の例が多数知られており，関東地方のいわゆる村落寺院では僧房と考えられる位置から竪穴住居が発見されている例が多数知られている。僧房の内部は，土間，土間と板敷併用，板敷の3種類があった。奈良市薬師寺僧房跡では，焼失した房室が発掘されたが，内部の奥壁寄りから僧侶の念持仏と思われる金銅仏が検出されており，僧房内で仏像が祀られていたことが判明した。しかも，入り口寄りからは食器などが出土しているところから，房室の手前が僧侶の生活空間，奥が祭祀空間として機能していたことが推測された。

平安時代中期になると，私的な僧房である子院が発達するとともに，三面僧房は衰退したが，奈良市元興寺の禅室など

鎌倉時代に造営されたものも見られる。

[高田修『佛教美術史論考』1969，斎藤忠「寺院跡」『新版仏教考古学講座』2，1975]　　　　　　　　（時枝　務）

相輪　そうりん　仏塔の心柱の最上部に塔のシンボルとして峻立している。構造的に見ると上部から宝珠・龍舎・水煙・九輪・請花・伏鉢の順になる。

　相輪を仏塔全体の中で位置づけると，露盤がストゥーパの壇であり，伏鉢は塔身に当たることを考えれば，相輪は主体部ということになる。請花は平頭を装飾するものであり，九輪は傘蓋に当たる。九輪は塔に9か所取り付けるのでこの名称になったが，9個とは限らない場合がある。また，九輪の上部の水煙は4枚で，擦管に固定する。燃え上がる陽炎の如くただよう文様で，象徴化されたものであるが，木造のため火を嫌って水煙と呼称する。宝珠と龍舎については，蓮華の蕾の転化したものという指摘もある。

　石塔の場合は，相輪は重層塔，宝塔，多宝塔，宝篋印塔の露盤の上に立てる。相輪の全体の規模が木造塔ではどのくらい占めているか，その比率の報告がある（井関正敬「木造三重塔の構造比率について」『史迹と美術』57-3，1987）。それによると木造三重塔の側柱礎石上端から宝珠頂上までを総高とし，一方相輪高との比率を見ると，0.234から0.367まで測る。一般に木造塔の相輪比は，総高の3分の1が全体的バランスをみた時理想であるといわれるが，塔は総高が低くなるほど相輪比は大きくなる傾向がある。また，時代別の特色は把握できなかったが，東日本の塔は相輪の短いものが多いのに比べ，西日本に建つ木造塔は，ほぼ比率が0.3以上となるおもしろい傾向が指摘されている。

木造塔の相輪は，それを支えている伏鉢や露盤が上部の重量などに耐えきれず，また，風雨や地震などで振動することにより，屋根との接合部が破損し，雨漏りすることがある。

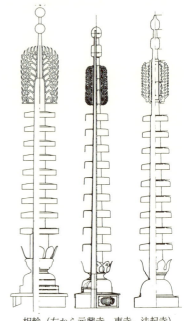

相輪（左から元興寺，東寺，法起寺）

[下沢剛「木造塔」『新版仏教考古学講座』3，1976]　　　　　　　（斎木　勝）

相輪塔　そうりんとう　相輪塔（橖）は，その構造的な特徴から2つの形態に分けることが可能である。1つは，伏鉢・請花・九輪・龍車・宝珠などからなり，多宝塔の相輪部分を独立させ樹立した形状のもので，四方には宝珠を戴く支柱を設けて橖身に貫をかけわたして補強をしている。1つは，頂上に宝珠を戴く以外は荘厳装飾がない円柱状のもので，なかには錫杖頭を頂上に戴くものがあるが，総じて支柱は設けていない。前者には滋賀県延暦寺の相輪塔（高さ約4.2m），後者には栃

木県岩舟町大慈寺の相輪塔（高さ約5.5m）などがあり，いずれも石製基壇上に建立されている青銅製の仏塔である。

相輪塔は，石田茂作によれば「相輪橖のわが国への伝来については普通伝教大師最澄によって伝えられたことになっている」とされる一方，奈良時代の制作である槌出仏裏板に相輪塔と同様の印刻があることから，「奈良時代に既に伝わっていたことを知る貴重な資料」とされ，初現を奈良時代に求めている。

弘仁9年(818)に最澄の著した『日本国大徳僧院記』によって，最澄が安東上野宝塔院・安南豊前宝塔院・安西筑前宝塔院・安北下野宝塔院・安中山城宝塔院・安国近江宝塔院の6か所に宝塔を造立したことがわかる。塔ごとに『法華経』を千部安置して仏法を住持し国家を鎮護することを願っており，弘仁6年(815)には上野宝塔院・下野宝塔院が営まれるが，安中・安国の宝塔院は最澄の在世中には完成をみなかった。

6か所の宝塔のうち現存するのは安東・安北・安西・安中のものが相当するが，朽損や焼失などに伴い修理や再建が行われているため，いずれも造立時の形態を伝えているか不明なところである。しかし，先の槌出仏裏板の遺例から判断すれば，安中山城宝塔院に相当する延暦寺西塔の相輪塔がその形態をとどめていると考えられる。

［石田茂作『日本仏塔の研究』1969］

（阪田　正一）

象炉　ぞうろ　象の形をした香炉で，香象，象香ともいい，背中に火炉を設ける。密教において重要な儀式の1つ秘密伝法灌頂の道場で用いる法具の1つで，道場の入口に置き，これを受者が跨いで，身を清める特殊な香炉である。伝来について

ては明確でない。

玄静撰『水尾灌頂式金受命灌頂作法』や長承元年(1132)の『庭儀灌頂日記』に「香象」のことが見えているので，平安時代には使用されていたと考えられる。また，正嘉元年(1257)の奥書のある『如法経手記』には「越-香象-，入-道場-」とある。灌頂の受者は右足から越えるものとされている。

遺品は少ないが，室町時代と思われる木製の象炉が静岡県修善寺と東京都深大寺にある。また，東京国立博物館蔵の江戸時代の金銅製象炉の外箱銘に「弘法大師将来秘法伝法灌頂香牛高野山安養寺」の銘があり，象の形ではなく臥牛の姿のものがあり，蓋は宝珠形で梵字3個を透かして煙出しとしている。

［中野政樹「供養具」『新版仏教考古学講座』5，1976，鈴木規夫『供養具と僧具』日本の美術283，1989］　（岡本桂典）

祖師堂　そしどう　祖師とは狭義では最初の師を意味し，数人の初期の高僧を列祖として含めることもある。釈尊は仏祖といい，一宗の祖を宗祖，一宗内の一派を派祖，一流の祖を流祖という。一寺一山，一宗一派を開創した開山や祖師像，御影，位牌などを祀った堂を開山堂，祖師堂，大祖堂，御影堂（西本願寺ではごえいどうという），影堂などといい，開創者の名をつけて呼ぶ場合もある。

奈良時代には，開山の住坊に遺物などとともに像や御影像を安置した。奈良県唐招提寺の鑑真像は，奈良時代後期の作で，12世紀初めの記録に影堂，御影堂の記録があり，古くより建てられていたと考えられる。鎌倉期には，禅宗の興隆に伴い祖師信仰が盛んになり，諸寺・諸山でも盛んに建立された。京都府の黄檗宗の万福寺では，祖師堂・開山堂の二堂を

設け，祖師堂に菩提達磨，開山堂には隠元隆琦の像を安置した。一宗の開祖・祖師像を別々に安置して，一寺一山の開山堂と区別した例であり，古い形態をとどめているとされる。奈良県東大寺の開山堂は，鎌倉時代のもので，平面方形の3間×3間で，屋根は単層の宝形造りで堂内に厨子を置き，良辨僧正像を安置する。高台寺の開山堂は桃山時代のもので，桁行5間，梁間3間の単層入母屋造りである。

岐阜県永保寺の開山堂は室町時代，石川県妙成寺の祖師堂は慶長17年(1612)の建立である。他に京都府神護寺・東寺などの大師堂，奈良県室生寺・京都府仁和寺・大阪府金剛寺などの御影堂がある。京都府知恩院や本願寺などでは御影堂が伽藍の主要な位置を占めている。日本においては，祖師に対する信仰から遺跡を廻る巡礼や遍路が起こった。四国八十八か所の霊場寺院では，弘法大師信仰に伴い大師堂が建立されている。

［望月信亨『望月佛教大辞典』全10巻，1955］　　　　　　　　（岡本桂典）

礎石　そせき　建物の柱を受ける石。掘立柱では建物の重量による歪みが生じ，建物自体の変形をきたすことになるので，そうした事態を防ぐために案出された設備で，中国で後漢以降広く普及した。当時，宮殿や寺院で瓦葺建物が用いられるようになり，瓦の重量を支える工夫が必要とされ，礎石が生み出された可能性が高い。礎石は，基本的に版築による整地を行った堅固な基礎に穴を掘って据えられ，下部に根石を入れて水平などを調節するのが普通である。また，掘立柱と異なり，柱を自立させることはできないので，柱と柱を貫などで固定し，上部構造を堅牢なものにすることが不可欠である。

そのため，礎石の使用は，さまざまな建築技術を前提としてはじめて可能になるものといえるが，日本へは朝鮮半島を経由して，完成した技術体系としてもたらされた。寺院では奈良県明日香村の飛鳥寺ではじめて導入され，以後各地の古代寺院で用いられたが，使用建物の性格や製作を担当した技術者のあり方を反映してさまざまな形式のものが見られる。仏塔の心礎はきわめて特異な発達を見せるが，それ以外のものでも，自然石を利用したものと人工品に大別され，人工品は柱孔を穿つものと柱座を作り出すものに分類することができる。しかも，柱座をもつものは柱座のみのものと柱座に出枘のあるものがあり，柱座は円形と方形の両者がある。また，地覆を受けるための施設である地覆座が設けられる場合もあり，礎石が建物の構造と密接に関わりながら製作されたことが知られる。平安時代以降，寺院建築でも瓦を葺かないものが多くなり，屋根が軽量化されたため，自然石の礎石が多用されるようになるが，瓦葺の大寺院では相変わらず大きな人工の礎石が使用され続けた。

［石田茂作監修『新版仏教考古学講座』2「寺院」1975］　　　　（時枝　務）

塑像　そぞう　塑造とは塑土を盛って像を作る方法であり，古くは攝や捻と呼ばれた。現在では塑造で制作された像を一般に塑像と呼んでいる。わが国での塑像は天平時代に盛行を見るが，現存する最古の作例は天武10年(681)頃の制作と考えられる当麻寺の「弥勒如来坐像」である。そのほか早い頃の作例として和銅4年(711)の作と知られる法隆寺五重塔の「塔本塑像群」があり，天平時代の盛期には東大寺戒壇院の「四天王像」や新薬師寺の「十二神将像」などの傑作を生む。

現在に残る塑像の作例は非常に限られているが，記録や文書，あるいは心木や塑像の断片などから，かつて塑像が存在したとされる寺院はかなりある。そのことから天平時代全般にわたって塑像が盛んに制作されたことがわかるが，その後の9世紀以降は，鎌倉時代の肖像彫刻にまれに塑造の遺品がある以外はほとんど行われなくなる。

塑造の起源は紀元前後のインドより始まったストゥッコという造像技法にある。ストゥッコは，水練りの消石灰に大理石の粉末または砂などを混ぜて造形し固めたものである。西域のストゥッコの材質はその時代と地方により変化しているが，わが国では明治以降，ストゥッコ像を単純に塑像と呼ぶことが多い。西域のストゥッコの技法はやがて中国に伝播し麦積山岩窟寺院や敦煌の岩窟寺院などで仏像の造像技法として応用されたが，すでに高度な像造技術が進歩していた中国においてストゥッコの技術がそのまま移入されることはなく，中国の造像技法に吸収されいわゆる塑造に発展した。中国では，敦煌莫高窟に見られる塑像群を「彩塑」と称しており，塑像の表面には色鮮やかな彩色や金箔などが用いられている。

塑造技法は，7世紀後半頃に，初唐の中国でほぼ完成されたものが日本に伝えられたが，中国と日本では用いられる土や混ぜ入れる繊維の質が大きく異なるために，日本の塑造には独自の技法的展開が見られる。日本の土は中国のものと比べて収縮率が高いため，ひび割れや崩壊の原因ともなる土の収縮の分散と，強度保持のためにさまざまな工夫が行われたと考えられる。

日本の塑造技法を概略すると，まず心木が必要となる。心木は像の大きさや制作の時期によって若干様相が異なるが，基本的には像の姿態に合わせるとともに重心の均衡を保つことが重要となる。法隆寺の塔本塑像のように小像の場合は，檜の板材を像底としてそこに1本の心木を立てただけのものもあるが，大きな像の場合には重量軽減の意味もあり，太い心木の骨組みの周囲に，材木を樽状に組んで中を空洞にすることもある。この心木に土がくいつきやすいように藁縄などを巻きつける。そして藁スサの入った荒土（天然の粘土で山土ともいう）でおおよそその形を作り，乾燥後，籾殻や麻の繊維を混ぜた中土を盛って整形し，最後に植物性の繊維を細かくした紙スサを混ぜた表土（仕上げ土）で細かい造形をして仕上げる。表土には，風化した花崗岩や変成岩の細砂が混じった土が使われている。仕上げには表土の表面に白土を塗って下地とし，その上に彩色を施す。

荒土・中土の土質は，粘土分が多いゆえに強度がある利点と収縮が大きい難点があるため，荒土は乾かして一旦ひび割れを生じさせて，それを埋めるように次の土を盛る。また，中土に混入する籾殻はその中空の構造によって土の収縮を拡散させる効果をもつ。仕上げの土は細砂のようなもので，収縮が少なくひび割れが生じにくいが強度に欠ける難点がある。仕上げ土に混ぜる紙スサは，つなぎとしてこの難点を補うとともに，塑像特有の柔らかい表現をもたらしている。

［小口八郎『古美術の科学』1980］

（秋田貴廣）

村落内寺院　そんらくないじいん　千葉県下において，しばしば奈良・平安時代の集落遺跡に，廂を伴う掘立柱建物跡が検出され，「寺」，「仏」などの墨書土器をはじめ仏具と考えられる遺物が出土するな

ど，仏教的な色彩の強い遺跡が確認されている。そのため廂を伴う掘立柱建物跡は仏堂と考えられるに至り，本格的な瓦葺き堂宇による伽藍寺院とは本質的に異なる遺構として把握されている。

昭和60年（1985）に須田勉は，「平安時代初期における村落内寺院の存在形態」（『古代探叢』II）において「村落内寺院」の存在を提唱した。「村落内に営まれた寺院で，多くは四面廂付掘立柱構造をもって出現する」とし，その成立背景については，8世紀後半以降に在地豪族層が中心として行った農業開発などが農民層との精神的結合を得るための施設として位置づけ，その施設の維持及び経営は私出挙によって賄われたのではないかと考えている。

その後，村落内寺院の調査は類例を増加するとともに，関東地方各地においてその存在を知ることとなり，古代東国における集落に広く所在していたことがあきらかになってきた。調査類例の増加によっては，村落内寺院と考えられる遺構

が画一的なあり方を示すものではなくいくつかの形態が存在し，それまで一括りにされてきた村落内寺院も，受容した仏教信仰の諸相が現れていることがあきらかになった。笹生衛は，遺構の分類と遺跡の類型をとおして仏教信仰のもつ多様性の抽出を試み，「寺」，「村寺」，「村堂」の性格を具備した遺構であり，墨書土器の検討を踏まえて雑部密教系信仰などの信仰の存在を提唱した。

近年，須田は8・9世紀の農村社会や山間部に展開した仏教施設について分類し，古代東国における高僧らの平安仏教文化の展開に基づいて村落に所在する寺（村落内寺院）に対する新しい視点を披瀝した。なお，「村落内寺院」については検出遺構の状態によって必ずしも適切でない，とする意見もある。

[笹生衛「古代仏教信仰の一側面」『古代文化』46-2，1994，須田勉「東国における古代民間仏教の展開」『国士舘大学文学部人文学会紀要』32，1999]

（阪田正一）

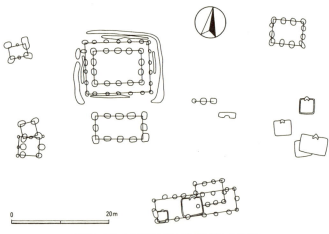

村落内寺院（千葉県大網山田遺跡群№3地点）

た

大安寺 だいあんじ　奈良県奈良市大安寺町に所在する真言宗高野山派の寺。南都七大寺の1つで南大寺ともいう。国指定史跡。霊亀2年 (716) に新益京から平城京左京六条四坊に移り，唐の最明寺を模

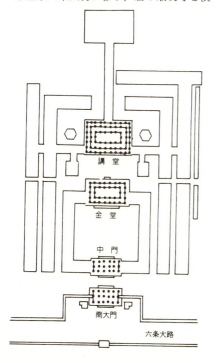

して造営された。寺の創建は，『大安寺伽藍縁起并流記資財帳』によれば，聖徳太子が熊凝村に建立した道場に起源を発し，舒明天皇の発願した百済大寺，高市に移築した高市大寺，寺号を改めた大官大寺が前身寺院である。大官大寺とされる寺跡は，文武朝の造営で，天武朝の高市大寺とは別である。左京六条四坊の9町，七条四坊の6町の計15町が寺域で，東三条大路から1町東を主要伽藍の中軸線とする。南大門は，六条大路に面し，その南に東西両塔があり，現在は基壇と礎石が残る。南大門の北には，中門・金堂・講堂が並び，中門と金堂が回廊で結ばれ，西・東・北面の大坊・中坊・小坊がそれぞれを囲む。塔2基を南大門の外に並列させた例は稀で，このような伽藍を大安寺式伽藍配置と呼ぶ。現在の大安寺は，南大門・中門・回廊の位置にあたり，その北側に集落などの遺構が存在する。これまでの調査であきらかな建物群は，南大門・中門・講堂・大坊・回廊・宿直宿・軒廊・楼跡・井屋などである。食堂の位置は不明である。

　［大安寺史料編纂委員会『大安寺史・史料』1984］　　　　　　　（松原典明）

大覚寺 だいかくじ　京都府京都市右京区嵯峨大沢町に所在する寺院。貞観18年 (876) に嵯峨天皇の離宮であった嵯峨院を寺としたのが始まり。御所跡，大沢池附名古曽滝跡として国の史跡に指定されている。現在の寺域の内外で発掘調査が行われており，池状遺構や石敷遺構，石垣など庭園に関する遺構が確認されている。特に，名古曽滝から大沢池周辺で行われた発掘調査では，平安時代の遣水跡が検出されている。この遺構は，平成7年 (1995) に復元整備された。調査で出土する遺物にも，平安時代の象牙製品など，

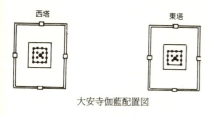

大安寺伽藍配置図

特殊なものが含まれている。寺には各時代の仏像や仏画，仏具も数多く所蔵されている。特に，五大堂に安置されている木造の五大明王像は，平安時代末期の仏師明円の作で，重要文化財に指定されている。仏画では，絹本著色五大虚空像も重要文化財指定。また，仏具では，天正3年（1575）銘の鉄製釣燈籠や密教法具の華形壇が優品として知られる。

［(財)京都市埋蔵文化財研究所『平成3年度京都市埋蔵文化財調査概要』1995］

（三好義三）

大官大寺跡 だいかんだいじあと 奈良県高市郡にあった南都七大寺の1つで，大安寺の前身とされている。寺跡は，奈良県高市郡明日香村小山と橿原市南浦に跨って所在する。新益京左京四坊の九条南半と十条の計6町に位置する。国指定史跡。現在は塔，金堂の基壇を残す。『大安寺伽藍縁起 并流記資財帳』や『日本書紀』によれば，推古25年（617）に聖徳太子が熊凝村に建てた道場を起源として，舒明11年（639）百済川の傍らに移し百済大寺とした。天武2年（673）には高市郡に移し高市大寺と改める。そして天武6年（677）に大官大寺となり藤原京四大寺の1つとする。「大官」は「おおつかさ」とも訓じ，「天皇」を意味する。つまり大官大寺とは国家の寺院を意味する名称であった。『扶桑略記』によると和銅4年（711）に焼失し，平城遷都に伴い霊亀2年（716）奈良に移転して大安寺となった。金堂，講堂は完成していたが，塔は基壇外装途中，中門，回廊は建築中に焼失したとある。昭和49年（1974）以来の調査によって実態があきらかになってきた。伽藍配置は中軸線上に中門・金堂・講堂が並び，中門から伸びた回廊が金堂に取り付き，さらに講堂を囲う。回廊の規模は南北195m，東西144mに及ぶ。金堂の規模は，正面45.2m，側面20.7m，講堂の規模は，金堂とほぼ同規模。金堂南東の塔は，初重一辺約15mの九重塔である。伽藍の中軸線が南北の道路に一致していることなどから，条坊区画に合わせて計画されていたと思われる。堂塔を飾った瓦は，大官大寺式と呼ばれる軒瓦で複弁八葉蓮華文の周縁に連珠文を配する鐙（軒丸）瓦と均整唐草文の宇（軒平）瓦で構成されている。出土瓦は藤原宮式より新しいことが確認されており，藤原宮の造営に遅れて，新たな寺として創建された可能性が高い。

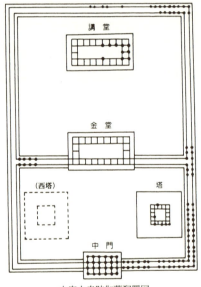

大官大寺跡伽藍配置図

［奈良国立文化財研究所『飛鳥・藤原京発掘調査概報』10，1980］ （松原典明）

太鼓 たいこ サンスクリット語dun-clubhiの訳で，大鼓・太皷とも書かれる。中空の木製円筒に皮を張り，これを桴などで打ち鳴らし使用される。打楽器の一種であり，梵音具としては誦経・盆

唄（仏教声楽）などに用いられる。奈良県西大寺や，福岡県観世音寺などの資財帳にも見られ，鉦鼓・羯鼓とともに法会に使用される。中国では，古くより儀式・舞楽・軍陣に用いられ，唐代以後，禅宗寺院において多く使用され，『勅修百丈清規』には，その用法として法鼓・茶鼓・斎鼓・浴鼓などと記載されている。また，その打ち方にも，種々の法則があることが知られる。また太鼓は，付近の人々に対しての時の鐘としての役目や，警報のためにも用いられた。中国の西安や北京では，現在でも鐘楼・鼓楼が対峙して残っており，日本でも古くは同じような姿が見られた。

太鼓の種類としては，懺法太鼓・団扇太鼓・柄付太鼓・鼉太鼓などがある。懺法太鼓とは，銅鑼などのように手に持って使用される，直径30〜40cmの小型のもので，懺悔を行う法会に用いられる。団扇太鼓とは，円形の団扇形の木枠に皮をはり，柄をつけたもので，歩きながら桴で打ち鳴らされる。これは，行脚しながら読経・唱題するために考えられたといわれる。古い遺品は認められないが，中世末には使用されていたと思われ，近世にいたり日蓮宗と結びつき，独自の発展を遂げた。柄付太鼓は，団扇太鼓と同様な使い方をされ，普通の太鼓の胴部幅が薄くなったもので，これに柄がつくものである。懺法太鼓を携帯用に改良したものとも考えられている。鼉太鼓は，楽太鼓の一種であり，朝廷や大きい神社・寺などの儀式に用いられるもので，主として屋外で使用される。構造は，大形の太鼓・火焔・台・日形よりなり，一対で用いられる。

　［香取忠彦「梵音具」『新版仏教考古学講座』5，1976］　　　　（上野恵司）

醍醐寺　だいごじ　京都府京都市伏見区伽藍町ほかに所在する寺院。笠取山全山が寺域で，山頂部にある伽藍を「上醍醐」，山麓の伽藍を「下醍醐」という。三宝院や報恩院などの子院がある。世界遺産。境内一帯が国の史跡に，三宝院庭園は，国の特別史跡，特別名勝に指定されている。貞観16年（874），聖宝によって上醍醐に創建された。延喜7年（907）に醍醐天皇の御願寺となり，下醍醐に伽藍が造営されるようになる。上醍醐は，いわゆる山岳寺院で，笠取山の尾根から南方にかけて開山堂や薬師堂などの建物が点在する。下醍醐には，金堂や五重塔，三宝院などの子院が所在する。修験道との結びつきも深く，室町時代末期には三宝院が当山派の拠点となった。寺の什物にはその時代の優品が数多くあり，螺鈿如意（平安時代）や九鈷杵，胎蔵界四仏が表されている五鈷種子鈴が特筆される。石造物についても，弘安7年（1284）銘の花崗岩製石燈籠や南北朝期の三宝院宝篋印塔（重要文化財）が著名である。なお，後者については，その下部施設が昭和59年（1984）に発掘調査されている。このほか，山麓に位置する栢杜遺跡において，昭和48年（1973）に実施された調査で，方形や八角形の建物跡，庭園跡が検出され，文献などから醍醐寺の子院跡であることが確認された。この栢杜遺跡も国史跡に指定されている。

　［(財)京都府埋蔵文化財調査研究センター『重要文化財京都府埋蔵文化財情報』12，1984，鳥羽離宮跡調査研究所『栢杜遺跡調査概報』1975］　　（三好義三）

大通寺　だいつうじ（テトンサ）　泗沘（サビ，扶余）遷都以前の都である熊津（ウンジン，475〜538年）地域，現在の公州（コンジュ）市班竹洞と中洞の間に所在し

ている。『三国遺事』によると，梁の大通元年（527年），百済聖王（ソンワン）治世に梁武帝のために建立したと伝えられている。発掘は行われていないが，講堂跡，金堂・塔跡，幢竿支柱，石槽が確認された。講堂の規模は東西53m，南北25mである。講堂跡の南面基壇から金堂の南面基壇までの距離は約43mである。幢竿支柱は高さ3.29mの花崗石材である。石槽は講堂跡南側の左右に置いていた。石槽は方形台石の上に覆蓮撑石を立て，その上に石槽を置いていた。伽藍配置は南北の中軸線上に中門・塔・金堂・講堂が建てられた典型的な百済様式である。この遺跡からは「大通」の銘文瓦が多数出土したことから寺名を大通寺と判断されているが，「大通」は当時中国の年号であることから考えると，寺名については疑問がある。

［軽部慈恩『百済美術』1946］（李興範）

台燈籠　だいとうろう　置燈籠とも呼称され，わが国では仏前供養具として用いられ，仏前や堂内に置かれる燈籠である。一般的な構造は，上部より宝珠をのせた笠（屋根），火袋，中台（受台），竿（脚柱），台（基礎）からなる。形状では，四角形，六角形，八角形，円形などがある。材質別には石燈籠，金燈籠，木燈籠，陶燈籠などがある。石燈籠は，花崗岩が多く石を用いて作られる。金燈籠には，金銅製，銅製，鉄製がある。

遺品の数は多く，その所在地名により平等院形，般若寺形，元興寺形などの寺名をとった形に分類されることもある。最古の石燈籠は，飛鳥寺跡の中金堂前から出土した大理石製の燈籠基台である。金燈籠の古いものに，東大寺創建当時の金銅八角燈籠がある。室町時代以降は，茶庭などにも用いられるようになる。

［中野政樹「供養具」『新版仏教考古学講座』5，1976，中野政樹編『燈火器』日本の美術177，1981］　（岡本桂典）

胎内納入品　たいないのうにゅうひん　仏像内部の空洞部分に納められた物品を総じて胎内納入品と呼んでいる。納入品の種類は仏舎利をはじめ，像造銘記や経典，布で作られた内臓など多岐にわたる。

仏像の胎内に納入品を納めるようになった具体的な経緯や時期などははっきりしてはいないが，文献上では，中国において8世紀頃には納入品のある仏像の制作があったことがわかる。日本でも，天平宝字6年（762）の「造石山院所労劇文案」に，石山寺の「塑造観音菩薩像」の胎内に仏舎利を納入したという記録があるが，それを実証するための遺品は現在まで発見されていない。現存する納入品の中で最も古い遺品は，唐招提寺金堂「薬師如来立像」の左掌に穿たれた小穴から発見された和銅開珎，万年通宝，隆平永宝の3枚の古銭である。この発見により，像の造像年が延暦15年（796）を遡らないということが特定された。この他，東寺食堂「千手観音立像」のように，白毫をはめ込むための穴の奥や脇手の内刳部にも納入品が納められていた例もある。これに見るように胎内納入品は胎内だけに限るものではないが，これは特殊な例であり，基本的に納入品は本体部の胎内に納められるのが普通である。

日本においてどの時期から胎内に納入品を納めるようになったかは，仏像の像造技法の発展にも関係がある。納入品は胎内の空洞に納められるものなので，一木彫のような1本の木からの丸彫の作品が多く作られていた平安時代初期の彫像には見られない。現存する作例を見ると，やはり9世紀までの一木彫像には像造銘

さえほとんど見られず，木彫像の内刳りや寄木造の像が発展してきた11世紀以降に，納入品のある像が見られるようになる。しかし胎内が空洞という点では，天平時代に多く制作された張り子構造の脱活乾漆像にもそのための空間はあるが，現存する作例からそうしたものが発見されたという例はなく，天平時代の造像においては納入品を納めるいう思想や風潮がなかったというしかない。

納入品を納めることが一般化した後では，仏舎利や布製五臓六腑以外にもさまざまなものが入れられた。木板に墨書した造像銘札や修理銘札，巻紙に記された造像願文・結縁交名など，小さな仏像(胎内仏とも呼ぶ)や破損仏の断片，印仏・摺仏，曼荼羅・図像，種子・真言・陀羅尼，経典類や日記や過去帳などの文書類，遺骨・遺髪など，その他に銭貨・袋・包裂・仏具・装身具・箱類など，その種類は非常に多岐にわたる。

特殊な例として奈良県東大寺の「塑造弁財天立像」がある。最近の修理の際に，この塑像の中にそれ以前に造られた細身の像があることがわかり，破損仏を包むように修理されたのではないかと注目されている。

胎内納入品は，当時の文化や信仰を理解するための重要な資料となる。ボストン美術館所蔵の快慶作「弥勒菩薩立像」の場合は，胎内から納入経が発見されたことにより，快慶らしさがあまり感じられないこの像が，安阿弥快慶へと変化する以前の快慶の作であることがあきらかになった。ほかに三国伝来仏として知られる京都府嵯峨清凉寺本尊「釈迦如来立像」から発見された納入品群は，造像の経緯や制作者をあきらかにしたほか奝然の生涯にわたる資料が提供され，さら

に良好な状態で発見された模型の五臓六腑からは当時の中国医学の解剖学的な発展段階を見ることができる。

［石田茂作監修『新版仏教考古学講座』4「仏像」1976］　　　　（秋田貴廣）

大比叡（比叡南岳・比叡山頂）経塚

だいひえい（ひえいなんがく・ひえいさんちょう）きょうづか　滋賀県大津市坂本本町所在。比叡山南岳頂上の三角点から約40m，標高843mの地点。昭和3年（1928）の明治節記念のため，石碑建築の現場工事中に3基の経塚遺構が発見された。1号経塚は高さ約1mの封土があり，封土の中央，地表下約60cmに扁平な板石で囲んだ石室内に陶外筒とその蓋の陶製鉢が納められ，これより1.2m離れた所に銅板製経筒があった。石室外からは合子，和鏡，念珠玉，土製大皿，小皿，杯，鉄斧が発見された。その遺構の場所から東方45mの地点の積み石が3号経塚になる。地表下約60cmの積石状の遺構で，銅製経筒が発見されている。

［島田貞彦「比叡山頂発見の經塚関係遺物」『考古学雑誌』20-8，1930］
　　　　　　　　　　　　（山川公見子）

大分廃寺

だいぶはいじ　福岡県嘉穂郡筑穂町大字大分に所在する。現存する遺構は塔跡のみである。昭和16年(1941)国の指定史跡。土壇の上に心礎と，礎石17個が残っている。礎石には円形柱座が造り出されている。塔跡の北方に瓦類を出土する地点がある。西方には巨石が存在した伝承も残っており，これを金堂跡と考えれば，法起寺式の伽藍配置が想定できる。出土した創建瓦には新羅系の瓦類があり，これらは豊前地域の天台寺跡，椿市廃寺，垂水廃寺の宇（軒平）瓦と同じ文様構成をもつ。このことから，創建年代は8世紀初頭頃と考えられている。新羅

系瓦類の採用は，廃寺が大宰府から豊前を結ぶ官道の沿線上にあるという地理的条件と，豊前との関係を示す徴証といえよう。また『東大寺文書』天慶3年(940)の，穂波郡高田庄に関する記事の中に「依大分寺所公験明白也」とあり，廃寺の存在を示す貴重な史料である。

　［児島隆人「大分廃寺」『九州古瓦図録』1981］　　　　　　　　　（渋谷忠章）

高尾山経塚　たかおやまきょうづか　和歌山県田辺市上秋津字中畑所在。高尾山中腹にある高尾廃寺（千光寺旧）跡の北側の裏地にあたる。遺構が3基の経塚と1基の火葬墓である。

　1号経塚は遺物が付近に散乱していたが，地山に掘り込んだ土坑に石室を造り，経筒を置き，甕を逆さまに被せていた。3号経塚も底石の上に経筒を置き，甕を被せ，土坑には蓋石が置かれていた。この経塚群で特異なのは2号経塚で，砂岩質の地山に深さ76cm，上径60.6cm，底径54.5cmの壺形の土坑を穿ち，底石を据え，甕を伏せて置き，甕の上に3個の石を配して蓋石をしたものと推定される遺構であるが，底石の下から計11本の短刀を2～3本ずつ使い四方を囲み，その中に壺形合子2個，平形合子13個・和鏡6面・鏡筥1個・鉄鎹・櫛・黛・扇残欠・水晶数珠親玉1個・古銭などが発見された。短刀は外側に向かって配されていたことから結界の役目を担っていたものと考えられている。

　［奈良国立博物館『経塚遺宝』1977］　　　　　　　　　　（山川公見子）

多賀城廃寺　たがじょうはいじ　宮城県多賀城市高崎地内に所在することから高崎廃寺とも呼ばれていた。陸奥国の政庁である多賀城跡より南東約1.2kmの丘陵上に位置する。主要伽藍は，東に塔（三重塔），それに対峙して西に金堂，南に中門，北に講堂がある。中門付近から築地が左右に延び金堂・塔を囲んで講堂に至る。講堂の北側には大房・小房などの僧房群が見られ，経蔵・鐘楼なども検出されている。本寺院は，多賀城の創建と同時期に造営された付属寺院としての性格が強く，陸奥国分寺完成後も多賀城が終焉する平安末まで存在したと推定されている。

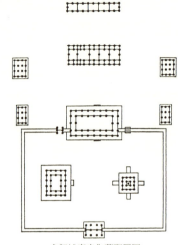

多賀城廃寺伽藍配置図

　［伊東信雄『多賀城跡調査報告Ⅰ　多賀城廃寺跡』1970］　　　　　（大竹憲治）

高瀬石仏　たかせせきぶつ　大分県大分市大字高瀬字伽藍に所在し，昭和9年(1934)国の指定史跡。大分市の南方を流れる七瀬川に張り出した丘陵端部の凝灰岩質崖面に，高さ1.8m，幅4.5m，奥行1.5mの岩窟をうがち，奥壁中央に大日如来，右に如意輪観音・馬頭観音，左に大威徳明王・深沙大将の5体が半肉彫に刻まれている。大日如来は，唐草文様をあしらった光背を負い，像高1.23mで方形の蓮台上で結跏趺坐する。如意輪観音は像高1.02mで蓮台上で右膝を立て半跏思

惟の姿勢をとる。馬頭観音は像高95cmで三面六臂の忿怒相に表現されている。馬頭観音と大威徳明王の背後は，火焔光背が天井部まで燃えさかる。深沙大将は，髑髏・童子・蛇などが額から足下にかけて表現されている。大日如来を中尊とするこうした諸像の組合せは，密教と修験道との融合による特異な在地的構成と考えられ，製作年代は12世紀後半に推定されている。またこの地域は，植田荘に属し12世紀後半は後白河上皇の後院領となっていた。

［岩男順「彫刻」『大分県史』美術篇，1981］
（渋谷忠章）

高橋健自 たかはし けんじ 明治4（1871）〜昭和4（1929），奈良県生。東京高等師範学校文学科卒。東京帝室博物館鑑査官・歴史課長，國學院大學・東京美術学校・慶應義塾大学講師をつとめた。文学博士。

明治時代末期から大正時代を経て昭和時代の初期にかけて，日本考古学界の中心的存在として多方面にわたって考古学の研究を推進した。銅鉾銅剣，鑑鏡，埴輪，石製模造品，原始絵画，服飾史などの研究に大きな業績をあげる一方，経筒，中世墳墓など仏教考古学の分野にも先駆的研究を残した。

（主要著作）『考古學』1913，『鏡と剣と玉』1911，『古墳と上代文化』1922，『銅鉾銅剣の研究』1925，『日本原始絵画』1927，『日本服飾史論』1927 （追悼）「高橋健自博士追悼」『考古学雑誌』19-12，1929，「高橋博士の逝去」『人類学雑誌』44-570，1929 （坂詰秀一）

高宮廃寺 たかみやはいじ 奈良県御所市鴨神に所在する寺院跡で，金剛山東中腹の標高550mに位置する。昭和2年（1927）に国の史跡に指定された。別名水野廃寺ともいう。金堂跡とされる礎石は2個なくなっているが，桁行12.7m，梁行9.7mの5間四面の堂宇と考えられる。内陣には三尊を安置したと推測されている。この遺構の東南20mの地点に塔跡が残存している。心礎はないが，礎石が整列して遺存しており，一辺5.4mの土壇が認められる。大正13年（1924）の工事で複弁蓮華文鐙（軒丸）瓦や偏行唐草文字（軒平）瓦などが出土している。

高宮廃寺については，『日本霊異記』上巻第4話に「葛上郡高宮止寺」と見えており，また同市西佐味の常福寺に伝世されている薬師如来坐像には「大和国高宮寺」の墨書があり，この寺との関係が推測され，葛城山に近いことからこの寺跡は奈良時代初めの山岳の寺院跡とも考えられている。

［天沼俊一「水野廃寺址」『奈良県史跡勝地調査会報告』3，1916］ （岡本桂典）

高宮廃寺 たかみやはいじ 大阪府寝屋川市高宮に所在する寺院跡。国指定史跡。生駒山系から延びる丘陵に位置する。式内社大杜御祖神社の境内周辺に拡がっている。昭和28年（1953）以降行われた数回の発掘調査により，塔跡や金堂，講堂，回廊が確認され，西側の塔が未確認であるものの，現在の神社建物が存在する場所にあったと考えられることから，薬師寺式伽藍配置を有する寺院であったと推測されている。出土した瓦から，創建年代は7世紀後半の白鳳時代であること，その瓦が主要な建物から見つかっているために比較的短時間で造営されたこと，火災に数回見舞われ，奈良時代末期もしくは平安時代初頭に廃絶していることなどがあきらかになった。また，講堂跡周辺で中世期の瓦が出土しており，この時期に大杜御祖神社の神宮寺として寺院が

再建されたと想定されている。なお，西側に位置する高宮遺跡では，飛鳥～白鳳時代の集落跡が確認されており，当廃寺の造営集団の居住地であったと推察されている。

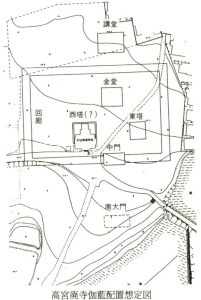

高宮廃寺伽藍配置想定図

［寝屋川市教育委員会『高宮廃寺発掘調査概要報告』1980］　　（三好義三）

高屋連枚人墓誌 たかやむらじひらひとぼし
大阪府南河内郡太子町の叡福寺愛染堂付近の丘陵から延享年間（1744～48）に発見された。直方体の砂岩2枚を上下に重ねて身と蓋にしている。墓誌は，身の上面に長辺を縦として，5行計37字が刻まれている。砂岩の大きさは，縦26.2cm，横18.7cmで，厚さは身が約12.0cm，蓋が約8.0cmである。このように同形同大の2枚が1組となるのは，中国の墓誌の誌石と蓋石の影響とも考えられる。銘文は「故正六位上常陸国大目高屋連枚人之墓　宝亀七年歳次丙辰十一月乙卯朔廿八日壬午葬」と刻まれており，宝亀7年は，776年

に当たる。高屋連枚人については，高屋連が河内にその勢力があった以外は不明である。

　［「高屋連古墳」『大阪府史蹟名勝天然紀念物』1，1927］　　（上野恵司）

滝口　宏 たきぐち ひろし　明治43(1910)～平成4(1992)，東京都生。早稲田大学文学部史学科卒。早稲田大学教授，目白学園女子短大学長，女子美術大学理事長などをつとめ，日本考古学協会委員長・日本歴史学協会委員長などを歴任した。

　主として歴史時代の考古学を専攻し，武蔵・上総・安房諸国の国分寺跡，龍角寺(下総)の発掘などを担当して古代寺院跡の調査と研究に業績を残した。また，天文学の知識を駆使して古代における方位の決定問題に対する視点を考古学界に提起した。

　（主要著作）『古代の探求』1958，『武蔵国分寺図譜』1961，『上総国分寺』1973，『武蔵国分尼寺』1974，『安房国分寺』1981，『勁岬(草)―滝口宏随想録―』1993
　（著作目録）『古代探叢』4，1995　（追悼）「滝口宏先生追悼号」『早大埋蔵文化財調査室月報』別号，1992，「滝口宏先生追悼文特集号」『早大考古学研究会OBだより』15，1992　　（坂詰秀一）

武井火葬墓跡 たけいかそうぼあと　群馬県勢多郡新里村武井にある。近年までは，「武井廃寺跡遺跡」と呼称されてきたが，遺跡の内容から，8世紀中頃の墳墓としての性格があきらかにされた。

　昭和元年(1926)に発見され，八角形の基壇と中心に据えられた石製品を塔心礎として，昭和16年(1941)に国指定史跡の指定を受けている。

　その後，昭和44年(1969)群馬県教育委員会により基壇部分の発掘調査が実施され，径20m，一辺6.4mの規模を有し，4

段に構築された基壇には礫を用いた化粧が施されていることが判明した。また，中央の心礎と考えられていた石製品は，長径1.85mの礫の中央部分に，径40cmの舎利孔状の穴を穿ち，外周は径1m，高さ18cmの受け口状になっている。

近隣する7世紀中頃に築造された中塚古墳は，「山ノ上碑」の碑文に認められる「新川臣」の一族の首長墓に比定する説もあり，地域盟墓の形態推移を如実に示した重要な遺跡である。

［平野進一「武井廃寺」『群馬県史』資料編2 古代3，1986］ （木津博明）

蛸脚香炉 たこあしこうろ 鉢形の大型の火炉に長短2種の脚が付き，長脚で火炉を支える。長脚の脚付け根には，鬼面を表すものがある。長短の脚は各6本または8本で，全体の脚が蛸の脚に似ていることからこの名称がある。中国宋代の禅宗寺院の堂塔・堂内具などを示した石川県大乗寺蔵の『支那禅刹図式』にも蛸脚香炉の図が見えており，それには「山門香炉」「金山様」という名称で図示されている。禅宗寺院で主に用いられた特異な形のもので，中世に中国より禅宗と共に伝来した香炉と考えられている。

京都市興聖寺の鉄製蛸脚香炉は室町時代の作とされ，火炉に長短6本の脚をつけ火炉側面に宝珠に羽根状の文様を鋳出している。孔雀炉とも称され，香炉の高さは40cmで，脚部付け根に鬼面をつけている。大阪府堺市大安寺のものは，銅製で応永元年(1394)銘のものである。

［中野政樹「供養具」『新版仏教考古学講座』5，1976，鈴木規夫『供養具と僧具』日本の美術283，1989］ （岡本桂典）

但馬国分寺跡 たじまこくぶんじあと 兵庫県城崎郡日高町国分寺に所在する但馬の国分僧寺跡。日本海に注ぐ円山川の中流域に広がる沖積平野の南端，北に急峻な丘陵を負って位置する。昭和48年(1973)以降数次の発掘調査によって，金堂跡，中門跡，回廊跡，塔跡などが確認された。遺存状況が最も良好であったのが，金堂跡の真西に並ぶ塔跡。乱石積基壇で，玉石積の階段が2か所出土し，基壇上面に礎石及び根石が検出されている。回廊は乱石積基壇の中門から発し，金堂に取り付く。塔は回廊の外側に建てられる。講堂跡は不明。寺域を画する施設は南東隅で築地塀と溝が設けられている。中軸線から距離で推定される寺域は150m四方程度。鐙(軒丸)瓦2種類と宇(軒平)瓦2種類が知られるが，溝跡などから多数の木簡が出土し，国分寺の活動の一端を具体的に物語る資料として注目されている。

［武藤誠「但馬」『新修国分寺の研究』4，1991］ （真田広幸）

多田院 ただのいん 兵庫県南東部，川西市の中央部を流れる猪名川に接する川西市多田院に位置する。現在の多田神社にあった寺院である。かつて天台宗多田院であったが，明治維新の神仏分離により多田神社と改め，現在に至っている。鷹尾山と号し，法華三昧院ともいう。

平安時代中期に清和源氏の源満仲は，一族・郎党を率い多田盆地に移り，天禄元年(970)に当地に多田院を創建した。多田院の地は源氏発祥の地とされ，中世武士団の発祥の地ともいえる地である。満仲の長男頼光の子，頼綱が初めて多田と称し，摂津源氏(多田源氏)の祖となった。長徳3年(997)の満仲の死に伴い，院内に廟所を営み，源氏の祖廟として信仰された。神仏習合が進むと朝廷や武家の尊崇を集めることとなり，室町時代には廟所が天下安危の時に鳴動するという現象から，幕府の信仰を集めた。

鎌倉時代に再建され，室町時代に被災し，信長により天正6年(1578)に焼失した。現在の社殿は4代将軍徳川家綱が寄進したものである。創建時の中軸線は，現在の中軸線より西にあったと推定されている。正和5年(1316)の絵図が残っている。

[『川西市史』1，1974]　（岡本桂典）

多田山火葬墓群遺跡　ただやまかそうぼぐんいせき　群馬県佐波郡赤堀町今井三騎堂に所在する。多田山丘陵は南北1km，平野部に伸びる丘陵で，赤城山南麓の特徴的な地形である。遺跡は丘陵の東斜面の中腹より頂部寄りを占める。丘陵上北側には赤堀茶臼山古墳が位置し，周辺にも古墳が点在している。

遺跡はA号からC号の3基の石製骨蔵器が東西に並ぶ状態で発見されている。この骨蔵器の回りには礫を不整円形状に配し，その中央に骨蔵器を据えている。骨蔵器は長径50～40cm，短径45～30cmの不整円形で，安山岩と思われる礫の中央に径15～20cm，深さ10～15cmの穴を掘り込んでいる。A号は，穴の周囲に幅3cm，高さ1cmで縁が廻っている。蓋石は5面の面取を施し寄棟造りを表出している。内側には受けの刳り込みを施している。周辺からは同様の骨蔵器が13点以上出土し，奈良時代の墓域形成が推定される。

[津金沢吉茂「古代の墓制」『群馬県史』通史編2　原始・古代2，1991]

（木津博明）

橘寺　たちばなでら　奈良県高市郡明日香村橘往生院に所在する飛鳥時代創建の寺院。国史跡。聖徳太子誕生の地，上宮跡とも伝わる。『聖徳太子伝暦』に，推古天皇14年(606)太子が『勝鬘経』を講説した賞として天皇が創設したと記され，『日本書紀』天武天皇9年(680)に「橘寺尼房失

火し，もって十房を焚く」とあり，さらに『法隆寺伽藍縁起并流記資財帳』には天平19年(747)聖徳太子建立の7寺の1つとして橘尼寺をあげている。堂，塔を南北一列に並べる四天王寺式伽藍を東面させた伽藍配置であると想定されていたが，近年の調査で西回廊が一線を成して閉じ，講堂が回廊の外に置かれている点から，山田寺式伽藍配置という説もある。塔心礎は塔跡中央の地下4尺の位置に埋められ，東西1.9m，南北2.8mの長方形花崗岩の大石でできていることがわかった。中心部に径89cm，深さ9cmの円柱孔を設け，それを三分割した位置に添柱座と思われる半円形孔が掘られている独特の美しい形をしている。また，単弁十弁蓮華文鐙（軒丸）瓦や方形三尊塼仏が出土していることから7世紀前半の創建で，川原寺と同じ組み合わせの瓦が多いことから，同時期に川原寺を官寺，橘寺を尼寺として建立したとも考えられる。

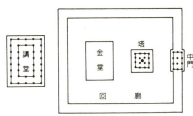

橘寺伽藍配置図

[石田茂作「橘寺・定林寺の発掘」『飛鳥』1964，亀田博「橘寺の沿革と伽藍」『堅田直先生古希記念論文集』1997]

（松原典明）

田束山経塚　たつがねやまきょうづか　宮城県本吉郡本吉町と歌津町の境にある田束山（標高512m）に位置する経塚群で，11基が知られている。直径2.0m，高さ0.7m前後のものが主体で，以前に常滑の三筋壺片が採集されていたため，古代末の

経塚と推定されていた。昭和46年(1971)に本吉町教育委員会が調査した5号経塚からは、石室のなかに青銅製経筒が収納され、その周囲には炭が詰められていた。青銅製経筒には、銘文が刻まれていないものの、かぶせ蓋を持ち、直径9.3cm、器高23.4cmで底部には松喰鶴文意匠和鏡が使用されていた。また経筒内の経典は朱文字の『法華経』である。これらのことから田束山経塚群は12世紀末に比定されよう。昭和52年(1977)宮城県史跡に指定されている。

［藤沼邦彦「田束山経塚」『宮城県百科事典』1982］　　　　　　（大竹憲治）

田中重久　たなか　しげひさ　明治38(1905)〜昭和54(1979)、滋賀県生。早稲田大学文学部国文科卒。聖徳太子奉讃会研究員、京都市文教局文化課を経て京都府立洛北高校教諭。

　仏教美術史を専攻。奈良時代を中心とする前後の時代の寺院・寺院跡を文献史料と考古学的資料を駆使して論じ、多くの論著を公けにする一方、日本に見られるインド系の文物について意欲的研究を発表した。古代寺院の伽藍配置と古瓦についての研究に新解釈を提出した。

（主要著作）『聖徳太子御聖蹟の研究』1944、『奈良期以前寺院址の研究』1978、『日本に遺る印度系文物の研究』1943
　　　　　　　　　　　　　　　（坂詰秀一）

田辺廃寺　たなべはいじ　（1）大阪府柏原市田辺に所在する白鳳時代の寺院跡。国指定史跡。百済系渡来氏族である田辺史氏一族の氏寺と想定されている。昭和46年(1971)に金堂、塔、中門、南大門の発掘調査が実施され、薬師寺式の伽藍配置であったことがあきらかになった。このうち金堂基壇は瓦積みで、東西が約17.8m、南北が約11.5m。西塔は、同じく瓦積み基壇で、一辺が約10m、西塔そのものは一辺が約4.6mであるのに対し、東塔基壇は、長方塼を用いた塼積みで、一辺が約10.2mの規模であった。東西の塔とも3重であったと考えられているが、建立時期には差が見られ、西塔は、金堂と同時期で7世紀末の建立、東塔はそれよりもかなり遅れて建てられたとされる。その後、講堂についても調査が行われているが、詳細を確認するには至っていない。

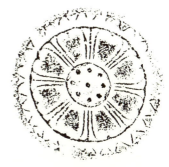

田辺廃寺出土鐙瓦

［大阪府教育委員会『田辺廃寺跡発掘調査概要』1972］

（2）大阪府大阪市東住吉区北田辺・駒川付近に所在。大正14年(1925)に行われた畑の土取り工事の際に、川原寺系の複弁七葉蓮華文鐙(軒丸)瓦や法隆寺系の複弁蓮華文宇(軒丸)瓦が出土した。この畑は、付近の道路より約1m高くなっており、瓦の包含層が存在していたとのこと。付近は百済系渡来氏族の田辺史氏一族の本拠地であったという考えがあり、その氏寺が存在していたと想定されている。

［『大阪市史』1、1988］　　（三好義三）

種子島国分寺跡　たねがしまこくぶんじあと　国分寺は、大宝令施行後の西海道に九国、三島が制定され、種子島は三島の一であ

ったため，ここに嶋分寺が存在したものと考えられる。種子島（多褹島）に関する史料としては，天平10年(738)の『筑後国正税帳』などがある。これには僧の行き来を示す記事があり，国分寺（嶋分寺）の存在が想定される。なお，『類聚三代格』天長元年(824) 9月3日の太政官謹奏に，種子島が国としての機能を失い大隅国に隷属することが記されており，その後の嶋分寺及び国府に関する史料も残っていない。具体的な内容については，嶋分寺の位置や存在を示す地名が残っていないことや遺構・遺物が発見されていないため不明である。

［角田文衞「（多褹）」『新修国分寺の研究』5下，1987］　　　　　　（渋谷忠章）

多宝塔　たほうとう　仏塔の一形式で，塔の形が二重塔で下層は方形で上層は円形を示す。宝塔には木造塔がほとんどないが多宝塔のほとんどは木造塔で，建立された塔の数は少なく，わずかな石造塔があるのみである。塔身円形の宝塔に方形の裳階をつけたものと理解されるが，仏塔に残された銘文などでは宝塔も多宝塔も区別がない。

　多宝塔の名称は『法華経』見宝塔品に見える釈迦，多宝二仏並座に由来している。また，釈迦以外に多宝仏を祀る点を捉え，多宝塔と呼称したということもできる。

　石田茂作は，多宝塔を下部より，基台，塔身，下層笠石，上層笠石，相輪と捉える。川勝政太郎は，石造美術の観点から，上層屋根と下層屋根と捉え，重ねる石材を持ち送り，また，首部としている。饅頭型，初重軸部という部材名称を用いる。田岡香逸は，基礎，塔身，下層笠，饅頭形，上層笠，相輪の六部分からなるとし，単層宝塔に裳階をつけた進化形式

としている。県敏夫は石塔全体を基礎・基壇，塔身，笠，相輪と4部分に分け，塔身に四角な裳階を備えたものを多宝塔としている。したがって二重塔と見るが，上を笠，下を屋根としている。濱島正士は，多宝塔の原形は空海が高野山に建立を計画した毘盧遮那法界体性塔で，下重五間で上重円形，内部には円形の柱列が2列あり，これは大日如来の三昧耶形をモデルにし，裳階をつけたのは建築としての納まりや使用上のためとした。このように各研究者が多宝塔をどう捉えるかによって部材名称もかなり異なってくる。初層を屋根とするか，笠とするか，また，木造宝塔ではよく見られる，饅頭型をその名称のままとするか，亀腹という部分名称にするか。ただ，石田茂作は「亀腹を思わせる饅頭型の石をおき……」というような資料解説もする。なお，饅頭型（亀腹）は下層笠材と同材の場合，四方に造り出す降り棟と降り棟の間が弓状に下がる。この形式は高野山所在の二材構成の五輪塔（空・風・火輪と水・地輪の二材に分かれる）で火輪上端が風輪下端に噛み合った状態に似る。

　多宝塔形を表現した最も古い例は，奈良県長谷寺の銅板法華説相図（千仏多宝仏塔）である。『法華経』見宝塔品に説かれる多宝塔涌出とそこに参集した多数の仏菩薩の姿を鋳出し，また押出し，あるいは線彫りしたもので奈良時代前期の資料である。注目されるのは，銅板の中央に大きく鋳出された三層多宝塔である。六角形の基壇上に建ち，各層に仏龕を開き，1層目は釈迦・多宝の2仏，2層目は多宝仏，3層目は塔身部に左右対称の装飾を施した円形内に窓を開けその内部に壺型の舎利容器を収納している。普通，木造の仏塔の場合，基壇下に仏舎利を安

置することが確認されているが，塔の上層部に舎利を安置する手法は韓国の新羅時代の石塔に見られることから，銅板法華説相図の造形理念は新羅文化に基づくものという指摘がある。このように三重塔のような多層塔が飛鳥時代に中国，朝鮮半島を経由して伝えられたのち，多宝塔の塔形式が発達して平安時代に日本で造立された。

石造多宝塔の最も古いのは，大和高田市天満神社多宝塔である。平安時代初期の造立と推定され，凝灰岩製で現存高さ190cmである。基礎の上に塔身を据え，その上の屋根の上に饅頭型を刻む。首部を別材で造り，その上に笠と露盤を据える。笠の軒は厚く，ゆるく反り勾配も同様である。これに続く塔としては，滋賀県の菩提寺多宝塔がある。花崗岩製で高さ600cmと高い。基礎は偏平で，塔身は方形で縦長でどっしりとして高さを持つ。笠の軒反りは四隅でわずかに反り，屋根としての出は少ない。饅頭型と首部を別材で造り据える。その上に大斗形，笠を重ねるが，笠材の上に2層の笠のように錣葺の別材を重ねて重厚さを示している。また，上層の笠の規模に比べ首の幅が細いが軸部の幅と高さで安定さを確保している。軸部北面に「仁治二年（1241）辛丑七月日／願主僧良全／施主日置氏女」の紀年銘がある。

木造仏塔の本尊の調査によると，多宝塔は現存している137塔のうち，如来は100塔，菩薩は12塔，明王は7塔，天部は1塔，その他は4塔であるという。如来100塔のうち，釈迦・多宝は8塔のみで，最も多いのは大日如来の46塔，続いて五智如来の17塔，釈迦如来の10塔である。菩薩では観音菩薩の6塔，弥勒菩薩と虚空蔵菩薩の3塔である。したがって，指摘されているように大日如来を祀る多宝塔が多い。

［石田茂作『日本佛塔の研究』1969，跡部直治「寶塔（多寶塔）」『佛教考古学講座』3，1936，川勝政太郎『新版石造美術』1981，片岡直樹「長谷寺銅板法華説相図の制作風景」『佛教藝術』215，1994，井関正敬「仏塔の本尊について」『史迹と美術』664，1996］　　　（斎木　勝）

陀羅尼　だらに　陀羅尼は梵語のダラーニー（dhāraṇī）の音写で陀隣尼，陀憐尼とも書き，総持・能持・能遮と訳す。すべての物事を記憶し，保持する念慧の力をいい，一種の記憶術で，1つのことを記憶することにより，あらゆることを連想して忘れないようにすることをいう。善法を能く保持するので能持，悪法を能く遮断するところから能遮と称する。後世においては，記憶術としての陀羅尼が，誦呪に類するところから，自他の災厄を除き，敵に災害を与えるために誦する呪いの言葉の呪と混同され，呪はすべて陀羅尼と呼称するようになった。一般には，長句のものを陀羅尼，数句からなるものを真言という。一字二字などのものを種子という。

陀羅尼は原始仏教において護呪として認められたもので，『雑阿含経』第9などにおいて毒蛇を防ぐ呪文として陀羅尼が見えている。大乗仏教においては，法を忘れないという意味をもつことから記憶の1つの手段として用いられ発展した。陀羅尼の種類については，『大智度論』第5・28には聞いたことのすべてを忘れない門持陀羅尼，すべてを正当に区別する分別知陀羅尼，一切の音声は消滅するものと知り，愛憎を感じないようになる入音声陀羅尼などを説いている。『瑜伽師地論』45には門持陀羅尼・分別知陀羅尼に

該当する法陀羅尼・義陀羅尼のほかに，真言によって災害を除く呪陀羅尼，菩薩が真言の義を理解して，本性を確認する得菩薩忍陀羅尼を説いている。

呪を陀羅尼と呼ぶことから，呪を集めたものを陀羅尼蔵，明呪蔵，秘蔵などという。この意味の陀羅尼には大随求陀羅尼，仏頂尊勝陀羅尼などと修法の目的にあった陀羅尼を唱える。呪陀羅尼は，密教で特に尊重され，主体をなす真言が陀羅尼を意味するようになった。密教では陀羅尼は，本質的なもので，陀羅尼こそ仏の真言語とする考えが生じ，仏の教えは陀羅尼で説かれたと考えられるようになった。真言，陀羅尼とも教理的な解釈はあるが，秘密語の呪文であることから実際の意味は不明である。陀羅尼の宗教的意味は，これを仏の真実言であると確信し，神秘的な陀羅尼に帰依する信仰にあるといえる。

遺品としては，百万塔に納められたものに無垢浄光陀羅尼の根本・自心印・相輪・六度の四種陀羅尼がある。無垢浄光陀羅尼を梵字で表したものに奈良県玉置神社の応保3年(1163)の梵鐘がある。尊勝陀羅尼は仏頂尊勝陀羅尼の略で，誦することにより罪障消滅，寿命増長などの功徳があることから，書写や読誦が行われてきた。これを塔婆や高幡に安置すれば無量の功徳があるとされる。尊勝陀羅尼を刻した石造塔婆に京都府海住山寺の南北朝時代と推定される異形五輪塔がある。また，梵鐘では京都府西本願寺に旧広隆寺の平安時代後期の鐘などがある。宝篋印陀羅尼は，一切如来心秘密全身舎利宝篋印陀羅尼といい，一切如来の心内の秘密である全身舎利を悉く一字一句に納めた宝篋印の陀羅尼である。これを書写読誦すれば罪障消滅し，寿命増長し無

量の功徳があるとされる。宝篋印塔は，元は宝篋印陀羅尼を納め，礼拝した塔であることから，この名称がある。元応元年(1319)の大阪府真如寺梵鐘にも見えている。また，静岡県願成就院の北条時政が檀越となり運慶が造像した仏像に木製五輪塔が納められていたが，これには文治2年(1186)の銘と五輪の種子の下に宝篋印陀羅尼を墨書している。近世では，埼玉県野口家・八耳道の宝篋印塔内から塔内に納入された銅板の宝篋印陀羅尼が発見されている。なお，密教において，祖師の供養や先亡の冥福を祈るために尊勝陀羅尼を誦える法会を陀羅尼会という。真言宗を真言陀羅尼宗ともいう。

［望月信亨『望月佛教大辞典』全10巻，1955］　　　　　　　　（岡本桂典）

檀越寺院　だんおつじいん　檀那寺のこと。近世には寺院が葬式や祖先供養を執り行い，寺請制のもとで宗門人別改めによって檀家がキリシタンでないことを証明する業務に従事したため，それまでとは異なるあり方を見せるようになった。そのため，本堂の脇に庫裏(くり)や書院を付し，境内の一部に墓地を設ける新たな伽藍配置が生み出された。石田茂作はそれを檀越寺院式伽藍配置と名づけた。

本堂の脇に庫裏を設けるあり方は，中世の子院に起源をもつものと見られるが，近世には独立した寺院でそうした伽藍配置が見られるところに特質がある。書院は畿内では一般的であるが，関東地方や東北地方の寺院ではもたないことが多く，檀越寺院にも地域差が認められることが知られる。さらに，堂宇の配置を細かく検討すると，本堂と庫裏が鍵の手に配されるものなど特色的なあり方が指摘され，時代や地域による変化があることがわかる。宗派による相違もないわけではない

が，祖師堂など宗派に固有の堂宇をもつこと以外には，取り立てて特色を見出すことが難しい。むしろ，宗派を超越したところに，檀越寺院の特色があるといえる。

墓地は，墓地が寺院に先行する場合と創建後に設置された場合があり，前者を墓寺，後者を寺墓と呼んでいる。墓地は土葬と火葬の両者が見られるが，いずれも墓標を伴い，地上から墓地であることを認識できる。檀家は祖先供養などの機会に墓地にお参りするわけであるが，その際に檀那寺に立ち寄り，供養を修してもらったり，茶をもてなされたりするのが近世の慣行として定着していた。地域によっては，埋葬地とは別に墓標を祀る場所が設定されることがあり，民俗学では詣墓といっている。その場合，一般に詣墓が寺院に近く，死体を埋葬した埋め墓が遠い。

檀越寺院には祈禱寺のような現世利益的性格は薄いが，境内に流行の神仏などを祀ることも多く，祖先供養のみでなくさまざまな宗教活動を展開していたことに注意する必要がある。

［石田茂作「伽藍配置の変遷」『日本考古学講座』6，1956，時枝務「檀越寺院式伽藍配置について―伊勢崎市の例による―」『史迹と美術』568，1986］

（時枝　務）

丹後国分寺跡　たんごこくぶんじあと　京都府宮津市国分，日本三景の1つ天橋立を望む景勝の地に所在する。本格的な発掘調査は実施されていないが，金堂跡・塔跡・中門跡などの基壇と礎石が残る。ただし，金堂跡の礎石配置は，現在の国分寺に伝わる「丹後国分寺再興縁起」の金堂指図と一致する。したがって，建武元年(1334)に再建された際の基壇と考えら

れる。「丹後国分寺再興縁起」は，荒廃していた丹後国分寺の再興の様子を室町時代の初期に表したもので，重要文化財に指定されている。なお，寺域は地形などより152m四方が推定されている。また，軒瓦はごくわずかだが，単弁八弁蓮華文の鐙(軒丸)瓦と均整唐草文字(軒平)瓦の組み合わせが知られている。鐙(軒丸)瓦は，同じ山陰道の伯耆国分寺と同系のもの。

［釋龍雄「丹後」『新修国分寺の研究』4，1991］　　　　（真田広幸）

壇線　だんせん　密教法具。修法壇の四隅に立てた四橛につないだ縄で，目的は結界を張るためである。縄は白・青・黄・赤・黒の5色の糸をよりあわせたもので，五仏五智を表している。5色の糸の配列や順序，四橛の結び方は口伝によるため，金剛界・胎蔵界・金胎不二壇などで相違があり，流派によっても異なる。神奈川県称名寺や奈良県松尾寺には壇線をつくるときに所定の糸を通したり区分けする木製の壇線縒り具の遺品がある。なお，壇は梵語で曼荼羅ともいわれ，意味は修法のために区画された土壇であったため，目に見える区画の必要性から橛が立てられ，壇線が張られたのであろう。そして，土壇は中国に伝わり，恵果和尚以降は木壇が定法化されたといわれる。日本では東密・台密を問わず，木壇が常用され，その種類は大壇は華形壇，箱壇，牙形壇の3種があり，大壇の省略形式として密壇がある。

［奈良国立博物館『密教法具』1965，石田茂作監修『新版仏教考古学講座』5「仏具」1976］　　　（山川公見子）

丹波国分寺跡　たんばこくぶんじあと　京都府亀岡市千歳町国分に所在する国分僧寺跡。亀岡市街地の北側，三郎ヶ岳から派

生した丘陵上に位置する。国指定史跡。国分寺跡には安永9年(1779)に再建された国分寺の本堂などが建ち、平安後期の薬師如来坐像(重要文化財)が安置されている。昭和57年(1982)からの数次にわたる発掘調査によって伽藍配置などがあきらかにされている。寺域は、東限で築地塀、南限で溝が確認されるなど、南北240m、東西220mと推定される。伽藍配置は法起寺式。塔・金堂・講堂の各基壇は瓦積基壇であった。また、講堂の北側には、東西95m、南北13mの僧房が建てられている。鐙(軒丸)瓦13種、宇(軒平)瓦8種が知られるが、創建期のものは平城宮系の複弁蓮華文と均整唐草文を配するものが見られる。

国分尼寺は、僧寺の西約400m離れて所在する。昭和46年(1971)からの発掘調査によって、南門・中門・金堂・講堂を南北線上に配置する伽藍配置があきらかにされた。

[安井良三「丹波」『新修国分寺の研究』4、1991] （真田広幸）

タート That ラオスでストゥーパ(stūpa)のことをいう。1514年にパンティンシエン(Panteinshien)によって創建されたと伝えられるルアン・パバーン(Luang-Prabang)のタート・パトゥム(That Patwm)はタート・マークモー(That marcmo)、すなわちスイカ形の仏塔と呼ばれ、瓜を連想させる形の伏鉢をもつが、1914年に内部から金・銀・銅・宝石で製作された仏像が発見され、創建に際して豪華な仏像が寄進されたことが知られる。また、ラーンサーン(Lan Xang)王国のセーターティラート(Setthatir-at)王によって1566年に創建されたヴィエンチャン(Vientiane)のタート・ルアン(That Louang)は、一辺約60mの方

形の平面プランをもつ基壇上に、ドーム状の覆鉢を置き、その上部に蓮華座を載せ、さらに独自の形態の尖塔を立てた個性豊かな建築である。しかし、度重なる修復を経ており、はたしてどの程度創建時の形態を伝えているか疑問である。なお、基壇上にはセーマー(Sema)を二重に巡らし、聖域とし結界しており、タイの仏教寺院の影響がうかがえる。

[Parmentier Henri, *L'Art du Laos*, 1988] （時枝 務）

タキシラ Taxila パキスタンの首都イスラマバードの北西約30kmの地点にある遺跡(北緯33度45分、東経72度49分)。1912年から1934年にかけてインド考古学局のマーシャル(Sir J.Marshall)によって大規模な発掘調査がなされ、ビール・マウンド、シルカップ、シルスフという3つの都市跡があきらかにされた。ビール・マウンドは日干し煉瓦や泥でできた城壁で囲まれた南北約1km、東西600mの不整形の町。中央部の発掘により、紀元前6世紀から紀元前2世紀以降のインド・グリーク時代までという4時代の地層の存在が判明した。シルカップは1945年にもゴーシュ(A. Gosh)によって調査され、周囲約5.5kmある城壁に囲まれた現在残るシルカップ遺跡は、サカ王アゼス1世の頃の紀元前1世紀中葉から2〜3世紀のクシャン時代の都市跡であったことがあきらかにされた。さらに、北門から北に450mほどのカッチャーコット(Kaccā Kot)と呼ばれる土塁までのエリアと北門から現在の市街地の3分の1の部分が、紀元前2世紀頃のインド・グリーク時代の都市跡であることが指摘されている。シルカップは南の部分が丘の上に造られるアクロポリス状で、北の部分は平地の上に造られた市街地となっている。中央

に幅約 6 mの大路が一直線に走り，幅約 3 mの路がそれに直角に交わるように東西に多数設けられ，その間のブロックに家屋が多数並んでいる。大路に入口を向けてアプシダル寺院跡や方形基壇上にギリシアの切妻を有する家，トーラナ，アーチ屋根の建物などが壁面に浮彫された双頭鷲のストゥーパなどの遺構が設けられている。シルスフはシルカップの北東約1.6kmの地点，ルンディーナラー川の北岸にある東西1.4km，南北 1 kmの都城跡。半円形の陵堡が一定間隔に設けられた城壁によって囲まれている。タキシラの周辺には，シルカップの南東にあるアショーカ王に起源をもつダルマラージカー大塔と伽藍など，多数の仏教遺跡が存在する。

［樋口隆康監修『パキスタン　ガンダーラ美術展図録』1984］　　（髙橋堯英）

タパ・サルダール　Tapa Sardar　アフガニスタンのガズニ北東のダシュティ・マナーラの平地に突き出るように存在する長方形をした丘の上に造られた大塔を中心とする仏教寺院跡。クシャン時代から 9 世紀頃まで，長期に渡って存続したが，一度，ある時期に突然の火災によって終末を迎え，7 世紀の終わり頃に，残っていた大塔が復活され，塔の周囲に祠堂や小塔が造られて再建されたという。大塔の左側に方形と長方形の祠堂が設けられ，右側には4.15～4.25mの厚さの壁で仕切られてヴォールト天井が架された 5 つの祠堂が，仕切壁の奥をあけて連結されるという構造で造られていたという。塑像を中心とする出土物はアフガニスタンの美術を知るための重要な資料とされる。イタリアの考古学調査隊が1959年以降ほとんど毎年調査し，下記の報告書をまとめている。

［M.Taddei, "Tapa Sardar, First Preliminary Report", *East and West*, vol. 18, 1968；M.Taddei & G.Verardi, "Tapa Sardar, Second Preliminary Report,"*East and West*, vol.28, 1978］

（髙橋堯英）

タフティ・バーイー　Takht-i-Bāhī　パキスタンのマルダーンからマルカンダ道を北に15kmのタフティ・バーイーの町の東の岩山の北斜面にある仏教遺跡。山を登り，入り口を入ると東西35m，南北15mで35基の奉献塔が並ぶ奉献塔院に至る。南端の階段を登ると，東・南・西の三辺にドーム天井をした 5 つの祠堂と祠堂間に設けられた小祠堂で囲まれた17.2m×13.9mの広さの塔院に出る。主塔は一辺4.2mの方形基壇で，北側に階段が備わる。奉献塔院の北には19m四方で，北・東・南の三辺に15部屋が設けられた僧院がある。僧院の東隣は台所と中庭があり，西隣には約15m四方の講堂跡がある。その南はテラスだが，南西端の階段を下りるとその下はヴォールト天井の小室がいくつも並ぶ地下室となっている。さらに南には基壇が6.4mのストゥーパと 2 基の小ストゥーパがある。ガンダーラの山岳寺院の典型。

［Fidaullah Sehrai, *A Guide to Takht-i-Bāhī*, Khyber Press, Peshawar, 1982］

（髙橋堯英）

タレリ　Thareli　ガンダーラの中央に位置するマルダンの北北東約15kmのチナ・タンガイ（泉の谷）にある山岳寺院。京都大学の調査(1963, 64, 67年)により谷の入り口から尾根上に 4 地区に分けられる 2 つの塔院と百余の僧房跡が発掘された。尾根の上にある C 区の塔院は，内庭に 3 基の塔が並べて設けられ，東側の壁に祠堂が 3 つ設けられている。塔の 1 つは 3

つの小塔を覆って造られていた。谷底近くには，上下2段の人工のテラス上に設けられたD区塔院がある。上段は東西約24m，南北約13mで，入り口のある東南に突出部がある凸形の塔院。主塔の周りに奉献塔が設けられ，壁は祠堂列となっている。2.22m低い下段のテラスには，15基の柱基が並ぶ列柱廊跡がある。その東には祠堂や小ストゥーパがある東翼部があり，南端に谷底への階段が設けられている。塔や祠堂を荘厳していたストッコの仏・菩薩像や仏伝・ジャータカのレリーフが多数発見された。

[水野清一・樋口隆康編『タレリ』1978]
（髙橋堯英）

ダンダンウィルク Dandān-uiliq 西域南道ホータンの北東約100kmのタクラマカン砂漠にある古代扞弥弥国の遺跡。扞弥国は前漢代には人口2万4千にのぼる南道の大国であったが，後漢代にはホータン（于闐）の支配下にはいった。1897年にヘディン（A. Hedin）がこの遺跡の調査を行い，ついで1901年，スタイン（A. Stein）がダンダンウィルクを発掘した際，寺院跡から桑蚕伝来に関する王妃の奉納額を発見したことで有名である。これは玄奘やその他の記録で伝えられていた，中国の王妃がホータンに嫁したとき桑蚕をこの地にもたらしたという伝説を描いたものである。またスタインはこの発掘で，7世紀後半に吐蕃がタリム盆地を征服する以前のブラフミー文字で書かれたホータン語の文書を多く発見し，多くが経済流通関係の文書であることも判明した。中継貿易によって栄えた西域南道の都市であるが，タリム盆地の乾燥化により放棄されたと考えられる。

[S. Hedin, *Through Asia*, 1898, A. Stein, *Ancient Khotan, Detailed Reports of Archaeological Explorations in Chinese Turkestan*, 2vols, 1907] （則武海源）

ち

地下式土壙 ちかしきどこう 中世の墳墓の一形式である。一般的に中世の墳墓というと，五輪塔や宝篋印塔の石造物を上部構造として有し，下部に土壙を伴うものが意識されがちであるが，地下式土壙は，地表から垂直に竪坑を掘り，竪坑の底面から，今度は横に穴を掘り墓室とする墳墓である。

地下式土壙の最初の報告は，明治末年頃に遡るものの，その性格については，同構造を有する江戸時代の地下室との類似から，当初は中・近世の地下倉庫と想定されていた。その形態は，墓室は矩形平面を呈するものが多く，規模は一辺1.5〜4.0m，高さ1.5〜2.0mほどの大きさが一般的である。竪坑部は土・石などにより閉塞されており，径1〜1.5m，深さ1.5〜2.0mのものが多い。竪坑部は，竪坑が複数認められるものや，竪坑部に階段や足掛け穴を有する例，玄室の前に羨道状の通路がつくものなど多様な形態が認められる。また，竪坑と墓室の位置関係は，墓室長軸の延長上に竪坑が認められるもの，短軸の延長上に竪坑がくる，いわゆるT字形を呈するものに大きく分かれる。出土遺物は少なく，人骨のほか，陶磁器，五輪塔，宝篋印塔，板碑などが検出される。その盛行年代は，紀年銘を有する板碑やわずかな出土遺物から，14〜15世紀と考えられる。

地下式土壙の検出状況は，群集して墓域を形成する例が最も多いが，居館跡と関連して存在する例，城郭中に位置する例など一定していない。居館と関連して

発見された代表例としては，東京都多摩ニュータウンNo.457遺跡があり，台地上に領主の生活空間があり，周りの斜面に墓域として地下式土壙が造られている。居館跡や城郭と関係して発見されるものは，その立地から想定しても，被葬者にそれらの建物の居住者である在地の有力層，武士団との関係が想定される。

地下式土壙の分布状況は特徴的であり，その約7割が関東地方に集中している。特にその中でも，南武蔵・相模・上総・下総に多く認められる。また，関東地方ほどの集中ではないが，北部九州付近を中心に，その分布がある。これら以外にも，東北南部や東海東部，その他近江付近などにもその分布は見られるものの，関東・九州ほどの集中ではない。この偏在性については，九州内の分布集中地域が，東国御家人が西国の所領に下向・土着した，いわゆる西遷都御家人と関連する場所に多い点から，これらとの関連性を指摘する見解もある。地下式土壙は，構造的には，古墳時代南九州地域に展開した地下式横穴墓と類似しており，その創出にあたり関連性が考えられたこともあった。

中世においては，幕府が置かれた鎌倉を中心に，地下式土壙と似た「やぐら」の存在が認められる。やぐらは，斜面の岩盤などに穴を穿ち造られ，埋葬人骨は火葬であり，地下式土壙は地下に構築される土葬と，その葬法は異なるものの，やぐら密集地域周辺には，地下式土壙の盛行が認められる点や，やぐらの創出年代に若干遅れて，地下式土壙が出現する点など，両者の関連性が想定される。現在最も古いと考えられる例が，武蔵・相模に認められ，またこの地に数的集中が窺える点などから想定すると，地下式土壙は，やぐらの影響を受け，この地で考案された可能性も考えられる。

［江崎武「中世地下式壙の研究」『古代探叢』II，1985］　　　　　（上野恵司）

筑後国分寺跡　ちくごこくぶんじあと　福岡県久留米市国分町にあり，耳納山系の西端，高良山とともに聳え立つ明星山より派生する丘陵の先端に立地する。昭和56年(1981)市の指定史跡。発掘調査は，昭和27年(1952)に日吉神社境内で行われたのが最初で，52年(1977)以降は市教育委員会によって継続的に行われた。その結果，講堂跡，塔跡，築地跡が確認された。講堂跡は，日吉神社境内に位置し版築基壇と14か所の礎石抜取跡が検出され，桁行7間（約29m），梁行4間（13m）の長方形の建物が復元されている。塔跡は，講堂跡の南東約80mに位置するが基壇上がかなり削平されており，礎石抜取跡から一辺約9mの建物が推定されている。築地跡は，北・東・南面で確認されたが，ほとんどが削平を受け築地と断定できず，土塁の可能性もある。また，講堂跡の南約140mに南大門の基壇の一部が確認されている。以上から伽藍配置は，南大門・中門・金堂・講堂が一直線上に並ぶ大官大寺式が推定されている。

［櫻井康治「筑後」『新修国分寺の研究』5下，1987，久留米市『久留米市史』12資料編（考古），1994］　（渋谷忠章）

筑前国分寺跡　ちくぜんこくぶんじあと　福岡県太宰府市大字国分にあり，標高410mの四王寺山から南西に派生する台地の上に位置する。大正11年(1922)国の指定史跡。昭和35年(1960)に最初の調査が行われ，以後継続的に調査が実施され金堂や講堂跡などの状況があきらかになった。金堂跡は，現国分寺の本堂の下にあたり東西約30m，南北20mの基壇が推定され

るが，後世の削平が著しく礎石や根石などは確認されなかった。塔は，改修により2時期に分かれるが，残された礎石や原位置をとどめる心礎などから，平面規模が9m（30尺）四方に復元されている。基壇は二重基壇である。講堂跡も大きく2時期に分けられ，第Ⅰ期の遺構は東西34m，南北20mの瓦積み基壇に7間×4間の四面庇をもつ建物が復元されている。第Ⅱ期の遺構はあきらかになっていない。出土遺物は，鴻臚館Ⅰ式・Ⅱ式瓦のセットや「四王」，「大国」などが記された文字瓦，陶磁器類がある。塔は9世紀前半代に，講堂は8世紀末に基壇改修が行われている。

［森田勉「筑前」『新修国分寺の研究』5下，1987，太宰府市教育委員会『筑前国分寺跡』Ⅰ，1997］　　（渋谷忠章）

千々和　實　ちぢわ　みのる　明治36(1903)〜昭和60(1985)，福岡県生。東京文理科大学卒。群馬県女子師範学校教諭，東京府青山師範学校教諭を経て東京学芸大学教授。後，都留文科大学教授，上武大学教授をつとめた。

　民衆仏教史の資料の1つとして板碑の調査研究を推進した。とくに武蔵国・上野国における板碑の悉皆調査に基づく研究は，板碑の初現問題をはじめ多くの卓見を生んだ。また，経塚造営の背景を東アジア史的な視点で問題を提起するなど，仏教考古学の分野に大きな足跡を残した。

（主要著作）『板碑源流考－民衆仏教成立史の研究－』1987，『上野国板碑集録』1966〜77，『武蔵国板碑集録』1・2・3，1956・1968・1972　（追悼）『千々和實先生追悼集』1988　　（坂詰秀一）

千鳥道経塚　ちどりみちきょうづか　静岡県沼津市西野所在。愛鷹山経塚ともいう。愛鷹山の中腹標高約300mの尾根先端辺りで，千鳥道と呼ばれる開墾地からの出土といわれるが，現状は茶畑で詳細な位置は不明である。

　出土遺物には仁安3年(1168)銘鋳銅製経筒があり，蓋は平被蓋で，蓋及び筒身は厚手に鋳造されたもので，高さに比べて胴回りが大きい。長野県北日名・山形県宮内別所と同様に東日本で制作された経筒の特徴がある。この経筒の特徴としては，身の湯口は底の中央にあり，身の胴回りには轆轤目がよく残っている。また，銘文は平蓋に鋳出されている。銘文にはこの埋経にかかわった大檀主平助宗，大勧進僧，大工に藤原国行の名前がある。その他に鋳銅製経筒2個，外容器の陶製甕13個，平形合子2合，和鏡7面，刀身及び短刀残欠，檜扇片，甕の蓋の可能性がある陶製坏2個がある。

［蔵田蔵「経塚論(6)」『MUSEUM』159，1964］　　　　（山川公見子）

池辺寺跡　ちへんじあと　熊本県熊本市池上町に所在する古代寺院跡。平成9年(1997)国の指定史跡。池辺寺は和銅年間の創建と伝えられるが長く伝承の中で語られ，『続日本紀』にある「味生池」のほとりに，大和の僧真澄が伽藍を建立し池に棲む悪龍を退散せしめたという。昭和33年(1958)，古瓦の発見を契機に現地踏査が行われ，昭和61年(1986)度からの本格的な発掘調査で，平安時代の寺跡の様相があきらかになった。判明した遺構には，中心建物群とその背後の石塔群がある。中心建物群は，乱石積みの基壇上に中央建物とその東・南・北面を取り囲む5棟の建物及び回廊からなる。中央建物は桁行3間，梁行3間の礎石建物である。出土遺物の中で，土器類は9世紀前半から10世紀，瓦は9世紀前半頃のものが含まれている。背後斜面の石塔群は，一辺

2.4m，推定高0.6mの塔が東西・南北各10列で計100基が2.4m間隔で配置されていた。寺跡の北西にある建武4年（1337）建立と伝える石製塔婆（金子塔）によれば，「百塔」と呼ぶ地がもとの池辺寺であったという。

［熊本市教育委員会『池辺寺』I・II，熊本市埋蔵文化財調査報告書，1996・1999］ （渋谷忠章）

中・近世寺院 ちゅう・きんせいじいん 中世や近世の寺院。中国では宋代以降に禅宗が勢力を伸張し，密教などが衰退したために，中世寺院は禅宗寺院伽藍配置が基本となった。それは，方形の寺地の中軸線上に惣門・三門・仏殿・法堂・方丈と並び，三門の左右に西浄・東司，三門と仏殿の間の左右に庫裏・禅堂が配される伽藍配置である。一見，新規に生み出されたもののように見えるが，惣門が南大門，三門が中門，仏殿が金堂，法堂が講堂，方丈が僧房であることを知れば，仏塔を欠く以外は東大寺式の伽藍配置と共通していることに気づく。

日本では，鎌倉時代に中国から渡来した僧侶や入宋僧によって禅宗が伝えられたが，それとともに禅宗寺院式伽藍配置ももたらされ，各地に建立された禅宗寺院で採用された。京都市東福寺・神奈川県鎌倉市建長寺・同円覚寺をはじめ，岩手県遠野市附馬牛東禅寺跡・秋田県大館市矢立廃寺などで確認され，14世紀には全国的に広まったと考えられる。建築様式である禅宗様とともに受容された可能性が高い。鎌倉時代前期には，平安時代末期の影響のもとに臨池伽藍が鎌倉市永福寺跡・栃木県足利市樺崎寺跡などで造立されたが，幕府や御家人が積極的に関わったことが知られており，幕府が禅宗を受容する以前には臨池伽藍が公的な性格の強いものであったことを確認できる。

また，鎌倉時代には山岳寺院の整備が進み，滋賀県大津市比叡山延暦寺・和歌山県高野町高野山金剛峯寺・愛知県豊橋市普門寺・埼玉県都幾川村慈光寺・福島県霊山町霊山寺跡などで大規模な寺院跡の存在が確認されている。高野山の子院である宝性院跡では，桁行7間・梁間4間の本堂，桁行3間・梁間2間の庫裏，3間四面の小堂，庫裏に付設された桁行3間・梁間2間の建物などが発掘調査された。本堂の西側に庫裏，庫裏の北側に庭園が配され，庭園を鍵の手に挟みこむように小堂と庫裏が設けられている。こうした建物配置は近世の檀越寺院に通じるものであり，檀越寺院の伽藍配置の起源が中世の子院や院坊に求められる可能性を示唆するが，資料的な制約から確定するまでには至っていない。

鎌倉新仏教といわれる浄土宗・浄土真宗・日蓮宗・時宗などでは，中世に仏堂が営まれ，それが後に発展して独自の伽藍を形成するようになったことがうかがえるが，その過程をあとづけるだけの資料に恵まれていない。修験道は最も遅く教団の形成が行われた宗教であるが，その遺跡は奈良県吉野町吉野山・福岡県添田町英彦山・同県豊前市求菩提山・石川県鹿島町石動山・長野県戸隠村戸隠山・山形県羽黒町羽黒山など各地に残されており，神仏習合色の強い特異な伽藍を見せている。強大な寺社勢力をなした和歌山県岩出町根来寺では，中心伽藍を取り囲むように多くの院坊が営まれており，宗教都市とでも呼ぶべきあり方を見せているが，同様な景観は福井県勝山市平泉寺跡などでも見ることができる。

政治都市である京都や福井市一乗谷などでは，都市のなかに多くの寺院が営ま

れており，寺院が都市生活と切り離せない存在であったことがうかがえる。浄土真宗では，16世紀に城郭寺院を造成し，政治権力に対抗したことが知られ，大阪市石山本願寺跡をはじめ北陸地方や三河地域で多くの事例を確認することができる。同時期に畿内で営まれた寺内町も，その中心部に浄土真宗の寺院を擁しているところから，城郭寺院と同じ性格をもつものと考えられる。

近世になると，寺社勢力が公権力によって否定され，石山本願寺や根来寺のような有力寺院が破壊された。その結果，寺院は政治的な制約のもとに置かれ，幕府や領主の庇護を受けながら，もっぱら祖先供養や現世利益のための宗教活動に従事するようになった。江戸時代には，檀家の宗旨を証明する業務を寺院が行う寺請制が実施され，地域社会の寺院の大部分が檀家の葬式や祖先供養を修する菩提寺となった。檀家がなく，現世利益のための祈禱のみを行っている寺院は祈禱寺として菩提寺と区分されたが，その大部分は領主のための祈禱に専念するものであった。

菩提寺では，檀家のための位牌などを祀り，年忌法要などをおもに行うわけであるが，境内や近郊に檀家の墓地を設ける場合が多く見られた。東京都新宿区円応寺跡では，早桶や甕棺に埋葬された人々と土坑に直接埋められた人々の墓地が境内の一部に営まれていた。前者にはさまざまな副葬品が伴い，墓標の存在も推定されるのに対し，後者には副葬品はなく，個々の墓標もなかったと判断される。前者が一般の檀家の墓地であると見られるのに対して，後者は貧民窟として名高かった四谷鮫ケ橋などの最下層民が埋葬された所であると推測され，同じ寺院内の墓地でありながら社会階層によって埋葬場所を異にしていたと考えられている。墓標をもつ墓地では，墓標の形式や大きさが被葬者の社会階層を反映していることが指摘されており，近世寺院に伴う墓地は墓廟をもつものから墓標のないものまで，身分や階層によって細かく区分されていたことが知られる。

農村部の寺院では，長野県宮田村熊野寺のように礎石建物の本堂と庫裏が並列するのが一般的なあり方で，天明3年(1783)の浅間山噴火で流出した火砕流で埋没した群馬県嬬恋村鎌原延命寺跡ではそのほかに物置などの小さな建物を伴っていた。しかも，本堂の欄間などに施された彫刻は精緻極まるもので，近世寺院が装飾などによって威容を保っていたことが具体的にあきらかにされた。しかし，東京都八王子市松山廃寺では，本堂と庫裏が同じ掘立柱建物で兼用されており，民家とほとんど変わらないようなあり方であったことが知られている。明治初年の神仏分離では，仏教と神道の分離が企てられ，中・近世を通して一般的な存在となっていた神宮寺が破却されるなど，多くの寺院が廃寺に追い込まれた。

［石田茂作「伽藍配置の変遷」『日本考古学講座』6，1956，時枝務「仏教寺院中近世」『歴史考古学の問題点』1990］

(時枝　務)

中啓　ちゅうけい　扇の一種で，親骨を外方に反した形のもので，畳んだ状態でも中央下半部から上部が啓いた状態であることからこの名称がある。形状より末廣，蝙蝠，鳳扇，折腰扇の名称がある。

中啓がいつから僧具として用いられたかは不明であるが，室町時代以降あるいは，江戸時代からともいわれている。江戸時代の『貞丈雑記』巻8に「すえひろ

の扇は一名を中啓と云。本名はかわもりと云也。蝙蝠と書てかはもりと云。」とある。実用から離れて、寒暑の別なく僧侶が威儀を正すのに用いられるようになった。神奈川県早雲寺蔵の北条早雲画像に描かれた中啓があり、16世紀のものとされている。白骨7本をもって本式とするが、12本などもある。塗骨には、赤と黒などがある。

［光森正士「僧具」『新版仏教考古学講座』5，1976］　　　　　　（岡本桂典）

中国鐘　ちゅうごくしょう　中国鐘は、支那鐘とも呼ばれ、その形態は大きく二分される。1つは、上部に向かいやや幅を狭めながら立ち上がる円筒形の鐘身に、縦横帯が袈裟襷状に施され、そのほぼ中央に撞座が2か所認められるもので、笠形の上には撞座と平行して、双頭の獣首からなる環状の龍頭が認められる。この形は、和鐘に似ているため、祖形鐘とも呼ばれる。しかし、和鐘の特徴である乳が認められない。乳については、中国の文献に「乳」の文字が見られることから、中国鐘にも乳を有するものが存在した可能性を指摘する意見もあるが、現状ではまだ確認されていない。このタイプで最も古い鐘は、奈良国立博物館所蔵のもので、縦帯上段に「陳太建七年十二月十九日　鐘一口供養起□」、下段に「弟子沈文殊造　称廿斤」という銘が陰刻されている。銘文の陳太建7年は、575年にあたる。このタイプの鐘は、その後上帯・中帯・下帯と縦帯が施され、それらによって区分された区画内に、内郭を有するようになる。また、撞座は下帯と縦帯の交わる部分に、4か所つくような傾向になってくる。

もう1つのタイプは、唐代になって盛行するもので、形状は西洋のベルに似て

おり、祖形鐘と比べると偏平で裾が開いている。特にその先端、裾の部分が特徴的であり、波状あるいは六稜、八稜を呈するもので、この形態から荷葉鐘とも呼ばれる。初期のものは、大形のものが多く、時の鐘として鐘楼に吊るされ使用されるものが多い。代表的な例は、西安・陝西省碑林博物館所蔵の景雲2年（711）の銘をもつもので、この鐘は現在も残る鐘楼に懸かっていたものである。祖形鐘と荷葉鐘の分布は、地域的なまとまりが認められ、祖形鐘は主に揚子江を境に南側に、荷葉鐘は北側に集中する傾向が認められる。

［坪井良平「支那鐘随想」『歴史考古学研究』1984，全綿雲　神崎勝訳「中国鐘の変遷とその歴史的背景」『梵鐘』13，2001］　　　　　　（上野恵司）

中尊寺　ちゅうそんじ　岩手県西磐井郡平泉町平泉字衣関にある。天台宗・東北大本山中尊寺の開山は慈覚大師円仁で、山号を関山と称する。伽藍の造営は、11世紀末に豊田館から平泉に居を移した藤原清衡によるもので、前九年合戦や後三年合戦で戦没した多くの御霊の鎮魂のための涅槃浄土の具現が『中尊寺建立供養願文』に伝えられている。造営当初は、多宝塔や二階大堂など多くの堂宇が建てられていたが、文治5年(1189)に平泉は源頼朝により滅ぼされ、さらに建武4年(1337)の野火で大半を焼失した伽藍は再建されることがなかった。

12世紀の重要な遺跡として昭和54年(1979)に国の特別史跡に指定された寺域には、金色堂や仁安4年(1169)の在銘を持つ最古の五輪塔をはじめとする建造物や大日如来・千手観音などの諸仏のほか、金銀字交書経・華鬘などの工芸品に代表される3,000余点の国宝や重要文化財が

往時の栄華を偲ばせている。

国宝金色堂は，皆金色の阿弥陀堂で，建立は棟札から清衡晩年の天治元年(1124)とされる。内陣に安置されている仏像は，本尊が阿弥陀如来で，左右には六地蔵。阿弥陀如来の前面には観音・勢至菩薩，その左右には持国天と増長天が置かれている。金色堂は阿弥陀堂のみならず初代清衡，2代基衡，3代秀衡の遺体と泰衡の首級が安置されており，御霊屋となっている。

中尊寺の発掘調査は，昭和28年(1953)に寺宝を収蔵する讃衡蔵の建築のため，金色院境内の一部を調査している。さらに，昭和34〜43年(1959〜68)平泉遺跡調査会(藤島亥治郎団長)が，金色院の伝金堂跡・多宝塔跡や釈尊院の発掘調査を実施し，各調査で堀跡・建物礎石のほか玉石敷や石組の護岸跡などを発見しているが，12世紀代の遺構は各支院の攪乱を受けており，遺存状態はよくない。なお，平成3年(1991)度に実施した金剛院境内の調査では，下層から12世紀代の建物や木製品が出土しているものの，伊達家の庇護を受けた中世末から近世の大規模な造成を伴う遺構が重複しているため，寺域内は12世紀の面影とはかなり変容している。

[中尊寺平泉遺跡調査会『中尊寺―発掘調査の記録』1983，平泉郷土館『平泉の埋蔵文化財』1991]　　　(似内啓邦)

中門　ちゅうもん　寺院の回廊の表面に開く門。禅宗では空・無相・無願の三解脱門を象徴するとし，略して三門といい，山号に準じて山門とも表記する。解脱・涅槃を表す仏殿に到達するために必ず通らねばならない門であるというので，そう称されるようになったと考えられる。飛鳥時代には奈良県斑鳩町法隆寺の中門

のように金剛力士を左右に祀り，南大門よりも大きかったが，奈良時代になると南大門のほうが大きくなり，四天王のうち二天を安置するように変わった。それ以後，金剛力士は南大門に祀られるようになり，南大門を仁王門ともいうようになった。

中門は大部分の古代寺院で造営されていたが，法隆寺のほか奈良市東大寺に現存するのみで，実態が不明な点が多い。奈良県明日香村飛鳥寺跡の中門は，背面が二重基壇となる特殊なもので，2層の屋根をもっていたと推測されているが，基壇の外装は金堂などに比して簡略なもので，正面に花崗岩の自然石を使用している。法隆寺の中門は桁行4間・梁間3間で，重層入母屋造りの重厚な建物で，胴張りのある柱に雲斗・雲肘木の斗栱をもち，壇上積基壇の上に建っている。明日香村大官大寺跡では，桁行5間・梁間3間の巨大な中門であったが，足場が組まれたままで，基壇外装も施工されていないうちに火災に遭ったことが発掘調査の結果あきらかになった。奈良市薬師寺では，当初桁行3間・梁間2間であった中門を，回廊を単廊から複廊に造り変える際に，桁行5間・梁間2間に改築したことが知られるが，基壇上から金剛力士の台石が発掘された。東大寺の中門は金堂を中心に南北の2か所に配置され，いずれも桁行5間・梁間2間の大きなものであるが，創建時の建物は治承4年(1180)の大火で焼失し，鎌倉時代に再建された。その後，建物の荒廃が進んだため，江戸時代になって大規模な修理が行われ，宝永6年(1709)に竣工したのが現在の建物である。

中門は各地の古代寺院で確認されているが，基壇外装は自然石乱石積などを採

用する場合も多く，概して金堂などに比して簡略なのが普通である。鎌倉時代以降に禅宗で建てられた三門は，桁行5間・梁間3間で重層入母屋造りの建物が正規のものとされたが，実際には地方寺院などで桁行3間・梁間1間のものが多く建設された。上層には釈迦如来像・観音菩薩像・五百羅漢像などが祀られ，室内に極彩色の装飾が施されることも多く，室町時代後半に回廊が造られなくなって以後のものでは左右に上層に登る階段とそれを覆う山廊が設けられる。三門の両脇からは回廊が出て，仏殿に取り付くのが基本的な伽藍配置であるが，そうしたあり方は東大寺式伽藍配置と同様といえる。現存する遺構では，15世紀初頭の京都市東福寺例が最も古く，16世紀の同市大徳寺例も中世に遡るものとして著名である。

［斎藤忠「寺院跡」『新版仏教考古学講座』2，1975］　　　　　　　　（時枝　務）

長安寺経塚　ちょうあんじきょうづか　大分県豊後高田市加礼川に所在する。経塚の位置や発見された時期が明確ではないが，長安寺の裏山にあったものと考えられている。この経塚から出土したとされる銅板法華経19枚と銅筥板4枚が伝えられている。銅板は，縦20.9cm，横18.8cm，厚さ0.3cmの大きさをもち，両面に28行の『法華経』が刻まれている。最後の1枚には裏面に『般若心経』が刻まれている。経文からみて本来37枚あったものと想定されている。銅筥板は，蓋，底板を失い，小板2枚，大板2枚である。小板には如意輪観音半跏像，十一面観音立像の毛彫，その余白及び裏面には銘文・梵字が刻まれている。大板には千手観音立像，聖観音立像及び馬頭観音立像，不空羂索観音立像の毛彫，その余白及び裏面に

は，小板と同様に銘文・梵字が刻まれている。なお長安寺はこの銅板法華経の存在などから，平安時代末期に六郷山の中核的寺院として存在したものと考えられている。銅板法華経，銅筥板（附）は重要文化財。

［小泊立矢「工芸」『大分県史』美術篇，1981］　　　　　　　　（小林昭彦）

町石　ちょうせき　石造物の一種で，丁石ともいう。道標を兼ね備えた石造物で，距離表示としての機能をもつが，単なる標識としての性格だけではない。形式としては，塔形の五輪塔，笠塔婆，板碑，卒塔婆，そして角柱，自然石などの形状のものがある。主尊の仏像や種子を刻したものがあり，距離の町の表示や主願，造立した年月日銘などを刻している。

『吾妻鏡』の文治5年(1189)の条に，白河の関から外浜まで20日あまりの行程に1町ごとに笠塔婆を建て，その笠塔婆の正面に金色の阿弥陀像の絵を描いたとあり，木製の笠塔婆が建てられたことが知られる。遺品は，鎌倉時代中期頃より残され，中世の資料は関西地方に多く認められる。鎌倉時代のものには，『中右記』天仁2年(1109)10月23日の条にある「三百町蘇屠婆」の後身と考えられるものが，和歌山県西牟婁郡中辺路町にある。滝尻王子のものは阿弥陀種子を刻した寛元3年(1245)銘の「南無阿弥陀仏／施主平□□寛元三年己未二月」と刻した笠塔婆である。また大阪府箕面市勝尾寺蔵の『勝尾寺毎年出来大小事等目録』に，「宝治元年(1247)十一月此町卒都婆立之，月輪ノ梵字者天王寺人書也，丁数ハ教念房也，其比東西坂一丁ツ，人別ニ（以下欠）」とあり，同寺に現在残る五輪塔形の町石に「種子（阿閦如来）一町　阿闍梨円□」とあるものがあり，年号は刻されていないが，

この時期の町石とされている。南北朝時代の町石には、板碑形のもので徳島県勝浦郡勝浦町鶴林寺の明徳2年(1391)の町石がある。鎌倉期のもので和歌山県伊都郡高野山に至る九度山町慈尊院からかつらぎ町天野を経て、壇上伽藍、奥の院御廟に至る約24kmに町石が建てられている。高野山西南院蔵の『寛治二年白河上皇高野御幸記』の寛治2年(1088)2月25日の条に、「路頭立卒塔波札等」と見えており、当初は木製の町石卒塔婆が建てられていたことが考えられる。町石は文永2年(1265)に発願され、天皇、公家、武家、庶民にいたる浄財を集め、文永3年から弘安8年(1285)まで建立された。町石の銘文によると一切衆生皆成仏道、出離得脱など、仏教信仰を背景に造立されていることから、標識のみの町石ではないことが理解される。

町石（高野山奥院）

[愛甲昇寛『高野山町石の研究』1973，『中世町石卒都婆の研究』1994]

（岡本桂典）

朝鮮鐘　ちょうせんしょう　韓国鐘とも呼ばれる。朝鮮半島で造られた鐘で、形状は、日本の梵鐘（和鐘）に似ているが、龍頭は和鐘と異なり、単龍であり、両前肢を備え、その頸が半環状に曲がる部分で懸垂される。龍の背面には旗挿し、または甬という円筒形飾りがつく。これは、笠形を貫通しているものが多いが、通らないものも認められる。旗挿しの高さは、10世紀頃から高くなる傾向が認められる。鐘身には和鐘のように袈裟襷は認められない。中帯はなく、上下帯には、宝相華文、唐草文などの装飾が施される。上帯の下縁に接して、凹字形の乳郭が認められる。普通一郭内に3段3列の乳を置く。この乳郭にも唐草文などが施される場合が多い。乳郭は、高麗時代後期になると上帯から分離し独立郭を形成し、李朝時代にはさらに下降する傾向が窺え、鐘身中腹部に位置するものが多く認められるようになる。この乳郭の配置には2種あり、鐘の前後左右に乳郭が認められるものと、斜め前後左右に認められるものがある。一般的には、後者の方が古い朝鮮鐘に見られる傾向である。鐘身胴部には、飛天、仏像、銘文を鋳出しているが、飛天、仏像などの装飾は、美術品的にも優秀なものが多い。銘文は、古い新羅時代のものに有銘が多く、高麗時代になると約70%が無銘鐘になる。撞座は、鐘身下部の対称的位置に2か所あるのが普通で、その文様は梵鐘同様に蓮華文である。新羅時代のものは、その蓮華文の周囲に唐草文を配するものが多い。また、高麗時代になってくると、4つの撞座をもつものが主流となり、李朝時代には大部分が

無撞座となってくる。朝鮮鐘は、蠟型鋳造により造られるためか、全体的に梵鐘と比較すると、装飾文様が繊細であり、鍍金を施したものも見られる。

日本に存在する朝鮮鐘は、朝鮮半島と交流が盛んな九州及び日本海沿岸・瀬戸内地域に多く認められる。日本現存の朝鮮鐘で、在銘最古のものは、福井県常宮神社鐘である。乳郭間に鋳出された銘文に「太和七年三月日菁州蓮池寺鐘……」とあり、太和7年は唐・文宗の代、新羅興徳王7年（833）とされる。

朝鮮鐘

［坪井良平『朝鮮鐘』1974、国立文化財研究所『韓国의梵鐘』1996］

（上野恵司）

打版　ちょうはん　禅宗寺院で用いられる梵音具の一種。厚板で作られ、玄関に懸けられ、撞木で打ち鳴らされる。形は、円板（円形）・横板（長方形）・真板（正方形）などの種類がある。名称は、はんぎ・響板・鳴板ともいわれ、また板・鈑とも書かれる。懸垂される場所により呼称が異なり、半鐘の下に懸けられるものは鐘版といわれるように、方丈板・衆・外版・内版・首座版・客版、斎堂版・昭堂版などと呼ばれる。古い遺例は、使用中破損し廃棄されたためか、ほとんど見られない。

［香取忠彦「梵音具」『新版仏教考古学講座』5，1976］　　　　（上野恵司）

長楽山廃寺　ちょうらくざんはいじ　三重県上野市西明寺字長楽山に所在。長楽山廃寺は、伊賀国分尼寺跡と考えられ、伊賀盆地北部の標高170mほどの台地上に立地する。長楽山廃寺の西約160mには伊賀国分寺跡が南面し、また北方約5kmの柘植川北岸には伊賀国庁跡が位置する。

国分尼寺の寺域は、東西約149m、南北約160mと推定され、主要伽藍の中軸線は北から東に約7度30分振れると考えられており、僧寺よりも3度ほど振れが大きくなっている。

伽藍配置は、僧寺の金堂跡芯から東約342mの地点に尼寺金堂芯を設定したものと考えられている。金堂跡は、基壇跡の礎石抜取穴から桁行5間、梁行4間の四面庇建物と考えられる。金堂跡の後方にあたる北約31mには、これも僧寺と同様に同形同大の講堂跡が認められる。金堂跡と講堂跡の基壇中央を結ぶ道状の高まりも指摘されているが明瞭ではない。

尼寺跡は、第2次大戦中飛行場などの軍事施設として使われたこともあり、一部に当時の改変が行われたと考えられるが、金堂跡及び講堂跡を取り巻く土塁状の遺構も残されており築地跡と推定され、南面は二重となっている。金堂跡芯から南約27mで東西方向に設けられ、さらにこの内側築地跡から南約39mで東西方向の築地が認められ、尼寺は南に一区画をもっていた可能性がある。

尼寺からの出土遺物は皆無であるが、その存続時期は僧寺と同じく奈良時代の8世紀後半には造営を終わり、『東大寺文書』保安3年（1122）常永名官物返抄案

にも「国分寺尼寺分百弐拾束」とあり，12世紀前半頃までは国分尼寺の機能を果たしていたものと考えられる。大正12年（1923）3月7日国史跡に指定。

[山田猛「伊賀」『新修国分寺の研究』2，1991]　　　　　　　　（駒田利治）

鎮壇具 ちんだんぐ　寺院の建設に先立って行う地鎮めの祀りに際して埋納あるいは奉納された品々。密教が流行した以前と以後に大別され，7・8世紀には銭貨や玉類，あるいは食器や供養具などが主体であるが，9世紀以降のものはもっぱら密教法具などで構成されるようになる。

密教以前の鎮壇具には陰陽道の影響が強く見られるが，塔と金堂で大きく様相が異なる。

塔の鎮壇具は，奈良県明日香村川原寺跡，五条市霊安寺跡，奈良市西大寺・元興寺・法華寺などで発見されており，いずれも水晶や瑪瑙などの玉類と和同開珎などの銭貨が主体で，銅鋺や銅鏡が知られるのは霊安寺例のみである。川原寺跡では心礎を据えるための土坑内の築土中から，無文銀銭と金銅円板が検出されており，基壇築成作業中に地鎮めの儀礼が行われたことが確認できる。霊安寺跡では，心礎の周辺から銅鋺・伯牙弾琴鏡・瑞花双鳥八花鏡・開元通宝・萬年通宝・隆平永宝が発見されているが，出土状態は不明である。西大寺では，東塔の版築によって築き上げられた築土中から和同開珎などが検出されているが，基壇築成作業の工程で少なくとも5回にわたって鎮壇が行われたことが発掘調査によって実証されている。元興寺では，瑪瑙勾玉・翡翠勾玉・ガラス丸玉・ガラス小玉・ガラス捻玉・琥珀切子玉・水晶玉・金延板・金小塊・金箔・銅小片・真珠・和同開珎・萬年通宝・神功開宝が発見されているが，

金箔が心礎を固定するための粘土中から出土したのを除いて，いずれも基壇築土中に含まれていたと考えられている。法華寺では，金板・銀板・銀金具・水晶丸玉・水晶念珠玉・和同開珎・萬年通宝・神功開宝が出土しており，出土状態は不明であるが，銅銭に粘土が付着していることから基壇築成土中に埋まっていた可能性が高いと考えられている。塔を建設するためには基礎を搗き固める作業が不可避であったが，その作業の途中で何回も銭貨や玉類を撒く儀礼が執り行われたことは，西大寺や元興寺での発掘調査結果からあきらかである。

金堂の鎮壇具は，奈良市興福寺・東大寺，宮城県仙台市陸奥国分尼寺跡で確認されているのみであるが，対象堂宇が不明な明日香村坂田寺跡の例は金堂であった可能性が考えられる。興福寺では金塊・延金・砂金・銀鋌・銭貨・玉類・水晶六角合子・水晶六角柱・琥珀六角柱・琥珀円柱・琥珀櫛形・刀剣・刀子・刀装具・銅鏡・金銅大盤・銀大盤・響銅盤・金銅鋺・銀鋺・金銅脚杯・角小杯・銀匙・銀鑷子など，東大寺では金鈿荘大刀・金銀荘大刀・銀荘大刀・刀子・挂甲・瑞花六花鏡・銀製鍍金狩猟文小壺・水晶合子・真珠・水晶玉・琥珀玉・ガラス玉・水晶・銀製鍍金蟬形鑷子・漆皮箱残片などと豊富な遺物が知られている。これらは，興福寺では中金堂須弥壇の下に穴を掘って埋納されたと見られるのに対し，東大寺では大仏の蓮華座下に安置されていたことが知られている。陸奥国分尼寺跡では，金箔を土師器甕に納め，金堂の北西部に埋納していた。坂田寺跡では，須弥壇と推測される部分の下部から，瑞雲双鸞八花鏡・心葉形水晶玉・琥珀大玉・ガラス玉・金箔・挟子・刀子・和同開珎・萬年

通宝・神功開宝・灰釉小形双耳瓶などが散乱した状態で発見され、須弥壇の設置に先立って埋納されたものと推測された。このように、金堂では宝物をまとめて埋納ないし奉納する方法が採用されており、塔のように撒く儀礼は見られない。

なお、弘仁8年(813)に藤原冬嗣によって建てられた興福寺南円堂では、基壇の築土中から和同開珎・萬年通宝・神功開宝・隆平永宝が多量に出土したが、搗き固める過程で破損や変形したものが認められるところから、塔と同様に撒いたことが推測される。平安時代の事例であるが、そのあり方は奈良時代と共通する面が強く、塔以外の建物でも塔と同様な儀礼が執り行われたことを示すものとして注目される。

平安時代以後の鎮壇具は密教の影響が濃く、天台宗と真言宗で相違点が見られるものの、密教の作法に従った地鎮めの儀礼が執り行われるようになった。天台宗では、地面に穴を掘り、その中に紙や布を敷いて、中心部に橛を立てた輪宝を置き、上から七宝・五穀・五香を散じた。真言宗では、五宝などを入れた賢瓶を五色の糸で結んで納め、壇の八方に橛の鋒に輪宝を載せた状態で立てるものとされている。このように、真言宗では賢瓶を使用するのに対して、天台宗では用いない。また、天台宗では輪宝の上に橛を差し込むのに対して、真言宗では橛の上に輪宝を載せるというように、同じような法具を使用しながら、細部において異なっていることが知られる。

天台宗の作法によって埋納されたと見られる例には、京都市仁和寺・内裏、和歌山市和歌山城跡、東京都中央区江戸城本丸跡などがあり、仁和寺と内裏が平安時代後期、和歌山城跡と江戸城本丸跡が17世紀のものである。仁和寺は真言宗寺院であるにもかかわらず、天台系の鎮壇具が埋納されていた背景には、保延元年(1135)の金堂再建に際して天台座主が導師を勤めたという事情があったことが指摘されている。江戸城本丸跡のものは、黄銅製の輪宝の上に鉄製の橛を立て、金銅・銀・水晶・黒曜石などの碁石形の七宝を伴出している。

一方、真言宗の作法に則ったと見られる例には、興福寺大御堂、滋賀県大津市石山寺多宝塔、大阪府河内長野市金剛寺多宝塔、和歌山県高野町高野山金剛峯寺徳川家康・秀忠御霊屋などがあり、興福寺大御堂・石山寺多宝塔・金剛寺多宝塔が12世紀、金剛峯寺が17世紀のものであることが知られる。興福寺大御堂や石山寺多宝塔では、須弥壇の下に方形の穴を穿ち、中央に賢瓶を置き、その八方に輪宝を載せた橛を配していた。金剛寺多宝塔は特異な例で、方形の穴の四隅に細長い石を立て、中央に扁平な台石を置き、その上に白磁骨壺・金銅瓶・梵字石を納めた須恵器壺を載せ、周囲に瓦器椀・土師器小皿・八卦石などを納入し、土で埋納した後に大きな経石で覆っていた。金剛峯寺では、賢瓶を基壇中央部に埋め、基壇の八方に輪宝などを配していたことから、地鎮の際に賢瓶、鎮壇の際に輪宝などを埋納した可能性が高いと考えられる。

［森郁夫「奈良時代の鎮壇具埋納」『研究論集』III, 1976,「古代における地鎮・鎮壇具の埋納」『古代研究』18, 1979,「古代の地鎮・鎮壇」『古代研究』28・29, 1984］

(時枝　務)

チェディ Chedi　タイ国でストゥーパやチャイティヤのことをいう。チェディは舎利塔や奉献塔のみでなく、墓塔とし

ても用いられており，必ずしも仏塔本来のあり方を示すとは限らないが，クメール系とされる塔のプラーン（Prang）とは明確に区別されている。基壇は表面が円形のものと方形のものとがあるが，いずれも伏鉢は鐘形であり，その上に相輪を載せる点で共通している。形状からスリランカの仏塔の系譜を引くと考えられ，13世紀にテラワーダ仏教（Theravāda）がスリランカから伝播した際にもたらされた可能性が高く，スコータイ（Sukhothai）遺跡群やアユタヤ（Ayutthaya）遺跡群などの仏教寺院で遺構を見ることができる。舎利をもつ場合は一般的に伏鉢のなかに納められることが多い。また，舎利の代わりにブッダの遺髪や爪を納めたと伝える例も多く，遺骨へのこだわりは見られない。レンガを積んで構築するが，表面には漆喰を塗り，さらに金箔を貼って仕上げたものが多い。

チェディ

[Matics, K. I., *Introduction to the Thai Temple*, 1992]　　　　（時枝　務）

チャイティヤ caitya　古代インドで礼拝対象を指す言葉。パーリ語では cetiya，漢訳では制多，制底，支提。「積み重ねる」を意味する動詞 ci から派生した言葉で，煉瓦を積み重ねた聖火壇という原意があったという。Aaśvalāya-gṛhya-sūtra（III-6-9）では，宇宙軸の象徴で犠牲獣を結わえた祭柱 yūpa を意味した。その他，神秘的生命力・再生力を象徴する聖樹，さらに，ヤクシャ，ラークシャサ，ナーガ，ガンダルバ，アプサラスなどの住処，精霊の棲処，神祠という意味で用いられた。火葬場，墓所及びそれらに付随した樹木をチャイティヤと呼ぶ場合もあったという。また，この言葉は，「記念する場所」などという意味でも用いられ，釈迦の誕生，成道，初転法輪，般涅槃などの地のように，聖者の生涯における重大事の場，巡礼すべき場所などの意としても用いられた。

後に，この言葉は，『リグ・ベーダ』（Ṛg Veda）の中で天と地を支える支柱・宇宙木，大宇宙の創造原理「黄金の胎」などを指す言葉ストゥーパ（stūpa）と同義語として用いられたが，初期の仏教では，特に，ストゥーパを屋内に祀った祠堂をチャイティヤ堂（caitya-gṛha）と呼んだ。

最古のチャイティヤ堂は，バイラート（Bairat）の Bījak-kī-phāḍī 丘で発掘されたアショーカ時代の円形祠堂で，楔形の煉瓦と八角形の木製の柱27本が交互に配された円形の壁で囲まれた内部の直径約8.4mのエリアの中央にストゥーパが設置され，その壁の外側2.2mの所にもう1つの円形の壁を設けて繞道を設けたもので，後代に入り口のある東側に身廊部を設けるように長方形の壁で全体を取り囲んだものだったという。屋根はなかったが，タイルで敷かれていたらしく，

ストゥーパのある内陣上がヴォールト天井，内壁と外壁の間の繞道上が勾配のある傾斜屋根であったと推察されている。石窟で同様な形態に開削されたものにジュンナール（Junnar）の Tyljā-leṇa 窟，Kondivte, Guntuplli があげられる。煉瓦積・石積・石窟などでチャイティヤ堂は造られたが，前方後円形のアプシダル形式のものが一番普及していた。半円形の後陣（apse）部分にストゥーパが祀られ，その前に長方形の身廊（nave）部分が付加された形態で，後陣と身廊との間には時として仕切壁が設けられた。また，ストゥーパと身廊を取り囲むように，壁面沿いに列柱を設けて壁と列柱とで側廊を造ったものが造られ，後陣部もタキシラ（Taxila）のダルマラージカー（Dharmarājikā）の祠堂 No.1 のように八角形をしたものもあった。

デカン高原の石窟寺院群では，このチャイティヤ堂がそれぞれの遺跡の中心的礼拝施設として発展し，紀元前 2 世紀〜2 世紀のグループではバージャー（Bhājā），アジャンター（Ajantā）の第 10 窟，ピタルコーラ（Pitalkhora），コンダネ（Kondane）などのチャイティヤ堂が最も古く，岩から削り出した半円筒天井に木製の梁が組み込まれた跡などが顕著で，石窟のチャイティヤ堂も木造の建築を真似て造られていたことが指摘されている。このグループの代表的チャイティヤ堂はカルラー（Karlā）のもの（2 世紀頃）で，列柱のある身廊部の前に柱廊玄関を設け，壁面を重層の楼閣を想わせるようなレリーフで荘厳した形式がその後のチャイティヤ堂のモデルとなっていった。アジャンターやエローラが属する 5 世紀〜7 世紀のグループでは，彫刻荘厳や窟院の構造は次第に複雑化し，チャ

イティヤ堂の身廊の前に，周囲に部屋を配した内庭を設けたものなどが造られ，さらにストゥーパの前面に仏像を安置し，壁面を仏像の浮彫で荘厳する形態が一般化し，次第に仏像が礼拝の対象となっていった。

[杉本卓洲『インド仏塔の研究』1984, Debala Mitra, *Buddhist Monuments*, Sahitya Samsad, Calcutta, 1977]
（髙橋堯英）

チャンディ Candi インドネシア，ジャワ島の石造宗教建築の総称。仏教建築のみでなく，ヒンドゥー教建築も含む。千原大五郎によれば，チャンディは祠堂形・塔形・僧房形に大別されるが，それらに属さない沐浴場などもチャンディと呼ばれている。

祠堂形は一般的な形態で，方形の平面プランの基壇上に，内部に本尊を祀る主房をもつ身舎を建て，方錐形の屋蓋を載せる。入口は一方のみにあることが多く，そこに前房が設けられ，前面の基壇に階段が設置される。仏教寺院の場合には主房に仏像が安置される。建物の周辺に装飾的なチャイティヤ（Caitya）が配されたものもある。

塔形はボロブドゥール（Borobudur）遺跡に典型的な例が見られるが，きわめて稀なものであり，その形態もインドのストゥーパとは程遠いものがある。内部は中実で，仏の遺髪や遺骨を納めていると推測されるが，埋納方法など不明な点が多い。

僧房形は，内部に複数の房室を設けるもので，類例は少なく，中部ジャワのプランバナン（Prambanan）遺跡群にあるチャンディ・サリ（Candi Sari）とチャンディ・プラオサン（Candi Plaosan）が典型的なものとして知られている。チャ

ンディ・サリは長方形の平面プランの基壇上に，平入りの身舎を建て，2層構造の装飾的な屋蓋を載せる。房室は3室あり，入口も3か所開けられているが，中央のものが広く，左右のものはいたって狭い。3室は狭い通路で結ばれ，左右の房室にはそれぞれ妻入りの入口も設置されている。3室の上部の屋蓋にはストゥーパ形の装飾がつけられている。チャンディ・プラオサンもほぼ同様の形態であるが，中央の入口に前房が設けられており，周辺には建物を取り巻くように多数のチャイティヤが3列にわたって配されている。また，チャンディの周辺には火葬墓が営まれることも多く，そこが一種の聖地と考えられていたことを知ることができる。

チャンディ・セウの修復

［千原大五郎『インドネシア社寺建築史』1975, R. Soekmono, *The Javanese Candi, Function and Meaning*, 1995］

（時枝　務）

つ

築地　ついじ　土を搗き固めて積み上げ，上に屋根をかけた土塀。築垣・築墻ともいう。寺域を区画するために用いられた。屋根は瓦葺が多いが，板葺のものもあったことが，絵画史料などによって知られ

る。壁面に約1間ごとに須柱を設置するものとしないものがある。壁面に横方向の筋を入れたものを筋壁と呼び，御所や門跡寺院に用いるとして，一段高く格付けされている。瓦を並べて入れたものを練塀といい，石灰などを混和材として使用した練土で築いたところから，その名がつけられたものと推測される。

群馬県群馬町上野国分寺跡では，長元3年(1030)の「上野国交替実録帳」に四面を築地で囲まれていたことが記載されており，築地の存在が知られていたが，発掘調査の結果，伽藍主要部の南辺を限る築地の実態があきらかになった。すでに塀そのものは完全に崩壊していたが，基礎の盛土が比較的良好な状態で残存していたことが確認され，周辺から多数の瓦が検出されたことから瓦葺であったことが推測される。石川県七尾市能登国分寺跡では，礫石を混じえた黄褐色土を積み重ねて基壇を築成し，その中央部に柱列を設けて築地の芯とし，両脇に雨落溝を掘っていたが，瓦の出土量が少ないことから屋根は板葺であった可能性が高い。宮城県多賀城市多賀城廃寺では，地面を掘り下げた上に，版築を行って積み上げて築成しており，築地の重量を考慮した工法を採用していたことが判明した。長野県上田市信濃国分寺跡では，築地の基礎に川原石を敷き詰めていたが，これも築地の重量を計算に入れた施設であると見られる。奈良県斑鳩町法隆寺には近世に整備された築地が多数現存しているが，基部を湿気から保護するために石材で覆い，排水のための側溝を設けていることが知られる。東京都台東区寛永寺では，江戸時代の築地の基礎に牡蠣灰を敷き詰めていることが確認されているが，これも防湿のための工夫であると考えられる。

［斎藤忠「寺院跡」『新版仏教考古学講座』2，1975］　　　　　　　　　（時枝　務）

通法寺跡　つうほうじあと　大阪府羽曳野市通法寺に所在する。国史跡に指定されている。長久4年(1043)，源頼信により開創されたとされる。河内源氏の菩提寺として発展するが，南北朝期には荒廃していたようである。その後，元禄13年(1700)に江戸幕府によって再興されるが，明治初年(1868)に廃寺となる。発掘調査は行われておらず，創建当時の様相はわかっていない。また，瓦をはじめとする当時の遺物についても確認されていない。現在の表面観察では，寺跡の範囲は東西約100m，南北約40mの規模で，敷地は2段に分かれており，本堂，観音堂，鎮守についてはその跡が見られ，近世期の山門や鐘楼は現在も建物が残る。本堂基壇は，東西が約15m，南北が約14.5mで，本堂そのものは，5間×4間，一辺12m四方の建物であった。本堂南側には敷石があり，向拝があったと想定される。なお，過去に宝塔文鐙(軒丸)瓦や「仁安四年」銘字(軒平)瓦が出土したと伝えられていたが，周辺地における近年の発掘調査により，これらの瓦は別地点からの出土と考えられている。

［『羽曳野市史』3，1994］　　（三好義三）

塚　つか　塚に2種類ある，と喝破した柳田國男は，人を葬る塚(高塚古墳)のほかに浅間塚，庚申塚，一里塚などの人骨が出ぬ新しい塚が多数存在することに注目した。このように「塚」といえば，一般的には円形に盛り上がった丘状の形態を指す。しかし，現在の日本考古学では，高塚古墳を「古墳墓」としているので，「塚」といえばそれ以外の「人工の土盛りによって形成された高まりの遺構」を指している。また，平安時代以降，経典を書き写し埋納した経塚も「塚」から除外しているので，年代的には古代末期から中世が上限とされている。

塚に関する研究は，明治43年(1910)に発表された柳田國男の「十三塚」(『考古界』第8篇第11号)や南方熊楠の「十三塚の事」(『考古学雑誌』第3巻第4号)を嚆矢とするが，同じ頃の柳田の見解は，埼玉県吉見の百穴を諸国の千塚と同じ信仰遺跡とするなど，考古学への偏見が根強く滲んでいる点も見過ごせない。

塚の種類としては，(1)民間信仰に基づく狐塚・定塚・庄塚・塩塚のように村境などに築いて神を祀った塚，(2)道教や仏教，そして在来の民間信仰が融合した庚申信仰に基づく供養塚や十三塚のような塚，(3)仏教思想に基づく念仏塚・入定塚(行人塚，山伏塚)のような塚，(4)山岳信仰に基づく富士塚・御嶽塚・三山塚のような塚，(5)悲劇的な死を遂げた特定の主人公の名を冠した塚や首塚のような塚，に大きく分けられる。なお十三塚の中央大塚には，しばしば悲劇的な主人公にまつわる伝説が付帯する。

多種の様態を示す塚に対する考古学者側からの本格的な研究は，大場磐雄の「歴史時代における『塚』の考古学的考察」(『末永先生古稀記念古代学論叢』1967)を嚆矢とする。昭和40年代からは，列島規模で始まった各種の大型開発行為に対して，文化財行政側からの事前調査の指導が徹底した。これまで等閑に付されていた「塚」は，大場論文の支持も得て新潟・千葉県などを起点に各地で発掘調査がされるようになった。古墳封土とは明確に異なる盛土の形成状況の復原など，考古学手法からの成果は確実にあがった。しかし，総じて塚の性格や時期などを特定できるような顕著な遺物類の発見は少

なく，個々の塚の研究が依然として容易ならざるのも現実である。

とはいうものの，塚の性格や時期が特定できる事例も確実に増えている。例えば，神奈川県横浜市金沢区富岡町堀口の修法壇遺跡（しゅほうだん）では室町期の皿形土器（かわらけ）6点が盛土下約3mの壇直上から発見されている。東京都稲城市平尾入定塚の場合は，一辺1.8m四方に川原石を敷き詰め，四隅に碑石を置き，その南面に方形壇を敷設する。川原石部分が後世攪乱され，そこから天文元年(1536)などと銘した板碑（いたび）を得，入定以前の遺構の状況や入定者や時期が解明できた。長野県木曽郡五月日（ごげつび）の大学院墳墓群は，山伏塚として現在も修験者の子孫によって供養されてきた。円形の土盛り塚と方形・円形の石囲い塚からなり，発掘によって壮年〜熟年期の男性人骨，手錫杖と法螺貝などが得られ，室町時代から江戸時代に継続したものとされた。これは民間信仰の正統性が見事に発掘成果と符合した希有な事例であるが，換言すれば「塚」解明における考古学に期待される所以でもある。

［坂詰秀一「『塚』の考古学的調査・研究」『考古学ジャーナル』274，1987，平野榮次「塚の信仰」『考古学ジャーナル』同］
　　　　　　　　　　　　　　　（村田文夫）

対馬国分寺跡　つしまこくぶんじあと　長崎県下県郡厳原町（しもあがた・いづはら）に所在する。大宝令施行後の西海道は，九国，三島と制定され，対馬は三島の一であったため対馬嶋分寺と呼ばれていた。対馬は15世紀後半の文明年間にいたって国と呼ばれるようになり，この時期に再興された国分寺が改めて国分寺と称され近世末まで継続する。嶋分寺の完成は平安時代になってからであり，「官符」などから斉衡2年(855)と

考えられている。しかし，『日本文徳天皇実録』（にほんもんとくてんのう・じつろく）の天安元年(857) 6月25日の記によると，天安元年に変が起き嶋分寺は国衙と共に灰燼に帰している。完成からわずか2年後のことであった。翌年に草堂を建て活動は継続されたらしい。『津島記事』によると，国分寺は文明年間に再建され，旧嶋分寺西北の位置に小規模な形で造営された。嶋分寺跡には中世の館が造られる。その後，再建された国分寺は館の拡張に伴い移転する。これまでの発掘調査による所見では，若干の遺物・遺構が確認されているものの，古代嶋分寺・中世国分寺を特定するには至っていない。

［永留久恵「対馬」『新修国分寺の研究』5下，1987］　　　　　（渋谷忠章）

角杖　つのづえ（かくじょう）　杖の杖頭に鹿角を刺し飾ったものである。平安時代中期の浄土教布教僧，空也上人像（くうや）（六波羅密寺蔵・鎌倉時代）が手にしている杖が角杖である。また，京都府月輪寺，滋賀県荘厳寺，愛媛県浄土寺蔵の鎌倉時代の空也上人像なども左手に角杖を持っている。『一遍上人絵伝』にも念仏僧が，角杖を持つものが描かれている。また，『七十一番職人歌合』第49番には，角杖を立て，傍らで瓢簞（つきのわ）を叩いて念仏を唱え，ものを乞うはちたたきの図にも描かれている。

角杖は，時宗の僧侶が遊行（しゅぎょう）の時に携帯した杖で巡行する時に用いたものであろう。当初角杖も錫杖と同様な用途として用いられたと考えられるが，次第に念仏遊行を擬するものとなったと思われる。

［光森正士「僧具」『新版仏教考古学講座』5，1976，鈴木規夫『供養具と僧具』日本の美術283，1989］　　（岡本桂典）

坪井良平　つぼい りょうへい　明治30(1897)〜昭和59(1984)，大阪市生。大

阪大倉商業学校卒。東京考古学会同人，文化庁文化財保護審議会専門委員などをつとめた。

日本（和鐘），朝鮮（朝鮮鐘）及び中国（支那鐘）の梵鐘を調査研究し，梵鐘の形態変遷とその歴史的背景を解明した。とくに和鐘についての悉皆的な実測調査は，梵鐘学を確立した業績として不滅である。また，木津惣墓の墓標2200余基を悉皆調査し，石造墓標の形態変遷をあきらかにし，中〜近世墓標の先駆的調査例として重要な成果をあげた。

（主要著作）『日本の梵鐘』1970，『日本古鐘銘集成』1970，『朝鮮鐘』1971，『佚亡鐘銘図鑑』1977，『歴史考古学の研究』1979，『梵鐘と古文化』1947，『梵鐘の研究』1964，『梵鐘と考古学』1989

（坂詰秀一）

釣香炉 つりこうろ　香炉に釣鐶をつけて，これを釣り下げて用いる香炉である。調度品としての釣香炉は近世には見られるが，供養具としての遺品はほとんど知られていない。鎌倉時代と思われる玄奘三蔵画像（東京国立博物館蔵）には，玄奘が背負う笈の上端から左右の把手に釣手をつけた蓮華座の方形香炉が描かれている。また，京都府高山寺蔵の明恵上人画像には，山中の老松の枝間に坐し，禅定する明恵上人の左後方の小さい枝に数珠と香炉が釣り下げられている。この香炉は3本の脚があり，縁に把手が2か所あることから，鼎形香炉と思われる。釣香炉は，山間修業の時や修業中の旅などで使用されたと考えられる。

［中野政樹「供養具」『新版仏教考古学講座』5，1976，鈴木規夫『供養具と僧具』日本の美術283，1989］　（岡本桂典）

釣燈籠 つりとうろう　形状は，台燈籠の中台より上の部分に類似する形で，脚付き

の台がある。台の上に火袋を載せ，上に笠を被せ，頂部に宝珠形あるいは釣鐶台を置き，さらに釣鐶をつけ，懸垂できるようになっている。仏前や社寺の軒先に懸けたり，邸宅にも用いられる。形としては，四角形，六角形，八角形，円形があり，異形として球形がある。材質には木製，金属製，陶製がある。木製には白木製，黒漆塗製があり，金属製には銅鋳製，銅板製，鉄鋳製，鉄板製などがある。

正倉院文書の『造石山院用度帳』に「懸燈料肱金一具在坐仏堂料」とあり，釣燈籠の歴史の初見を示すとされているが，奈良時代のものは遺例がない。平安時代には，『兵範記』仁平3年(1153)3月1日の条に「女房播磨局知足院堂供養也（中略）当仏面懸燈樓三蓋，供燈，……」とあり，懸燈樓と記され，釣燈籠形式であることが知られる。しかし，平安時代の遺例もない。

現存，最古のものと考えられるのは，京都国立博物館所蔵の元応元年（1319）銘の鉄釣燈籠である。これ以後に紀年銘

釣燈籠

のあるものが多くなる。東大寺の南北時代の鉄燈籠は, 釣燈籠の形式を示しているが, 釣鐶台がなく, 柱に取り付けられた金具の上に置くもので, 置燈籠, 懸燈籠の名称がふさわしい。

[中野政樹「供養具」『新版仏教考古学講座』5, 1976, 中野政樹編『燈火器』日本の美術177, 1981, 鈴木規夫『供養具と僧具』日本の美術283, 1989] (岡本桂典)

て

泥塔 でいとう 『仏説造塔延命功徳経』(『造塔功徳経』) によれば, 仏が7日後の死と堕地獄を予言されて恐れる波斯匿王に対し, 延命のための造塔供養をすすめ, 儀軌と功徳を説いている。この経や『無垢浄光大陀羅尼経』などに依拠して, 密教の修法の中に「泥塔供養作法」があり, こうした信仰に基づき, 平安時代以降, 泥土を型に入れて, 多数の小塔を造ることが行われた。これを泥塔という。塔形には五輪, 多宝, 三重円 (饅頭), 宝塔などの種類がある。真言僧寛信が崇徳天皇のために, 大治2年 (1127) から毎日百基, 合せて3万余基を造立し, 供養を行ったことなどが知られる。(坂輪宣敬)

泥仏 でいぶつ 素焼された土製の仏像。高さ10cm前後の小型独尊像が多い。雌型によって成型され像の前面のみ表現されたものと, 前面と背面を別型でつくり貼り合わせた丸彫状のものがある。中国では, 渤海 (698〜926年) の上京龍泉府跡に比定される東京城の寺院跡より如来坐像や菩薩立像の泥仏が出土している。いずれも雌型によって成型されたもので, 時期は8世紀から9世紀である。日本では, 三重県久覚寺跡で出土した如来坐像や, 福島県龍興寺千体観音堂跡から出土し

た観音菩薩立像など, 鎌倉時代以降に造像例が見られる。単独の地蔵菩薩や阿弥陀如来などの尊像を数多く集合させた千体仏や, 厨子の内壁や仏像の光背などに貼り付けられたものなどがある。なかには, 漆箔や彩色の痕跡が残るものがあり, また, 泥仏の背面や底部には貼り付けたり立てるための穴が施されたもの, 像を連結させるための孔が開けられたものも見られる。 (真田広幸)

鉄仏 てつぶつ 鉄仏とは鉄製鋳造の仏像のことである。「仏像」という言葉の範疇が一般的にかなり広いのと同様に, 「鉄仏」の中には鉄製の神像や狛犬像などが含まれる場合がある。金属で鋳造される際の材料としては金・銀・銅・鉄・錫が「五金」と呼ばれて代表的なものであるが, その中で鉄製のものは銅製のものについで製作例が多い。地金の成分は純鉄ではなく, 仏像などの美術品の場合は, 湯の流れ, 加工性, 鋳肌のきれいさに重点を置くため炭素や珪素の含有量が比較的高い。しかし鉄は他の金属とくに銅などと比べて融点が高く, 錆びやすい。また, 仕上げの表面加工に限界があるという美術品にとって決定的な弱点をもっている。日本の鉄仏は鎌倉時代初期から室町時代にかけての作がほとんどで, 地域的には西日本からも発見されてはいるもののそのほとんどは東日本に分布し, 全体の約90%を占めている。日本で鉄仏が製作された理由については, 宋代の鉄仏に影響を受けたという説や資源的・経済的・技術的理由から銅の代用品として鉄が使われたという説のほか, 鉄の耐久性に対する信頼も理由の1つにあげられる。戦乱の時代にあって, 身を守る鉄製の刀や甲冑は, 自ずと鉄の力を信頼させることになったというのがその論旨であるが,

実際，鉄仏製作初期のころは像の願主が
その土地の武士や豪族であることが多い。
　中国や朝鮮においては鉄仏の製作は金
銅仏よりも多い。中国は鉱山資源に恵ま
れた国ではあるが，銅に関しては使用量
に比較した産出量は少ないため，銅の代
用品として鉄が用いられたといわれる。
もう１つに，中国では各時代においてた
びたび禁銅令なるものが発せられ，銅の
使用量や輸出などが厳しく制限された
という事情がある。朝鮮における鉄仏製作
の理由も銅の産出量が少ないことにある
と思われ，高麗時代には銅を日本から輸
入しているほどである。ただし中国・朝
鮮において，現存する鉄仏の作例は少な
い。
　［佐藤昭夫・中村由信『日本の鉄仏』1980］
　　　　　　　　　　　　　　（秋田貴廣）

出羽国分寺跡　でわこくぶんじあと　山形
県酒田市の北東７kmの水田地帯に確認さ
れた平安時代の出羽国府跡に比定される
国指定史跡「城輪柵跡」政庁域東西中軸
線の東約1.2kmに堂の前遺跡が存在する。
昭和48年(1973)から52年(1977)にかけて
発掘調査が実施された。調査では幅1.2m
の溝跡が東西240m，南北265mを方形に
囲み，南辺中央部には門跡，中心部には
東西７間，南北２間の長押，肘木などを
隙間なく筏状に埋め込み，上部に土，粘
土，砂，砂利などで地業を施した基壇遺
構や，７間×４間の礎石建物跡が配置さ
れている。この筏地業と基壇をもつ遺構
が多塔を形成した遺構と推測され，周辺
の建物跡や門跡の確認から，この堂の前
遺跡が平安時代前期の『弘仁式』や，『続
日本後紀』の記事により，出羽国府跡と
並ぶ国分寺跡として推論されている。昭
和54年に筏地業を中心に小範囲が国指定
史跡として保存されている。

　［柏倉亮吉・川崎利夫「出羽」『新修国分
寺の研究』３，1991］　　　　（野尻　侃）

天蓋　てんがい　仏，菩薩，僧侶の頭上に
翳す荘厳具。サンスクリット語でチャッ
トラ（Chattra）。天に懸けられた蓋の意
を示し，懸蓋，宝蓋ともいう。元々イン
ドで貴人の上に蓋を翳し，熱暑を避けて
歩くための必需品が転じたと思われる。
わが国への仏教伝来を記す『日本書紀』
欽明天皇13年(552)の条に「幡蓋」の名が
見られることから，早い時期より存在し
たと考えられる。形式上，箱形，華形，
傘形に大別される。箱形天蓋は，方形の
主体部に寄棟造りの屋蓋を乗せたもので
頂上は平面，縁と軒廻りに吹返し板を垂
飾している。この形式は，雲岡石窟や敦
煌壁画にも見られ，わが国では現存する
最古の遺品は，法隆寺金堂釈迦三尊と阿
弥陀如来の頭上に懸けられたものである。
華形天蓋は，箱形より遅れて出現し，時
代を追うごとに蓮弁形，正円形，八葉形
などさまざまに変化した。東大寺三月堂
や中尊寺が代表的である。傘形天蓋は押
出仏，塼仏，絵画に見られ，インド古来
のより古い様式を表していると思われる。
　［石田茂作監修『新版仏教考古学講座』
５「仏具」1976］　　　　　（松原典明）

天台山　てんだいさん　中国浙江省東部天
台県にある山。８つの峰がめぐる天台山
脈の主峰。最高峰を華頂峯（1110m）と
いう。東晋時代から仏僧が住して霊山の
名があった。陳の太建７年（575），智顗
（538〜597）が入山し，山中の修善寺な
どに10年間住した。このため智顗は晋王
広（後の隋の煬帝）から賜わった智者大
師の号よりも，山名にちなんだ通称の天
台大師として知られる。彼の開いた宗旨
を天台宗という。智顗から菩薩戒を授け
られた晋王広は彼の死後，天台山中に国

清寺を建て，以後ここは中国天台宗の根本道場となった。わが国の最澄は入唐して天台山に学び，帰国後日本天台宗を開いた。なお天台山は古くから景勝の地として知られ，石，清，奇，幽といい，「石梁飛瀑」など天台八景がある。

　　　　［斎藤忠『中国天台山諸寺院の研究』1998］
　　　　　　　　　　　　　　　（坂輪宣敬）

と

幢竿支柱　どうかんしちゅう　仏前の荘厳に用いる旗（幡鉾，幟幡）を吊り下げる竿を直立させて支えるため，地上に設けた２本の柱のこと。本来，寺院の入口に置くもので，幢竿を高く立ててその頂部に龍頭，如意，宝珠などを飾り，寺院の斎日（法会）には頂部から幢を垂らして，斎のあることを周囲に知らせる役目を担っている。韓国新羅統一時代に発達した。幢竿そのものは一般に木製であったと思われ，現在失われているが，これを両側からささえる２本の支柱とそれらを受ける台座が朝鮮半島の寺院境内や廃寺に見られる。幢竿が残る特例として，韓国清州の龍頭寺跡と公州の甲寺に鉄製幢竿，羅州に鉄製幢竿がある。支柱は花崗岩製で，２本の同じ形式を成す高さ約３mの長方形の石柱が0.5～１mの間隔を空けて立つ。普通，内面２か所または３か所に幢竿を支えるための横木を通す円孔または方孔を穿っている。竿柱側にも支柱の孔と合致するよう孔を穿ち，横木を通す仕組みになっている。支柱には，縁取りのあるもの，帯状の突帯を配するもの，さらには寺院，支柱の造成年代などを刻字したものもある。頂部にも溝が施され，平坦ではなく外側に弧を描くものもある。慶州普門寺跡の例は外面上部に蓮華文を

施している。台座は，長方形，楕円形が一般的で，長方形板石を組み合わせたものもある。両端の孔に支柱が差し込まれ，側面に格狭間，蓮華文を施すものもある。台座中央には幢竿を受けるための柄穴が施され，径は30～40cmである。慶州芬皇寺，四天王寺跡など比較的古い創建の寺院の例は，簡素な形式だが，仏国寺，金山寺などの例は，側面に格狭間が施されるなどかなり整備された形式である。日本でも近年各地の寺院遺跡などで，類似の柱穴遺構が発見されている。竿柱が立っていたと見られる掘立柱跡が武蔵国分尼寺跡などから，支柱２本の跡と見られる遺構が山田寺跡，紀寺跡，巨勢寺跡などで確認されているが，日本の場合支柱も木製であったと考えられ，柱穴のみをもって韓国の幢竿支柱と同種のものとは認識しがたい。

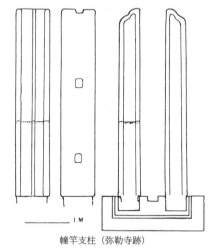

幢竿支柱（弥勒寺跡）

　　　　［斎藤忠『幢竿支柱の研究』2002］
　　　　　　　　　　　　　　　（松原典明）

東寺　とうじ　京都府京都市南区九条町にある寺院。教王護国寺の通称。国指定史跡。世界遺産。平安遷都時に西寺と同

じく，官寺として，羅城門の東に，西寺とは対称の位置に造営される。造営の始まりは，延暦16年(797)以前とされる。弘仁3年(812)頃に完成したと考えられている。弘仁14年(823)に弘法大師空海に勅賜され，以後真言密教の拠点となる。寺域は，史料に「南北二町，東西二町」との記載がある。現存の金堂や講堂，塔は創建当時のものではないが，位置は当時と変わっていない。昭和52年(1977)からの発掘調査により，方2町の寺域が検出され，規模も創建当時のままであることが確認された。また，中門や回廊，経蔵などが検出され，主要な伽藍があきらかになった。さらに，伽藍の中軸線が西寺の中軸線と平行していることもあきらかになり，これらの寺院が同じ規格のもとで，同時に造営されたことが確認された。出土遺物のうち特筆すべきものは，緑釉瓦と「左寺」銘の刻印瓦で，前者は西寺跡でも出土している。一方，所蔵の仏像や仏画，仏具には，各時代の優品が多い。特に，講堂壇上の21尊の仏像配置は，空海独自の密教世界観を表現したものとして知られ，このうちの多くの仏像が国宝に指定されている。仏画では，十二天図屏風が鎌倉時代の代表的作品であり，仏具では，文保2年(1318)銘の鋏子や密教法具である五鈷鈴（唐時代）が著名である。

［教王護国寺『教王護国寺防災施設工事・発掘調査報告書』1981］（三好義三）

塔杵 とうしょ 密教法具。両端が塔形につくられた金剛杵。塔婆杵ともいう。入唐八家の請来目録には塔杵の記録はない。最古のものは桃山時代の伝世品で，多くは江戸時代のものである。塔杵は独鈷杵，三鈷杵，五鈷杵，宝珠杵とともに揃えられ，五種杵を構成する一部となる。密教

の五部，五智などに対応させてつくられたものといわれ，五種鈴と組み合わせて密教大壇の上に配置される。大壇の上では，塔杵は中心に置かれ，独鈷杵は西，三鈷杵は北，五鈷杵は東，宝珠杵は南に安置される。

［奈良国立博物館『密教法具』1965，石田茂作監修『新版仏教考古学講座』5「仏具」1976］（山川公見子）

東城寺経塚 とうじょうじきょうづか 茨城県新治郡新治村新治所在。東城寺境内の薬師堂から西北300mほど離れた傾斜面の山林で発見された12基の埋経遺跡群である。

遺構は小石室を構築し，中央に経筒を納め，その周囲に木炭を充填し，蓋石をしてその上に盛土を行い，石垣積みをしたものと報告されているが，すべてこのように構築されたか不明である。遺物は保安3年(1122)銘経筒，天治元年(1124)銘経筒，同年銘の紙本経片，銅製経筒4個，和鏡10面，刀身片125片，銅鋳製花瓶2個，鋳銅製六器5個，燭台と考えられている銅仏器1個，存否不詳の銅小皿6枚と陶製花瓶1個がある。これらの遺物についても，どの遺構から出土したかその共伴関係についても不明である。しかし，埋経を行う際に仏具を副埋した早い時期のものであろうといえる。

［和田千吉「常陸国新治郡東城寺村經塚の研究」『考古界』4-5・6，1904］（山川公見子）

唐招提寺 とうしょうだいじ 奈良市五条町に所在する律宗総本山。南都七大寺，十五大寺の1つ。招提寺，唐寺，建初律寺ともいう。

天平宝字元年(757)11月23日，唐僧鑑真が新田部親王の旧宅の地（平城右京五条二坊西北隅四町）を賜り，同3年8月

1日「唐律招提」の名を立て，後に官額を請けて定額寺としたのが起源といわれる。

伽藍配置は，南大門，中門，金堂，講堂，食堂を一直線上に配す。現存する奈良時代の建物は，講堂，金堂，宝蔵，経蔵の4棟で国宝に指定されている。金堂は宝亀年間（770〜781）頃の造立で，奈良時代の金堂唯一の遺存例である。講堂は，平城宮東朝殿を移築したもの。経蔵，宝蔵は共に寄棟造り本瓦葺で奈良時代校倉の典型。食堂は藤原仲麻呂が施入したものといわれる。開山御影堂に安置される鑑真和上像は，脱活乾漆造り彩色の等身大坐像であり，天平宝字7年（763）鑑真の死没直前に弟子僧忍基が造ったとされる。わが国最初の肖像彫刻であり，天平彫刻の優品として国宝に指定されている。

［森郁夫『日本古代寺院造営の研究』1998］　　　　　　　　（松原典明）

燈台　とうだい　燈盞（油皿・油坏），燈械（油皿をのせる台・受・請皿），燈架（竿と台・台輪）からなっており，これに壺と燈芯切が加わる。日常の燈火器が仏前供養具となったものである。一般には丸い台に竿を立て燈架とするもので，台の形態により結燈台・切燈台，菊燈台，牛糞燈台などの名称がある。竿の長いものを高檠，短いものを短檠と呼ぶ。密教では修法壇の四隅や壇の両側に配置し，燈明を供養する。

飛鳥・奈良時代に遡るものは確認されていないが，正倉院に奈良時代燈芯切用の金銅剪子が伝世しており燈台が存在したことが知られる。平安時代後期のものとして，中尊寺大長寿院の宝相華螺鈿平塵燈台がある。平安期のものは台輪の甲盛りが低く，竿は細身で燈械は薄手である。鎌倉期以降のものは甲盛りは大きく，

竿は太く燈械も厚くなる。時代が下がるにつれ台輪の形に変化が見られ，竿にも持ち送り状のものがつくなど，装飾性が増してくる。

また，万燈会や参詣者用に考案された多燈形燈台があり，『石山寺縁起』にも車燈台が描かれており，室町時代のものとしては奈良県円成寺の黒漆輪燈台がある。愛媛県大宝寺の鉄三十三燈台は，嘉吉3年（1443）銘のもので刀工銘を刻するものである。法隆寺献納宝物に俗称眠燈台と呼ばれる鎌倉時代の反射板付燈台があり，後の短檠につながるものと思われる。また，江戸時代寛文7年（1667）の雪洞燈台が栃木県日光輪王寺にある。

［中野政樹『供養具』『新版仏教考古学講座』5，1976，中野政樹編『燈火器』日本の美術177，1981，鈴木規夫『供養具と僧具』日本の美術283，1989］（岡本桂典）

東大寺　とうだいじ　奈良市雑司町に所在する。華厳宗の総本山であり，大華厳寺，今光明四天王護国寺，総国分寺ともいう。南都七大寺，十三大寺，十五大寺の1つ。東大寺の寺号は平城京の東方にある大寺を意味する。『続日本紀』天平勝宝元年（749）12月条に，聖武天皇の発願により，盧舎那仏を造り奉らんと決心したと伝えている。その後，天平勝宝4年4月9日，盛大に盧舎那仏の開眼供養会が行われた。東大寺の創建は国費を投入したものであったため，民衆生活を圧迫し，律令制の衰退を早めた反面，天平文化の昇華ともなった。伽藍は，一直線状に南大門，中門，金堂，講堂，僧坊を配し，中門と金堂は回廊で結ばれ，塔は中門と南大門の中間東西に配置されている。これを東大寺式伽藍と称する。創建時の建物は転害門，正倉院，宝庫など数棟を残すだけであるが，元禄期再建の大仏殿は

当初より縮小されたとはいえ，木造建造物としては世界最大の規模である。

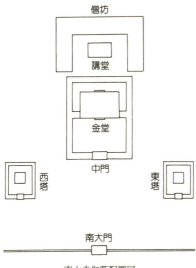

東大寺伽藍配置図

[石田茂作『東大寺と国分寺』1959，森郁夫『日本古代寺院造営の研究』1998]

（松原典明）

東大寺金堂鎮壇具　とうだいじこんどうちんだんぐ　東大寺金堂（大仏殿）から出土した鎮壇具。明治40年（1907）と翌年に大仏殿の修理工事に際して大仏の蓮華座下の3地点から発見されたもので，大仏の鋳造途中か完成後に埋納された可能性が高く，遅くとも天平勝宝4年（752）までに埋納された一括遺物と考えられる。その種類は金鈿荘大刀・金銀荘大刀・銀荘大刀・刀子・挂甲・瑞花六花鏡・銀製鍍金狩猟文小壺・水晶合子・真珠・水晶玉・琥珀玉・ガラス玉・水晶・銀製鍍金蟬形鑷子・漆皮箱残片など多岐にわたり，質的にも正倉院御物に対比できるような優品が大部分を占め，興福寺金堂鎮壇具とともに奈良時代を代表する鎮壇具であるといえる。しかし，蓮華座下に安置され

るかのような出土状態や歯骨が検出されていることなど，鎮壇具かどうか疑問を呈する説もあり，その性格については今後なお検討の余地を残している。

[奥村秀雄「国宝東大寺金堂鎮壇具について―出土地点とそれによる埋納時期の考察―」『MUSEUM』298，1976]

（時枝　務）

塔原廃寺　とうのはるはいじ　福岡県筑紫野市大字塔原にあり，脊振山塊の東北端にある天拝山の北麓に位置する。昭和14年（1939）塔跡が国の指定史跡。貝原益軒の『筑前国続風土記』塔原の項に「村の前なる圃の中に，十王堂の址あり。其所を今も十王堂と云。むかし此所に塔あり。」とある。塔原廃寺は，大正5年（1916）に中山平次郎が『考古学雑誌』に紹介したのが最初で，本格的な発掘調査は昭和40年（1965）に塔心礎とその周辺で行われた。しかし，遺構は確認されず塔心礎も後に動かされたものであることがあきらかにされた。現在残されている塔心礎は，一辺約1.8m，厚さ0.6mの方形をした花崗岩製で，中央に径0.98m，深さ0.11mのほぞ孔があり，さらにその中央には方形二段抉り込みの舎利孔がある。また，出土した瓦当文の祖型は畿内の山田寺系統に求められ，方形舎利孔をもつ塔心礎が山田寺系統の瓦を使用している寺院に多いことから，この塔原廃寺は山田寺を建立した蘇我氏との関連が指摘されている。

[福岡県教育委員会『塔原廃寺』福岡県文化財調査報告書35，1967]（渋谷忠章）

塔婆　とうば　塔婆は梵語のストゥーパ（stupa）を音写したもので，卒塔婆または略して塔という。その他，廟，方墳，塚，円塚，聚相，仏図，浮図，浮屠とも書き，高顕處，功徳聚，積聚とも訳され

ており，また塔廟ともいう。

塔婆は広い意味で塔とも捉えられているが，日本では塔婆という場合と仏塔という場合では意味が異なって使用される。前者の場合は，死者の供養のために墓地や霊場に立てられる木製の供養塔のことをいう。

塔婆は墓である。偉大な聖者の墓ということだけではなく，沙羅双樹の下で涅槃に至る仏陀の象徴と認識された。こうして涅槃に至った仏陀は，それが具体的には舎利を包蔵するストゥーパという形で，インドでは生きつづけている。仏陀の遺体を供養してから荼毘に付したが，ストゥーパに埋納された舎利は新たな種子とも認識され，それを包蔵する半円球形の覆鉢は胎（子宮），または卵と呼ばれるのもそのためである。

釈迦入滅時に，七国の王やゆかりの深い人々が遺骨の分配を要求し，戦いになる状況であったが，一婆羅門（バラモン）の仲裁で，舎利は八分割され，それぞれが自国に舎利塔を建てて供養した。仲裁した婆羅門は壺，最後にやってきた者は炭をもらい，それぞれ壺塔，炭塔を建て供養を行ったという。その後，阿育王は8万4千の塔を建てたといわれ，中国，朝鮮，日本など独自の形式の塔が造られ，また発達し，今日の卒塔婆に変化した。

ストゥーパがこのような存在として見られたことは，もともと聖樹を意味したチャイティヤという言葉との融合がおそらく基礎となり，より精神的なものに高められたからであろう。ストゥーパの基本形は，半円球形の覆鉢とその頂上に載る平頭と支柱及び傘蓋からなる。覆鉢の頂部に設けられた平頭と傘蓋の形態は，方形の玉垣で囲われた聖樹の名残と見られる。聖樹チャイティヤ信仰がストゥー

パを指すようになることからも，聖樹とストゥーパが混淆する状況がうかがえる。

古代の文献で，埋葬地に塔婆を建てる記述がある代表的なものとして，『今昔物語集』巻27の「於幡磨国印南野殺野猪語第36」があげられる。「皆葬畢ツテ，其ノ後亦鋤鑾ナド持タル下衆共員不知ズ出来テ，墓ヲ只築ニ築テ，其ノ上ニ卒都婆ヲ持来テ起ツ，程无ク皆拈畢テ後ニ多ノ人皆返ヌ」。また，『兵範記』久寿2年（1155）5月20日条に，「其穴四方立亘之，其中安御骨瓶，其上奉埋之立卒都婆，構釘貫如常」と記述されている。これらから塔婆・石塔が景観的に描かれている『餓鬼草紙』の場面が思い起こされるのである。

鎌倉時代初期の12世紀末に成立した『餓鬼草紙』には，丸く盛土した塚上に3基の角塔婆形の卒塔婆，また，周辺に人骨が散らばるところに石と思われるものを丸く積み上げた上に大型の笠塔婆を中央にして，左右に角塔婆を建て，その周囲を多数の小型卒塔婆で囲む状況が描かれている。これらの卒塔婆は頭部を黒く墨で塗っているところから，木製と考えられる。また，やや上方からの視点で描かれていることから卒塔婆は厚みを持っており，山形の頭部，2条の切り込みのある立体的な角塔婆と考えられる。

現在確認されている石塔婆で「塔婆」，「卒都婆」と刻銘されている資料の古い紀年銘のものをあげると，次の例がある。①福岡県玄海町鎮国寺弥陀像板碑「～/奉造立十二万本卒都婆/～元永二年　十一月七日建立了」（1119），②熊本市本光寺笠塔婆，「奉造立石塔婆一基/安元元季乙未十月五日壬午」（1175），③熊本県植木町円台寺跡笠塔婆，「奉造立石塔婆一基/～/建久四年歳次癸丑二月十三日日次壬子」（1193），④熊本県菊鹿町相良寺宝塔，「～正治二年

庚申二月八日八十有四人滅同二月彼岸中五重塔婆一基」(1200)

12世紀初めには卒都婆という認識があり，12世紀後半に石塔婆を造立する意識があったことが伺える。九州地方でも熊本に集中していることは注目される。

日本では，造立された仏塔を見ると過半数が石塔である。宝篋印塔では，現在最も紀年銘が古いのは鎌倉市やぐら出土の「宝治二 戊申 正月」(1248)のものである。五輪塔は，岩手県中尊寺の「仁安四年」塔(1169)，大分県中尾の「嘉応弐年」塔(1170)，「承安二年」塔(1172)，福島県岩法寺の五輪坊墓地の「治承五年」塔(1181)などがあげられる。板碑は埼玉県江南町の須賀広の「嘉禄三年」(1227)銘弥陀三尊板碑が，紀年銘の入った最古のものである。

宝篋印塔は13世紀中期以降，早期宝篋印塔が確認され，14世紀初頭の塔形の完熟期に向けて大型化し，また，各地に造立されるようになる。造立数は14世紀最終末から15世紀初頭にかけてピークを迎え，その後造立数は急減しながら塔勢は小型化し15世紀後半に至る。その後は16世紀後半から，全体的な小型石塔の増大の中で造立数を増やしている。

五輪塔は12世紀後半より確認され，初期のものには凝灰岩製の一石彫成の五輪塔もある。五輪塔は各地に見られ，14世紀初頭には大型化する。その後，15世紀初頭をピークにして爆発的に造立されるが規模は小型化する。15世紀後半に至って造立数は急減するが，その後は舟形石塔に五輪形を刻出したものなどが造立されるようになる。一石五輪塔は規模的には40～50cm（1尺5寸前後）で15世紀中頃より確認され，造立の一般化により16世紀初めには激増する。塔形を見ると，

水輪は文明年間（1469～1486）頃より押しつぶされた形状となり，永禄（1558～1569）頃より火輪の軒端が急激に反って勾配も新しくなるにつれ急傾斜となる。

板碑の造立数を見ると，13世紀では緩やかに増加し，14世紀に入ると造立は急速となる。そして1360年代にピークをむかえそれ以後は1430年代にかけて急減する。その後はまた増加の傾向を示すが16世紀当初からは減少し17世紀初頭には姿を消してしまう。13世紀，14世紀前半の板碑は，頭部山形・2条線がはっきりしており，主尊の種子もしっかり刻まれている。14世紀中頃以降は小型化し，種子・紀年銘の刻出も弱くなる傾向である。15世紀中期以降は民間信仰板碑や月待供養板碑，十三仏板碑が造立され，規模的には大型の板碑が散見される。16世紀になると中期から後期にかけて庚申待供養板碑や二十一仏板碑が確認される。

近年，低湿地遺跡の調査に伴い木製卒塔婆が出土し，笹塔婆，板塔婆，絵塔婆，角塔婆，柱状塔婆が確認される。大きさから，長さ10～50cm，幅1～5cmは笹塔婆（片木塔婆），長さ50cm（1尺6寸）以上，幅5cm以上が板塔婆に分類される。表面に尊像を描いた絵塔婆は，長さ180cm（6尺），幅18cm（6寸），厚さ約1.5cmを測るものが確認されている。塔婆は正面に五大種子，あるいは弥陀種子を書き，下に経文，法名，供養目的，施主名，年月日の順序で書くのが一般的であった。五大種子以外では阿弥陀如来の種子，「南無阿弥陀仏」，「南無妙法蓮華経」が書かれる。

塔婆には経文と法名を記すが，それぞれ意味を持つものであり，経文は法舎利を，法名は身骨舎利を表すと理解される。つまり法と身の2つの舎利塔なのである。

塔婆の頭部の形状から分類すると，まず五輪塔形の切り込みがあるものと山形に成形したものに分けられる。また，山形に成形したものには，左右からの切り込みがあるものと切り込みがないものとに分類できる。下端も地面に差し込むために尖るもの，全く尖らないもの，また，幅が狭まるものがある。

笹塔婆は，大きさからも板塔婆の小型品で，頭部は五輪形に整えたもの，山形で両端に切り込みを持つものがあり，底部は先端の尖るものと平らなものが確認される。表面は種子や真言，名号が記されており，仏教供養の形態の１つである追善供養の際に使用され墓地に設置されたと考えられる。

笹塔婆として紀年銘を確認されるものには，「建仁三年」(1203)の京都市鳥羽離宮跡の資料，「嘉禄三年」(1227)の福岡県大宰府史跡の資料，「大永四年」(1524)の山口市初瀬遺跡の資料，「享禄元年」(1528)の吹田市五反島遺跡の資料，「永禄四年」(1561)の広島県草戸千軒町遺跡の資料，「天正十一年」(1583)の松山市南斎院土居北遺跡の資料があげられる。

大宰府史跡の池から出土した五輪塔形に作られた笹塔婆の表面にはキャ，カ，ラ，バ，アの五輪種子に続いて主尊のキリークを書き，「一見卒塔婆永□三悪道／□□造□者必生安楽国」と２行にわたって造立の理由を記している。裏面は「過去嘉禄三／七日」(1227)と推読できる。福岡市井相田Ｃ遺跡の池から出土した五輪塔形に作られた塔婆の中央には４か所の木釘が打たれており，下部は幅が狭まるが先端は尖らず四角形状を呈する。表面には主尊のキリークを書き，「一念弥陀滅無量罪／現受无比　生清浄土／為右志今日亡者灵位」と『観世音菩薩往生浄土縁経』の経文から用いている。裏面は「長禄参天」(1459)と判読できる。同じく井相田Ｃ遺跡の池から出土した五輪塔形に作られた塔婆の下端部は尖っており，板の中央上部に２か所の釘跡が残る。表面には主尊のバン(大日如来)を書き，「迷故三界城悟故十方空本来／東西／□所有南北／□帰真道金禅門灵位」と『古徳之偈』の経文から記しており，最後は戒名とする。広島県草戸千軒町遺跡の溝から出土した頭部が山形に作られた塔婆はキャ，カ，ラ，バ，アの五輪種子に続いて阿弥陀三尊を書き，その下に「一見𤭖孔字五迄消滅真言得果即身成佛右意趣者午歳□□□永主忌故依頓證佛果也／乃至法界平等利益　施主／明應二年潤卯月九日敬白」と記している。一様な幅をもち，先端は四角形状で，明応２年(1493)の紀年銘から15世紀末になる。広島県三原市字丸町から出土した塔婆は上端を欠損し，下端は地面に突き立てるために尖っている。正面には「禱　右志趣者為法界衆生也／永正13年／八月廿四日／敬白」と記している。永正13年(1516)の紀年銘から16世紀初めになる。丸木材の表面を削って面を作り，墨書書きしている。遺跡の出土状況から33回忌の弔い上げに用いられる梢付（うれつき）塔婆と思われる。

東大寺三社池から出土した絵塔婆がある。古代末から中世の最終堆積層上面から確認され，銘文や尊像の状況から天正６年(1578)から天正７年にかけて興福寺の僧の追善供養のため十三仏信仰により立てられたことがわかったのである。しかも塔婆に残る釘痕や貫板との接触痕から，塔婆堂に立てられていたと推察される。その後，この絵塔婆の出土状況から人為的に池に遺棄された模様である。上

面が五輪塔形に作られ，表面にはキャ，カ，ラ，バ，アの五輪種子に続いて，2点は印相，像容から釈迦如来を描いている。他の1点は絵に描かれず梵字が認められる。下には「繪入佛景□□／興兼法印百□追一／千□」と造立趣旨が記され，百ケ日追善の仏事であったことがわかる。もう1点は不動明王が描かれており，初七日の供養である。

　これらの塔婆が出土した地点は，河，水路，池，井戸，溝，堀，土坑，河川氾濫原などであり，水に係わる場所であることが理解できる。塔婆が供養後，寺やお堂に納められたが宗教的意味ではなく，ただ時間の経過の中で整理された結果，河，水路，池，井戸，溝などに処分されたと推察されるのである。

　石田茂作は，日本における造塔の変遷を概観して，仏塔を墓標にすることは仏塔の本来の意義から遠慮すべきものとし

絵塔婆（東大寺三社池出土）

ている。仏塔は舎利を納めたところ，あるいは仏陀の教えの経典を納めたところなので，それに庶民の骨を納めることは大変な差し出がましいことと指摘している。

［石田茂作『日本佛塔の研究』1969，元興寺仏教民俗資料研究所『絵塔婆調査報告書』1975，斎木勝「石塔婆としての宝篋印塔について」『研究紀要』16，1994，杉本卓洲『インド仏塔の研究－仏塔崇拝の生成と基礎－』1984，西本安秀「木製卒塔婆の変遷と用途に関する一考察」『網干善教先生古希記念考古学論集』2001，宮治昭「ストゥーパの意味と涅槃の図像－仏教美術の起源に関連して－」『仏教芸術』122，1979］　　　（斎木　勝）

銅板経　どうばんきょう　経典を銅板に鏤刻したものを一般に銅板経と呼称している。遺例は少ないが，埋納経典の1つとして写経され作成されたものと理解されている。

　銅板経で古いものは，出土地が不明であるが永久2年(1114)銘，片面に蓮華座に坐した如来形を刻し，もう片面には『法華経』「観世音菩薩普門品」終わりの部分と紀年銘，そして勧進者などを鏤刻するものである。出土地の明確なものでは，奈良県吉野郡天川村大峯山金峯山，大分県豊後高田市加礼川長安寺，福岡県豊前市岩屋町求菩提山国玉神社の3例が知られている。他に京都府仁和寺，岩手県宝鏡寺，京都市大報恩寺の例が知られている。

　奈良県金峯山の銅板経は明治22年(1889)頃山頂蔵王堂前面の事務所工事，昭和58～61年(1983～86)の蔵王堂解体修理に伴う発掘調査で堂内から発掘されたものである。完形はなく，推定復原寸法は，縦約22.3cm，横約20cm，厚さ約1.8cm

で，表裏に『無量寿経』，『観普賢経』と『法華経』を鏤刻したもので，銅板に小孔や見返し絵が刻されたと考えられるものもある。石田茂作は銅板経は折本装にされ，経文は1巻ごとに表裏へ折り返して鏤刻され，総数は87枚と想定している。12世紀頃のものと考えられているが，火中にあった痕跡がある。

大分県長安寺の銅板経は，昭和2年（1927）に学界に知られたもので，発見の経緯は不明である。長安寺背後の六所権現社南東にある国東塔付近出土と伝えられる。経典は縦21cm，横約18cm，厚さ2.5cm内外の銅板37枚に『法華経』と『般若心経』を鏤刻したもので，銅筥内に立てて納めている。銘文から長安寺の尊智が勧進となって協力者・結縁者を得，保延7年(1141)に供養を行っているが，造営・願意は不明である。銅筥の側外面に六観音像，内面に仏・菩薩の種子を刻している。

福岡県国玉神社の銅板経は，大永7年（1527）に求菩提山山頂に近い東南にある岩盤の亀裂の1つ普賢窟から発見された。銅板は，縦約21cm，横19cm前後，厚さ2mm内外の銅板33枚の表裏に鏤刻したもので，銅筥内に立てて納めている。経典は，『法華経』と梵文の『般若心経』である。銘文から求菩提山護国寺の僧頼厳が大勧進，小勧進僧勢実，執筆僧厳尊，千慶，余太，良仁，隆鑒，隆胤5人の協力を得，康治元年(1142)に供養したことが知られる。鋳物師は義元である。造営目的や意趣などは鏤刻されていない。銘文は銅板経33枚目と銅筥の底裏，行間，小口などに関係者名を鏤刻したものがある。銅筥の側面には，大板の外面に阿弥陀三尊と釈迦・薬師の二尊，そして小板には毘沙門天と不動明王の像が刻されている。

長安寺と国玉神社の銅板経の大きさは，ほぼ同形で，いずれも罫線を引き，さらに1線で上下2段に分けている。長安寺は，1面28行，国玉神社は31行，各段17字詰である。しかし，上下横線を無視して刻されており，実際は34字詰となる。金峯山のものは，罫線はなく，1面20行で1行34字詰である。

銅板経と考えられるのが文献史料にも散見される。『東大寺要録』巻第四諸院章第四の同寺南阿弥陀堂に「銅梵字心経一枚」と見えており，銅板に梵字心経を刻したものであろう。時期は「見永観二年分付帳」という注記があることから，永観2年(984)以前とされる。また，『醍醐寺新要録』巻三上伽藍部円光院篇に，「本願御骨石櫃事」として石櫃に納められていた三角五輪塔の水輪に薄い銅板に真言を書いたものが納められていたと記されている。

銅板に写経したものは，10世紀にすでに見られ，堂内に安置されたものがある。11世紀以降には，副葬品や鎮壇などに用いられ，12世紀には埋納や窟内への納置などに用いられた。18世紀には石塔に納めた例などがある。銅板に写経するものは使用範囲が広い。銅板経は埋経行為のなかでとらえるより，広い視野で検討を要するものである。

［石田茂作「我国発見の銅板経に就いて」『仏教考古学論攷』3，1977，三宅敏之「銅板経雑攷」『古代世界の諸相』1993］
（岡本桂典）

塔鈴 とうれい　密教法具。金剛鈴の1つ。鈴の柄の部分が塔杵の形につくられた振鈴。卒都婆鈴とも呼ばれる。入唐八家のなかでは円行と恵運の2師が請来するが，平安後期以降のものしか現存しな

い。出土例としては大治5年(1130)埋納と考えられている那智経塚の大壇具に使用されたものがあげられる。柄の頂上につける塔の形式は宝塔をかたどるものが多いが，五輪塔(埼玉県慈光寺)や宝瓶形(静岡県尊永寺)などもある。塔鈴も密教の修法の際に用いる振鈴の1つであるが，これらの塔内に実際に舎利を納めるように細工されたものがある。

［奈良国立博物館『密教法具』1965，石田茂作監修『新版仏教考古学講座』5「仏具」1976］ （山川公見子）

遠江国分寺跡 とおとおみこくぶんじあと
静岡県磐田市の中心市街地内に所在する。昭和26年(1951)に市の都市計画策定をきっかけに石田茂作・斎藤忠らにより発掘調査が実施された。国分寺跡に対する本格的発掘調査の初例であり，石田によって以前から想定されていた伽藍の配置基準となる地割法が発掘調査によって実証的に確認された。昭和27年特別史跡指定。その後，指定地周辺部の発掘調査が磐田市教育委員会によって継続的に行われ，平成12年(2000)度で131次に及んでいる。

伽藍配置は，南大門・中門・金堂・講堂を中軸線上に配置し，中門から延びる回廊が金堂に接して広場を形成し，一塔が回廊の外に配置されている。寺域は，石田によって100間(600尺)四方が想定されていたが，近年の調査によって北側へ243尺広がることが溝や建物跡の存在から確かめられた。さらに西側には伽藍中軸線に平行する溝が確認され，また，北隣の国分尼寺との中軸線の共有も推定され，東隣には，府八幡宮が鎮座する。

［石田茂作『遠江国分寺の研究』1962，「遠江」『新修国分寺の研究』2，1991，磐田市史編さん委員会『磐田市史』1993］ （金子浩之）

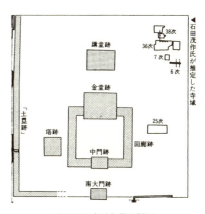

遠江国分寺跡伽藍配置図

戸隠山 とがくしさん　戸隠山は長野県上水内郡戸隠村にある標高1,904mの山で，北端の乙妻山から高妻山，五地蔵山，九頭龍山，戸隠山，本院岳，西岳を経て南端の一夜山に連なる戸隠連峰の中央部に位置する。高妻山の小峰には，「一不動」から始まり，二釈迦，三文殊，四普賢，五地蔵，六弥勒，七観音，八薬師，九勢至，十阿弥陀と名付けられている。戸隠連峰は，北から裏山・表山・西岳の3つの山塊で構成されており，戸隠山がある表山は約10kmにわたり東南面の戸隠高原に向かって断崖絶壁をなす。岩肌が峨々としたその山容から，信仰の山として全国的に著名である。

長禄2年(1458)に成立した『戸隠山顕光寺流記』には，戸隠連峰全体が信仰の対象であったことが記されている。信仰の起源は，戸隠連峰を9つの頭をもつ龍に見立て「九頭龍神」として崇拝したのが始まりのようである。天台密教を集大成した『阿娑縛抄』所収の「戸隠寺縁起」によると，嘉祥2年(849)頃から山岳信仰の対象となり，修験道の霊地として成立し，山を「戸隠寺」と呼んだようである。後白河法皇が編纂した『梁塵秘抄』

でも全国7か所の霊験所の1つとして紹介されている。現在，山腹には多数の岩窟があり，戸隠三十三霊窟として修験道の形跡を残している。戸隠山麓には奥社・中社・宝光社からなる戸隠神社が鎮座する。戸隠神社は，文治2年（1186）に「顕光寺」として比叡山延暦寺の荘園になっている（『吾妻鏡』）。

昭和38〜40年の戸隠総合学術調査の際

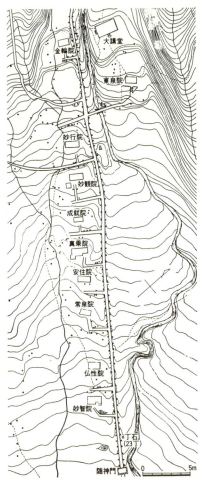

戸隠神社奥社遺跡の院坊配置図

に戸隠神社奥社遺跡の本格的な考古学的調査が行われ，講堂屋敷跡の礎石群，一直線にのびる参道に並行して配置する旧院房屋敷跡が確認された。さらに，戸隠三十三か所の霊場のなかで最も顕著な西窟では，銅製花瓶・銅製六器・懸仏・懸仏仏手・鏡板・金銅製仏像・寛永通宝のほか青磁花瓶・青磁香炉・土師質小皿・山茶碗などが散乱した状態で発見された。この調査で，戸隠が平安後期頃から中世・近世にかけて継続的に使用されていたことが考古資料で証明され，修験霊場の考古学的調査として学史的に重要な意義をもっている。

［信濃毎日新聞社『戸隠−総合学術調査報告』1971，戸隠神社『戸隠信仰の歴史』1997］　　　　　　　　　（河西克造）

頭巾　ときん　修験者が入峰修行に際して頭部に被る帽子。兜巾・頭襟とも書く。修験十二道具の1つ。木製のものと布製のものがあり，近年はプラスチック製のものも出現した。一般的な形式は，12の襞をもった宝珠形を呈するもので，布を下地に黒漆で固めて製作したものが多い。木製のものはこれを簡略化したもので，襞が明確でないものが多いが，量産が可能なことと，強度が勝る点に特色がある。プラスチック製のものに至っては襞の痕跡はまったく見られない。いずれも縁に孔を穿ち，紐をつけて，着装できるようになっている。頭部前面に被るのが仕来たりである。そのほか，1尺8寸の黒い帯布を巻く小頭巾，5尺ないし8尺の黒い帯布を巻いて結ぶ長頭巾，長3尺・幅1尺8寸の方形の布を折って作る折頭巾など，1枚の布を上手に使って着けるものが見られる。修験道の教義では，大日如来の五智の宝冠などにたとえられ，それを被れば大日如来の教令輪身である不

動明王と一体化できると説かれる。古い遺物は知られていない。

[宮家準『修験道思想の研究』1985]

（時枝　務）

土佐国分寺跡　とさこくぶんじあと　高知県南国市を流れる国分川の右岸に位置する南国市国分にある国分僧寺跡である。現在は、摩尼山宝蔵院と号し、真言宗智山派、本尊は室町時代の千手観音立像で四国霊場第29番札所国分寺でもある。大正11年(1922)に寺域一帯が国の史跡に指定された。現在の本堂は長宗我部元親による再建で国の重要文化財である。書院南側庭園内に庭石として転用された塔心礎が置かれている。昭和52〜54・60・62・63年・平成2〜5年(1977〜79・85・87・88・90〜93)に発掘調査されている。

現在の国分寺の寺域には、土塁が廻らされている。仁王門西の土塁の調査では、その下から土塁状の段状地形と溝跡が確認されている。また、現在残る東側土塁は、寺域の東限を示すものであると考えられる。さらに西限が確認されており、寺域は東西、南北500尺と推定されている。現在の国分寺本堂の位置に、金堂基壇跡の一部が確認され、創建当時の金堂が位置していることがあきらかになっている。現本堂の北には、僧房跡と推定される掘立柱建物跡が確認されている。現鐘楼に隣接して、3間×6間の東西方向の建物跡の一角が確認されている。平安時代前期の梵鐘も伝世されている。創建期の建物は、平安時代後半に火災にあったと推定されている。塔跡は、現在の歴代住職墓地が塔跡として推定されている。なお、伽藍配置は中門・金堂・講堂が一直線に並ぶ伽藍配置と推定されている。

[岡本健児「土佐」『新修国分寺の研究』5上、1987、南国市教育委員会『土佐国分寺跡―第1〜3次発掘調査概報―』1988・1989・1991、山本哲也「土佐国分寺跡の再検討」『海南史学』32，1944]

（岡本桂典）

利仁神社経塚　としひとじんじゃきょうづか　埼玉県東松山市下野本に所在する鎌倉時代の経塚。都幾川右岸の台地上に位置し、野本将軍塚古墳の墳頂部に築かれる。明治34年(1901)の造成工事時に利仁神社境内から出土した。遺物の出土状況から6基以上の経塚が営まれていたものと推定される。この経塚群からの出土遺物には、鋳銅製経筒1個、銅板製経筒1個、陶製経筒4個のほか白磁製合子4個、銅製鏡4面などがある。このうち鋳銅製経筒に建久7年(1196)銘が鋳出され、また勧進聖誉義大徳、檀越に応順大徳、施主橘氏により造営されたものである旨が鋳出される。2面の銅鏡に刻銘と墨書により銘文が認められる。そのうちの1面「松喰鶴鏡」には、鏡面に「藤原氏　建久7年2月　日」と刻銘され、墨書で願文が記される。もう1面「草花双鳥鏡」には、刻銘で「源新次郎」による願文が記される。

経塚の築かれた利仁神社は無量寿寺の鎮守といわれ、藤原利仁を祭神とする。無量寿寺は、鎌倉時代に造像された木造阿弥陀如来坐像を持つ古刹で、現在は境内を中心に野本氏館跡の伝承を持つ。野本氏は、利仁流藤原氏の一流と伝えられる一族で、無量寿寺の建立に関係していたものと推定される。このことから経塚出土銅鏡の銘文中に現れる藤原氏銘は野本氏の一族を指していたとも考えられ、当経塚群も無量寿寺と関連を持つ経塚であったと推定される。出土遺物は、東京国立博物館が所蔵する。

[関秀夫『経塚―関東とその周辺』1988]

（野沢　均）

栃本廃寺　とちもとはいじ　鳥取県岩美郡国府町栃本に所在する古代の寺院跡。千代川の支流，袋川上流部の狭小な谷部に位置する。東福寺と称したと伝えられ，２基の塔心礎が残る。国指定史跡。平成10年(1998)と翌11年度に発掘調査が実施され，実態が解明されつつある。伽藍配置は地形のためか変則的。塔（南）の北側に中軸線を揃えて金堂が建ち，金堂の北側に講堂が配されているが，講堂の軸線は西に約11mずれる。なお，金堂の東側に２基目の塔が基壇南端を揃えて建てられている。南・東塔の基壇構造は明確ではないが，金堂・講堂基壇は乱石積である。南・東両塔の心礎はほぼ同規模で，中央部に二重の円孔が穿たれていた。遺物には瓦類がなく，７世紀末から９世紀代の土器が出土する。したがって，当寺院の建物は瓦葺ではなかったと考えられるが，当地方が多雪地帯である気象条件が影響しているのであろう。

［国府町教育委員会『史跡栃本廃寺塔跡現地説明会資料』1999］　（真田広幸）

独鈷杵　とっこしょ　密教法具。金剛杵の１つ。把の両端に各１つの鈷をつけた金剛杵である。把部の中央に四面の鬼目をつけ，その両側に２条あるいは３条の突帯があり，八葉の蓮弁帯を飾る鬼目独鈷杵が一般的な形式である。これに対して鬼目のかわりに鬼面を表したものが鬼面独鈷杵である。鈷部の断面は通常は４面であるが，６面のものもある。時代による形式変化は，古いものは鬼目が縦長で極端に大きく，鈷の部分が鋭利である。平安時代後期になると和風化しているが鬼目はまだ大きくつくられており，俵形や花形のものもでてくる。鈷の断面が匙面取りをした正方形で，鈷の部分が把部より長い。鎌倉時代以降は重厚で豪快な形式となるが，鬼目はいくぶん小形となり断面が方形となり，鈷部より把部の方が長くなる。南北朝時代は各部の表現が弱くなる。室町時代は急激に貧弱となり，鈷先も鈍重なものが多くなる。江戸時代以降は細部の装飾で技巧を凝らしたものが多くなる。材質は室町時代までは金銅製が普通だが，桃山時代以降は真鍮製のものが多くなる。

独鈷杵

［奈良国立博物館『密教法具』1965，石田茂作監修『新版仏教考古学講座』5「仏具」1976］　（山川公見子）

独鈷鈴　とっこれい　密教法具。密教で用いる振鈴。鈴の柄の部分を独鈷形につくった金剛鈴である。形式変化は，平安時代は鈴身が裾開きで，肩部に伏せた蓮弁は素弁式で，鈴の側面の上下にめぐる紐帯は細く轆轤による彫り込み線のようなものが多く用いられ，下端の駒の爪部も細くつくられる。鈴身と杵の部分を合わせて一鋳である。鎌倉時代は鈴身の肩がいかつく張り気味となり，肩上の蓮弁が単弁式や筋蓮弁式となり，鈴身の側面の上下にめぐる紐飾りも突出し，珠文帯などが好まれる。鈴身の下方で急に裾開きとなり，駒の爪も厚手になる。鈴そのものが厚くなるが，杵と鈴は別鋳でつくり組合わせる。鎌倉時代後期は鈴身を白銅質に近い硬質のものとした例も多くなる。室町時代は鎌倉時代の形式を受け継ぐが，全体的に貧弱となる。杵部の形式は金剛杵の変化と同じである。独鈷鈴は，中国唐時代のものと認められる遺物もある。

［奈良国立博物館『密教法具』1965，石田茂作監修『新版仏教考古学講座』5「仏具」1976］ （山川公見子）

土塔 どとう 土を積み上げて造った塔であり，形式的には重層塔を想定したもので，日本独特の仏塔形式とすることができる。奈良県高畑町に所在する「頭塔」はこの形式で，神護景雲元年（767），東大寺の僧実忠が建立したとされ，玄昉僧正の頭を埋めたという言い伝えから「頭塔」と呼ばれていた。頭塔は数回の調査により，規模は一辺約32m，高さ1.5mの正方形の基壇に階段状に土を7段に分けて積み上げたもので，高さは10mまで達する。その中心には長大な心柱が据えられていたと考えられる。

7段にわたって積み上げた壁と床は，岩を組みあるいは敷きつめる。奇数段の壁は直立し，部分的に内側に窪めて石仏を埋置する。石仏は各面の1段目は5体，3段目は3体，5段目は2体，7段目は1体という順序で配置され，全体で44体あったことになるが現在25体が確認されている。

各部分を見ると，桁，隅木，垂木で屋根を架け瓦を葺く。1段から6段上面の石敷は下り勾配で，各隅に向かって反り上がり屋根勾配に敷かれている。これらの状況より7重の塔が復元された。大阪府堺市の大野寺土塔は，神亀4年（727），行基が建立した。東西に延びる丘陵を利用して造られ，規模は一辺53.1m，高さ8.2mの方錘形を呈している。約800点の人名文字瓦が出土しているところから，行基の活動を支えた知識集団が寄進したものと推測される。

［巽淳一郎「頭塔の構造とその源流」『季刊考古学』34，1991］ （斎木 勝）

巴文 ともえもん 蛙のおたまじゃくしのように頭部が太く尾部が細まり曲線をなす形態の文様。一つ巴，二つ巴，三つ巴などがあり，さらに右巻き，左巻きの2種に大別することができる。元々は弓道に用いる鞆の形態的特徴が図案化され，「鞆絵」の字があてられたものであるが，巴の字形に似ていることから「巴」と称されるようになった。平安時代に流行した文様で，橋梁などの建造物の文様意匠や太鼓の装飾文様などさまざまな器物の文様に広く用いられた。考古資料では鐙（軒丸）瓦の瓦当文様，中世陶器の押印文，漆器の椀・皿類のスタンプ文などに見受けられる。

［沼田頼輔『日本紋章学』1925］

奈良県頭塔復原図

（小林康幸）

銅鑼　どら　梵音具の一種。形状は、鉦鼓と類似するが、製作技法が異なる。鉦鼓は、鋳造製で表面に帯状の突起をつけるが、銅鑼の表面は素文であり、鋳造した薄型の器を、音響を良くするため、鍛造を加え造られる。素材は、「砂張」と呼ばれる銅と錫の合金であるが、合金中銅鑼は、最も配合が難しいといわれる。銅鑼は、中央部に認められる「へそ」と呼ばれる突起の有無で二分される。和音を出すものには、へそが無く、へそを有するものは、澄んだ統一感のある音を響かせるといわれる。その使用法は、紐で懸垂され、槌で打ち鳴らされる。大きさからは二分でき、直径約30cm以上の大形のものを大鑼、直径約18cmの小さいものを小鑼という。大鑼は器物に懸垂し、小鑼は左手でこれを下げて打ち鳴らされる。発祥は、古代のジャワやスマトラなど、南方民族の楽器といわれ、中国では最初は戦陣の際の合図や覇気を高めるために用いられたが、魏の宣武帝以後、強大な噪音を好む風潮が起こり、次第に広く会奏などに用いられ、宗教儀式にも使用されるようになったといわれる。日本では主として、禅宗寺院で使用されるが、近世になると茶会の合図にも多く使われるようになる。鐃が転化したともいわれ、現在も禅宗以外では鐃という場合が多い。鎌倉時代から見られるが、優品は中国製が主である。滋賀県百済寺には「奉施入彦根寺僧義光」「建長八年（1256）丙辰八月□日」の刻銘がある重要文化財の銅鑼（径27.7cm、高さ4.8cm、厚さ0.6cm）が、東京国立博物館の法隆寺献納奉物中には、室町時代と推定される重要文化財の銅鑼（径35.0cm、高さ5.4cm、厚さ0.4cm）がある。

［岡本文雄『銅鑼』1995］　（上野恵司）

敦煌石窟　とんこうせっくつ　中国甘粛省敦煌市の東南18kmに位置する仏教石窟。大泉河に沿って鳴沙山の崖壁に南北1.6kmにわたって開かれ、大小492の窟がある。古く千仏洞と呼ばれたが、現在は敦煌莫高窟という。敦煌石窟は、敦煌莫高窟の略称であるが、また付近の2石窟（西千仏洞、楡林窟）をも含めていうことがある。

敦煌は漢の武帝のときにその名が見られ、古くから東西交渉路の重要な町であったが、石窟の開鑿年代ははっきりしない。窟内にあった唐代の修理碑の銘文による前秦建元2年（366）説などがあるが、現存する最古の窟は北涼時代（397〜439）のものとされる。以後、北魏、西魏、北周、隋、唐と窟の造営が続き、元代にいたっている。

敦煌石窟は石質が礫岩でもろく、浮彫に適さないので、雲岡、竜門石窟などと違って像は塑像である。壁画も塑像も彩色がよく残り、完成度が高い。他の石窟に比べて多くの壁画（絵画）が保存されていることは、敦煌石窟の1つの特色である。壁画の内容はほとんどが仏教的題材で特に変相図が注目される。北涼時代から元時代までの長い年月にわたる造営であるため、それぞれの時代の美術と仏教の変遷を比較研究する上で重要である。

清光緒26年（1900）には窟内の第17窟から、数万点にのぼる古典籍類が発見された。発見者は当時石窟に住んでいた王円籙という道士である。蔵経洞とよばれる第17窟は、11世紀頃に封印されたらしく、発見された古典籍類はすべてそれ以前のものである。この東洋文化の貴重史料は王道士を介してスタイン、ペリオらによって外国にも流出し、現在北京国立

図書館，大英図書館，パリ国立図書館，ギメ博物館，エルミタージュ美術館などに分置され，研究が行われている。これら出土古典籍類を敦煌文書という。

敦煌（莫高窟－〝工人窟〞）

［平凡社・文物出版社『敦煌石窟』1～5，1980～82，文化学園・文化出版局『敦煌石窟』1～10，2001～02］(坂輪宣敬)

トゥムシュク Tumshuk 新疆ウイグル自治区西域北道のマラルバシとアクスの間に位置し，1906年ペリオ(P. Pelliot)によりトゥクズ・サライ寺跡，1913年ル・コックによりトゥムシュク・ターグ山上寺跡の仏教遺跡が発掘された。トゥクズ・サライ寺跡は，仏塔，祠堂などの跡があり，発見された塑像群はガンダーラ様式や西域様式を示すもので，早いもので4世紀後半と推定されている。トゥムシュク・ターグ山上寺跡はマラルバシとアクス間の古道を挟んでトゥグズ・サライ寺跡の南にあり，東西の崖に寺院跡が残っている。トゥムシュクは1929年黄文弼によっても調査されているが，ペリオやル・コックにより多くの塑像などが将来されており，グプタ様式やガンダーラ様式などとの比較研究が成されている。

［*Buried Treasures of Chinese Turkestan*, 1928, Reissued in Oxford Paper backs, 1988（ル・コックの報告書の英訳）］　　　　　　　　　（則武海源）

ドンヅオン遺跡 Dong-duong ベトナム中部の代表的な仏教寺院遺跡。クァンナム・ダナン省タンビン県ビンディン村に所在する。伽藍は東西1300mを測る大規模なもので，仏域と僧域に大きく区分され，その中間に矩形房を配している。仏域は長方形の平面プランで，東側に楼門を設け，周壁によって外界から遮断された内部に主祠堂・副祠堂・碑文庫・聖水庫・宝物庫などを配し，楼門の外側に2基のストゥーパを営む。僧域はやはり長方形プランを呈し，東西に楼門を配し，周壁内に釈迦像を祀る巨大な祠堂を置く。祠堂は柱を用いた建築で，四面に庇を巡らしていたことが知られ，木造の上屋を架し，瓦を葺いていた可能性が高い。碑文によれば，ドンヅオン遺跡は875年にチャンパ(Champa)王国のインドラヴァルマン(Indravarman)王によって，観音菩薩などを祀るために創建された寺院である。ここでは，仏教とヒンドゥー教が同居しており，チャンパ王国における仏教寺院の特異性がうかがえる。なお，遺跡はベトナム戦争の際に米軍の空爆を受け，大部分が破壊されたが，仏像などの彫刻の多くはダナンのチャム彫刻博物館に展示されていたため現存している。

［重枝豊ほか『チャンパ王国の遺跡』1994，SỰ THẬT & HUYẾN, *THOAI THẬP CỔ CHẦM PA*, 1995］

（時枝　務）

な

内藤政恒 ないとう　まさつね　明治40(1907)～昭和45(1970)，宮崎県生。東北帝国大学文学部法文学部国史科卒。宮内庁，玉川大学教授を経て東京薬科大学教授，日本歴史考古学会会長，文化庁文化財専門審議会臨時専門委員をつとめた。

日本歴史考古学会を創設し，その機関誌『歴史考古』を主宰する。城柵跡・寺院跡・瓦窯跡などの発掘調査にあたり，とくに，瓦，陶硯の研究を推進し，古硯の先駆的研究を果たした。

（主要著作）『本邦古硯考』1944，『古瓦』共著，1968，『宮城県利府村春日瓦焼場大澤瓦窯址研究調査報告』1939，『川崎市菅寺尾台瓦塚廃堂址調査報告』1954，『内藤政恒集』日本考古学選集25，1973　（追悼）「内藤政恒先生」『歴史考古』19・20，1971　　　　　　　　　　（坂詰秀一）

長門国分寺跡　ながとこくぶんじあと　山口県下関市長府町字田中にあり，長門国府跡の北西隅に位置する。中世には大内氏累代の祈願所となり，毛利氏もこれを踏襲し寺領田20町7段10歩となり寺域も広がりを見せた。しかし，宝永頃には衰退し，明治23年(1890)には南部町への移転に伴い廃寺となり荒廃した。下関市教育委員会は，昭和52～56年(1977～81)にかけて国府と周辺施設の解明と保存を目的に発掘調査を実施した。調査の結果，平安時代前期とされる基壇の整地行跡や敷石列が確認されている。回廊跡は確認されていないが，関係する溝状遺構と根固めの跡と推測される遺構が確認されている。創建当初の瓦は，八葉複弁蓮華文鐙(軒丸)瓦，均整唐草文字(軒平)瓦の大宰府系の瓦である。礎石は，南部町へ移転されたものや転用されたものがあり，国分寺跡には原位置を移動した礎石1個のみが残る。長門国分尼寺跡は長府町字下安養寺と推定されている。

［下関市教育委員会『長門国分寺―長門国府周辺遺跡発掘調査報告Ⅴ―』1982，水島稔夫「長門」『新修国分寺の研究』7，1997］　　　　　　　（岡本桂典）

中之庄経塚　なかのしょうきょうづか　奈良県奈良市中之庄町に所在する。大正2年(1913)3月20日発見。承応4年（1655），花月妙香禅定尼が造営した『法華経』の埋経遺跡である。被蓋式盛蓋を載せる銅板製の六角形経筒(総高18.8cm)を出す。筒身に西国36か国の回国納経を成就させた旨を記す12行の銘文を刻す。江戸時代初期の在銘経筒は類例が少なく貴重である。紙本木版妙法蓮華経1巻のほか，納経請取書36・結縁一族連名願文1・陶壺1を伴出している。納経受領書は，銘文の回国納経の証左となるものであるとともに，当時の回国納経経路及び納経地や旅程を知る上でも貴重である。また，施主の依頼を受けた者として下野国半田村住の元秀坊の名も見え，回国聖の広範な活動を示す好例といえよう。東京国立博物館保管。

［蔵田蔵「経塚論(7)」『MUSEUM』174，1965］　　　　　　　　　　（唐澤至朗）

那智経塚　なちきょうづか　和歌山県東牟婁郡那智勝浦町の東北部，那智川上流の烏帽子山，光ヶ峯，妙法山に囲まれた山地の那智山に営まれた遺跡である。那智山には，那智大滝（飛滝権現・お滝ともいう）をはじめ多くの滝がある。経塚は，熊野那智大社飛滝権現の参道入口付近を中心に12世紀から16世紀，そして江戸時代にかけて営まれた経塚群である。これらを総称して那智経塚と呼称している。遺跡には一部修法遺跡も混在している。

お滝参道入口付近における主要な遺物の発見は，大正7年(1918)に3回，昭和5年(1930)に2回である。経筒や奈良時代の仏像，平安時代の三昧耶形，大壇具など特殊な仏教遺物なども出土した。その後，昭和42・43年(1967・68)に3次にわたる調査を熊野那智大社が主体となり行った。遺構は，経塚と修法遺構が確認

され，経塚は巨石に営まれた経塚，方形基壇上に造られた経塚とに大別される。飛滝権現参道の発掘調査では，ご神体であるお滝が良く見える地が那智における経典の埋納場所として重要な意味をもつことが明確にされた。那智経塚で発見された経筒は，200口を越えるものと推定され，紀年銘のあるものでは，個人蔵の仁平3年(1153)が最も古く，保元元年(1156)銘，建久3年(1192)がそれに次ぐ経筒である。享禄3年(1530)銘が新しい経筒で，六十六部聖の奉納した経筒である。

この地域は，平安時代から長期にわたり埋経が行われてきた霊地で，お滝を中心とする那智山信仰では，埋経行為が重要視されていたと考えられる。経筒のほかに渥美産などの外容器，碗や小壺・合子などの陶磁器類，銅鏡，利器，銭貨，銅像の仏像類，懸仏，金剛界三十七尊像，金剛界三十七尊三昧耶形，塔，仏具など多数の仏教関係資料が出土している。なお，明暦2年(1656)の『那智山瀧本金経門縁起写』(奥書大治5年)には，大治5年(1130)ころに行誉が当地で埋経供養を営んだことを伝えているが，銅製三昧耶形はこれらの供養に伴うものと考えられている。出土遺物は，東京国立博物館，熊野那智大社，那智山青岸渡寺などに所蔵されている。

［石田茂作『那智発掘仏教遺物の研究』帝室博物館学報5，1927，東京国立博物館編『那智経塚遺宝』1985］

（岡本桂典）

鍋山磨崖仏 なべやままがいぶつ 大分県豊後高田市大字上野に所在し，桂川上流の切り立った鍋山の中腹崖面にある。昭和30年(1955)熊野磨崖仏の附として国の指定史跡。像高2.3mの不動明王立像を中心とし，左右に像高1.2mの矜羯羅童子と制咤迦童子の2童子立像が刻出されている。中尊の不動は丸顔に天地眼を表し，髪は巻髪をまとめた弁髪を左肩に垂らす。体部は上半身に上帛，下半身に裳を着け，太い両腕は肘を強く張り，右手に剣，左手に索を執る。矜羯羅童子は不動に寄り添うように立ってこれを鑽仰し，制咤迦童子は左手を右上の上腕にそえ，右脚をゆるめて立つ。熊野磨崖仏と同様に県北の磨崖仏としてはかなり厚肉彫りされているが，風化のため細部の表現が不明瞭である。厚肉の均整のとれた像容は，古式の様相を示しているが，鎌倉時代の作と推定されている。建武4年(1337)『六郷山本中末寺次第并四至等注文案』に記されている「稲積不動堂」，「稲積岩屋」がこの磨崖仏に推定されている。

［渡辺文雄「大分の磨崖仏」『石造文化財の保存対策のための概要調査』大分県立宇佐風土記の丘歴史民俗資料館調査報告書18，1996］ （渋谷忠章）

奈良原山経塚 ならばらやまきょうづか 愛媛県の高縄半島中央部，越智郡玉川町木地にある標高1,042mの奈良原山(楢原山ともいう)山頂に営まれた経塚であり，経塚に接して奈良原神社がある。昭和9年(1934)8月，雨乞いのための清掃中に境内の封土東側に建てられた建徳2年(1371)銘宝塔近くで，銅製宝塔の九輪の頭部などが発見され発掘調査された。

経塚は，高さ1.5m，径7.5mの円形の封土をもち，葺石が用いられていた。発見時の記録によると，経塚は1つの封土中に2基(A・B)営まれた複合経塚である。両経塚とも平安時代末期の経塚である。A経塚は，径約60cm，深さ約1mの土坑を掘り，底石を3枚敷き，その上に鞘に納めた短刀4口を切先を北にし南北に並

べ，その上に鋳銅製宝塔1基を木製蓮台の上に安置したものである。宝塔は，底部をとった甕で蓋をしさらに丸底の甕を伏せて蓋としていた。金銅製軸端・銅鈴・鉄鈴・銭貨・扇などが出土している。B経塚からは，甕を伏せた内部から鋳銅製経筒1口と和鏡1面，檜扇1柄，金銅笄1本，青白磁小壺が出土している。

　奈良原山は，奈良県の金峯山との関係が考えられ，鎌倉時代には修験道の霊山でもあった。

　［鵜久森経峯「伊豫奈良原神社経塚」『考古学』6－7，1935，稲垣晋也「四国地方の経塚」『経塚遺宝』1977］（岡本桂典）

南山仏跡群　なんざんぶっせきぐん（ナムサンブルチョグン）　新羅時代の都であった慶州（キョンジュ）の南方には南山がある。法興王（ポフンワン）治世（527年）に仏教が公認され，仏教の興隆と共に南山には無数の仏教遺物が造営・造形された。現在まで確認された寺跡は112跡，石仏と磨崖仏が80体，塔が61基である。それは正しく仏国浄土の観を呈した。当時中国の仏教文化の影響を受けて，雲岡石窟，龍門石窟などに倣って仏寺を造営する計画があったと思われる。現在確認されている石窟形態の寺院は，百済熊津（ウンジン，公州〈コンジュ地域〉）時代の穴寺院，慶州外廓の断石山（ダンショクサン）の神仙寺石窟（シンソンサソクグル），南山三花嶺（ナムサンサムファリョン）の石室，軍威（グンイ）石窟，慶州吐含山（トハムサン）に人工的に造営された石窟庵（ソクグルアム）などであり，それらは中国の石窟を模倣して造営された小規模な寺院である。南山は468mの金鰲峰（クムオボン）と494mの高位峰など連なる山脈と40余の渓谷によって形成されている。南山には新羅の建国説話と関連する蘿井（ナ

ジョン），新羅王朝の最後を迎えた鮑石亭（ポソクジョン），慶州防禦の中心要塞であった南山城などが散在している。

　［朝鮮総督府『慶州南山の佛蹟』朝鮮寶物古蹟図録2，1940］　　（李興範）

南大門　なんだいもん　寺域の出入口に設置された門の1つ。寺域を区画する築地が両脇に取り付くことが多い。金堂から見て南側にある門であるところからその名がある。門は東西南北のいずれにも設けられていたが，一般に南側が正面とされたため，ほかの門よりも重視された。伽藍中心部の出入口に設置された中門よりも外側にあり，飛鳥時代には中門よりも小規模であったが，奈良時代には中門を上回る規模となり，両側に金剛力士像が安置されるようになった。

　奈良県明日香村飛鳥寺では，中門のみでなく，西門よりも規模が小さく，切妻屋根の門と推測され，両脇から築地が延びていた。大阪市四天王寺では，桁行3間・梁間2間の建物で，瓦積基壇をもっていたが，南大門創建以前には掘立柱塀で囲まれていたことが発掘調査の結果あきらかになった。奈良県明日香村川原寺跡では，桁行3間・梁間2間の八脚門が推定されているが，中門よりもやや大きく，南大門の大規模化がすでに開始されていたことが判明する。奈良市薬師寺では，桁行5間・梁間2間の大規模な建物が発掘され，その両脇に築地が取り付いていた。同市大安寺では，やはり桁行5間・梁間2間の建物で，両脇に築地が取り付くが，前面に平城京の六条大路が東西に走っており，伽藍の正面出入口として位置づけられていたことが知られる。

　奈良時代になって，南大門が中門よりも重視された背景には，外に対する寺院の威厳を保とうとする配慮があった可能

性が高いと考えられる。東大寺では，古代の遺構は残っておらず，正治元年(1199)に旧規模を踏襲して重源らによって再建された建物が現存する。それは大きな柱を使用し，挿肘木を重ね，貫を多用した大仏様で建てられた遺構で，壇上積基壇をもっており，両脇に運慶・快慶作の巨大な金剛力士，その裏に石造獅子を安置したものである。

山岳寺院では，地形の制約によって南大門を設置することが困難な場合が多く，寺域を区画する築地などの施設をもたないため南大門の必要性が薄れたが，それでも和歌山県高野町高野山金剛峯寺では大門を設置している。寝殿造式伽藍では，正面の池の前面に南大門を配置し，通常の中門に当たる門を設けないが，それは対屋への廊下である渡殿の途中に設けられた門を中門と呼んだからである。

鎌倉時代以後，禅宗寺院では寺域への出入口に惣門を設置したが，三門が中門に当たることから惣門は南大門に相当すると考えてよい。惣門・中門・大雄殿・法堂と中軸線上に並び，惣門から中門までの参道の両脇などに塔頭が発達する例も多く，中門があくまでも仏域を区切るものであるのに対して，惣門は寺域全体を区切る位置に設置されていることが知られる。京都市東寺(教王護国寺)の南大門は，慶長6年(1601)に再建されたものであるが，現在も威容を誇っているものとして貴重である。

なお，南大門は韓国でも遺構が知られており，中国に始まり，半島を経由してもたらされたものであることが理解される。

［斎藤忠「寺院跡」『新版仏教考古学講座』2，1975］　　　　　　（時枝　務）

ナーガールジュナコンダ　Nāgārjuna-konda　南インドのアーンドラプデーシュ(Andrapradesh)州を流れるクリシュナ川右岸にあった仏教遺跡群（北緯16度31分，東経79度14分）。西側に川が流れ，小高い山々に囲まれた戦略性に富んだ地域故に，3世紀中葉から約1世紀間栄えたイクシュヴァーク(Ikshuvāku)朝下に首都ヴィジャヤプリー(Vijayapurī)が造られた。その周辺に仏塔など多数の仏教伽藍跡が存在したが，それらは3世紀中葉以降から4世紀前半にかけて支配したヴィーラプルシャダッタ(Vīrapuru-shadatta)王，エフヴラ(Ehuvula)王，チャーンタムーラ(Chāmtamūla)王，ルドラプルシャダッタ(Rudrapuru-shadatta)王の時代に主に整備された。4世紀に同王朝が勢いを失うと共にこの遺跡群も廃れていったという。

ナーガールジュナコンダ・サーガル・ダムの建設計画によりこのエリアが水没することになって，1954年から7年間大規模な発掘調査が行われ，重要な遺構は，後にダム湖に浮かぶ島となったナーガルジュナ山頂とダム湖東岸に移設された。出土品の多くは，島に設けられた考古博物館に収められた。30以上もの仏教遺跡が散在し，碑文からアパラマハーヴィナセリヤ(Apalamahāvinaseliya　西山住部)，バフシュルティーヤ(Bahuśrutīya　多聞部)，マヒーシャーサカ(Mahī-śāsaka　化地部)，マハーヴィハーラヴァーシン(Mahāvihāravāsin　スリランカの大寺派)などの部派が栄えていたことがわかる。独立した仏塔エリアと，列柱の間を取り巻く三辺に僧房群が設けられ，2基または1基のチャイティヤ堂とその建物の他の一辺に組み込まれた構造の僧院とが1つのユニットを形成しているのが，この地の仏教遺跡の特徴。塔に

はアーヤカ (āyaka) と呼ばれる長方形の突出部が四方に設けられ，その上に下部が四角形で上部が八角形のアーヤカ柱が数本ずつ建てられていた。塔の内構造に関せば，中央の円筒柱から円形の外壁に放射状に6つ，8つ，あるいは10の内壁が設けられ，あたかも車輪のような構造が取られ，中にはさらに Site No.1 の大塔のように，同心円状に円形の内壁が設けられて強度が確保されていたものもあった。因みに，直径32.2m，伏鉢の高さが18mの大塔は4m幅の繞道で取り囲まれ，高さ1.5mのアーヤカ柱が立っていた6.7m×1.5mの突出部が四方にあったという。

［Debara Mitra, *Buddhist Monuments, Sahitya Samusad, Calcutta*, 1971］

（髙橋堯英）

ナーランダー Nālandā インドのビハール州の州都パトナー東南約90kmの地点にある仏教遺跡（北緯25度8分，東経85度27分）。釈迦の時代にはパーヴァーリカ（Pāvārika）のマンゴー園として知られ，釈迦の好まれた場所の1つとして教典に現れる。また，仏弟子舎利弗の出身地としても知られ，5世紀の法顕は舎利弗の塔の存在に言及している。この地は5世紀のグプタ朝期以降仏教大学として有名となり，仏教研究の中心として12世紀頃まで栄えた。6・7世紀にはダルマパーラ（Dharmapāla）やシーラブバドラ（Śīlabhadra）を，8世紀にはシャーンタラクシタ（Śāntarakṣita）やカマラシーラ（Kamalaśīla）などの学僧を排出した。7世紀には玄奘や義浄がこの地で学んでいる。玄奘は，この伽藍がグプタ朝のクマーラグプタ（Kumāragupta）王（415～455頃）により創建され，彼に続く4人のグプタ王や中インドの王ハルシャ

ヴァルダナ（Harṣavardhana，戒日王606～647頃）が次々と伽藍を増広整備し，才能あり学識ある僧徒が数千人いたと伝えている。8～12世紀のパーラ朝の庇護を受け，密教研究の重要拠点として栄え，チベットに密教を伝えたといわれるパドマサンバヴァ（Padmasaṃbhava 蓮華生）などを出した。伽藍は1915年以降インド考古学局により発掘され，東西250m，南北600mのエリアに，東側にほぼ同じ大きさの僧院が11設けられ（西向きに9つの僧院が南北一列に並び，その南端に直角に北向きの僧院が2つ配されている），幅広いスペースを隔てて相対するように西側に4つの祠堂が間隔を隔てて設けられていたという。僧院は中庭の周りの四辺にベランダと僧房を設けた方形のプランで，入り口に対面する部屋は祠堂となっている。僧院はいずれもいくたびかの増広を経ており，最も大規模な僧院No.1には9期にわたる増広が認められるという。寺院はいずれも2階建ての方形の建造物で，大きな階段が付された2階に礼拝場が設けられている。高さ31m以上もあったという祠堂No.3は7回の増広を経ており，彫像が一番多く出た第5期が6世紀頃，第6・7期が11・12世紀であるという。

［*Archeological Remains, Monuments and Museums*, Archeological Survey of India, New Delhi, 1964］

（髙橋堯英）

に

新治廃寺 にいはりはいじ 茨城県真壁郡協和町大字久地楽字台に所在する古代寺院跡。国史跡。南隣りに新治郡衙跡が所在する。古くから瓦の出土と4基の基壇

の存在が知られ，昭和14年（1939）には３度にわたる調査を実施して伽藍の配置が解明された。伽藍の中軸線上には，中門・金堂・講堂・北門が並び，金堂の東西にはそれぞれ東塔と西塔が配置される。中門から派出する回廊は金堂・塔・講堂を取り囲み北門で結ばれるという配置である。また，北門の北方には僧房や食堂，経蔵などの堂宇が比定されている。東塔跡の心礎や金堂跡の敷甎（しきせん）と造り出しを有する礎石が知られ，出土遺物には，鋸歯文縁複弁八葉蓮華文（きょしもんえんあぶみ）や単弁十六葉蓮華文の鐙（軒丸）瓦，重弧文や唐草文などの宇（じゅうこもんからくさもん）（軒平）瓦，蓮華文鬼瓦，瓦塔，風鐸（ふうたく），蕨手状金銅飾り金具（わらびて），六葉座飾り釘（ろくようざ），文字瓦（ヘラ書き）などがある。

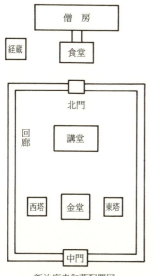

新治廃寺伽藍配置図

[高井悌三郎『常陸国新治郡上代遺跡の研究』1944]　　　　　（大谷昌良）

西国分塔跡　にしこくぶんとうあと　和歌山県を流れる紀ノ川下流右岸の河岸段丘（那賀郡岩手町西国分）に位置する，奈良時代前期に建立された塔跡である。別

名，西国分廃寺ともいう。昭和３年（1928）に国の史跡に指定され，昭和63年（1988）に追加指定，一部解除された。

昭和50～53年（1975～78）に発掘調査されたが，塔跡の一部と掘立柱建物跡などが確認されたのみで他の伽藍は確認されていない。塔心礎は当初の位置から移動している。長径1.85m×短径1.2mの大きさで，径0.87mの柱座をもち，中央に約0.15mの舎利孔を穿っている。心礎は約1.0×0.7mの４個の据え石を配置し，版築（はんちく）を築きながら中間に根石を敷いている。さらに，基壇の版築は最下段に栗石を敷き，版築し栗石を敷くという方法を用いている。基壇東辺からは瓦積み化粧が出土し，一辺13.8mの塔跡と想定されている。創建期の瓦は坂田寺系の重弁八葉蓮華文鐙（あぶみ）（軒丸）瓦とされている。

西国分廃寺跡を国分尼寺跡に比定する説もあるが，寺跡については不明。なお，東方0.7kmに紀伊国分僧寺がある。心礎は調査を機会に元の位置に設置された。

[羯磨正信「紀伊　国分尼寺」『新修国分寺の研究』5，1987]　　（岡本桂典）

日光男体山頂遺跡　にっこうなんたいさんちょういせき　栃木県日光市中宮祠にある男体山は，標高2484.4mの円錐形状の成層火山である。その山頂には，麓の日光二荒山神社（にっこうふたらさんじんじゃ）の奥宮と太郎山神社が鎮座する。男体山頂遺跡は，この奥宮の西約150mにある太郎山神社と溶岩に囲まれた窪地を中心にその南方に広がる傾斜地にあり，大正13年（1924）の丸山瓦全・古谷清と昭和34年（1959）の斎藤忠・佐野大和・亀井正道らの発掘調査によって，鏡鑑・銅印・錫杖頭（しゃくじょう）・独鈷杵（とっこしょ）・三鈷杵（きんこしょ）・経筒・塔形合子（ごうす）・貨銭・鰐口・銅鈴・銅鐸・鉄剣・鉄刀・鉄刀子（とうす）・武具・馬具・農耕具・容器などが多数発見された。それらの出

土品は，国の重要文化財（昭和28年）に指定されている。伝承によれば，男体山は天応2年（728）勝道上人の開山とされ，以降江戸時代に至るまで修験道を中心とした山岳信仰の霊場であることが知られるが，奈良時代以前の遺物も見られることから，より古くからの信仰の遺跡でもある。

日光男体山頂遺跡

［斎藤忠編『日光男体山―山頂遺跡発掘調査報告書―』1963］　（中山　晋）

入定塚　**にゅうじょうづか**　入定塚とは，旅の宗教者である僧侶や修験者などが自ら望んで，生きたまま土中に入り，ある日数念仏を唱えながら往生する「入定」という行為を伝承する塚のこと。各地に伝わる伝説の主人公は，旅の六部や僧など各種に及ぶが，江戸時代に出羽三山の1つである湯殿山で修行した「行人」と呼ばれる修験者の間で，実際にこの入定行為が行われたところから，行人塚の別称もある。伝承内容としては，土中から聞こえる鈴または鉦の音，7日ないしは21日の行，地上に出した竹筒で呼吸しながら経文読誦するなど，基本的な部分では共通している。

入定する目的や埋葬理由には，自己の願望，あるいは他者を救済するため，自らの意思によって埋まり塚として伝承されたとする型と，自己に死ぬ意思がないまま流浪死したり，あるいは殺害された者が，他者によって埋葬されて塚として伝承された型とがある。「入定」するという行為が塚の原義であるから，前者の伝承が本流で，各地から得た採集事例数もこの型のほうが主体をなす。

自己願望型の入定の動機としては，修行を目的としたり，天寿を達観し往生を願ったり，願望が達成された満足感などがある。他者救済型の動機としては，病気を未然に防いだり，洪水・旱魃・火災・飢饉などの災害から人々を救済するためなどの伝承がある。また，他者に殺害されたとする型には，村人へ不利益をもたらしたり，罪科を問われた者を生き埋めにしたなどの口碑が伝承されている。

考古学的には，東京都稲城市平尾入定塚，同市矢野口明楽院塚，静岡県掛川市高御所入定塚など発掘調査される事例が増え，修法の遺構があきらかにされつつある。特に平尾入定塚は，一辺1.8m四方に川原石を敷き詰め，四隅に碑石を置き，その南面には一辺1m前後・高さ30cmの方形壇を敷設する。川原石部分が後世攪乱され，そこから「天文元年（1536）丙申八月十五日　長信法印入定上人」銘の板碑が発見された。入定以前の遺構のほか，入定した人物や入定時の実年代が特定できる希有な事例である。円墳状の明楽院塚からは，銅製錫杖，銅銭，人骨などが発見されるなど，民間伝承と考古学的な調査が相連携して進められるようになってきた。

［北村敏「行人塚伝説について」『十三塚―実測調査・考察編―』神奈川大学日本常民文化研究所調査報告10，1985］

（村田文夫）

入峰斧　**にゅうぶおの**　修験道の法具の一種で，本来は山岳修行に際して道を切り

開くための道具であったが，のちに峰入りりを象徴的に示す儀礼用具としての性格を強め，実用性を失った。峰入りに際しての山伏行列では，先頭の斧役が入峰斧を高く掲げて進むが，羽黒山などで現在使用されているものは木製の儀器である。奈良県天川村の弥山山頂遺跡出土例は平安時代の鉄斧で，山野を切り開いた実用品と見られるが，栃木県日光市輪王寺例や岐阜県長滝町白山神社例，奈良市大和文華館例など鎌倉時代に製作されたものは，すでに実用に耐えないほど大振りで，装飾性豊かな猪目をもっており，儀礼用具として用いられた可能性が高いと考えられる。また，輪王寺例や奈良国立博物館例などは，当初の柄が現存している希少な例であるが，いずれも蛭巻きを施しているのは，柄の強化を図ったものと見られる。

[矢島恭介「修験道の用具について」『新版仏教考古学講座』5，1976]

（時枝　務）

如意　にょい　比丘十八物には含まれていないが，『四分律』巻19に鉄，銅などの金属や竹，木などの植物を用いて作成してもよいものに如意が含まれている。『優婆塞戒経』巻5には「如意，摘抓，耳鈎」とあり，爪切りや耳掻きとともに記されている。中国宋の天禧3年（1019）の『釈氏要覧』巻中に「梵（インド）に阿那律と云い，秦に如意と云う。指帰に云わく，古えの爪杖なり。或は骨，角，竹，木を刻して人の手指爪を作る。柄は長さ三尺許なるべし。或いは脊に痒あり，手到らざる所を用いて以て掻抓し，人の意の如くなるが故に如意と曰う。……」とある。これによれば手の届かない所を掻くことができるので如意というとあり，また爪部が篆字の「心」に似ているため，さら

に忘備のためにメモを記してみることにより意のままに行えることから如意の名称がつけられたとある。如意は，日常用具から発展し威儀用具として使用されるようになる。

正倉院御物には，九柄の如意が一部如意箱と共に残っている。他に奈良時代のものとして法隆寺夢殿に行信僧都の持物である犀角如意，法隆寺献納宝物に東京国立博物館蔵の天暦11年（957）の金銅宝相華文如意がある。

[八木直道「数珠・如意」『仏教考古学講座』5，1936，光森正士「僧具」『新版仏教考古学講座』5，1976，鈴木規夫『供養具と僧具』日本の美術283，1989]

（岡本桂典）

鐃　にょう　梵音具の一種である。鐃の付く名称は現在2種類あり，「金鐃」とよばれるものは，柄の片側の先端に鈴のような構造を呈するものがついており，柄をとり振って鳴らし使用される。その用途は，本来は陣中で鼓を中止するためや，軍を退却する合図に使われたと考えられている。形状からは，密教の金剛鈴の元と考えられている。鈴状と反対側の柄の先端が三鈷形を呈しているものが古い傾向にある。鎌倉時代になると，三鈷形の部分が真中の開いた小球形になり，その部分に紐が通され使用される。三鈷形の代表例として，奈良時代の遺品としては，栃木県日光男体山出土，千葉県円福寺蔵のものが，また鎌倉時代のものとしては，奈良県東大寺二月堂の修二会（お水取り）に使用される「堂司鈴」と呼ばれるものがあり，鈴状の部分に「弘安八年（1285）二月十二日」の銘が認められる。小球形の代表例としては，東京国立博物館法隆寺献納宝物中に認められる。

また「銅鐃」といわれるものがあって，

鈸子と同じように、シンバルのような形態を呈している。形態の類似から「鏡鈸」と併称されるが、元来鏡と鈸子は別のものである。『法華経』に記載されているものが該当するかどうかは不明であるが、現在、禅宗でいう鏡はこの銅鏡のことを指す。古い遺品がないため、銅鏡と鈸子の違いは不明瞭であるが、『持宝通覧』の中では、銅鑼は、銅鏡から転訛したとも記されている。このため、銅鑼のことを銅鏡と称する宗派も認められる。『常暁和尚請来目録』には、「銅鏡一口」とあり、その用途は鈸子と同様の打楽器であったと考えられ、本来娯楽用の楽器であったものが、法具に転化したものと思われる。
［香取忠彦「梵音具」『新版仏教考古学講座』5, 1976］　　　　（上野恵司）

如法経　にょほうきょう　経典は法身の舎利ともいわれ、経は仏語そのものであるという考えから経文の字句そのものが一々文々これ真の仏という経典信仰が生まれた。このような信仰を背景として、経典の写経にあたり清浄書写という作法が行われるようになり、その頂点となったのが如法経である。如法経は、日本では特に12世紀ころから埋経と密接な関係をもち行われた。中世以降は『法華経』を如法清浄に書写することの意味に用いられたが、『法華経』以外にも如法経の名称が用いられている。本来は、如法清浄に写経した経に付けられた名称である。

如法経の名称は、中国の隋・唐の時代に見られ、隋の事例として唐道宣撰『大唐内典録』などに見られる。隋・唐で行われた浄潔如法の如法書写は奈良時代に伝わったと考えられる。『正倉院文書』天平勝宝4年(752)の5月16日の条に、『華厳経』、『法華経』、『最勝王経』の三経十二部が如法経という名目で見えており、奈良時代より如法経が書写されていたことが知られる。

わが国において『法華経』の如法書写について一定の行規、作法、書写供養の形式が確立されたのは、慈覚大師円仁に始まるとされている。円仁が石墨草筆で書写した如法経は約2世紀にわたり比叡山の如法堂に安置され、長元4年(1031)に比叡山横川に埋納することが覚超らによって企てられた。如法経の埋経は、これを契機として流行したとされ、後の『如法経現修作法』などの如法経の行儀作法は、円仁の系統のもとに様式化され、平安時代末には成立したと推論されている。『如法経現修作法』によると、まず17日を前方便とし、この期間に精進潔斎して毎日3時に懺法を修し、正懺27日中に如法経料紙並びに水迎の儀、37日に至りて如法経筆立ての作法、かつ書写中の観法、行法などを極めて、書写校合を完了し、経を経筒に納め、十種供養し、埋経する奉納次第まで作法を規定している。

如法経の性格は、円仁以前と以後では異なり、以後は末法思想を一背景として埋経と関係したことは、埋納経筒に見られる如法経の銘より知られる。鎌倉時代から室町時代にかけても行われ、法然上人は『浄土三部経』の如法経を修し、また日蓮の遺文にも如法経のことが見えている。鎌倉時代には如法経の聖がいたことが知られている。如法経の普及につれ一般写経の作善業として追善、その他のために修する場合が多くなった。各地における如法経の実態は明確ではない。
［兜木正亨『法華写経の研究』兜木正亨著作集2, 1983］　　　　（岡本桂典）

仁和寺　にんなじ　京都市右京区御室大内所在。真言宗御室派総本山。光孝天皇の発願により、仁和4年(888)宇多天皇に

より創建された。その後,元永2年(1119)に堂社の多数が焼失し,また,応仁2年(1468)に戦乱によって焼かれ,本寺周辺は広野と化した。その後,寛永18年(1641)に旧寺地を選定し,伽藍が再興されるが,創建当初の寺域は不明である。

元永2年の焼失の際,金堂の再建に関して保延元年(1135)に天台座主権僧正忠壽が導師をつとめた再建供養が行われ,その鎮壇具と推定されるものとして,金銅製筥に納めた『法華経』,『阿弥陀経』,『真言陀羅尼集』,『華厳経』普賢行願品からなる色紙形の120枚の銅板経とともに,金銅製輪宝1個と銅製四欄1本が見つかっている。また,現寺域内外での調査により,多くの遺構や遺物が発見されたことによって,10世紀前半の円堂院の移動及び西辺基壇の石材より仁平3年(1153)の火災以降の再建など文献に現れる仁和寺の様子も裏付けられている。

[奈良国立博物館『法華経の美術』1979]

(山川公見子)

ね

涅槃図　ねはんず　涅槃とはサンスクリット語のニルバーナ(nirvāṇa)の音写語で,泥洹,泥曰,涅槃那などとも漢訳し,意味の上から滅,寂滅,滅度,円寂などと訳している。人間を束縛する一切の煩悩の滅した悟りの状態をいう。

煩悩の焔の吹き消されたことから死去,入滅を指し,特に仏(釈迦)がこの世を去ることを般涅槃(完全な涅槃)に入る(単に涅槃に入る・入涅槃とも)という。釈迦の生涯について記すインド撰述の古い典籍の1つ馬鳴の『仏所行讃』は,その状況を「如来は縄床に就き,北首して右脇に臥し,枕手して双足を累ね,なお獅子王の如し」と記している。他の経典にもほぼ同様に記される,このような釈迦が涅槃に入る姿とそれをとり囲む弟子たちの悲嘆の状景を,画図または彫刻に表したものを涅槃図(像)という。

涅槃像は古く2世紀前期のガンダーラ彫刻の中に見られ,中央アジア各地にも壁画や浮彫の涅槃図(像)が遺されている。中国では雲岡,龍門,麦積山,炳霊寺石窟などに5,6世紀の浮彫が,敦煌石窟では,北周時代(556〜581)の壁画の涅槃図が,それぞれ古い遺例として知られている。いずれも図(像),表現ともに簡素で,必ずしも経論の意に沿っていない。

わが国では奈良県法隆寺五重塔基壇北側の塔本塑像の涅槃像が最も古く,和銅4年(711)の制作である。画図としては和歌山県高野山金剛峯寺の応徳3年(1086)の涅槃図が現存最古とされる。この涅槃図では,仰臥する釈迦を囲む菩薩も仏弟子も,横長の画面の中に平安仏画の優美さをもって表される。涅槃図の釈迦は,向って左(北)を頭に,顔を手前(西)に向ける横臥の形が通例(頭北面西という)で,応徳の涅槃図のように仰臥する例は少ない。

涅槃図は時代が下るとともに会衆の数が増え,下方に鳥獣や虫なども多数描かれるようになり,中には下方に水中の魚類を描くものもある。したがって画面は縦長となる傾向がある。画中の沙羅双樹を東西南北に4双8本描くことや,鉢と錫杖を樹に掛けることなどは基本的な構成要素であるが,跋提河の河波や月や釈迦の母摩耶夫人の飛来などを描くかどうか,また釈迦の右手が肘枕の形か,手前にさし伸べた形か,足を重ねるかどうかなど,さまざまな相違がある。しかしこれらの相違は必ずしも制作年代を特徴づ

299

けるものではない。

　涅槃図は一般に寺院で2月15日の涅槃会（常楽会）の際に奉懸され，江戸時代にはとくに著名な絵師の作であることや，大幅であることを競うような面が見られる。涅槃図には，周囲に釈迦の生涯の事蹟を描き添えた八相涅槃図と呼ばれるものや，たとえば日蓮聖人涅槃図などのような，釈迦以外の涅槃図も描かれている。［元興寺文化財研究所『涅槃会の研究・涅槃会と涅槃図』1981，高野山文化財保存会編『国宝応徳仏涅槃図の研究と保存』上・下，1983，中野玄三『涅槃図』「日本の美術」268，1988］　　　（坂輪宣敬）

涅槃像　ねはんぞう　涅槃像は仏伝図の一場面であり，釈迦が成道ののち45年を過ぎ，クシナガラ城外の沙羅双樹の下でいよいよ寂滅されようとする姿を彫像として表現している。釈迦が頭を北に顔を西に向け，右脇を下にして横たわり，諸弟子・諸天がみな集まり嘆き悲しむ情景は，インド・中国のみならずわが国でも多くの絵や彫刻に表されている。インドではすべて彫刻，中央アジアでは絵画・彫刻ともにあり，中国では敦煌壁画をのぞけば現存するもののほとんどが彫刻である。

　古代初期仏教美術では，涅槃の場面はストゥーパで暗示されていた。釈迦入滅のさまを具体的に表現した現存最古の涅槃像は，2世紀のものと推定されるガンダーラの石像浮彫彫刻の中に見ることができる。釈迦像は体をまっすぐに伸ばし，右側を下にして両足を重ね，枕をした上に右手枕をした姿で表されている。インドでは光背をつけるのが普通で，この作品でも円形の頭光をつけている。会衆の数はきわめて少なく，動物は1体も登場しない。沙羅樹は左右両端に1本ずつ配置され，双方の葉が中心に向かって茂っ

ている。その後のグプタ朝以降には，涅槃像が涅槃群像から独立し，巨大な高浮彫涅槃像なども現れてくる。作例としてはスリランカ・ガルヴィハーラの「涅槃像」（12m）や，ビルマ・パガンの巨大な煉瓦造り「涅槃像」（54.8m）などがある。

　中央アジアでは，説話画的な仏伝中の涅槃図や涅槃像は少なくなる。多くは入滅する釈迦を塑造で表し，その後壁に巨大な涅槃図を描いている。キジールを中心とする涅槃美術は，涅槃前後の場面も表現する場合が多い。そこでの涅槃像は教典に説かれているとおりに体躯の右側面を下にして横たわり，右手枕をしている。衣は通肩（両肩とも布で覆う着方）につけ，頭光と身光を負い，身光から荼毘の火焔があがっている。多数の会衆が登場するものもあるがまれである。

　中国・中央アジア両美術の接点となった敦煌においても，釈迦の姿は右手枕をして右側面を下にして横たわり，頭光と身光をつける場合が多いが，古い例では衣を通肩に着け，両手を伸ばして体側につけるものもある。右手枕の場合は偏袒右肩が多い。涅槃の場に集まった会衆の数は，時代がくだるとともに増加する傾向がある。

　中国に移ると，経典どおりに涅槃の場面を表現することが少なくなり，左側面を下にして横たわるものや手枕をせず両手を体側につけるものも現れる。北魏には，両手を体側につけるものと右手枕をするものと両様あり，また光背をつけるものとつけないものとの両様が存在した。北魏以降の涅槃像には，釈迦が両手を体側につけ，完全に仰臥する姿勢の石造台座浮彫彫刻という変わったものもある。

　わが国では涅槃会の本尊として釈迦の臥像が造られ，これを前に礼拝供養儀礼

が行われたが，平安時代からは涅槃図がその本尊の主流を占めている。わが国では涅槃に関係した美術作品はほとんどが絵画であり，彫刻はきわめて少ない。涅槃像から涅槃図に移行する背景には，彫像で釈迦臥像や比丘たち，民衆，さらに鳥獣まで作ることの制作上の困難があったと考えられる。絵画ならば限られたスペースの中でも場面の広さを感じさせたり，多くの人物や鳥獣なども描き込むことができたのである。現存する涅槃像には法隆寺五重塔北面の塑像，涅槃図には「金剛峯寺の仏涅槃画」などがある。

涅槃像（アユタヤ）

（秋田貴廣）

の

納経遺跡　のうきょういせき　納経は仏教が日本に伝わってから，かなり早い時期から行われているが，その多くは寺院に奉納されたものであり，全国から発見されている。埋経が行われた平安時代では久能寺経，慈光寺経，平家納経などが有名である。しかし，このような納経された寺社を納経遺跡というのではない。納経遺跡は，埋経遺跡が作善供養して書写した経典を土中に埋納するのに対して，同様の作善供養して書写した経典を地上の施設に奉納した遺跡である。

この相反する姿を併せ持っているのが，16世紀に流行した六十六部聖により行われた経塚と呼ばれているものである。この経塚は，埋経として奉納された場合と，納経施設に奉納された場合がある。納経遺跡と呼ばれるものはこの後者のほうである。とくに著名なものに，島根県大田市大田南八幡宮境内にある正平17年（1362）銘の鉄塔がある。この塔は約1mの基壇の上に備えられたもので堂宇に覆われていた。この鉄塔自体は高さ186cmで傘形の屋根をつけた円筒形の塔である。塔身の上部には方形の小窓が設けられ，ここから経筒，納札などを投入したものである。この塔の地下遺構は内径58cm，深さ101cmの円筒形に刳り抜いた石筒が埋め込まれていた。この中に約170個の銅板製円筒形経筒が納入された状態で見つかった。これらの多くは永正12年（1515）から天文20年（1551）までの銘を持ったものであった。

このように納経が行われた遺構が残されているのはここだけであるが，同様の鉄塔が存在したのは兵庫県洲本市千光寺の文保2年（1318）銘の鉄塔，栃木県日光市中禅寺の元徳3年（1331）銘の鉄塔，岩手県平泉町千手院の文和4年（1355）銘の鉄塔があり，記録の上では正平24年（1369）銘の鉄塔が和歌山県那智山にあった。いずれも納経の詳しい状況はわからない。なお，経典の納経の状況はこのような施設だけでなく，石塔の銘文などからも推測される。

［関秀夫『経塚の諸相とその展開』1991］
（山川公見子）

納経塔　のうきょうとう　経典を納入するための塔。塔は本来舎利を主体とするものであるが，経典と舎利を同一視する思想から，舎利の代わりに経典を納める

風習が生まれた。島根県大田市南八幡宮の鉄製納経塔は、貞治元年(1362)の銘をもつ宝幢形のもので、内部が中空で、身部に開けられた納入口から経典を納めるようになっている。内部からは経筒168個のほか納札・経石・懸仏・泥塔・銭貨などが発見された。同様な納経塔は、文保2年(1318)銘の兵庫県洲本市千光寺例、元徳3年(1331)銘の栃木県日光市上野島例、文和4年(1355)銘の岩手県平泉町毛越寺例、正平24年(1369)銘の和歌山県那智勝浦町那智山例などが知られる。これらの納経塔は、内部に納められた経筒や「那智参詣曼荼羅」などによって、回国納経に伴う施設であることがあきらかにされている。近世には石製の回国納経塔が各地で盛んに造立された。それらの多くは経典や納経帳を納めていると推測されるが、実態があきらかにされた例は稀である。

［奈良国立博物館『経塚遺宝』1977］

（時枝　務）

納骨 のうこつ　一般的には、死者を茶毘に付してその遺骨を容器に納め、墳墓(営墓)や納骨堂などに納めることをいう。しかし、狭義の意味では、死者の極楽浄土への往生を現実化するために、遺骨や遺髪の一部を浄土と信仰された聖地や寺院に納置することをいう。現在も和歌山県の高野山、京都府の本願寺、福島県の八葉寺などで納骨が行われている。納骨容器は陶磁器・木製五輪塔・曲物・竹筒などがある。また、遺骨の出土状態から布ないしは紙などの袋物の存在も推定されている。

高野山納骨は、文献的には万寿3年(1026)の上東門院の納髪、天仁元年(1108)の堀川院の納髪があるが、火葬骨の納骨は、仁平3年(1153)の御室(覚

法々親王)の納骨に始まる。『兵範記』に、覚法々親王の納骨の様子が「法橋覚深奉懸御骨　直登高野山　奉殯彼山御塔」と表現されている。平安時代末の末法思想の広がりと浄土信仰の広がりの中で、高野山は弥勒浄土を持つ場所から浄土そのものと考えられるようになり、そこへ納骨するようになった。過去3度にわたる灯籠堂周辺の発掘で、五輪塔などの石塔類と納骨容器が出土している。納骨容器は12世紀から14世紀の日本及び舶載陶磁器のグループと、遺骨の一部を布・紙などで作った袋や木箱などに入れてピット中に埋納し、その上に石塔類を建立するグループがある。石塔は応永年間(1394〜1427)の末年からのものが多い。布・紙などで作った袋の存在は新潟県蓮華峰寺骨堂でも想定され、渡来銭と焼骨・生歯と渡来銭・焼歯と渡来銭・焼骨のみが拳大の大きさで土坑内から出土している。供伴遺物からこれらは、16世紀後半から17世紀初にかけて正面の柱間装置である卒塔婆形金剛柵越しに土間中央にある土坑内に投げ込まれたものと考えられている。

元興寺極楽坊の堂内空間は極楽そのものと意識され、納骨階層は納骨容器である木製五輪塔の銘文から寺の上級僧侶から聖たち、そして貴族・武士から奈良の上層町民にまで及んでいる。文明13年(1481)に死亡した一条兼良の納骨について、『大乗院寺社雑事記』に「極楽坊分者金之五輪キンハク也　代百文　六ケ所燈明六十　明禅布施五十文下行了　万タラ堂之内陣西方長押打之」とあり、金箔を押した五輪塔に入れ、その五輪塔は内陣の西方長押に打ち付けたとある。発見されている木製納骨五輪塔の大きさは、高さ15〜20cmで、水輪と地輪に円形や方形

の穴があり，骨片を入れている。紀年銘からその多くは15世紀中ごろから16世紀の末期までに集中し，17世紀以後の物はごくわずかしかない。この他に曲物型納骨器・竹筒型納骨器があり，竹筒型納骨器は13世紀前半まで遡ることができる。木製納骨五輪塔は地輪の高さと骨穴の位置で時代差が把握される。地輪は時代の下るほど高くなる。さらに構造的には四面立体から三面立体へ，そして板状のものへと変化する。四面立体から三面立体への変化は，置く五輪塔から壁面などに打ち付けるものへの変化で，板状のものは木製納骨五輪塔の製作工程の省略化・合理化があったものと考えられる。

類例は奈良県西大寺，当麻寺，法隆寺，福島県八葉寺，岩手県中尊寺などの納骨堂で見い出される。

［辻村泰圓『日本仏教民俗基礎資料集成元興寺極楽坊』Ⅰ～Ⅶ，1976～80，㈶元興寺文化財研究所『高野山発掘調査報告書』1980］　　　　　（戸根与八郎）

納骨堂　のうこつどう　平安時代末期から江戸時代半ばに霊場と呼ばれた寺院で，火葬骨の一部や遺髪・爪・歯などを納骨容器（木製五輪塔型・竹筒型・曲物型など）に入れ，それを納めた堂宇。堂宇の中心部には五輪塔が置かれる例があり，一種の総供養塔と考えられる。納骨霊場として全国的に有名なものは和歌山県の高野山奥の院，長野県の善光寺などで，浄土信仰の広まりとともに地方にも霊場が成立した。地方の霊場としては奈良県の元興寺，当麻寺，西大寺，岩手県の中尊寺，福島県の八葉寺，新潟県の蓮華峰寺などがある。寺院にともなう納骨堂のほかに特定一族のもの（奈良県大神家骨堂）もある。

高野山は，奥の院の弘法大師廟の近くから時代が下るにつれて離れたところまで広がりをみせ，特別な堂宇はなく「お山」そのものが弥勒の浄土となる。納骨は記録のうえでは12世紀半ばまで遡ることができる。

13世紀頃の元興寺極楽坊は，桁行6間，梁間6間，正面に廂を設け，堂内中央には方1間の内陣を設ける阿弥陀堂形式の建物であった。その中央には五輪の石塔のごときものがあった。

西大寺の骨堂は，桟瓦葺き切妻の建物で，周囲の壁は五輪塔の板塔婆を重ね打ち合せて，四方とも閉ざし南面中央に径15cm内外の円穴をあけ，そこから納骨することになっている。明治30年(1897)頃までは扉を持つ方7尺1間の建物であった。壁は土壁で外側3面には板塔婆が釘打ちされ，内側には格子が備えられていた。建物の床は土間で，中央に五輪塔を受ける基礎としての台石が据えられている。

蓮華峰寺の骨堂は解体修理の結果，貞和4年(1348)の参詣墨書のある床付きの建物を転用したものである。解体修理前の建物は方1間，単層の宝形造り，桟瓦葺きで，正面の柱間装置は卒塔婆形金剛柵貫一段，西面は縦板壁，背面及び東面は横板壁である。床は土間で，堂の中央に直径1m・深さ0.9m強の埋納穴があり，最下部に五輪塔が埋置されていた。その時代は16世紀後半から17世紀初頭と考えられている。

［辻村泰圓『日本仏教民俗基礎資料集成元興寺極楽坊』Ⅰ～Ⅶ，1976～80，普請帳研究会編『佐渡国蓮華峰寺骨堂解体修理報告書』1984］　　　（戸根与八郎）

能登国分寺跡　のとこくぶんじあと　七尾市国分町・古府町に所在する能登国分寺跡と官衙的な建物群跡。国指定史跡。寺域

は南北約160m，東西約210mの規模で，中軸の東に塔，西に金堂を配し，正面に講堂を置く法起寺式伽藍配置をとる。伽藍の発掘は昭和45年（1970）から9次を数え，塔・金堂・講堂・中門・回廊・南門・塀を確認し，寺域の外に位置する倉庫群や掘立柱建物も検出している。出土品は複弁八葉蓮華文軒丸瓦・重弧文軒平瓦・方形三尊塼仏・瓦塔・和銅開珎・木簡などがある。能登国分寺の設置は，承和10年（843）に定額の大興寺を国分寺に転用して始まり，翌年には読師を廃し，講師1口，僧10口を置くことが許されている。また元慶6年（882）には堂舎の修理に三宝布施稲1万7306束を充てている。平成4年（1992）に能登国分寺公園として，南門・塀の復元と塔・金堂・講堂などの整備が行われ，能登国分寺展示館とともに公開されている。　　　　（垣内光次郎）

は

貝葉経　ばいようきょう　貝葉はくわしくは貝多羅葉といい，古代インドにおいてターラ（tāla，多羅樹）の葉を紙の代わりに用いて，経典を書写したものをいう。日本の古典では，仏教の経典そのものを指して貝葉という場合もある。貝葉は棕櫚の葉に似て，幅7～8cm，長さ60cmほどで葉質は密で硬く，その表面を平らに削って針（鉄筆）で経文を刻み，油を流し込んで刻んだ文字の跡を黒く浮き立たせ，各片は中央に穴をあけて紐を通して束ねた。　　　　　　　　（桐谷征一）

白山　はくさん　加賀・飛騨の国境に位置する山岳信仰の霊山で，古くは「しらやま」と呼ばれていた。山頂には御前峰（2702m）・大汝峰・剣ヶ峰が連なり，その総称には南側の別山（2399m）も含まれる。加賀の手取川，越前の九頭竜川，美濃の長良川などの水源であることから，各流域で信仰と禅定道（登拝路）が形成された。山頂への登拝は9世紀に始まり，神仏習合と本地垂迹説が普及した11世紀後半には，御前峰が十一面観音，大汝峰は阿弥陀如来，別山は聖観音を本地仏とする信仰が定着し，加賀馬場の白山本宮（後には白山寺），越前馬場の平泉寺，美濃馬場の長滝寺が信仰の拠点として発展した。昭和61・62年（1986・87）の学術調査では，山頂に位置する経塚・岩屋・室跡などの遺跡群が確認され，平安～江戸時代の鏡，懸仏，古銭，陶磁器などが多数採集されている。また周辺の妙法山・三方岩岳・笈ヶ岳に存在する経塚や岩屋も白山修験に関連した山頂遺跡である。
［國學院大學考古学資料館『白山山頂学術調査報告』1988］　（垣内光次郎）

白山神社経塚　はくさんじんじゃきょうづか　東京都八王子市中山に所在する平安時代の経塚群である。文政9年（1826），明治17年（1884），大正13年（1924），昭和51年（1976）など数次にわたり遺物が出土した。経塚は，白山神社の境内に営まれたもので，立地は野猿峠の頂から南に通じる標高170mの尾根筋上である。出土遺物には，鋳銅製経筒3点，銅板製経筒3点，陶製経筒1点，陶器甕2点，鉄製刀1振，銅製鏡9点，檜扇1点，経巻残欠などが知られている。複数経塚の存在が想定される。埋納方法は，昭和51年の遺物出土の際に川原石が出土していることから，一部には石室構造が存在したことが推測される。

経巻は，文政9年に発見された紙本朱書10巻分が知られる。内訳は，『法華経』8巻と開経の『観普賢経』・結経の『観無量義経』各1巻で，完結した経典が埋納

されていた。経典の奥書から，武蔵国西郡船木田庄の長隆寺で勧進僧弁智とその結縁者により仁平4年(1154)9月に書写事業が行われたものと推定される。現状からでは，当経塚の造営はこの写経作善一度によるものなのか，複数回によるものなのかは不明であるが，出土遺物からは比較的短期間に造営された経塚と推定される。結縁者には，僧侶のほか小野氏や清原氏など在家の姓も認められ，白山神社経塚の造営には横山党など在地豪族の関与も推定される。また，奥書に認められる船木田庄長隆寺は，旧中山村字堂山の地に比定する説がある。出土遺物は，東京国立博物館と白山神社が所蔵する。

[関秀夫『経塚－関東とその周辺』1988，佐々木蔵之助「八王子市中山白山神社新発見の経塚遺物について」『多摩考古』14，1979]　　　　　　(野沢　均)

博山炉　はくさんろ　盤状の上に，支柱により支えられたカップ状のものをのせ山形の蓋を設けるもので，蓋に穴があり煙出しとなっている。この形式の香炉は，本来は香供養具ではなく，中国漢代の銅器や陶器に見られるもので，これが香炉として用いられたものである。『興福寺流起』中金堂院の項に「薄山火爐一具。在華台。延暦記。名金銅火爐」とあり，博山炉が供養具として用いられたことが知られる。金銅製・銅製・陶製がある。東京国立博物館に大同江面第9号墳出土の六朝時代の青銅製博山炉がある。盤上に支柱があり，それに山形の蓋をもつ卵形をした炉がつくもので，一部釘付けされ開閉できるようになっている。仏教が伝来した初期より用いられたとされる。

[中野政樹「供養具」『新版仏教考古学講座』5，1976，鈴木規夫『供養具と僧具』日本の美術283，1989]　(岡本桂典)

麦積山石窟　ばくせきざんせっくつ　中国甘粛省天水県の東南約45kmに位置する仏教石窟。突兀とした高さ142mほどの独峰の岩山が，麦わらを積み上げたわら塚に似ているため名付けられた。岩山の周囲を廻って何層にも窟，龕がうがたれ，桟道が階段によって連接している。東崖51，西崖143を数え，総窟龕は194，造像総数は7200余体。創建については，北魏窟である第76号窟の秦弘始9年(407)と解される墨書銘の頃の可能性が論じられ，また一方，『高僧伝』には玄高(402～444)や曇弘(366～416)らの麦積山での活動の記録がある。しかし，現存の窟はそれらより遅れて北魏時代の5世紀後半からである。第115号窟の北魏景明3年(502)の墨書銘が実際の銘文としては最も古い。

以後西魏，北周，隋，唐にいたるまで，窟の造営と造像が続いたが，それ以後は修復と造像のみで窟の造営は行われなかった。年代的には北魏時代の窟が多く全体の約40%を占める。北魏，西魏時代の仏，菩薩，比丘像などの中には，他の石窟に見られない，独特の繊細優美な微笑をたたえた顔貌の表現がある。東崖(原塑北周または隋，高さ約15m)，西崖(原塑北魏，高さ約14m)に摩崖の2大仏があり，窟内のいくつかの造像碑や宋代彫刻と併せて注目される。

[名取洋之助『麦積山石窟』1957，平凡社・文物出版社『麦積山石窟』(「中国石窟」)，1987]　　　(坂輪宣敬)

薄葬令　はくそうれい　大化の改新に伴い出された，造墓に関する法令である。『日本書紀』孝徳天皇大化2年(646)3月22日条に見える。その内容は，従来の巨大な墳丘や埋葬施設，華美な副葬品，葬送儀礼などを身分に応じて規制したものであり，薄葬を進める目的で出された。

具体的には，推古天皇11年（603）に制定された，冠位12階の上位に王（王族），上臣（大臣）を位置付け，さらに下位に庶民を置き，王以上，上臣，下臣（大徳，小徳及び大夫），大仁，小仁，大礼〜小智，庶民の6階級に対する，石室の規模，墳丘の規模，役夫の人数，力役の日数，葬具，殯の制限・禁止，墓地の限定，殉死の禁止，生贄の禁止，華美な副葬品の埋納禁止，身体などを傷つける誄の禁止などを定めたものである。薄葬令は，古墳の終末を考える上で，多くの論議がなされている。特に，火葬の出現と合わせ，薄葬令が古墳築造停止に大きく影響を与えたと考える意見，薄葬令は実在するものの，古墳の終末問題とは別と考える意見，薄葬令自体の実在性について疑問視する意見なども見られる。

考古学の分野では，昭和47年（1972）に発掘された奈良県高松塚古墳を契機として，薄葬令と古墳の終末との関係の論議が盛んになった。研究者間では，薄葬令の規定にあった古墳の抽出に，必ずしも一致を見ておらず，その規定を遵守する古墳が少ないとする意見もある。一方，畿内の終末期古墳を対象として分析した，塚口義信の見解（「大化の新政府と横口式石槨」『古代学研究』132，1994）によれば，7世紀前半以降の横口式石槨の90％は，この規定を遵守しているとし，同時期に並存する横穴式石室は，その傾向が認められず，そこに改新後の新政府内に大きな2つの流れを想定する見解も認められる。

[岩瀬透「大化薄葬令」『大化の薄葬令』大阪府立近つ飛鳥博物館，1998，尾崎喜左雄「文化二年三月甲申の詔を中心とした墓制について」『日本古代史論集』上，1962]　　　　　　　　　（上野恵司）

白馬寺　はくばじ　後漢明帝の永平年間（58〜75）に，迦葉摩騰と竺法蘭という2人の仏僧が，夢告によって遣された明帝の使者と行き合い，白馬に仏像，経巻をのせて洛陽に来た。明帝はこれを喜び，白馬にちなんで洛陽雍門の西に白馬寺を建て，2僧をそこに住まわせたという。明帝の感夢求法説とも関連する中国の仏教初伝説の1つである。2僧はここで自ら将来した『四十二章経』1巻を訳出（現存するが疑わしい）したという。

白馬寺が明帝のときに存在したかははっきりしないが，『魏書』「釈老志」，『高僧伝』『洛陽伽藍記』などにその名が見られ，『出三蔵記集』に竺法護の訳経活動（太康10年〈289〉）の記録もあるため，少なくとも西晋頃，洛陽に白馬寺があったことは確実であろう。以後洛陽の白馬寺の住僧の活動について，各時代の記録が残され，中国最初の寺院として洛陽東方の義井舗に，2僧の墓とともに現存している。

[鎌田茂雄『中国仏教史』1，1982]
　　　　　　　　　　　　（坂輪宣敬）

羽黒山　はぐろさん　山形県東田川郡羽黒町に所在する山岳信仰の霊場で，修験道の一大拠点地。羽黒山（標高419m）は，月山（標高1980m），湯殿山（標高1504m）と並び，出羽三山の1つとして信仰を集めている。三山にはそれぞれに神社があるが，月山と湯殿山は冬季の参拝ができないことから羽黒山の出羽神社は三神社の祭神を合祭して「三神合祭殿」と称し，三神社の年中祭典を同時に行っている。羽黒山は588年に崇峻天皇の皇子，蜂子皇子が開祖した山岳信仰と道教・仏教を取り入れた三山の中心となっている。山頂の三神合祭殿の社殿の前には鏡ヶ池があり，池中から古代末から中世にかけての

銅鏡が600面以上出土し，池中納鏡とした信仰が行われていた。羽黒山山頂へは随身門を通り，杉並木（国特別天然）の中を2446段の石段を登る。途中に須賀の滝，国宝の羽黒山五重塔（様式は三間五重塔婆，杮葺，初重に回縁）があり，二の坂には，南谷と呼称される所に江戸時代天宥別当が建立した玄陽院という客殿が存在していたが，明治時代に火災を受け消滅した。客殿の礎石の一部と，庭園跡が残っている。三の坂の石段を登りきると三神合祭殿の山頂となり，国指定や県指定の文化財が多数存在する。

［戸川安章『出羽三山修験道の研究』1986］ 　　　　　　　　（野尻　侃）

箱根山地蔵磨崖仏　はこねやまじぞうまがいぶつ　神奈川県箱根町に所在する。芦ノ湖の東，二子山と宝蔵岳の間を走る国道1号線は，鎌倉時代の東海道・湯坂道にあたり，特に精進池周辺は硫黄が吹き上げる荒涼とした景観であった。鎌倉の武士や僧侶を中心とする人々は，これを地獄絵に見立て，各種の石仏・石塔群を祀って信仰をしてきたのである。

現存する石造物は道に沿って7群に分かれ，うち磨崖仏は俗称二十五菩薩東側・西側と俗称六道地蔵と俗称応長地蔵で，各々の造立年は二十五菩薩が永仁元年（1293），六道地蔵が正安2年（1300），応長地蔵は応長元年（1311）である。他に，五輪塔の俗称曽我兄弟・虎御前の墓，宝篋印塔の俗称多田満仲の墓，宝篋印塔残欠の俗称八百比丘尼の墓がある。

これらは中世の信仰を如実に示す石造物群として昭和16年（1941）に国指定史跡となり，昭和49年（1974），磨崖仏は重要文化財に指定されている。箱根町教育委員会では，平成2～9年（1990～97）にこれら石造物群の保存整備を行った。

［村野浩・伊藤潤ほか「元箱根石仏・石塔群の調査」『箱根町文化財研究紀要』25，1993］　　　　　　（村田文夫）

土師百井廃寺　はじももいはいじ　鳥取県八頭郡郡家町土師百井に所在する古代の寺院跡。千代川の支流である私都川北岸の小平坦地に位置し，対岸には八上郡衙跡と推定される万代寺遺跡が存在する。以前より塔基壇が露呈しており，昭和6年（1931）に国史跡に指定されている。昭和54年（1979）と翌年に発掘調査が実施され，伽藍配置があきらかにされている。伽藍配置は，東側に塔を，西側に金堂，北側に講堂を置く法起寺式。塔跡の遺存状況は良く，一辺16mの基壇上に塔心礎と16個の礎石が現位置を保っている。基壇の構造は明確ではないが，川原石列が確認されている。寺域を画する施設は明確ではないが，周辺の地形などから南北1町半，東西1町が推定される。創建期の鐙（軒丸）瓦は，山田寺の系統を引く単弁八弁蓮華文を飾る独特のもの。時期は7世紀後半代に位置づけられる。

［郡家町教育委員会『土師百井廃寺跡発掘調査報告書』I，1979］　（真田広幸）

幡多廃寺　はたはいじ　岡山県岡山市赤田に所在。岡山市街の北東を流れる旭川下流左岸の平野部に位置する。昭和47・48年（1972・73）に調査が行われた。確認された遺構は南門跡，中門跡，北門跡，金堂跡，塔跡，講堂跡（未確認），東西南北の築地跡で，寺域は東西123m，南北138mである。伽藍配置は中央寺院の配置に対応しない可能性が高い。南門跡は東西13m，南北6m程度の規模である。中門跡は南辺部分のみがあきらかにされている。塔跡の規模も分明でないが12m四方以上の基壇と考えられている。塔心礎は長径2.6m，短径2.1mで，中央に88cmの

塔芯柱枘孔がある。金堂跡は東西長15m，南北長12m以内の規模が想定されている。講堂跡については明確でないが東西11.5m前後，南北21m前後と推定される。北門は南北方向の列石が確認されたが全容は不明である。遺物は瓦類，奈良三彩，円面硯などがある。造立時期は白鳳時代後半である。

　［岡山市遺跡調査団『幡多廃寺発掘調査報告』1975］　　　　　　　（是光吉基）

鉢　はつ　比丘六物，比丘十八物の１つで，三衣一鉢といい，袈裟と共に比丘の最小限の持物である。鉢はサンスクリット語の鉢多羅（pātra）の音写で，鉢多，鉢咀羅，鉢和羅，鉢和蘭，鉢孟，応器，応量器ともいう。僧尼は常に所持し，僧団で私有物と認められた飲食器である。

　鉢の形状は肩が張り，口縁部は内すぼまりで大きく開き，底は丸くなる。『十誦律』第56に，金・銀・琉璃・摩尼・銅・白鑞・木・石鉢を用いることを禁じ，鉄・瓦鉢の使用を説いている。仏のみ石鉢を用いることを許している。鉄・瓦鉢は，そのまま用いると垢膩を生じ臭気を放つので，薫じて赤・青・黒にし用いることとされている。破損した場合は修理法に５種の規定があり，五綴以下なら新鉢を求めてはならないとしている。大きさは各律により差があり度量は明確ではないが，容量により上・中・下鉢の３種にわけられる。わが国においては，鉄・瓦鉢のほかに磁・乾漆・銀・銅・金銅製がある。

　法隆寺献納宝物に奈良時代の五綴鉄鉢と称するものがあり，これは底部を鉄板と鋲で補修していることからこの名称が付されている。供養具として用いられる時は鉢を支える鉢支の台に置かれる。正倉院に奈良時代の緑釉磁鉢，鉢支を伴う

東大寺の奈良時代の銅鉢，正倉院の狩猟文銀壺がある。鎌倉時代以降の飲食器は鉢支が高くなり発達した形式になり，滋賀県常楽寺の平安時代のものは，鉢支の形式を残しながら鉢と鉢支が固定されている。遺品は多い。なお，鉢を包む布を鉢袱，鉢袋という。

　［中野政樹「供養具」『新版仏教考古学講座』5，1976，鈴木規夫『供養具と僧具』日本の美術283，1989，光森正士「僧具」『仏教美術論考』1998］　（岡本桂典）

鈸子　ばっし　梵音具の一種。銅鈸・銅盤・鐃鈸ともいわれ，多くは響銅鋳製後，鍛造を加えて造られる。形は，銅鐃と同種で西洋楽器のシンバルに似ており，２つで１組である。鍔付きの帽子状を呈しており，中心部の丸く隆起した部分には，紐通しの孔が設けられており，これに紐（緒）をつけ，二口をすり合せ，あるいは打ち合わせて使用される。

　『法華経』第一方便品には銅鈸とあり，『西大寺資財流記帳』には，「銅鈸子六具各交纈緒を着く」とある。また入唐八家の１人である常暁和尚の『常暁和尚請来目録』には「銅鈸一具」とあり，古くより法楽の具と考えられる。『勅修百丈清規』からは，維那や住職が並んで仏前に香を献ずる時，説法や大勢が集まる行事の時に鳴らされたことがわかる。

　遺品としては，滋賀県百済寺には銅羅とともに建長8年（1256）銘の1組の鈸子が，京都府東寺には文保2年（1318）銘のものが，愛媛県大山祇神社には正慶銘のものが，神奈川県称名寺には鎌倉時代のものがある。

　［香取忠彦「梵音具」『新版仏教考古学講座』5，1976］　　　（上野恵司）

服部清道（清五郎）　はっとり　せいどう　明治37（1904）〜平成9（1997），茨城県

生。大正大学文学部史学科卒，比叡山専修学院卒。藤嶺学園勤務の後，横浜商科大学教授，文学博士。

仏教史・仏教考古学を専攻し，とくに板碑（いたび）の研究を大成したことで知られる。板碑を中心とする石造塔婆の調査研究を推進する一方，広い視野より，地域史の研究を進めて多くの業績を残した。

（主要著作）『板碑概説』1933，改訂再版1960，『郷土文化を探る』1993，『徒歩旅行者の歴史学』1944，『鎌倉の板碑』鎌倉国宝館論集9，1965 （学史文献）縣敏夫『服部清道と「板碑概説」―ある板碑研究者の歩み―』1998 （追悼）嘉津山清「服部清道先生の死を悼む」，縣敏夫「『板碑概説』のころ―服部清五郎先生に聞く―」『石塔・石仏』8，1997 （坂詰秀一）

鳩ヶ峰経塚 はとがみねきょうづか 京都府八幡市八幡高坊鳩ヶ峰の山頂，鳩ヶ崎に所在。遺跡は石清水八幡宮のある男山の峰続きの最高峰に位置し，明治34年（1901）9月30日発見。永久4年（1116），大中臣石國（おおなかとみ）が造営した埋経遺跡である。石室内に経筒を据えて木炭で被っていた。経筒は，宝珠形鈕付の笠形の蓋を載せる鋳銅製鍍金の円筒（総高33.0cm）で，底を欠いていた。筒身に如法経の結縁納経を示す23行の銘文を刻す。経筒外から刀子片2・ガラス玉7を伴出した。平安時代，大中臣氏は多くの神祇官人を輩出したが石國もその一人と考えられ，伊勢朝熊山（あさまやま）の経ヶ峰経塚における伊勢神宮の荒木田神主時盛の納経同様，神仏習合期の神職の納経例と見られる。東京国立博物館保管。

［蔵田蔵「経塚論(9)」『MUSEUM』177，1965］ （唐澤至朗）

花背別所経塚 はなせべっしょきょうづか 京都市左京区花背別所町に所在する平安時代の埋経遺跡。村落の南方の山丘上，あるいは尾根の一部に7か所の遺構が確認されている。これらの遺構には石室が設けられ，その内外に遺物が混入され，封土が造られていたといわれている。

主な遺物に1号経塚の仁平3年（1153）及び「佐伯正親」銘銅製経筒，銅製毘沙門天立像が納められた仁平3年銘銅製円筒形厨子，7号経塚の紙本経（墨書法華経）（しほんきょう）残片や経軸があった仁平3年銘の鋳銅製経筒がある。さらに，いずれの遺構も花瓶や火舎（けびょう かしゃ），六器（ろっき）という仏具のいずれかが石室の内外に納められていた。特に6号経塚は独鈷杵と五鈷鈴（とっこしょ ごこれい）という密教法具も納められていた。

ほかに鏡・利器などの遺物も多く出土している。この経塚の年代は1号・7号経塚の遺物銘にある仁平3年（1153）に造営されたものと考えられ，他の遺構もこれらに準ずるものと考えられている。ただし2号と4号経塚は墳墓の可能性が指摘されている。

［魚澄惣五郎・梅原末治「花背村ノ經塚及ビ関係遺物」『京都府史蹟勝地調査報告』4，1923，佐藤虎雄「花背村の經塚」『京都府史蹟名勝天然紀念物調査報告』10，1929］ （山川公見子）

濱田耕作 はまだ こうさく 青陵と号す。明治14（1881）～昭和13（1938），大阪府生。東京帝国大学文科大学史学科（西洋史専攻）卒。京都帝国大学文学部教授，文学部長，総長を歴任，文学博士。

日本の考古学にヨーロッパの考古学的方法を導入した。京都帝国大学に設置されたわが国ではじめての考古学講座を主宰し，日本各地をはじめ朝鮮半島，中国大陸の遺跡・遺物の調査研究を推進した。西欧のキリスト教考古学と並んでわが国に仏教考古学の確立を期待し，自ら磨崖

仏の調査，古瓦の研究などを進めた。

（主要著作）『通論考古學』1922，『濱田耕作著作集』7巻，1987〜93　（追悼）『濱田先生追悼録』1939，「浜田博士追悼号」『考古学論叢』8, 1938　　　（坂詰秀一）

隼人塚多重塔　はやとづかたじゅうとう　鹿児島県姶良郡隼人町内山田にあり，隼人塚と呼ばれる方形の塚の上に3基の多重塔と四天王石像4体が立っている。大正10年(1921)隼人塚として国の指定史跡。景行天皇の御代に征伐された熊襲の霊をなぐさめその災をまぬがれるため，和銅元年(708)にこれを建て供養を行ったという。また元正天皇の御代に隼人がそむき大隅国守陽侯史麿を殺したので，朝廷は大伴旅人を大将軍として隼人を討たせ，この時に討たれた隼人の霊を慰めるために塚をつくり，放生会を行ったともいわれる。隼人塚のある場所は，正国寺戒壇跡及び大隅国分尼寺跡の説がある。多重塔は，中央と東塔の2基が軸部三重目まで，西塔は一重目までが残存していたが，整備に伴う調査や周辺地域の石塔及び塔身四面の仏像や笠部の特徴から，中央塔6.6m，東塔5.6m，西塔5.55mの五重塔に復元され平安時代後期に推定されている。また，石像4体も復元され，多重塔の四方に配置されている。

［隼人町教育委員会『隼人塚－山跡遺跡発掘調査概報』1998］　（渋谷忠章）

播磨国分寺跡　はりまこくぶんじあと　姫路平野の中央を流れる市川の東岸の兵庫県姫路市御国野町国分寺にある。大正10年(1921)に国の史跡に指定され，昭和46・60(1971・85)に追加指定された。現在の国分寺は，東西140m，南北70mの寺域で，本堂は7間四面で高野山真言宗牛堂山国分寺と号している。

塔跡は，一辺約9.5mの3間四方の塔跡で，一部礎石は原位置から若干移動しているものもある。金堂跡は，現在の医薬門付近と推定されている。推定金堂跡の前には，径2.4mの亀腹状の瓦積み基壇があり，中央部に径60cmのピットがあることから燈籠竿部の基礎と考えられている。中門・南大門はほとんど削平されている。回廊跡は瓦積み基壇で幅7m，東西の回廊間の距離46.5m，伽藍部の西に沿って幅10m前後の石敷き道路と幅6〜7mの堀が南北に走っている。築地跡は基壇幅3〜4mで，内外を溝により囲まれている。伽藍は，金堂と中門は回廊で結ばれ，中軸線に南門，北に講堂・僧房を配したもので，塔を東に配する伽藍配置である。北500〜600mの地域に国分尼寺跡と推定される毘沙門遺跡がある。

［多渕敏樹・山本博利・今里幾次「播磨」『新修国分寺の研究』7，1997］
　　　　　　　　　　（岡本桂典）

幡　ばん　仏殿内の柱や天蓋に懸けたり，堂外の庭に立てて飾り，菩薩を荘厳，供養し，威徳を標示するもの。『倭名抄』では「波太」とある。「旛」とも書く。サンスクリット語の「波多迦」(Pataka)の訳。『維摩経』では，降魔のしるしとされ，幡を造立することにより，浄土への往生など功徳を得られると説かれた。日本へも仏教の伝来とともにもたらされたと思われる。

形態は，頂上に三角形の幡頭，数坪に区切られた長方形の幡身，幡身の各坪の左右側面に幡手，下方に数条の幡足が垂下する。古い遺品では幡頭に舌を有するものもある。幡手幡足が各2条ずつのものは，人形幡とも呼ばれる。幡身の坪数や幡足の数など，時代や種類によってさまざまな形態があり一定しない。しかし，鎌倉時代以降は「幡身三坪，幡足四条」

の形がほぼ定着していく。材質は，綿，綾，羅など布幡が一般的であるが，金銅製，玉を繋ぎ合わせた玉製，手足を紐や総で作った糸幡，板を芯として錦や金欄を貼った板幡，修法の時臨時に作られた紙幡などがある。正倉院の遺品には奈良時代の多数の幡が存在するが，材質的にも形態的にも各種網羅している。金銅幡では，法隆寺献納宝物の大灌頂幡が名高い。幡身の図様は普通無文であるが特殊な遺品もある。仏像を描いたものを仏像幡といい，正倉院の彩絵仏像幡が名高い。

幡

種子を表したものを種子幡，密教の三昧耶形を表したものを三昧耶幡，幡身の各坪に開敷蓮華を飾ったものを蓮華幡という。近世になると多く用いられたものに唐幡と呼ばれるものがある。幡身を細長い1坪に作り，幡手は左右1条ずつを長く延ばし，幡足の下端に揃えるのが通例である。しかし和幡と唐幡の明確な形態の違いは，ほとんどなかったものと思われる。

［岡田至弘「幡」『佛教考古學講座』10，1937］　　　　　　　　（松原典明）

斑蓋　はんがい　修験者が入峰修行に際して雨露を防ぐために使用する檜製の笠。「あやいがさ」とも読む。修験十二道具の1つ。平面は円形を呈し，径は古来1尺6寸7分を標準とし，紐を顎にかけて装着する。外面には赤い錦で八葉状の装飾をつけ，縁を白い布で覆い，内面には五色の糸を垂らす。修験道の教義では，斑蓋は仏の頭上を飾る天蓋のことで，衆生が母胎内にいるときの胞衣であるという。羽黒山の秋峰では笈の上に斑蓋を置き，笈が新たに宿った生命，斑蓋が母胎を象徴すると伝える。また，宿での修行中，天井に斑蓋を取り付け，そこから五色の長い糸を垂らすが，そのことで行者が母胎内にあることを象徴的に示しているとされる。古い遺物は残されていない。

［宮家準『修験道思想の研究』1985］

　　　　　　　　　　（時枝　務）

版経　はんきょう　一字一字の写経に代わって，版木に雕刻し，これを摺写印刷したものを版経と呼称している。

　印刷文化の初源ともなる版経は東洋に始まる。この印刷の背景には印章，石刻経などの技術と用紙が開発されたことが誘因と考えられている。7世紀にはインドにおいて絹や紙に仏印などを押印した

ものがあったことが知られている。木版印刷は中国に始まるとされ、隋説と唐説があり、初唐説が有力である。最古の首尾完全な版経として唐代咸通9年（868）刊の大英博物館蔵、敦煌発見の『金剛般若経』1巻がある。唐刻とされる版経には『法華経』・『大般若経』などがあるが、刊行年は不明である。中国での一切経の印板は、971年に北宋の太祖の勅命により蜀地で始められた。北宋板または蜀板一切経と呼称している。蜀板一切経の遺品には南禅寺蔵の『仏本行集経』巻19があり、大宋開宝7年（974）の奉勅板である刊記があるが、後刷本である。

現存する世界最古の出版物の1つに、日本の百万塔陀羅尼として知られる四種陀羅尼がある。百万塔陀羅尼は発願から6年後の神護景雲4年（770）に完成したもので十大寺に分置された。『無垢浄光陀羅尼経』の根本・自心印・相輪・六度の四種陀羅尼で異版があり、8枚が確認されている。版は木版と考えられている。これ以後は写経が中心となり、版経の記事は、平安時代の『御堂関白記』寛弘6年（1009）12月14日条の『法華経』千部摺り初めの記事が最初となる。11世紀には、『小右記』『本朝文粋』『本朝続文粋』にも版経に関する記述が見られ、『法華経』、『法華経』開結、『仁王経』、『寿命経』、『般若心経』、『阿弥陀経』、『転女成仏経』が見られる。11世紀の版経の遺品には、承暦4年（1080）6月30日点了の『法華経』巻2、正倉院蔵の寛治2年（1088）3月26日に版木の完成したことを刊記した『成唯識論』巻10（巻3・4欠）がある。12世紀には摺写の史料が多くなり、『江都督願文集』には長治2年（1105）7月の色紙摺写法華開結経を含み9点の法華経摺写をあげ、経種は『法華経』とその具経、三種法華経が多く、他に『不空羂索経』、『薬師経』、『般若理趣経』、『尊勝陀羅尼』がある。

鎌倉時代は版経の全盛期といわれ、これを代表するものは春日版と呼称される広い意味での奈良版である。11～12世紀は京洛が中心であったが、南都諸大寺にも版経作りは受け継がれており、『大般若経』600巻、『華厳経』、『浄土三部経』、『大日経』などの真言三部経、『大集経』、『涅槃経』、『大品般若』などの五部大乗経、その他の常用経が開板され、『法華経』も重版された。日本の版経は中国と字体を異にした写経体の版経としての特徴がある。古版経は写経に代わる実用経として用いられ、衆生利益のために普及することを目的に摺ったものである。11世紀ごろに写経の代用として供養することに功徳を期待して摺られたものが次第に実用経としての性格をもつようになる。実用経として良質の鳥の子紙に漆黒な文字が刷られるようになるのが鎌倉時代で、この種のものは巻子に仕立てられた特徴がある。この時期には各地の大寺院を中心に版経が開板され、鎌倉時代末期には地方神社でも開板され全国に及んだ。高野版や比叡山版には、経典のほか論書が多く版式も特徴をもつようになり、帖本に移行している。

室町時代には五山版が開板されるが、中国の模刻版でわが国の版経と版式が異なっている。14世紀には音読み仮名付き版経、訓点付き版経が刊行されている。室町時代末期には新文化の影響により活字版形式が採用され、文禄年間から見られる一字組み合わせ版式による経版の木活字板といわれるものがある。版経が折帖になるのは江戸時代からで、室町期は巻子本で折帖は少ない。巻子本を折帖し

た古版経もある。

　鎌倉時代・室町時代には，一切経の開版が計画されたが開板の資料は知られていない。わが国において完成を遂げた最初の一切経は天海版木活字一切経である。

　［兜木正亨『法華版経の研究』兜木正亨著作集 1，1982］　　　（岡本桂典）

バージャー Bhājā　西インドのムンバイ（Munbai）とプネー（Pune）を結ぶ鉄道のマラブリィ駅から約1.6kmのバージャー村（北緯18度44分，東経73度29分）近くの小山にある22窟から成る窟院群。最初期の石窟寺院の例とされる。最も新しい部分である水槽でも碑文の書体から 2 世紀のものとされるが，石窟は 5 ～ 6 世紀頃まで利用されていた。間口 8 m，奥行き16.5mのチャイティヤ窟は紀元前 2 世紀のもの。アーチ天井の垂木などに木材が利用され，木造建築を模したことがわかる。外陣部の両脇の壁から約 1 mの所に設けられた列柱と壁でできた通路が，内陣の塔の裏側で繋がり繞道となっていた。内陣には岩から削り出された仏塔があり，その上に木製の傘蓋が乗せられていたという。僧院窟は，ベランダの奥に方形の講堂があり，その一～三辺に僧房を設けた典型的な様式が主だが，ベランダと円形の僧房から成るものや，高僧の名を刻んだ14基の小塔が納められている窟もある。

　［Debala Mitra, *Buddhist Monuments*, Sahitya Samsad, Calcutta, 1971］　　　（髙橋堯英）

バージェス James Burgess　1832～1917，イギリスの考古学者。1855年カルカッタのカレッジに数学教授として赴任するが，後にボンベイ地理学協会に移り，1874年に西インド考古学局の責任者，81年に南インド考古学局の責任者を経て，86年に

カニンガム（A. Cunningham）の跡を継ぎインド考古学局長官に任命される。1889年職を退くまで，碑文局を傘下に入れるなど考古学行政の一元化，遺跡保護，調査結果の公表につとめた。在任中，マトゥラーの発掘以外大規模な発掘調査はなかったが，インド建築，特に西インドと南インド，そして北インドの一部地域の建築の調査研究に大きな成果をあげ，彼の創刊した考古学局の報告書 New Imperial Series でその膨大な成果を公表する。遺跡保護の分野では，1886年に遺跡の盗掘を防ぐためインド考古学局の許可なき発掘を禁ずる法案を通過させるなどの功績をあげた。*Indian Antiquary*（1872～84），*Epigraphia Indica*（1875～83），*Buddhist Stupas of Amaravati and Jaggyapeta*（1887）などの業績も特筆される。

　［Dilip K.Chakrabarti, *A History of Indian Archeology*, Munshiram Manoharlal, New Delhi, 1988］

　　　（髙橋堯英）

パータリプトラ Pātaliputra　インド東部のビハール州の州都パトナ（Patna）の古名。王舎城（おうしゃじょう）を首都としたマガダ国は，アジャータシャトル（Ajātaśatru）王を継いだウダイン（Udayin）王の時，ガンジス川とソン川が交わるこの交通の要衝に遷都する。この都市はマウルヤ朝下も首都として栄えた。現在の都市が昔の地層の真上にあるので，大規模な発掘はされていないが，①紀元前600年頃から前150年の北方黒色磨研土器文化層，②前150年～後100年の地層，③100年～300年の赤色土器層，④300年～600年のグプタ朝期，⑤1600年頃の地層という 5 つの文化層の存在が判明している。クムラハール（Kumrahār）からは，マウルヤ朝期の

地層から84本の列柱のあった百柱の間の遺構とアーローギャ・ビハーラ（Ārogya-vihāra）という名の僧院跡が発見され、ブランディバーグ（Bulandibagh）からは、4m以上もある木材を底に並べ敷き、その両端に4.5mの長さの木材を立てて並べ、それを木材で蓋をしたものが75m以上続くという構造物が発見されており、通路跡あるいは城柵跡とされている。

［*Archeological Remains Monuments and Museums*, Part 1, Archeoligical Survey of India, New Delhi, 1964］

（髙橋堯英）

バーミヤーン石窟寺院 Bāmiyān　アフガニスタン中央部ヒンドゥークシュ山脈中の盆地にある石窟寺院群。玄奘が『大唐西域記』に記す梵衍那国で、人々は信仰に篤く、伽藍は数十か所あり、僧徒は数千人で説出世部に属している、と記されている。1922年より1930年にかけてフランス考古学調査団によって調査された。東西に延びる峡谷の北面の崖に東の35mの大仏と西の53mの大仏を中心に2万といわれる石窟が存在するが、石窟のほとんどが僧房で、ガンダーラで行われたようなストゥーパはなく、チャイティヤ窟もないという。石窟は幅5～6mで、方形、長方形、八角形、円形とさまざまなものがあり、長方形なら円筒形天井、方形・八角形・円形のものは、方形づくり、三角持送り天井、ドーム天井をし、ローマ、ササン朝ペルシアの建築様式を模写したものであるという。石窟は単独につくられていることもあるが、尊像を納めた祠堂、講堂、集会場、そして僧房とが連結されたものもあり、インドのような三面、四面のヴィハーラ式ではなく、1～2または2～3の僧房からなるものだという。

東の大仏は、頭上にはイラン風の太陽神スーリヤが描かれ、西の大仏の天井にはインド風の仏・菩薩・天人が描かれていたという。大仏製作年代については、東が先で西が後といわれるが、いかつい大きな顔、たくましい張りのある肩、ずんぐりした体軀などの像様の類似からほとんど同時代のものと考えられ、インド風とイラン風の氾濫したキダーラ・クシャン期の4・5世紀のものであったといわれる。2001年3月11日、アフガニスタンで優勢となったイスラーム原理主義のタリバン勢力の出した宗教遺跡破壊命令によってバーミヤーンの両大仏が破壊されたという報道が世界を駆けめぐり、貴重な世界的文化遺産の消失が惜しまれている。

［水野清一「ヒンドゥ・クシュ南北の仏教遺跡」『文明の十字路』（京都大学学術調査隊編）1962］　（髙橋堯英）

バールフット Bhārhut　インド中部、マディヤ・プラデーシュ（Madhya Pradesh）州のサトナ（Satna）駅の南約15kmの地点にあるバールフット村（北緯24度27分、東経80度52分）にあった仏塔。サーンチーと並び称されるシュンガ朝期の仏塔だが現存しない。1873年のカニンガム（A.Cunningham）の調査時すでに、欄楯はほとんどが破壊され、村人が運び去った後だったといい、大塔跡も、彼が発掘できたのは基壇部の南東の壁の底まで深さ1.8mほど3mにわたってであったという。大塔は、基壇部が直径約20mで、その上部には仏龕が上下2段に約22cm間隔で並んだドラム状の形態で、その上に覆鉢が乗っていたという。その周りには幅約3mの繞道が取り囲み、東西南北に後に付加された約6.7mのトーラナ（塔門）が設けられ、高さ2.7m、直径約

26.5mの欄楯が同心円上に巡らされていたという。紀元前1世紀のものといわれる東門と欄楯の一部は,現在カルカッタのインド博物館で復元されているが,仏伝図や本生譚が刻まれた最古の遺品である。

[Debala Mitra, *Buddhist Monuments*, Sahitya Samsad, Calcutta, 1971]

（髙橋堯英）

ハイバク Haibak アフガニスタン北方の都市タシュクルガン南方の石窟遺跡。プリクムリ (Pul-i-Khumri) の平野とクルム (Khulm) の平野との間にある山中のオアシスであるハイバクの町の中心から2kmほどの西南隅で,タフティ・ルスタム (Takht-i-Rustam) と呼ばれる地にある。19世紀の後半にその存在が知られ,20世紀の初頭フーシェ (A.Foucher) 率いるフランス隊が調査し,1959・60年に京都大学の調査隊が調査した。6窟から成る石灰岩の窟院で,第1洞は天井のない前室と壁面全体にわたって大蓮華文が彫られたドーム天井を有する主室からなる。第2洞はアフガニスタン独特の僧院窟で,第3洞は6.5m×13.5mの前室と一辺の長さ10.8mの正方形の主室の両者にせり出しアーチが設けられた尊像窟。第4洞が浴室,第5洞が厠だったといわれる。山頂の第6洞は17mある平らな天井の通路を出ると,直径28m,高さ8mの伏鉢の平頂部に一辺8mの平頭が乗る巨大な仏塔が掘り出されている。

[水野清一編『ハイバクとカシュミールスマスト』1962]　（髙橋堯英）

パガン遺跡群 Pagan ミャンマーの代表的な仏教遺跡。パガン王朝は1044年にアノーヤター (Anawrahta) 王によって建てられたビルマ族の国家で,1287年に元軍の侵入が契機となって滅びるまで,その首都が置かれたのがエーヤーワディ川中流のパガンである。パガン遺跡群は王宮跡を中心に官衙跡・窯跡・寺院跡などさまざまな遺跡から構成されているが,仏教寺院跡はきわめて多く,総数は5000基を越すといわれている。僧院としてはソーミンヂー (Somingi),タマニ (Tamani),ウィニドゥ (Winidho),レーミエッナー (Lemyethna),アマナ (Amana) など,仏塔としてはンガチョェ・ナダウン (Ngakywenadaung),ブーパヤー (Bupaya),ミンカバー (Myinkaba),ローカナンダ (Lokananda),シュエサンドー (Shwesandaw),シュエズィーゴン (Shwezigon) など,内部に仏像を祀る祠堂としてはナッフラウン・チャウン (Nat-hlaung-Kyaung),ローカティパン (Lokahteikpan),アベーヤダナー (Abeyadana),シュエグーヂー (Shwegugyi),アーナンダ (Ananda),タッビンニュ (Thatbyinnyu),ナンパヤー (Nanpaya) など,洞窟寺院としてはチャウクー・オンミン (Kyaukgu Umin) など,戒壇としてはウパーリ・ティン (Upali-thein) などが有名である。レンガ建築が基本であるが,石材・テラコッタ・陶板なども建築部材として使用され,瓦葺の木造建築も建てられたことが知られている。

[Luce, G・H, *Old Barma-Early Pagan*, vol.1-3, 1969～70, Pierre Pichard, *Inventory of Monuments at Pagan*, vol.1～5, 1992～95]　（時枝　務）

ハッダ Hadda 玄奘の伝える那掲羅曷国（ナガラハーラ）の醯羅城跡。玄奘は,霊験あらたかな如来の頂骨・頭骨・眼睛,如来の衣と錫杖が祀られ,参詣者が多いと記す。アフガニスタンのジェララバードの南方8kmのハッダ村が跡地とされ,カート (Gen.

Court) やマッソン (C. Masson) など19世紀の探検家が調査を始め，1923年のフーシェ (A.Foucher) とゴダール (A. Godard) の予備調査後，1926年から1928年までバルトゥー (J.Barthoux) に率いられたフランス考古学隊によって，タパ・カラン (Tapa-Kalan)，タパ・イ・カファイリハー (Tapa-i-Kafairiha)，ガグ・ガイー (Gagh-Gaī) などの寺院跡7か所が調査された。いずれも塔院跡で，仏塔の周りに複数の奉献塔が設けられ，内外をストッコ像で荘厳した祠堂が取り囲む様式であったという。日干し煉瓦，ストッコを資材とした建築，彫塑が特徴的で，ヘレニスティックからインド様式までさまざまな様式が混ざり合い，艶やかに彩色されたストッコ彫刻など出土物はパリのギメ博物館とカブール博物館に収められている。

［水野清一編『アフガニスタン古代美術』1964］　　　　　　　　　（髙橋堯英）

パハールプル Pahārpur　パーラ王朝の第2代ダルマパーラ (Dharmapāla) 王 (770〜810頃) が建立したソーマプラ (Somapura) 僧伽藍跡。バングラデッシュ西部ラージシャーヒー (Rajshahi) 県にある（北緯25度2分，東経89度3分）。この僧伽藍は，一辺246.6mの正方形の囲壁の四辺に177もの僧房が設けられ，囲まれた内庭の中央に塔院が設けられた，僧院と塔院が融合した特異な構造を有する。囲壁の北側中央に設けられた正方形の列柱の間の玄関が入口となっており，奥のドアをぬけるともう1つの列柱の間があり，そこから僧房列の前にぐるりと設けられたベランダ部に出られる。僧房はほとんどが同じ構造であるが，仏像の台座の残るものもあり，それらは後代祠堂として用いられたとされる。塔院は，南北

106.95m，東西94.95mの規模で，十字形基壇が階段状に数段重ねられ，最上段に方形の高塔が乗り，塔の四方に祠堂が設けられた形態で，基壇部には3000点ものテラコッタの浮彫がはめ込まれていたという。

［Debala Mitra, *Buddhist Monuments*, Sahitya Samsad, Calcutta, 1971］

（髙橋堯英）

ひ

比江廃寺 ひえはいじ　高知県南国市比江にある白鳳時代後期に創建された寺跡で，昭和9年 (1934) に比江廃寺塔跡が国の史跡に指定されている。塔跡は昭和44年 (1969) に調査され，心礎は創建当初の位置にあることが確認された。伽藍配置は法隆寺式伽藍配置と想定されているが明確ではない。平成2年 (1990) にも発掘調査されたが，金堂跡とされる区域は開発により失われていた。

平成7年 (1995) には2回にわたり学術調査が実施された。その結果，地山を削平した後に心礎を据えた痕跡が再確認された。心礎の北と西側では地山の砂礫層を削平し，南から西側にかけては心礎の搬入口にあたる地山掘削範囲を版築状に突き固めている。塔の創建時期は8世紀前半と推定されている。江戸時代には寺院の建物跡の礎石が残っていたが，隣接して流れる国分川の改修に使用された。『長宗我部地検帳』には廃寺周辺の地名として「アマシヤ内（尼寺ヶ内）」という字名が見られ，奈良時代以降に土佐国分尼寺として転用されたことも考えられている。塔跡周辺からは，法隆寺系の複弁蓮華文鐙（軒丸）瓦と均整忍冬唐草文字（軒平）瓦，波文縁複弁蓮華文鐙（軒丸）瓦

と三重弧文字(軒平)瓦の川原寺(かわらでら)系のものが出土している。

[岡本健児「土佐　国分尼寺(比江廃寺)」『新修国分寺の研究』5上，1987]
(岡本桂典)

檜扇　ひおうぎ　暑さをしのぐために僧俗が用いた日常具であるが，経を講ずるときに僧侶が持つ威厳具の1つである。檜扇は，檜の柾目の良材を用い，薄く剥いだ薄板で作られる。

『摩訶僧祇律』巻32に蚊に悩まされ，衣にて蚊を追い払っていた僧侶に対し，扇を持つことが許されたことが見えている。扇には，竹扇，葦扇，樹葉扇が許されており，雲母(うんも)扇，画色した扇は許されていないが，装飾を施した扇は僧伽全体の所有に基づく物であれば許されている。威厳具として用いられた経過については明確でない。『禅林象器箋』には，インド・中国において威儀具として用いたことが見えている。『阿娑縛抄(あさばしょう)』巻1「胎灌記」の中の護摩壇の項には，炉の右に扇を置くことが記されている。

京都府の東寺金堂千手観音像の膊部(とうじ)より確認されたものや愛媛県奈良原山経塚出土の檜扇があるが，僧侶の持物であったかは即断できない。

[光森正士「僧具」『新版仏教考古学講座』5，1976]
(岡本桂典)

日置部公墓誌　ひきべのきみほし　熊本県玉名郡菊水町瀬川嶌原から寛政6年(1794)に出土した銅板の墓誌。佚亡のため，不明な点が多い。墓誌には「玉名郡人権擬少領外初位日置□公」の銘があったという。日置□公は，日置部君(公)と想定され，日置部君(公)は，古墳時代においては，子部・車持・笠取・鴨の各氏族とともに「殿部」の役を務めていたとされ，特に「燈燭」を担当していた。

この墓誌が発見された小岱山西麓の立願寺地区は，玉名郡家・郡倉・郡寺の推定地であり，付近には疋野神社が所在しており，日置氏の祭神であったと考えられている。また，小岱山西麓は，須恵器窯跡や鉄関連遺跡が多数存在しており，特に鉄生産は，平安時代後期から中世初頭を最盛期として，砂鉄製錬ではなく，鋼生産が大規模に行われていた。

[大脇潔「墓誌」『日本歴史考古学を学ぶ』中，1986]
(上野恵司)

肥後国分寺跡　ひごこくぶんじあと　熊本県熊本市出水に所在する。国分寺跡は，西に肥後国府跡，東に尼寺が所在するという位置関係にある。これまでの調査では，塔跡とその回廊と見られる基壇が確認されている。また塔跡の北にあたる現国分寺本堂の礎石6個のうち，1個を除き他はすべて原位置と判断され，これに基づいて講堂を想定している。こうしたことから塔跡の中心線は講堂の基壇西辺に一致すると考えられている。伽藍配置を確定する十分な所見が得られているとはいえないが，回廊に囲繞される塔，その東に金堂，南北中心線上に講堂・僧房・小房子が配置された2町四方の規模が想定されている。国分寺跡出土瓦は尼寺跡と同様に，複弁八葉蓮華文鐙(あぶみ)(軒丸)瓦と均正唐草文字(軒平)瓦，複弁四葉蓮花文鐙(軒丸)瓦と均正唐草文字(軒平)瓦の組合せが確認されている。出土した瓦類は，国分寺跡の東北約8kmに位置する楳谷寺(ばいこくじ)瓦窯などで生産されている。

[隈昭志「肥後国分寺跡」『九州古瓦図録』1981]
(渋谷忠章)

英彦山　ひこさん　福岡県と大分県の県境に所在する修験道の霊山。北魏からの渡来僧である善正(ぜんしょう)によって開山されたと伝え，8世紀には『続日本紀』に法蓮(ほうれん)の

活動が見えることから，古代から信仰の対象となっていたことが知られる。12世紀には山頂に経塚が造営され，銅板経・経筒・金銅仏などが出土しており，英彦山を拠点として活動した僧侶の存在が確認される。13世紀までには山内の各所に修行窟が営まれ，弥勒菩薩の兜率天になぞらえた49窟を中心に，修験者による参籠行が展開された。中世には宝満山や求菩提山などと峰伝いにつなぐ峰入道が整備され，集団での練行が行われ，山中に多数の宿や拝所が作られた。また，山麓には院坊が営まれ，それに伴う修験者の墓地が出現する。近世には九州最大の霊山として栄え，宿坊を主体とする修験道集落が発達したが，明治初年の神仏分離で荒廃した。

［長野覚『英彦山修験道の歴史地理学的研究』1987］　　　　（時枝　務）

肥前国分寺跡　ひぜんこくぶんじあと　佐賀県佐賀郡大和町にあり，佐賀市街の北約5kmの背振山麓や嘉瀬川が形成した扇状地に位置する。昭和49〜50年（1974〜75）に調査が行われ，東・南・西側の築地やその内側に沿った溝などによって方2町域がほぼ確定された。中心の伽藍はやや西寄りに造営され，金堂跡とその東南40mに塔跡がある。金堂跡は高さ2.5mの基壇が一部残っており，東西36m，南北23の基壇上に9間（33.3m）×4間（13.8m）の規模の建物が復元される。塔跡は，高さ約2mの東西に長い土壇が残っており，東西25.4m，南北24.9mの掘込地形と版築基壇が確認されている。また，金堂の北方に推定されている講堂については，東西6間以上（柱間3.0m），南北1間（柱間2.4m）の掘立柱遺構が発見されており，講堂の庇遺構などが推定されている。出土した創建時の瓦には，大宰府系古瓦（鴻臚館系軒先瓦・都府楼系鬼瓦）・単弁九葉鐙（軒丸）瓦・均正唐草文字（軒平）瓦がある。

［大和町教育委員会『肥前国分寺跡』大和町文化財調査報告書1，1976，高島忠平「肥前・国分寺」『新修国分寺の研究』5下，1987］　　　　（渋谷忠章）

備前国分寺跡　びぜんこくぶんじあと　岡山県赤磐郡山陽町馬屋に所在。砂川の右岸段丘上に位置する寺院跡で，昭和49年（1974）に調査が実施された。寺域の南北は不明であるが，東西600尺（180m）の規模をもっている。伽藍は南門跡，中門跡，金堂跡，講堂跡，僧房跡が南北中軸線上に並び，塔跡は東側に位置する国分寺式の配置である。南門跡の基壇は東西22.8m，南北12.5mで桁行5間，梁間2間の建物が，また，中門跡も南門跡と同規模の建物が想定される。金堂跡の基壇は東西約30m，南北約21mをはかる。建物跡の規模については詳らかでない。講堂跡の基壇は金堂跡の規模と同程度と考えられる。礎石2個が確認されたが規模は不明である。僧房跡の南北は15m，東西幅は不明である。塔跡の規模などについてもあきらかでない。出土遺物には瓦類，塼，緑釉陶器などがある。

［岡山県教育委員会「備前国分寺跡緊急発掘調査概報」『岡山県埋蔵文化財発掘調査報告』13，1975，伊藤晃「備前」『新修国分寺の研究』4，1991］　　　（是光吉基）

比曽寺跡　ひそでらあと　奈良県吉野郡大淀町比曽に所在する寺院跡。比蘇寺，吉野寺ともいう。国史跡。『日本書紀』欽明天皇14年の条に，「仏像二体を造り，吉野寺にある」と見える。

南大門，中門，金堂，講堂が南北の主軸に沿い，東西に両塔が並ぶ薬師寺式伽藍配置の可能性が考えられる。東西両塔

跡の遺存がよく，特に東塔の礎石は完存の状態である。東塔跡の基壇の高さは1.5mで，礎石は12個の側柱礎石が等間隔に並び，表面には精巧な造作がある。円柱座は径43.5cmで，幅25.5cmの地覆座が作りつけられており，円柱座の下には一回り大きい円座を設け，円形の輪郭を刻んでいる珍しい作りである。薬師寺様式といわれる。西塔の礎石の手法には省略化が見られる。出土瓦には八葉素弁蓮華文瓦も存在することから，飛鳥時代から白鳳時代初期の創建の可能性が考えられる。

　　［石田茂作「比曽寺」『飛鳥時代寺院阯の研究』1936］　　　　　　（松原典明）

飛騨国分寺跡　ひだこくぶんじあと　岐阜県高山市総和町1丁目83番地に所在する8世紀後葉創建の寺院跡。高山盆地の中央東寄りに位置し，西方約7kmに国分尼寺が所在する。現存する国分寺本堂（重文）の解体修理が昭和27〜29年（1952〜54）に行われた結果，室町時代の建立が確認された。同時に実施された発掘調査で4間×7間の金堂跡が確認されている。昭和61年（1986）の調査では，講堂の南側に当たることが推定される位置で奈良時代の生活面が広がることが把握された。平成9年（1997）には金堂が高さ約1mを測る版築基壇の構造であることが確認されている。塔跡については原位置を離れた柄穴式心礎が本堂の東側にある。出土遺物には「国分寺」刻銘平瓦をはじめとする瓦類や土器類がある。本寺所要瓦を焼成した瓦窯としては赤保木瓦窯跡（昭和51年〈1976〉国指定史跡）がよく知られている。

　　［田中彰「飛騨」『新修国分寺の研究』7，1997］　　　　　　（野澤則幸）

常陸国分寺跡　ひたちこくぶんじあと　茨城県石岡市府中5丁目（旧国分町）に所在

する古代寺院跡。国特別史跡。遺跡地は現在，真言宗浄瑠璃山国分寺の境内にある。金堂・講堂の基壇や礎石が残り，回廊の一部も現存する。昭和27年（1952）には塔心礎も境内に移置されている。伽藍の中軸線上には中門・金堂・講堂が並び，中門から派出する回廊は金堂に結ぶ配置である。寺院地は東西2町半，南北約2町を有する。近年，金堂跡，講堂跡の現基壇の下から創建時の基壇掘込地業が確認され，昭和52年の調査では金堂跡と講堂跡の中央西側に鐘楼跡が確認された。また，斎藤忠により金堂の東方約130mの地の「伽藍御堂（ガラミドウ）」と呼ばれる地には七重塔の存在があきらかにされている。出土古瓦には，複弁十葉蓮華文や単弁二十葉蓮華文の鐙（軒丸）瓦，均整唐草文の宇（軒平）瓦などが知られている。

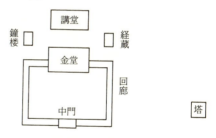

常陸国分寺跡伽藍配置想定図

　　［瓦吹堅・黒沢彰哉「常陸」『新修国分寺の研究』7，1997，斎藤忠『常陸国分僧寺の堂塔跡と寺域の研究』1981］

　　　　　　（大谷昌良）

常陸国分尼寺跡　ひたちこくぶんにじあと　茨城県石岡市若松3丁目（旧尼寺ケ原）に所在する古代寺院跡。国特別史跡。僧寺の北西約500mの地に位置し，中門・金堂・講堂の基壇と礎石が良好に残り旧状をとどめている。伽藍の中軸線上には南大門・中門・金堂・講堂が並び，中門か

ら派出する回廊は金堂か講堂のいずれか
に結ぶと想定される。寺院地は東西1町，
南北1町半を有する。昭和44年（1969）
から4次にわたる調査と昭和53年(1978)
から史跡公園化事業に伴う年次計画調査
が実施され，主要伽藍の四囲に溝が巡る
ことや講堂の北側に北方建物跡（尼房あ
るいは食堂に比定される）が確認された
が全体像の解明には至っていない。出土
古瓦は，僧寺出土の古瓦と同笵関係をも
つ鐙（軒丸)瓦や宇（軒平)瓦が知られて
いる。また，墨書土器（土師器）「法華」
も出土している。

常陸国分尼寺跡

［瓦吹堅・黒沢彰哉「常陸」『新修国分寺
の研究』7，1997］　　　　（大谷昌良）

備中国分寺跡　びっちゅうこくぶんじあと
岡山県総社市上林字国分地に所在。高梁
川から約5km離れた左岸の独立丘の南側
の標高約20mの地に位置する。昭和46年
(1971)岡山県教育委員会によって調査が
行われ，南門跡，中門跡，望楼状の建物
跡，井戸跡，築地跡が検出された。寺域
は東西550尺，南北600尺で，法起寺式の
伽藍配置が推定されている。南門跡の基
壇は東西約66尺，南北約43尺で建物は桁
行5間(50尺)，梁間2間(22尺)をはかる。
南門跡の北約32mに中門跡がある。建物
は桁行5間(52尺)，梁間2間で南門跡よ
りもやや大きめである。中門跡の約50m

東側では径70cmをはかる柱痕跡4か所が
検出された。望楼跡と考えられている。
中門跡の西側約35mのところで長径1.3
m，短径60cmの丸木半截刳抜式の井筒が
あきらかになった。築地の基底部幅は4
尺である。出土遺物は瓦類，土器類，鉄
器などである。

［葛原克人「備中国分寺」『佛教美術』
103，1975，高橋護・葛原克人・松本和男
「備中」『新修国分寺の研究』4，1991］
　　　　　　　　　　　　　（是光吉基）

備中国分尼寺跡　びっちゅうこくぶんにじあ
と　岡山県総社市上林字皇塚に所在。備
中国分寺跡の東方約480mの標高約30m
前後の丘陵上に位置する。昭和46年
(1971)に調査が実施され，南門跡，中門
跡，金堂跡，講堂跡，塔跡ないしは鐘楼，
経蔵と考えられる建物跡I，規模などが
不明の建物跡II，築地跡などが検出され
た。寺域は東西360尺（108m），南北720
尺（216m）で，伽藍は国分寺式の配置と
なる。南門は遺存する礎石から桁行3間
（33尺），梁間2間（20尺）の建物が考え
られている。中門の基壇は東西21m，南
北3.8mである。金堂は桁行5間（70
尺），梁間4間(44尺)の建物で，桁行柱間
の身舎は16尺で庇が11尺，梁間の柱間は
11尺をはかる。講堂は桁行7間，梁間4
間の建物が想定されている。出土遺物に
は瓦類，須恵器，土師器などがある。

［岡山県教育委員会『風土記の丘環境整
備に伴う埋蔵文化財発掘調査概要』1972，
高橋護・葛原克人・松本和男「備中」『新
修国分寺の研究』4，1991］　（是光吉基）

引敷　ひっしき　修験者が入峰修行に際
して用いる敷物。修験十二道具の1つ。
鹿・熊・兎などの毛皮を尻の下に敷くの
に適した大きさに裁断し，それに2本の
紐を取り付け，腰に結わえることができ

るようにしたものである。毛皮は油分が強く，水をはじく力をもつので，湿った場所に坐っても濡れることがないという。東北地方のマタギも冬の狩猟に際して同様な敷物を使用したことが知られており，もともと狩人の間で使用されていた民具を，その便利さに注目した修験者が入峰修行に採用したものであろう。教義的には，獅子乗を表すとされ，行者が獅子に乗って法性に至ることを象徴的に示すものとされている。なお，毛皮は空也上人をはじめとする遊行聖（ゆぎょうひじり）も着けており，修験者のみでなく民間の宗教者に広く利用されていた可能性が高いが，現在もそれを使っているのは修験道教団のみであろう。古い遺物は知られていない。

［宮家準『修験道思想の研究』1985］
　　　　　　　　　　（時枝　務）

碑伝　ひで　修験者が山岳修行に際して造立する記念碑。本尊・造立意趣・造立者名・造立年月日・入峰度数などを記す。石田茂作は形態から切碑伝（きり）・丸木碑伝（まき）・板碑伝（いた）に分類する。切碑伝は立木の幹をはつって銘を刻むもの，丸木碑伝は枝などの自然木を利用したもの，板碑伝は製材した板を用いたもので，いずれも木製であった。そのため，現存するものは少ないが，滋賀県大津市葛川明王院（かつらがわ）の板碑伝には元久元年（1204），奈良県上北山村前鬼（ぜんき）で発見された丸木碑伝には永仁3年（1295）の紀年銘があり，13世紀に製作されていたことは確実である。前者は葛川明王院参籠，後者は修行窟での冬籠りを成就した証しとして造立されたことが知られ，しかも前者では因明坊俊重の20度を最高に，権大僧都法眼和尚位成円14度・阿闍梨最延9度・供仏坊行雲4度・香樹房永尊3度・真浄房実命2度など参籠回数が記され，後者では長成盛慈聖房

の冬籠りが4度目であることを明記しており，修行の度数が重視される傾向にあったことがわかる。それは苦行を積めば積むほど験力が増すとする修験道の思想に由来するものと見られる。

板碑伝は，頭部を三角形に整えるものが多く，頂部二条線をもつなど板碑との共通点も見出せるが，五輪形などに成形するものも見られ，必ずしも類似するとは限らない。石田は板碑の起源を碑伝に求めるが，むしろ板碑も碑伝も，形態的には共通の祖から分岐した可能性を考えたほうがよさそうである。板碑は供養塔であるのに対して，碑伝はあくまでも修行記念碑であって，両者の性格が根本的に異なっていることを見落としてはならない。なお，山形県羽黒町羽黒山峰中堂脇の石製碑伝や福岡県太宰府市宝満山の自然石磨崖碑伝など，石を素材とした碑伝も見られるが，例外的な事例であることは否めない。

［石田茂作「碑伝について（上）─板碑との関係」『銅鐸』12，1956］（時枝　務）

日野一郎　ひの　いちろう　大正4（1915）～平成9（1997），東京都生。早稲田大学文学部史学科卒。早稲田大学文学部助手などを経て武相中学校・高等学校教諭，校長。その間，関東短期大学教授，東洋大学・立正大学・早稲田大学で教鞭をとった。

歴史考古学を専攻し，とくに石造宝篋印塔の調査研究を進め，その形態と変遷を全国的な視点からあきらかにする業績を残した。石大工の研究，中世墳墓の調査をはじめ，各時代の多くの遺跡の調査を指導し，神奈川県考古学会の会長などもつとめた。

（主要著作）「宝篋印塔形式の発達とその地域相」1～5，『古代文化』12─8～12，

1941，「中世の石大工について」『早大大学院文学研究科紀要』28，1982 （追悼）「日野一郎先生追悼記念号」『考古論叢神奈川』8，2000 （坂詰秀一）

白毫 びゃくごう 白毫とは如来・菩薩像の眉間に見られる突起物を指し，如来三十二相の１つである白毫相を表現したものである。白毫相とは，眉間で小さく巻きかたまり，右旋した１本の白く細長い毛のことで，それは真珠のように光り輝き，引き延ばすと1.8mほどの長さになるという。白毫から放たれる光は大いなる慈悲に満ちて世界の隅々まで行き渡り，暗闇にいる衆生を導く無量の光でもある。仏像頭部後方に見られる頭光は白毫から発する光であり，その光はさらに如来三十二相の丈光相を作りだしている。

　仏像彫刻における白毫の表現は，彫出する材から共に掘り出すものと水晶・木・金属などをはめ込むものがあり，このうち水晶製のものが最も多い。白毫の真珠のように光り輝く様を表現するために，水晶をはめ込む穴に膠に溶いた胡粉（牡蠣の貝殻を砕いて作る白色の粉。彫刻の彩色下地や日本画に使われる）を流し込んだあと水晶をはめ込む。胡粉の白が透け，レンズ効果によって水晶自体が白色に光って見える。また白毫が白い毛であるということから，白色顔料で描かれただけのものもある。仏像の中で白毫が表されているものは如来と菩薩のみで他の像に見られることはないが，如来・菩薩像の中にも白毫をつけていない像もある。

　わが国では平安時代中期までは白毫のない像が多く，以降のものはほとんどのものに表現されているが，制作時に白毫を表現されていなかった像でも後世の修理時において新たに水晶をはめ込まれた

ものもある。また制作時にはめ込まれた水晶が脱落したのち，代用として数珠玉や胡粉で彩色した木製の白毫をはめ込んでいる例もある。珍しい白毫の作例としては京都府清涼寺「木造釈迦如来立像」や京都府東寺（教王護国寺）の「木造十一面千手観音立像」があり，清涼寺のものは金属製でその中央に仏形が線刻され，東寺のものは白毫穴の中にさらに小さな穴が彫られ，仏舎利入りの純金製容器が納入されている。 （秋田貴廣）

日向国分寺跡 ひゅうがこくぶんじあと 宮崎県西都市大字三宅にあり，西都原古墳群で知られる西都原台地の南端にある低位の国分台地に位置する。昭和9年（1934）県の指定史跡。五智如来を安置する五智堂あたりに推定され，北方600mに尼寺，北方約2kmの寺崎遺跡が国衙跡と考えられている。寺域や伽藍配置についてはほとんど不明であるが，地形上の制約から南北に長い長方形の伽藍配置が考えられていた。平成元年（1989）の確認調査で，僧坊と考えられる大規模な掘立柱建物などいくつかの建物の存在が確認され，その後の調査でわずかながら伽藍配置が判明しつつある。創建時の瓦と目される鐙（軒丸）瓦は蓮華文単弁八葉で，宇（軒平）瓦は波行の強い均正唐草文を内区に，外縁に23の珠文を配した瓦の組合せである。日向国分寺瓦の系譜については，肥後や大隅国分寺瓦の中に若干の関連が求められる以外は類例がなく，大宰府系瓦とも直接系譜をたどることは困難とされている。

　［宮崎県教育委員会『国衙・郡衙・古寺跡等遺跡詳細分布調査概要報告書』Ⅰ～Ⅲ，1989〜1991］ （渋谷忠章）

瓶塔 びょうとう この塔は火葬骨を納める舎利塔に多く，その用途からすれば仏

塔の主体である覆鉢（ふくばち）に納めておくべきであるが，独立した1つの塔として人々の崇拝の対象になった。形状は瓶に蓋をつけた形の塔をいう。名称からも漏斗状もしくは球形を示し，材質は金銅製が多いが，石造の瓶塔の報告もある。

石田茂作の分類によると，形状から長頸の平瓶に宝蓋をつけたもの，蓋鈕に相輪鈕をつけたもの，花瓶形のものに分けることができるという。編年的に見ると，宝蓋をつけたものは奈良時代から鎌倉時代にかけて認められ，相輪鈕をつけたものは，平安時代から鎌倉時代まで確認さ

れ，花瓶形のものは鎌倉時代以降のものであるという。

［石田茂作『日本佛塔の研究』1969］

（斎木　勝）

平等院　びょうどういん　京都府宇治市宇治蓮華に所在する寺院。世界遺産。庭園は，国の史跡及び名勝に指定されている。寝殿（しんでん）造式を変化させた伽藍配置を有する。現在鳳凰堂と呼ばれる阿弥陀堂は，寝殿造式伽藍の中島に建てられている。末法初年にあたるとされた永承7年（1052）に，藤原頼通が宇治別業を仏寺平等院として創建する。翌天喜元年（1053）

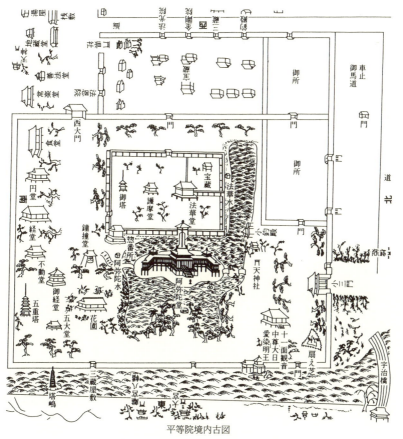

平等院境内古図

に，定朝作の阿弥陀如来坐像を本尊とする阿弥陀堂が建立される。その後，法華堂や多宝塔，五大堂などが順次落成し，伽藍が整備される。数回火災に遭っており，特に建武3年(1336)の兵火では，阿弥陀堂と鐘楼，門以外の堂宇が悉く失われた。現在，創建期からの建物は阿弥陀堂のみである。阿弥陀堂を中心とする現在の境内は，南北約220m，東西約160mであるが，平安時代の寺域（旧境内）は，南北約400m，東西約300mの範囲を有していたと想定されている。

旧境内における発掘調査により多宝塔跡とされる建物基壇や庭園跡などが確認された。境内の整備事業として発掘調査が平成3年(1991)から継続して実施され，創建当時以降の洲浜などの庭園遺構が良好な状態で確認されたのをはじめ，文献に記載の見える「小御所」跡などが検出された。中島は現在よりもかなり狭く，池が拡がっており，南側に流れる宇治川と一体となった景観であったことがあきらかになった。出土遺物の大半は瓦で，

それ以外の遺物では，青銅製宝相華唐草文透金具が特筆される。この金具と同じ文様のものが現在も阿弥陀堂で使用されている。一方，阿弥陀堂の中堂内部には，本尊を中心として，壁や扉には九品来迎図が，仏後壁には浄土図が描かれている。これらは，本尊の飛天光背や八重蓮華座，天蓋，柱に描かれた菩薩や瑞鳥文様などと一体となって，当時の浄土観を表現したものとされている。なお，創建頃の鋳造と推定される梵鐘があり，朝鮮鐘の装飾を持つ和鐘として知られる。

［宗教法人平等院『平等院－阿弥陀堂中島発掘調査報告書－』1991］

（三好義三）

平川廃寺　ひらかわはいじ　京都府城陽市平川古宮に所在する寺院跡。国指定史跡。戦時中に瓦が採集され，古代寺院が存在するとされていた。その後，発掘調査によりあきらかになりつつある。塔と金堂，回廊，築地の遺構が検出され，法隆寺式伽藍配置であると想定されている。寺域は東西約175m，南北約115mを有し，塔

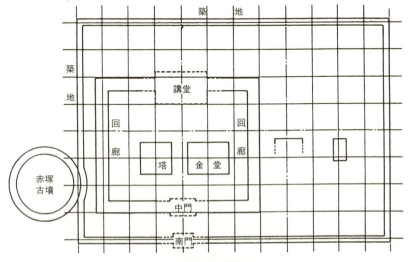

平川廃寺伽藍配置計画図

基壇は一辺約17.2m，金堂基壇は東西約22.5m，南北約17.2mを測る。塔・金堂とも基壇は瓦積みで，塔の側面上半分が漆喰で固められていたことは，特筆すべきである。出土遺物は，山田寺式や川原寺式，高麗寺式の軒瓦をはじめ，柱や扉のものと思われる飾り金具，菩薩立像と見られる塑像の破片などが出土している。出土瓦の型式と個体数から，創建年代は奈良時代後期後半で，焼土層の存在から平安時代の初めには，塔や金堂が火災に遭い，まもなく廃絶したと考えられている。なお，高句麗系渡来氏族の黄文氏の氏寺であったとの説がある。

［城陽市教育委員会『平川廃寺発掘調査概報－城陽市埋蔵文化財調査報告書1－』1973］　　　（三好義三）

備後国分寺跡　びんごこくぶんじあと　広島県深安郡神辺町下御領に所在する国分僧寺跡。神辺平野の北端に連なる丘陵の南面裾部に位置する。現在，国分寺跡には，江戸時代に再建された国分寺が建つ。昭和47年（1972）からの4次にわたる発掘調査で伽藍配置の様相があきらかになった。伽藍配置は，金堂を西，塔を東，その背後に講堂を建てる法起寺式。中門跡及び回廊跡は確認されていないが，南門跡と東面の築地塀跡が出土している。塔基壇は一辺18.4m，金堂基壇は東西29.4m，南北20mの規模。講堂は南辺があきらかでないが，東西30mと推定されている。寺域は，南面と東面の一部が確認されていることから180m四方か，南北がやや長い範囲が想定されている。出土遺物は大量の瓦類と土器類や須恵器・緑釉陶器などがある。創建時の軒瓦は，重圏文鐙（軒丸）瓦と重廓文字（軒平）瓦の組み合わせ。以前紹介されていた白鳳期の軒瓦は出土していない。

［松下正司「備後」『新修国分寺の研究』7，1997］　　　（真田広幸）

ピタルコーラ　Pitalkhora　インドのデカン高原の重要都市アウランガバードから北西に80kmほどの地点で，エローラの北方約40kmの地点にある仏教遺跡（北緯20度20分，東経75度0分）。マハーマユーリー（Mahāmayūrī　孔雀明呪経）で夜叉シャンカリン（Śankarin）がいたとされるピータンガリヤ（Pītangaliya）に相当するといわれる。石窟群は深く刻まれた谷間の断崖にあり，南向きの崖にはチャイティヤ窟（第3窟）と8つのヴィハーラ窟（1〜2，4〜9窟）があり，谷を挟んで北向きの崖に小規模なチャイティヤ窟10〜13窟がある。碑文から前1世紀初頭から開削が始まったと考えられ，第3窟のチャイティヤ窟の柱や壁面，そして天井に描かれた仏像・菩薩像，蓮華文様がアジャンターの壁画の様式を踏襲していることから，この石窟寺院が6〜7世紀まで利用されていたと考えられている。ニューデリー国立博物館蔵の丸彫りの夜叉像などが第3窟前で発見されている。

［佐藤宗太郎『インド石窟寺院』1985，Debala Mitra, *Buddhist Monuments*, Sahitya Samsad, Calcutta, 1971］

（髙橋堯英）

ピプラハワー　Piprāhwā　インドとネパールの国境標識石№44の南方，インド領に存在する遺跡。1898年にペッペ（W. C.Pepe），1972〜73年にスリヴァスタヴァ（K. M. Srivastava）によって発掘されたレンガ造りの塔跡がある。塔は，径約34.8m，高さ約6.5mの大きさを有し，1898年の発掘に際して石室が検出され，なかに5個の舎利壺が置かれていた。その中の1個に銘文（「シャカ族の世尊仏陀

のこの舎利容器は，スキティの兄弟たちが，その姉妹・妻子とともに奉献せるものなり」〔H. リューダース〕）が見られた。また1972〜73年の発掘において，さらに2個の舎利壺が検出された。また，シール（「この精舎はデーヴァプトラがカピラヴァストゥ比丘僧伽に〔寄進するものである〕」などの文字あり）も出土した。これによって，ピプラハワーはカピラヴァストゥである，とする説が披瀝されたが，まだ定かでなく，ネパールのティラウラコットをカピラヴァストゥとする説も主張されている。

ピプラハワー

[K.M.Srivastava, *Discovery of Kapila-vastu*, 1986，坂詰秀一『仏教考古学の構想』2000]　　　　　　　　（坂詰秀一）

ふ

風鐸　ふうたく　寺院の堂塔の軒下に吊す舌をもった音の出る荘厳具。建物の隅木の先端や塔の相輪に吊して，その可憐な形態と妙音で，堂塔を荘厳するためのものである。舌の先端に付けた風招の部分が風を受けて，舌が本体にぶつかり，音を発することから風鐸の名がある。風招の語は天平宝字6年（762）の「法華寺阿弥陀院作物所解」にすでに見えており，奈良時代に遡ることが知られ，風鐸の名称もそこから派生したことが推測できる。

風鐸は建物を美しく装飾するものであるところから宝鐸とも呼ばれる。

風鐸の身は下向きに口が開いた扁平な筒形を呈し，内部に打奏部である舌が吊り下げられ，その先端に風を受けるための装置である板状の風招が取り付けられている。舌は可動的なものである必要があるので，身の内面上部に鐶を設置し，それに舌の上端が懸かるようになっているものが多い。身の頂部には鈕が作り出され，鐶によって吊り下げる構造になっている。材質は銅もしくは鉄で，古代のものはもっぱら鋳造品であるが，中世以降のものには鍛造品も見られる。風招は銅板を切り抜いて製作するのが普通で，頂部に孔を穿ち，鐶などを用いて舌に取り付けられる。身の両面は袈裟襷文で上下2段4区に分けられ，上段の各区に乳を作り出し，下区を無文とするものが多いのは，中国の鐸の影響であろう。銅製のものは大部分が鍍金されている。

隅木の先端を飾ったものは，鳥取県倉吉市伯耆国分寺跡出土例が高さ37.6cm，

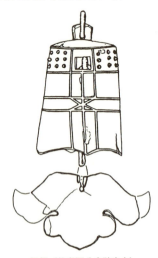

風鐸（伯耆国分寺跡出土）

滋賀県竜王町雪野寺跡出土例が高さ34cm
といずれも30cmを越える大型品であるの
に対して，相輪に使用したものは，奈良
市山村廃寺出土例が高さ11.2cm，茨城県
新治村新治廃寺出土例が高さ14cmと20cm
以下の小型品であるところに特色がある。
　　［森郁夫「その他の寺院跡－出土遺物」
　『新版仏教考古学講座』2，1975］
　　　　　　　　　　　　　（時枝　務）

副納品　ふくのうひん　経塚で経典に添え
られて埋められた遺物のこと。紙本経・
瓦経・礫石経の経塚で確認されている。
　紙本経の経塚の副納品には鏡，利器，
銭貨，合子，仏像・図像類，仏具，その
他が見られる。鏡は和鏡が主体であるが，
湖州鏡や唐式鏡，稀に漢式鏡が知られる。
鏡は本来化粧道具であるが，なかには鏡
面に仏像などを刻んだ鏡像も見られ，鏡
が神聖視されていたことがうかがえ，除
魔の目的で埋納された可能性が推測され
る。利器は短刀・刀子が多く，太刀・小
柄・剣・鎗・鉾・鏃なども見られ，埼玉
県妻沼経塚などでは経筒の周囲を取り囲
むように短刀が配されていたことから，
やはり除魔の機能をもっていたと考えら
れる。銭貨は大部分が中国製で，なかで
も宋銭が多いが，いずれも賽銭としての
性格をもつものであろう。合子は青白磁
製のもので，偏平なものと壺形のものが
あるが，前者が圧倒的に多い。化粧品の
容器と推測されるが，砂金や玉類などを
納めた例も知られており，その性格は不
明な部分が多い。仏像・図像類は，金銅
仏・木造仏・石仏・鏡像・懸仏が見られ
るほか，和歌山県高野山奥の院経塚で紙
本種子曼荼羅が検出されている。金銅仏
には7世紀に製作されたものがあり，伝世
した後に埋納されたと考えられている。
和歌山県那智経塚出土の三昧耶形は立体

的な曼荼羅の一部と推測される特殊な遺
物である。仏具では六器・火舎・独鈷杵・
三鈷杵・五鈷杵・宝珠杵・独鈷鈴・三鈷
鈴・五鈷鈴・塔鈴・宝珠鈴・羯磨など密
教法具，花瓶・水瓶・居香炉・柄香炉な
ど供養具，錫杖・念珠など僧具，磬・鰐
口など梵音具が見られ，経塚での供養に
関連するものと考えられる。密教法具が
比較的多く見られるのは，経塚の造営に
密教僧が関わる場合が多く，密教に基づ
いた儀礼が執り行われたためであろう。
その他，宝塔や銭弘俶八万四千塔などの
仏塔，檜扇・櫛・簪・提子・楪子・小皿
などの服飾・化粧用具，硯・鋏・水滴な
どの文房具，火打鎌・錐・鈴・兜などさ
まざまな遺物が知られる。なかには，経
塚造営の施主に関わる遺物も含まれてい
る可能性が高く，化粧用具が多い場合な
どは女性の関与が推測されよう。
　瓦経の経塚に伴うものは，いずれも瓦
経と同じ材質で，塔・仏像・図像・仏具
などが知られる。岡山県安養寺経塚や佐
賀県築山経塚で知られる仏画は瓦経特有
の遺物として注目される。
　礫石経の経塚では鏡・利器・銭貨・仏
像・仏具・火打鎌などが知られているが，
副納品を伴う例は少なく，銭貨以外の遺
物は稀にしか検出されない。
　　［三宅敏之「経塚の遺物」『新版仏教考古
　学講座』6，1977］　　　（時枝　務）
伏鉢　ふくばち　塔の相輪の基部で鉢を
伏せた形状を示すことからこの名称が付
された。材質は青銅製で，相輪の部分の
一部として上面には請花を受け，下部は
露盤に重ねる。より密着した接続のため，
請花との接合部はかみ合うように端を立
ち上げた構造とする。同様に露盤との接
合は，上面の重量を有効に生かすように，
露盤上面の端を立ち上げ，それを覆うよ

うに接合する。木造塔などでは，上部の九輪や水煙の過大な重量のため破損する場合が多く，長い間には強風や地震などの振動により，屋根との接続部が損傷して雨漏りの原因となることが多い。石造塔の場合は，重層塔，宝塔，多宝塔，宝篋印塔で相輪の下部の一部として構成される。

［杉本卓洲『インド仏塔の研究』1984］
（斎木　勝）

富士塚　ふじづか　富士塚とは，富士山信仰のために富士信者からなる講を中心にした人々によって造営・管理された塚のこと。その形態は，小規模ながら当然富士山を模したものとなる。

富士信仰の道は，近世初頭に角行藤仏（長谷川左近）によって開かれ，富士講の基盤はその思想を継承発展させた弟子の食行身祿によって確立した。岩科小一郎の研究によれば，富士塚への信仰は安永8年（1779），江戸高田の住人で造園師の高田藤四郎が亡師身祿を追慕して，同地水稲荷の境内に信徒の協力のもと，身上の造園技術をいかして富士山状の塚を築造し，東身祿山と名付けたことに始まるという。

富士塚の築造にあたっては，厳しい富士登攀をしなくても老人や婦人・子供までもが富士山が実体感できるよう，表面を溶岩で被覆し，山肌感覚を演出するなどの工夫を凝らした。山上に仙元菩薩，塚正面の右裾部に角行藤仏の修行場であった富士山西裾中腹部の人穴（胎内），左中腹部に食行身祿が入定した富士山7合目の烏帽子岩を設置し，そのほか御嶽石尊神の碑・祠を配するなどの定型が存在した。しかし多くの塚では，これらの指標物は確認しがたく，古墳時代の円墳と誤認されることもしばしばある。ただし，

富士塚には頂上に向かって繞ぐる登攀道の痕跡が残されていることがある。

富士塚は，富士遙拝目的をもっているので，当然その分布は東京・神奈川・埼玉など南関東に集中し，時期的には江戸期から昭和初期までに200基以上が確認されている。しかし現状としては，安永8年（1779），江戸高田に初めて築かれたとされる富士塚が昭和40年（1965），早稲田大学の校域拡張工事によって消滅したほか，現在各地に残されている富士塚も改築されたり，湮滅するものが少なくない。今後，考古学・民俗学・歴史学などからの学際的研究が焦眉の急務といえる。

［岩科小一郎「富士塚概説」『富士講と富士塚』神奈川大学日本常民文化研究所調査報告2，1978］（村田文夫）

伏鉦　ふせがね　梵音具の一種。叩鉦・扣鉦・敲鉦とも書き，チャンギリともいう。鉦鼓から変形したものと考えられ，鉦鼓の凹面口縁に3本の脚を持つ形で，鋳銅製である。鉦鼓が吊り下げて叩くのに対し，伏鉦は下に木台を置き，その上にのせて，これを撞木で叩く鳴器である。その形状は，円筒形を呈し口縁下端が，梵鐘の駒の爪状に外側に張るものが多く認められる。鼓面は円形を呈し，周縁には断面半円形の頂部に沈線を入れた二重線状の界線を廻らす例が多い。体部上側には，鰭状を呈する耳が2個付けられている例が多く認められるが，懸垂のための耳は，伏鉦では本来不必要であることから，鉦鼓の耳の形骸化したものと考えられている。銘文は，通常口唇部の底面に刻まれる例が多い。その用途は，念仏・題目・御詠歌に合わせて拍子をとるために使用したと考えられ，浄土宗関係の遺品の中に多く見られる。石田茂作所蔵のものは，鎌倉時代のものであり，服部和

彦『和玄洞古玩図』には室町時代の遺品も掲載されている。伏鉦に類似するものとしては、「木鉦」がある。これは、日蓮宗で用いられ、伏鉦の形を木で作ったもので、胴の部分に耳は認められない。桴で叩き鳴らされる。その起源は比較的新しい。

［香取忠彦「梵音具」『新版仏教考古学講座』5，1976］　　　　　（上野恵司）

豊前国分寺跡　ぶぜんこくぶんじあと　福岡県京都郡豊津町国分に所在する。福岡県の北東部、周防灘に面した平野部のやや内陸に位置する。昭和51年(1976)国の指定史跡。当地域では、7世紀末(白鳳期)から8世紀代に多くの古代寺院が建立され、郡司層の活発な動きの一端が示されている。国分寺跡の周辺には、官道をはさんで北方約800mに豊前国府、東方約250mに尼寺の推定地が所在する。国分寺は8世紀後半に主要堂宇が完成、中世を通じて法灯を伝えたが、戦国期に消失した。その後、江戸時代に再建が進み真言宗寺院として現在に至っている。豊津町教育委員会によって発掘調査が昭和49年(1974)、昭和60〜62年(1985〜87)にかけて実施されている。この結果、講堂跡の基壇が確認され、創建時の伽藍を考える上で重要な資料となった。塔跡や門跡に関連する遺構の発見はあるものの、伽藍配置の全容を解明するものではない。創建期の瓦類は九州型式の老司系瓦を主体とし、これに在地色の強い百済系が加わる。供給瓦窯として徳政瓦窯、築城町堂がえり窯跡群などが知られている。

［末永弥義『史跡豊前国分寺跡』1995］　　　　　（渋谷忠章）

武蔵寺経塚　ぶぞうじきょうづか　福岡県筑紫野市武蔵に所在する武蔵寺の南、通称堂山と呼ばれる小丘陵頂部にある南北

35m、東西20mほどの平坦面の南と東西の縁辺部に、十数基に及ぶ埋経が行われていた複合経塚で、この地には堂が建てられていたとも推測されている。これらの遺構は同時期に造営されたものでなく、遺構の造築方法、そこに納められた経筒や副埋品も多様である。

2号経塚は2段式土坑の底に石を置き、その上に4段積上式経筒を配したものである。5号経塚と8号経塚は2段積上式経筒を埋納したものであるが、その遺構のつくりは異なっている。5号経塚は土坑の底石の上に経筒を置き、その上から須恵器の甕を被せているのに対し、8号経塚は2段式土坑の底にある石の上に須恵器の甕を置き、その中に経筒を納め、須恵器の片口鉢で蓋をしている。なお、この両者の経筒は蓋と台の形が違う。5号経塚の経筒は大治5年(1126)の銘文がある。

また、銅板製の有節円筒形経筒が4号経塚、9号経塚、11号経塚から出土しているが、埋納方法や経筒のつくりに違いがある。4号経塚出土の経筒は、金箔の帯が筒身の上段、中段、下段の3か所に巻かれ、蓋は山形で軒は八花形につくられ、瓔珞が飾られたものである。9号経塚出土のものは、銅板を鋲止めしてつくった筒に上中下の帯を鋲止めしたものである。八花形の銅板でつくられた底部は筒身を5か所鋲止めしたもので、蓋は山形でその軒は四花形にしたものである。遺構は土坑に底石を置き、須恵器の瓶を外容器に、白磁碗を蓋にして、その周囲に石を入れ、蓋の上部にも石を積んでいる。11号経塚出土の経筒は、9号経塚のものとよく似ているが、突帯は上下2本である。筒内には経巻4本が残されていた。これの埋納方法は2段式土坑の底に

石を置き，その上に経筒を置き，須恵器の甕を被せ，蓋石をして積み石をしていた。

そのほか10号経塚からは青白磁合子や銅製鈴が見つかっている。なお，寛治8年(1094)及び康和5年(1103)銘の経筒が境内から発見されているというが，出土地点などはっきりしない。

［小田富士雄・宮小路賀宏『武蔵寺経塚』1970］　　　　　　　　　(山川公見子)

仏画　ぶつが　仏画は彫刻の仏像に対比する言葉で，本来は礼拝対象となる仏・菩薩などの尊像画や，その集合体である曼荼羅，浄土図などを指し，広義では仏教に関連する多様な絵画のことをいう。仏画はインドでは，アジャンターなどの石窟に，仏の一生を表す仏伝図や，仏の前世を描く本生図が，世俗画とともに遺るほかは滅失したらしく，パールフットやサーンチーの塔門や欄楯に見るように石材による浮彫の形が多い。仏画は中央アジアや中国でも石窟に壁画として描かれることが多く，とくに中国甘粛省の敦煌莫高窟には北涼時代以降元代まで，各時代の仏画が比較的良好な状態で遺され重要視されている。莫高窟の仏画は，仏・菩薩の尊像画のほか，経典の内容を描く変相図（変，変相ともいう。広義には説話画）が特徴的であり，供養菩薩，供養飛天，千仏など多様な図相が見られる。また第17窟から発見された幡画類なども紙本，絹本，繍本の仏画として，唐代以前の特徴を伝えている。インド，中国の仏画は，仏教の伝来とともに日本に伝えられ，法隆寺玉虫厨子の漆地油絵（捨身飼虎図，施身聞偈図など）や法隆寺金堂壁画（小壁の部分は残ったが，大壁4面を含む12面は昭和24年に焼失）などにその影響を見ることができる。

奈良時代には写経が盛んになり，絵因果経（上品蓮台寺本，醍醐寺報恩院本ほか）のような中国の原本を模した挿絵入経典が作られた。また唐よりの舶載品の可能性の論じられる勧修寺旧蔵の刺繍釈迦如来説法図(奈良国立博物館)や織成の当麻寺の当麻曼荼羅図（唐代，8世紀），正倉院の麻布菩薩図，薬師寺の吉祥天像（いずれも奈良時代）などには中国仏画との密接な関係が指摘される。東大寺造営の官の組織の中に画工司が設けられ，絵画が彫刻や建築の装飾に協力したこともこの時代の1つの特徴である。

平安時代には最澄，空海ら入唐僧の将来品が注目される。空海のもたらした金剛界・胎蔵界の両界曼荼羅の原本は失われたが，平安時代9世紀前半の神護寺の高尾曼荼羅にその理念は伝えられている。そうした請来品をもととした祖師像や白描図像，十二天などの諸天や不動明王などの明王図，修法のための図像などは密教画として，和様化の中にそのジャンルを確立していく。この時代法華経信仰が盛んになり，厳島神社の平家納経に代表される善美を尽くした見返し絵をもつ『法華経』の装飾経が作られた。『法華経』の内容を描く画図は，奈良時代のボストン美術館所蔵の霊山釈迦説法図が古く，後の鎌倉時代へと広まりをみせる。また釈迦信仰としては，応徳3年(1086)の銘を有する金剛峯寺の仏涅槃図をはじめとして，近・現代にまで描き継がれる涅槃図の系譜も注目される。

一方，法隆寺金堂壁画の阿弥陀三尊図や，唐代舶載品の当麻曼荼羅などを先行形式とする浄土教の仏画は，平安時代から鎌倉時代へかけて，浄土信仰の盛行とともに，形式的にも内容的にも充実した多くの作例を遺している。優美な阿弥陀

浄土図や来迎図と表裏の関係にある六道絵は、地獄界・餓鬼界など六道輪廻の苦しみを描く、特異な仏画である。鎌倉時代には禅宗の伝来があり、中国の宋元水墨画の影響と相まって、禅画(禅宗画)も広く行われた。その中には達磨図や祖師・師僧の画像(師僧の画像はとくに頂相とよばれる)、禅機を描くものなどが含まれる。平安時代末期から鎌倉時代にかけて、仏教の大衆化がすすむとともに、説話画や高僧伝、寺院の縁起絵巻など、教化・布教に関連する仏画も多く作られるようになった。このように飛鳥時代の仏教伝来から鎌倉時代まで、日本の美術に大きな足跡を残した仏画も、室町時代以降は、美術の多様化の中に埋もれるかのように、その本格的な動向は見出しがたくなるのである。　　　(坂輪宣敬)

仏教　ぶっきょう　仏陀(ブッダ＝覚者)の説いた教えということで、そこから転じて、仏陀となるための教えという意味にも用いられている。現代における仏教とは、釈迦を開祖とする宗教の名として通用し、世界の宗教であるキリスト教、イスラーム(教)などと並べられている。また古代中国においては、紀元1世紀ごろ仏教が伝来し、経典の翻訳をはじめとして、仏教教団が社会的に確立し、中国社会に重要な位置を占めるようになると、中国古来の儒教、道教と並べて三教の1つに数えられ、また仏教と儒教、仏教と道教の間に論争が繰りひろげられ、さらに融和がはかられるようになった。その場合、孔子の教え(儒教)、老子の教え(道教)に対して、釈迦の教え、あるいは釈氏の教えとしての釈教、または仏陀の教えということから仏教と称している。つまり、他の宗教や他の思想と比較して、釈迦を教祖とする教えを仏教と称した。

なお漢訳仏典には「仏教」の用例は稀少で、仏の教えを表す場合には、仏法、あるいは仏道の語が多用されてきた。漢訳における「仏教」の語の用例は、「七仏通戒偈」と称される一句に見られると同時に、この偈文は仏教の基本的教えを表明している。『法句経』巻下、『増一阿含経』第1、第44、『法集要頌経』、『弥沙塞五分戒本』などにこの偈文が見られる。「諸悪莫作、諸善奉行、自浄其意、是諸仏教」(もろもろの悪をなさず、もろもろの善を行い、自らの心を浄めなさい、これがもろもろの仏の教えである、という意)の文で、第4句に「是れ諸仏の教えなり」とあって、仏教の語が見られる。この偈文に注目してみると、第1句目は悪をなさないということで身をつつしみ、戒律を守り、第2句目は諸善を実践して他者にめぐみや喜びを与えて、自己の人格を高め、第3句目は自らの心を統御し、その心を浄めることによって悟りへの道を歩むことになり、第4句目はこれらが諸仏の教え、仏教の本義であることが示されている。

ところで、仏教はインドのカピラ城を根拠とするシャカ族の太子として誕生したゴータマ・シッダッタが、出家してブッダガヤーの菩提樹の下でブッダ(覚者)となり、その真理を人々に伝えたことに始まる。ここに、仏陀と仏法と僧伽の原初的三宝(仏・法・僧)が確立する。ブッダは80歳をもってクシナガラの沙羅林のもとで涅槃に入るが、ブッダなきあとその教えとしての経典(経蔵)、戒律に関する典籍(律蔵)、経典や戒律に関する解説や注釈書(論蔵)などがととのえられ、これらの経蔵・律蔵・論蔵の三蔵を総括して仏教と称する場合もある。また、仏教においては三学を具備するものともい

い，戒学，定学，慧学をいう。そこで，経を定学に，律を戒学に，論を慧学にあてることがある。また，仏の教説と仏の教説でないものとの区分をするとき，仏教教理の特徴として三法印があげられる。すなわち，「諸行無常」，「諸法無我」，「涅槃寂静」の3つのしるしで，これに「一切皆苦」を加えて四法印とすることもある。諸行無常というのは，この世のあらゆる現象は変化しつづけるものであるということ。諸法無我とはいかなる存在も変化しつづけると同時に，縁起によって成立しているのであるから不変の本質を有しないということ。涅槃寂静とは迷妄の消えた悟りの境地においては静かな安らぎであるとの意である。また，一切皆苦とは迷いの生存におけるすべては苦であるということで，涅槃寂静の前に置かれる。

なお，仏陀の教説に基づき仏教は興起したのであるが，歴史的には，根本仏教，原始仏教，部派仏教，大乗仏教，密教などがある。この教説が伝えられた地域からいえば，南伝仏教，北伝仏教，インド仏教，中国仏教，日本仏教，チベット仏教などがあり，教義的には，小乗仏教，大乗仏教，一乗仏教，三乗仏教，秘密仏教など種々に分けられる。日本仏教においては，6世紀に百済より仏教が公伝し，その後奈良時代の学派仏教を南都六宗と称し，これは華厳宗，法相宗，三論宗，倶舎宗，成実宗，律宗などである。それぞれの宗は，経典，論疏，戒律などを基として宗義の根幹とし，平安時代に入ると延暦年間に入唐した最澄が天台法華宗を，空海が真言宗を開いた。これらを総称して八宗と称する。さらに栄西らによって伝えられた禅宗と法然によって浄土宗が立てられ，これらを加えて十宗と称

している。こののち，親鸞の浄土真宗，道元の曹洞宗，日蓮の日蓮宗，一遍の時宗などが開かれている。これらはすべて，所依の経典，本尊，修行方法などにおいて，いずれかが明確に打ち出され，三学あるいは三蔵を継承する立場から，仏教の伝統にみずからを位置づけている。

[望月信亨『望月仏教大辞典』全10巻，1955]　　　　　　　　　　（北川前肇）

仏教考古学　ぶっきょうこうこがく　（Buddhistic Archaeology）　仏教の歴史を物質的資料を対象として研究する考古学の一分科。紀元前5世紀，インドにおいて釈迦（Gotama Buddha）によって創唱された仏教は，南方伝播の部派仏教と北方伝播の大乗仏教を主潮として発展したが，その仏教思想の流伝，定着，発展の実態を物質的資料によって跡付ける方法の必要性が認識され，仏教伝播の各地域において意欲的な研究が推進されてきた。

なかでもフーシェ（A.Foocher）の研究は，それの有効性を学界に提起するにいたったが，仏教考古学としての体系化を提示したのは石田茂作である。石田は，日本における仏教の歴史的展開を把握するために考古学の方法が有効であるとの視点に立脚して，仏教的遺跡・遺物を整理して対象を明確にした。対象を5本の柱とし，寺院，塔・塔婆，仏像，仏法具，経典・経塚に分類した。後に墳墓を加え，6本柱による研究の体系化を主張した。

仏教考古学として組織化される以前，『佛教考古學講座』（15巻，1936～37）が編まれた。その巻頭に柴田常恵「佛教考古學概論（一）」が掲載され，同講座編集の意図と柴田による見解が提示された。柴田は「佛教考古學なる名称は，未だ世人の耳に熟せざる所たるべきも，佛教の遺蹟遺物に依る研究は既に基督教考古學

が歐米に於いて存在する程とて其内容の遥かに豊富なる佛教に此事あるべき筈」と述べ、「佛教の全体に亘る遺蹟遺物を網羅」することによって仏教考古学の「存在の意義」を見出したいと説いた。この提言をもとに仏教考古学の分野が日本の考古学において市民権を得るにいたった。そして，明治時代以降，考古学の研究者によって試みられてきた寺院・瓦塼・塔婆・経塚・墳墓・仏法具などに関する調査研究が仏教考古学の研究対象として意識されるにいたった。しかし『佛教考古學講座』に収録された経典・仏像仏画・仏法具・建築・仏教行事・墳墓などの諸事項については，すべてが考古学の視点から研究の対象とするには違和感があり，必ずしも統一された構成ではなかった。仏像・仏画・仏教建築・仏教行事などについては，それぞれの研究分野が確立しており，考古学の研究対象として納得されなかった。かかる点を克服して仏教考古学としての体系化を試みたのが石田であった。その体系化は『新版仏教考古学講座』（7巻，1975〜77）として結実した。その6本柱は次の通りである。

寺院　寺院跡・瓦塼・鎮壇具・その他（建築用材・風鐸・飾り金具・荘厳具・塼仏・塑像）

塔・塔婆　木造塔・石塔・舎利とその容器・瓦塔・小塔・板碑・庶民信仰・位牌

仏像　仏像（起源と発達・表現形式─彫刻・絵画─）・仏教図像学（顕教系・密教系・手印・仏像の持物）・高僧像・禅宗系美術・垂迹系美術・仏教文学と仏教世界観の造形的表現・胎内納入品・仏足石・種子

仏具　仏具（種類と変遷─荘厳具・供養具・梵音具・僧具・密教法具）・修験道用具・鎌倉新仏教各宗仏具

経典・経塚　経典（概論・写経・版経）・経塚（概論・遺物・遺跡と遺構）・信仰と経典・経塚の分布・如法経と経塚・経典遺物年表

墳墓　火葬墓（類型と展開・各地の例）・墓地と火葬墓・墓碑墓誌・墳墓堂（『新版仏教考古学講座』による）

この6本柱は，石田が総括整理した日本の「仏教遺跡・遺物」として顕著な事例をもとに構成された。石田の「仏教考古学の対象」の中で「日本の仏教遺跡・遺物」として揚げられたものは次の通りである。

遺跡　1寺院・寺跡（飛鳥・奈良朝寺院，天台真言など各宗寺院，境外仏堂）　2経塚（紙本経塚・瓦経塚・銅版経塚・滑石経塚・青石経塚・一石経塚・貝殻経塚）　3仏教的墳墓　4磨崖石仏・磨崖石塔　5修験行場（一の覗き，二の覗き，蟻の戸渡りなど）　6火葬場遺跡　7十三塚　8瓦塔遺跡　9瓦堂跡　10巡礼道・町石・寺院庭園

遺物　1仏像（金銅仏・乾漆仏・木彫仏・塑像仏・石仏・泥仏・塼仏・仏画・繍仏・印仏など）　2経典（貝葉経・写経・版経・紺紙金泥経・装飾経など）　3僧侶（羅漢・高僧像・袈裟・曲㻒・遺墨・遺品）　4仏塔（重層塔・宝塔・多宝塔・宝篋印塔・五輪塔・笠塔婆・碑伝・板碑など）　5仏具（鐘・鈴・金剛杵・香炉・燈台・花瓶・花鬘・花籠・柄香炉，磬・鰐口・鉦・木魚・幡・念珠・如意・払子など）　6寺院建築（金堂・講堂・鐘楼・門・廻廊・僧坊・院坊・本堂・祖師堂・茶所・鼓楼・倉庫・庫裡・禅堂・方丈・書院・東司・西浄など）　7その他（扁額・竿燈籠・門標・水盤・絵伝絵巻・納札など）

なお，石田の著作集である『佛教考古

學論攷』（6巻，1977～78）は，寺院・仏像・経典・仏塔・仏具・雑集の各巻より構成されている。

　日本において体系化された仏教考古学の対象は以上の通りであるが，日本以外の地域において対象とされる遺跡・遺物には，より多くの事例が認められるので，より敷衍化する必要性が課題となっている。

　仏教考古学とは，過去における仏教を物質的資料（遺跡・遺構・遺物）によってあきらかにする宗教考古学の一分野であり，時間的には紀元前5世紀から昨日まで，空間的には仏教伝播の全地域を対象とするもの，といえよう。

　　　［坂詰秀一『仏教考古学の構想』2000］
　　　　　　　　　　　　　　　（坂詰秀一）

仏国寺　ぶっこくじ（ブルクックサ）　慶州（キョンジュ）の東側の吐含山（トハムサン）の西南側麓に建てられた。吐含山は新羅五岳の中の1つである東岳で，当時は中祀（祭祀の規模）の対象として神聖視された。吐含山の東側の頂上部には石仏寺（ソクブルサ：石窟庵，ソククルアム）がある。伽藍創建は景徳王（キョントクワン）治世（751年）に宰相金大城（キムテソン）によって創建されたという説が主流を占めているが，『華厳宗仏国寺古今歴代諸賢継創記』の記載から，法興王（ボブフンワン）治世（528年）に法興王の母，迎帝（ヨンチェ）夫人が出家して草創したと推測される。また，真興王（ジンフンワン）治世（574年）重創説，文武王（ムンムワン）治世（670年）の無説殿（講堂）創建説がある。

　伽藍配置形態は山地の地形上，石築（石壇）を形成して平地伽藍区域を造営した。石築によって3つの伽藍区域，大雄殿を中心とする区域と極楽殿を中心とする区域と後方の毘盧殿・観音殿の区域に大別される。大雄殿伽藍区域の伽藍配置状況は，南北の中軸線上の南から北方に白雲橋・青雲橋，いわゆる三十三階段（石橋）を上がると中門として紫霞門が建てられた。三十三階段は石築の下段と上面を連結している。中門を入ると中軸線上に金堂，講堂が建てられ，中門から派出する回廊が講堂の左右に接している。金堂前方には中軸線から右側に多宝塔が，左側に釈迦塔が建てられた。特に金堂の左右から東・西回廊に連結される翼廊が設置され，中門から派出した左右回廊の両端には鐘楼（泛影楼）・経楼が建てられた。大雄殿伽藍区域の左側には，同様に南北の中軸線上の南から蓮華橋・七宝橋を上がると中門としての安養門が建てられ，門から派出する回廊が中心部に建てられた極楽殿を囲んでいる。無説殿の北側には石階段を上がると左側に毘盧殿，右側に観音殿が建てられた。多宝塔・釈迦塔は統一新羅以後に鎮護国家のために出現した双塔伽藍の一種であるが，塔形式と名称が外の双塔と違っていることから，『法華経』の「見宝塔品」の思想によって造営されたに相違ない。伽藍区域を全般的に見れば，大雄殿，多宝・釈迦塔の伽藍区域は『法華経』による釈迦の娑婆世界の仏国浄土，極楽殿の区域は『阿弥陀経』による阿弥陀の極楽世界の仏国浄土，毘盧殿の区域は『華厳経』による蓮華蔵世界の仏国浄土である。

　　　［文化広報部文化財管理局『仏国寺復元
工事報告書』1976］　　　　　（李興範）

仏像　ぶつぞう　「仏像」という呼称は厳密には「仏陀の像」という意味があるが，普通は仏教彫像の総称として用いられる。絵画などによるものは別に仏画，繍仏などと呼ばれるので普通には彫刻をさす。

日本の仏像の場合，図像的には，如来，菩薩，天部，明王，羅漢及び高僧，祖師像などに分類される。禅宗の高僧像は特に頂相像（ちんそう）と呼ばれる。素材，技法から分類すると，木彫仏（もくちょうぶつ），金銅仏，鉄仏，石仏，塑像，乾漆仏（せんぶつ・おしだしぶつ），塼仏，押出仏などがあり，数は少ないが金仏，銀仏もある。特殊なものとして，懸仏（かけぼとけ）や俗に「枕本尊（ぶつがん）」と呼ばれる小さな仏龕に直接仏像などを彫り込んだものがある。その他自然の岩壁に彫られた磨崖仏（まがいぶつ），石窟寺院に彫られた石窟仏がある。

日本の仏像は造像当初には鍍金，あるいは漆箔，彩色を施したものが通例であるが，木の素地を基本色とする檀像形式によるものなどの例外もある。一般に仏像は印相や持物の違いによって尊格を作り分けるが，密教の諸尊の場合は特に儀軌による細かい規定がある。現在に遺された仏像の中には造像銘などによって制作年代があきらかで時代の様式を知る基準となる作例がある。そのような作例は“基準作例”と呼ばれ，ほかの仏像の年代などを考えるときの手がかりとされる。

《仏像の起源》仏像は仏滅後およそ500年ほどの間は作られることがなかった。しかし，それはその間仏教にかかわる造形活動が行われなかったということではなく，仏像誕生以前の彫刻の遺品にも優れたものが数多くある。そのうちにはサールナートのアショーカ王記念柱の獅子像や，必ずしも仏教の遺品とはいえないが同じくマウリヤ朝期のもので，ディーダルガンジのヤクシー像など非常に完成度の高い傑作も遺されている。またこの時期の仏教美術として特に注目すべきは，当時の仏教徒の信仰の拠り所であったストゥーパを荘厳する仏伝図や，本生（釈迦の前生物語）図などの浮彫である。し

かし当時，それらの仏伝図にも釈迦の姿が表されることは決してなく，釈迦は菩提樹や法輪やストゥーパなどによって象徴的に表現された。このような仏伝図や本生図が多く遺されたストゥーパの遺跡としてはバールフット（遺物はカルカッタのインド博物館に移管）やサーンチーがある。

仏滅後長い間作られることのなかった仏像がいつどこで最初に作られたかについては，後1世紀の末頃に，インド西北部に位置するガンダーラ地方と，中インドのマトゥーラとで相前後して作られるようになったといわれる。ガンダーラとマトゥーラのどちらが先かという議論もあるが，ガンダーラ地方は古代のインド的文化圏にとっては辺境に位置するためインド的慣習の拘束が弱く，しかも東西交通の要衝でヘレニズム文化など神像や肖像を表現する伝統を古くから持つ西方文化の影響を強く受けていたことから，ここで仏像制作の口火が切られたと考える説が有力である。ガンダーラの仏像は，前期のものはほとんどが青黒い片岩や千枚岩による石彫であり，後期になるとストゥッコ（漆喰による塑像）のものが作られるようになる。全体としてギリシャ的な写実性の影響が色濃く，それまでのインドの彫刻とはその造形理念をまったく異にする。一方マトゥーラの仏像は赤色の砂岩を素材とし，その造形感覚はマウリヤ朝期のヤクシャ像やバールフットの浮彫彫刻など原インド的な伝統に直結するもので，ガンダーラの写実に対し，より直截的でおおらかな形態把握を特色とする。マトゥーラ系の仏像は，インド美術の黄金期といわれるグプタ時代の5世紀に芸術的頂点に達した。そしてマトゥーラと，その頃仏像制作のもう1つの中

心地となったサールナートにおいて，静謐でしかも伸びやかな，充実した精神性を感じさせる，その後の仏像のイメージの原点ともいえる彫像を生み出すに至った。

ガンダーラとマトゥーラで誕生した仏像は仏教の東漸に従ってさまざまな地域にもたらされた。東南アジア諸国にはマトゥーラ，サールナートに代表されるインド系の仏像が伝わり，それに範を取ってそれぞれ独特の様式の仏像が作られた。それらは基本的にインドで成立した形象から極端に逸脱することはあまりない。それに対し西域諸国にはガンダーラとマトゥーラ（インド系）の双方が複雑に影響しながら伝わり，中国を中心とするまったく異質の文化圏にもたらされるに至って，仏像の形象は大きな変化を遂げた。

インドにおいては，仏像はその誕生以来広く国内に広まり，それに刺激されてヒンドゥー教やジャイナ教の尊像も盛んに作られるようになった。仏教美術はグプタ期までのインド美術をリードする存在だったといってよい。初めは釈迦の像として釈迦如来像のみが作られていたが次第に菩薩像なども作られるようになり，7世紀以降は密教の興隆に従って尊像の種類は飛躍的に増え，儀軌も成立した。しかし密教化した仏教が次第にヒンドゥー教に吸収されて衰滅していくに伴い，インドにおける仏像の歴史も幕を閉じることとなった。

《日本の仏像》仏像は仏教伝来とともに中国南朝・梁，朝鮮半島の百済を経由して，6世紀に入ってから日本にもたらされたと考えられている。それから数世紀にわたって，日本の仏像はさまざまにその造形様式を変化・展開させていくが，大陸の仏像と比べた場合の特色としては，全体として洗練された精緻な印象を与え，表現は穏やかで優しいといえる。日本の仏像は特に平安時代の初めまでは大陸の大きな影響の下で作られた。それは新しく輸入されてくる仏像を日本的感性でとらえ直し，洗練して新たな様式を生み出していくという形で行われ，各時代を通じて多くの傑作を遺した。その後は和様化の流れの中で，技術的にも表現様式においても独自の熟成と展開が見られる。また彫刻に適した石材に恵まれなかったため，石彫による本格的な作品が比較的少ないことも特色の1つである。

各時代の仏像の特色を概観すると，最初の時代である飛鳥時代の仏像は，大陸や朝鮮半島からもたらされた仏像を手本とし，初期においては主に渡来系の人々によって作られたと考えられる。金銅仏が多く，作例としては止利仏師の作とされる法隆寺金堂の「釈迦三尊像」（推古31年〈623〉）や，「御仏四十八体仏」に見られるような小金銅仏などがある。小金銅仏は飛鳥時代後期（白鳳時代）に至るまで数多く作られた。木彫の作例としては，法隆寺の「救世観音立像」や広隆寺の「弥勒菩薩半跏像」などがある（広隆寺の弥勒菩薩像は渡来像である可能性も指摘される）。半跏思惟形式の像が多いのはこの時代の前期と後期（白鳳時代）に特徴的なことである。飛鳥時代の仏像の特色としては，正面鑑賞性が強いこと，衣などの細部が整理された表現であることなどがいわれる。そのような特徴を含め全体として形態把握に抽象性を感じさせるが，そのことが具体的写実の意識の未発達によるものと否定的にのみ解釈される場合もある。しかし彫刻造形の見地から見た場合には，それは彫刻的，触覚的な造形意識が未だ視覚的な写実の意識のフィル

ターを通すことなく瑞々しく発現している姿といえる。その意味で飛鳥時代は，触覚芸術ともいわれる彫刻の原初的でより純粋な魅力を体現する仏像の宝庫といえる。

飛鳥時代後期（白鳳時代・7世紀後半）の仏像には，唐様式の影響を受けて，写実的な要求を彫刻的に消化していく様を見ることができる。それはまず肉体の自然な捉え方に現れ，飛鳥の仏像に特徴的な形態の抽象的な捉え方が後退し，人体の柔らかさや温かみを感じさせる丸みのある形になり，体のバランスも実際の人体に近くなる。一方で衣などの表現は未だ装飾的，抽象的な美しさを追求するが，それは肉体の柔らかい表現と矛盾することなく，むしろ心地よく響きあってこの時代独特の清澄な雰囲気を作り出している。代表的作例として旧山田寺「仏頭」，法隆寺「夢違観音像」「橘夫人念持仏」などがある。

次の天平時代（和銅3年〈710〉〜延暦3年〈784〉）は，日本の仏像が華やかに開花した時代である。盛唐の写実的様式を良く消化して，彫刻的写実の日本的理想の姿ともいうべき，数多くの優れた仏像を生み出した。技法的には塑造や乾漆といった写実に適した柔軟な素材による捻塑技法が発達し，それによる造像が盛んとなった。乾漆像の作例としては興福寺の「十大弟子・八部衆立像」（天平5年〈733〉）や，東大寺法華堂の本尊「不空羂索観音菩薩立像」と随侍する「梵天・帝釈天・四天王・金剛力士像」などがある。塑像の作例には和銅4年〈711〉の法隆寺五重塔の塔本塑像群や，傑作として名高い東大寺戒壇院「四天王像」（740年代）などがある。また，現在では一部に当初部分を遺すのみであるが，東大寺の大仏（毘盧遮那仏）造立はこの時代の大事業であった。天平の仏像は末期になると爛熟の感を呈し，新たな展開の方向を見いだせずに盛期の緊張感と完成度を失っていった。そして8世紀後半にはいると，製作技法に大きな変化が現れる。唐招提寺や大安寺に遺る木彫群に見られる，木彫の成立である。それらの像に強い唐風表現が見られることから，鑑真渡来に伴う新たな唐影響によるものと考えられる。

平安時代前期（弘仁・貞観時代ともいわれる）には，この頃中国からもたらされた檀像彫刻の影響で，神秘的な雰囲気を持つ一木造の木彫様式が生まれた。その代表的作例には神護寺，元興寺の「薬師如来像」，渡岸寺，法華寺の「十一面観音像」などがある。これらの仏像は，簡潔な面によって捉えられた充実した量による強固な構築性など，彫刻的造形性を強く感じさせる表現が際立っている。また漆箔，彩色を施さず木の素地を見せるものが多いことを特色とし，これらの仏像の持つ彫刻性が日本の仏像を新たに展開させていく原動力となったといえる。この期の様式的特色として重要なものに翻波式衣文があり，唐招提寺「如来形立像」や，室生寺弥勒堂「釈迦如来坐像」などに顕著に見られる。平安前期にはこの木彫の様式と，9世紀初頭に密教が本格的に伝えられると共にもたらされた密教の様式，そして天平以来の風を残す様式が並び行われて影響しあい，総じて彫刻的造形の魅力に富む作品を多く遺した。密教の様式の作例には東寺（教王護国寺）講堂の諸仏，大阪府観心寺「如意輪観音像」などがある。

平安時代後期にはそれまでの重厚で力強い表現から，より穏やかで優しい表現によるいわゆる和様化の方向が模索され，

それは仏師定朝（じょうちょう）によって完成されたといわれる。確実に定朝の作品と分かるのは平等院鳳凰堂「阿弥陀如来坐像」のみであるが、定朝様式はその後の造仏に決定的な影響を与えた。定朝仏に倣った仏像は数多いが、代表的なものとして京都府法界寺「阿弥陀如来坐像」、京都府浄瑠璃寺「九体阿弥陀如来坐像」などがある。平安時代は木彫全盛の時代で、後期には木寄せ法が発達し多くの仏像が寄木造（よせぎづくり）によって作られるようになった。寄木造は大きな仏像の制作を容易にし、また多くの需要に対処することを可能にするなど、多くの技術的制約を解決するとともに、造形表現においても新たな可能性をもたらした。しかし、それは彫刻素材から神秘性を拭い去るとともに、彫刻に強い視覚性をもたらした。後の鎌倉時代後期以後の彫刻に見られる彫刻性衰退の隠れた兆候が、すでにこの時期に現れているともいえるだろう。

鎌倉時代の新しい様式は、運慶、快慶に代表される慶派の仏師によって拓かれた。天平の写実的様式の復古ともいわれるが、玉眼の使用が象徴するように一層徹底した写実性を示している。運慶は晩年の興福寺北円堂「無著・世親像」において、今までには見られなかったリアルな人間存在の表現を達成した。快慶は繊細優美な独自の様式を創出し、それは安阿弥様と呼ばれて後世に大きな影響を与えた。慶派と共に院派、円派の仏師も新たな様式を消化して優れた作品を遺した。しかし宋風彫刻の流行が示す様に、鎌倉時代の写実表現は、絵画的、視覚的効果をねらったものに推移していき、次第に彫刻的生命感の表現を失っていった。鎌倉時代の彫刻作例としては、慶派一門による東大寺南大門「仁王像」、兵庫県浄土寺「阿弥陀三尊像」（快慶）、肖像彫刻に東大寺「俊乗上人像」、宋風の影響の濃いものには神奈川県円応寺「初江王像」などがある。

鎌倉時代はいわゆる鎌倉新仏教の興隆によって、日本の仏教が力強く独自の展開を始める時期である。その影響でたとえば禅宗では宝冠釈迦如来像や仏伝に基づく像など新しい形式のものが作られるようになった。しかし彫刻史の上では、日本の仏像彫刻は鎌倉時代の後期以降は衰退の一途をたどるといわれる。その原因はいろいろと考えられるが、最も大きく影響したのは、鎌倉時代からの仏教や日本文化全般の大衆化の傾向であるといえよう。この傾向は絵画や工芸の世界には、題材の幅を広げ、より自由な表現領域を提供することとなり肯定的な影響をもたらしたが、彫刻に対しては結果として否定的に作用したといえる。人々が仏像ないし彫刻に求めるものは、より人間的で身近な理解しやすいものに変化し、それが造形感覚に反映すると、より視覚的あるいは感情的に訴える要素の強いものが求められる。そしてそれまでの仏像彫刻を土台から支えていた、触知的感覚に基づく存在感や生命感を次第に見失う結果になったのである。このことは彫刻が触覚芸術といわれることからもわかるように、彫刻にとっては致命的なことである。こうして仏像の表現は表面的描写や誇張表現、あるいはいたずらに技巧を見せるものに流れて、彫刻芸術としては衰退していった。

彫刻芸術としては衰退したとはいっても、室町時代以降の仏像に見るべきものがまったく無いわけでは決してない。特に江戸時代には松雲元慶の東京都五百羅漢寺や、宝山湛海の宝山寺における造仏

活動などが注目され，特殊な例であるが円空や木喰はよく知られている。また現在に遺されている仏像の数からいえば，鎌倉以前よりもそれより後のもののほうが圧倒的に多いのも事実である。全国的に遺る近世の仏像は，現在も地域の寺院で信仰の対象となっているが，信仰形態の変化と文化財に対する不理解から，不当な扱いを受けている像も多い。現在も地道な調査が進められているが，地誌の資料としても貴重なそれらの仏像をどのように保存し，さらに地域の中で活用していくかということが，文化財保存上の課題となっている。　　　　（秋田貴廣）

仏足石（跡）　ぶっそくせき　仏像の発生以前に釈迦の象徴として足の裏を石に刻んだもので，梵頂，千幅輪宝，金剛杵，法螺，双魚，宝瓶などが表現されている。その出現は，BC 2世紀頃，南インドのキストナ（クリシュナー）河の流域に見られる。アマラーヴァティー（Amaravati），ナーガールジュナコンダ（Nagarjunakonda）から仏足跡礼拝石板彫刻・仏足跡が出土し，また，デッカン北部のサーンチー（Sanchi）の第一塔塔門彫刻に仏足跡が見られる。AD 2世紀頃になると，ガンダーラのタフティ・バーイ（Takhiti-Bahi），スワートのティラート（Tirat）に隻石と雙石の仏足石が出現する。スリランカでは，BC 2世紀以降，アヌラダプーラ，ミヒンターレ，そしてポロンナルワの各地に普遍的に見られるようになる。そしてミャンマー（ビルマ）・タイに伝播し，上座部仏教の伝播地域に広く認められている。

一方，中国では7世紀代かと考えられている雙石仏足石の存在が注目されているが，多くは14世紀頃を上限として造られている。日本には，8世紀中頃の「薬師寺」仏足石が存在する。「薬師寺」仏足

仏足石（ティラート）

石は，唐の王玄策がインド・パトナの仏足石を書写したものを日本の黄書本実が模写したと伝えられている。その模写図をもとに，天平勝宝5年（753）に模刻したものが「薬師寺」仏足石とされている。［丹羽基二『図説世界の仏足石』1992，松久保秀胤『み佛の踏みし蹟ところ』1999，坂詰秀一『仏教考古学の構想』2000］
　　　　　　　　　　　　　　（坂詰秀一）

仏法具　ぶっぽうぐ　仏道を修するために要する道具で，仏教活動に際して，その活動を円滑かつ効果的にするために使用するもの。さまざまな仏法具は仏世界を具現化するために経典などに基づいて成立し，継承されてきた信仰の表現手段であり，道具として仏・法・僧の三宝に捧げることにより，仏を観想する認識手段ともいえる。それらは仏教が継承される過程において変貌を重ね，各宗派がさらに細分化されることにより，独特の秘伝や口伝を持ち，創意工夫が加えられて形式や意匠が多様化していった。仏法具の実体は非常に多岐にわたり，複雑であるため，分類法も一様ではないが，本来の意義や使用目的などによって分類すると5つに大別される。

(1)荘厳具　堂内外を厳かに美しく装飾する道具，(2)供養具　燈・華・香の3種

が基本となり飲食器も加わる。(3)梵音具　宗教的雰囲気を高めるために発音される一切の道具。(4)密教法具　顕教に対して密教で用いられる道具。(5)僧具　仏教の教法を実践する僧侶（比丘・比丘尼）にとって日常不可欠とするもの。古くは、5世紀中国の『梵網経』に「三衣六物の道具、具足す」とあり、大乗比丘十八物（楊枝、澡豆、三衣、瓶、鉢、坐具、錫杖、香炉、漉水嚢、手巾、刀子、火燧、鑷子、縄牀、経、律、仏像、菩薩形像）が記されている。これらの種類や数え方も一定ではなく、厳密に区別することが困難な場合が多い。『日本書紀』によると、わが国に仏教が伝来したのは欽明天皇13年(552)とされ、百済の聖明王が「釈迦仏金銅像一躯、幡蓋若干、経論若干巻」をもたらしている。さらに推古天皇31年(623)には新羅と任那から「仏像一具、金塔、舎利、大灌頂幡一具、小幡十二条」などが献納されている。仏像や経論とともに幡や蓋(天蓋)といった仏法具が含まれていたことは注目に値する。幡は仏教のしるしとして仏教の存在するところに立てられ明示するものであり、蓋(天蓋)は仏を荘厳するものである。これらは三宝のうち「仏と法」の供養と荘厳に必要不可欠なものとされていたことがうかがわれる。

わが国における上代の仏法具を記す文献資料として、奈良時代では天平19年(747)に記された『法隆寺伽藍縁起并流記資財帳』がある。整然と分類はしていないが種類、数量ともに多くあげられている。このほか、『大安寺資財帳』（天平19年〈747〉）、『西大寺資財帳』（宝亀11年〈780〉）、『東大寺阿弥陀院宝物目録』（神護景雲元年〈767〉）などの資財帳においてもいくつかの仏法具のほか、日常雑器

が記されている。奈良時代の資財帳に共通して見られる主要な仏法具は、1．荘厳具（灌頂幡、小幡、蓋、宝頂、厨子、高座、経台、礼盤、床、褥など）、2．供養具（鉢、多羅、鋺、匙、鉗、大盤、香炉、花瓶、燈台など）、3．梵音具（鐘、磬、磬石など）、4．僧具（鉢、袈裟、裳、被、偏衫、手衣、錫杖、如意、塵尾、数珠など）で、基本的なものを含んでいる。

平安時代になると、密教の請来や寺院の整備がなされたために、仏法具の内容も豊富になる。『多度神宮寺資財帳』（延暦20年〈801〉）の記載を見ると、仏物、法物、僧物、通物に分けられており、仏物には水精玉、唐鏡など、法物には高座、灌頂幡、経机、磬など、僧物には鉄湯釜、湯船など、通物には錫杖、数珠などがあげられている。『仁和寺御室御物実録』（天暦4年〈950〉）にも多くの仏法具が記載されており、この頃から密教法具が多く見られることも特徴といえる。主なものは金剛盤、宝鈴、橛、羯磨、護摩杓、水瓶などである。また、いわゆる入唐八家と呼ばれる中国に留学した最澄、空海、常暁、円行、円仁、恵運、円珍、宗叡らの尽力により、密教が本格的に伝えられ、教典類と同時に輸入された密教法具は彼らの「請来目録」によると、「独鈷杵、三鈷杵、五鈷杵、三鈷鈴、五鈷鈴、塔鈴、輪宝、羯磨、橛、盤子、閼伽盞、護摩炉壇様、護摩杓、金剛酌杓、商佐螺、金剛指環、金剛錞、金剛粟文円華鬘、多羅」以上19種に及び総数129点あり、その後の密教法具のほとんどを網羅している。

時代が降ると『翻訳名義集』犍稚道具篇には「犍稚、舎羅、隙薬羅（錫杖）、軍遅（瓶）、鉢塞莫（数珠）」など、『釈氏要覧』（宋天禧3年〈1019〉）には、法衣の

部「衣，二衣，三衣，統名，大衣，紫衣，坐具」，道具の部「什物，百一物，六物，鉢，鉄鉢，錫杖，払子，如意，扇，浄，瓶」などがあげられている。『勅修百丈清規』（至元4年〈1338〉）大衆章弁道具条には「三衣，褊衫，裙，直綴，鉢，錫杖，払子，数珠，戒刀」などが記されている。江戸時代に敬光が著述した『大乗比丘十八物図』1巻（安永2年〈1773〉）は，『梵網経』にある大乗経の携帯すべき十八物の図解書である。

仏教考古学の体系化を試みた柴田常恵および石田茂作は，仏教考古学の研究上，「仏法具」を対象とする分野を位置づけた。石田茂作をはじめとする先学諸氏の仏法具についての分類を示せば次の通りである。

石田茂作『仏教美術の基本』（1967）

1．釈迦関係（糞掃衣，鉢，布薩用具），2．大乗仏教（梵鐘，磬，幡，花鬘，花籠，錫杖，如意，塵尾など），3．密教（金剛杵，金剛鈴，金剛盤，羯磨，輪宝，四橛，六器，飯食器，花瓶，火舎など），4．浄土教（鉦鼓，伏鉦，木魚，念珠など），5．禅宗（雲版，打版，魚鼓，拄杖，警策，縄床など），6．修験（板笈，山伏箱笈，入峯斧，三鈷柄剣，法螺，鈴懸，碑伝，湯釜など）。

蔵田蔵『仏具』（1967）

1．仏関係（舎利容器，宝珠箱，鉢，経箱，厨子，天蓋，須弥壇など），2．法具（礼盤，経机，三具足，香炉，花瓶，燭台，水瓶，磬，伏鉦，雲板，魚鼓，木魚，華鬘，銅羅，幡，竜頭，鰐口など），3．密教法具（金剛杵，金剛鈴，輪宝，火舎，飯食器，護摩炉など），4．僧具（袈裟，横被，掛絡，念珠，如意，錫杖など），5．修験（頭巾，鈴懸，法螺，笈，湯釜，碑伝など）。

久保常晴「仏具」（『新版考古学講座』8，1971）

1．荘厳具（天蓋，厨子，須弥壇，幡，華鬘，礼盤，経机など），2．供養具（香炉，香盤，燈台，花瓶，三具足など），3．密教法具（金剛杵，金剛鈴，火舎など），4．僧具（袈裟，座具，経箱，水瓶，数珠，如意，錫杖など），5．梵音具（梵鐘，磬，鰐口，雲版，鉦鼓，半鐘，木魚，魚鼓，太鼓，法螺，伏鉦など）。

上代仏具の遺品は，法隆寺献納宝物や正倉院宝物をはじめとして，諸大寺に所在する。飛鳥時代の遺品としては法隆寺献納宝物の金銅透彫大灌頂幡が名高い。天蓋の古例として法隆寺金堂には木製箱形仏天蓋が，東大寺法華堂（三月堂）には華形仏天蓋がある。正倉院宝庫には，如意，錫杖，香炉，水瓶，念珠などさまざまな仏法具のほか，密教が平安時代以前にすでに請来されていたことを物語る古式な三鈷杵など貴重な品がある。北倉には他に類例を見ない多くの袈裟や裂幡が遺存している。他には東大寺大仏殿，興福寺金堂の鎮壇具類，東大寺大仏殿前の金銅八角燈籠，興福寺南円堂の金銅燈籠，牛皮華鬘などが名高い。

発掘された仏法具いわゆる出土仏法具については，石田茂作『那智発掘佛教遺物の研究』（1927）がある。和歌山県那智経塚からは火舎，四橛，羯磨，花瓶，六器など多くの仏法具が出土している。その他，経塚遺跡から密教法具が出土した例は多く見られ，京都市花背別所経塚群から出土した火舎，六器，花瓶などの一面器，比叡山延暦寺の金銅宝相華文毛彫経箱などが名高い。出土仏法具の様相は，単独出土から一括出土まで多様であり，時代や地域も多岐にわたっている。また，埋納の状況も仏教儀礼に基づくものから，

鎮壇，経塚，墳墓に関わるものまで多種多様である。そこで考古学的視点から出土仏法具を分析し，考察する必要性が喚起されている。立正大学考古学研究室の「出土仏具の世界」（『考古学論究』5，1999）は，日本各地出土の仏法具について，各地域ごとに様相をまとめ，併わせて仏法具の出土地名表と関係文献目録が収録されている。

　　　［石田茂作監修『新版仏教考古学講座』5「仏具」1976］　　　（松原典明）

仏法具埋納遺跡　ぶっぽうぐまいのういせき　仏具が意図的に埋納されている遺跡。よって，町屋などの生活空間から偶然に埋まった仏具を有する遺跡とは区別しなければならない。主なものに地鎮・鎮壇跡，経塚，墓，修行場，寺院跡がある。

　地鎮・鎮壇跡では，各時代の遺構が見つかっている。奈良時代は興福寺に伴う遺物，平安時代では石山寺多宝塔基壇，比叡山東塔跡，平安宮烏丸内裏跡，鎌倉時代では満願寺，江戸時代では和歌山城などが著名である。地鎮・鎮壇跡から発見される仏具は，主に輪宝，四橛，羯磨，花瓶などであるが，これらの仏具と共に玉類や銭貨などを共伴する場合もある。

　経塚の場合，約30か所の遺跡から仏具が確認され，著名な遺跡は福島県千光寺経塚，茨城県東城寺経塚，京都府花背別所経塚，同府鞍馬寺経塚，和歌山県那智経塚などである。経塚から発見される仏具は六器・火舎・花瓶という一面具を中心に，密教法具や梵音具がある。経塚からの仏具は出土地点によって，副納品や奉納品という性格が異なってくる。なお，和歌山県那智経塚は複数の埋経遺構と大壇具が出土した修法遺構から構成される。この遺構は火舎・六器・花瓶という四面器がそろい，三昧耶形がほぼ完全に近い形でそろっている。

　墓は全国から報告され，主に仏教の修行者あるいは修験者が埋葬される際，彼らが身につけていた仏法具を一緒に埋納する場合と，その後の供養のために使用された場合とがある。前者の場合はその種類は鈸，独鈷杵，五鈷杵，五鈷鈴，火舎，花瓶，香炉，錫杖，鉦鼓，伏鉦，袈裟金具，鉢，法螺貝がある。後者の場合は，線香立て，燈明皿が土壙外から見つかった場合などが考えられる。なお，数珠はその状況により，被葬者が僧侶や修験者とは限らない。

　寺院跡では，廃寺になる際にそれまで所有されていた仏具が偶然に埋もれてしまったため，仏具が発見される場合が多い。このような場合は仏法具埋納遺跡とはいえないが，栃木県法界寺跡発見の三鈷杵のように池などの奉納施設に奉納されたと認識できる場合は，仏具が埋まってしまうことが前提とされる奉納であることより，仏法具埋納遺跡といえよう。

　　　［立正大学考古学会『考古学論究』5〈特集・出土仏具の世界〉1999］

　　　　　　　　　　　　　　（山川公見子）

船王後墓誌　ふなのおうごぼし　大阪府柏原市国分町の松岡山から発見された。墓誌は，銅製で短冊形をしており，縦29.7cm，横6.8cm，厚さ1.5mmの大きさの銅板で，その表裏に各4行，表面86字，裏面76字，計162字が刻まれている。墓誌には，出自，略歴と合わせ，舒明天皇13年（641）に没したこと，その墓は，天智天皇7年(668)，松岳山上に兄の刀羅古首の墓と並べて造り，夫人の安理故能刀自と合葬されたことが記されている。墓誌の年代からは，日本最古とされるが，銘文の用字法や官位などからは，天武朝末年以降に追納されたとする説が定説化しつ

つある。また、『日本書紀』推古天皇16年（608）の条に見られる「船史王平」は、「平」が「乎」の誤記で、「船氏王後」と同一であるとの指摘もある。

［喜田貞吉「河内国分山船氏の墳墓」『歴史地理』19−6，1912］　（上野恵司）

文禰麻呂墓誌　ふみのねまろぼし　奈良県宇陀郡榛原町八滝の笠山から，天保2年（1831）に発見された。発見時の状況は，地下の土壙内に，緑色のガラス製の骨蔵器を入れた金銅製の壺と銅箱に納められた墓誌が置かれ，その周囲を木炭で充塡してあったと伝えられる。骨蔵器であるガラス製壺は，総高17.2cm，胴部径16.5cmの大きさを有する有蓋壺であり，仏教寺院における舎利容器埋納を例にしたともいわれる。金銅製の容器は，総高26.8cm，胴部径23.6cmで，球形の印籠蓋の合子である。墓誌は短冊形をしており，縦26.2cm，横4.3cmの大きさで，表面に1行17字で2行，計34文字が刻まれている。墓誌が納めてあった銅箱は，長さ29.0cm，幅5.9cm，高さ4.8cmで，板状の蓋がついている。墓誌からは，文禰麻呂が壬申の乱で将軍として活躍し，慶雲4年（707）に没したことがわかる。

［森本六爾「文忌寸禰麻呂の墳墓」『中央史壇』12−4・5，1926］　（上野恵司）

扶余　ふよ（プヨ）　百済第3の都である。三国の熾烈な戦争，特に高句麗の広開土大王（クワンケトテワン）の南進政策によって漢山（ハンサン，ソウル漢江辺：前18年〜475年）から熊津（ウンジン，現在の公州〈コンジュ〉：475〜538年）に遷都，再び泗沘（サビ，現在の扶余：583〜660年）地域に遷都した。扶余は百済の最後の都といわれているが，益山（イクサン）地域への遷都説もある。百済は扶余での123年の治世期間に優れた仏教文化を開化させた。王宮跡は扶蘇山（プソサン）南麓の周辺が有力視される。扶蘇山の北側には白馬江（ペクマガン）（錦江，クムガン）が流れ，扶蘇山城地域を羅城（ラソン）で囲んでいる。確認された寺跡としては，都の中心部に軍守里廃寺跡（グンスリペイサジ），定林寺跡（ジョンリムサジ），扶蘇山廃寺（プンサンペイサジ）などと，周辺に陵山里廃寺（ルンサンリペイサジ），王興寺跡（ワンフンサジ），金剛寺跡（クムガンサジ）があり，寺跡として推定される外里遺跡（ウェリユジョク），旧衛里（クウィリ）遺跡，錦城山（クムソンサン）建物跡，新里（シンリ）遺跡などがある。

（李興範）

芬皇寺　ぶんこうじ（ブンファンサ）　慶州（キョンジュ）市九黄洞に位置し，南方の近くには皇龍寺（ファンヨンサ）跡がある。伽藍は善徳女王（ソントクョワン）治世（634年）時代に創建された。当時「七処伽藍之墟」の1つである神聖視された地域である。残存している当時の遺構は3層だけ残されている模塼石塔の一部と幢竿支柱である。芬皇寺の伽藍配置は従来皇龍寺伽藍配置あるいは左殿右塔形式の伽藍と推論されていたが，芬皇寺跡は1990〜1995年の調査によって，高句麗伽藍配置のように単塔三金堂式伽藍であることがわかった。ただ相違点は塔が三金堂の中心から前方に少し出て塔の北側基壇部が東・西金堂の南側基壇面と一直線上に置いていることと，三金堂がすべて南方に向っている点である。『三國遺事』の記載によると，当時西金堂には千手観音が安置されていた。一次再建伽藍は東・西金堂を省略して，中金堂は創建中金堂よりはるかに大きい規模で建てられた。また中金堂には755年に30万斤程度の薬師如来大佛銅像を鋳造して安置した。

伽藍形態から判断すると，塔中心から金堂中心の伽藍変遷について窺うことができる。二次再建金堂跡は，一次再建金堂よりはるかに縮小され，南向から西向に変更されている。また，金堂の中心が中軸線上に載らないで，塔中心から北の方向に36m行って，その地点から東方向5mに金堂の中心点が置かれている。再建された時期は伽藍の定形性が崩れて，伽藍の規模が縮小化されたことから判断すると，おそらく高麗時代に建てられたものと推定される。しかし，金堂が西向に変更されたことから，中門も西に変更されたかどうかは発掘調査資料からは判断できない。模博石塔は『東京雑記』によると，元来9層石塔であるとみられるが，現在はただ3層だけが残されている。当時新羅に模博塔形式が流行しなかったことから判断すると，芬皇寺塔は単純に中国の博塔形式を模倣して建てられたものと考えられる。　　　　　　　（李興範）

豊後国分寺跡　ぶんごこくぶんじあと　大分県大分市国分に所在する。伽藍配置は，南より南大門・中門・金堂・講堂・食堂が中軸線上にならび，回廊は中門から出て，金堂の北寄りに取り付く。回廊の内側には，西寄りに塔がある。また中門脇から回廊に沿って延びる溝は，金堂の位置で屈曲することなく直進する。したがって，寺域の規模は東西約180mであり，南北は溝の北端が不明であるが300mを越すものと推定され，九州最大級の規模をもつ。各々の建物では，塔跡が栗石積基壇化粧を施した基壇，心礎と9個の礎石を残し，現在観音堂が建っている。基壇は，推定金堂跡，推定講堂跡でも確認されている。平成10年（1998）度の確認調査で，回廊内の南東隅付近から梵鐘鋳造遺構が発見された。出土した土師器から

8世紀後半〜9世紀前半に鋳造が行われたものと考えられている。出土遺物として，鐙（軒丸）瓦7種類，宇（軒平）瓦4種類をはじめとする瓦類が多量に出土している。このほか寺域外の北部から「尼寺」・「天長九年（832）」の墨書土器が出土し，国分寺の年代，また国分尼寺の存在を考える上で重要な資料となっている。豊後国分寺跡は国史跡として整備されている。

［真野和夫ほか『豊後国分寺跡』大分市教育委員会，1979，真野和夫「豊後」『新修国分寺の研究』5下，1987，佐藤興治「古代の歴史遺構」『大分市史』中，1987］
　　　　　　　　　　　　　　（小林昭彦）

墳墓　ふんぼ　「墳墓」の名称は古くから用いられている。『筑後国風土記逸文』に「筑紫国造磐井の墓」について「磐井之墓墳」とあり，『類聚三代格』宝亀11年（780）12月4日太政官符には「応禁制壊墳墓事」と記されている。本来，地上に盛土がなされた墓のことであるが，今日では，墳丘の有無に関係なく，縄文時代の墓をはじめ，古墳はもとより，土葬墓，火葬墓も含み，墓全般を「墳墓」と呼ぶ。

仏教的葬制として顕著な墓制の変化は，火葬の出現である。火葬はインドにおいて釈迦入滅後，遺体を荼毘に付したことに起源があるといわれ，仏教における「遺体処理法」とされた。文献では『続日本紀』文武天皇4年（700）3月巳未条の僧道昭物化に際して，「弟子等奉遺教，火葬於栗原，天下火葬従此而始也」とあり，わが国における火葬の始源であるとされている。この後，大宝3年（703）12月，持統天皇が火葬後，天武天皇陵に合葬され，次いで慶雲4年（707）文武天皇も火葬を採用した。中尾山古墳は文武天皇陵である可能性を指摘されている。火葬墓の遺

物としては、「文忌寸祢麻呂」と「威奈真人大村」の骨蔵器があり、その墓誌銘によって慶雲4年（707）に火葬されたことがわかる。したがって畿内を中心として、8世紀代には上流階層の間で火葬墓が営まれるようになったと考えられる。奈良県橿原市五条野内垣内遺跡の土壙から火葬骨片、灰などが墓誌と見られる鉄板と共に検出された。遺跡の状況から藤原京（694〜710年）成立以前の遺構と考えられ、最古の火葬墓の1つと見られている。わが国における火葬の始源についてはいくつか問題が提起されている。第1に、仏教における遺体処理法とされているが、6世紀中葉に仏教が伝来した後150年ほど火葬の記録が見られないこと、第2に、被葬者が必ずしも仏教徒とは限らないこと、第3に、6世紀後葉と位置づけられている大阪府陶器千塚古墳をはじめとして「横口式木心粘土槨（窯塚）」と称される遺体火葬施設が各地で確認されていることなどがあげられる。このような点から、8世紀代に盛行する上流階層の火葬は仏教思想の影響だけではなく、単に天皇の火葬を模倣する形で採用したものとも考えられる。火葬墓の立地としては丘陵など高地南または東斜面に多く見られる。これは、喪葬令の中で設定されていたとも考えられる。場所によっては「火葬墓群」として、いくつかまとまって検出される例がある。火葬墓の外部施設としては、薄葬思想などの影響により、墳墓そのものが小規模であったため、墳丘が遺存することは極めて稀である。わが国における火葬墓の主体を成す骨蔵器は、各地で多く検出されている。その構造は、火葬場所に墓を造営したものと火葬場所とは別の場に造営したものとに分けられる。前者で顕著な例は、小治田朝臣安萬

侶墓などがあげられる。骨蔵器の大半は、後者に属すると考えられる。骨蔵器の安置法は、円形、楕円形を呈し、摺り鉢状に掘り窪めた土壙に直接納めるほかに、陶製、石製の外容器を伴うもの、小石室中に安置するもの、横穴式石室、横穴墓などに安置するものもある。骨蔵器の材質は、陶製のもののほか、金銅など金属製、石製、木製、硝子製も見られる。形状もさまざまであるが、須恵器有蓋薬壺形短頸壺が主流といえ、特殊なものに獣脚や把手を有する例もある。石製のものは、方形、家形、円形、八角形を呈するものもあり、外容器のほか骨蔵器としても製作された。8世紀代に主に畿内を中心として墓誌を伴う骨蔵器が知られており、十数例発見されている。これらは被葬者の階層や所産年代を明示するものとして重視される。「下道朝臣圀勝圀依母夫人」と「伊福吉部徳足比売」の2例は、銅製椀形骨蔵器の蓋に墓誌銘が陰刻され、共に石製外容器を伴う。「宇治宿祢」の例は銅製円筒形骨蔵器で石製外容器に収納され、小石室中に安置されたものである。「文忌寸祢麻呂」の例は、硝子球形有蓋壺形骨蔵器で金銅製合子型外容器に納めたものである。「威奈真人大村」の例は、漆塗骨蔵器を金銅製球形合子形外容器に納めている。「小治田朝臣安万侶」「石川朝臣年足」「太安万侶」の例は、木製の骨蔵器及び外容器である。さらに「僧道薬」の例は、須恵器有蓋壺形把手付骨蔵器を甕で覆い、河原石で周囲を覆うものである。また、墓誌に近似する鉄板が各地の古代火葬墓から出土し、墓誌または買（売）地券の可能性を指摘されている。鉄券と称される短冊形鉄板も畿内をはじめ、四国、九州などから出土している。一般的には副葬品を伴うものは少ないが、「皇

朝十二銭」や「石銙帯」が出土すること
もあり注意される。これら畿内の火葬墓
は、8世紀代に集中し、9世紀代には減
少する。代わって、木棺土葬墓の造営が
顕著になってくる。地方においては、平
安時代に至り、火葬墓は普遍化したもの
と考えられる。9世紀以降、一般には骨
蔵器専用としての製作は稀になり、主に
甕、壺など日常什器の転用がなされる。
中には中国青白磁器や瀬戸、常滑の陶器
類も転用された。骨蔵器には地域により
特徴的な様相を示すものもある。例えば、
吉備地方に集中する火葬骨を納めた家形
小型陶棺、赤城山麓に集中する安山岩石
櫃、南武蔵に群在する甕形骨蔵器などが
あげられる。また石櫃が横穴墓に見られ
る例として静岡県大北横穴墓では、石櫃
に「若舎人」と陰刻されている重要な資
料が知られる。

平安時代以降、封土を盛った墓の上に
木製塔婆(多宝塔、板塔婆など)を設置し
たり、岩手県平泉中尊寺金色堂に代表さ
れるように、埋葬した上に「墳墓堂」が
建立され、その一族の追善と子孫繁栄を
祈る場とされた。文献では『餓鬼草紙』
にも見えているところであり、当時の墓
地の有様を率直に示している。

鎌倉時代以降は、石製塔婆(五輪塔、
宝篋印塔、板碑など)を墓標として建て
ることが僧侶、豪族など上流階級の人々
によって受け入れられた。特に僧侶の墓
標には無縫塔(卵塔)が多く採用された。
神奈川県鎌倉市建長寺道隆の墓標は無縫
塔の初期の例として知られる。さらに禅
律高僧の墓は独特の様相を示している。
銅製有蓋筒形をなす骨蔵器が主流で、宝
篋印塔、五輪塔形のものもある。これら
の多くは表面に墓誌銘が刻まれ、被葬者
の略歴を知り得る資料となる。その墳墓

上には五輪塔、宝篋印塔など石造塔婆を
設置し、塔の内部または下部に骨蔵器を
納めた。顕著な例は鎌倉市極楽寺と奈良
県額安寺において五輪塔下より出土した
宝瓶形の真言律僧忍性の骨蔵器などがあ
る。弟子たちによって分骨される風習は、
鎌倉時代の禅宗に始まるとされている。

その他の例として「地下式壙」がある。
これは地表から垂直に穴を穿ち、直角に
主体部を横へ掘ったもので、14〜15世紀
に盛行し、東北から九州まで群集して検
出されている。近年、中世の土葬墓とし
ての位置づけがなされるようになってき
た。また、神奈川県鎌倉を中心とした「や
ぐら」は、平地の墳墓堂に代わり造営さ
れた横穴式の墳墓と考えられ、鎌倉時代
中期から室町時代末期にかけて盛行した。
鎌倉時代は上流階層においては、仏教の
浸透により氏寺発生の時期でもあった。
そのような中、畿内周辺の村落では「惣
墓」と呼ばれる共同墓地が村落共同体を
背景に発生する。そして、室町時代以降、
石造塔婆を墓標として墳墓上に建立し、
追善供養の場とする風習が名主クラスの
庶民層へと普及していく。その初見的資
料の1つに京都府木津町惣墓があり、石
造塔婆3300基が確認され、室町時代以降
の墓標の変遷や様相が分析された。中世
における葬法は、土葬と火葬が併存して
おり、墳墓上に塔婆が建てられる場合で
も内部が土葬であることが多く、普遍的
であったと考えられる。また、百姓など
下層階級の者は、河原などに遺体が遺棄
されていたと考えられる。

近世における墳墓は、徳川将軍家の墓
が注目される。主として宝塔を墓標とし、
石室を設け、将軍は銅棺の中に木棺を納
め、夫人、子女については、木棺のみを
納めている。地方の大名墓によっては、

火葬され骨蔵器を地下に納め墓標として五輪塔や宝篋印塔を建てている例もある。江戸時代は、墳墓と寺院との関係が確立し、寺院の用地内に墓地が営まれるようになる。墓標は、中世からの伝統的塔形墓標と共に、墓石、墓碑などと呼ばれる位牌形の墓標が現れ、今日においても見られる「方柱条墓標（角碑）」へと変化していく。
［石田茂作監修『新版仏教考古学講座』7「墳墓」1975，斎藤忠『墳墓』1978］
（松原典明）

墳墓堂　ふんぼどう　人の死後，それぞれの仏縁にある堂舎に遺骸を安置して，ある期間供養した後その堂下に遺骸を埋葬し，その上に信仰仏を奉安してその加護を祈願した堂舎。「墓所堂」ともいう。
　平安時代初期に最澄，円仁によって阿弥陀堂及び法華堂の建立が進められた。前者は阿弥陀仏を本尊とし，浄土往生願求の念仏を修める道場として，後者は普賢，釈迦，多宝仏を安置し，六根懺悔の法により死者の罪障消滅を期するために法華三昧の堂として時の支配層に迎えられた。これらの信仰から，建物と死者の埋葬とを複合させ，一部の限られた階層（皇室，貴族）によって造営が行われたのが，それぞれ「阿弥陀堂式墳墓堂」「法華堂式墳墓堂」という。墳墓堂に関する記載が文献に現れるのは，『三代実録』貞観10年（868）12月28日の条で，「源朝臣信が死去の際，北嶺の下に一屋を造立し，中に一床を置き棺をその上に据え固く四壁を閉ざし，人畜をして犯さしめないようにした」とある。阿弥陀堂式墳墓堂の著名なものとして，岩手県平泉の「中尊寺金色堂」があげられる。堂内外を金色にした「宝形造り」の工芸の美を極めたものである。藤原清衡らが天治元年（1124）

に建立した後，清衡の遺骸を安置した。その後2代基衡の時に一部改造し，その柩を納め，3代秀衡の時も遺骸を納めた。3壇（清衡，基衡，秀衡）のそれぞれに阿弥陀，観音，勢至，六地蔵，二天像を安置している特別の例である。法華堂式墳墓堂の例としては，白河法皇は三重塔下に，近衛天皇は多宝塔下に，後白河法皇は法住寺法華堂にそれぞれ葬られた。鎌倉，室町時代を通して，皇室の陵墓として有力者の墓として次々に造営された。鎌倉時代中期以降は阿弥陀仏を安置する堂も「法華堂」と呼ばれ，墳墓堂の意味に用いられた。墳墓堂の建築様式は，元々簡素な草堂から始まったと考えられるが，白河天皇の三重塔，鳥羽法皇，近衛天皇の多宝塔，後宇多法皇の八角円堂などは，数少なく，装飾は別として，むしろ中尊寺金色堂の「宝形造り」が多く建築された。鎌倉時代の墳墓堂の一形式として，鎌倉市極楽寺切通西方の伝上杉憲方墓地で発見された凝灰岩切石の堂跡や鎌倉を中心に分布している横穴式墳墓である「やぐら」があげられる。はじめ鎌倉の府中に有力者の墳墓堂が続々と営まれたが，その後すでにあったものを改葬し，「やぐら」として墳墓堂の代わりを成したと考えられる。鎌倉時代末期以降，墳墓堂を維持していくために必要ないわゆる「法華堂領」の管理が乱れ，維持経営が非常に困難になっていった。故に上層階級で墳墓堂の造立が行われても小規模または合葬に近い形となり，さらには法華堂式墳墓の新設がほとんど見られなくなったのである。しかし，遺骨埋葬の上に信仰仏の代わりに「石塔」を置き堂宇で囲うという墳墓堂の形式的継承は，室町，江戸時代において僧侶，武将の間で行われた。
［日野一郎「墳墓堂」『新版仏教考古学講

座』7，1975]　　　　　　（松原典明）

ファーガソン James Fergusson 1808～86
年，インドの建築史研究の先駆者的イギ
リス人。当時，建築史研究はラーム・ラ
ーズ（Ram Raz）が残した一部の文献を
インドの伝統的建築士から得た用語解説
を総合して読み進めたもののみであった
が，彼は碑文・文献に頼る研究ではなく，
遺跡を建築として総合的に様式を分類研
究する方法論を提唱した。実業の傍ら，
1835～42年の間フィールド調査を実施し，
インド建築史に関する最初の業績 "On
the Rock-cut Temples of India" を1843
年に口頭発表したが，その論文は1846年
の *Journal of Royal Asiatic Society* 誌
上に掲載された。その後，*History of
Indian Eastern Architecture* を1876年に
出版し，仏教建築・ヒマラヤの建築・ド
ラビダ建築・インド－アーリヤ建築等々
の分類で総合的に論じたが，石積み建築
の観念をヤバナ（Yavana　ギリシア人）
の影響とする立場故にインド人研究者ラ
ジェンドララーラ・ミトラ（Rajendralala
Mitra）と対立し論争を繰り広げた。著書
に *Tree and Serpent Worship*, 1868，バ
ージェス（J.Burgess）との共著に *The
Cave Temples of India*, 1884などがある。
　[Dilip K. Chakrabarti, *A History of
Indian Archeology*, Munshiram Mano-
harlal, New Delhi, 1988]（髙橋堯英）

フィールーザバード Fīrūzabād　現在
のインドの首都デリーに栄えたトゥグラ
ク（Tughluq）王朝（1321～1414）の第3
代フィルーズ・シャー（Fīrūz Shāh,
1351～88年）王の都。1321年にトゥグラ
ク朝が設立されたが，間もなく第2代の
ムハマンド・トゥグラク（Muhammad
Tughluq, 1325～51年）王は都をデカン高
原のデーバギリ（Devagiri）に遷都しダ
ウラタバード（Daulatabād）と名付け
た。しかし，フィルーズ・シャーの即位
後，都は再びデリーに戻され，ヤムナー
川の畔に新たな都が造られた。その都の
跡は，現在 Fīruz Shāh Kotla と呼ばれる
場所に相当し，旧デリー市街区の入り口
であるデリー・ゲート（Delhi Gate）の
南側にある。この高い城壁で囲まれた都
の跡には，西側に物見の塔のある城門が
あり，王宮跡，列柱の間，モスクなどが
ある。フィルーズ・シャーは，メーラッ
ト（Meerut）にあったアショーカ王柱と
パンジャーブ（Punjāb）地方のアンバラ
（Ambala）近くのトープラ（Topra）に
あった王柱を首都に運ばせ，前者を現在
のデリー大学近くの小高い山の上に建立
し，後者をこの新都に，ピラミッド状の
建造物を設けその頂上に建立したのであ
った。
　[*Archeological Remains, Monuments
and Museums*, Part II, Archeological
Survey of India, New Delhi, 1964]
　　　　　　　　　　　　（髙橋堯英）

フィール・ハーナ　Fīl-khāna　ジェラ
ラバードの西の郊外，カブール川沿いに
東西に並ぶ2つの尾根によって挟まれた
山腹に掘られた石窟寺院群。東方群が東
の尾根の裾，西方群は西の尾根の裾にあ
り，その間に中央群がある。その他，3
つの石窟が山稜の近くに散在する。東西
2つの尾根が出会う山頂に設けられた仏
塔がこの石窟の中心と考えられ，胴部の
直径16.7m，高さ約13mの円丘が残る。
西方群は集会室といわれる5つの大室と
付随する副室からなり，それが長い燧道
によって繋がれている。東方群は，第6
洞の僧院窟（約13m四方の方形で，中央
に約5m四方の方柱があり，三辺に10の
小房が設けられた構造），第4洞の象舎の

窟, 第8洞の双龕(そうがん)の石窟などからなる。中央群は13窟から成り, 主として僧房であった。クシャン時代に創始され建立された最初期のアフガニスタンの石窟寺院の姿を示すものとされる。
　［水野清一編『ハザールースムとフィール・ハーナ』1967］　　　（髙橋堯英）

フーシェ　Alfred Foucher　1865〜1952年, フランスのインド学者。パリの高等師範学校に学び, 3年間高等学校で教鞭をとったが, インド学に傾倒し, パリ市の奨学金を得て1891年から94年まで高等研究院でシルヴァン・レヴィに師事し, サンスクリット語やインド考古学, 仏教研究に入る。彼は1895年11月から97年10月までスリランカとインドでフィールド・ワークを行い, カシュミールやガンダーラ研究に没頭する。1905〜07年, ハノイの極東学院長を務め, その後パリ大学講師（1907年）, ソルボンヌ大学教授（1915年）を歴任するが, その間インド考古学局の招聘を受けたり, アフガニスタンの考古学調査などに活躍し, 日本でも1926年に日仏会館創設の準備に携わる傍ら東京大学, 東北大学で講義した。著書に *L'art greco-bouddhique du Gandhara* (3 vols, 1905〜51), *The Beginnings of Buddhist Art* (1917), *La vieille route de l'Inde, de Bactres à Taxila* (1942, 47), *La vie du Bouddha, d'apre les textes et les monuments de l'Inde* (1949) などがある。
　［A.フーシェ著, 前田龍彦・前田寿彦訳『ガンダーラ考古游記』1988］
　　　　　　　　　　　　　（髙橋堯英）

ブッダガヤー　Bodhgayā　インド東部のビハール州のガヤーの南約10kmの地点に位置する（北緯24度42分, 東経85度0分）。現在の名称が一般化する以前には, 釈迦の成道に因んで, 古くはサンボディ（Saṃbodhi）, 後にマハーボディ（Mahābodhi）などと呼ばれていた。
　ナイランジャナー川の畔にあるこの釈迦の成道の地の中央には, 高さが約50mある大塔がそびえ立つ。その姿は玄奘の記述と合致することから, すでに7世紀にはおおむね現在の形態に近い構造であったといわれる。この建物は仏像と金剛宝座を祀る祠堂で, 尖塔状の祠堂の周りに一段と低い建物が付されたような形態をしている。低い建物の屋根がテラスとなり, その四隅には大塔のミニチュアが尖塔のように設けられ, その間に奉献塔が並べられている。内部の部屋の天井は高低2つの建物ともドーム状だが, 幾度目かの改修の折に付加されたものだという。外壁には壁柱に区切られた仏龕(ぶつがん)が数多く設けられ, 仏座像が納められている。大塔の西側に, 大塔に接するように石の欄楯で囲まれた石の壇があり, そこに金剛宝座と幾世代目かの菩提樹がある。現在目にすることのできる金剛宝座の石版は紀元前1世紀のものであるが, 最古のものはアショーカ王の頃の磨き上げられた砂岩製のもので, カニンガム(A.Cunningham)が19世紀の終わり頃に行った大塔の大改修の折, 現在の玄武岩製の金剛宝座の中にあった漆喰で上塗りされた金剛宝座の裏側に隠されていたという。大塔は正面である東側を除く三辺を, 高さが2m以上もある石の欄楯柱で取り囲まれている。それらは紀元前1世紀の赤色砂岩製のものと, 欄楯が増広されたグプタ期に新たに付加された花崗岩製のものである。その周りには大小さまざまな奉献塔が設けられている。また, 大塔の北側には釈迦の経行処があり, 釈迦が成道後の第3週目に悟りの余韻を楽しんで

経行された場所だといわれている。大塔の傍らには，釈迦が沐浴されたという蓮池がある。

ブッダガヤーの大塔

[Debala Mitra, *Buddhist Monuments in India*, Sahitya Samsad, 1977]

（髙橋堯英）

ブトカラ **But-Kara** パキスタンのスワット地方の中心都市ミンゴラ（Mingora）郊外にある仏塔。仏塔を中心に奉献塔が約200基並ぶ。大塔は直径17.4mの円形で，周囲に幅約3mの繞道がめぐらされている。この主塔は，舎利箱の納められた紀元前3世紀頃の直径約5.5m，高さ約4.9mの仏塔を核とし，以後6度の増広を経て現存する形になった。繞道の床も増広の度にスレートで敷かれていたが，ある一層には主に青色のガラスタイルが用いられ，タキシラのダルマラージカー大塔の例と共に興味深い事例とされる。繞道の周りには，浮彫石板や漆喰土の彩画で荘厳された低い周壁がめぐらされ，その周りに奉献塔が整然と並ぶエリアがある。奉献塔は，方形基壇の上に円形の鼓洞を乗せたものが主であり，いくつかの

奉献塔からも舎利容器が発見された。石の彫刻が5000以上発見されたが，それらは主として6～7世紀の第4層からのものという。

［樋口隆康『ガンダーラの美神と仏たち』NHKブックス，1986］ （髙橋堯英）

フューラー **Alois Anton Führer** 1890年から1898年まで，インド考古学局の北西辺境地域古物蒐集・考古学研究責任者と当該地域の碑文研究の統括者を勤めた考古学者。彼はマトゥラーのカーンカリ・ティラー（Kānkali Tīlā）を1890～91年に発掘調査したが，その成果を公表しなかった。因みに，その時の発掘資料と写真は後にスミス（Vincent A.Smith）によって整理され，*The Jaina Stupa and Other Antiquities of Mathura*（1901）として公表された。彼は1891年に *Monumental Antiquities and Inscriptions in the North western Provinces and Oudh* を発表し，アヒーチャットラー（Ahichchatrā）の発掘（1891～92年），カトラー（Katrā）の調査（1895～96年）などを手がけたが，その後，ネパール政府の協力を得てタライ盆地の調査（1897～98年）を行う。ある仏塔から舎利容器の青銅の蓋に，シャカ族の浄飯王の後継者の舎利であるとアショーカ王以前の書体で記された碑文を発見したと報じ，釈迦の誕生地に関する著書を刊行したが，後にスミスの再調査によってその信憑性をまったく否定され，その著作は回収されたという。

［Dilip K. Chakrabarti, *A History of Indian Archeology*, Munshiram Manoharlal, New Delhi, 1988］ （髙橋堯英）

へ

平家納経 へいけのうきょう　広島県佐伯郡宮島町の厳島神社に伝世する平安時代末期の装飾写経33巻で、国宝に指定されている。平清盛が、一族32人に『法華経』28品28巻、開経の『無量義経』1巻、結経の『観普賢経』1巻、『阿弥陀経』1巻、『般若心経』1巻を書写させて、これに『願文』1巻を添えて、長寛2年(1164)9月に安芸国宮島厳島神社の本地仏十一面観音に奉納したもので、平家納経と呼ばれる。ただし、『般若心経』1巻は、仁安2年(1167)の清盛の奥書があることから奉納当初のものではなく、後に入れ替えられたものである。『願文』には「弟子并びに家督三品武衛将軍、及び他の子息等（中略）都盧州二人、各一品一巻を分かち、善を尽くし、美を尽くさしむる所なり」とあり、1人1巻を書写し、各人が贅の限りをつくした装飾経である。平家一門の繁栄を祈願して納めたもので、清盛が急速に権力を極めつつあった時期の奉納経で、平氏の富と気概を結集したものでもある。奉納経は、金銀荘雲竜文銅製経箱に納められ、慶長7年(1602)に「化城喩品」「嘱累品」などの表紙や見返し絵の修理を行った安芸太守福島政則寄進の蔦蒔絵唐櫃一合が付属して国宝となっている。

　[小松茂美『平家納経の研究』1976]

（岡本桂典）

米山寺経塚 べいさんじきょうづか　福島県須賀川市大字西川字坂ノ上地内の日枝神社境内に所在する10基からなる経塚群。この経塚群は大きく2群に大別され、社殿裏手の丘陵に位置する1号・2号・4号・5号・6号が1つのグループ、さらにその西側に位置する3号・7号・8号・9号・10号が別なグループを形成している。なかでも明治17年（1884）に本経塚が発掘された際、3号経塚から出土した承安元年(1171)銘の陶製外筒や銅経筒・鏡・短刀などが著名である。この米山寺の陶製外筒と同じ承安元年銘を持つ外筒が、同県桑折町平沢寺経塚と福島市天王寺経塚から出土しており、当地域の埋塚に関する勧進僧の活動が注目されている。なお、米山寺1号経塚からも紙本経11巻（法華経・無量寿経）が検出されたが、関東大震災で焼失した。

　[関秀夫『米山寺跡・史跡岩代米山寺経塚発掘調査報告書』1982]　（大竹憲治）

平泉寺跡 へいせんじあと　福井県勝山市平泉寺町平泉寺地籍にある中世寺院跡。養老元年(717)泰澄が白山四登拝の途中、林泉にて白山神の託宣を受け、開創されたと伝えられている。平安時代には白山の登り口である白山三馬場の1つとして栄えた。中世には最盛期を迎え、尾根や谷には48社、36堂、6000の坊院が建ち並んでいたといわれている。天正2年(1574)に一向宗徒との戦いに敗れ全山焼失した。以後中心部は再興されたが、明治初年の神仏分離政策で平泉寺は改変されて白山神社となった。

　平成元年〜5年(1989〜1993)の発掘調査などで、旧境内の規模は東西約2km、南北約1kmで、石敷き道路・門跡・土塁・井戸跡・坊院跡などが良好に残っていることが判明した。遺物の年代は12世紀から16世紀までのものがあり、15世紀中頃から16世紀初頭のものが最も多い。国指定史跡。

　[勝山市教育委員会『史跡白山平泉寺旧境内保存管理計画書』1997]

（戸根与八郎）

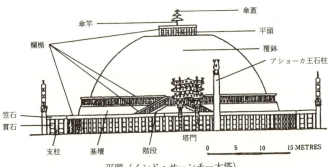

平頭（インド・サーンチー大塔）

平頭 へいとう インドでは Harmika
（ハルミカー）という。インドにおける
初期の仏塔の形状は，大地に低い円形の
壇を設け，その上面に半球状の覆鉢を置
いたもので，それを塔身とする。覆鉢の
上に箱状のものを置き，それを平頭とす
る。

　平頭にはいくつかの形態がある。最も
基本型というものは方形の玉垣形であり，
その中央に傘竿が立てられており，傘蓋
が取り付けられた。ストゥーパの覆鉢の
頂部に設置される傘蓋と平頭の形態は樹
木に見立てれば，聖樹の名残と見られ，
聖樹の表現と理解することもできる。
　　　　　［杉本卓洲『インド仏塔の研究』1984］
　　　　　　　　　　　　　　　　　（斎木　勝）

ベイタノー遺跡 Beikthano ミャンマ
ーの代表的な仏教遺跡。エーヤーワディ
川の中流マグエー管区タウンドゥインジ
ー郡にあり，一辺約3kmの方形の平面プ
ランをもち，レンガを積み上げた城壁で
周囲を囲う城市跡であるが，その内外で
レンガ建物の仏教寺院跡が確認されてい
る。2号遺構は僧院で，細長い長方形の
平面プランを呈し，内部に8つの房室を
もつ。3号遺構はストゥーパで，上部は
失われているが，円形の基礎が残されて
おり，その形状からインドとの関連が指

摘されている。2号遺構と3号遺構は至
近距離にあるところから，両者が組み合
わさって，1つの伽藍を構成していたと
推測される。14号遺構は正面にアーヤカ
（āyaka）をもつストゥーパで，周囲から
土坑墓や骨蔵器が検出されており，イン
ドネシアのチャンディ（Candi）と同様に
塔に隣接して墓地が営まれたことが知ら
れる。ところで，ベイタノー遺跡では仏
像が発見されておらず，仏像を祀らない
部派の仏教徒によって造立されたと推測
される。その造営年代は1世紀とする説
と2〜4世紀とする説があり，また一般
的にはピュー族によって営まれたとされ
るが，ミャンマーの歴史家タン・トゥン
（Than Tun）のようにそのことを疑問
視する意見も有力である。
　　　　［Aung Thaw, *Historical Site in Burma*,
1972］　　　　　　　　　　　（時枝　務）

ベゼクリク石窟寺院 Bezeklik トゥル
ファンから北東40km，センギム渓谷に合
流するムルトゥク河岸に造営された石窟
寺院。ベゼクリクとは「美しく飾られた
場所」という意味で，57余の石窟がある。
7世紀頃の開鑿といわれ，9〜10世紀に
はウイグル族によって造営された。地理
的・歴史的状況から中国の影響を受け，
特に唐代美術の影響が多分に見られるが，

この石窟寺院の特徴は，繊細な線描や紅・緑を基調とした色彩のウイグル仏教美術である。1897年のクレメンツ，1902年のグリュンヴェーデル，1904，05年のル・コック，1907年のスタイン，1912年の大谷探検隊，1914年のスタイン第2次と調査され，グリュンヴェーデル，ル・コック，スタイン，大谷探検隊により大量の壁画が切り取られて移送された。ブラフミー文字のサンスクリット文である『根本説一切有部毘奈耶薬事』の偈文が記されたものもあり，大乗仏教地域における小乗系の仏教の影響を見ることもできる。　　　　　　　　　　　（則武海源）

ペリオ　Paul Pelliot　1878～1945，フランスの東洋学者。パリに生まれ，Ecole des sciences politiques（政治学校），Ecole des langues orientales（東洋語学校），Academie des inscriptionset belles-letters（金石文芸学院）から1898年インドシナ考古学調査会に入り，これがハノイのフランス極東学院に改変されると研究員に任じられた。1900年北京で義和団の乱に遭遇するが，ハノイに戻ってフランス極東学院の教授に任じた。中国の多くの古書，美術品，絵画などを極東学院に送り，1906～09には中央アジア調査を行った。経路はパリを発ち，タシケント，カシュガル，クチャに到り，敦煌に進み，涼州，鄭州，北京を経てパリに帰還するというもので，この際，敦煌の千仏洞より多数の写本や文書，古画を入手した。1911年，College de France（フランス学院教授），31年学士院会員，35年アジア学会長に就任した。23年以来「T'ong Pao（通報）」の編集に従事。アジアに関する歴史や言語，宗教，美術，考古などに多くの論文を発表し，学界に大きな影響を与えた。

[M.Lalou, *Bibliographie bouddhique*, 4～5，1934，P.Demieville,P.Pelliot, *publie par la Societe Asiatique*，1964]

　　　　　　　　　　　　　　（則武海源）

ほ

法安寺跡　ほうあんじあと　愛媛県周桑郡小松町北川にある。高縄半島の東側に広がる道前平野を流れる中山川の右岸の微高地に立地し，愛媛県では最古の寺院跡と考えられている。飛鳥時代創建といわれているが異論もある。法安寺の寺名は，『伊予国分寺文書』建長7年(1255)の条にも見えている。昭和9年(1934)に測量図などが作成され，この時に石田茂作や鵜久森経峰が調査に訪れ，伽藍配置が四天王寺式であることを想定した。

　発掘調査は，昭和11年(1936)に行われた。塔跡は一辺12mの基壇上に16個が残存しているが，9個の礎石の上面には「＋」字形が刻まれている。心礎と礎石は原位置から移動した痕跡が認められる。この塔の北20mに永寿庵があり，金堂跡の礎石17個が残っている。中門跡・講堂跡にも礎石が若干残っている。創建期から平安時代中期までにかけて存続したと考えられている。瓦は素弁八葉蓮華文鐙(軒丸)瓦，複弁八葉蓮華文鐙(軒丸)瓦，重弧文字(軒平)瓦などが出土している。心礎についても当初のものか疑問視されている。出土瓦や遺構から，創建は7世紀中頃以後の白鳳時代と考えられている。

[石田茂作『飛鳥時代寺院址の研究』1936，吉本拡「法安寺」『愛媛県史』資料編考古，1986]　　　　　（岡本桂典）

伯耆一宮経塚　ほうきいちのみやきょうづか　鳥取県東伯郡東郷町宮内の倭文神社境内に所在する平安時代後期の経塚。大正4

年(1915)，祭神の下照姫命の墳墓と伝えられる古墳状の高まりの盗掘により，多くの遺物が出土し知られた。経塚は直径16mほどの円墳状。中央に石槨がつくられ，中に経筒や仏像をはじめ多くの供養品が納められていた。出土した遺物は，鋳銅製経筒1口，金銅観音菩薩立像，銅造千手観音菩薩立像，銅板線刻弥勒立像，草花蝶鳥六稜鏡，素文鏡，檜扇残片，短刀，刀子，ガラス玉など多数。経筒は総高42cm，蓋・筒身・台座からなり，円筒形の筒身に銘文を15行336字刻む。銘文には，釈迦入滅後2052年にあたる康和5年(1103)，僧京尊が「伯耆国河村郡御坐一宮大明神」の御前に『如法経』一部八巻を供養し，神社南東山中に埋納したことが記されている。経塚は国史跡指定，埋納品は国宝に指定されている。現在，東京国立博物館寄託中。

［奈良国立博物館『経塚遺宝』1977］

（真田広幸）

伯耆国分寺跡 ほうきこくぶんじあと　鳥取県倉吉市国分寺・国府に所在。倉吉市街地の西方約4km，天神川の支流国府川左岸の丘陵上に位置する。昭和45年(1970)度と翌年度に発掘調査が実施され，伽藍配置などがあきらかになった。寺域は東西182m，南北160mの方形。周囲に溝をめぐらし，内側の東・西・北に土塁，南側に築地塀をつくる。寺域の西寄り三分の一に，南から南門，中門(推定)，金堂，講堂を配し，塔を南西隅に置く。回廊は金堂に取り付くと考えられるが明確ではない。塔・金堂・講堂の基壇は地山を削り出し，切石で化粧する壇上積基壇。遺物は，瓦類を中心として風鐸などの金属製品や土器類が出土している。この中で，創建期の軒瓦と同系統のものが伯耆国内の寺院跡や因幡，美作，石見などの寺院

跡に見られ注目される。『続左丞抄』によると，天暦2年(948)に焼失したという。その後の再建は不明。国指定史跡。

［倉吉市教育委員会『伯耆国分寺跡発掘調査報告』I，1971］　（真田広幸）

宝篋印塔 ほうきょういんとう　石造仏塔の一形態である。一般的な構造を見ると下部より反花座・基礎・塔身・笠・相輪の5材からなり，笠を上下とも段形状に造り，軒の四隅に特異な形態の隅飾りを立てている。

インドの阿育王が深く仏教に帰依し，仏舎利を分けて8万4千塔を建立したという故事にならって，中国五代呉越王の銭弘俶が同じように8万4千の銅塔を造り，それに『宝篋印陀羅尼経』をおさめて諸国に分け与えた。それがわが国にも伝えられている。現在，東京国立博物館などに所蔵されているこの塔は「呉越国王／銭弘俶敬造／八万四千寶／塔乙卯歳記」の刻文があり，わが国の天暦9年(955)にあたる年に造られたことが知られる。この銅塔(金塗塔という)の形にならい，手法を簡略化して石で造られたものが，この特殊な形を持つ塔婆である。名称の起こりは，「一切如来心秘密全身捨利宝篋印陀羅尼経」からきている。

石田茂作は宝篋印塔の塔形は，インドにおける初期の仏塔である半円球を付した形の覆鉢塔の上部にある方形箱状の平頭が発達変化したものとする。構造的に見ると，この平頭の傘蓋を支える部分として理解されるが，仏舎利の移納により荘厳され平頭部の上下を持送り式に造られ，その上面四隅に隅飾りを設け，下部に蓮弁を装飾するようになった。このように発達した平頭部を1つの仏塔としたのが宝篋印塔であるという。

宝篋印塔は，五輪塔とともに普及し，

数多くの遺品が残されているが，石材としては安山岩・花崗岩が多く，凝灰岩はきわめて少ない。

宝篋印塔の時代的変化を見ると，塔の規模から13世紀から14世紀前半まで10～12尺塔（約300～360cm）の大型塔が造立され，その後1380年から1420年代まで造立数は爆発的に増えるが6尺5寸塔（約200cm）などの中型塔となる。宝篋印塔が最も隆盛したのは鎌倉時代後期で，その初頭から徐々にではあるが全国各地へと分布した。

宝篋印塔と塔名を刻んだもので最も古い塔は，岐阜市の旧美濃白山神社の正安2年（1300）塔，これに続くものは近江日野町の比都佐神社の嘉元2年（1304）塔であり，この頃より依頼側や石工が宝篋印塔の名を使いはじめたものと考えてよいであろう。

全国的に宝篋印塔を概観すると，中部地方を境として西に分布するものを「関西型式」，東に分布するものを「関東型式」と呼んでいる。大きく関東型式と関西型式に2分することは大方の認識を得ている。また，宝篋印塔様式は時代が新しくなると各地方様式の萌芽が見られ，地域によってはきわめて地方色をもった石塔が出現する。瀬戸内周辺には「請座付宝篋印塔」，北関東を中心とした「須弥壇式宝篋印塔」などが知られる。

関東型式の特色としては，反花座は側面を2区に分け，内面は格狭間あるいは素面である。基礎・反花座と同様に輪郭で2区に分け紀年銘を刻むものもある。上面は2段の段形が一般的で反花は刻まない。塔身はまた輪郭を巻き内面には四方仏を刻むものもある。笠は軒の下が2段，上が5段あるいは7段が一般的であり，最上部を輪郭にて2区に分け露盤と

する。隅飾りも輪郭を巻き2弧である。相輪は請花を単弁に刻出する。

関西型式は反花座がないのが多い。基礎上面は段形式によらず，蓮弁を刻出する。側面は輪郭をまわし，内側に格狭間を刻出する。塔身は輪郭をとらない。笠の隅飾りは2弧で輪郭を回した内側に梵字や蓮座上に月輪や円相を入れるものが多い。軒上には7段が多い。露盤を刻出しないものが多い。関西型式では基礎が石塔の塔勢として重要な部分であり，関東型式では石塔を荘厳化するためにも反花座が重要な位置づけである。

九州型式はほぼ関西型式を踏襲しているが，相輪の覆鉢に逆蓮を刻み，また，宝珠には火焔をつけて装飾する。

三木治子は宝篋印塔と『陀羅尼経』の関係を石塔の銘文で検討している（『歴史考古学』39，41，42，44号）。それによると，中世の宝篋印塔で「宝篋印塔」と記銘があるものは18例，『宝篋印陀羅尼経』を刻むものはわずか2例，経典納入や書写や読誦の銘文のあるものは，そのほとんどが『法華経』，少数が『浄土三部経』

宝篋印塔（滋賀県比都佐神社）

で，『宝篋印陀羅尼経』は皆無という。しかし，文献などからは平安末より中世にかけて『宝篋印陀羅尼経』や陀羅尼が，光明真言などとともに尊重されていたことがうかがえ，信仰形態と造塔行為が合致しないことを確認している。このように中世では宝篋印塔と経典の関係は希薄であったが，近世では多くの宝篋印塔に経文の一部や陀羅尼が刻まれるようになることは注目される。

[川勝政太郎『新版石造美術』1981，望月友善「宝篋印塔の祖形論に関する集録」『歴史考古学』29，1991]　（斎木　勝）

法鏡寺廃寺　ほうきょうじはいじ　大分県宇佐市法鏡寺に所在する白鳳寺院跡。寺の造営は所在地が古代辛嶋郷の中枢にあたることから，辛嶋一族の氏寺として行われたものと推定されている。ほぼ同じ時期に創建された虚空蔵寺跡とは2.5km離れた駅館川左岸の下流に位置する。調査によって，金堂と講堂が確認されている。これから想定される伽藍配置は法隆寺式となるが，金堂と講堂の基壇が極めて近接しており同時に併存した場合，窮屈な配置となる。この点については，講堂基壇下層に創建時の遺物が出土していることから講堂の再建が考えられている。創建期の瓦は，字(軒平)瓦が虚空蔵寺と同じ法隆寺系忍冬唐草文字(軒平)瓦であるが，鐙(軒丸)瓦は百済系単弁蓮華文鐙(軒丸)瓦であり虚空蔵寺と様相を異にする。つぎの法鏡寺第2期には，法隆寺系忍冬唐草文字(軒平)瓦と重弧文縁の複弁蓮華文鐙(軒丸)瓦の組合わせが見られ，法鏡寺独特の様式となる。このほかの出土遺物として，講堂の北部から出土した三彩や緑釉陶器がある。寺跡は国史跡となっている。

[小田富士雄ほか『法鏡寺跡・虚空蔵寺跡』大分県教育委員会，1973]

（小林昭彦）

奉献塔　ほうけんとう　奉献とは「ものを奉ること」，また「献上する」という意味があるので，そのような趣旨をもつ塔ということである。

ガンダーラ地方の仏塔は，地上に構築されたものを大塔とし，その大塔の周辺に規模の小さい塔と搬送可能な小塔で地面に立地しないような塔を建立し，奉献塔と呼称する。このように大塔を中心として周辺に奉献塔をめぐらされた塔院と僧侶が生活する僧院が併存して寺院が構成されていた。

奉献塔には，釈迦の誕生から涅槃までのいわゆる〝釈迦の一生涯〟について仏伝浮彫として表現されているものもある。それは釈迦の説話を1コマずつ筋を追って語っている。それには釈迦がいつごろどのようなことをなし遂げたかということを釈迦伝としてより詳しく語ろうとしており，叙述的に，また叙事的に彫られているものもある。

2，3世紀頃のローリアン・タンガイ出土の奉献小塔を見ると，方形基壇の四面に仏伝浮彫で表している。内容は釈迦の誕生の重要な場面が連続的に展開され，最後の「出城」と「御者・愛馬との別れ」は出家に係わる逸話を連続的な場面で展開している。これらは釈迦の誕生から釈迦伝説の前半が歳の推移でたどられており，個人の伝記として彫出している。

基壇の上には段を重ねた状態で覆鉢がのり，下部は仏像彫刻を加えており，上面はドーム状を呈する。その正面は2段にわたって窓をあけ，三尊の仏像彫刻を施す。仏塔としての請花の部分には方形の上方に広がる段形を据え，その上には，主体としての覆鉢を守るように傘蓋が掲

げられる。傘蓋の上端は丸くしており頂部から段々に大きくなりながら6段にわたって傘を開いたような形状である。

[石田茂作編『日本の美術』77，1972，杉山信三「東洋各地の仏塔」『新版仏教考古学講座』3，1976]　　　（斎木　勝）

勝示　ほうじ　寺院の寺域や荘園の範囲を明示するために設置された標識のこと。「四至勝示」「四至結界」ともいう。古代や中世文書には，「立勝示」「打勝示」との記載が見える。寺院の場合は，聖域や浄域を定め，そのなかではさまざまな制約やきまりが設定された。このために，標識を立てて俗世間との分離を明確にした。いわゆる山岳寺院以外では，寺域は通常，正方形もしくは長方形に設定されており，条里や条坊，道路で区切って設けられている。寺院の発掘調査では，これらの寺域を確定することがその目的の1つとされる。これに対し，山岳寺院では，山中に塚を設けたり，峰や川を基に定められている。前者では，大阪府勝尾寺の例が有名で，後者は奈良県栗原寺における塔の伏鉢に刻まれた銘文が知られる。勝尾寺の例は，それまで絵図でのみ知られていた勝示が発掘調査により確認されたもので，山中にある8か所の勝示遺構が具体的にあきらかにされた。

文献史料上では，山岳寺院に関して，『高山寺領勝示絵図』（京都府神護寺蔵）や『神護寺寺領勝示絵図』（同）などに勝示の記載がある。これら2点の絵図は，いずれも寛喜2年(1230)の作で，図中に勝示は黒く示されており，勝示を打った日と官吏の名前が記されている。また，絵図の裏書きに官吏の署名が見られる。このほか絵図としては，鎌倉時代の『金勝寺寺領勝示絵図』（滋賀県金勝寺蔵），室町時代の『臨川寺領大井郷絵図』（京都

府天竜寺蔵）などにも勝示の記述が見られる。一方，荘園の場合は，その所領地を明確化するとともに荘園防御のために必要な施設であった。荘園成立当時から，勝示が設けられていたが，11世紀頃に不輸不入の権が確立してから一般化する。この頃の史料には，勝示を抜き取ることは，その荘園を侵略することと同じ意味で使用されている。これら荘園については，その性格から領主によって描かれた絵図に記載が多く見られる。これらのうち，嘉暦4年(1329)の『播磨国法隆寺領鵤荘堺絵図』では，記載されている勝示石が現存している。また，荘園絵図における表現は「勝示」以外にも，「小塚」や「亀石」などがあり，正和5年（1316）の『和泉国日根野荘絵図』（宮内庁蔵）などがその一例としてあげられる。

[難波田徹「古絵図」『日本の美術』72，1972]　　　（三好義三）

宝珠　ほうじゅ　宝と珠で構成されているが，宝は「珠」の尊称でもあるから，珠のことである。日本では相輪頂部の飾りを宝珠と呼び，その下の球形を竜舎と呼ぶが，こう呼ばれだしたのは室町時代以降という。それ以前は覤型といった。

古代中国で宝珠といえば，これは真珠を意味していた。真珠が水産であるためか火災よけの宝とされている。上原和は，藤ノ木古墳出土遺物から宝珠の原型は真珠のような水産物であると推測している。宝珠とは，摩尼宝珠であり，如意宝珠のことである。人はこの珠を得れば，毒にも害されず，火にも焼かれないと説く。また，この宝珠を得れば求める物は何でも手に入り，衰悩，病苦の心配もないという。仏典に現れる摩尼はサンスクリット，またパーリ語の mani の音写で摩尼宝珠と訳され如意宝珠とも呼ばれる。

maniにはもともと真珠，宝物という意味があり，これらの言葉は仏教の教典に頻繁に見られるところから，摩尼宝珠，如意宝珠は人々に親しまれたことにより，図像化されたのである。

宝珠の形状は球形と中央が尖る（尖頂宝珠）2種に大別される。尖頂宝珠は各種のものに見ることができ，形状もさまざまである。尖頂宝珠は蓮の蕾の展開として，その関連も指摘されている。宝篋印塔のような石造仏塔の相輪の宝珠，五輪塔の空輪，笠塔婆や石幢などの宝珠には，全体がほぼ球形で中央がわずかに尖るもの，最大径が中位のもの，同様に最大径が上半部で肩はりのもの，下半部で腰はりのものが確認される。また，仏教関係の器物，たとえば経筒，合子，水瓶などに宝珠鈕として用いられる。これらは器物の装飾としての効果をもつが，宝珠形を示すことにより仏教用具として，仏の功徳を象徴するものである。

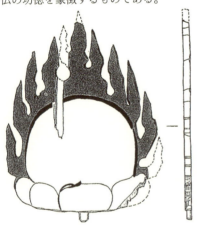

火焔宝珠

[関忠夫「宝珠の造形意匠」『東京国立博物館紀要』10，1975]　　　（斎木　勝）

宝珠杵　ほうじゅしょ　密教法具。両端を宝珠の形につくった金剛杵である。大治

5年(1130)と考えられている和歌山県那智経塚の大壇具の中に出土したものが最古である。把の形が通常は鬼目杵のやり方であるが，鎌倉時代以降のものは宝珠の外側に火焔を飾り，鎌倉時代の杵では四方に，室町時代では三方に火焔をつけたものが多い。なお，遺物の中には京都府広隆寺所蔵の鎌倉時代の木造のものもある。

[奈良国立博物館『密教法具』1965，石田茂作監修『新版仏教考古学講座』5「仏具」1976]　　　（山川公見子）

宝珠鈴　ほうじゅれい　密教法具。金剛鈴の1つ。頂部に宝珠をつけた振鈴である。平安後期から遺物がある。形式としては普通の五鈷鈴の先端を宝珠に替えたものが多い。また，宝珠の周りに火焔を鋳出したり，別つくりにし差し込んで取り付けるが，古いものの中には火焔を省略したものもある。火焔は鎌倉時代以前の鈴では四方火焔を用い，室町時代以降では三方火焔が現れる。

[奈良国立博物館『密教法具』1965，石田茂作監修『新版仏教考古学講座』5「仏具」1976]　　　（山川公見子）

宝塔　ほうとう　古くから仏塔に対する尊称として用いられたもので，塔を包括していう。したがって，経文に見える宝塔は単なる塔の敬称であって，塔形に係わりがない。宝塔は構造的には一重の塔で，まず基礎を置き，その上に塔身，それを守るように笠をかけその中央より相輪を建てる。基礎は各面が素面のもの，周辺に輪郭を回すもの，また，その輪郭内を束にて2分割，3分割してその内側を格狭間で装飾するものに分類できる。時代的には格狭間で装飾するものは鎌倉時代造立の石塔に多く，輪郭だけを回すものは室町時代造立のものに多い。また，

各面素面のものは一様に見られる。塔身は円筒形の軸部と首部より成るものを基本とする。構造的に上面は笠材を受けるので、首部を設けて塔勢を整えるのであろうか。軸部の正面に扉形を刻出するものがある。南北朝時代になると塔身の首部と軸部の間に框を巡らしたのが多く、室町時代には塔身正面をアーチ形、また、剣先形に開くものが現れた。笠部は四方に降棟を降ろし、また、下面は垂木形（あるいは斗型と呼称）が２段にわたって造りだされ笠の優美さを演出する。上面には路盤を刻出し相輪を固定する。相輪は上より宝珠・請花・九輪・請花・伏鉢の順に刻出する。

宝塔型式の初期のものは、インドの覆鉢塔の様式を継いだ有頸のものに笠を乗せ相輪を立てた密教的なものであった。その後、時代を経ると塔身は円柱形に高くなるとともに塔身に釈迦と多宝の仏を祀り、密教の教理とは別の内容のものも行われた。鎌倉時代には塔身が無頸のものや相輪に花輪を刻出しないものも確認されている。

最古の宝塔は京都市の鞍馬寺宝塔で、

宝塔（岡山県鼓神社）

用材は凝灰岩、高さ108cmを測る。塔身はやや壺形で首部は高く、先端が細くしてある。軒・軒裏も反らしてある。経塚からは銅製の宝塔など多くの遺物が出土したが、その中に保安元年（1120）銘の経筒が確認されたことにより、宝塔も同時期の造立と考えられている。

［石田茂作『日本佛塔の研究』1969、小林義孝「中世石造宝塔の性格」『立命館大学考古学論集』Ⅱ、2001］　（斎木　勝）

望徳寺　ほうとくじ(マントクサ)　慶州（キョンジュ）四天王寺跡（サチョンワンサジ）の南方の近距離に所在している。創建縁起は四天王寺と結びつけなければならない。伽藍創建は神文王（シンムンワン）治世（684年）である。創建動機については『三國遺事』に詳細に記載されている。唐の侵略を撃退するために文豆婁秘法が行われた四天王寺と共に、鎮護国家のために建てられた護国伽藍である。遺跡には南北の中軸線上の伽藍中心部に金堂跡と礎石が残存し、金堂跡の北側から中軸線上69尺南方地点、そこから左右54尺距離に東塔跡と西塔跡がある。すなわち、両塔の中心距離は108尺である。特に西塔跡には心礎石が残されている。一辺が２尺１寸規模の特異な八角形態の心礎石の中央には２段の方形孔穴（凹）が彫られた。下段に舎利を安置して上段に蓋の心柱石を置いた木塔跡と推測される。その構造は四天王寺の心礎石と同様である。両塔の南方には中門跡があるし、中門外側の西方には幢竿支柱がある。金堂の北側には講堂と推測される遺跡と礎石が残されている。総合的に判断すると南北の中軸線上に中門・金堂・講堂が建てられ、中門から派出する回廊が講堂の左右に接している。金堂前方の左右には同型同大の東塔と西塔が併置されている。統一新

羅時代に入ってから出現した双塔一金堂式の伽藍である。

[朝鮮古蹟研究会『大正11年度古蹟調査報告』1924]　　　　　（李興範）

法門寺　ほうもんじ　陝西省扶風県の県城北方10kmの法門鎮にある。後漢の桓帝，霊帝年間(147～188)頃の創建とされ，初めは阿育王寺といったが，唐の武徳8年(625)に法門寺と名を改めた。唐の憲宗(806～820)が請来した，釈迦仏の指骨舎利を安置することで知られた。1987年省の調査で，解体した寺の宝塔の真下の地下宮殿（約31㎡）より指骨舎利及び唐の帝室が舎利を送迎したときの供養品である金銀器，綾錦など唐代の多数の文化財が発見され，日本でも公開された。

[鎌田茂雄「法門寺出土仏指舎利考」『インド哲学と仏教』1989]　　（坂輪宣敬）

法隆寺　ほうりゅうじ　奈良県生駒郡斑鳩町にある聖徳宗総本山。南都七大寺の1つ。斑鳩寺ともいう。伽藍は，西院と夢殿を中心とする東院の2つに区画されている。創建は，金銅薬師如来像の光背銘に「用明天皇が病気平癒を祈願し，寺の造顕を発願したが，崩御されたので推古天皇15年(607)に天皇と聖徳太子が完成させた」とある。また『日本書紀』には，推古天皇14年是歳条に播磨国の水田を斑鳩寺に施入するとある。これらのことから，7世紀ごく初頭の創建と見られる。

現法隆寺の創建以前に，西院境内の東南隅にあたる若草の地に塔，金堂を南北に配す四天王寺式伽藍配置の若草伽藍が存在した。『日本書紀』天智天皇9年(670)4月壬申(30日)条に，「夜半に一宇も残すことなく焼失した」ことが記されている。これをめぐり法隆寺再建・非再建論争が起こった。しかし，昭和14年(1939)の若草伽藍の発掘により，四天王寺式伽藍配置の塔，金堂が焼失し，その後寺地を北西に移し，金堂と塔を東西に配す法隆寺式伽藍配置の西院伽藍を再建したことがあきらかになった。現在，若草伽藍は塔心礎のみ確認できる。東院については，『法隆寺東院縁起仏教幷資財帳』に，「天平11年行信が若草伽藍(斑鳩寺)の跡地に上宮王院夢殿を創立した」とある。当時東院は法隆寺と別の寺であり，後に法隆寺に吸収された。

昭和43年(1968)の若草伽藍の調査以降，数次にわたる調査によって，金堂が塔に先行して造営されたこと，地鎮遺構，寺域の東西北端などが確認された。特に創建時の瓦13種があきらかとなり，単弁九弁蓮華文鐙(軒丸)瓦や手彫忍冬唐草文宇(軒平)瓦が基本である。特に単弁鐙(軒丸)瓦は飛鳥寺に用いられた瓦当笵の文様の一部を彫りかえて使ったものもあり，さらに四天王寺，豊浦寺などの瓦とも同笵関係にある。このことから，官の関係した寺々の造立に造瓦集団の技術の伝習が速やかに行われていたことが伺われる。

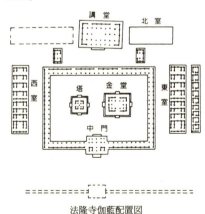

法隆寺伽藍配置図

[法隆寺『法隆寺発掘調査概報』1983，法隆寺『法隆寺防災施設工事発掘調査報

告書』1985］　　　　　（松原典明）

法隆寺再建非再建論争　ほうりゅうじさい
けんひさいけんろんそう　奈良県斑鳩町の法
隆寺が創建当初の遺構かどうかをめぐっ
ての論争。法隆寺の再建を論じたのは，
明治20年(1887)前後に発表された菅政友
の論文を嚆矢とし，その後も小杉榲邨・
黒川真頼・伊藤忠太・平子鐸嶺らの論考
が公にされたが，論争が本格化したのは
明治38年(1905)のことである。平子は法
隆寺の火災が『日本書紀』に見える天智
9年(670)ではなく一運古い推古18年
(610)に起こったものと考え，関野貞は建
築様式と使用尺度から法隆寺が飛鳥時代
のものであると判断し，非再建論を提唱
した。それに対して喜田貞吉が反論した
ことから論争が始まり，再建を唱える喜
田・小野玄妙・福山敏男らと非再建を唱
える平子・関野らの間で激しい論戦が繰
り広げられた。昭和14年(1939)に足立康
が，天智9年に焼けたのは若草伽藍で，
飛鳥時代に聖徳太子のために創建された
のが西院伽藍であるとする新非再建論を
発表したことから，喜田との間で論争が
再開された。同年に石田茂作は若草伽藍
の発掘調査を実施し，若草伽藍が焼失し
たことを実証し，論争は再建論に有利な
かたちで幕を閉じたが，いまだ未解明の
問題も残されている。

　［江谷寛「法隆寺再建非再建論」『論争・
学説　日本の考古学』6，1987］

　　　　　　　　　　　　（時枝　務）

法華経　ほけきょう　サンスクリット語の
サッダルマ・プンダリーカ・スートラ
（Saddharuma-puṇḍarīka-sūtra）と名
づけられた経典で，大乗経典に属し，紀
元50年から150年頃にかけて成立したと
考えられている。この経典は，6度にわ
たって漢訳されたが，現存するのは3本

で，これを「六訳三存三闕」と称してい
る。現存の3本とは，西晋の太康7年
(286) 8月，竺法護によって訳出された
『正法華経』10巻27品，後秦の弘始8年
(406) 5月，亀茲国出身の鳩摩羅什
(350〜409年頃)によって訳出された『妙
法蓮華経』7巻27品（のち8巻28品とな
る），隋の仁寿元年（601）11月，闍那崛
多と達摩笈多とによって訳出された『添
品妙法蓮華経』7巻27品である。これら
は，活字本として『大正新脩大蔵経』第
9巻に収録されている。この3本のうち，
最も流布したのは鳩摩羅什訳『妙法蓮華
経』である。

　法華経の中心思想は，伝統的解釈に従
うと，鳩摩羅什の門下，道生（?〜434年）
によって著わされた『妙法蓮華経疏』は
最も古い注釈書であるが，その中におい
て法華経の安楽行品と従地涌出品との間
に区切りを設けて2部門に分ち，因と果
の2門で区分している。これを継承しつ
つ，天台法華宗を創立した天台大師智顗
（538〜597年）は，あらためて法華経前
半の14品を迹門，後半14品を本門と名づ
けた。前半の迹門においては，方便品第
2を中心として真実の一乗妙法があかさ
れると同時に，この教えによって法華経
以前の経典において不成仏の人とみなさ
れた声聞乗・縁覚乗の二乗の人々が，成
仏できるという未来予言（授記という）
を授けられる。この教えの内容を，「開三
顕一」と称し，また二乗作仏の法門とも
いう。後半の本門においては，如来寿量
品第16を中心として，歴史上の釈尊が，
みずからの生命は久遠であることをあき
らかにし，しかも過去・現在・未来の3
世にわたってこの世の一切の人々を教え
導いていることを示されている。これを
「開近顕遠」といい，また久遠実成の法

門とも称する。これを法華経の中心思想、または二大特色とみなすことができる。これを今日的表現によってなせば、迹門は真実の一乗の教えに基づき、人間の絶体的平等性があきらかにされているのであり、本門は釈迦の永遠性の開顕と同時に、その教化に浴する人々の永遠性があきらかにされているといえよう。

この経典に対する注釈書、あるいは法華経思想に対する讃仰の歴史を瞥見しておくと、インドにおいては龍樹（約150～250年）が般若経に対する注釈書として『大智度論』（100巻）を著わしているが、その中で法華経の二乗作仏、すなわち一乗平等の真理を説く点が般若経より勝れていることを評している。また4，5世紀ころの世親は、『法華経論』において一乗の平等、世間涅槃平等、身平等の三平等が法華経に説かれていることを強調し、法華経の教説の優勝性に10種あること（十種無上）を説いている。中国においては、涅槃宗の光宅寺法雲（467～529年）が『法華義記』を著わして、法華経は統一的真理を説くものとして「万善同帰教」と規定した。そののち、法華経を一切経の中で最高の位置に据え、法華哲学を確立したのが天台大師智顗である。智顗には法華三大部、あるいは天台三大部と称する三書を講述しているが、『法華文句』（587年）は法華経の文文句句を4種の立場から解釈したものであり、『法華玄義』（593年）は、法華経に基づく一大仏教観、すなわち法華経の哲理を説き、『摩訶止観』（594年）は法華経に基づく実践を説いたものである。天台大師以後の法華経讃仰においては、この三大部がつねに指針となり、今日まで大きな影響を与えている。中国における天台大師以後の代表的法華経注釈書としては、三論

宗の嘉祥大師吉蔵（549～623年）の『法華義疏』、『法華玄論』、『法華統略』、『法華遊意』などがあり、また法相宗の慈恩大師窺基（632～682年）の『法華玄賛』などがある。日本においては、6世紀中葉に百済より仏教が公伝したが、日本で最初に法華経の注釈をこころみたのは聖徳太子（574～622年）で、『法華義疏』（4巻）の草稿本が現存している。本書は法雲の『法華義記』に依りながらも、取捨・解釈を加えている。最初に大意を述べ、ついで法華経は万善を同一の原因として、その結果すべての人々に永遠なる仏の生命を得させる神薬のような経であることを強調し、この経を説くために釈迦はこの世に誕生されたことを説いている。ついで、平安時代のはじめに伝教大師最澄（767～822年）が出現して、法華経思想の体系化につとめ、また比叡山を根拠地として天台法華宗を樹立した。最澄は、対外的には奈良仏教に対する批判、あるいは三乗真実一乗方便を主張する法相宗の徳一との論争を展開し、一乗真実の立場を明確にしつつ、一宗としての独立をはかり、ついには円頓戒壇の建立を発願し、死後それが許可された。また、対内的には門下を教育しつつ法華の道場、法華の大学を目指し、蔵書の確保を切望し、その後比叡山はこれらの体裁を整えるにいたり、優秀な人材を輩出した。法然、親鸞、道元、日蓮などの鎌倉新仏教の祖師たちは、比叡山で一度は勉学した人々である。道元（1200～1253年）はのちに入宋し、天童如浄の膝下にあって開悟し、日本曹洞宗の祖となる人であるが、代表的な著述『正法眼蔵』に最も多く引用している経典は法華経である。また日蓮（1222～1282年）は20余年にわたる仏教研鑽の結果、法華経が釈尊一代仏教の真

髄であることに逢着し，この教えを宣布することによって個々人の安穏と同時に，国土・国家の安寧がもたらされることを確信した。『立正安国論』を前執権北条時頼に建白したのはそのためである。しかし，これによって日蓮は伊豆流罪，佐渡流罪などの法難を受け，この受難をとおしてみずから「法華経の行者」であることの自覚を深め，如来の使いとして末法に遣わされた仏使であることを門下に表明している。日蓮の法華経思想は門下に継承され，ことに室町時代においては京都町衆によって１つの文化が形成され，法華町衆文化と呼ぶにふさわしい。さらに，近世に至っては，町人文芸へと受けつがれ，絵画においては狩野元信をはじめとする狩野派，長谷川等伯，英一蝶，葛飾北斎，安藤広重らがあり，美術・工芸では本阿弥光悦，尾形光琳，俵屋宗達など，作家では近松門左衛門，井原西鶴，大田蜀山人，十返舎一九などがあげられる。

　なお，日本における法華経の書写，刊行などについて見ておくと，606年聖徳太子の請経によって，法華経は大乗経典中，最上の妙典として尊重されるようになり，一方では護国の経典として書写の経典が多く作られ，また一方では提婆達多品第12に説かれる女人成仏の法門によって，国分尼寺にも用いられている。法華経書写の紀年経としては，唐招提寺蔵の天平12年（740）12月６日の書写年時のあきらかなもの，興福寺蔵の天平16年（744）５月20日の奥書のあるものなどが著名で，これらは奈良時代の細字経の代表である。この時代の無年紀経としては，大字法華経と国分寺尼寺経と推定される紫紙金字経が双璧である。平安時代に入ると故人の追善供養や自己の作善のための法華経

書写が盛んとなり，また慈覚大師円仁（えんにん）（794～864年）に始まるとする「如法経」（にょほうきょう）と末法思想あるいは浄土思想と連動して，書写の経典を経筒に入れて埋める「埋納経」が行われ，また書写経典に対する荘厳化に心を砕き，華麗なる法華経が数多く作られるようになった。たとえば，紫紙金字経から紺紙金銀交書経，さらに紺紙金字経などがあり，さらに経文書写の用紙である料紙に，さまざまな彩色を施す装飾経と呼ばれるものがある。たとえば国宝に指定されている「平家納経」（33巻）は，紙本法華経であるが，料紙は楮紙と雁皮紙をもって漉（す）いた鳥の子で，これを丁子染（ちょうじ），村濃染（むらご）などとし，さらに金銀切箔，砂子散し，また濃彩による草花鳥獣，山や岩などをあしらって豪華な装飾を施している。このほかにも，代表的な装飾経をあげれば，一字蓮台法華経，一字一仏法華経，一字宝塔法華経などが伝承している。これら紙本の書写経以外にも，瓦経などの例も見られる。

　以上の経典書写に加えて，法華経の版経も見逃せない。日本最古であるとともに，世界最古の印刷として，神護景雲４年（770）４月造立の百万塔に収めた百万塔陀羅尼の摺写がある。その後は，日本において版経としての刊行は見られず，中国開版の宋版経がしばしば輸入されている。11世紀初頭に至って，ようやく刊行の記事が見られる。寛弘６年（1009）12月14日，法華経千部願経摺初の記事が存在している。現存の法華版経の刊記本は，承元３年（1209）12月20日のもので，兜木正亨は法華版経刊記本遺例として，承元３年本をはじめとして，近世にいたるまで48例を数えている。また無刊記本の遺例として43例をあげ，なかでも日蓮書入所持の法華経８巻は，弘長年間に出版

された「春日版」の系統であることをあきらかにしている。この遺例からもうかがえるように、鎌倉時代以降、いかに法華経の刊行が盛んであったかが知られるのである。

[倉田文作・田村芳朗監修『法華経の美術』1981、兜木正亨『法華版経の研究』1982、同『法華写経の研究』1983]

（北川前肇）

墓誌 ほし　死者を哀悼し、その姓名や生前の地位、経歴、没年などを銅板・石・塼などに記して墓中に埋めたもの。骨蔵器、石櫃に印刻したものや墨書されたものもある。埋納の目的は、未来永劫にわたる墳墓の安泰を願い、墓が暴かれた際も被葬者をあきらかにして、遺骨が破棄されるのを避けるためにある。

日本の墓誌の源流は中国に求められ、起源は前漢末期まで遡るが、現存するものは後漢から魏、晋のものに原形が見られる。形式は一定せず、銘文も簡単な例が多い。晋代には厚葬の規制によって地上の墓碑を禁じたため、小型の墓碑を墓中に置くことが盛行したという。南北朝になり、一辺2、3尺の同形同大の方形切石2個を用い、誌石に文章を刻み、蓋石を重ねる型式が確立する。北魏の墓誌には優れた作品が多く、中国の墓誌はこの時代にほぼ完成したと見られ、日本へも影響を与えた。日本における古代から近世に及ぶ墓誌は、板状のものと在銘骨蔵器の2つに大別され、それぞれ盛行した年代によって、奈良時代を中心とする古代の墓誌、在銘骨蔵器を主とする中世の墓誌、江戸時代の石製墓誌の3つに分けられる。墓誌を副葬した墓の被葬者は、官人とその家族、僧侶、公家などである。

古代の墓誌は、7世紀末頃から8世紀にかけて盛行した。現在18例知られてい

るが、欠損、現物の喪失、真偽説などにより数例の資料価値については今後の研究に委ねたい。7世紀末頃から和銅年間は、表裏に銘文を記す短冊型銅板と球形、または鉢形銅製骨蔵器の二者に分かれる。前者は、現存最古の年紀を持つ「船首王後」、土葬墓から出土した「小野朝臣毛人」、現存唯一の銀製の「僧道薬」の3例があり、中国晋代の小型墓誌に類例が見られる。後者は慶雲から和銅年間の短期に集中し、蓋に銘文を記している。「威奈真人大村」「下道朝臣圀勝圀依母夫人」「伊福吉部徳足比売」の3例がある。文武4年（700）の僧道昭に始まるとされる火葬の一般化により、埋納法も仏教における舎利容器のそれに類似しており、8世紀初頭に盛行したと考えられる。そして、小規模な火葬墓に埋納しうる大きさが墓誌の小型化に結び付き、鏤刻技術の難易が銅板を主とする材質の選定や銘文の簡素化に繋がった。養老から天平宝字年間は銅板の片面に銘文を記し、短冊の横幅が広くなる。「小治田朝臣安万侶」例は主版のほかに左琴と右書という副版2枚を伴うものである。宝亀年間は、現存唯一の「高屋連枚人」石製墓誌や「紀朝臣吉継」塼製墓誌のように、方形同形同大の2枚板が1組となって出土した例がある。これは中国の墓誌の誌石と蓋石に倣った型式と考えられる。

墓誌の埋納方法は明確なものが少ない。「僧道薬」「太朝臣安万侶」例は、比較的あきらかな例である。「文忌寸祢麻呂」例は、外容器の銅箱を伴って発見され、「伊福吉部徳足比売」「宇治宿祢」例は外容器として花崗岩製の石櫃に納められ、「小治田朝臣安万侶」「石川朝臣年足」例は木櫃を伴っていた。

墓誌の埋納は、古墳の衰退と薄葬の一

形態としての火葬の登場を契機として，官人層に普及した。藤原京や平城京の造営で墳墓が暴かれる事態があったことも社会背景の１つとしてあげられよう。

日本の墓誌の特色の１つとして，古代から近世にかけて「墓誌」と記す例と「表題」を有する例がほとんどないことがあげられる。表題を有するのは「威奈真人大村」と「紀朝臣吉継」の２例である。さらに銘文は，中国様式の長い文章を記す例と姓名，没年など最低限の内容を記す簡素な例に分かれる。前者の例として，中国北周の庾信の作った墓誌を完全に踏襲したとされる「威奈真人大村」「石川朝臣年足」「美努連岡万」「僧行基」などがあげられる。後者の例として，「小野朝臣毛人」「小治田朝臣安万侶」「高屋連枚人」のように「之墓」という表現があるものや「太朝臣安万侶」のように死去の事実のみ末尾に記した墓碑的な例が多い。これに関して想起されるのは「喪葬令」の墓碑の規定で，「三位以上の者，氏の長，別族の氏祖に限り墓を営み碑を立てることを許す。墓碑には官姓名を記す」と定められており，この規定に該当しない者が墓を営む際に，墓碑の代用品として墓誌を墓中に納めたと考えられる。

平安時代に一時衰退した墓誌は鎌倉時代以降，新仏教の成立と南都仏教の再興に伴い，再び盛行する。板状墓誌は「近衛兼経」と「鷹司兼平」の２例が知られ，長方形の金銅板に銘文を記すが「供養誌」としての性格が強く，古代の墓誌とは性格を異にする。

在銘骨蔵器は，経筒のごとき，有蓋円筒形容器と花瓶形容器があり，前者が大半を占め，その他には小型五輪塔形，宝篋印塔形，陶器，石櫃がある。材質は銅製のほか，銀製もある。被葬者は，新し

く伝来，再興した宗派の僧侶が多い。例えば臨済宗では「蘭渓道隆の銀製八角筒形骨蔵器」が古く，蓋と身に銘文がある。律宗では鎌倉極楽寺を開山した「忍性の金銅製花瓶型骨蔵器」に銘文がある。忍性は行基の墓誌が発見された竹林寺で真言律宗を学んでおり，行基の後継者と目された人物である。忍性骨蔵器には行基の墓誌と同じ用語を用いている箇所があり，参考にして作られたと思われる。

江戸時代になると徳川家をはじめとする武家，公家，豪商などが墓誌を取り入れた。芝増上寺境内の徳川家墓地改葬時の調査で，３代家光の第３子綱重の例が，調査された中では最も古く，14代家茂夫人親子(皇女和宮)の例が最も新しいことが確認された。

近世の墓誌の主流は，木棺を納める石

墓誌（僧道薬墓）

室の蓋石下面に銘文を刻むものであり，墓碑的内容を示すものである。

[斎藤忠『日本古代遺跡の研究』－総説－，1968，奈良国立文化財研究所飛鳥資料館『日本古代の墓誌』1977]

(松原典明)

法華堂 ほっけどう　法華三昧を修する堂で，法華三昧堂，半行半坐三昧堂，三昧堂などともいう。法華三昧は四種三昧(常坐三昧・常行三昧・半行半坐三昧・非行非坐三昧)の１つである。中国の天台大師智顗が『普賢観経』と『法華経』に基づいて作った『法華三昧懺儀』による。『法華経』の所説によって修するもので，道場を厳浄にし，身を浄め，仏を供養・礼拝し，六根(眼・耳・鼻・舌・身・意)の懺悔，誦経，坐禅を行う行法である。中国でも法華三昧堂が建てられたが，日本へは最澄が将来した。日本では宮中，また勅旨により寺院で行われた。後世には『法華懺法』という名称で一般的となる。浄土信仰の発展に伴い，浄土往生のための前提として弥陀信仰と一対のものとして不可分の関係となる。

最澄は比叡山東塔の一乗止観院の西に法華三昧院を弘仁３年(812)に建立し，後講堂の北に移った。『山門堂舎記』によると檜皮葺５間四面，堂上に金銅如意珠を配し，堂内には３尺の金銅多宝塔１基と多宝仏と『法華経』１部を置いたとある。仁和寺蔵『大師等徳』によると，天慶９年(946)の改築時，堂内陣にインド・中国・日本の天台系高僧31名の画像，讃があったとされる。法華堂は西塔にも建立され，また横川にも建立された。現在の堂は桃山時代の再建で，その後各地に法華堂が建立された。藤原道長は，京都府宇治木幡の墓地に浄妙寺を建立し，寛弘２年(1005)に法華三昧堂を建立，法華三昧を修し，諸霊の菩提の供養をしており，建てられた法華堂の性格が知られる。この三昧堂の遺構が確認され，柱間８尺，５間四方の規模で，亀覆基壇や束石も出土している。

六根懺悔の法により死者の罪障消滅を期する法華三昧堂は，支配者層に迎えいれられ，死者の遺骨を仏縁のある堂舎に安置し，一定の期間供養に努めるようになり，やがて堂の下に遺骸を埋葬し，仏を奉安し加護を念じることが行われるようになる。法華三昧を修する法華堂が墳墓堂として営まれてくる。後白河法皇の女御建春門院の葬礼では，蓮華王院の東に法華三昧堂を造り，その下に遺骨を入れた石櫃を納めている。法華堂の下に墳墓を造営することはそれぞれの信仰の立場により営まれたものであるが，墳墓の様式として時の支配者層にも広がった。源頼朝は持仏堂に釈迦，阿弥陀を安置し，死後墳墓堂として営まれ法華堂と称した。後に阿弥陀仏を安置する堂も法華堂と呼ばれるようになり墳墓堂を意味するようになった。

[文化庁『文化財講座　日本の建築２』古代Ⅱ・中世Ⅰ，1976，日野一郎「墳墓堂」『新版仏教考古学講座』7，1975]

(岡本桂典)

払子 ほっす　サンスクリット語vyajana(ヴァジャナ)，vālavyajana(ヴァーラヴァジャナ)の漢訳である。払・払塵ともいう。獣毛・綿・麻などを重ねて柄をつけたもので，もとはインドで塵や蚊を払う道具であった。古代インドでは一般に使用されていたことがサーンチーの仏塔の欄楯に彫刻されたヤクシー像や仏伝図に見られる。なお，ジャイナ教の行者は，不殺生により今日まで用いている。

『摩訶僧祇律』第32には，線払，裂氈
払，芒草払，樹皮払の4つの払子が使用
を許され，色は壊色で白色は染めて用い
ることと見えている。また，『有部毘奈耶
雑事』第6には，1つには羊毛を撚って
作る，2つには麻を用いて作る，3つに
は細裂の氈を用いる，4つには故破のも
のを用いる，5つには樹の枝梢を用い，
金・銀など宝物の柄以外の払子が，所有
物として認められていた。中国では禅宗
において盛んに用いられ，説法の時に威
儀具として用いられた。住持に代わり払
子を振り，説法する職を秉払という。鎌
倉時代以降禅宗にて用いられ，真宗以外
の各宗でも用いられるようになった。法
会や灌頂，葬儀などで威儀具として用い
られる。仏像では観音菩薩像が払子を持
つものがあり，これは悪障難を除くため
に手にするとされている。

『両部曼荼羅随聞記』五に「浅釈せば
只是れ塵を払うの具なり。深釈せば煩悩
無明の塵垢を払いて浄菩提心を顕現せし
むるの義なり」とあり，『尊勝仏頂修瑜伽
法軌儀』巻上には，白払について「皆之
払うこと一遍せば，即ち畜生は悪業離苦
解脱を得ん」とある。また，『千手観音大
悲心陀羅尼経』には千手観音の四十手の
1つとして白払手をあげ，「若し身上の悪
障難を除かんが為には，当に白払子に於
てすべし」とある。煩悩を払い浄菩提心
を顕現させる功徳があるとされている。
中世から見られる頂相には払子を持つも
のがある。

遺品としては，奈良県西大寺に鎌倉時
代の木製払子興正菩薩像持物がある。茨
城県法雲寺には，二柄の中国元代の竹繊
払子と棕櫚毛製の棕毛払子がある。愛知
県万松寺には亀毛払子根来塗柄がある。
犛牛の尾で作った犛牛払・白犛払は珍

重され，白馬の尾から作った白馬尾払と
ともに白払という。

［光森正士「僧具」『仏教美術論考』
1998，光森正士「僧具」『新版仏教考古学
講座』5，1976］　　　　（岡本桂典）

墓碑 ほひ　埋葬施設の側や上に記念，
頌徳，顕彰のため，被葬者の姓名，戒名，
没年月日，事跡などを記載して立てた碑。
主に石製で，陶製，木製などもある。墓
碑の始原は，古代インド，古代オリエン
トにおいて，その例が見出される。中国
では周秦の時代に墓碑の設立が行われて
いたとされる。実際には埋葬直後「木製
墓碑」を建て，忌明けなどを期して「石
造墓碑」に建て替えたと推察される。漢
代の木簡に原形を彷彿させるものがある。
設立が盛んになるのは漢代からであり，
唐代で最盛期となり，宋代以降は省略の
一途を辿ってゆき，墓標と墓碑とが混用
されるようになった。2，3例をあげる
と，漢代では山東省の「居摂墳壇刻石」
「孔君墓碑」，唐代では陝西省の「道困法
師碑」などがある。古来，「墓碑」と「墓
碣」という言葉の区別がなされており，
四角いものを「碑」，円形のものを「碣」
と解釈されたり諸説があったが，日本で
は一様に「墓碑」と呼ぶのが慣習化され
ている。

中国の葬風を学んでわが国で最古に造
立されたと思われる墓碑は，記録上藤原
鎌足の墓碑が知られ，飛鳥時代末期と考
えられる。『家伝』の鎌足伝には「天智天
皇8年(669)10月鎌足が56歳で薨去し，大
阪阿威山に葬られる際，百済の帰化人で
小紫の位にあった文人沙宅昭明が鎌足の
碑文を製作した」とある。また『日本書
紀』巻27にも，「碑に曰く，春秋五十有六
にして薨ず」と鎌足の死について触れて
いることから，現存しないが墓碑の造立

がなされたことは間違いないものと考えられる。「喪葬令」（『令集解』40）にも、「およそ墓には皆碑を立て、具さに官姓名の墓を記せ」とあり、造墓が許されたのは三位以上の貴族、別族の始祖、氏中の宗長に限られていたとはいえ、7世紀には墓碑が存在していたことを示すものである。さらに『令集解』では注解を加え、「碑は石に刻して文を銘するなり」と記している。『続日本紀』には、養老5年（721）10月10日に元明天皇が「刻字の碑を立てよ」との詔を発し、死後元明天皇陵に銘文を記した方形の石碑が造られたと記している。

墓碑の形式として、多くは扁平方柱状で頭部を山型にしたもの、半円形を呈するもの、碑身上に唐破風付の屋根を有するものもあり千差万別である。現存する古代の墓碑をいくつかあげる。

・那須国造碑（栃木県那須郡湯津上村、花崗岩不整形角柱、笠石を碑身上に添付している。高さ147cm）
・山上碑（群馬県高崎市山名町、安山岩不整形自然石、高さ112cm）
・金井沢碑（群馬県高崎市根小屋町、輝石安山岩、高さ108cm）
・元明天皇陵碑（奈良県奈良市奈良坂町、高さ91cm、所在不明）

奈良時代以降、仏教信仰の浸透に伴い、墓碑から墓塔へ切り替えられることが多くなり、被葬者の事歴を記すことが墓誌に置き替えられたこともその数を減少させる要因となった。しかし、一般的に墓碑を造立することが復活し始めたのは江戸時代からで、ことに儒者、文人、芸人などの間で好んで造立される風潮を生み、位牌型が出現し、その後柱型へと変化した。墓碑、墓誌もほとんど区別できない兼用の形式のものも多い。

[斎藤忠『墳墓』1978、石村喜英「墓碑・墓誌」『新版仏教考古学講座』7，1975]
（松原典明）

墓標 ほひょう 墳墓の上に立てる標識。墓石、墓塔などさまざまな名称が使われ、被葬者の没年月、姓名、戒名、供養的銘文が記されることもあり、墓碑とも類似するが、墓碑が墓のそばに立てるのに対し、墓標は直上部の地表、または多くの墓の代表的な意味として墓地の中央などに立てる墓じるしのことをいう。墳墓の標識には種々の型が存在する。文献では『慈恵大僧正御遺告』天禄3年（972）の良源遺告に「墳墓上に墓標として石造塔婆を造立した」とあり、また『餓鬼草子』には墳頂に方柱塔婆や五輪塔を設置した様子が描かれており、平安末期の墓標の様相を率直に示していると考えられる。平安末期から遺品の知られる石造五輪塔をはじめとする石造塔婆の造立は、限定されていた階層における追善供養を主たる目的として行われた。鎌倉期は仏教がより庶民へ浸透していったことにより、五輪塔のほか、宝篋印塔、板碑などの石造品が多く造立され、無縫塔ももっぱら禅宗高僧の墓標として立てられたが、その後僧侶一般の墓標として採用された。鎌倉末期に至ると次第に墓標として、これら石像塔婆を使用し、室町期になるとこの傾向は一層著しくなる。室町中期以降、村落においても経済的、個人的意識の向上により、個人的供養塔も兼ねた墓標が造立されるようになる。

近世は仏教の土着化によって墓標の造立も一般化する画期といえる。昭和14年（1939）坪井良平「山城木津惣墓墓標の研究」は、3300基余の墓標を調査し、型式分類と編年がなされた近世墓標の先駆的研究である。以後、近世墓標に関する

研究は進展しなかったが，昭和40年代後半より成果が蓄積されてきている。昭和56年（1981）坂詰秀一「千葉県中山法華経寺墓標の調査」では，近世墓標の形態を中世期の流れを汲む塔形と非塔形に分け，さらに非塔形を一観面，多観面に分類し，後の墓標研究に影響を与えた。非塔形墓標の出現期において，関東周辺では，中世期多く見られる板碑から発生していると考えられる尖頭型墓標が多くを占め，一方近畿地方では光背形五輪塔が主体をなしているため，それらは中世期の五輪塔の流れで成立したと考えられている。地域性や時期による変遷の違いは多少あるものの，全体的には，尖頭型（板碑形），光背型，方柱型（角碑）が多くを占める。変遷は尖頭型，光背型に代表されるいわゆる一観面墓標から方柱型のような多観面への変化が指摘される。一観面墓標から多観面墓標への変化に伴って，刻まれる戒名が増加していく。その背景には，中世期の個人的追善供養から恒久的墓標の造立による家中心の供養が普及定着したと考えられる。方柱型の原型というべき頭部かまぼこ状（円頂）方柱型墓標は，およそ18世紀中葉の盛行が認められ，全国的な斉一性を示すものである。これについては，前型の連続性の中から，頭部や断面の形状が少しずつ変化して生まれた形であるとする説と，儒教思想に基づく位牌の形状から発生したとする説とがある。また，年代における地域差や形態の斉一性には，石工の動向も関係する要素の1つとして考えられる。島根県大田市妙正寺跡墓地における450基余りの近世初期墓標の調査が行われた。前出の山城木津惣墓や関東地方各地で散見できる報告例で，主に背面を丸く仕上げた光背型墓標が主体をなしている時期に，

当墓地においては，一石五輪塔や一石宝篋印塔が盛行するという全国的趨勢とは異なる独自の様相を呈している点が興味深い。

[坪井良平「山城木津惣墓墓標の研究」『考古学』10－6，1939，日野一郎「墳墓標識としての石造塔婆」『史迹と美術』236～238，1953，斎藤忠『墳墓』1978]

（松原典明）

法螺 ほら　僧侶が読経・法会・合図などの際に吹く巻貝を加工して作った梵音具。その音は獅子の吼え声にたとえられ，それを聞けば禽獣や悪魔の害を遁れるといって，山野で修行する際に吹き鳴らした。修験道の山岳修行では，入宿・出宿・案内・返答などに際して用いられるが，それぞれの場合によって吹き方や回数が異なっており，離れていてもいずれであるか識別できるように工夫されている。螺緒は法螺を吊り下げるためにつけられた緒であるが，修験道では貝緒と呼び，山岳修行でザイルとして用いることがある。京都市東寺（教王護国寺）に伝来するものはインド洋産の貝を用いており，空海によって将来された可能性が高いといわれ，平安時代に遡る遺品であると考えられる。江戸時代の遺品は，各地の旧修験道寺院に伝来する例が多く見られ，福岡県英彦山神宮や山形県出羽三山神社に伝来するものは広く知られている。

[矢島恭介「修験道の用具について」『新版仏教考古学講座』5，1976]

（時枝　務）

梵音具 ぼんおんぐ　仏教では，その宗教的雰囲気を高めるため，または教団生活の規制のために，多くの鳴器が使用され，これを梵音具と呼ぶ。鳴器にあたる言葉は，インドでは「カンチ」，中国では，「稚・槌・鎚・遅・乾稚」などに訳される。『勅

修百丈清規』によると，稚は「梵語稚凡瓦木銅鉄之有声者，若鐘馨鐃鼓稚板螺唄」とあるので，梵音具はその材質・形状にかかわらず，その相違から生まれる異なった音を，使用する場の雰囲気に適合させ，成立していったと考えられている。また，『増阿含経』中には，釈迦在世中，稚を用いて弟子に合図したと記載されており，本来は人に知らせる合図が宗教儀式に取り入れられ，用具として確立していったものと思われる。

代表的な梵音具としては，大形のものでは梵鐘がある。梵鐘は，時を知らせるためや，儀式の合図に打ち鳴らされるものである。形状から，日本で造られたものを「和鐘」，朝鮮半島で造られた鐘を「朝鮮鐘（韓国鐘）」，中国で造られた鐘を「中国鐘（支那鐘）」に大別する場合もある。梵鐘と同じような機能を有するものに，太鼓がある。太鼓は，サンスクリット語dunclubhi の訳で，大鼓・太皷とも書かれる。中空の木製円筒に皮を張り，これを桴などで打ち鳴らし使用されるもので，誦経・盆唄（仏教声楽）などに用いられる。太鼓と似ている梵音具としては，羯鼓がある。羯鼓は，鞨鼓とも書かれ，約音してカコとも呼ばれる。雅楽においても使用され，左方楽に用いられる。

梵鐘に比べると小形であり，形状が円形を基本とする梵音具に，鰐口・鉦鼓・銅鑼・金鼓・伏鉦・鈸子などが見られる。鰐口は，扁平な円形をしており，口が大きく裂けている形を，鰐の口に見立てたことから，この名称がついたもので，「金口」「金鼓」「打金」「打響」「打鳴」などとも呼ばれる。一般的には，神社仏閣の軒先に懸けられ使用される。鉦鼓は，鐘鼓・常古・鉦ともいわれ，青銅鋳造製で形は鰐口を半面にしたものに似ている。

上縁の2か所には，ほぼ対象的な位置に，紐を通す耳がついており，この耳の孔に紐を通して，鉦架に吊るし撞木などで叩いて鳴らす。元来は，雅楽の楽器の一種と考えられ，それが迎講をはじめ，念仏用・勧進用として使用されるようになったものと考えられている。また，鉦鼓の変形として双盤がある。伏鉦は，叩鉦・扣鉦・敲鉦とも書き，チャンギリともいわれる。鉦鼓から変形したものと考えられ，鉦鼓の凹面口縁に3本の脚を持つ形で，鋳銅製である。鉦鼓が吊り下げて叩くのに対し，伏鉦は下に置かれて使用される。同様な形状では，木鉦があり，これは伏鉦の形を木で作ったもので，日蓮宗で用いられる。金鼓は，金属製の鼓・鉦の類を指し，鉦鼓・鐃・伏鉦などとも呼称されるが，特に鉦鼓との区別は明確でない。また，現在鰐口といわれているものも，金鼓と称していたようである。形状は，鰐口が耳が2つで，鼓面が両面であるのに対し，金鼓は耳が3つで，片面が空洞なる点が異なる。銅鑼は，鉦鼓とその形状はよく似るが，製作技法が異なる。鉦鼓は鋳造製で，表面に帯をつけるが，銅鑼は鋳造した薄型の器に鍛造を加えて，音響をよくしており，表面は素文である。鈸子は，西洋の楽器のシンバルに似ているもので，銅・銅盤・鐃ともいわれ，多くは響銅鋳製後，鍛造を加えて作られる。また，形態が酷似するものとして，鐃がある。鐃には現在2種類あり，「銅鐃」といわれるものは，鈸子と同じように，シンバルのような形態を呈している。形態の類似から「鐃」と併称されるが，元来鐃と鈸子は別のものである。「金鐃」と呼ばれるものは，柄の片側の先端に，鈴のような構造を呈するものがついており，柄をとり振って鳴らし使用

される。

　また梵音具には、磬・雲版・打版といわれる板状のものも見られる。磬(けい)は、一般的には禅宗以外の各宗派で用いられる。俗に「うちならし」とも称され、磬架に懸けて使用される。雲版(うんぱん)は、主として禅宗寺院で用いられるが、浄土系諸宗及び日蓮宗などの鎌倉新仏教の寺院でも使用される。外形が雲形に作られることから、この名称がある。異名としては、打板・長板・打飯・斎板・板鐘などが見られる。その用途は、衆僧の睡眠を覚ます時、座禅を止める時、斎食の時など、合図に使われる道具である。打版(ちょうはん)は、一般的には、禅宗寺院で用いられるもので、厚板で作られ、玄関に懸けられ、撞木で打ち鳴らされる。異名として、はんぎ・響板・鳴板ともいわれ、また板・鈑とも書かれる。半鐘の下に懸けられるものは鐘版といわれるように、懸垂される場所により呼称が異なる。打版と同じような用い方をされる梵音具に、魚鼓が見られる。魚鼓は、一般的に禅宗に用いられ、長魚形で食堂・庫院の軒下に水平に吊るされ、木槌で打ち鳴らされる。その用途は、斎食の時などに、僧を集める合図として使われた。また、魚鼓の類品として、木魚(もくぎょ)がある。魚鼓より発達したものと考えられ、その形は木製球形の肉を刳り、魚鱗の彫刻をしたもので、小ふとんの上に置き、先端に布を巻いた棒で打ち使用される。伏鉦と同様に、読経・唱題などの調子をとるために用いられる。

　その他、磬子(きんす)は、一般的に禅宗で用いられ、形状は鉢形で、普通の鉢と比較するとやや大きく、仏前に置いて、行香・看経・剃髪の時などに鳴らされる。引磬(いんきん)は、各宗派で用いられ、手に持つ磬の意味で手磬とも呼ばれる。その用途は、大衆の調誦の起止に用いられていた。法螺(ほうら)は、螺貝を利用した笛であり、本来は密教の法具である。灌頂用具として、唐から伝わった。元来は在天の善神を呼ぶために吹かれたとも、仏の説法の音声標識ともいわれる。修験者は、これを吹き鳴らし、危険を避ける。その他、槌砧(ついちん)と呼ばれる禅宗独自の仏具や、浄土宗独自の割笏(わりしゃく)、割笏から変化した音木(おんき)、授戒の時に使用される戒尺(かいしゃく)など多くの梵音具が知られる。

　［香取忠彦「梵音具」『新版仏教考古学講座』5、1976］　　　　　（上野恵司）

梵字　ぼんじ　brāhmī　古代インドの文字で、ブラーフミー・リピ（Brāhmī lipi）といわれる字から発達し、梵文・梵語の基本となった文字。梵字は梵天王（Brahmā）が創った文字だという伝承から、梵字・梵語・梵書などと呼ばれた。梵字の先駆的な形態の文字が紀元前1000年をはるかに遡る時代にあったと考えられ、紀元前800年前後の頃に輸入されたフェニキア文字や商業用語としてのアラム文字の影響を受け、その後、紀元前6世紀頃に、それらの文字から脱却または改変が施されて独立の文字である古型梵字が創案されたとされる。この古型梵字は、アーリヤ人、特にバラモン（brāhmaṇa）僧の聖語に用いられ、次第に固定化していき、紀元前4・5世紀のパーニニ（Pāṇini）によってバラモンの聖語を基礎とした梵語、すなわちサンスクリット語の文法が完成されることによって古典サンスクリット語が確立されて、ヴェーダ聖典のサンスクリット語と区別されるようになった。古典サンスクリット語は、その後、カーティヤーヤナ（Kātyāyana）、そして紀元前2世紀にはパタンジャリ（Patañjali）によって改訂が加えられ完成したと

いわれる。仏教徒も後に古典サンスクリット語を用いて経典を編纂するようになるが、仏教徒が当初用いた梵語は主に仏教梵語（Buddhist Hybrid Sanskrit）と呼ばれ、前6世紀頃から11世紀頃までインドの民衆が用いた俗語であるプラークリット語の要素が混入した形のものであった。

現存する梵字の最古のものは、マディヤ・プラデーシュ州サウガル地方のエーラン（Eraṇ）で出土した古貨幣（前3世紀頃）やアショーカ王碑文などに見られる、相対的に丸みを帯びて字画が少なく素朴な書体のものであった。アショーカ王碑文に用いられた文字は、西アジアに接していた西北インドでは紀元前5～4紀頃にインド語を写すために西アジアのアラム文字を改良してつくり出されたカローシュティー文字やアラム文字が用いられていたが、カローシュティー文字はやがて用いられなくなり滅びてしまった。しかし、インド内陸部では梵字（ブラーフミー文字）が用いられ、左から右に横書きされるこの文字が後世のインド文字の源泉となった。この文字がマウルヤ王朝の最盛期に、同王朝による仏教への庇護政策などによって全インドに普及し、さらに南方の諸地域やスリランカなどにも伝えられるに至った。

北インドを中心に紀元前1世紀頃マトゥラーにサカ族の支配が確立する頃、丸みをもった中にもやや字画を増した字体をした北方梵字の先駆的字体が発達し、さらに、1世紀以降のクシャン王朝の時代に、初筆を肥大にしかも太めに記す北方型梵字が生まれ、碑文に盛んに用いられるに至った。梵字は、1～2世紀頃から次第に字体が大きくなっていき、4世紀頃までに南北二系統に分かれていった

という。南方系梵字には半島南端部のドラヴィディ・タイプ、オリッサ地方のカリンガ・タイプ、そしてアーンドラ体とも呼ばれる西デカン・タイプなどが発達し、後にスリランカ、ミャンマー、カンボジア、タイなどの文字として展開していったとされる。マトゥラーを支配したサカ族の時代の梵字とクシャン王朝下に発達した北方型梵字とをベースに、4世紀のグプタ王朝（320～60）時代に誕生したのがグプタ型梵字である。東インドのパータリプトラを中心に、チャンドラグプタ1世と第2代サムドラグプタによってマウルヤ王朝以来となる全インドの統一王朝が築かれ、この王朝下、バラモン教が国教化され、古典サンスクリット語が公用語とされ、こうした先進的文化がインド全土に拡散していった。曲線に富み優雅な形態をしたグプタ型梵字は、北インドを中心に半島南部以外の全インドに普及したのみならず、ガンダーラや中央アジアにまで伝播した。そして、5～6世紀にはこのグプタ型梵字の地域別変種といわれるさまざまな新しい字体を生ずるに至った。

グプタ型梵字の東方変種としては、左から右下方に傾斜する特徴があるナーガリー文字が発展し、わが国にもこの文字の資料が一部に伝えられたといわれる。しかし、わが国に主に伝えられた資料の梵字は悉曇字母と呼ばれ、この文字に相当するものがグプタ型梵字の西方変種であるシッダマートリカー文字である。字母の数には種々のヴァージョンがあるが、このシッダマートリカー文字の字母表が日本語の50音図の起源をなしたといわれる。わが国に伝わったこの字体を用いた資料として特筆されるものは、法隆寺蔵の多羅貝葉である。この法隆寺貝葉は、

聖徳太子37歳の時（推古天皇18年〈610〉頃）に遣隋使小野妹子が隋から将来したものといわれ，東京国立博物館内の法隆寺宝物館に収蔵されている。縦4.8cm，横27.9cmの貝葉2枚から成り，各貝葉には7行の文字が記され，第1葉から第2葉の第1行までに梵文『般若心経』が記され，第2葉第2行から第6行までに梵文『仏頂尊陀羅尼』が記され，第2葉の第7行に梵字の字母51文字が記されている。

このシッダマートリカー文字から，7世紀には北方パンジャーブ地方やカシミール地方において肥大で力強い字形のサーラダ型が展開し，また，中央アジア，クッチャ，ウテンなどには西北変種が伝播した。ガンダーラには北方変種が，そしてチベット地方へは北方変種が7世紀にウテン梵字から分化したといわれている。11世紀には，グプタ型梵字の東方変種であるナーガリー型梵字からベンガリー文字が生まれ，現在カルカッタを中心とする西ベンガル地方で主に用いられている近代ベンガリー文字のルーツとなった。同じく11世紀には，東方ナーガリー梵字からデーヴァナーガリー文字が発展し，近世のインド文字の主流となったのである。そのため，シッダマートリカー文字は次第に姿を消し，インドでは用いられなくなったが，梵文経典や梵文書に用いられたシッダマートリカー文字が中国・日本に伝えられ，そこで梵字あるいは悉曇として研究されるようになった。

悉曇とはサンスクリット語で「成就」「完成」を意味するsiddhaṃの音写で，梵字の字母の総称である。当初，狭義の意味で梵字の書体のことを悉曇と呼び，梵語文法や語句の解釈などを梵音・梵語として区別したが，後に，梵字の書体・梵語文法・梵語の書法などを総称する言葉として悉曇という言葉が用いらた。悉曇文字は内容的には現在インドで用いられているデーヴァナーガリー文字と同様であるが，中国で用語が音写され漢訳されて，母音字を摩多，子音字を体文，子音と組み合わせる母音の半体符号や字母の結合を切継点，その結合を建立と呼んだ。そして，建立を表示したものが悉曇章と呼ばれ，1万以上の結合が18章に分類されて検証されていたのである。また，各字母にはその頭音または第1音節に由来するサンスクリット語の単語が原義として配されていた。さらに，種子という観念があり，特定の仏菩薩が1字の悉曇文字によって表されるとされ，こうした種子が塔婆や法具などに記されたり，瞑想の対象として用いられた。

唐代の悉曇学の発展には顕著なものがあった。玄奘(600〜664)が梵語学を伝えたことによって，悉曇学が中国で注目されるようになったが，密教が中国に伝わったことによって悉曇学は中国密教僧の必須となって隆盛となる。唐の智広は五台山で南インドの般若菩提から悉曇学を学び，『悉曇字記』を撰し，悉曇章を18章に分けて解説した。この書は，現存する形では前段と後段から成り，前段では母音字・子音字合計47字と18章を略説し，後段では12母音字を悉曇字と漢字音写で列記し，各字の下に四声と反切によって発音を注記し，悉曇字の異体をもあげるというように，子音35字をも同様に解説して，前段を詳説する形で述べられている。一行(683〜727)は七言二句57行の偈頌と五言二句4行の偈頌から成る短編である『一行禅師字母表』を著した。義浄(635〜713)も，1000の漢字から成る韻文の各漢字の右脇にその漢字の字義に該当する梵語を悉曇文字によって横書きし

た一種の梵漢対訳の語彙集である『梵字千字文』を撰している。さらに，8世紀頃には，全真が義淨の『梵字千字文』を改修した『唐梵文字』が編纂され，8世紀後半には，人体・形体・色彩・感覚・動作・方位・心理・数量・生活資材・社会階級・季節・時間・気象・動植物・地名・器具・衣住・家族などに関する漢語1250ほどの各語とそれらに対応する縦書き悉曇文字の梵語と漢字音写を列記した『梵語雑名』1巻のような辞書的典籍も編纂された。

法隆寺貝葉の例のように，わが国には奈良時代に悉曇資料が伝えられたが，平安時代における密教の伝来と最澄・空海の活躍によって悉曇学が盛んとなった。最澄（766〜822）は，『新訳梵漢両字大仏頂陀羅尼』『梵漢両字随求即得陀羅尼』『梵漢両字仏頂尊勝陀羅尼』『般若心経梵本漢字』『梵漢字金剛輪真言』などといった典籍を唐から将来したのみならず，空海に『悉曇字記』『梵字悉曇章』『悉曇釈』などの借覧を請うたといわれ，自ら悉曇研究に着手し，『伝教大師撰集録』には『百字真言集』『字輪品鈔』『梵語集』『四十二字門集』『涅槃十四音抄釈』『十四音集』『字門義』などの梵字関係の業績があったといわれる。

空海（774〜835）は，入唐中に長安青竜寺恵果について諸種の灌頂を受ける傍ら，梵字・梵讃を学び，『四十華厳経』などの訳者般若三蔵から梵夾三口を授かったと自ら述べるように，日本における梵字学の創設者とされる。彼は，『悉曇字母釈并釈義』1巻を著わし，真言陀羅尼の意義は梵字によらなければ解明できないという立場から悉曇文字と音写漢字で50字の字義を列挙し，子音と母音の合成12字を解説している。また，悉曇字母とその合

字16,550字を列挙した『大悉曇章』2巻を著わした。空海のこれら二書は，梵字関係書中で日本人の著作として最古のものといわれている。

平安時代に中国に渡航した留学僧の中で，特に卓越した8名が入唐八家と呼ばれるが，彼らは，最澄，空海の他に，天台宗の慈覚大師円仁（794〜864）と智証大師円珍（814〜891），真言宗の小栗栖常暁（〜866）・霊厳寺円行（799〜852）・安祥寺慧雲（798〜871）・円覚寺宗叡（809〜884）である。彼らにはそれぞれ梵字資料を含む将来目録があり，唐に来朝中の訳経三蔵や密教の訳僧らから梵字を学習していたというが，安然（841〜915頃）が八家の将来目録を整理し編集したものが『諸阿闍梨真言密教部類惣録』2巻である。安然は，『悉曇蔵』8巻を著わし，広く悉曇関係の文献を引用しながら音韻・字義などを詳細に解説している。また，安然の著作として『悉曇十二例』1巻があり，この書籍で智広の『悉曇字記』に説かれていない梵字の音韻に関する12項を記している。天台宗では安然の後，明覚（1059〜1101）が出て，『悉曇要訣』4巻，『梵字形音義』4巻を著わしたが，彼は日本悉曇学中興の祖と呼ばれる。

真言宗では真寂法親王（886〜927）が梵学に通暁し，『梵漢語説集』100巻，『梵漢翻対鈔』20巻を著わしたという。また，淳祐（890〜953）は智広の『悉曇字記』を注釈した『悉曇集記』3巻を著わしているが，これは智広の著作を宗叡が注釈した『悉曇私記』1巻を主に注釈したもので，巻下において『悉曇字記』18章を詳釈したものである。また，高野山常喜院の心覚（1117〜80）は『多羅葉記』3巻を著わし，義淨の『梵語千字文』，全真の『唐梵文字』，禮言の『梵語雑名』の悉曇

文字の梵語，その漢字音写，対応する漢語，そして『翻梵語』や飛鳥寺信行の『梵語集』の梵語漢字音写語をベースに，『阿弥陀経梵本』の悉曇字梵語などをイロハ順に配列した一種の字書を編纂している。

鎌倉時代から江戸初期にかけて悉曇学にはさほど大きな発展はなかったが，天台宗では信範の『悉曇秘伝記』1巻，了尊の『悉曇輪略図抄』10巻などの業績があげられる。真言宗では，呆宝が京都東寺の勧学会で講じた智広の『悉曇字記』を賢宝（1333〜98）が筆録し，呆宝の講説未了分を補足しまとめた『悉曇字記創学鈔』3巻があげられる。また，長覚（1340〜1416），宥快（1345〜1416）が出て，悉曇の達者として知られたという。

江戸時代には平安時代以降の音韻中心の梵学が継承されたほかに，伝来していた貝葉や紙本資料に基づき，梵字の字形が再吟味され，梵語の語義が研究され，梵本そのものを解読することも行われた。真言宗新安流の祖，浄厳（1639〜1703）が『悉曇三密鈔』3巻7冊を著わし，梵字の形・音・義にわたって従前の悉曇学の成果を集大成している。河内真言宗高貴寺の慈雲飲光（1718〜1804）は梵文解読への道を開いた学僧として名高く，『梵学津梁』という梵学資料の一大叢書を完成させ，自著を含めて約1000巻という資料を収集しているが，その中には弘法大師が将来した梵文や諸寺所蔵の貝葉・梵文『阿弥陀経』『般若経』など梵字資料14種なども含まれている。天台宗では比叡山の真源が『悉曇字記鑑源録』2巻，『悉曇三密鈔拠断』2巻，『悉曇目録』1巻などを著わしており，近江園城寺敬光（1714〜95）は慈雲飲光に悉曇を学び，『悉曇蔵序講翼』1巻，『法華梵釈講翼』1巻を著わし，伊勢西来寺真盛派の宗淵（1768〜1859）

は，『妙法蓮華経』の薬王菩薩などの六種の陀羅尼を梵語悉曇文字と羅什訳の漢字音写とを並列してあげ，七種の梵文写本と十七種の漢訳写本を対校した『梵漢字法華陀羅尼』や五十八種の悉曇文字資料を原寸大に臨摹した『阿叉羅帖』などを刊行している。

梵字は浄土真宗では用いられず，日蓮宗でも不動・愛染の種子を曼荼羅に書く以外に梵字を用いることはないが，その他の宗派，特に天台宗と真言宗で僧侶の必須の科目として研鑽されてきた。梵字が広く一般人の眼に触れるようになったのは，石塔や卒塔婆，守護札に記されるようになってからである。種子が仏塔に刻まれた最古のものは，奈良県五条市栄山寺の石造七重塔で，金剛界四仏の種子が塔身に刻まれている。また，『阿叉羅帖』第2帖に「河内国高貴寺塔婆　弘法大師筆」として悉曇文字を記した杉板塔婆があげられており，平安時代初期には悉曇文字を塔婆に記す風があったことが知られている。しかし，梵字の利用が増えるのは鎌倉時代以降であるとされ，梵字が記された石塔や金工品などの種類も増え，華鬘や懸仏に種子が施されたものが制作されるようになった。

［中村瑞隆・石村喜英・三友健容編著『梵字事典』1977，田久保周誉『梵字悉曇』1981，世界の文字研究会編『世界の文字の事典』1993］　　　　　（髙橋堯英）

梵鐘　ぼんしょう　時を知らせるためや，儀式の合図に打ち鳴らされる梵音具である。梵鐘の梵はサンスクリット語の「神聖・清浄」を意味する Brahman（ブラフマン）の音訳である。本来この梵鐘とは，仏教法具としての釣鐘を意味する言葉であるが，通常は寺鐘以外に，殿鐘・社鐘・城鐘・時鐘を含めた釣鐘・撞鐘一般を意

味する。銘文中には，洪鐘・蒲牢・金鐘・銅鐘・豊鐘・景鐘・華鐘・華鯨・鴻鐘・巨鐘・毳鐘・梁鐘など数多くの異名が見られる。大きさからは，口径1尺8寸以上のものが「梵鐘」，1尺7寸以下の鐘は「半鐘」，高さ2尺5寸の鐘は「喚鐘」と区別される場合もある。また，口径約2尺，重量65貫，2人で天秤棒で担げるものが「半鐘」，それ以上が「釣鐘」「梵鐘」ともいわれる。さらに，「喚鐘」は口径1尺以下の鐘，「半鐘」は口径2尺2・3寸以下の鐘，「梵鐘」は口径2尺3・4寸以上，重量100貫以上の鐘ともいわれる。

多くの梵鐘は，第2次世界大戦の際，金属不足のため，慶長末以前の紀年銘を有するもの，特に保存の価値を認められたもの以外は供出され，鋳潰されてしまった。現存するものは，奈良時代から慶長末年までで，約530口といわれる。梵鐘の起源は，中国にあるといわれ，中国では殷代末（BC11世紀）から，青銅の打楽器として「鐘」と呼ばれる小型の礼器が出現する。これは形を変えながら周代前半（BC10〜8世紀）には「甬鐘」，後半（BC7世紀）には「鎛」とも呼ばれ，現在の形のような梵鐘の成立に関係したと考えられている。現在中国最古の鐘は，日本の奈良国立博物館にあり，南北朝期陳太建7年（575）の銘を有するものである。その形状は，日本の梵鐘と「乳」がないことを除けば酷似しており，梵鐘の直接の起源は，中国のこのような鐘に求められるといわれる。「乳」については，現在中国の鐘に認められないことから，先の「甬鐘」などと呼ばれる礼器の「枚」といわれる突起の影響で，日本で創始されたという意見や，唐代の文献に「九乳」の文字が認められることから，陳太建7年の形のような鐘にも認められるものもあっ

たが，鋳潰された結果，中国には現在認められないという考え方がある。

梵鐘の形状は，下方に丸く口を開く中空の「鐘身」と，鐘身を懸垂するために上部に造られた「龍頭」からなる。龍頭は，2頭の龍を背中合わせにつけたもので，中央部には火焔で囲まれた宝珠を配するのが一般的である。龍頭は，正しくは「蒲牢」といわれる。龍頭と鐘身上面の接する部分，つまり鐘の蓋の部分を「笠形」または「饅頭形」，鐘身と笠形の境を「肩」，肩から鐘身の下端までを「胴」または「鐘身」という。鐘身は，「紐」といわれる突起した線で縦横に区分され，その文様を「袈裟襷」と呼ぶ。鐘身口唇部の突帯を「駒の爪」，肩の下部，鐘身の上部を一周する区画を「上帯」，駒の爪の上を一周する区画を「下帯」，上帯下帯を繋ぐ縦の紐による区画を「縦帯」，上帯と下帯の間，縦帯と直交して鐘身を横に一周する区画を「中帯」，縦帯と中帯の交差するところの，前後2か所に，鐘を直接撞く「撞座」がある。上帯の下，縦帯間は，「乳」といわれる突起が配される「乳の間」，その下通常，銘が最も刻まれる場所「池の間」があり，中帯と下帯の間は，「草の間」といわれる。文様は，上下帯には，唐草文を鋳出したものが多く，時代が新しくなると草の間にも文様が鋳出しされるようになる。

梵鐘は，奈良県中宮寺蔵の天寿国繍帳残欠の中に，鐘楼の鐘を撞く図が認められることから，飛鳥時代にはすでに使用されていたと思われるが，この時代の鐘は1口も遺存していない。現在最も古い銘を持つ梵鐘は，京都府妙心寺のもので，鐘身の内部に「戊戌年四月十三日壬寅収糟屋評造春米連廣國」の銘が鋳出しされており，奈良時代・文武天皇2年（698）

に造られた鐘であることがわかる。この鐘と同じ型で造られた鐘が，福岡県観世音寺の鐘であり，無銘であることを除けば，ほぼ同じような形をしている。同様に無銘であるが，慶長末年以前で最も大きい東大寺の鐘は，高さ385.5cm，口径270.8cmの規模を有し，『正倉院文書』の「東大寺写書所下」に出てくる鐘と考えられ，天平勝宝4年（752）頃の製造と考えられている。奈良時代の鐘は，無銘のものが多いが，その他銘を有するものでは奈良県興福寺の鐘に神亀4年（727）の銘が陰刻されている。また，福井県剣神社鐘は神護景雲4年（770）の銘が鋳出しされている。また，発掘されたこの時代の鐘としては，千葉県成田市から出土したものがあり，「以宝亀五年」の銘から，774年の製造とわかる。

　現在の梵鐘の研究は，坪井良平による研究成果の上に成り立っているものが多い。その研究によれば，①古いものは，形が大きいものが多い。②撞座の位置が，奈良時代のものは，鐘身を100とした場合，口唇部より平均して36.9%上の位置にあり，次代の鎌倉時代のものが，平均して23%上の位置にあることから，高位置のものが古い傾向にある。③龍頭と撞座の関係が，龍頭の長軸線上に撞座がくるものが古く，長軸線と撞座が直交するものが新しい。④笠形上に，周縁と同心円の紐が認められ，笠形を2段，3段に区分するものが古い。鎌倉時代以降の鐘に，この紐は認められない。⑤駒の爪の形状が，2条・3条の紐であり，あまり発達していないものが古い。⑥紀年銘を有する鐘が古いものには少ない。⑦古いものは全体的に規則的に造られていない。特に龍頭は左右不均等のものが多く，撞座の弁数や鋸歯文なども一定しない部分

が認められる，などの傾向が指摘されている。

梵鐘

［香取忠彦「梵音具」『新版仏教考古学講座』5，1976］　　　　（上野恵司）

梵鐘鋳造遺構　ぼんしょうちゅうぞういこう　梵鐘の鋳造は，基本的には①鋳造場所の設営，②鋳型の製作，③鋳造，④仕上げ，という工程で進むと考えられる。鋳造場所の遺構としては，京都府京都大学医学部構内出土例のように，地上に直接鋳型を設置したと考えられるものもあるが，通常は鋳造坑，鋳造土坑と呼ばれる土坑が掘られ，その中で鋳造作業が行われる。この土坑は，平安時代以前のものは，平面が隅丸方形を呈し，一辺2.5m前後，深さが1m前後と比較的規模が類似し，中世以降は平面は不整形になり，深さも浅くなる傾向が見られる。土坑の底面には，梵鐘の吊り上げに使用する構架材や，掛木の固定に関係すると思われる柱穴や，溝状の掘り込み，定盤などが認められる場合が多い。特に底面は，防湿のためか，粘土を貼っているものやその下に礫や土器片などを敷く例も見られる。

　鋳型の製作に当たっては，材料の粘土の採掘坑や，鋳型の焼成坑などの遺構が

ある。梵鐘の鋳型は，一般的には内型は一体造りと考えられ，鋳造土坑内で焼成されたと思われるが，外型は付近で焼成し，持ち込んだものと考えられる。外型は，駒の爪から中帯まで，中帯から池の間上部まで，乳の間から上帯までの３段に分けて造り，その上に笠型と龍頭の型をのせ，笠形に湯口と空気抜きの穴をつけるのが一般的である。

鋳造は，炉で溶かした湯を，湯口から流し込んで造る。この湯は，銅と錫の混合の青銅であり，鋳造に当たっては，それらの材料を溶かす溶解炉が必要になってくる。溶解炉は，直接検出される場合は少なく，それに関係する遺物と，溶解炉を設置したと考えられる土坑が検出される場合が多い。土坑の平面形は，古代・中世を通し円形・楕円形が一般的である。その大きさは，鋳造される梵鐘の大きさや，炉の数により異なる。仕上げに関しては，新たに遺構が確認されることはなく，それに使用したと考えられる工具が出土している。梵鐘の鋳造に関しては，基本的には鋳造土坑と溶解炉が存在すれば成り立つものと考えられるが，最近は併存して木炭窯や製鉄炉，鍛冶炉などが検出される場合が多い。また出土遺物も，梵鐘関連だけではなく，他の仏具や生活用品なども検出されており，当時，梵鐘の鋳造遺構を含めた場所は，材料の銅・鉄にかかわらず，鋳物師工房として機能していたものと考えられる。

中世において梵鐘の鋳造は，輸送の問題もあり，奉納される寺院付近に仮設の工房を建て，鋳物師が出向いてそこで製作する「出吹き」と呼ばれる形態が普通と考えられてきたが，最近の調査例では，鋳物師の本拠地からも梵鐘の鋳造遺構も確認されており，中心工房で製作し，注文者・注文場所への輸送という流れも考えられている。梵鐘の鋳造遺構は，古くは奈良時代のものが検出されているが，坪井良平が梵鐘の空白期とした，10世紀後葉から11世紀中葉には，それと呼応するように，遺構が検出されていない。古代の代表的な鋳造遺構としては，京都府京都大学教養学部構内の例があげられ，鋳造土坑の構造のわかる良好な遺構が検出されている。また，滋賀県長尾遺跡の例は，鋳造土坑に伴い溶解炉も検出されている。中世のものとしては，福岡県鉾ノ浦遺跡があり，多数の鋳造関連施設が検出されており，長期間にわたる大型の工房跡が想定されている。また，埼玉県金井遺跡B区も，複数の鋳造関連施設が検出され，梵鐘以外にも多種にわたる遺物が出土している。

［神崎勝「梵鐘の鋳造遺跡とその変遷」『考古学研究』40−1，1993］

（上野恵司）

ボードナート塔 Bodhnāth stūpa ネパールの首都カトマンズの東方，約７kmの地点にあるストゥーパ。この塔はネパールの仏塔の典型といわれ，ネパール最古の仏塔といわれる。塔の起源はマウルヤ朝期のアショーカ王の時代に遡れるのではないかと考えられている。直径は優に100mを超し，世界でも最大級の仏塔といわれる。３段からなる基壇上に，やや平べったい覆鉢が置かれ，その上にインドの仏塔の平頭に相当する方形の構造物が乗り，その上に13段からなる階段状のピラミッド状の構造物が設けられている。この上にフティー(htī)と呼ばれる柱端が据えられ，その柱が傘蓋と宝瓶(kalaśa)を支えている。ネパールの仏塔に共通している特徴は，平頭の４面に智慧の目が描かれていることであるが，

これは世界の創造者である造物主プラジャーパティ（Prajāpati）あるいはプルシャ（Purṣa）が天空の頂点に世界を見つめる目を有したという伝承がもとになっているという。

ボードナート塔

[Benjamin Rowland, *The Art and Architecture of India-Buddhist Hindu Jain*, Penguin Books, 1977（reprint）]

（髙橋堯英）

ボロブドゥール遺跡 Borobudur インドネシアの代表的な仏教遺跡。ジャワ島中部のジョクジャカルタ（Yogyakarta）近郊に所在する。最下層で一辺の長さ約120mを測る方形の平面プランの基壇を6層重ね、その上部に円形の平面プランをもつ3層の円壇を載せ、さらに中央に大きなストゥーパを配している。最下層の基壇の内側には「隠れた基壇」があり、『分別善悪応報経』に基づく説話のパネルが嵌め込まれていることが知られ、建設工事の途中で崩壊が発生したために計画を変更し、現状のように改めたものと推測されている。2層から5層までの各基壇上には回廊が巡らされ、その外側に欄楯が設置されているが、ところどころに龕が穿たれ、仏像が安置されている。

仏像はすべてブッダ像であるが、東面が触地印、南面が与願印、西面が法界定印、北面が施無畏印と方位によって印相を変えている。数は回廊によって異なり、第1回廊と第2回廊が104体、第3回廊が88体、第4回廊が72体で、合計368体にも及ぶ。第1～第4回廊の主壁と第4回廊の欄楯には総数408面に及ぶ浮彫パネルが嵌め込まれ、第1回廊には『方広大荘厳経』とジャータカ（jātaka）、第2～第4回廊には『華厳経』法界品、第4回廊には「普賢行願讃」に基づく浮彫が刻まれている。6層の基壇は上面が露出しているところから露壇と呼ばれるが、縁辺に欄楯をめぐらし、64個の龕のなかにそれぞれ仏像を祀るが、仏像は方位に関係なくいずれも法身説法印を結んでいる。1層と2層の円壇は、厳密には隅丸方形というべき平面プランをとっており、斜格子の透かし窓をもつストゥーパを、1層に32基、2層に24基配している。3層の円壇は正円形を呈しており、正格子の透かし窓で、八角形のハルミカ（harmikā）をもつストゥーパを16基配する。ストゥーパの内部にはいずれも転法輪印を結ぶブッダ像を安置している。中央のストゥーパは、内部が2層になっており、いずれも現在空洞になっているが、19世紀に盗掘に遭っているため舎利などが納められていたかどうか確かめることができない。

ボロブドゥール遺跡は石造建物であるが、工事が何度も中断され、当初の計画が変更されたと考えられるところから、その原設計についてはさまざまな仮説が提出されている。パルマンテ（Parmentier）は巨大なストゥーパ、ヘーニッ

ボロブドゥール遺跡

ヒ（Hoenig）は9層の階段ピラミッド状の祠堂などを想定したが、修復工事に当たったファン・エルプ（Van Erp）はそれらの可能性を否定している。仏像や浮彫からはボロブドゥール遺跡が大乗仏教の寺院であり、8世紀後半に着工され、9世紀まで工事が続いたことが推測できる。その性格については、いまだ明確にできない点も多いが、基本的には一種の仏塔であると考えてよさそうである。ジャック・デュマルセ（Jacqes Dumarçay）は最初サンジャヤ（Sanjaya）朝の王によってヒンドゥー寺院として企画され、その後シャイレンドラ（Sailendra）朝の王によって仏教寺院として整備されたのが今日見る姿であろうと推測しているが、不確定な要素が多く、定説とはなりえていない。

　［N.J.Krom, *Borobudur-Archaeological Description*(5vols), 1927, Jacques Dumarçay, *Borobudur* (2ed), 1991］

（時枝　務）

ポロンナルワ　Polonnāruwa　スリランカの古代首都で、セーナⅠ世（SenaⅠ, 在位831〜851）のとき西北約90kmのアヌラーダプラから移された。以降400年にわたり栄えたが、13世紀後半、ヤパフフヴァ（Yapahuva）に遷都された。ポロンナルワは、古名プラティプラ（Pulattipura）と称され、東方の都の意であった。セイ

ロン中興の祖といわれるパラークラマパーフⅠ世(在位1153〜86)、そしてニッサンカ・マツラ王(在位1187〜96)の時代に隆盛をきわめ、多くの仏教寺院が建立された。ガル・ヴィハーラ（Gal Vihara）の涅槃仏・立像（伝阿難）、坐像の岩壁彫刻、ティバンカ（Tivanka）の長方形寺院（立像本尊）、白塔と称される覆鉢塔など多くの仏教遺跡が残され、1901年以降、スリランカ考古局によって発掘整備され、博物館施設も建てられている。

ポロンナルワのマツラ王立石像

　［H.W.Cave, *The Ruined cities of Ceylon*, 1907］

（坂詰秀一）

ま

舞木廃寺　まいきはいじ　愛知県豊田市舞木町丸根に所在する7世紀末葉創建の寺院跡。猿投山から南にのびる低丘陵上に位置し、猿投川の開析による谷底平野を西に臨む、やや起伏の強い土地である。

発掘調査は未だ実施されていないが、舎利孔と輪環孔を施す塔心礎が古くから露出しており、その周囲に限って瓦がまとまって出土することが知られている。昭和4年(1929)に塔跡が国史跡の指定を受けている。昭和53年(1978)に塔跡周辺の地形測量を実施した結果、伽藍の存在が確認できるのは塔跡に限定され、その周辺の旧地形は戦後の果樹園の開墾によって大きく損なわれていることが理解された。採集されている遺物には瓦類のほか、須恵器や瓦塔、瓦製の蓮弁などがある。鐙(軒丸)瓦には素文縁複弁六葉蓮華文鐙(軒丸)瓦2型式のほか、南方17kmに位置する北野廃寺と同型式の素弁六葉蓮華文鐙(軒丸)瓦が確認されている。

［豊田市郷土資料館「舞木廃寺址」『豊田市埋蔵文化財調査集報』6，1978］

（野澤則幸）

埋経遺跡　まいきょういせき　一連の作法にのっとり作善供養して書写した経典を主体として埋納した遺跡。従来から使用されている経塚という呼称は歴史学、仏教学、さらには社会一般でも使用されているが、その使用方法においてはかなり無理があり、副埋納品として経典が出土した遺跡や遺構にまで及んでいる。さらには作善供養して書写した経典であっても、それを埋納していない場合にまで経塚という言葉を使用している。よって、本来の経塚として定義されている語句を、より具体的に性格を表したのが埋経遺跡という名称である。なお、経塚という言葉は、すでに一般化していることより、遺跡の個別名称の際に使用するのが望ましいといえる。

埋経遺跡の初現は、寛弘4年(1007)に藤原道長が埋経した金峯山経塚であり、その遺物として同年の紀年銘を有した経筒が発見されている。その後の埋経遺跡としては、比叡山横川の如法堂跡（横川経塚）があり、遺物としては慈覚大師の『如法経』に結縁した上東門院の銅製経箱と、現存しないが慈覚大師の『如法経』を納めた銅筒がある。

その後の埋経遺跡は11世紀終盤から12世紀前半にかけて九州地方を中心に展開する。この埋経の特徴は、鋳銅製の有節円筒式経筒、積上式経筒、半円筒を2つ併せて筒にした求菩提型経筒、滑石製経筒など経筒の形が多様なことである。なお、この埋経とほぼ同じ時期に瓦経による埋経、銅板経による埋経も行われる。

そして、12世紀全般にかけて中心が近畿地方、特に京都を中心とした地域に移り、全国に展開する。経筒の形も九州のような特徴的なものは少なく、宝珠形鈕を有した被蓋に円筒形経筒という組み合わせが多くなる。東日本では平蓋に厚手の円筒形経筒を組み合わせたものもある。この埋経は15世紀前半で終わる。次に現れる埋経は16世紀になってから行われる六十六部納経としての埋経である。そして、近世に多く行われる礫石経がある。この埋経は経典が経典として存在しないところに特徴がある。

［坂詰秀一「『経塚』の概念」『古代学研究所紀要』1，1990］　（山川公見子）

前机　まえつくえ　前卓ともいわれ、仏堂内の本尊を祀る須弥壇の前に置き、三具足や五具足などの供養具を置く机である。須弥壇の上の本尊の前に上卓と呼称されている小形の机を置き、四具足を置くこともある。さらに、講師や導師の座する高座や礼盤の前に前机を置くこともある。密教においては、須弥壇と大壇の間に前机を置き、三具足や五具足を置いたものが絵巻物に見られる。卓は通称案ともい

い，密教では机といい，浄土宗・禅宗・日蓮宗では卓という。形は長方形の天板（甲板）の四隅に脚をつけたものが通常の形である。前机は一般に和様と禅宗様に分けられる。

形状には，四脚に曲線をもたせた鷺脚形式のものがある。天板の間に欄間を作るものとないものがある。欄間を作るものには，格狭間を作り透し彫りを施したものがある。この形式のものに，岩手県中尊寺の螺鈿平塵案や金色院の螺鈿平塵案があり，平安時代の代表作である。鎌倉時代のものには，奈良県法隆寺の黒漆螺鈿卓などがある。鎌倉・室町時代以降も作られ，伝統的に南都で使用され，小形のものを春日卓などともいう。四脚の下方をすぼめて畳摺りをつけた当麻卓と呼ばれるもの，天板を朱塗り脚を黒漆塗りに塗り分けた出雲卓と呼称されるものなどもある。

蝶形卓と称される形状のものは，唯摩居士の用いる軾が机に発展したような形で，天板の前面を半月形に張り出させ，入角の刳り込みを施したもので，平面形が蝶の形に類似するためこの名称がある。『法然上人絵伝』巻26に三具足を置いたものがある。遺品では兵庫県白鶴美術館蔵の平安時代後期の蓮華唐草蒔絵螺鈿蝶形卓，大阪府金剛寺の鎌倉時代の蓮華唐草螺鈿蝶形三足卓などがある。

和様形式と呼ばれるものは，四角の脚を真っ直ぐ立てたものや脚を外側に反らせた榻足机から発展したもの，そして真っ直ぐな四脚に畳摺りの枠を施した床几の系統のものがある。この形のものは，法隆寺に数例ある。

鎌倉時代，特に禅宗によって中国宋代の禅宗様（唐様）の前机が導入され異形の卓が現れる。形は，天板が長方形で両端にいわゆる筆返しが付き，天板下の欄間を精巧な牡丹唐草の透し彫りなどで飾ったもので，特に四隅の脚を太くし，Ｓ字状の曲線を描く脚で，反転した脚の先端には唐花風の彫刻を飾るのが特徴で，畳摺りをつけるものである。禅宗洋式のものは，欄間を３つに区切り格狭間を表したものがあり，そこに彫刻や連子を透したものが主流となり現在に至る。遺品としては神奈川県円覚寺の鎌倉時代の髹漆前机，京都府東福寺の朱塗牡丹唐草文透し彫り卓がある。また，京都府岩王寺の髹漆前机は室町時代の永享４年（1432）の銘があるもので，この時期の基準となる。

［岡崎譲治「荘厳具」『新版仏教考古学講座』５，1976］　　（岡本桂典）

磨崖石経　**まがいせっきょう**　自然の崖壁あるいは岩石の表面に仏典の経文や法語を刻んだものをいう。ときには仏名（あるいは仏号）などを刻す場合も含めてこう呼び，磨崖は摩崖とも書く。

いったい宗教の歴史において石を用材として聖典の文言を刻む営みは，その淵源をたどれば遠く古代メソポタミアのバビロニア王国第６代の王ハンムラビ（在位前1792～1750）が発布し石刻したいわゆる「ハンムラビ法典」があり，インドではマウリア王朝（前317～180頃）第３代のアショーカ王（在位前268～232頃）の「法勅碑文」があり，また中国の儒教では後漢の「熹平石経」（175～183）があげられるであろう。しかし今日に残る圧倒的に多い遺跡の数からいえば，それは中国における仏教聖典の石刻経（刻経）の意味に限定して異論はあるまい。

とくに南北朝末の北斉（550～577）に至って，仏教の終末観である末法思想の流行を背景に，石刻経はその領域の山岳地

帯すなわち現在の山東省の西部と河北省の太行山に沿って一挙に成立をみた。ちなみに末法思想とは，釈迦の滅後時代を経るにしたがって教法の影響力が次第に衰え，人心は退廃しやがて法滅の澆季末世を迎えるという仏教史観で，その危機の時代をいかに受け止めそれを克服するかの問題である。蕭斉曇景訳『摩訶摩耶経』や北斉那連提耶舎訳『大集月蔵経』などの経典は，仏法破滅の時代の到来を詳細に予言し，中国では末法時代の到来は，正法時代五百年・像法時代一千年・末法時代一万年という三時の時代区分で経過すると信じられた。北斉の仏教徒にとって，末法時代の到来（当時の一説では554年＝北斉天保5年が入末法年）はまもなくやってくる重要な課題となった。すでに体験した北魏太武帝による仏教破壊(446〜452)と，現実に迫り来る隣国北周武帝の仏教破壊(574〜578)への危機感とがあいまって，仏教徒の仏典の不朽保護に対する祈りは一時に多くの磨崖刻経を造り出したのである。

なお，最近の研究ではこれまでの磨崖石経として一括した概念を，磨崖刻経と石壁刻経とに分ける考え方が提案されている。すなわち磨崖刻経とは，プロパガンダを目的とした比較的大字の刻経で，自然の崖壁あるいは岩石にそのまま刻したものをいい，石壁刻経とは，仏典の保存を目的とした小字で字数の多い刻経で，石窟を中心に壁を磨いて刻したものをいう。今日に残る主たる磨崖刻経としては，山東省東平洪頂山磨崖（二洪頂，北斉553)・同泰山経石峪磨崖（北斉)・同泰安徂徠山磨崖（北斉570)・同鄒城嶧山磨崖（北斉570)・同鄒城水牛山磨崖（北斉)・同鄒城鉄山磨崖（北周579)・同鄒城葛山磨崖(580)・同鄒城崗山磨崖(580)など

がある。また石壁刻経の遺跡（石刻経窟遺跡）としては，河北省邯鄲釜山南響堂寺石窟（北斉565)・河北省邯鄲鼓山北響堂寺石窟（北斉572)・河北省渉県古中皇山石壁（唐王山，北斉)・河南省安陽宝山霊泉寺大住聖窟（隋589)・河北省曲陽黄山八会寺刻経（隋593)・河北省房山雲居寺雷音洞（隋616)・四川省安岳臥仏院刻経洞（唐727〜）などがあげられる。

[桐谷征一「中国北斉期における摩崖・石壁刻経の成立」『勝呂信静博士古稀記念論文集』1996，桐谷征一「中国における石刻経の類型」『身延山大学仏教学部紀要』2，2001，桐谷征一「北斉大沙門安道壹の刻経事跡」『大崎学報』158，2002]

（桐谷征一）

磨崖仏　まがいぶつ　山麓や断崖など，大地と接続して露出する岩面に彫刻された仏教関係彫像の総称。石窟寺院内に彫刻された像を含める場合もあるが，ここでは石窟仏として区別する。

わが国以外の磨崖仏では，スリランカ・アウカナの「仏立像」(12.5m)や，巨仏として名高かったが近年破壊されてしまったバーミヤーンの「釈迦仏・弥勒仏立像」(38m，55m)のほか，71mに及ぶ世界最大の大仏として中国四川省・楽山の「凌雲寺磨崖如来倚像」が著名である。

磨崖仏は石の原産地でしか製作できないため，その材質は地域によって異なる。砂岩・石灰岩・大理石・花崗岩・安山岩・凝灰岩などが一般的であるが，わが国では彫刻することが容易な凝灰岩に彫られた作例が多い。

表現方法には厚肉彫（高浮彫）・薄肉彫（低浮彫）・線刻（線彫）などがあるが，大分県臼杵地区の諸仏のように丸彫に近いものもある。

日本での造像は奈良時代から畿内を中

心として始まっており，初期のものは，奈良時代後半，宝亀9年(778)銘の「宇智川観音」（奈良県五条市）と呼ばれるもので，川に面した岩壁に線刻された高さ約60cmの観音像である。見上げるような大きな岩面に刻んだ本格的な磨崖仏としては，笠置山の弥勒像が奈良時代後期の作であることが知られるが，この線刻の弥勒仏は元弘の兵火で焼失し，高さ17m，幅14mの拳身光式と呼ばれる彫りこみだけが残っている。また奈良時代後半のものとして，奈良市滝寺，奈良県室生村の飯降の磨崖仏などがあるが，いずれも火災を受けてかなり破損している状況である。なお朝鮮統一新羅時代の様式を色濃く伝える滋賀県「狛坂廃寺磨崖仏」も有名であるが，これは次代の制作だとする説もある。

平安時代は磨崖仏の造立が最も盛んで，遺品も地域的に広まり，北は東北，南は九州地方に及び，内容においても後期になると規模の大きなものが多数造顕された。作柄においては，当時の木彫仏との緊密な造形的関連性が認められ，平地寺院の木彫仏に比べて少しも遜色のない優秀な作が多い。

当時の磨崖仏は岩壁を削って平らな面を造りそこに仏像を線刻する場合と，浮彫にする場合とがあり，前者の例としてよく知られるものに京都府笠置寺の総高9mに及ぶ線刻「虚空蔵石磨崖仏」や栃木県佐貫観音堂の「大日如来磨崖仏」などがある。後者には京都府加茂大門の「阿弥陀磨崖仏」や佐賀県の浮彫「鵜殿窟磨崖仏」などがあげられる。各地方に磨崖仏の造営が広まる中でも大分県は磨崖仏の宝庫といわれ，近世に至るまで造営が続けられた。このほか，京都府南山城地区や奈良県の春日山麓にも集中して遺例

がある。

尊像の種類も増し，不動明王や密教系の多臂像も造られ，時代の信仰を反映して平安時代末には阿弥陀如来像，鎌倉時代では善光寺三尊や来迎三尊・地蔵菩薩が盛行した。鎌倉時代に入ると，例外的に大きい「大野寺弥勒如来磨崖仏」(13.6m)を除いては，造立の主流を単独の石仏にゆずり，磨崖仏は規模・数量ともに縮小してゆく。

わが国の磨崖仏は私的な造像が大部分で，中には修験道や民間信仰から生み出された場合も多い。したがってその造営場所は目につきにくい谷奥や尾根の鞍部で，前面に祭祀用の広場がある地が選ばれた。　　　　　　　　　　（秋田貴廣）

槇尾山経塚　まきのおさんきょうづか　大阪府和泉市槇尾山町所在。槇尾山山頂に所在する施福寺境内の最も高い地点，槇尾明神を祀る明神山頂上の祀堂裏の大きな石が点々とあったマウンド内に複数の埋経遺跡が造営されていた。発見は昭和36年(1961)に関西地方を襲った第2室戸台風により，明神山の東斜面が崩壊し，その修復のためにマウンドから土砂を採取したことによる。このとき，3か所から保延5年(1139)銘経筒，永正11年(1514)銘経筒，銅板製経筒などが見つかった。

その後の調査で，いずれも石室を有した10基以上の埋経遺構があり，平安時代から室町時代の複合埋経遺跡であったと確認された。特に2号経塚は石組みの中央に経筒と思われる灰釉弧文壺があり，その周辺から花瓶や六器と台皿，ガラス壺残片，ガラス数珠玉，青白磁皿が囲むように配置されていた。また，3号経塚の石室は破壊され，経筒も抜き取られていたが，底石の東側面と南側面に接した状態で短刀があり，いずれもその外側に

青白磁壺形合子が置かれ，地鎮・鎮壇の役割を持たせていたもののように推測されている。

［和泉市久保惣記念美術館『和泉槇尾山経塚発掘調査報告書』1983］

（山川公見子）

まごろ経塚 まごろきょうづか 岡山県上房郡有漢町有漢に所在。明治36年(1903)に発見されたが，出土状況などは不明である。出土遺物には経筒，銅鏡2面，懸仏2面，刀身片がある。経筒は高さ25.7cm，口径10.3cmをはかる。筒身は銅板を曲げて鋲留にしてつくり，蓋は被せ蓋で半円状に盛り上がる。底部は台座状。松喰鶴鏡は径11cmで涙菊座鈕。単圏で松喰鶴2羽が表される。唐花鏡は径18.4cmで八花文座鈕である。花弁と葉枝を交互に6個配す。鏡面中央に蓮華文があり，なかに大日如来が，また周囲には八葉蓮弁に仏像を毛彫した胎蔵界中台院曼荼羅が表現されている。懸仏の一面は円板で，径13.8cm。中央に高さ5.4cmの鋳銅製阿弥陀如来があり，左右に花瓶が置かれる。もう一面は径10.5cmで4.9cmの十一面観音像がつく。経筒，銅鏡2面は平安時代，懸仏は室町時代のものである。

［蔵田蔵「経塚論(10)」『MUZEUM』178，1966］　（是光吉基）

万字 まんじ （Swastika，卍，卐，卐，萬字）仏教において吉祥・万徳の相を示す記号といわれ，仏・菩薩像の胸，手，足，頭髪に見られる。Swastikaには，右旋と左旋があるが，仏教圏においては右旋が中心である。インドにおけるViṣun・Kṛṣṇaの胸に見られる旋毛がもとであり，仏教世界でも広くとり入れられている。日本では仏像のほか，寺院の標識にも用いられ，「吉祥万徳」の相を示す記号として用いられている。『往生要集』(中，4−

4)に「胸有二萬字一，名二実相印一，放二大光明一」とある。

［T. Wilson, *THE SWASTIKA*, 1973, 辻合喜代太郎『萬字模様の研究』1971］

（坂詰秀一）

曼荼羅 まんだら サンスクリット maṇḍala の音写語で，曼陀羅，漫荼羅，曼拏羅などともいい，輪円具足，聚集，壇，道場などと訳す。一般には道場の壇に礼拝，観想などのために諸尊聚会の姿を表したものをいう。真言密教では空海の請来本に基づく金剛界，胎蔵界曼荼羅を併せて両界曼荼羅とし，正系本尊として真言密教の信仰の根底を示している。

両界曼荼羅は表現上の分類として四種曼荼羅（四曼）にわけられる。(1)大曼荼羅。諸尊を仏像の姿（尊形）で描き，彩色したもの。(2)法曼荼羅。尊形のかわりに種字（梵字）で表したもの。(3)三昧耶曼荼羅。諸尊を持物や印相など（三昧耶形）で表したもの。(4)羯摩曼荼羅。諸尊を平面ではなく，立体的に浮彫などで表したもの。ほかに両界曼荼羅の一部分を取り出す部会曼荼羅があり，また各尊を個別に表す別尊曼荼羅がある。

別尊曼荼羅は諸尊を各別に修法のための本尊として表したもので，例えば，息災，除病，延命などを祈る北斗法の本尊である北斗曼荼羅（星曼荼羅），仏眼法の本尊である仏眼曼荼羅，童子経法の本尊である童子経曼荼羅，法華経法の本尊である法華曼荼羅などがあり，それら各種の曼荼羅は『図像抄』などにより，仏部，仏頂部，経法部，観音部など多くの部門に整理分類されている。

法華曼荼羅は『成就妙法蓮華経王瑜伽観智儀軌』ほかに依るもので，法華経曼荼羅図が『妙法蓮華経』の内容を画図に描くことと違って，『妙法蓮華経』の密教

的表現である。また密教の灌頂儀礼の際
の投華得仏（華を投げて当たった仏と縁
を結ぶ）のために壇上に敷く曼荼羅を敷
曼荼羅といい，東寺（教王護国寺）など
に遺例がある。

　密教以外では『法華経』の内容を描く
法華経曼荼羅図の他に妙法蓮華経金字宝
塔曼荼羅図などがあり，浄土信仰の中で，
当麻・智光・青海曼荼羅は，浄土三曼荼
羅と呼ばれている。一方，本地垂迹説の
中で，春日・山王・熊野曼荼羅など垂迹
曼荼羅が描かれている。また日蓮が自ら
の『法華経』による体験・信解と救済の
世界を，題目を中心に文字によって表し
た本尊も大曼荼羅と称される。これらは
曼荼羅の種別であるとともに広義の用例
でもある。

　　　［石田尚豊『曼荼羅の研究』1975］
　　　　　　　　　　　　　　　（坂輪宣敬）

マーシャル　Sir John Hubert Marshall
1876〜1958年，イギリス人考古学者。ケ
ンブリッジ大学ダルウィッチ・カレッジ，
キングズ・カレッジで学んだ後に，クレ
タ島の発掘（1898〜1901）に携わり，1902
年にインド考古学局長官に任命される。
考古学局の再編成やインドの史跡保護に
努め，また，*Annual Report* の刊行を決
定するなど発掘成果の公表に努めた。彼
は在任中そして1928年に長官を辞した後
の1934年まで，チャールサダ（Chārsada）
やタフティ・バーイー（Takht-ī-Bāhī）
などのパキスタンの仏教遺跡など数多く
の発掘調査を手がけさせ，自身も従事し
たが，タキシラとインダス文明解明に大
きな業績を残す。彼は，古代都市タキシ
ラの発掘を手がけ，22年間に及ぶ発掘の
成果を3巻からなる報告書 *Taxila*
（1951）にまとめた。インダス文明に関
して，1922〜27年に調査されたモヘンジ

ョ・ダロの成果は *Mohenjo-dara and the
Indus Civilization*（3 Vols., 1931）とし
て出版されている。その他の業績として，
フーシェ（A. Foucher）との共著で *The
Monuments of Sanchi*, 3 vols. 1939,
The Buddhist Art of Gandhara, 1960,
などがある。

　　［Dilip K. Chakrabarti, *A History of
Indian Archeology*, Munshiram Mano-
harla1, 1988］　　　　　　（髙橋堯英）

マトゥラー　Mathurā　インドの首都デ
リーの南南東約140kmの地点にある都市。
都市としての発達は紀元前6世紀頃に始
まるというが，郊外のソンク（Sonkh）で
は前800年頃に遡れるといわれる。西北イ
ンドからガンジス川流域への通商路と，
西インドやデカン高原からの通商路が交
わる要衝として栄え，政治的にも紀元前
3世紀頃から1世紀まで続いた，イン
ド・ギリシア，サカ族，パフラヴァ族，
クシャン朝などの異民族支配の拠点であ
った。文化面で特筆すべきは，クシャン
朝期にこの地で発達したマトゥラー美術
で，ガンダーラとともに仏像製作の二大
拠点の1つとして仏教やジャイナ教の尊
像が特徴あるシクリ産の赤色砂岩で製作
され，北インド各地や西北インドにも運
ばれた。この工房はグプタ時代まで栄え，
優美なグプタ仏が製作された。この地は
北隣のヴリンダーヴァン（Vrindāvan）と
ともにクリシュナ信仰の中心地として有
名であるが，異民族侵入期には宗教の坩
堝的な環境が存在した。樹の生命力を象
徴する精霊を崇拝するヤクシャ信仰が郊
外のパールカム（Pārkham）で盛んに行
われ，蛇の神秘性と生命力をベースに発
展したナーガ信仰がジャマールプル
（Jamarpur）やソンク，そして町の真南
16kmのチャリガーオン（Chaṛgaon）など

で栄えた。特にソンクでは，アプシダル寺院と僧院から成るサカ時代からクシャン期にかけてのナーガ伽藍跡が近年発掘されている。さらに，ジャイナ教の寺院とストゥーパがカンカーリー・ティーラー（Kaṅkālī Ṭīlā）で発掘されている。仏教に関しては，碑文などから，市内のマーター・ガリー（Mātā Galī）付近に大衆部の僧院があり，カトラー・マウンド（Katrā Mound）にクシャン時代からグプタ期まで僧院が存在し，さらにクリシュナ信仰と関わり深いゴーヴァルダン山麓の町アンヨール（Anyor）などにもクシャン時代に大衆部の寺院があったことがわかっている。グプタ王朝下，ヴィシュヌ信仰が隆盛となるに伴い，仏教は次第に衰退し，この町はヒンドゥー教の聖地として知られるようになっていった。

[Doris Meth Srinivasan ed., *Mathurā: The Cultural Heritage*, American Institute of Indian Studies, New Delhi, 1989]　　　　　（髙橋堯英）

マンダレー遺跡群 Mandalay　ミャンマーの代表的な仏教遺跡。エーヤーワディ川左岸のマンダレーは，コウンバウン（Kongbaung）王朝の第10代ミンドン（Mindon）王が1859年にアマラプーラ（Amarapura）から遷都して以降，イギリスの植民地となる1885年まで，ビルマの首都となったところである。王宮を中心として一辺約2kmの方形プランを呈し，環濠と城壁をめぐらした都城跡で，東北に仏教の聖地とされるマンダレー・ヒルが横たわるが，その周辺に多数の仏教寺院が営まれている。仏塔としては1784年にアラカン（Arakan）のミョウハウン（Myohaung）からもたらされた仏像を祀るマハームニ・パゴダ（Mahāmuni Pagoda），1857年にパガンのシュエズィ

ーゴン・パゴダ（Shwezigon Pagoda）を模して建設されたクトードー・パゴダ（Kuthodaw Pagoda），アラハット（小堂・Arahat）が仏塔を取り巻く1878年竣工のチャウトーヂー・パゴダ（Kyauktawgyi Pagoda）など，僧院としては1857年にミンドン王によって創建されたアトゥマシ僧院（Atumashi Monastery），1880年にティーボー（Thibaw）王によって建てられたシュエナンドー僧院（Shwenandaw Monastery）などが著名である。仏塔は主にレンガ建物であるが，僧院は木造建物であり，金箔やガラス細工などで飾られている。

[千原大五郎『東南アジアのヒンドゥー・仏教建築』1982]　　　　（時枝　務）

み

三河国分寺跡　みかわこくぶんじあと　愛知県豊川市八幡町本郷，竹下に所在する8世紀後葉創建の寺院跡。三河国府推定地である白鳥遺跡の北東約1kmに位置し，豊川市の北部山地から南にのびる八幡台地のほぼ中央にある。16世紀に再興され現存する国分寺には平安時代初頭の梵鐘（重文）が伝来しており，大正11年（1922）に国指定史跡になっている。戦後になって石田茂作らによる小規模な発掘調査に続き，昭和60〜63年（1985〜88）に範囲確認調査が実施され，伽藍中軸線を方600尺（約180m）の寺域内の東寄り3分の1の位置に設け，塔を西に配した国分寺式伽藍配置が確認された。塔の木造基壇外装や，伽藍の設計基準に百尺単位の完数で区切っていることも知られた。出土遺物には瓦塼類や土器類のほか，塔跡出土の青銅製水煙片などがある。本寺所用瓦を焼成した瓦窯としては，近在する赤塚山

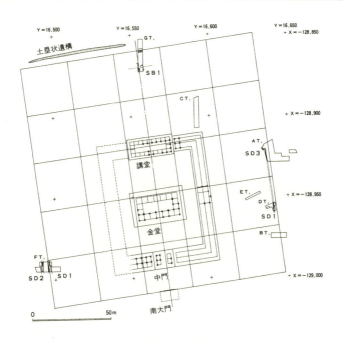

Y=16.500　Y=16.550　Y=16.600　Y=16.650
+ X=-128.850

土塁状遺構

GT.

SB1

CT.

+ X=-128.900

講堂

AT.
SD3

ET.
DT.
SD1

+ X=-128.950

金堂

BT.

FT.
SD2　SD1

+ X=-129.000

中門

0　　　50m

南大門

三河国分寺跡伽藍配置図

瓦窯や天間古窯跡が知られている。

［豊川市教育委員会『三河国分寺跡』1989，斎藤喜彦「三河・国分寺」『新修国分寺の研究』7，1997］　（野澤則幸）

三河国分尼寺跡　みかわこくぶんにじあと　愛知県豊川市八幡町忍地に所在する8世紀後葉創建の寺院跡。三河国分寺跡の北東約200mの八幡台地東縁に立地する。大正11年(1922)に国史跡の指定を受けている。昭和42年(1967)の石田茂作らによる発掘調査によって金堂，講堂，中門，南門と回廊の一部が確認されている。平成2年(1990)以後，豊川市教育委員会による史跡保存整備を目的とした調査が実施され，金堂の規模は桁行7間(26.3m)×梁行4間(13.95m)を測り，乱石積基壇化粧を施すことや須弥壇を確認した。また，金堂北東側において柱間10尺等間で3間×2間の礎石建物の経蔵を検出してい

る。さらには，寺域の東辺と西辺を画することが推定される溝が検出され，約150m四方(方500尺)の伽藍規模であったことが想定されている。出土遺物には瓦塼類や「僧寺」墨書須恵器をはじめとする土器類，金堂基壇上面出土の泥塔，水煙形陶製品片などがある。

［豊川市教育委員会『三河国分尼寺跡』1991，稲垣晋也「三河・国分尼寺」『新修国分寺の研究』7，1997］　（野澤則幸）

御正体　みしょうたい　鏡像，懸仏ともいう。鏡や円形の板の中央に，半肉の神像や蔵王権現像などの本地垂迹仏を取り付けたもので，上方2か所の吊手で懸垂し，礼拝の対象としたもの。主として神社の本殿などに懸けられる。仏像の周囲には，天蓋・花瓶・蓮華などの装飾が認められ，仏号，年月，願主などが一緒に刻まれる。大きさは，径5～6寸より1～2尺にま

で及ぶ。その種類は多く，銅板または木の板を薄い銅板で覆うもの，表面に鋳銅の仏像を取り付けたもの，材質は銅または鉄で，仏像を含め全体を鋳造したもの，すべて木製のもの，銅板に毛彫で仏像を刻んだもの，鏡に仏像を取り付けたもの，直接板に彫ったものなどが見られる。平安時代の鏡像から発達したと考えられ，鎌倉・室町時代の間に最も盛んに奉納され，江戸時代には衰退した。東京都浅草寺，京都府清水寺などには精巧な木製のものがあり，神奈川県鎌倉長谷観音には，銅製で「嘉暦元年(1327)安部光能」の銘を有するものも認められる。中野政樹の研究によれば，「その初期は円形薄板に奉懸のための紐をつけただけの単純なものであったが，次第に銅円板の周囲に覆輪をめぐらし，中央に線刻ではなく薄肉彫の立体的仏像を貼りつけ，上部二ヶ所には花形の鐶座を設け，鐶によって懸垂するようになる」とされる。

［矢島恭介「兵庫県加西郡泉町日吉神社境内出土の御正躰群」『考古学雑誌』46−4，1961，中野政樹ほか『鏡像と懸仏』1973］　　　　　　　　　　（上野恵司）

御正体埋納遺跡　みしょうたいまいのういせき　鏡像や懸仏などを意識的に埋納した遺跡。御正体は小祠などの本尊として製作された鏡像や懸仏のことで，神やその本地仏の姿を表したものであるが，それを土坑などに埋納した遺跡が知られている。

和歌山県新宮市熊野阿須賀神社境内遺跡では，熊野川に臨む蓬莱山の南斜面に穿った土坑の中に180面を越す鏡像・懸仏が納入されており，そのほかに経石・銅製経筒片・陶製外筒片・銭貨などの遺物が検出された。経塚の一部である可能性が高いが，検出された御正体の数はきわめて多く，経塚の副納品としては異常に多すぎるところから，矢島恭介は御正体埋納遺跡と呼んで経塚と区別したのである。阿須賀神社境内遺跡で出土した御正体は阿須賀神社の本地仏である大威徳明王を表現したものが83面と圧倒的に多く見られることから，同社に奉納されたものが主体を占めていることが確実で，奉納後整理されて埋められたか，もしくは埋納すること自体が奉納の方法であったかのいずれかであると推測された。

兵庫県加西市池上町日吉神社境内遺跡では，出土状態は不明であるが，多数の懸仏や銅鏡のほか，錫杖・銭貨・飾金具などがまとまって出土したことが知られ，御正体埋納遺跡と考えられている。銅鏡の製作時期は12世紀から14世紀まで及んでおり，古いものは伝世した後に埋納された可能性が高いと考えられ，ほかの遺物もすべてその時間幅のなかに収まるものばかりであり，14世紀かその直後に埋納された可能性が高いと考えられる。

宮城県名取市熊野那智神社境内遺跡では，山頂付近から多数の鏡像・懸仏が出土しており，御正体埋納遺跡であると推測される。出土した鏡像や懸仏は12〜13世紀のものであり，阿須賀神社や日吉神社の例と近似しており，中世前期の遺跡と考えて大過ないように思われる。

そのほか，茨城県下館市川澄，富山市金屋，奈良市春日大社，島根県松江市八幡町などで類例が知られている。

矢島恭介は御正体自体が古いからといって埋納された時期が古いとは限らないことを指摘し，明治初年の神仏分離に際して埋納された可能性を考慮しなければならないとしているが，現在のところ埋納時期が確実に近世以降に下る事例は確認されていない。しかも，阿須賀神社境

内遺跡では12世紀の経塚遺物，富山市金屋では15世紀の飲食器が検出されており，埋納に際してなんらかの儀礼が行われた可能性が示唆される。おそらく，奉納された御正体を処分しなければならない事態に遭遇して，一定の法式に則った儀礼を執行して埋納したのであろう。御正体埋納遺跡は神仏習合を背景とした中世の宗教遺跡と理解されるのである。

　　［矢島恭介「熊野阿須賀神社境内に於ける御正躰埋納遺跡の調査」『考古学雑誌』46－1，1960］　　　　　（時枝　務）

水野清一　みずの　せいいち　明治38(1905)〜昭和46(1971)，兵庫県生。京都帝国大学文学部史学科東洋史学専攻本科卒。東亜考古学会の第2回留学生として北京留学の後，京都帝国大学文学部講師を経て京都大学教授（人文科学研究所）。文学博士。

　中国の響堂山・龍門・雲岡など中国北部における石窟の本格的調査を実施して，その実態をあきらかにした。一方，イラン・アフガニスタン・パキスタンにおける仏教寺院の調査を実施し，広い視野にたって仏教寺院の調査研究を行った業績は高く評価されている。

　（主要著作）『響堂山石窟』共著，1937，『龍門石窟の研究』共著，1941，『雲崗石窟』16巻33冊，共著，1951〜55，『ハイバクとカシュミールスマスト』編著，1962，『ハザール・スムとフォール・ハーナ』1967，『中国の仏教美術』1968　（追悼）『水野清一博士追悼集』1973

　　　　　　　　　　　　　　（坂詰秀一）

三栖廃寺　みすはいじ　和歌山県田辺市下三栖にある白鳳時代の寺院跡で，左会津川右岸の標高233mの舌状台地にある。昭和6・53〜57年（1931・78〜82）に発掘調査され，昭和5年（1930）に塔周辺が国の史跡に指定され，昭和60年（1985）に追加指定された。紀伊半島最南端に位置する白鳳寺院跡である。方2町の寺域規模をもつ法隆寺式の伽藍配置と推定されている。寺院は白鳳時代から平安時代まで営まれたと考えられている。

　金堂跡と推定される区域では，遺構は確認されなかったが，幅2m，深さ1.45m，長さ7mの大溝が確認され，川原寺系の複弁八葉蓮華文鐙（軒丸）瓦などや石製天蓋も出土している。塔基壇には平面三角形の心礎を残しているが，発掘で一辺9mの瓦積基壇が確認され，南側からは階段跡も確認されているが，基壇の他の礎石は抜き取られている。塔の北東からは，柱間約2.8mの2間×3間の掘立柱建物跡が出土しており，寺院付属の建物跡と推定されている。他に石製相輪片や風鐸の風招などが出土している。

　　［田辺市教育委員会『田辺市三栖廃寺遺跡調査概要』Ⅰ〜Ⅲ，1978〜80］

　　　　　　　　　　　　　　（岡本桂典）

密教法具　みっきょうほうぐ　密教法具はインドの原始生活に必須であった器をそのまま取り入れ，それに仏教的内容を持たせたものである。密教の教えは三密加持であり，古代インドの原始宗教を仏教的に解釈した教えである。そして，自然の力や優れた性能のある動物を神格化し，礼拝対象として組み込んで，如来や菩薩のほかに大日如来を頂点とした多くの天部像，各種の明王像を成立させた。密教法具はこれらの宗教行為をよりいっそう深めるために使用され，大別すると4種類の性格を持つ道具に分けられる。

　そのうちの3種類は，古代インドの生活に直接関わるものから発達したものである。その1は，外敵を防ぐ武器から転じて煩悩の賊を撃ち破る意味を持つもの

で，突く道具として金剛杵，三鈷杵を十字に組み合わせた羯磨，車軸に独鈷杵の輻を加えた輪宝がある。その２は，木竹をたたくことから進歩した金属の鈴で，音響を発して威嚇することから転じて眠れる仏性を呼び覚ます意味で用いられる金剛鈴である。その３は火を使う行為で，宗教儀式の供物を祭壇の炉中に投げ入れることにより，火焔が昇って天の神の口に達し，諸神がこれによって力を得て諸々の悪魔を降伏し人々に福祉を与えると信じたことから，俗塵を焼却して清浄心を顕わす意味で行われる護摩修法に使用される護摩道具である。４つ目は，修行の効果をあげるためにつくられる壇である。四橛を立て，壇線を張り結界を張り，その中を灑水と塗香で浄め，閼伽水・香・花・飯食・汁餅菓を供えて降臨の諸天善神先輩高祖の霊を供養し，こうした環境で煩悩の賊を退治し，仏性を喚起する儀礼を行う。したがって密教法具は鈷杵・鈴・護摩の根本道具とその雰囲気をつくる壇・結界具・供養具などの補助的道具とに大別して考えられる。

　日本への密教の伝来は，奈良時代の『正倉院文書』に密教系の経典が伝えられ，密教法具も奈良時代と認められる三鈷杵などが正倉院や福島県恵日寺にある。しかし，本格的に密教が伝えられたのは，平安時代の入唐八家と呼ばれる最澄，空海，常暁，円行，円仁，恵運，円珍，宗叡らの功績である。彼らが請来した法具類は，供養具が極めて少なく，中世以降の密教寺院に必須の施設である密壇具や大壇具を編成するには品不足であった。輪宝や羯磨や四橛などが比較的多いことからすれば大壇構築の意図は認められるが，金剛鈴や金剛杵などはセットとしては整備されていたとは言い難い。密教法

具の整備は，仁平３年(1152)銘の経筒を有した京都府花背別所経塚から一面器を構成する火舎，六器，花瓶が出土し，大治５年(1130)埋納と考えられる和歌山県那智経塚からは大壇具を構成するだけの一括遺物が見つかっていることから，平安後期には現在に近い大壇具や密壇具の成立があったと推測されている。
　[石田茂作「密教法具概説」『佛教考古学講座』13，1937，「密教と密教法具」『密教法具』1965]　　　　　（山川公見子）

三具足　みつぐそく　仏前の供養具，三物具足の意で，香炉・花瓶・燭台を一組にして仏前に据えた仏具。供養具の中で基本的なものであり，『陀羅尼集経』巻３には21種の供養具が説かれているが，最低限必要なものとして香水・焼香・雑華・然燈・散華・飲食器の５種があげられている。『無量寿経』巻下には，「懸絵・然燈・散華・焼香」とある。

　香炉・花瓶・燭台を仏前に供養することはインドに始まるが，三具足を卓上に供えるのは中国を起源とすると思われる。日本には，鎌倉時代に中国から伝えられたと考えられ，禅宗を中心に鎌倉時代末頃から行われたと考えられる。

　また，香炉を中心に左右に花瓶と燭台２個を据えたものを五具足という。三具足のほかに香炉１口・花瓶２口・燭台１基を一具とした四具足が真宗では用いられる。卓の中央に香炉を置き，その左右に花瓶，香炉の奥に燭台を置く形式である。この形式は，禅宗との関係のある書院飾りにも取り入れられ，住居の押板(床の間の前身)の装飾として用いられ，立華の道具ともなる。室町時代には華道などと結びつき，池坊慈尊の『仙傳抄』には，立華において卓中央に香炉，右に鶴の台，左に花瓶を置き三具足とした。さ

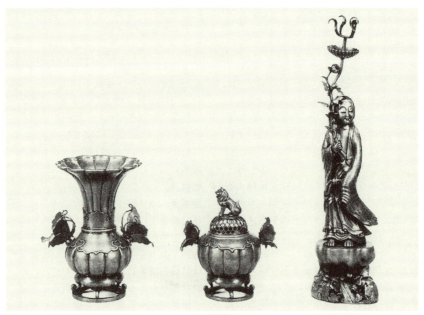

三具足

らに装飾的色彩を強め，五具足や七荘な<ruby>荘<rt>かざり</rt></ruby>どを生み出した。

　三具足は絵巻物にも見られ，観応2年(1351)の『<ruby>慕帰絵詞<rt>ぼきえことば</rt></ruby>』には阿弥陀如来画像の前に三具足が描かれており，三具足の配置が知られる。<ruby>板碑<rt>いたび</rt></ruby>にも三具足が刻されており，文安4年(1447)から文禄5年(1596)まで見られ，三具足の配置が定着していることを示している。三具足で古いものは，奈良県唐招提寺の三具足で，箱に永正13年(1516)の墨書がある。また，滋賀県聖衆来迎寺の三具足は，天正15年(1587)の箱書きがあるもので共に明代のものと見るむきもある。16世紀初頭には三具足，五具足の名称が定着していたと考えられる。

　[鈴木規夫『供養具と僧具』日本の美術283，1989]　　　　　　（岡本桂典）

三徳山三仏寺　<ruby>みとくさんさんぶつじ<rt>みさき</rt></ruby>　鳥取県東伯郡三朝町三徳に所在する天台宗の古刹。天神川の支流三徳川の上流部，三徳山の北側斜面に位置する。江戸時代の地誌『伯耆民談記』によれば，慶雲3年(706)<ruby>役小角<rt>えんのおづぬ</rt></ruby>が子守・勝手・蔵王権現を安置して三徳山を開き，嘉祥2年(849)慈覚大師が釈迦・阿弥陀・大日の三仏を安置し浄土院美徳山三仏寺と号したという。本堂の一段下に皆成院・正善院・輪光院があり，本堂から急傾斜を登り奥院に至る間には文殊・地蔵・鐘楼・納経・観音の諸堂が建つ。文殊堂・地蔵堂・納経堂は鎌倉から安土桃山時代の建築で国重要文化財。奥院は，<ruby>投入堂<rt>なげいれどう</rt></ruby>と呼ばれ，岩窟内に建てられた懸造の建物。平安時代後期の建築で国宝に指定されている。投入堂には，本尊の蔵王権現立像をはじめ6体の木造蔵王権現像が安置されていたが，いずれも国の重要文化財に指定されている。このほかにも多数の文化財が伝えられている。

[徳永職男「三徳山の歴史と信仰」宮家準編『大山・石鎚と西国修験道』1979]

（真田広幸）

水泥古墳　みどろこふん　奈良県御所市古瀬の，尾根斜面に立地する。2基の円墳，水泥塚穴古墳と水泥南古墳があり，「今木の双墓」として知られる。南古墳は，径約15m，高さ約6mの大きさで，両袖型の横穴式石室を主体部とする。石室の規模は全長約10.8m，玄室長約4.6m，玄室幅約2.0m，玄室高約2.6m，羨道長約6.2m，羨道幅約1.5m，羨道高約1.1mを測り，7世紀前葉の築造と考えられる。玄室と羨道部に1基ずつ，縄掛突起を有する凝灰岩製の刳抜式家形石棺が配置されている。やや大きい羨道部の石棺は，短辺部両端の縄掛突起先端に素弁六葉の蓮華文が陽刻されていることで著名である。また，塚穴古墳は，径約20mで，横穴式石室を主体とし，6世紀末から7世紀初頭の構築と考えられている。

[網干善教「御所市古瀬『水泥蓮華文石棺古墳』及び『水泥塚穴古墳』の調査」『奈良県史跡名勝天然記念物調査抄報』14，1961]　　　　　（上野恵司）

南滋賀廃寺　みなみしがはいじ　滋賀県大津市南滋賀1丁目・2丁目に所在し，大津京跡の一角にある。複合扇状地の扇央部に位置する白鳳時代から平安時代末までの寺跡である。昭和32年(1957)に国の史跡に指定された。昭和初期から発掘調査がなされている。

　伽藍配置は南面し，西に南面する西金堂，東に塔を配している。回廊は，これらを囲み中金堂に接続する。中金堂の北に講堂を置き，北と東西に僧房を配している。川原寺式伽藍配置であるが，西金堂(小金堂)は南面する。周辺の調査では，西限を示す築地塀跡や西北方に旧河川跡

が確認されている。

　塔跡は，一辺12.1mの瓦積み基壇である。西金堂も瓦積み基壇で南北約12.1m，東西約13.3mである。金堂跡は，東西約22.7m，南北約18.2mで二重構造の瓦積み基壇と礎石が確認されている。講堂跡は，基壇縁に自然石を一段に並べ，高さ25cmと低く，東西約32.4m，南北約15.2mである。建物は9間×4間と考えられる。僧房跡は，凹形の三面僧房と考えられている。東西僧房跡は，東西2間，南北17間，柱間各12尺と考えられている。創建期の瓦は2系統あり，川原寺式の複弁蓮華文鐙(軒丸)瓦と重弧文字(軒平)瓦の系統，俗称サソリ文瓦と呼ばれる蓮華文方形軒瓦である。

[柴田實「大津京阯」上『滋賀県史蹟調査報告』9，1940，林博通「南滋賀廃寺」『近江の古代寺院』1989]　（岡本桂典）

美努岡万墓誌　みぬのおかまろほし　奈良県生駒市萩原町竜王から，明治5年(1872)に地表下60cmから発見された。墓誌は短冊形をした銅板で，縦29.7cm，横20.9cm，厚さ3mmの大きさを有する。墓誌は，表面には縦10条，横16条の罫線で格子目をつくり，その中に173字が刻まれている。墓誌には，文武天皇大宝元年(701)，遣新羅使となったことなどの略歴を含め，神亀5年(728)10月20日に67歳で没し，墓は3年後の天平2年(730)10月20日に造られたことなどがわかる。墓誌の記載は，『日本書紀』『続日本紀』の記載とも一致している。

[森本六爾「墓誌銅版を出した美努岡万の墳墓」『考古学』7-5，1936]

（上野恵司）

美濃国分寺跡　みのこくぶんじあと　岐阜県大垣市青野町八反田ほかに所在する8世紀後葉創建の寺院跡。伊吹山系の小支

丘南麓の平坦地に立地し，西方約１kmに推定国分尼寺跡，さらには美濃国府跡や不破関跡がある。塼積基壇の金堂跡が古くから知られており，大正10年（1921）には国指定史跡になっている。史跡公園整備に向けた発掘調査が昭和43〜55年（1968〜80）に実施され，寺域の範囲は東西230m，南北250m以上で，外周を築地が巡ることが確認された。中心伽藍は中門を中心に東西120.6m，東西93.9mの規模で回廊が金堂の両脇につき，回廊内の東側に塔が１基配される大官大寺式伽藍配置が判明した。平成９年(1997)の範囲確認調査では南門正面で幅約５mの道路遺構の内側に幢竿支柱の柱根を残す柱穴跡が検出された。出土遺物には瓦塼類や「美濃国」刻印須恵器ほかの土器類，陶硯，百万塔，瓦塔，帯金具などがある。

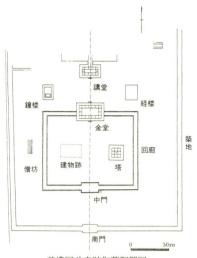

美濃国分寺跡伽藍配置図

［八賀晋「美濃」『新修国分寺の研究』7，1997］　　（野澤則幸）

宮の前廃寺　みやのまえはいじ　広島県福山市蔵王町宮の前に所在。標高226m前後の蔵王山などから派生する標高30m前後

の丘陵中腹の南面に廃寺は位置し，往時は入江が直前までせまっていた。調査は昭和25・26・42年（1950・51・67）に行われた。寺域については詳らかでないが，西に金堂跡，東に塔跡があり，法起寺式の伽藍配置であることがあきらかになった。金堂跡は東西24.9m，南北14mの長方形の基壇で，石積と塼積でつくられている。塔跡は金堂跡東15mにあり，基壇は一辺12.8mの正方形で，塼積基壇である。南辺中央には３段の階段が推測されている。基壇上面には塔心礎，礎石３個がある。出土遺物には瓦類，土器類，塼仏などがあるが，特に「紀臣和古女」「紀臣石女」「栗柄君」「栗麻呂」と記す文字瓦のうち，紀臣は備後国司に補任された紀朝臣真子との関係が考慮されている。造営時期は金堂跡が奈良時代前期，塔跡が奈良時代後期と考えられている。

［村上正名「宮の前廃寺跡」『福山市遺跡調査総合記録集』1973］　（是光吉基）

明王鈴　みょうおうれい　密教法具。五鈷杵形の柄をつけた金剛鈴のなかに，鈴身の側面に半肉に鋳出した五大明王を表した明王鈴と称されるものがある。五大明王は不動・降三世・軍荼利・大威徳・金剛夜叉の五尊であるが，台密では金剛夜叉にかえて烏枢澁摩を配する。五大明王鈴は唐時代以降つくられている。明王鈴の鈴の底部は五花形につくり，鈷部は鋭い逆刺しをした憤怒形で，脇鈷の下部に龍口をあしらう。把部の鬼目や蓮弁の装飾も複雑華麗につくられる。なお，鈴に四天王を表した四天王鈴と，四天王に梵天と帝釈天とを加えた梵釈四天王鈴と呼ばれるものがある。この場合，鈴身の底部は四天王鈴の場合は八花形に，梵釈四天王鈴の場合は六花形につくられる。鈴に仏像を鋳出したものを総称して仏像鈴

という。

[奈良国立博物館『密教法具』1965，石田茂作監修『新版仏教考古学講座』5「仏具」1976]　　　　　　　（山川公見子）

妙心寺　みょうしんじ　京都府京都市右京区花園妙心寺町に所在する臨済宗の寺院。暦応5年(1342)以前の開創とされるが，諸説があって確定されていない。応永の乱や応仁の乱で荒廃するが，細川勝元らにより復興される。仏殿や法堂をはじめ主要な伽藍はいずれも国の重要文化財に指定されている。境内や周辺で行われた調査では，10世紀や12世紀後半の遺物を含む池跡が確認されており，この池跡のなごりが，現在も境内にある「蓮池」であるとされている。このほか，中世末期～近世初期にかけて，現在の寺域になったことが調査であきらかになっている。当寺及び塔頭には，多くの作品が所蔵されている。このうち，現存最古とされる梵鐘が特筆される。この梵鐘には，「戊戌年四月十二日壬寅収糟屋評造春米連広国鋳鐘」と鋳出された銘文があり，この「戊戌年」は，文武2年(698)と考えられている。室町時代後期に当寺に移されたとされる。このほか，鎌倉時代の絹本著色虚堂和尚像・大応国師像・大燈国師像（重要文化財）などがある。なお，境内は国の史跡，庭園は名勝に指定されている。

[(財)京都市埋蔵文化財研究所『昭和58年度京都市埋蔵文化財調査概要』1985]　　　　　　　　　　（三好義三）

弥勒寺　みろくじ(ミルクサ)　百済の代表的な大伽藍弥勒寺は，当時百済の都である扶余(ブヨ)から遠く離れた益山(イクサン)地域に半世紀をかけて国力を総結集して創建された。文献史料やその当時の益山地域の寺院，山城，王陵，王宮跡などから考えると，益山地域は都としての諸条件を具備した新しい都としての機能があったと思われる。伽藍創建縁起は武王(ムワン，600～641年)と王后（新羅真平王，ジンピョンワンの公主）の故事に帰せられる。弥勒寺跡は現在の行政区域上，全羅北道（ジョンラプックトゥ）益山市金馬面箕陽里弥勒山(ミルクサン)の所在で，北面に弥勒山(龍華山，ヨンファサン)をのぞみ，その左右稜線間の平地に南向きに建てられた。伽藍配置は地理的状況によって中軸線から西南方向に偏って建てられた。現在，堂塔礎石，幢竿支柱，西側に石塔の一部などが残存している。

伽藍配置形態は，伽藍中央部の中軸線上に北から講堂・金堂・塔（木塔）・中門が配置されて，中門の左右から回廊が派出し，講堂に接続し，また金堂と塔は再び回廊に囲まれ，中央部の東・西にも金堂・塔（石塔）・中門が配置された1つの伽藍でありながら，東・西・中央に単塔一金堂を併置した三院式伽藍配置で三塔三金堂式伽藍である。講堂は3つの伽藍が共有するために，中央部伽藍の中軸線上の北方に建てられた。特に発掘調査の結果，元来は池の場所だったことから，池を埋めて伽藍が建立されたという弥勒寺創建縁起と符合する。この類例がない特異な伽藍配置形態について弥勒諸経思想から考えると，龍華山全域を須弥山として象徴化し，師子寺(サジャサ)は弥勒菩薩が昼夜に説法している兜率天を表現した。すなわち，弥勒寺は弥勒菩薩が下生した閻浮提の下生世界を，師子寺は弥勒菩薩が説法している上生世界を，池の中から弥勒三尊仏が出現したことは弥勒菩薩が閻浮提に下生して龍華樹下で成仏することを意味する。池の北向きにある「龍華山」は経典の「龍華樹」を象徴す

ると思われる。三塔三金堂の弥勒寺伽藍構造は、龍華樹下で成仏した弥勒仏が「三会説法」をする３つの場所を意味している。三金堂に安置された弥勒三尊は、中央院の金堂の本尊を弥勒仏として東・西院も兜率天に住する菩薩ではなく、龍華樹下で成道した弥勒仏を意味している。弥勒下生時の閻浮堤の王が転輪聖王のように、百済に弥勒下生世界が実現する時期の王が武王自身のことを暗示している。そのことから考えると武王自身がその時代の転輪聖王として弱体化した王権を回復して、強力な統治権を行使し、宿願の三国統一を達成するために護国大伽藍建立の必然性があったと推定する。

［文化財管理局文化財研究所『弥勒寺』遺蹟発掘調査報告書Ⅰ，1989，国立扶余文化財研究所『弥勒寺』遺蹟発掘調査報告書Ⅱ，1996］　　　　（李興範）

弥勒寺跡　みろくじあと　岐阜県関市池尻字弥勒寺の長良川右岸の微高地上に立地する７世紀後葉創建の寺院跡。現存する弥勒寺は江戸時代に円空が再興した寺院。戦前には岐阜県史跡に指定されている。昭和28年（1953）に石田茂作らによって初めて発掘調査が実施され、東側に塔、西側に金堂を配し、伽藍中軸上に講堂を設ける法起寺式伽藍配置が想定されるに及び、昭和34年(1959)に国指定史跡となった。昭和62年(1987)からは史跡公園整備に向けた範囲確認調査が実施され、玉砂利を敷き詰めた講堂基壇の一部や回廊の可能性のある掘立柱列、南門、僧坊、工房跡などが確認されている。出土遺物には瓦類や土器類、塑像の一部である螺髪などがある。平成６年(1994)からは東側に隣接する弥勒寺東遺跡の調査も併せて実施され、武儀郡衙の郡庁院の構造があきらかにされつつある。本寺所用瓦を

焼いた窯跡としては美濃市丸山古窯跡群が知られている。

［関市教育委員会『弥勒寺跡範囲確認発掘調査報告書』Ⅲ，1990］（野澤則幸）

ミラーン　Milān　新疆ウイグル自治区且末（チェルチェン）県にある、楼蘭国の主要な都市。後に鄯善国の首都として西域南道の要衝として栄え、抒泥城とも呼ばれた。1907〜14年にかけてスタインにより、15余の城跡、仏教寺院跡などが発掘調査された。ガンダーラ美術と密接な関係があるヘレニズム・ローマ様式の影響が顕著な壁画が発見され、特に第Ⅲ、第Ⅴの仏教寺院跡からは、中央の仏塔を巡る回廊外壁に花綱童子や有翼天使などの装飾図や、仏伝図、本生譚図（ヴィシュヴァンタラ太子本生）などが発見された。第Ⅱ仏教寺院跡には建築の周壁に沿って、ガンダーラ後期ストゥッコ様式にグプタ様式の混入した西域様式を示す等身２倍以上の塑像座仏（ただし上半身欠落、頭部１つは発見）８体が並座しており、この地が仏像崇拝に移行したことを読み取ることができる。西方の古典様式が仏教的題材を伴ってこの地に根づくという、西域美術基盤形成の課程を知る上で重要な遺跡である。

［Stein, M. A., *Serindia* 5vol., 1921, Stein, M. A., *Innermost Asia* 5vol., 1928］（則武海源）

む

武蔵国分寺跡　むさしこくぶんじあと　東京都国分寺市所在。僧寺が東に、尼寺が西に東西に配されている。僧寺の中枢部は方１町半あり、中門・金堂・講堂を南北中心線上におき、金堂の南東方に塔が位置している。金堂・講堂の東西には南北

棟の僧坊があり，北方の丘陵上には一堂宇が存在する。僧寺は，元来，塔を中心とする寺院地が計画されたが，後に金堂・講堂を南北におく変更がなされ，さらに塔の焼失（承和12年〈845〉）に伴って伽藍全域の整備が行われ，後に衰退したことが，伽藍地（方3町半〜4町）ともどもあきらかにされた。尼寺は，方1町半の伽藍地の中央に中門・金堂・講堂・尼坊が南北一直線上に配され，矩形区画内におかれている。僧・尼寺全体の寺地は東西1.5km・南北1kmの規模を有する。伽藍地内からは二寺と関連をもつ遺構群が多数発掘され，国分二寺の構造を立体的に把握することが可能な遺跡として注目されている。

［滝口宏『武蔵国分寺図譜』1961］

（坂詰秀一）

陸奥国分寺跡　むつこくぶんじあと　天平13年（741），聖武天皇の詔によって全国60余国に造営された国分寺院のうち，僧寺（男僧）のものを国分僧寺と称し，一般には国分寺と呼ばれている。陸奥国分寺は宮城県仙台市若林区木ノ下地内に位置している。昭和30年から同34年（1955〜59）にかけて伊東信雄らによって調査され，14棟の寺院建物遺構が発掘され，伽藍配置が明確になった。それによると寺域は，800尺四方（一辺242.4m×4）で区画し，建物群は南北主軸線上に南大門・中門・金堂・講堂・僧房・北大門が配されている。このうち中門と金堂及び講堂と僧房とは回廊で結ばれており，金堂・講堂間の東西にも鐘楼と経楼，金堂の真東には回廊を持つ塔（七重塔跡）が設置されている。この塔が承平4年(934)に落雷のため焼失した際，落下した青銅製擦管・水煙片・鉄製九輪が発掘されている。

［陸奥国分寺跡発掘調査委員会編『陸奥国分寺跡』宮城県教育委員会，1961，伊藤玄三「陸奥」『新修国分寺の研究』3，1991］　　　　　　　　（大竹憲治）

陸奥国分尼寺跡　むつこくぶんにじあと　宮城県仙台市若林区白萩町に所在し，陸奥国分寺の東方約700mに位置する。当地からは陸奥国分寺の創建期と同じ意匠を持つ蓮華文鐙（軒丸）瓦が出土しており，観音塚と呼称されていた礎石の伴う土壇状遺構が遺存していた。本土壇状遺構は金堂跡と推定されており，発掘の結果，正面幅9.85m，奥行幅8.5mであることが判明し，中央部から鎮壇のため埋納された土師器甕が出土している。なお，陸奥国分尼寺の終焉期を探る史料に源俊房『水左記』があり，その承暦4年(1080)条に陸奥国の国分法華寺（尼寺）顚倒との記載がある。

［仙台市史編さん委員会「国分尼寺跡」『仙台市史』特別編2考古資料，1995，伊藤玄三「陸奥」『新修国分寺の研究』3，1991］　　　　　　　　（大竹憲治）

無縫塔　むほうとう　石塔婆の一種で，無縫とは石塔主体部の塔身に縫い目のないということで稜角を持たない塔のことである。頂部に塔身が置かれ，その形が卵形であることから卵塔とも呼ばれ，また，僧侶の墓塔形であることと，上部が長球形であるところから坊主墓とも呼ばれる。無縫塔は鎌倉時代初期に宋に入った僧により中国の禅林で行われていたものが日本に伝えられたが，その形は初源的な仏塔の覆鉢塔を基台上に据えたものったという。石田茂作は無縫塔を，須弥壇座無縫塔，蓮花座無縫塔，球形無縫塔と塔身の形状と塔身を受ける台座の型式で3種に分類する。川勝政太郎は，無縫塔を重制と単制の2つの型式に分類する。

前者は下部より基壇上に基礎を据え，竿，中台，請花，塔身を置く。後者の単制は重制の竿と中台部を省略した型式である。したがって，重制のほうが塔高をもち単制は塔身の大きさが目立つ塔勢である。建立年では各部分の施工が細かい重制のほうが古い資料を確認する。近世になると単制の無縫塔の造立が増える。なお，初期の無縫塔には紀年銘などが刻出されていないが，基礎部分の格狭間や蓮弁，請花などの様式で造立年代を推定することが可能である。最古の無縫塔としては，京都市の泉涌寺開山塔があげられる。泉涌寺開山の俊芿が安貞元年(1227)，入滅直後に造立されたものと伝えられている。いわゆる重制の安山岩製で高さは160cmを測る。土台には雲形彫刻を施した基台を設置し，持ち送り形の脚をもった八角形の基礎が乗り，上面は単弁の反花とする。竿には開蓮花を厚肉に刻み，中台を据える。中台の上には３段に渡って蓮弁の請花を置く。この上に曲線の塔身を安置する。

　各部分を見てみると，まず，基礎の下に基壇を据える。加工のない偏平な八角台が多いが，荘厳さを増すために，繰型を造り出したり，側面に雲文を彫ったものもある。基礎の上面は複弁を各辺中央に配し八葉の反花のもの，複弁を各辺両端に配し十六葉の反花のものなどの装飾を施す。側面は輪郭を設けて内面は格狭間を刻んだものと素面のもの，輪郭と素面を交互に刻んだもの，また素面のものがある。基礎の下面は持ち送りのあるもの，また，持ち送りはなくそのまま据え置くもの，持ち送りも蕨手状に巻くもの，繰型の弧を示すものなどがある。

　竿側面には，開蓮華を浮彫りしたもの（八面すべて，一面おき，正面のみ），蓮華座上の光背内に三弁宝珠をいれたもの，種子を刻んだもの（一面おき），また，まったく素面のもの，輪郭を巻き内は無地のものがある。中台は位置的に塔身を荘厳する重要な部位である。下部は複弁八葉の請花としたものが多い。側面は輪郭，格狭間，四ツ目菱文，開蓮華などの装飾を施す。上部は複弁八葉などを廻らし，その中に円形座を造りだしたものなどがある。塔身の請花には，２段・３段茸素面請花，素弁・単弁，八葉・十六葉など多様な装飾文が施される。

無縫塔（京都府天得院）

［跡部直治「無縫塔」『佛教考古学講座』11，1937，川勝政太郎「無縫塔」『史迹と美術』80，1937］　　　　（斎木　勝）

無量光院跡　むりょうこういんあと　岩手県西磐井郡平泉町平泉字花立に所在。３代藤原秀衡が建立した寺院で，『吾妻鏡』には，極楽浄土を具現化した庭園などの地形や伽藍の荘厳は宇治市平等院鳳凰堂を模したと記されている。現在，建物はすべて失われ，遺跡の内部は東北本線や県道により分断されているものの，建物の礎石・土壇・土塁・堀，さらに景石など

が良好に遺存しており，現況の地形からも院域を復元的に観察できる。梵字ヶ池には大小2つの中島を設けている。院の区画は，東・西・北側の土塁で，西側はさらに堀で区画され，寺域の規模は，東西約230m，南北約320mの長方形を呈する。

昭和27年（1952），文化財保護委員会（文化庁前身）により発掘調査が実施され，尾廊が存在しないものの翼廊を持つ塼敷きの本堂は，鳳凰堂と同様の規模であったことが確認されるとともに，伽藍の焼失が認められた。その他，中島の建物跡や土塁，柳之御所に通じる道路遺構が発見されている。

大正11年（1922）に毛越寺跡附鎮守社跡とともに国史跡，昭和30年（1955）には特別史跡に指定されている。

　　　［文化財保護委員会『無量光院跡』1954］
　　　　　　　　　　　　　　　（似内啓邦）

め

妻沼経塚　めぬまきょうづか　埼玉県大里郡妻沼町妻沼に所在する平安時代末の経塚で，利根川右岸の低地部に位置する。昭和32年（1957）に妻沼小学校の拡張工事の際偶然に発見され，1～4号経塚が確認された。1号経塚は土坑内に川原石を積みあげ木炭を積み経筒を埋納したもの。2・4号経塚は，土坑内に甕を埋納したもの。3号経塚は土坑内に台石を埋置し，その上に経筒を埋納したものであった。

出土遺物は，1号経塚から口径12.0cm，高さ22.3cmを測る鋳銅製経筒1点のほか鉄製刀1振・陶器壺1点，2号経塚からは銅製鏡1点・陶器甕1点，3号経塚からは口径13.5cm，高さ22.7cmを測る鋳銅製経筒1本のほか経巻残欠1点・銅製鏡

6点・檜扇残欠，4号経塚からは陶器甕1点・銅製鏡2点・白磁製合子1点・檜扇残欠など多数がある。ことに1号経塚から出土した鋳銅製経筒には「久安（1145～50）」銘の墨書が認められ，妻沼経塚が平安時代末に造営されたものであることが確認されている。3号経塚から出土した経筒は，蓋部の周囲に鍔状の突起が巡らされた特異な形状である。4号経塚から出土した白磁合子は，宋の所産である。

妻沼経塚が位置する場所は，かつての永井庄の中心領域であったと考えられ，斎藤氏や長野氏の活躍した地域である。また，隣接して妻沼の聖天様として知られる歓喜院が存在する。歓喜院は，斎藤別当実盛により創建されたと伝えられる古刹で，国の重要文化財に指定されている建久8年（1197）銘の歓喜天の錫杖が祀られている。少なくとも鎌倉時代には寺院として建立されていたものと考えられる。このことから妻沼経塚は，歓喜院の旧境内か隣接して造営されたものである可能性があり，両者は密接な関連を持っていたと考えられている。

　　　［妻沼町教育委員会編『妻沼経塚発掘調査報告書』1960，関秀夫『経塚－関東とその周辺』1988］　　　　　　（野沢　均）

メハサンダ　Mekhasanda　ガンダーラのシャーバーズガリから東北にほぼ1kmの丘陵の北端にある仏教遺跡。玄奘の『大唐西域記』の弾多落迦山。19世紀終わり頃からその存在が知られ，フーシェ（A. Foucher）により1895～97年に発掘され，1902年には大谷光瑞らによって調査された。さらに京都大学が1959・62・63・67年に調査している。山の麓に列柱跡がある王宮跡が残る町があるが，遺跡は町から見えない山陰にある。塔院は何度かの

増広を経ており，大塔の前後左右に奉献塔が並び，その背後には1つ1つ増築された祠堂の列がある。塔院と入口の階段付近に講堂跡，厨房と食堂などの建物があり，塔院に至る参道脇や谷を隔てた山腹に僧院が散在している。建造物にはこの山の片岩が用いられ，石像やストッコ像が多く発見されている。その成立は「盛期クシャン（150～250）の終末を遡らない」頃で，終末は晩期クシャン（350～450）頃という。

［水野清一編『メハサンダ』1969］

（髙橋嶢英）

も

毛越寺 もうつうじ　岩手県西磐井郡平泉町平泉字大沢にある天台宗別格本山。山号を医王山と称し，嘉祥3年（850）慈覚大師円仁によって開山した。開山当初は嘉祥寺が起こりとされ，平安時代後期に藤原基衡が金堂円隆寺などを建立して壮大な伽藍を整備した。本尊は，丈六の薬師如来で，『吾妻鏡』によると往時には南大門（二階惣門）をはじめとして堂塔40余字，僧坊500余字を数えたと伝えている。伽藍は，文治5年（1189）に頼朝により多くが破壊され，嘉禄2年（1226）に金堂焼失，さらに元亀4年（1573）にその他の堂宇の大半も焼失した。寺域内には塔山を背景として中島・州浜・築山・出島・鑓水・飛鳥・景石・敷石などの石組遺構が周囲に配され，東西約180m，南北90mの大泉ヶ池を中心とする庭園である。浄土を模した平安時代の景観が往時を偲ばせ，南大門跡・講堂跡・嘉祥寺跡・法華堂跡などの建物礎石が残されている。

発掘調査は昭和5年（1930）の金堂をはじめとして，昭和30～33年（1955～58），昭和55～平成2年（1980～90）まで主な建物の伽藍や大泉ヶ池を対象として実施しており，鑓水の導水路や排水路遺構が調査されている。

昭和27年（1952）に特別史跡，庭園は昭和34年（1959）に「毛越寺庭園」として特別名勝の指定を受けた。

［藤島亥治郎編『平泉―毛越寺と観自在王院の研究』1961］　　（似内啓邦）

木魚 もくぎょ　梵音具の一種。禅宗で使用される魚鼓より発達したものと考えられている。木製球形を基本として，腹部中央を横に内部を割り抜き，中を空洞にする。また外側には魚鱗の彫刻が施される。その形は，魚の頭尾が相接するもの，魚が龍に化して2頭の龍が口を接し珠をくわえるものなどがある。彩色が施されるものも見られ，玉鱗と龍頭は黒漆で隈どりをして金箔を押し，他は朱塗りするものなどもある。また，彩色が施されないものも認められる。その用途は，伏鉦と同様，読経・唱題などの調子をとるためといわれる。使用法は，小ふとんの上に置き，先端に布を巻いた棒で打つ。材質は，主として桑の木が使用され，特に桐材を使用したものを桐魚という。大きさは，径1尺ないし2尺ほどのものが多いが，小さいものは5寸ないし3寸のものも見られる。その起源は中国と考えられており，明代にこの型式が完成していたといわれる。日本においては，室町時代から使用されたと考えられるが，一説には江戸時代承応年間，隠元禅師が伝えたともいわれる。天台宗・禅宗・浄土宗など各宗において使用されるが，特に浄土宗において念仏を唱える際に重用される。

［香取忠彦「梵音具」『新版仏教考古学講座』5，1976］　　（上野恵司）

木鉦　もくしょう　日蓮宗で用いられる仏具。伏鉦の形状を呈する木製の梵音具である。材質は，欅，楓，桜が多く，花梨，紫檀，黒檀なども用いられる。一般には円形であるが角形のものもある。響きをよくするために内側がえぐられており，表面上部の凸部を桴をもって叩く。読経，唱題の際の音調は，大小高低なく等間隔で平均的にゆっくりと打ち，祈禱などでは，反動をつけて早く打つ。拍子の速さにより雨だれ，中拍子，本拍子などと呼ぶ。

　現在の型の木鉦は，明治10年（1877）代に愛知県名古屋地方で考案されたといわれる。明治35年(1902)頃，山梨県身延の梅屋旅館の主人が木工職人に作らせ，身延山内寺院で使用されるようになり，その後全国的に普及したという。それ以前は木魚や孟宗竹を利用したものを使用していたが，木鉦の音色は木魚に比べて，かたく明るくはぎれよいことから，読経の早読みなどに適し広く利用されてきた。

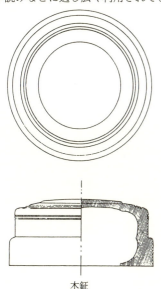

木鉦

現在でも木魚と併用されている。

［『日蓮宗仏事行事集』1987］（松原典明）

木彫仏　もくちょうぶつ　木彫仏とは木材より彫出された仏像のことをいう。木彫仏の歴史は古く，日本に仏教が伝来した時期と同時期から制作がなされている。塑造や乾漆像が流行した奈良時代後期に一時期制作数は減少するが，平安時代前期に再び盛行し，その後は仏像製作材料の主流として今日の造仏にまで伝統的に続いている。一番古くからよく用いられている木材は樟で，平安時代後期に寄木造が完成した後は圧倒的に針葉樹の檜や榧が多く，他に桂，欅，桜，松，朴なども用いられている。

　日本の木彫仏の造像技法には，大きく分けて一木造と寄木造の2種類がある。一木造は，頭部から体部までを1つの材で彫成するものをいうが，すべてを1材から彫出する例はむしろ少ない。体部から遊離している衣の部分や手先などを別材で矧ぎつけているものでも，頭部と体幹部を通して1材からできているものは一木造と呼ばれている。一木造では背割りといって像の背面側から剝り穴を開け，別材で蓋をしてから外観を整える方法をとる。これは主に干割れを防ぐことを目的とするものだが，それだけでなく大きな像に行われることによって重量を軽減することもできる。

　一方寄木造は，頭部と体幹部を2材以上の材で規則的に矧ぎ寄せ，像のかたちをあらかた彫出した後に胎内を空洞にするために一旦分解して内刳りを施し，さらにこれを組み上げて形の仕上げを行う方法である。寄木造は10世紀後半頃に考案され，やがて定朝などにより一層の洗練と合理化が成されるようになる。そして内刳りが次第に大きくなり，彫刻表面

に合わせるように肉が薄くなり，さらには内刳り面にまで漆箔を施すものさえ現れる。

寄木造は，それ以前の技術的な問題や制約を解消するとともに，表現上の可能性を拡大した。一木彫成像の場合，像の大きさは素材である材木に左右されざるを得ないが，寄木造においてはいかなる巨像でも計画し得る。また分業体制が整えられることによって，同様の寸法と形状をもつ複数の像をいつでも制作することが可能になった。耐久性においても，像の重量が飛躍的に軽減されるとともに，徹底的な内刳りによって木材の変形も減少したことにより，木という素材の問題点を十分に補った。さらに内刳りによって像内が空洞になるところから，ここに物を納めるようになる（胎内納入品）。寄木造に伴う技法として，12世紀中頃から「玉眼」という方法が行われるようになる。玉眼とは，顔面部の内刳り側から眼の部分を穿孔し，眼球部分に凸レンズ状にした水晶をはめ込み，水晶の裏面に直接瞳を描いたあとに和紙や綿を当てて木片と竹釘で固定する方法である。玉眼は究極の目の表現方法として，以降盛んに用いられるようになった。

木彫仏の中で特別な分野を占めるものに檀像という領域がある。檀像は芳香を放つ白檀などで彫った精緻な彫像で，頭部や体幹部だけでなく，手足・天衣・持物・蓮台など細部にいたるまでを一木から彫出し，彩色は髪・眉・眼・唇などだけにとどめ素地のまま仕上げたものである。平安時代初期頃から日本でも盛んに作られるようになるが，白檀が入手できない場合には榧・檜・桜・桂・樟などが代用材として使用された。代用材を用いる場合でも，いずれも素地をそのまま見せて漆箔や彩色を施さないところから，あくまで檀像として制作されたことがわかる。
（秋田貴廣）

文字瓦 もじがわら 古代・中世の宮殿・寺院・官衙・集落などから出土した文字を有する瓦の総称。記載方法や内容は多種ある。1) 先端を尖らせた棒状の器具で生瓦に記した「箆書文字」 最も出土量が多い。2) 文字を彫刻した印章（陶印・木印・金属印）を押捺した「刻印文字」 角印の文字瓦が多く出土しており，瓦面に陽字として表れたものと陰字として表れたものがある。円形の印章が押捺されたものは茨城県水戸市台渡廃寺より出土している。3) 男瓦・女瓦の叩き具に文字を刻み込んで，自動的に瓦面に文字を表した「叩具文字」 瓦製作時に何度も叩き締めるため文字が読みとれなくったものもある。4) 平瓦を桶巻作りで製作する際，模骨(型)に文字を予め刻んで，自然に記した「模骨文字」 桶型に布を巻き付けるため，文字は布を通して瓦面に記されることになり，鮮明とはいえない。武蔵国分寺跡出土例は，瓦面に陽字として表れているので，模骨にかなり深く印刻したものと思われる。5) 鐙(軒丸)瓦・宇(軒平)瓦・鬼瓦の范面に文様と共に文字を刻んだ「范面文字」 瓦当范に文字を刻したものと瓦当面に直接箆書したものとがある。6) 指先で生瓦製作時に記した「指頭文字」。7) 焼成後に記した「墨書・朱書文字」。

記載内容は，人名，地名が最も多く，その他紀年，寺院名，役所名，瓦屋名などもある。人名を記した瓦で著名な例として，恭仁宮出土瓦があげられる。記された人名には「乙万呂」「老」「真依」「中臣」「物部」「刑部」などがあり，造東大寺司造瓦所の瓦工にも見られる名である

ことから，瓦製作に際して瓦工が記した
ものと考えられた。同じ資料は，東大寺
法華堂ほか，境内からも確認され，高麗
寺跡からも出土していることから，優秀
な瓦工たちが各地に移動したと考えられ
ている。大阪府堺市大野寺土塔から出土
した文字瓦は，すべて箆書で女性の法名
が多いことが特徴といえ，土塔造営に関
わった寄進者を記したと考えられている。
栃木県下野上神主・茂原遺跡の文字瓦も
ほとんどが人名を記したものである。「酒
部乙麻呂」「大麻部古麻呂」「丈部田万呂」
などが確認され，酒部郷，大麻郷，丈部
郷など『倭名類聚抄』に記載されている
郷名と人名を記している。各地の国分寺
跡からも文字瓦の出土が見られる。特に
武蔵国分寺跡は量において抜きん出てお
り，刻印と箆書が多くを占める。刻印は
郡名，郷名の一部を記したもので，多麻
郡の「多」，都築郡の「都」，橘樹郡の「橘」
など，武蔵国21郡のうち「新羅郡」を除
く20種が出土している。これは新羅郡が
最も遅く設置された郡（天平宝字2年
〈758〉）であり，すでにその時期武蔵国
分寺の造営が進んでいたとも考えられる。
また箆書で「某郷，戸主某」や郡名の刻
印と人名の箆書の両者が1枚の瓦に記さ
れたものもある。これは武蔵国分寺の造
営が各郡，郷，戸の負担下で進められた
ことを表す資料の1つと考えられる。
　平安宮出土の文字瓦には，木工寮を示
す「木工」，警固司を示す「警固」など役
所の名を示すものがある。
　群馬県前橋市山王廃寺からは「放光
寺」，茨城県水戸市台渡廃寺からは「徳輪
寺」，茨城県真壁郡新治廃寺からは「大寺」
など寺院名を記した文字瓦が出土してい
る。寺跡が法灯を保っていた頃に呼ばれ
ていた寺本来の名と考えられる。干支や

紀年銘のある瓦もある。その瓦の製作年
や造営工事の時期を示すものとして貴重
な資料である。大阪府堺市大野寺土塔か
らは，「神亀四年（727）」銘鐙（軒丸）瓦が
出土しており，元号を記す瓦では最も古
い例である。

文字瓦（埼玉県新沼瓦窯跡出土）

［大川清『武蔵国分寺古瓦塼文字考』
1958，森郁夫『瓦』2001］　（松原典明）

元宮磨崖仏　もとみやまがいぶつ　大分県
豊後高田市大字真中に所在し，旧田染村
の総社である元宮八幡社の境内壁面にあ
る。昭和30年（1955）熊野磨崖仏の附とし
て国の史跡指定。高さ3m，幅6mの龕
に向かって右から毘沙門天・矜羯羅童
子・不動明王・天部・地蔵菩薩が薄肉彫
りされている。不動明王は像高2.07mを
測り，右手に剣，左手に索を執り，弁髪
を左に垂らし，上半身は裸形で下半身に
裳を着す。毘沙門天は甲冑をまとい，左
手に宝塔を捧げ右手に戟を持つ。矜羯羅
童子は合掌して不動を鑽仰する。不動の
左側には制吒迦童子が刻まれていたが，
今は確認されない。天部は右手に剣，左
手に戟を持つが持国天か増長天か判明し

ない。地蔵は小ぶりで後彫りの可能性が
ある。こうした尊像配列については，八
幡関係諸神の本地仏を表したものと考え
られている。室町時代の作とされている
が，顔の表情には鎌倉彫刻に通じる写実
味があり，南北朝期の造立とする説もあ
る。

[渡辺文雄「大分の磨崖仏」『石造文化財
の保存対策のための概要調査』大分県立
宇佐風土記の丘歴史民俗資料館調査報告
書18，1996]　　　　　　（渋谷忠章）

本薬師寺跡　もとやくしじあと　奈良県橿
原市木殿に所在する寺院跡。国特別史跡。
天武天皇9年（680）11月，皇后の病気治
癒祈願のために発せられ，その後天武天
皇の死去に伴い，持統天皇に造営事業が
引継がれた。持統天皇2年（688）正月に
無遮大会が，同年7月には仏像開眼供養
が営まれ，文武天皇2年（698）10月によ
うやく完成する。後に平城京に造られた
薬師寺と区別するため本薬師寺となる。

東西両塔と金堂跡が遺存する。中門か
ら出た回廊が講堂の両翼にとりつき内庭
の中心に金堂を配す。その前面には左右
対称に東西に塔を配したと考えられ，薬
師寺式伽藍配置といわれる。その規模は
薬師寺とほぼ同規模であったことが確認
されている。回廊は確認されていない。
出土瓦は白鳳時代から平安時代のものま
で確認されている。

[山本尚忠「本薬師寺金堂跡の調査」『奈
良国立文化財研究所年報』1992，1993，
「薬師寺発掘調査報告」『奈良国立文化財
研究所学報』45，1987，「薬師寺伽藍の研
究」『日本古文化研究所報告』5，1937]
　　　　　　　　　　　　　（松原典明）

や

薬師堂石仏　やくしどうせきぶつ　福島県
相馬郡小高町大字泉沢字薬師前12番地内
にある8体からなる石仏群。岩窟の間口
14.2m・奥行5.15m・高さ5.45mをはか
る。石仏は顔面が剝離しているものの衣
や光背が良好に遺存しており，石仏の前
には礼拝堂が建てられている。これら8
体の石仏のうち，4体については，小此
木忠七郎の弘仁期説（9世紀前葉），倉田
文作の藤原期説（11世紀末）がある。こ
の倉田説がベースとなって観音堂石仏や
阿弥陀堂石仏を含めた大悲山石仏群全体
の成立年代を11世紀末とする考えが定着
している。

[小此木忠七郎『福島県史蹟名勝天然記
念物調査報告書』2，1927]（大竹憲治）

やぐら　丘陵部崖面の岩盤を横穴状に
掘削して構築した方形の石窟墓。細い羨
道を設け，玄室は平坦な方形の床面をも
ち，奥壁や側壁には棚状の段を設けるも
のや，仏像や石塔のレリーフを彫るもの
もある。墳墓堂を意識して構築されたこ
とを窺わせる例には，天井部に屋根の垂
木状の彫り込みを有するものもある。床
面には納骨穴を穿ち，火葬骨を直接また
は陶磁器などの蔵骨器に入れて埋納する。
時代の下がるものでは，甕に人骨を入れ
土葬として埋葬する例もある。また玄室
内に五輪塔，宝篋印塔などの石塔を置く
ものも多数認められている。従来，神奈
川県鎌倉市周辺に集中して分布する特殊
な中世墓との理解がされてきたが，同種
の形態的特徴を有する中世墓は，近年，
鎌倉と東京湾をはさんだ千葉県下にも約
500基の分布が確認され，またさらに北陸
の石川県，東北の福島県，宮城県，九州

の大分県にも確認されており，年代的にも一部は近世に属するものまで認められる。有力武士や僧侶の墓と考えられてきたが，武士層は多くの場合，石塔を造立した墓を営むことから，やぐらの被葬者は僧侶などの仏教に深い関係を有するものが想定されるものの，諸説があり，定説的な一致をみていない。なお漢字で表記される「矢倉」は当て字である。

やぐら（鎌倉市松谷寺）

［田代郁夫「鎌倉の『やぐら』」『中世社会と墳墓』1993］　　　（小林康幸）

矢島恭介　やじま きょうすけ　明治31(1898)～昭和53(1978)，長野県生。早稲田大学文学部哲学科卒。帝室博物館御用係，鑑査官を経て東京国立博物館考古課長。その間，東京芸術大学・明治大学・國學院大學・立正大学で教鞭をとった。

　歴史考古学を専攻し，とくに，経塚・御正体の調査研究に大きな業績を残した。御正体については，その性格を巨視的に論じ，神々の曼荼羅として理解する見識を公けにした。また，近世大名墓の調査，出土銭貨の調査に新生面を開いた。

　（主要著作）『金峯山經塚遺物の研究』共著，1937，『増上寺徳川将軍墓とその遺品・遺体』共著，1967，『經塚』佛教考古學講座10，1937，岩切匡子編『矢島恭介著作目録』1987　（追悼）「矢島恭介先生を憶う」『考古学雑誌』64－3，1978，木内武男「矢島恭介先生をしのぶ」『考古学

ジャーナル』158，1979　（坂詰秀一）

野中寺　やちゅうじ　大阪府羽曳野市野々上に所在する古代創建の寺院で，旧伽藍は国指定史跡。現在は，青竜山野中寺と称する。寺伝では，聖徳太子，蘇我馬子の創建とされ，「中の太子」とも呼ばれる。しかし，井上光貞の研究では，渡来氏族「船氏」の氏寺であるとされる。台座に「丙寅四年」（666年と想定）銘のある弥勒菩薩半跏思惟像は，国の重要文化財。旧伽藍内において，昭和38年(1963)以降，発掘調査が実施され，川原寺式の塔と金堂の位置が逆になった伽藍配置であることが確認された。また，塔心礎の舎利孔が心礎の側面に穿たれている点は特徴の1つである。遺物は創建当時以来の瓦をはじめ，仏具と思われる金属器や硯など，近世期まで種々のものが出土している。このうち瓦では，箆書きで「庚戌年正月」と記された平瓦が塔跡から出土し，創建年代を考えるうえで重要なものとなっている。このほか，塔跡の上面で礫石経（一字一石経）が出土している。

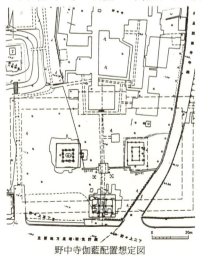

野中寺伽藍配置想定図

［井上光貞「王仁の後裔氏族と其の仏教」

『史学雑誌』54－9，1943，羽曳野市教育委員会『野中寺－塔跡発掘調査報告－』1986］　　　　　　（三好義三）

八目草鞋　やつめわらじ　修験者が入峰修行に際して履く8個の乳をもつ草鞋。草鞋は足を載せる台に緒・乳・かえしをもち，藁などを編んで作られる履き物で，緒を足首に縛り付けて装着する。緒を通すための乳は爪先に1つ，踵に1つ，中央部左右に3個ずつ配され，計8個を数える。通常は乳が4個であるが，八目草鞋は乳が8個と多く，足への密着度が高いため，険しい山岳で修行するのに適している。草鞋は乳の有無から有乳草鞋と無乳草鞋に大別され，地域色が著しいが，八目草鞋も有乳草鞋の1種類といえ，山村で発達した民具としての草鞋に起源をもつものと見てよかろう。八目草鞋は修験道の教学では，8つの乳が八葉の蓮華，あるいは大峯八大童子を示し，行者が八葉の蓮台に載った状態を象徴すると説明されるが，おそらく8個の乳をもつ草鞋が先にあり，それを修験道が取り入れる際に独自の教義的説明を付与したものであろう。使用頻度が激しいものであるため古い遺物は残されていない。
　［潮田鉄雄『はきもの』1973］
　　　　　　　　　　　　（時枝　務）

山上多重塔　やまがみたじゅうとう　群馬県新里村山上にいきさとにある石造層塔。相輪・屋蓋・塔身・基礎の4つの石材を組み合わせて造立した塔婆で，基礎を含まない総高約153cmを測り，塔身に45文字からなる銘文を刻む。屋蓋は平面方形で，上部に露盤を彫出し，軒は反りがなく，両端がほぼ直角に立ち上がる。塔身は2層の屋根を突出させて表現しており，屋蓋を含めて3層からなる塔をなしており，最下壇を基壇状に整える。塔身の上面には円筒

形の孔が穿たれており，銘文に見える如法経を納めた可能性が高い。基礎は不整形の石で，下部が地中に埋設されているため，全貌は不明である。石材は地元で産出する多孔質の安山岩である。銘文には，延暦20年（801）7月17日に小師道輪が朝廷・神祇・父母・衆生含霊の成仏のために如法経を納める塔を造立したことを記し，多重塔が平安時代初期の経塔であることが知られる。

山上多重塔

　［柏瀬和彦「山上多重塔の基礎的研究」『群馬県史研究』27，1988］（時枝　務）

山城国分寺跡　やましろこくぶんじあと　京都府相楽郡加茂町例弊に所在する寺院跡。国指定史跡。木津川北岸の台地上に位置する。紫香楽京造営により，未完成のまま建設が中止された恭仁京の宮殿建物を利用して，天平18年（746）に創建されたことが『続日本紀』に記されている。昭

和48年（1973）から恭仁京の範囲確認，整備計画に伴って行われている発掘調査で，大極殿が金堂に，後殿，閣門はそれぞれ講堂と中門に転用されていること，塔や僧坊は新たな築造であること，寺域は南北約330m，東西約273mであることなどが確認された。金堂の基壇は，東西約53m，南北約28mの面積を持つ。金堂や寺域は，他の国分寺と比べて大規模であった。塔基壇は，一辺約17mの瓦積みで，塔跡の礎石は以前より露出しており，その大きさから七重塔であったであろうと推測されている。出土遺物では，造瓦集団と思われる人名を記した大量の文字瓦があることは特筆すべき事項であろう。なお，尼寺は国分寺の南西にある法花寺野付近にあったとされているが，説にとどまっている。

　　[中谷雅治・磯野浩光「山城」『新修国分寺の研究』2，1991]　　　（三好義三）

山代真作墓誌　やましろのまさかほし　昭和27年（1952）に，奈良県五条市東阿田町字稲口の大阿多小学校の校舎床下から発見された。そのため，付近の丘陵から発見されたものをここに遺棄したものと考えられている。墓誌は銅製の短冊形で，縦29.7cm，横5.7cm，厚さ3mmの大きさで，表面に魚子地の縁どりをめぐらし，その中に2条の縦罫線をひき，3行計76字の文字が刻まれ，全面に鍍金が施されている。墓誌は，判読不明な箇所があるが，略歴を含め神亀5年（728）に亡くなった山代忌寸真作を，すでに養老6年（722）に亡くなっている妻の蚊屋忌寸秋庭と合葬したことが刻まれている。山代忌寸真作は，「正倉院文書」の勘籍にも名前が見える。

　　[小島俊次・岸俊男『山代忌寸真作』1954]　　　　　　　　　　（上野恵司）

山田寺跡　やまだでらあと　奈良県桜井市山田に所在した。法号は浄土寺。国史跡。大化の右大臣蘇我倉山田石川麻呂が創建した。山田寺の造営過程は『上宮聖徳法王帝説』裏書に詳しい。舒明13年（641）整地に始まり，天武14年（685）に仏眼を点じるまでの記録が記されている。伽藍配置は，南門・中門・塔・金堂・講堂が一直線上に並び，中門からの回廊が金堂と講堂の間で結ばれるいわゆる山田寺式伽藍配置である。発掘調査では東回廊が倒壊したままの状態で検出され，法隆寺より古い建築物が上部構造も含め復元可能となり貴重な発見となった。現在，興福寺にある白鳳時代の仏頭は本来山田寺の講堂本尊であり，『上宮聖徳法王帝説』裏書に記された天武7年（678）鋳造の丈六仏像がこれに当たるとされている。この仏像は天武14年（685）に開眼供養が行われるが，同年が石川麻呂の37回忌にあたり，追善で丈六の仏像が建造されたことが窺われる。白鳳彫刻の典型といえる。国宝。

講　堂

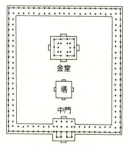

金堂

塔

中門

山田寺伽藍配置図

　　[奈良国立文化財研究所『大和山田寺跡』2002]　　　　　　　　（松原典明）

山ノ上碑　やまのうえひ　群馬県高崎市山

名町にある古代の石碑。古くから現在地に建っており，長い間原位置を保っていると見られていたが，発掘調査の結果動かされていることが判明した。しかし，同所は丘陵上であり，大きく移動している可能性は低い。高さ112cm，幅47cm，厚さ52cmの自然石の表面に，隷書の筆法を残す楷書体で，53字からなる銘文を4行にわけて刻む。銘文から，天武天皇10年（681）と推定される辛巳の年の集月（10月か）3日に，佐野屯倉の子孫である母黒売刀自のために，放光寺の僧侶である長利が造立した石碑であることが知られる。銘文には母の系譜が数代に遡って記されており，墓碑である可能性が高く，脇にある山ノ上古墳との関連が指摘されている。山ノ上古墳は従来山ノ上碑と同時期のものと考えられてきたが，最近の研究では石碑よりも古いと推定されるようになり，古墳が先行する可能性が高まった。放光寺は，群馬県前橋市山王廃寺で「放光寺」銘の文字瓦が出土したことから，同廃寺であることが判明した。

山ノ上碑

［尾崎喜左雄『上野三碑の研究』1980］

（時枝　務）

山伏塚　やまぶしづか　山伏を葬ったとい

う伝説をもつ塚のこと。しばしば出羽三山の1つ湯殿山で修行した「行人」と呼ばれる修験者が「入定」と称して生きたまま土中に入り，ある日数念仏を唱えながら往生したとする行人塚・入定塚などと混淆して伝わる。葬られた山伏名を冠することもある。

長野県木曽郡五月日の大学院墳墓群は現在も修験者の子孫によって供養されているも，発掘したところ手錫杖や法螺貝などと，壮年～熟年期の男性人骨が発見され，文献や伝承の正しさが学術調査によって実証された希有な事例といえる。

民間伝承としては，秋田県（旧）平鹿郡福地村にある浄海（戒）塚には，宝暦年間（1751～64）に「村人のあらゆる望みをかなえてやる」と誓願した浄海（戒）という山伏が入定し，その後，50日間鈴の音が聞こえたという。自己の生命を絶つことで他者を救済するという典型的な「自埋型」であって，特に修験山伏は行動の実践によって仏教を体現しようとする点に特徴がある。一方，死ぬ意思がないまま他者によって殺されたり，死ぬ羽目になった「他埋型」がある。

どこからか山伏が来て森に潜み村の娘たちに悪さをしたので，村人に生埋めにされた（長野県北安曇郡七五三掛神社）とする秩序破壊タイプ。酒屋の主人と尺八の吹き較べをして負けた山伏が切腹したのを葬った（奈良県御所市戸毛）とする敗北者処理タイプ。山伏の荷物を盗んだ若者が，嘆いて死んだ山伏の屍と荷物を埋めて供養した（新潟県糸魚川市坂之沢）とする遭難死タイプ。求菩提山の座主らが比叡山で修行した若い山伏・玄沖の才能を妬んで石子詰めの刑に処したところ，死後の祟りが激しいので，村人が玄沖の霊を鎮めるため塚「玄沖塚」を築

いた（福岡県豊前市）とする嫉妬による犠牲タイプなどがある。いずれのタイプにも，深層心理には山伏がもつ強烈な霊魂への畏怖の観念が流れている。

今後は，大学院墳墓群のような発掘調査によって山伏埋葬の伝説を確実に裏づけるような事例の増加が期待される。

［北村敏「行人塚伝説について」『十三塚―実測調査・考察編―』神奈川大学日本常民文化研究所調査報告10，1985］

（村田文夫）

ゆ

結袈裟 ゆいげさ 修験者が用いる九条袈裟を簡略化した袈裟。左右2本，中央1本の細幅の帯布を1か所で結び合わせ，中央の帯布の端に威儀線を付したもので，帯布には各2個ずつの黒か白の房がつく。本山派では，帯布に使う生地によって，桃地結袈裟・金襴地結袈裟・白地結袈裟などの区別があり，それが修験道教団内での身分を表示する機能をもっていた。着装に際しては，帯布が2本ある方を前面，1本のみの方を背面として肩にかけ，威儀線を腰に挟んで固定する。当山派で主に用いられた磨紫金袈裟は，前面の左側を線索とし，右側と背面を帯布とし，右側に2個，背面に3個の輪宝形金具を打ち付けたものである。この輪宝形金具は，修験者を葬ったと見られる各地の近世墓で発掘されており，その事例は枚挙に遑ないほどである。修験道の教学では，修験者が一身のうちに十界一如，三身即一の原理を体現していることを表すといい，臍の緒に由来するとする説も見られる。各地の旧修験道寺院には近世に遡る遺物が多数残されている。

［宮家準『修験道思想の研究』1985］

（時枝 務）

湯立釜 ゆたてがま 湯立神事に使用する鉄製の羽釜。脚をもつものともたないものがある。前者は胴部から三脚が出て，釜本体を支える構造のもので，脚の付け根には獣面を鋳出し，接地部分を獣脚形にするものもある。古代には足釜と呼ばれた。釜本体の形態は後者と同じであるが，総じて小振りなものが多く，移動用の釜として使用された可能性が高い。12世紀に出現し，近世まで生産が続けられ，紀年銘をもつものとして延元5年（1340）の大阪府河内長野市流谷八幡神社例，康暦元年（1379）の奈良県吉野町吉水神社例などが知られる。後者は，口縁部を内傾させ，胴上半部に鍔をめぐらし，底部を比較的平坦に作るものである。前者に比して大ぶりなものが多く，移動が難しいところから，据釜として用いられたと見られる。やはり12世紀に出現し，以後連綿と製作され続け，紀年銘をもつものとして建久9年（1198）の和歌山県本宮町熊野本宮大社例，正応元年（1288）の山口県三隅町三隅八幡宮例などが知られる。いずれも地域色が豊かで，河内型・大和型などの類型化が可能であるが，それは製作に当たった鋳物師の違いを反映するものである。神社に伝世する例が多いが，かつて神仏習合色が強かった時代に，修験者が使用したものと考えられる。

［五十川伸矢「古代・中世の鋳鉄鋳物」『国立歴史民俗博物館研究報告』46，1992］ （時枝 務）

よ

楊貴氏墓誌 ようきしぼし 奈良県五条市大沢町字火打から，享保13年（1728）に発見された。銘文は，長さ20.3cmの大きさ

を有する横長矩形の瓦塼表面に，7行43字が篆書きされており，刻字には朱砂が填められていたといわれる。実物は現存しておらず，拓本9種類ほどが遺存しているが，模刻の拓本の存在も指摘されている。銘文の内容は，天平11年（739）8月に，吉備真備が亡母楊貴氏を葬ったことが記されており，墓誌は陶製の骨蔵器を伴った火葬墓から出土したといわれる。楊貴氏は，『新撰姓氏録』右京神別に見える「八木造」とされるのが，江戸時代，狩谷棭斎の書いた『古京遺文』以来の通説となっているが，中国の「楊貴妃」との類似から，多くの論議がなされている。吉備真備関係の墓誌としては他に「下道氏墓誌」がある。

　　［岸俊男「楊貴氏の墓誌」『日本歴史』150，1960］　　　（上野恵司）

横川経塚　よかわきょうづか　滋賀県大津市坂本本町比叡山横川所在。如法堂跡に如法経塔を建立するための整地工事の際，新設石壇の中程から北東約0.3m，地表下約0.6mのところに，銅製砧形経筒の先端があり，地表下2.3mに台石が見つかった。銅筒の周囲は粘土があったのみである。銅筒の中には上東門院奉納の経箱があり，経軸残欠若干と経軸飾り16個があり，経巻片少量や経巻の装飾金具である八双少量が残されていた。このことは『門葉記』に所収されている「如法堂銅筒記」や「女院御願文案」からも窺える。なお，新設石壇の周辺からは平安時代の経筒，天文年間銘銅製鍍金経筒，仏具，銭貨などが見つかっている。さらに，如法堂脇の西尾根4か所からも多くの陶製経筒が見つかっている。その内の1つには，卵形の白磁香炉と『般若心経』が彫られた方鏡が納められていた。

　　［中村直勝・梅原末治・岩橋小弥太「横川如法堂址の発見」『歴史と地理』13−1，1924，広瀬都巽「横川經塚」『考古学雑誌』14−5，1924，景山春樹「横川における如法写経と埋経」『考古学雑誌』54−3，1969］

　　　　　　　　　　　　（山川公見子）

横倉山　よこぐらやま　昭和28年（1953）に高知県の史跡に指定された横倉山は，高知県高岡郡越知町に所在する東西に連なる山で，東から三岳（御嶽・標高774m），金峰山（標高1,009m），鶏冠山の3峰からなる。古来より山岳信仰の山とされ，平家伝説を残している。また，山頂の横倉宮の西には安徳天皇御陵参考地がある。

　横倉山の山頂には横倉宮，山中に杉原神社，山麓に横倉神社がある。横倉宮には四国最古の保安3年（1122）銘経筒の拓本が残っている。さらに，平安時代末〜鎌倉時代と推定される4本の経筒が残っている。この経塚を横倉山経塚（平家ノ岩屋経塚）ともいう。経塚は，横倉宮の下にある露頭基部の岩屋（窟之宮）を主体として，山中の御盥に営まれたものと考えられている。横倉宮には，木造蔵王権現立像，木造天部形立像，木造騎馬神像，高市神社に木造男神倚坐像，線刻銅板如来鏡像，大平神社には銅板線刻地蔵菩薩鏡像などの信仰遺物が残っている。

　横倉山は平安時代から鎌倉時代にかけて大和の金峯山の信仰を背景として経塚が営まれ，南北朝時代には熊野三山の信仰の影響を受けたものと考えられる。なお，『安芸文書』に見える保安3年の「金峯山寺　在土佐国」は，横倉山にあったことが信仰遺物から推定されている。

　　［岡本桂典「土佐国横倉山の信仰遺物」『考古学の諸相』坂詰秀一先生還暦記念考古学論文集，1996］　　（岡本桂典）

横見廃寺　よこみはいじ　広島県豊田郡本郷町下北方に所在。沼田川の一支流にあ

たる梨和川の左岸沖積地に位置する。昭和46・47・48年(1975・76・77)の3か年にわたって調査が行われ，西方建物基壇（推定塔跡），東方建物基壇（推定講堂跡），北方建物基壇，北方築地跡，東方瓦積遺構，東方建物基壇の南に取りつく推定回廊跡が検出された。伽藍配置については特殊な配置を考える必要がある。国史跡。推定塔跡は南北12mで東西も12mと推測され，南辺中央には東西1.5m，南北0.8m，高さ0.3mの階段がつく。推定講堂跡の基壇は乱石積で，南北28.8m，東西19.2m，建物の規模は桁行7間(25.2m)，梁間4間(15.6m)をはかる。北方建物基壇，東方瓦積遺構は部分的な調査のため不明である。出土遺物には瓦類，金銅透彫金具などがあり，瓦類のうち山田寺と同笵のものもある。造立時期は，飛鳥時代末から奈良時代初頭。

　[広島県教育委員会『安芸横見廃寺の調査』Ⅰ・Ⅱ・Ⅲ，1972・73・74]

（是光吉基）

ら

来迎図　らいごうず　『無量寿経』『観無量寿経』『阿弥陀経』を浄土三部経というが，そのうち『無量寿経』の四十八願を説く中に，阿弥陀仏が臨終の往生者のもとに来迎するという誓願(第十九願)があり，これが来迎図の教理的典拠とされる。『観無量寿経』(『観経』)ではさらに，来迎に上品上生から下品下生まで九品の別のあることを説いている。来迎図は古く敦煌莫高窟の7世紀の壁画に描かれているが，とくに431窟南壁の初唐時代の九品往生図は，『観経』の九品往生を独立して描いたもので注目される。莫高窟の『観経』による観経変は，外縁に未生怨と十六観

を表すこと，及び浄土の宝池の中に九品の往生者を表すことで，阿弥陀経変と区別できるが，必ずしも厳密ではない。この観経変の系統を引く来迎図が，当麻寺に伝来した8世紀唐本の織成の当麻曼荼羅図とその系統の諸本であって，それはさらに，平等院鳳凰堂中堂壁扉画の阿弥陀聖衆来迎の九品来迎図へと展開していく。

　一方，これらと平安時代中期以降の来迎図は大きく相違する。恵心僧都源信が寛和元年(985)に著した『往生要集』には，臨終の時に阿弥陀如来の来迎を請い願う作法が説かれており，このような思想に基づき，源信自ら迎講と来迎図を発案したとされている。この日本で成立した来迎図は，構図の上から2つに分けることができる。1つは阿弥陀如来を正面向きに表すもので，平安時代後期の「阿弥陀聖衆来迎図」(高野山有志八幡講十八箇院)に代表される。もう1つは阿弥陀如来が斜めに，往生者に向って下降する構図の来迎図で，この種のものとして鎌倉時代の「阿弥陀二十五菩薩来迎図」(知恩院)があげられる。後者は激しく早い雲の動きを表しており，早来迎の通称がある。その他に山の稜線の上に阿弥陀如来の上半身を描く13〜14世紀の「山越阿弥陀図」(禅林寺，京都国立博物館，金戒光明寺)や，往生者を接取して浄土へ還る「帰り来迎図」などがあり，この種の来迎図の多様な展開を見ることができる。なお金戒光明寺本は三曲屏風の形式で，阿弥陀如来の指に五色の糸の残片がある。往生を願う臨終の行者の枕許に立てて，枕本尊として用いられたものであろう。来迎図として他に「弥勒来迎図」や「十一面観音来迎図」がある。前者は『覚禅抄』中に見られ，東京芸術大学本などが

知られている。後者は敦煌莫高窟の壁画に遺例を見ることができる。

[中野玄三『来迎図の美術』1985，石田一良『浄土教美術』1991]　（坂輪宣敬）

礼盤　らいばん　修法や勤行の際に導師が坐る木製方形の壮座（しょうざ）。礼盤を使用する際には，この上に草座を敷くのが本来的なあり方であるが，実際には半畳（はんじょう）と呼ばれる方形の畳を重ねるのが常である。仏具の機能的な分類においては荘厳具として分類される。形態的には箱形礼盤と猫脚礼盤の２種類に大別されるが，箱形礼盤の異形式のものに禅宗様礼盤がある。箱形礼盤は密教で用いる箱壇や建築の壇上積基壇を小形に作ったもので，側面には格狭間（こうざま）をもつものが多く，中尊寺金色堂の礼盤や保元元年(1156)在銘の京都府峰定寺の礼盤が平安時代の作品として著名である。禅宗様礼盤は鎌倉時代に禅僧によってもたらされた宋風様式の礼盤で，神奈川県称名寺のものが名高い。また猫脚礼盤は密教における牙壇のように天板の四隅の下に反り出した太くて短い四脚を備えるものが一般的で，東寺観智院伝来の遺品（ＭＯＡ美術館）が著名である。

[岡崎譲治「荘厳具」『新版仏教考古学講座』5，1984]　（小林康幸）

螺髪　らほつ　仏像の髪型の１つで主に如来像に多く見られ，ちぢれた頭髪が巻き貝のように螺旋状に渦巻いた状態で小さな粒になり頭部全体を覆う表現のもの。螺髪は仏の身体的特徴の１つと思われているが，如来三十二相の中では「八万四千本の毛髪が右旋して生え，いつまでも抜けることも乱れることもなく紺青色で密集して生えており，細く柔らかである」とあるだけで渦巻いた粒状の毛であるという表現はない。

螺髪表現の起源としては紀元前2世紀マトゥーラのジャイナ教祖師像頭部の螺髪がその表現の起源とされており，ジャイナ教から仏教像に取り入れられたと考えられる。ガンダーラ仏における螺髪の表現はマトゥーラ仏からの影響が大きい。わが国の如来像に多いこの巻き貝状の表現は，中国や朝鮮の仏像から影響を受けたものである。他地域を見てみると，北部インドではウェーブのかかった波状の髪型や，三国伝来といわれる「清涼寺木造釈迦如来立像」に見られる三つ編みのような縄を渦状に巻きつけたものがある。またチベットやその周辺では頭髪すべてを１個の大きな巻き貝のように編み上げる表現が多い。

わが国の木造仏における螺髪表現の場合，各粒を共木より彫出したものを切付螺髪，別木で作り植え付けたものを植付螺髪という。鋳造仏でも螺髪の各粒を別鋳し，後で取り付けるものもある。東大寺大仏造立の際には，966個の螺髪を別鋳し約１年半かけて取り付けたという記録が残っている。また鋳造仏に見られる特殊な例として，螺髪を別鋳でかつらのように作り頭にかぶせる手法もあり，後補ではあるが「薬師寺講堂薬師如来像」などに見ることができる。各粒は螺旋状の溝を彫っているものと省略しているものがある。また小金銅仏では個々の螺髪を作らずに頭髪部分全体の厚みを表現しただけものもある。

[秋山正美『仏事・仏具ハンドブック』2001]　（秋田貴廣）

ラージギル　Rājgir　仏典にマガダ国の首都王舎城（おうしゃじょう）として現れる都のあった場所で，パトナ南東約100kmの地点にある（北緯25度２分，東経85度26分）。新旧２つの都があり，旧王舎城は，北がヴァイバラ（Vaibhara）山とヴィプラ（Vipula）

山，東はラトナ（Ratna）山とチャッタ（Chhatha）山がL字形に連なり，西がソナ（Sona）山，南はウダヤ（Udaya）丘に囲まれている。周囲の山の尾根には釈迦の時代あるいはそれ以前のものという城壁が残り，さらに山の麓沿いにも内側の城壁が連なっていた。法顕がアジャータシャトル（Ajātaśatru）王の時に造られたと伝える新王舎城は，ヴァイバラ山の北に設けられ，現在のラージギル村がその一部を占めている。

1905〜06年にその一部が発掘調査されたが，新城は周囲約5kmの不正形の五角形をした土塁によって囲まれ，その山麓に近い南部分が城塞を成し，幅約4.57〜5.5m，高さ3.35mの城壁で囲まれ，城壁の外側には一定間隔に半円形をした稜堡が付されていたという。新城の西には仏塔の跡があり，地下3.5mの地点からマウルヤ期の煉瓦が発見され，そのほか8〜9世紀の書体で書かれた粘土板が納められた高さ5cm，直径2.5cmの粘土製小塔が複数個発見された。新王舎城の南の谷に旧王舎城の北門があるが，新城と北門との間にカランダ（Karanda）池があり，その南岸が竹林精舎跡とされている。ここの地下1.8mの地点から，部屋の土台と堅い床に囲まれた9基の煉瓦積の仏塔の基壇が発見され，精舎跡であったことが解った。北門近く，ヴァイバラ山麓に有名なサトダーラ（Satdhāra）温泉があり，山上には大迦葉が居たピッパラ（Pippala）窟跡だという石積みの建物がある。さらにそこから西に約1kmいった山頂付近の山腹に七葉窟跡がある。旧城のほぼ中央にはマニヤル・マッタ（Maniyar Maṭṭha）と呼ばれる王城の守護神マニ（Mani）竜王を祀った祠堂があり，また，西のソナ山麓近くの南門付近に建物の遺構を示す石垣があるが，ビンビサーラ王が幽閉された牢獄跡といわれる。南門から約1kmほど東にいったチャタ山の山腹に，霊鷲山がある。

［Mohammad Hamid Kuraishi revised by A.Gosh, *Rājgir*, Archeological Survey of India, New Delhi, 1975］
（髙橋堯英）

ラーニガット Rāṇigat ガンダーラの東部，マハバン（Mahaban）山脈の西南にのびた脊稜上にある遺跡。アレキサンダー大王が攻略したアオルノス（Aornos）の城といわれたが，辺りから発見された片岩の仏像や浮彫などから，仏教寺院跡と考えられている。丘の頂上に花崗岩の切石で組まれた大きな建造物があり，高さ4〜5mの基壇部が残っているという。近くには，同じく花崗岩の切石で組まれた仏塔の跡も存在し，ストゥッコの破片が散乱しているという。さらに，この遺跡における特徴的なものは，遊離した大きな岩塊に掘られた僧房跡と考えられる石窟が2つ3つ存在すること。特に，大建造物の前方にある大石には，奥行き約3.5mの前後2室から成り，ベランダ状の前室幅が約2m，後室の幅は約1.5mあり，両者の間には片側に袖壁が設けられている。後室の右側の壁にはランプ用の小さな龕が2つ設けられ，左側には窓がきられているという。
［京都大学学術調査隊編『文明の十字路』1962］
（髙橋堯英）

り

立石寺 りっしゃくじ 松尾芭蕉の『奥の細道』で名の知れた宝珠山立石寺（山形県山形市）を中心とする山寺は，全山が国の名勝・史跡に指定されている。貞観

2年（860），天台第3世座主・慈覚大師円仁が清和天皇の勅許を得て開山した古刹で，東北の天台宗に重きをなした。山寺は全山が凝灰岩の奇岩怪石に覆われ，緑の松林とあわせ，景勝地として有名である。山門から奥の院（如法堂）までにいたる1013段を越える石段の両側には，諸堂社・句碑・板碑が多く建ち並ぶ。中腹にあたる参道には百丈岩が突き立ち，岩頭には慈覚大師入定窟と伝えられた岩窟があり，昭和23年（1948）の調査で，檜材を用いた金棺と，棺の内部に頭部を欠いた2体分の火葬骨と，3体分の非火葬骨が認められ，他に欅材で肖像彫刻された頭部も入棺されていた。立石寺は，本坊，根本中堂，開山堂，五大堂，釈迦堂のほか，三重小塔，天養元年如法経所碑があり，重文に指定されている。東北地方における天台宗の根本道場として，山麓から山頂にいたる堂塔の点在は，山岳仏教としての天台宗の伽藍配置を呈している。
　[『日本の古代遺跡21　山形』1985，『山形市史』上，1973]　　　　（野尻　侃）

龍角寺　りゅうかくじ　千葉県印旛郡栄町竜角寺224－2ほかに所在する天台宗寺院である。昭和7年（1932）に関東屈指の白鳳仏として脚光を浴びた重要文化財銅造薬師如来坐像を本尊に安置し，現在に法灯を伝えている。
　境内地には，天武朝期（672〜686）に建立されたとされる大寺廃寺（木更津市）と並び房総最古の寺院跡が所在している。塔跡には花崗岩製の心礎が現存し，国指定史跡となっている。昭和46年（1971）の調査により金堂及び塔の基壇が確認され，東西に並立する法起寺式伽藍配置と把握されているが，中門，講堂及び回廊については未確認である。塔の北方に掘立柱建物の一部が確認されているが性格は不明である。

　出土瓦は，大和山田寺系の文様をもつ三重圏単弁八葉蓮華文鐙（軒丸）瓦と三重弧文字（軒平）瓦がある。その他「朝布」「服止」などの文字瓦があり，該期の文字資料としても重要である。付近で瓦窯跡が5基調査されている。
　[滝口宏『下総龍角寺調査報告』1971]　　　　　　　　　　　　（阪田正一）

龍頭　りゅうず　幡，幢を吊り下げる竿の先に付け，龍口から懸け吊るすようにした装飾具。材質は，用法により銅製，木製が使い分けられた。形状は竿の先を龍頭の中に嵌め込むか，龍頭の下部が長い柄になっており竿に差し込むかのいずれかである。庭幡用には，龍の頸筋に宝珠を飾っている。
　岩手県極楽寺の銅製龍頭は，技法から平安時代後期の作と考えられ，頸筋に欠損しているが宝珠を鋳出した痕跡がある。鎌倉時代の作には，奈良県唐招提寺の遺品で檜材の漆箔彩色龍頭があり，法隆寺の遺品にも杉材の龍頭がある。また，個人蔵であるが，幡を吊るための鉄製舌状金具が龍口部に残っている木製龍頭が遺る。東京国立博物館所蔵の銅製龍頭は室

龍頭

町時代の作で，頸部に「嘉吉三年七月吉日赤蔵山龍頭院主幸聚」の刻銘を持つ。

（松原典明）

龍門石窟 りゅうもんせっくつ　中国河南省洛陽市南方13km，伊水の東西両岸（東山，西山）に開かれた仏教石窟。中心は西山の諸窟で，開鑿は北魏と唐の2つの時代に中心が置かれる。北魏が洛陽を都とした太和18年（494），まず古陽洞が造営され，以後蓮華洞，賓陽中洞，火焼洞，魏字洞などが開鑿された。北魏滅亡後，北斉，隋代の造営は少なく，唐代にまた盛んとなった。とくに則天武后の命によって上元2年（675）に完成した奉先寺洞（奉先寺大仏）は，龍門石窟を象徴するもので，盧舎那仏（高さ約17m）を中央に9体の石仏が，高い岩壁の台地上に露坐の形で並立しているさまは壮観である。

龍門石窟は砂岩の雲岡石窟とちがって石灰岩であるため，各時代の銘文や碑文が多く，学術上の重要な資料となるほか，書道関係者にも珍重されている。また初期龍門石窟の仏像，すなわち北魏後期の造像様式は，わが国の飛鳥時代の止利派の仏像に大きな影響を与えている。龍門石窟は造像総数10万余躯，総窟龕2300余を数えるが，大型の窟は約30窟である。

［東方文化研究所『龍門石窟の研究』1941，平凡社・文物出版社『龍門石窟』1〜2，1987・88］　（坂輪宣敬）

両界曼荼羅 りょうかいまんだら　『大日経』に基づく「胎蔵界曼荼羅」と，『金剛頂経』に基づく「金剛界曼荼羅」を併せて両界曼荼羅といい，また両部曼荼羅ともいう。

両界曼荼羅一対は，真言密教の教義の根本を示すもので，大日如来の真理の世界は，智の表現である金剛界と理の表現である胎蔵界両者の総合的な統一，すなわち金胎不二にあるとされる。

胎蔵界曼荼羅は，延暦24年（805）京都府高雄山寺において，すでに最澄によって描かれたとする（『叡山大師伝』）が，その曼荼羅は伝わらない。現在の胎蔵界・金剛界両界曼荼羅は，空海が唐から請来したものに基づく現図曼荼羅の系統のものである。

空海は中国の青竜寺で恵果に師事して伝法灌頂を受け，多くの経論，仏具，袈裟などとともに「大毘盧遮那大悲胎蔵大曼荼羅，大悲胎蔵法曼荼羅，大悲胎蔵三昧耶略曼荼羅，金剛界九会曼荼羅，金剛界八十一尊大曼荼羅各一鋪」などを，わが国にもたらしている。

空海請来の両界曼荼羅は，傷みが生じたため，弘仁12年（821）空海在世中に第1回の転写が行われ，その後3回にわたって転写されながらも，現在に至るまで正系の両界曼荼羅として東寺（教王護国寺）に伝世し，尊重されている。現在の東寺本は元禄6年（1693）に描かれている。

空海請来本の正系両界曼荼羅は，真寂（886〜927）のときから「現図曼荼羅」と「現図」を付けて呼び，他系統の両界曼荼羅と区別している。また胎蔵界曼荼羅は，本来「大悲胎蔵生曼荼羅」というのであるが，安然（841〜889〈898〉）の頃から金剛界に合わせて界の字をつけ，一対のものとして呼ばれている。

胎蔵界曼荼羅は，中央に大日如来を，その囲りの八葉蓮華中に四仏，四菩薩を表し（中台八葉院），全画面は十三大院に分けられ，およそ414尊を描いている。寺院の壁に奉懸するときは東（向って右）に配される。

金剛界曼荼羅は，大日如来を中心とする中央の成身会をはじめとして，全体が9つの区画から成っているので九会曼荼

羅ともいう。金剛界曼荼羅には合わせて1461尊が描かれ、寺院では西（向って左）に配される。

現存最古の両界曼荼羅は高雄山神護寺の金銀泥絵の2幅（高雄曼荼羅）で、天長6年（829）和気氏が神護寺を空海に付嘱後まもなく作られたとされ、伝真言院曼荼羅（東寺蔵）、子島曼荼羅（子島寺蔵）とともに国宝に指定されている。

[石田尚豊『両界曼荼羅の智慧』1979、佐和隆研『日本の仏教美術』1981、中野玄三『両界曼荼羅』日本の美術432、2002]

（坂輪宣敬）

霊山寺 りょうぜんじ　福島県伊達郡霊山町霊山山頂（標高804m）を中心に、東端は相馬市に及ぶ広大な地域に点在する山岳寺院の総称。礎石の残る堂宇数だけでも60宇を越え、修験道の寺院でもあった。『霊山寺縁起』によれば貞観元年（859）創建とされているが、本寺院が発展するのは鎌倉期以降である。特に南北朝の動乱期には、北畠顕家が霊山寺の寺院群の一部を陸奥国府として使用（霊山城）したことがあり、義良親王も当地にいたことがある。古い寺院跡は、寺屋敷廃寺・山上遺跡・東寺屋敷遺跡の3遺跡であり、これらが霊山寺の本体と思われる。梅宮茂は、かかる3遺跡こそが天台宗の三諦円融観を具現した建造物と推定した。なお霊山寺は応永8年（1401）に一度再建され、その後現在の霊山町大石にある霊山寺は、寛永17年（1640）に復興された。

[梅宮茂『霊山町史』2、1979]

（大竹憲治）

両墓制 りょうぼせい　ウメバカ・ミバカ・ステバカなどと呼ばれる遺骸を実際に埋葬した場所と、マイリバカ・ラントウなどといわれる埋葬せずに単に礼拝供養参詣する場所、民俗学上の、石塔などを伴わない「埋め墓」と、少し離れた場所にある石塔を伴う「詣り墓」とが、一地域の集団の中で分離されている風習をいう。一般的に「埋め墓」は、海岸や山の中腹など集落と離れた場所に作られ、「詣り墓」は集落に近接して作られる傾向にあるが、両者が隣接する例も認められる。

両墓制は、各地で様相が異なり、その起源は、埋葬と祭祀が別であった古墳時代からの影響と考える意見、穢れた遺体を埋葬する場所と清浄な祭祀を司る場所とを区分したとする意見、一度埋めた遺体を何らかの理由で改葬する「二重葬制」の影響とする意見など多数見られる。最近では、中・近世に、墓に石塔を建立する傾向が強くなり、そのための墓地の占有を防ぐために、このような葬制が起こったという説が有力である。

この用語は、昭和11年（1936）発行の『山村生活調査第二回報告書』所収の、大間知篤三「両墓制の資料」で初めて使われるが、幕末のアメリカ人の日記や、『民族と歴史』にも、同様な例が報告されている。この問題について本格的に研究をしたのは柳田國男で、「葬地」「祭地」の概念を導入している。

両墓制の分布の中心は畿内にあり、その中心から離れるほど希薄になるとされ、その始まりは中世末ともいわれる。両墓制については、民俗学者を中心に多くの研究があり、発生年代、その概念規定の問題、両者の位置関係、建立される石塔群の問題など、多数の意見が認められ、多くの課題を現状では含んでいる。

[柳田國男「葬制の沿革に就いて」『人類学雑誌』44-6、1929]　（上野恵司）

林泉寺院 りんせんじいん　林泉を主体としてそれに堂舎を配置した伽藍配置。林や泉といった自然地形のあり方が重視さ

れるため，その占地は不定形となることが多い。堂舎の軸線方位も必ずしも南面する場合ばかりではない。禅宗寺院の伽藍との関係も色濃くうかがわれる。禅の思想において，人間以外のすべての万物にも仏性の存在を認める山川草木悉有仏性という理念に基づき，伽藍造営の際の造池，造園のなかで人間と自然の交流を深めようとする意識が具体的に表現された伽藍配置と考えられている。京都の金閣寺，銀閣寺，鎌倉の明月院，瑞泉寺，岐阜の永保寺がその代表例とされる。

［石田茂作「伽藍配置の変遷」『日本考古学講座』6，1956］　　　（小林康幸）

輪台　りんだい　密教法具。輪台は輪宝を安置する台で，蓮華座を表現し，盤面を八葉蓮華にかたどり，下に高台を備えるのが一般的である。輪台の時代変化は，古いものは蓮弁の表現が優美で盤胎が薄手につくられ，高台も低い。しかし，時代が下がるとともに厚手となり，高台も次第に高さを増していく。なお，平安時代の作と認められるものに異形式のものがある。輪台は大壇の中央に輪宝を置くために備えられるが，羯磨も台に乗せられて大壇の四隅に置かれる。この場合，羯磨台は輪台と同形同寸でつくられ，五口一具とするものが多い。しかし，奈良県室生寺にある鎌倉時代のものは，羯磨台は輪台より一回り小さくつくられ，区別されている。また，室町時代の広島県栄明寺のものは輪台より羯磨台の方が大きくつくられている。なお，真言宗では輪台及び羯磨台を備えるのが基本であるが，天台宗では用いないのが通常である。

［奈良国立博物館『密教法具』1965，石田茂作監修『新版仏教考古学講座』5「仏具」1976］　　　（山川公見子）

臨池伽藍　りんちがらん　伽藍の中心に苑池を設けることを最大の特徴とし，その苑池の周囲に堂舎を配置する形式の伽藍配置。また苑池の中に中島を築き，平橋や反橋を架ける。寝殿造式伽藍配置や浄土庭園式寺院の名称で呼ばれることもある。平安時代中期以降，貴族の邸宅である寝殿造を基本とし，極楽浄土を現世に具体的なかたちで表現することを意図したものである。京都府法界寺，浄瑠璃寺，宇治平等院，岩手県平泉の毛越寺，観自在王院，無量光院，鎌倉の永福寺跡，横浜の称名寺などが代表的な事例として著名である。

［石田茂作「伽藍配置の変遷」『日本考古学講座』6，1956］　　　（小林康幸）

輪宝　りんほう　密教法具。輪宝が煩悩を破壊し，法を説くことになぞらえて使用され，古代インドで説法の釈迦のシンボルとして彫刻された。修法のときには大壇の中央に配置される。輪宝の形式は，轂・輻・輞・鋒の4つの部分から成り立つ。轂は輪の中心部の車軸にあたる部分で，輻は轂から放射する肘木で普通は8本，輞は輻の端を受ける車の外輪，鋒はこれに武器としての機能を備えるための刃である。鋒の形式により，輪宝は大きく4種類に分けられる。外輪の八方に独鈷杵の先端をつきだした八鋒輪宝あるいは八輻輪宝と呼ばれるもの，独立した鈷先を出さずにこれを連ねて八角形につくり外縁に刃を立てた八角輪宝，八鋒輪宝と八角輪宝を折衷した八鋒八角折衷式輪宝，八方を三鈷形に突きだした三鈷輪宝がある。細かい部分は一定しないが，轂はやや半球状に盛り上げその周囲を8弁あるいは16弁の蓮華文をかたどるが，菊花弁のものや重圏帯をめぐらす場合もある。輻は八方に放射する独鈷式でその基部に蓮弁を施す。輞は重圏帯，珠文帯，

菊弁帯，菊弁と珠文を併用した4種が多い。裏面を省略した片面式のものもある。なお，菊輪宝は胎蔵界壇に使用されたと推測されている。

［奈良国立博物館『密教法具』1965，石田茂作監修『新版仏教考古学講座』5「仏具」1976］　　　　　（山川公見子）

る

ルンビニー　Lumbini　釈迦生誕の地。ネパールに所在。カピラヴァストゥに比定されているティラウラコットは，西北方，約20kmにある。1896年，フューラー（A. Fuhrer）によってアショーカ王石柱が発見され，その銘文によって生誕の地と判明した。1899年には，ムカルジー（P. C.Mukhergi），1961〜62年にはインド考古局とネパール考古局，1976年以降，ネパール考古局，全日本仏教会が発掘調査を実施した。発掘の結果，生誕の場所を示す標石と考えられる聖石，アショーカ王石柱の断片，舎利容器，北方黒色磨研土器（N・B・P）などが検出され，多くの奉献塔の存在が確認されている。1930年代に建てられたマヤ堂は解体され，新マヤ堂が建設された。

　アショーカ王の石柱には，「神々に愛せられ温容ある王は，即位灌頂ののち20年を経て，みずからここに来て祭を行った。ここでブッダ・シャカムニは生まれたまうたからである。そして石柵をつくり，石柱を建てさせた。世尊はここで生まれたまうた〔のを記念するためである〕。ルンビニ村は税金を免除せられ，また〔生産の〕八分の一のみを払うものとされる」（中村元）と刻されている。

［B.K.Rijal, *Archaeological Activities in Lumbini*, 1976〜77（*Ancient Nepal* 30−39, 1975〜77）］　　　（坂詰秀一）

れ

霊神碑　れいじんひ　長野県と岐阜県にまたがる木曽御嶽山で修行し，験力を獲得して，霊神号を取得した行者の石製記念碑。行者の生前に建てられた場合には修行記念碑としての性格が強いが，死後に造立された場合には供養塔としての性格を帯びることになり，なかには遺骨や遺髪を納めた墓塔的なものも見られる。霊神碑は文政期（1818〜30）に出現するが，一般化するのは幕末期になってからで，明治時代に最も多く造立された。木曽御嶽山信仰は，修験道の伝統を受け継ぐ山岳宗教であり，近代以降神道色を強めたが，仏教の影響が濃厚に見られる。そのため，霊神碑も神道的色彩の濃いものと仏教的な性格を表面に打ち出したものの両者が見られ，神仏習合の所産であることがあきらかである。形式は偏平な板状の身部を長方形の台石上に建てたものが多い。碑面には，霊神名のほか俗名・住所・造立者名・造立年月日・登山度数・造立意趣などさまざまな銘文が刻まれており，宗教史の資料として重要なものとなっている。

［時枝務「近・現代の宗教遺跡」『季刊考古学』72, 2000］　　　　（時枝　務）

礫石経　れきせききょう　小石1個に1字ないし数文字の経典を書写した経塚遺物。やや大きめの石に数十文字書かれたものもある。経典埋納供養の一形態で一石経，一字一石経，多字一石経ともいう。書写は墨書が一般的だが，朱書もあり，片面書写と両面書写の例がある。経典以外に供養者名，供養年，供養の願意などを記すものもある。

飯能市宝蔵寺経塚では蓮座の上に主，仏，法，蓮などの文字をあしらったものや，雲，水波文，孔雀，地蔵などの図，梵字を記したものが出土している。1遺跡に納められた経石は，5～6万個が一般的で，多いもので10万個という経塚もあり，経典字数との比較研究も重要である。現在，経石に紀年のあるもので最も古い例は，山形県天童市高野坊遺跡より出土の「応長元年（1311）」である。また新潟県裏山遺跡より出土の経石は，紀年銘はないものの共伴遺物から13世紀前半と捉えられている。経石を埋納した上に標識として石碑を立てることが多いが，これを経碑と呼んでいる。一字一石の語が見える経碑としては，大分県大野郡上尾塚普光寺参道脇の「暦応2年（1339）」在銘八面石幢が古い例である。この碑には「浄土三部経一石一字」などの文字が刻まれているが，経石を埋納したかについてはあきらかでない。紀年銘や共伴遺物からみて，築造は中世から始まり江戸時代に最盛期を迎え，近世末期には日本全国広い範囲に分布していたと考えられる。

書写された経典は『法華経』が大半を占めるが，『陀羅尼経』『般若経』『観音経』などが確認された例もある。

築造された場所としては，寺院，神社，その境内など，主に宗教的な場が選ばれている。徳島県鳴門市長谷寺，飯能市宝蔵寺では堂宇の床下に納置され，埼玉県慈光寺，福島県磐梯町慧日寺では塔の礎石下に納められた例がある。墳墓と関連がある例も多い。

納置方法は，地下に土壙を穿ち直接埋納する場合が一般的である。壺，甕，石櫃に納入してから土中に埋める例もある。宮城県気仙沼市赤岩館経塚では横穴に経石を納めており，古墳の横穴，石室や洞穴を利用した例もある。鎌倉市のやぐらを利用した例は，まとめて埋納せずにその度投げ入れたとみられている。そのほかには，墓に埋められていた骨納器の周囲に経石が詰められていた例もある。

一般に礫石経の書写供養は庶民の間で行われたとされるが，東京都増上寺の9代徳川家重公，12代家慶公，14代家茂公の墓所からも経石が発見されている。

礫石経の埋納は，地鎮や鎮魂を目的とする他に積善業，功徳業の1つの形として，「極楽往生」「五穀豊穣」「追善供養」「逆修供養」などさまざまな願意から，経典の呪力を期待して行われたと思われる。しかし，願意のわからない経石だけが発見される場合も多い。手軽な経典書写の方法は，地域における寺院を媒介として地域内の民衆の間に取り入れられ，参加者それぞれが多量の経石を奉納することを可能にした。そして，千部経，千坏供養，万灯会などと同じく功徳の増大を図ることができる多数作善の意図があったと考えられ，この種の経塚の盛行を導いた。

礫石経

［松原典明「礫石経研究序説」『考古学論

究』3，1994]　　　　　（松原典明）

蓮華座　れんげざ　仏像の台座として最も一般的な形式で、蓮の花が開いた様子を象っている。略して「蓮座」、または「蓮華台（蓮台）」ともいい、訓読して「は（ち）すのうてな」ともいう。本来は古代インドにおける蓮華崇拝の観念が仏教の中に取り入れられて成立したもので、無量の想像力の象徴としての蓮華が起点となっている。古代インド神話のなかのブラフマー（梵天）は根本神ヴィシュヌの臍に生じた蓮華から生まれたとされていたが、仏像もまた蓮華から生まれた聖なる神格として表現されるようになった。

　日本の仏像における蓮華座は、法隆寺「橘夫人厨子阿弥陀三尊像」のように蓮華が池中より生えている形態をとるものもあるが、通常は蓮肉（蓮台）・蓮弁・敷茄子・華盤・反花・框座などが上下に重なる構成となる。この蓮華座を詳しく見ると、上から蓮肉・蓮弁・茸軸・上敷茄子（束）・華盤・下敷茄子・華脚・受座・反花・蛤座・框座・隅脚などとなり、単純なものは三重座から複雑なものは十二重座までの構成となる。これらの重ねた段数が多いか少ないかによって、それに乗る尊像の階級が表されるというわけではなく、古い時代には比較的簡単なものが多く、時代が下るにしたがい段数が多く、複雑になる傾向がある。蓮肉と蓮弁は蓮華部と呼び花の部分を表し、上敷茄子（束）は茎、華盤は荷葉、下敷茄子は水瓶、それ以下は水瓶の置き台あるいは水辺の表現と考えるべきものである。蓮弁は各段を段違いに魚の鱗のように葺く魚鱗葺きと、蓮弁の先の反りが垂直に並ぶように葺く吹き寄せ式とがあり、魚鱗葺きは奈良時代と鎌倉時代に、吹き寄せ式は平安時代後期に多く行われた。また立像において、片足ずつ別々の蓮華を踏むものを踏割蓮華座といい、五大明王の立像や鎌倉時代の来迎型阿弥陀如来像などの一歩踏み出す動きを表す尊像に用いられた。　　　　　（秋田貴廣）

蓮華文様　れんげもんよう　蓮華文様は蓮の花を文様としたもので、蓮華文ともいう。開いた蓮の花を上から見た形を基本とするが、側面から見たものや蕾を文様化したものもある。その起源はエジプトの水蓮を図案化したロータス文様にあるとされる。

　一方、インド文化圏の蓮華文様は、古くから仏教と深い関連を有していた。煩悩を解脱して涅槃の理想の境地を求める仏教は、泥中から生じてこの上なく清浄な花を咲かせる蓮華を理想的な修行者の姿に重ねている。また『法華経』『華厳経』『無量寿経』などの大乗経典も蓮華を真理や仏の世界の象徴としてとらえている。インドにおける実際の蓮華文様は、仏教に帰依した阿育王（在位 BC268〜232頃）の建てたアショーカ王柱の柱頭彫刻に見られ、またバールフットのストゥーパの欄楯（BC100頃）にもサーンチー大塔の塔門（AD 1世紀初め）の彫刻にも表されている。

　中央アジアを経て到達した中国では北涼、北魏から唐時代にかけての石窟の仏・菩薩像の光背、宝冠、台座などに、あるいは窟の天井や壁面の装飾に蓮華文様は多く用いられている。蓮弁を上向きにつくるものを「請花型」、下向きを「反花型」といい、仏・菩薩像の台座（蓮華座）では両者ともに用いられる。

　蓮華文様は日本へは仏教とともに伝来した。法隆寺の伝橘夫人念持仏（7世紀末から8世紀）の阿弥陀三尊は蓮弁のとり囲む形の蓮華から生い出た蓮華座に坐

しており，主尊の光背の中央部分にも蓮華文様が見られる。飛鳥・白鳳時代の小金銅仏である法隆寺四十八体仏にも蓮華座に立つ像は多く，中には蓮弁の形式が古代寺院の鐙(軒丸)瓦の文様と共通するものも見られる。寺院跡から出土する鐙(軒丸)瓦の先端の蓮華文様は，蓮弁の形から大きく素弁，単弁，複弁の3種に分けられ，その順に出現している。日本最古の本格的寺院である飛鳥寺(588年起工，6世紀末〜7世紀初)の創建鐙(軒丸)瓦は素弁の形式で，その源流は百済に求められる。藤原宮，平城宮，平安宮などでも用いられた鐙(軒丸)瓦の蓮華文であるが，中世以降は巴文(様)が多く用いられるようになる。その他蓮華文は梵鐘や磬，鰐口などの撞座や，経箱など仏教工芸品の装飾にも唐草文と併用して広く見られる。

[アロイス・リーグル，長廣敏雄訳『美術様式論』1942，上原真人『蓮華紋』「日本の美術」359，1996]　　　(坂輪宣敬)

ろ

鹿谷寺跡　ろくたんじあと　大阪府南河内郡太子町山田に所在する奈良時代の山岳石窟寺院跡。国指定史跡。標高250m前後の二上山の中腹，河内から大和へ抜ける官道である丹比道(竹内街道)の竹内峠に沿った河内側に位置する。凝灰岩の石切場跡を利用して造営されたとされる。十三重の石塔を中心とする中央部が平坦地で，その東側岩盤には寺院の本尊と見られる3体の線刻の阿弥陀如来坐像がある。南側に下った平坦地には塔状の石が見られ，付近から奈良時代の須恵器や土師器が採取されていることから，僧房などの存在が想定されている。発掘調査が実施

されていないため，詳細は不明であるが，中央平坦部にも木造の建物があった可能性がある。十三重石塔は，山肌を彫り残して造られた一石彫成塔で，上部は欠損しており，現状での高さ約5m，底部の幅約1.5mを測る。初層の南側面に舎利孔が穿たれている。当寺跡の約400m東方にあり，同様の石窟寺院と考えられている岩屋にも彫り出された三重石塔や仏像があり，その関係が注目される。

[岩井武俊「南河内発見の一銅鐸と鹿谷寺址十三重石塔婆」『考古学雑誌』4－6，1914]　　　(三好義三)

六道絵　ろくどうえ　仏教では十界といって，生あるものを悟りと迷いの十種の境界に分ける。そのうちの下方の地獄，餓鬼，畜生，修羅(阿修羅)，人，天の6つの境界を六道という。この六道の苦しみを強く意識する六道思想は，平安時代に入って社会の変動と争乱の中で，末法思想とともに展開していく。そこには六道の恐ろしさと対比させて浄土信仰をすすめる源信の『往生要集』(985年)の影響も指摘される。また一方輪廻をくり返すとされる六道からの救済として，観音，地蔵，十王信仰も広まりを見せる。11世紀には六道の苦しみを救う六地蔵信仰が成立し，地蔵信仰が盛んになった。

六道思想に影響を受けた文学，美術作品は少なくないが，因果応報による六道輪廻の世界の恐ろしさを画図に表したものを，六道絵という。六道のうち，より苦しみの激しい地獄，餓鬼，畜生を三悪道(三悪趣，三塗)といい，「地獄草紙」(東京国立博物館ほか蔵)，「餓鬼草紙」(京都国立博物館ほか蔵)などは人道の苦しみを描いたとされる「病草紙」(京都国立博物館ほか蔵)とともに，12世紀末頃の初期六道絵の遺例である。

また鎌倉時代中期の「六道絵」15幅（聖衆来迎寺蔵）は『往生要集』の説に従って描かれており、死後の審判のありさまを描く「閻魔王庁図」などを加えて六道の苦と無常と救いを写実的に表している。

［中野玄三『六道絵の研究』1989］

（坂輪宣敬）

六器 ろっき　密教法具。仏前供養の器。平安時代から鎌倉時代にかけては閼伽器と呼ばれていたが、6種供具のうちの閼伽、塗香、華鬘に使用する器を各2口ずつ揃えるため全部で6口となり六器と称する。高台のついた小鋺に台皿を備えるのが普通である。成立は平安時代後期と考えられ、平家納経の裏絵や和歌山県那智経塚の資料である大治5年(1130)の奥書を持つ『那智山滝本金経門縁起』に大壇具に六器として6個一組として4組使用されたことが記載されていることによる。用法は修法の壇上で中央に置かれた火舎の左右に3個ずつ並べ、閼伽、塗香、華鬘の器として扱い、閼伽器には浄水、塗香器には香、華鬘には花を盛るとするが、実際には香華法は流派により異なり各器に樒の葉を盛ることが多い。形式は鋳銅製で装飾を施さない素文系のものが多い。ほかには慈覚大師請来形と呼ばれる八葉蓮弁を彫刻した蓮弁飾六器と、鋺の高台がなく台皿もない片供器がある。形式編年は、平安時代のものは薄手で鋺の口が大きく鋺が浅く高台も低く、台皿も薄く低くつくられる。鎌倉時代になると鋺も深くなり厚く、高台も厚さと高さが増す。室町時代はさらに台皿の高台が高くなる。

［奈良国立博物館『密教法具』1965、石田茂作監修『新版仏教考古学講座』5「仏具」1976］　　　　（山川公見子）

露盤 ろばん　塔の相輪の基部で伏鉢を乗せる部分であり、四角形状を呈す。露盤は一般に銅または鉄などの金属製であるが、石造の露盤も数は少ないが確認されている。

石造露盤は中心に円孔を穿ち、その周囲に突帯をめぐらす型式と円孔のみの型式、上部に框を設ける型式とがある。前二者は重層塔用のものであり、円孔は心柱が貫通し、側面は素面である。7世紀中頃の奈良県定林寺例が最も古く、奈良時代を中心に全国に20例余が確認されている。後者は宝形造り、また六角、八角円堂などの屋蓋に据えるので上部には宝珠を飾り、側面は輪郭付格狭間を刻出する。資料としては、奈良時代後期から鎌倉時代を中心に同じく20例前後が確認される。なお、藤沢一夫は南北朝時代以降は石造から瓦製の露盤が使われるようになると指摘している。

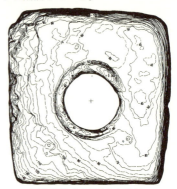

石造露盤（千葉県大寺廃寺）

［大脇潔「定林寺石造露盤の調査」『奈良国立文化財研究所年報』1984］

（斎木　勝）

ローリヤーン・タンガイ　Loriyan Tangai　ガンダーラの北方、スワート地方南部に位置する仏塔跡。アラダンド（Aladand）砦の南東、シャーコート（Shakot）峠のスワート地方南部への出

口近くのピヤラーナ（Piyalāna）村の近くのラーヤン（Rālyan）村近くに仏塔があり、その周囲には彫刻が散在していたという。1896年に、キャディ（A.E. Caddy）が一辺10mほどの仏塔の方形基壇を発掘し、発見された仏菩薩像などの彫刻や奉献塔は、カルカッタのインド博物館に送られ収蔵された。仏塔は2世紀頃の創建とされ、収集された仏・菩薩像の1つ（カルカッタ博蔵 No.4901）に刻されたカロシュティー碑文には、その像が234年頃に寄進されたと記されている。また、発掘された奉献塔は、方形基壇の上に円筒形の胴部が乗り、さらにその上に覆鉢が据えられ、その上に段状の平頭と大小7枚の傘蓋がつくもので、ガンダーラの仏塔の完全な形態を知る手がかりとされる資料である。

[S. Konow, *Corpus Inscriptionum Indicaraum*. Vol.II, Part I, Indological Book House, Varanasi, 1969]

（髙橋堯英）

わ

若草伽藍　わかくさがらん　奈良県生駒郡斑鳩町に所在する。現在の法隆寺塔頭普門院裏を昭和14年(1939)に発掘調査した結果、51尺四方の塔跡基壇とその北側に32尺離れて間口72尺、奥行き64尺の金堂跡基壇が確認された。講堂跡は未調査であるが、塔と金堂が一直線に並ぶ四天王寺式伽藍配置の7世紀前半に創建された法隆寺（斑鳩寺）の伽藍であることがあきらかとなった。現在の南大門東方に巨大な塔心礎を残す。伽藍の基軸になる中心線は現在の法隆寺伽藍の基軸より27度東に振れていることが確認され、法隆寺東院下で発見された旧斑鳩宮遺跡の方位に

平行することがわかり、同時代の遺構の認識がなされた。また、出土遺物においても、木炭や焼土、古式の素弁蓮華文鐙（軒丸）瓦と忍冬唐草型押し文字（軒平）瓦の発見により、『日本書紀』に記載された法隆寺全焼の記録をめぐり、明治期以来、再建、非再建が論争となったが、法隆寺再建説を裏付けることとなった。文様を飾った宇（軒平）瓦は、若草伽藍の出土品が最初の例である。

若草伽藍出土瓦

[石田茂作「法隆寺若草伽藍址の発掘」『総説飛鳥時代寺院阯の研究』1944]

（松原典明）

若狭国分寺跡　わかさこくぶんじあと　福井県小浜市国分にある奈良時代後半の寺跡。昭和47〜49年(1972〜1974)まで発掘が行われ、主要建物である金堂・講堂・塔などの規模や残存状況があきらかになった。寺域は方2町の規模と想定され、その四至が条里の線に合致している。伽藍は南大門・中門・金堂(現、釈迦堂)・講堂が若干東寄りに想定される中軸線上に配置され、塔だけが中門より東に位置している。各堂塔の規模は他国の国分寺よりも一まわり小さく、特に金堂は通常七間堂であるのに対して佐渡国分寺と同じ五間堂である。出土した遺物の中で瓦類は極めて少ししか出土していないことから、各堂塔は瓦葺きではなかったと考えられ

ている。平安時代中期に火災で廃絶。その後中世に再建され存続していたことが文献からもわかる。国指定史跡。現在，史跡公園として活用されている。

［坪井清足編「近年発掘調査された諸国国分寺（Ⅱ）」『佛教芸術』103，1975，小浜市『国指定史跡若狭国分寺跡環境整備事業報告書』1984］　　　（戸根与八郎）

和田千吉　わだ　せんきち　明治4（1871）〜昭和20（1945），兵庫県生。実学塾英学校，日本美学校に学ぶ。東京帝室博物館技手（歴史部列品鑑査係），宮内省諸陵寮嘱託。

日本考古学の研究を進め，とくに経塚の研究，中世墳墓の研究に先駆的業績を残した。一方，考古学会の機関誌『考古界』の編集に意欲を示した。

（主要著作）『日本遺蹟遺物圖譜』1915〜16，「墳墓」共著『考古學講座』21，1929，「經文埋没の種類と其の主意」『考古界』1－8，1902　（学史文献）浅田芳朗『人見塚の家—和田千吉小伝—』1970，和田敏枝「父千吉の思い出」『郷土文化』10，1970　　　　　（坂詰秀一）

鰐口　わにぐち　梵音具の一種。神社仏閣の軒先に懸けられる。参詣人は，前面に垂らされた緒といわれる布縄をふって，鼓面を打ち礼拝する。「金口」「金鼓」「打金」「打響」「打鳴」などとも呼ばれる。

銅・鉄の鋳造品で，形は鉦鼓（しょうこ）を2つに合わせたものに似ている。上方2か所には，ほぼ対象的な位置に「耳」と呼ばれる吊手孔が認められる。耳の断面形は，円形と半月状があり，前者は両面式，後者は左右の向きを異にするため，片面交互式と呼ばれる。耳の下にはやはり左右対称の位置に，「目」と呼ばれる凸出した円筒形のものが認められる。目より目にかけては，「口」と呼ばれる裂口が認められ，

その縁には，「唇」と呼ばれる鉦鼓の縁に見られた平板状の部分が認められる。鼓面は，一般的には，中心から外に向かい，撞座，撞座区，内区，外区，銘帯と呼ばれ，同心円の凸帯により区分される。撞座は蓮華文が多く，銘文は，陽鋳や陰刻で，年紀・寄進の寺社名・地名・施入者名，鋳物師名などが記されている。

鰐口の名称は，『和漢三才図会』神祭仏器の条に，「口を裂くの形，たまたま鰐の首に似たるが故に之を名づくるか」と記載されているように，口が裂けている部分を鰐の口と対比し，このような呼名が生まれたものと思われる。文献上では，文安元年（1444）の『下学集』（下）器材の項に「鰐口」とあるのが最初であり，また明徳年間の赤松氏謀叛を記す『明徳記』にも「鰐口」と記されている。鰐口の大きさは，小型から大型のものまでさまざまであるが，一般的には径20〜30cmのものが多い。最古の紀年銘をもつものは，東京国立博物館所蔵のもので，長保3年（1001）と刻まれている。この鰐口は，耳に特徴があり，人の耳のような形（鉦聲）を呈している。

鰐口

［久保常晴「鰐口の研究」『仏教考古学研究』1967，香取忠彦「梵音具」『新版仏教

考古学講座』5，1976］　（上野恵司）

鋺　わん　一般に供養具の中心は香・華・燈と考えられているが，奈良時代においては，飲食(おんじき)供養具のみが供養具とされている。主として鉢・多羅鋺・匙・箸などが奈良時代には一具として供養具とされていたと考えられる。

鋺については『大安寺伽藍縁起并流記(ならびにるき)資財帳』に，「仏供養具十口」として「白銅鋎七口」と見えている。また『法隆寺伽藍縁起并流記資財帳』にも「合供養具二拾四口」として仏分・聖僧分に分け，鉢・多羅・鋺・鉗・鈚の器名が見られる。鋺と鋎は同義で，多羅は鋺と皿の類である。法隆寺献納宝物に佐波理(さはり)鋺436口がある。鋺は供養具のみでなく，日常飲食器でもある。仏分・僧分，また日常用とは区別が判然としないが，金銅製で作成されているものや明確な墨書銘があるものは仏供用としての可能性がある。日常飲食器が供養具に取り入れられたものと考えられる。

遺品としては，東京国立博物館に奈良時代の響銅蓋鋺，京都府東寺(とうじ)（教王護国寺）に平安時代の金銅大鋺が２点ある。

鋺

［鈴木規夫『供養具と僧具』日本の美術283，1989］　（岡本桂典）

図版出典・提供一覧 （敬称略）

朝熊山経塚出土線刻阿弥陀三尊来迎鏡像　金剛證寺蔵　斎宮歴史博物館提供

伊賀国分寺跡推定平面図　山田猛「伊賀」『新修国分寺の研究』2巻，1991

伊豆国分寺跡伽藍配置図　三島市教育委員会『伊豆国分寺関連遺跡』Ⅰ，1990

火焔宝珠　奈良国立文化財研究所『木器集成図録』近畿古代篇，史料第27冊，1985

勝尾寺勝示の持国天石蔵　『箕面市史』第1巻，箕面市，1964

河内国分寺跡伽藍配置想定図　大阪府教育委員会『柏原市国分東条町河内国分寺跡発掘調査概要』1970

百済寺跡伽藍配置想定図　枚方市『枚方市史』第2巻，1972

広渡廃寺伽藍配置想定図　小野市『小野市史』第4巻，1997

小町塚経塚出土瓦経　個人蔵　斎宮歴史博物館提供

西寺伽藍配置想定図　『京都府埋蔵文化財情報』第26号，1987

四天王寺伽藍配置図　『四天王寺』文化財保護委員会編，1967

信濃国分寺跡伽藍配置復原図　斎藤忠「信濃」『新修国分寺の研究』3，1991

下総国分寺全体図　山路直充「下総国分寺」『聖武天皇と国分寺』1998

水煙（奈良県法隆寺五重塔）　竹島卓一編『法隆寺国宝保存工事報告書国宝法隆寺五重塔修理工事報告』1955

石造露盤（千葉県大寺廃寺）　宮本敬一「上総大寺廃寺」『千葉県の歴史』資料編考古3，1998

摂津国分寺跡出土鐙瓦　大阪市教育委員会『平成2年度大阪市内埋蔵文化財包蔵地発掘調査報告書』1991

村落内寺院（千葉県大網山田遺跡群№3地点）　山武郡市文化財センター『大網山田台遺跡群Ⅲ』1996

高宮廃寺伽藍配置想定図　寝屋川市教育委員会『寝屋川市の指定文化財』第1集，1999

田辺廃寺出土鐙瓦　柏原市『柏原市史』第2巻，1973

柱状塔婆（広島県草戸千軒町遺跡出土）　広島県教育委員会『草戸千軒町遺跡発掘調査報告書Ⅳ－南部地域南半部の調査』1995

町石（高野山奥院）　愛甲昇寛『高野山町石の研究』密教文化研究所，1973

幢竿支柱（弥勒寺跡）　斎藤忠実測

遠江国分寺跡伽藍配置図　磐田市史編さん委員会『磐田市史』史料編1，1992

戸隠神社奥社遺跡の院坊配置図　桐原健「戸隠神社奥社遺跡」『長野県史』考古資料編主要遺跡(北・東信)，1982

奈良県頭塔復原図　平城宮跡発掘調査部『頭塔（西北部）の発掘調査』1990

平等院境内古図　平等院『平等院庭園発掘調査概要報告』1992

平川廃寺伽藍配置計画図　城陽市教育委員会『城陽市埋蔵文化財調査報告書』第3集，1975

平頭（インド・サーンチー大塔）　杉本卓洲『インド仏塔の研究－仏塔崇拝の生成と基礎』1984

野中寺伽藍配置想定図　羽曳野市『羽曳野市史』第3巻，1994

〈口絵〉坂詰秀一提供

仏教考古学関連略年表

西暦	日　本 事　項	関連遺跡	朝　鮮　半　島 事　項	関連遺跡	中　国 事　項	関連遺跡	インド・東南アジア 事　項	関連遺跡
前400							ゴータマ・ブッダ（釈迦）誕生。（前463）（中村元説）　　ゴータマ・ブッダ（釈迦）入滅。（前383）（中村元説）	
前300							ラージャグリハで第一回結集開かれる。（前383）マウリヤ王朝成立。（前317）ヴァイシャーリーで第二回結集開かれる。（前283）この頃，仏教がインド全域に広まる。（前283頃）この頃，上座部と大衆部が分裂する。（前283頃）	
							アショーカ王即位。（前268）　　アショーカ王帰仏。（前261）マヒンダ長老がスリランカに仏教を伝えるという。（前247）	アショーカ王石柱　　サーンチー仏塔（第1塔）アヌラーダプラのマハーヴィハーラ
前200							この頃，ジャータカの原型ができる。（前247頃）シュンガ王朝成立。（前187）メナンドロス（ミリンダ）王がインド西北部を征服する。（前160）	グントゥパリ石窟寺院　　バージャー石窟寺院，ピタルコラー石窟寺院，
前100							この頃，大乗仏教運動が起こる。（前100頃）この頃，アジャンター石窟寺院開鑿開始。（前50頃）	アバヤギリヴィハーラ　　アジャンター石窟寺院
0					中国に仏教が伝わる。（前2）後漢成立。（25）　　　　　　　　　　洛陽白馬寺創建。（67）	白馬寺	クシャーン王朝成立。（60）この頃，ガンダーラやマトゥラーで仏像の制作が始まる。（60頃）この頃，第一期大乗経典成立。（60頃）	アウランガバード第4窟　　アマラヴァティー仏塔

西暦	日　　　本		朝　鮮　半　島		中　　　国		インド・東南アジア	
	事　項	関連遺跡	事　項	関連遺跡	事　項	関連遺跡	事　項	関連遺跡
100							カニシカ王即位。異説あり。(129)	カールリー石窟寺院ガンダーラのカニシカ大塔
					この頃，安息国の安世高が洛陽に来て，経典の翻訳を始める。(148頃)		この頃，ラーマヤーナ成立。(150頃)	
200					桓帝が宮中に黄帝と老子と並んで浮屠を祀る。(166)この頃，笮融が浮屠祠に金色の仏像を祀る。(193頃)魏興る。(220)			ナーガールジュナコンダ遺跡
					呉の孫権が康僧会のために建初寺を建立するという。(247)		第二期大乗経典成立。(250〜480)	
					晋（西晋）興る。(265頃)この頃，敦煌の竺法護が長安に来て，経典の翻訳を始める。(265頃)東晋興る。(317)		グプタ王朝成立。(320)	
300					楽僔が敦煌莫高窟の開鑿を開始するという。(366)	敦煌莫高窟		
			中国の前秦王符堅が仏像・経典・僧を高句麗に贈る。(372)伊弗蘭寺を創建し，東晋から渡来した阿道を住持とし，省門寺を建て，順道を住職に任じたという。(375)インド僧摩羅難陀が東晋から百済に仏教を伝える。(384)					
					北魏興る。(386)	炳霊寺石窟麦積山石窟		
400					法顕が長安からインドへ出発。(399)		この頃，マハーバーラタ成立。(400頃)	
					鳩摩羅什がクチャから長安に来る。(401)慧遠が念仏結社白蓮社を結成する。(402)法顕がインドから帰国。山西省の法興寺が創建される。(414)	法興寺		

西暦	日本		朝鮮半島		中　　国		インド・東南アジア	
	事　　項	関連遺跡	事　　項	関連遺跡	事　　項	関連遺跡	事　　項	関連遺跡
					宋興る。(420) 北魏が華北を統一。(439)	永寧寺	この頃，ブッダゴーサ『清浄道論』を著す。(415頃)	
					北魏の太武帝が廃仏を断行する。(446)		この頃，ナーランダ寺創建。(440頃)	ナーランダ寺跡
			金鉦知が王后寺を創建する。(452)		北魏の文成帝が仏教復興の詔を出す。(452) 雲岡石窟の開鑿が開始される。(460) 龍門石窟の開鑿が開始される。(494)	雲岡石窟 龍門石窟	この頃，アサンガ（無着）が『摂大乗論』など，ヴァスバンドゥ（世親）が『倶舎論』などを著す。(450頃)	ウダヤギリ石窟寺院
500			高句麗金剛寺創建。(498)	金剛寺			この頃，モン族がドヴァーラヴァティー様式の仏像を制作する。(498頃)	
					梁武帝が道教を捨てて，仏教に帰依する。(504) 北魏で大乗教の乱が勃発。(515) この頃，達磨が中国に渡来して，禅を伝える。(520頃) 河南省嵩岳寺磚塔が創建される。(523)	光宅寺 嵩岳寺		
			百済僧謙益インドから律を伝える。(526) 新羅で異次頓が殉教する。(527) 新羅大通寺創建。(529) 新羅永興寺創建。(535)					
	百済の聖明王が仏像と経論を日本に贈る。(538)				河北省正定の開元寺が創建される。(540)	開元寺		
			新羅僧覚徳が梁より仏舎利をもたらす。(549)		この頃，中国で末法到来説が流行する。(552頃)			
			新羅皇龍寺創建。(566)	皇龍寺				
					この頃，響堂山石窟開窟。(570頃) 北周の武帝が廃仏を断行する。(574) 北周で仏教と道教の二教を復興。(580)	響堂山石窟		
	蘇我馬子が仏殿を建立する。(583)				河北省正定の隆興寺が創建される。(586)	隆興寺		

西暦	日本		朝鮮半島		中国		インド・東南アジア	
	事　項	関連遺跡	事　項	関連遺跡	事　項	関連遺跡	事　項	関連遺跡
	法興寺（飛鳥寺）の造営が始まる。(588)	飛鳥寺						
					隋が中国を統一する。(589) 湖北省の玉泉寺が創建される。(592)	玉泉寺		
	聖徳太子が摂政となる。(593)	四天王寺			チベットでソンツェン・ガンポ王が即位。(593)			エローラ石窟寺院
600	法興寺完成。(596) 秦河勝が蜂岡寺（広隆寺）の造営を始める。(603) 聖徳太子十七条の憲法を作る。(604) 聖徳太子が法隆寺を創建するという。(607)	広隆寺 若草伽藍	高句麗僧波若が隋から天台宗を伝える。(596)		この頃、静琬が房山で石刻大蔵経の製作を開始する。(605頃)	房山石刻経		
					唐興る。(618) 玄奘がインドへ旅立つ。(629)			
			新羅僧慈蔵入唐する。(630) 百済弥勒寺創建。(631) 新羅芬皇寺創建。(634)	弥勒寺 芬皇寺				
	百済大寺の造営が始まる。(639) 大化の改新。(645)	吉備池廃寺			陝西省の昭仁寺が創建される。(639) 玄奘がインドから帰国し、翌年『大唐西域記』を著す。(645) 長安に大慈恩寺建立。(648)	昭仁寺 大慈恩寺	この頃、大日経成立。(648頃)	ボードガヤーのマハーボーディ寺
			百済滅亡。(663)					
	大津京に遷都。(667) 船王後が没し、墓誌が納められる。(668) 法隆寺焼失。(670) 壬申の乱。飛鳥浄御原宮へ移る。(672) 川原寺で一切経を書写する。(673)	崇福寺跡・南滋賀廃寺 船王後墓 法隆寺西院伽藍 川原寺跡	高句麗滅亡。(668)		義浄がインドに旅立つ。(671)			
	小野毛人が葬られ、墓誌が納入される。(677) 僧綱制の成立。(683)	小野毛人墓	統一新羅時代始まる。(676) 感恩寺創建。(681)	感恩寺	福建省の開元寺が創建される。(686) 則天武后が諸州に大雲寺を建立する。(690)	開元寺	この頃、金剛頂経成立。(686頃)	

430

西暦	日本 事項	関連遺跡	朝鮮半島 事項	関連遺跡	中国 事項	関連遺跡	インド・東南アジア 事項	関連遺跡
	藤原京遷都。(694)				義浄帰国。経典の翻訳を始める。(695) 渤海が興る。(698)			
700	薬師寺創建。(698) 道昭が没して火葬になる。(700) 大宝律令完成。(701)	本薬師寺	金思讓が唐から金光明最勝王経をもたらす。(704) 皇龍寺三層石塔建つ。(706)	皇龍寺				
	文祢麻呂・威奈大村火葬される。(707) 下道圀勝圀依母火葬される。(708) 平城京遷都。伊福部徳足比売火葬される。(710) 僧道薬火葬される。(714)	文祢麻呂墓 威奈大村墓 下道圀勝圀依母墓 興福寺 伊福部徳足比売墓 僧道薬墓			長安の荐福寺塔が建設される。(707) インドの善無畏が長安に来て、密教経典を伝え、翻訳を始める。(716)	荐福寺		
	私度僧を禁じて行基の活動を禁圧する。(717) 法興寺・薬師寺を平城京に移す。(718) 興福寺に悲田院を置く。(723) 金光明経を諸国に頒つ。(728) 小治田安万侶火葬される。(729) 美努岡万火葬される。(730) 聖武天皇が諸国に国分寺を置くことを発願する。(741)	元興寺・薬師寺 太安万侶墓 山代真作墓 小治田安万侶墓 美努岡万墓 国分寺・国分尼寺	孝成王が火葬される。(742)		インドの不空が長安に来て、密教経典を伝え、翻訳を始める。河南省の浄蔵禅師塔が建設される。(746)	浄蔵禅師塔		
	行基死す。(749)	行基墓	仏国寺創建。(751)	仏国寺			パーラ朝興る。(750) この頃、ボロブドゥール創建。(750)	ボロブドゥール
	東大寺大仏開眼供養行われる。(752) 東大寺に戒壇院を建立。(755) 鑑真が唐招提寺を建立。(759)	東大寺大仏 戒壇院 唐招提寺			パドマサンバヴァがチベットに密教を伝える。(760)			

西暦	日 本 事　項	日 本 関連遺跡	朝 鮮 半 島 事　項	朝 鮮 半 島 関連遺跡	中　　国 事　項	中　　国 関連遺跡	インド・東南アジア 事　項	インド・東南アジア 関連遺跡
	下野薬師寺と筑前観世音寺に戒壇を設置する。(761) 石川年足火葬される。(761)	下野薬師寺・観世音寺戒壇 石川年足墓			チベットのティソン・テツェンが仏教を国教化する。(761)			
			桐華寺五層石塔建つ。(772) 神行が北宗禅を伝える。(779)	桐華寺	五台山南禅寺大殿が建設される。(782)	南禅寺		
	長岡京遷都。(784)		宣徳王が火葬される。(785)					
	最澄が比叡山寺を建立するという。(788) 平安京遷都。(794)	延暦寺						
800	東寺・西寺・鞍馬寺創建。(796)	東寺・西寺跡・鞍馬寺	韓国の海印寺が創建される。(802)	海印寺			アンコール王朝始まる。(802)	
	最澄・空海入唐。(804) 空海が長安の青龍寺で恵果から法を受ける。(805) 空海が高野山の開山を勅許される。(816)	金剛峯寺				青龍寺		
			道義が南宗禅を伝える。(821)	宝林寺	韓愈が『論仏骨表』を著して仏教を攻撃する。(819)			
	空海が東寺を真言宗の道場とし，教王護国寺と称する。(823) 延暦寺戒壇院創設。(827) 円仁入唐。(838)	東寺 延暦寺戒壇院	梵魚寺創建。(835)	梵魚寺				
	円珍入唐。(853)				唐の武宗が破仏を断行する。(845)			
900					五台山仏光寺大殿が建設される。(857) 五代十国の時代になる。(907)	仏光寺	インドラヴァルマン2世がドンヅオン寺院を建立する。(875)	ドンヅオン寺院
	空也が京都の市井で念仏を唱える。(938)		高麗が朝鮮半島を統一する。(936)		山西省の大雲院が創建される。(940) 後周の世宗が廃仏令を出す。(955) 宋興る。(960)	大雲院		

西暦	日本 事項	関連遺跡	朝鮮半島 事項	関連遺跡	中国 事項	関連遺跡	インド・東南アジア 事項	関連遺跡
					山西省の鎮国寺が創建される。(963)	鎮国寺		
					天津の独楽寺観音閣が建設される。(984)	独楽寺		
1000	源信が往生要集を著す。(985)							
	藤原道長が金峯山頂に埋経する。(1007)	金峯山経塚						
			開国寺に戒壇を設ける。(1018)		浙江省寧波の保国寺大殿が建立される。(1013)	保国寺		
	藤原道長が法成寺金堂を供養する。(1022)	法成寺			遼寧省の奉国寺が創建される。(1020)	奉国寺		
	末法到来説が盛んになる。(1052)							
	平等院阿弥陀堂建立。(1053)	平等院						
	成尋入宋。(1072)	法勝寺			山西省応県の仏宮寺木造塔が建設される。(1056)	仏宮寺塔		
	法勝寺建立。(1077)							
			義天が宋から華厳・天台教学をもたらす。(1086)					
1100	この頃，経塚の造営が盛んになる。(1105頃)	経塚	高麗版大蔵経開版。(1091)		山東省の崇覚寺鉄塔が建設される。(1105)	崇覚寺鉄塔	パガンのアーナンダ寺院創建。(1091)	パガンのアーナンダ寺院 アンコール・ワット
	藤原清衡が中尊寺金堂・三重塔などの落慶法要を行う。(1126)	中尊寺						
	覚鑁が高野山を追放され，根来山に移る。(1140)	根来寺			南宋興る。(1127) 思渓版大蔵経開版。(1133)			
	平清盛が厳島神社に法華経などを奉納する。(1164)							
	法然が専修念仏を唱え，東山吉水を拠点に布教する。(1175)							
	平重衡が南都を焼き討ちし，東大寺・興福寺が焼失する。(1180)				クメールのジャヤヴァルマン7世が母の菩提を弔うためタ・プローム寺院を建立する。(1186) ジャヤヴァルマン7世がプリヤ・カーン寺院の建設に着手する。(1191)			アンコールのタ・プローム寺院 アンコールのプリヤ・カーン寺院

433

西暦	日本 事　項	日本 関連遺跡	朝鮮半島 事　項	朝鮮半島 関連遺跡	中国 事　項	中国 関連遺跡	インド・東南アジア 事　項	インド・東南アジア 関連遺跡
1200	東大寺大仏殿が重源によって再建される。(1195)	東大寺大仏殿					この頃，ジャヴァルマン7世がバイヨン寺院を創建する。(1202頃)	アンコールのバイヨン寺院
	栄西が京都に建仁寺を創建する。(1202)	建仁寺						
	法然・親鸞が配流される。(1207)						ヴィクラマシーラ寺破壊される。(1203)	
	俊芿が宋から帰国し，泉涌寺を再興する。(1211)	泉涌寺						
	親鸞が『教行信証』の執筆を始める。(1224)							
	埼玉県江南町須賀広の板碑が造立される。(1227)							
					無門慧開が『無門関』を著す。(1228)			
			モンゴル軍の戦火に罹り高麗版大蔵経焼失。(1232)					
	叡尊・覚盛らが東大寺で自誓受戒を行う。(1236)							
							パガン朝のクラチュワー王が教学使節をスリランカに派遣する。(1237)	
			モンゴル軍黄龍寺塔を焼く。(1238)		モンゴル軍がチベットのラデン寺・ギェルラカン寺を破壊する。(1239)	ラデン寺，ギェルラカン寺		
	道元が越前の大仏寺に招請される。(1244)	永平寺						
	蘭渓道隆が宋から日本に来る。(1246)	建長寺						
			高麗版大蔵経再彫完成。(1251)					
	日蓮が安房清澄寺で題目を唱え，鎌倉に布教する。(1253)	清澄寺						
	日蓮が『立正安国論』を北条時頼に上呈する。(1260)							
	日蓮が伊豆に配流される。(1261)							
	叡尊が光明真言を修する。(1264)	西大寺						
	忍性が関東に律宗を広める。(1267)	極楽寺						
	日蓮が佐渡に配流される。(1271)				元興る。(1271)			
	京都大谷に親鸞廟堂が創建される。(1272)	本願寺						
	日蓮が身延山に隠棲する。一遍が熊野に参籠し，啓示を得る。(1274)	久遠寺	六然が江華島で瑠璃瓦を焼く。(1277)					

西暦	日　　　本		朝　鮮　半　島		中　　　国		インド・東南アジア	
	事　　項	関連遺跡	事　　項	関連遺跡	事　　項	関連遺跡	事　　項	関連遺跡
	無学祖元が来朝する。(1279)	円覚寺			杭州の大普寧寺が大蔵経の出版を開始する。(1279)	大普寧寺		
1300							ラーマ・カムヘン王がシー・サッチャナーライのワット・チャン・ロムに舎利を奉納。(1286)	シー・サッチャナーライのワット・チャン・ロム
	南禅寺が五山の筆頭となる。(1334) 後醍醐天皇が吉野に移り，南朝と北朝が両立する。(1336) 五山十刹の序列が再編される。(1342) 諸国に安国寺利生塔を建てる。(1345)	南禅寺 安国寺						
			太古が王師となり，九山を統合し，円融府を立てる。(1356)		白蓮教徒による紅巾の乱起こる。(1351)		アユタヤのワット・ブッタイサワン創建。(1353)	アユタヤのワット・ブッタイサワン
	足利義満が十刹の序列を定める。(1380) 足利義満が五山の序列を定める。(1386) 南北両朝が合一する。(1392)		朝鮮王朝興る。(1392) 義政府が廃仏を断行し，十二宗を七宗に減じる。(1397)		明興る。(1368) 明版大蔵経(南蔵)の刊行が始まる。(1372)		スコータイからスマナ長老がハリブンチャイへ仏舎利をもたらし，チェンマイのワット・スアンドークに安置する。アユタヤのワット・パ・ラム創建。(1369) パラマラージャ1世がアユアヤのワット・マハタートを創建する。(1374)	アユタヤのワット・パ・ラム アユアヤのワット・マハタート
1400			議政府が宗派ごとの寺院数を定める。(1406)		明版大蔵経(北蔵)の刊行が始まる。(1420)			
	日親が『立正治国論』を著し，足利義教から弾圧される。(1440)							

西暦	日本 事項	日本 関連遺跡	朝鮮半島 事項	朝鮮半島 関連遺跡	中国 事項	中国 関連遺跡	インド・東南アジア 事項	インド・東南アジア 関連遺跡
					北京の智化寺が創建される。(1443)	智化寺		
	応仁の乱が始まる。(1467)							
	蓮如が越前吉崎に寺院を建てて布教する。(1471)	吉崎御坊	成宗，度僧法を廃し，出家を禁じる。(1471)					
	加賀で一向一揆が蜂起する。(1474)	城郭寺院						
							ラーンナーのティローカラート王が建立したポーターラーム寺で第8回結集が開かれる。(1477)	
1500	蓮如が山科に本願寺を再興する。(1480)	山科本願寺					パンティンシエンがルアン・パバーンのタート・パトゥムを創建する。(1514)	ルアン・パバーンのタート・パトゥム
							ビルマのトーハンブワ王が仏教を弾圧する。(1526)	
	法華一揆が山科本願寺を襲う。証如が石山に移る。(1532)	石山本願寺						
	天文法華の乱起こる。(1536)		文定王后，度僧法を復活し，僧科を再開する。(1551)					
							ラーンサーン王国のセーターティラート王がヴィエンチャンのタート・ルアンを創建する。(1566)	ヴィエンチャンのタート・ルアン
	松永・三好の兵火に罹り，東大寺などが罹災する。(1567)						ビルマのバインナウンがアユタヤのチェディ・プー・カオ・トーンを創建する。(1569)	アユタヤのチェディ・プー・カオ・トーン
	室町幕府が滅びる。(1573)							
					ソナム・ギャンツォがモンゴルのアルタン・ハーンからダライ・ラマの称号を受ける。(1578)			
	安土の宗論。(1579)							
	豊臣秀吉が根来寺を攻める。(1585)	根来寺						
	豊臣秀吉が方広寺大仏殿の造営を始める。(1586)	方広寺大仏殿						
					万暦版大蔵経刊行始まる。(1589)			
	顕如が本願寺を京都七条堀川に移す。(1591)	西本願寺						
1600	教如が東本願寺を創建する。(1602)	東本願寺						
	徳川家康が江戸幕府を開く。(1603)							

436

西暦	日本 事　項	関連遺跡	朝鮮半島 事　項	関連遺跡	中　国 事　項	関連遺跡	インド・東南アジア 事　項	関連遺跡
	諸宗諸山法度を制定し，本末制度の確立をうながす。(1605)							
	天海が寛永寺を創建する。(1625)	寛永寺						
	紫衣事件起こる。(1627)							
	諸本山が幕府に末寺帳を提出する。(1632)							
	幕府が寺社奉行を設置する。(1635)				チベットでダライ・ラマ政権が成立する。(1642) 清，北京に遷都。(1644)			
	隠元が来朝し，黄檗宗を始める。(1654)		顕宗，良民の出家を禁じる。(1660)					
	隠元が黄檗山万福寺を創建する。(1661)	万福寺						
	幕府が諸宗寺院法度を制定する。(1665)							
	鉄眼版大蔵経の刊行が始まる。(1669)							
	この頃，礫石経塚が盛んに造立される。(1669頃)	礫石経塚						
1700					清版大蔵経(龍蔵)刊行。(1738) 河北省の殊像寺が創建される。(1774)	殊像寺	アラカンのミョウハウンからもたらされた仏像を祀るためにマンダレーのマハームニ・パゴダが創建される。(1784)	
1800					白蓮教徒の乱。(1796) アヘン戦争。(1840) 太平天国の乱。(1850)		セポイの反乱。ミンドン王がマンダレーにアトゥマシ僧院，クトードー・パゴダを創建する。(1857)	マンダレーのアトゥマシ僧院，クトードー・パゴダ
	明治維新。神仏判然令が出される。(1868)以後，廃仏毀釈おこる。							

（時枝　務編）

仏教遺跡地図

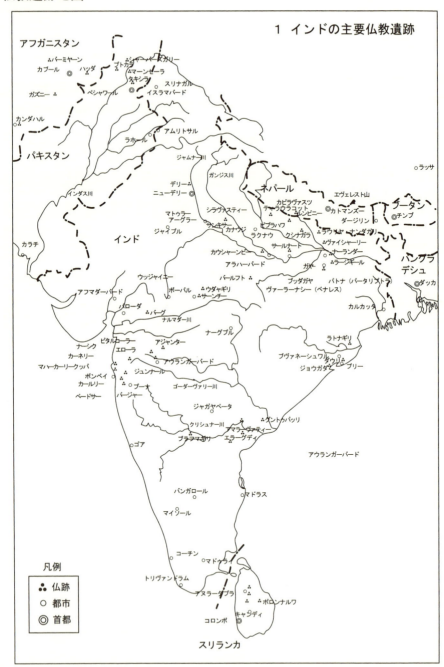

1 インドの主要仏教遺跡

アフガニスタン

..バーミヤーン
カブール ◎ ハッダ
ガズニー ..
カンダハル ○

パキスタン

ジャ...カリー
ブトガラ マーンセーラ
タキシラ
ペシャワール スリナガル
イスラマバード

ラホール ○ アムリトサル

ジャムナー川
ガンジス川
デリー
ニューデリー ◎
マトゥラー
アーグラー
ジャイプル

インダス川

インド

カラチ ○

ネパール
シラヴァスティー
サンキサ
カナウジ
カウシャーンビー ラクナウ
アラハバード
バールフト
ウッジャイニー
ウダヤギリ
ボーバル サーンチー

ウッジャイニー

ウジャイニー

カピラヴァスツ
テラウラコット
ルンビニー
ピプラハワ
クシナガラ
サールナート
ヴァイシャーリー
ガヤ ○ ナーランダー
ブッダガヤ ラージギル
ヴァーラーナシー（ベナレス）
バトナ（パータリプトラ）

エヴェレスト山
カトマンズ ◎
ダージリン

ブータン
チンプ ◎

○ ラッサ

バングラ
デシュ
◎ ダッカ

カルカッタ ○

ナルマダー川
バローダ ○
バーグ
ナーグプル

ナーシク ピタルコーラ
カーネリー エロラ
マハーカーリークッパ アジャンター
ボンベイ ジュンナール アウランガーバード
カールリー ブーナ
ベードサー バージャー ゴーダーヴァリー川
ジャガヤペータ
クリシュナー川
ブラフマギリ ナガラ アマラヴァティ
エラーグディ
ゴア ○

ラトナギリ
ブヴァネーシュワル
ジョウガダ タウリ
プリー

ナントカパリ

アウランガーバード

バンガロール ○
マイソール ○

○ マドラス

コーチン ○
トリヴァンドラム ○
マドゥライ ○

アヌラーダブラ
ポロンナルワ
コロンボ ○ キャンディ

スリランカ

凡例
∴ 仏跡
○ 都市
◎ 首都

2 ガンダーラの主要仏教遺跡

チュー川　　イリ　　イリ川

フルンゼ　　アルアマタ

クラスノレチェンコーエ　アークベシム　イシククル

アームー川　　ロシア　　シル川　　タシケント

ウヴァ　　アークス

フェルガーナ

ボハーラ　サマルカンド　　カシュガル　　トゥムシュク

ドゥシャンベ　　カライザール

ハチャヤン　　ヤールカンド

ダルヴェルジンテペ　　アジナテペ　　ダンダーンウイリク

バラリクテペ　　カライザール　　ラワク

デルメズ　　アイハヌム

バーラヒサール　　クンドゥズ　　ホータン

トーペ・ロスターム　　バルフ

スルフコタル神殿　　ホータン川

ヘラート　　バーミヤン　　カービシー　　ギルギト

ハリ川　　ショトラク　　スワート

フンドゥーキスターン　　カーブル　デベラマンジャン　ブトカラ

シェヴァキカマイエ　　ガンダーラ

アフガニスタン　　カズニー　　ゲルダラ　　ペシャワール　スリナガル

タパサルダール

イスラマバード

ヘルマンド川　　インダス川　　ジェルム川

カンダハル　　タキシラ

シャフレコナ

パキスタン　　チェナーブ川　ラホール

クエタ　　ラヴィ川　　ストレジ川　　インド

クラスノレチェンコー

凡例

∴ 仏跡

○ 都市

◎ 首都

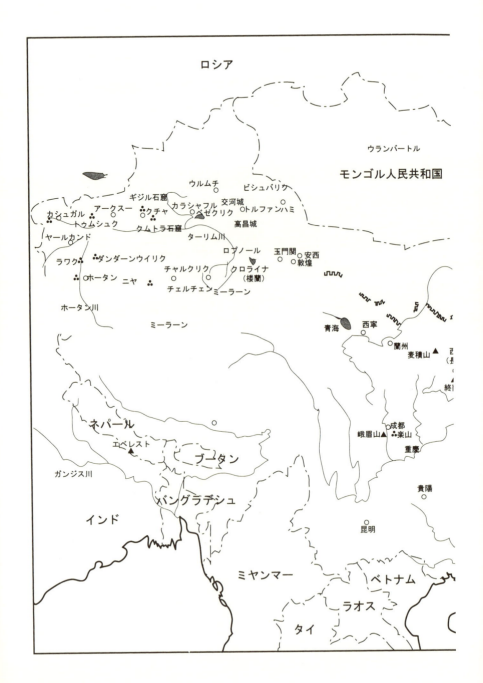

ロシア

ウランバートル

モンゴル人民共和国

ウルムチ

ビシュバリク

ギジル石窟

交河城

カシュガル　アークスー　クチャ　カラシャフル　ベゼクリク　トルファンハミ

トゥムシュク　　　タムトラ石窟　　　高昌城

ヤールカンド　　　　　　ターリム川

ラワク　ダンダーンウイリク　　ロプノール　玉門関　安西

ホータン　ニヤ　チャルクリク　クロライナ　敦煌

チェルチェン　ミーラーン　（楼蘭）

ホータン川

ミーラーン

青海　西寧

蘭州　麦積山

ネパール

エベレスト　ブータン

成都

ガンジス川　　　峨眉山　楽山

バングラデシュ　　　　　　重慶

インド

貴陽

昆明

ミヤンマー　　　ベトナム

ラオス

タイ

3 中国の主要仏教遺跡

呼和浩特

長春　○吉林

承徳　瀋陽

朝鮮民主主義人民共和国

北京

平壌

大同

雲岡石窟

天津

日本

五台山　石家庄

ソウル

大韓民国

奈良

響堂山石窟

済南

慶州

安

洛陽　肇県石窟

泰山

黄海

福岡

竜門石窟　嵩山

鄭州

南山

揚州

南京(金陵)　蘇州

揚子江

武漢

天目山

上海

天童山

舟山群島

杭州

九華山　寧波

四明山

普陀山

阿育王山

廬山

南昌

天台山

東シナ海

長浜

太

平

衡山

福州

洋

桂林

泉州

台

湾

広州

南シナ海

凡例

⁖　仏跡

∩　石窟寺院

○　都市

◎　首都

▲　山

海南島

（松原典明編）

441

〈付録3〉
仏教考古学基本文献（抄）

『佛教考古學講座』

菊判，平均320頁，昭和11年（1936）2月～13年（1938）1月，雄山閣刊

伊東忠太（建築史）・宇野圓空（宗教史）・柴田常恵（考古学）・常盤大定（仏教学）・松本文三郎（仏教美術史）を編輯顧問として編まれた仏教考古学のはじめての講座で，全15巻構成。

編輯顧問のそれぞれの専門分野（建築史・考古学・仏教学・美術史など）に加えて，仏教行事・作法，教育，文学などに関する項目を収めているため，仏教考古学としての体系的な講座とはなっていない。柴田常恵の「仏教考古学概論（一）」は，考古学の立場から仏教に関係するすべての遺跡・遺物を対象とする仏教考古学の存在の意義について指摘しているが，必ずしもそれに適う構成とはいえない。しかし，経塚・石塔婆・仏法具・墳墓についての項は力作揃いで，その後の研究の必読文献となっている。

第1巻　仏教考古学概論1（柴田常恵）　大蔵経概説（常盤大定）　造像法概論1（逸見梅栄）　仏像鋳造法（香取秀真）　日本の仏教建築概説（塚本　靖）　禅宗の寺院建築（田辺　泰）　墳墓概説（後藤守一）　真言の行事作法1（神林隆浄）

第2巻　飛鳥時代の仏像仏画・上（内藤藤一郎）　宝篋印塔（跡部直治）　上代に於ける法要行事（堀　一郎）　真言の行事作法2（神林隆浄）　仏教秘事（竹園賢了）　民間仏教習俗（杉浦健一）　種子（服部清道）

第3巻　版経（禿氏祐祥）　飛鳥時代の仏像仏画・下（内藤藤一郎）　初期天台真言寺院の建築・上（福山敏男）　宝塔−多宝塔−（跡部直治）　宮庭と貴族の仏教生活（筑土鈴寛）　現代各宗の行事作法1（吉田龍英）

第4巻　造像法概論2（逸見梅栄）　華鬘（広瀬都巽）　明治大正昭和仏教建築史（藤島亥治郎）　現代各宗の行事作法2（工藤敏見）

第5巻　日本浄土教芸術の概観1（望月信成）　香炉（佐野真祥）　数珠・如意（八木直道）　板碑（稲村坦元）　禅宗の行事作法（圭室諦成）　仏教音楽（大山公淳）　修験道の行事作法1（村上俊雄）

第6巻　仏教各宗の経典（常盤大定）　埋経（蔵田　蔵）　雲版（久保常晴）　位牌（跡部直治）　盆火の行事（池上広正）

第7巻　仏師伝（小野玄妙・朝日道雄）　香炉・錫杖（上原元節・前田泰次）　奈良時代の墳墓（後藤守一・森　貞成）　修験道の行事作法2（村上俊雄）

第8巻　写経（大屋徳城）　仏像仏画の起源1（松本文三郎）　奈良仏教の美術（源豊宗）　鰐口（久保常晴）

第9巻　仏像仏画の起源2（松本文三郎）　我が銅磬の研究（広瀬都巽）　浄土真宗の寺院建築（藤原義一）

第10巻　経塚（矢嶋恭介）　装演（関根竜雄）　仏像仏画の起源3（松本文三郎）　日本浄土教芸術の概観2（望月信成）　造像法概論3（逸見梅栄）

第11巻　密教の仏像仏画1（春山武松）　古代仏像の人類学的研究（石崎達二）　幡（岡田至弘）　無縫塔（跡部直治）　各宗の行事作法の由来（諸戸素純）

第12巻　日本浄土教芸術の概観3（望月信成）　仏像彫刻法（明珍恒男）　南都六宗寺院の建築（足立　康）　仏教教育史攷（石津昭璽）　叡山の法儀−天台の行事作法−（獅子王円信）

第13巻　仏像概論（小野玄妙）　密教法具概説（石田茂作）　日本仏寺建築の源流（伊東忠太）

第14巻　仏像概論−補記−・日本仏像概説（小野玄妙）　密教の仏像仏画3（春山武松）　禅宗の美術（源　豊宗）　日蓮宗寺院の建築（藤島亥治郎）

第15巻　密教の仏像仏画2（春山武松）　禅宗の美術2（源　豊宗）　墓碑（中島利一郎）　法要行事概説（宇野円空）　参考篇（編輯局）天台真言の寺院建築・下（大岡　実）

なお，昭和45年（1970）から46年（1971）にかけて4巻本の『仏教考古学講座』が刊行されたが，15巻本に収められた論文から仏教考古学の研究にとって重要な著作を選んで編集したもので，覆刻本である。
第1巻　墳墓・経塚編，第2巻　塔婆編，第3巻　仏法具編（上），第4巻　仏法具編（下）

『新版仏教考古学講座』

A5判，平均300頁，昭和50年（1975）6月〜52年（1977）6月，雄山閣出版刊

石田茂作の監修のもと，稲垣晋也・岡崎譲治・兜木正亨・久保常晴・蔵田　蔵・坂詰秀一・杉山二郎・滝口　宏・中野正樹・日野一郎・三宅敏之・矢島恭介を編集委員として編まれた全7巻よりなる本格的な仏教考古学の講座。

監修をつとめた石田は，以前，柴田常恵より協力を求められた『佛教考古學講座』とは異なる視点から，「寺院」「塔・塔婆」「仏像」「仏具」「経典・経塚」「墳墓」の6項目を柱とする大綱を立てて編集した。6本柱は，石田の年来の主張であった5本柱（墳墓を除く）をもとに設定されたもので，以後における仏教考古学の研究視角を明瞭に示すことになった。

第1巻　総説　I仏教考古学の概念（石田茂作）　II仏教考古学の発達（坂詰秀一）　III仏教の遺跡と遺物（望月董弘・稲垣晋也）　IV特論・インドの仏教（中村瑞隆）　中国の仏教（塚本善隆）　朝鮮の仏教（江田俊雄）　日本の仏教（花山信勝）　修験道と仏教（宮家　準）　神道と仏教（景山春樹）

第2巻　寺院　I総説（石田茂作）　II寺院跡（斎藤　忠）　III遺物・瓦塼（稲垣晋也）　鎮壇具（中野政樹）　その他の寺院跡出土遺物（森　郁夫）　IV日本各地の寺院跡・近畿（稲垣晋也）　中国・四国（松下正司）　九州（小田富士雄）　中部（望月董弘）　関東（坂詰秀一）　東北（伊東信雄）　V特論・伽藍配置の研究（石田茂作）　国分寺跡（滝口　宏）　山岳寺院（藤井直正）　瓦窯（大川　清）　主要文献解題（坂詰秀一）

第3巻　塔・塔婆　I総説（石田茂作）　II木造塔（下沢　剛）　III石塔（日野一郎）　IV日本各地の仏塔・近畿（田岡香逸）　中国・四国（福沢邦夫）　九州（多田隈豊秋）　中部（池上勝次）　関東（日野一郎）　東北（奈良修介）　V特論・東洋各地の仏塔（杉山信三）　舎利とその容器（中野政樹）　瓦塔（石村喜英）　小塔（木下密運）　板碑（千々和実）　庶民信仰（五来　重）　位牌（久保常晴）　主要文献解題（日野一郎）

第4巻　仏像　I総説（石田茂作）　II仏像の起源および発達（杉山二郎）　III仏像の表現形式・彫刻（西川新次）　絵画（石田尚豊）　IV仏教図像学・顕教系図像仏（杉山二郎）　密教系図像仏（石田尚豊）　手印（石田尚豊）　仏像の持物（石田尚豊）　V特論・高僧の像（杉山二郎）　禅宗系美術について（竹内尚次）　垂迹系美術について（中村渓男）　仏伝文学の造形的表現（杉山二郎）　仏教世界観の造形的表現（真鍋俊照）　胎内納入品（上原昭一）　日本の仏足石（加藤　諄）　仏の種子（三井斎円）　仏の三昧耶形（石田茂作）　仏像名

の変遷について（石田茂作）　主要文献解題（杉山二郎）

第5巻　仏具　Ⅰ総説（石田茂作）　Ⅱ仏具の種類と変遷・荘厳具（岡崎譲治）　供養具（中野政樹）　梵音具（香取忠彦）　僧具（光森正士）　密教法具（岡崎譲治）　Ⅲ特論・修験道の用具について－姿態装束器用のこと－（矢島恭介）　鎌倉新仏教各宗の仏具－供養具・梵音具－（久保常晴）　主要文献解題（岡崎譲治）

第6巻　経典・経塚　Ⅰ総説（石田茂作）　Ⅱ経典・経典概論（兜木正亨）　写経（田中塊堂）　版経（兜木正亨）　Ⅲ経塚・経塚概論（保坂三郎）　経塚の遺物（三宅敏之）　遺跡と遺構（三宅敏之）　Ⅳ特論・信仰と経典（兜木正亨）　経塚の分布（三宅敏之）　如法経と経塚（兜木正亨）　経塚遺物年表（三宅敏之）　主要文献解題（兜木正亨・三宅敏之）

第7巻　墳墓　Ⅰ総説（石田茂作）　Ⅱ火葬墓の類型と展開（久保常晴）　Ⅲ日本各地の墳墓・序説（久保常晴）　近畿（森郁夫）　中国・四国（是光吉基）　九州（渋谷忠章・上野精志）　中部・北陸（遮那藤麻呂）　関東（野村幸希・川原由典）　東北（恵美昌之・吉田幸一）　北海道（加藤邦雄）　Ⅳ特論・墓地と火葬場（久保常晴）墓碑・墓誌（石村喜英）　骨蔵器（坂詰秀一）　墳墓堂（日野一郎）　主要文献解題（佐藤安平）

『佛教考古學論叢』

B5判，260頁，昭和16年（1941）6月，東京考古学会刊

東京考古学会の『考古学評論』第3輯として編まれた論文集。編集にあたった坪井良平は「佛教考古学とは如何なるものであるべきか。……佛教史や佛教美術では定め得ない様な，日本の生活の中に深く浸潤した文化現象を理解するために，ここにも考

古學的研究が可能であり，必要であることを信じて疑わない」と述べ，収録した「六雄篇」によって仏教考古学を考えてほしい旨を記した。

石田茂作「古瓦より見た日鮮文化の交渉」，藤澤一夫「攝河泉出土古瓦様式の分類の一試企」，木村捷三郎「本邦に於ける提瓦の研究」，田中重久「西大寺創立の研究」，片岡　温「美濃国古位牌の研究」，松本源吉「陸前宮城郡の古碑」

『佛教考古學論攷』

A5判，昭和52年（1977）4月〜53年（1978）2月，思文閣出版刊

仏教考古学を体系化した石田茂作の著作集。寺院・佛像・經典・佛塔・佛具および雑集の各編6巻より構成される。この著作集によって石田の研究の軌跡を理解することができる。雑集編には，飛鳥〜奈良時代の文化と仏教，金石文，香様論，正倉院，版画などの論文が収録されている。

1　寺院編（376頁），2　佛像編（292頁），3　経典編（418頁），4　佛塔編（392頁），5　佛具編（322頁），6　雑集編（326頁）

『佛教考古學研究』

A5判，376頁，昭和42年（1967）11月，ニュー・サイエンス社刊

久保常晴の仏教考古学研究についての論文集で，のち『続佛教考古学研究』（406頁，昭和52年3月），『続々佛教考古学研究』（232頁，昭和58年10月）が出版された。名称論（古瓦・梵鐘・擬宝珠・板碑），仏具（概説・雲版・鰐口），僧具，墓誌，火葬墓，板碑，金石文などの論文が収録されている。『日本私年号の研究』（昭和42年）とあわせて著者の著作全集となっている。

『佛教考古學研究』

1古瓦名称の変遷　2古瓦断章　3梵鐘

名称考　4 擬宝珠名称考　5 雲版の研究
6 雲版銘文集，7 鰐口の研究，8 平安・鎌
倉時代鰐口銘文集，9 下総型題目板碑考，
10 金文に現れたる仏滅年代，11 京都本圀
寺の鐘銘，12 埼玉県御堂浄蓮寺の金石文，
13 烏八臼の研究，14 巡礼札について，15 神
奈川県有馬の古墓

『続佛教考古學研究』

　板碑の研究　1 板碑，2 板碑の名称，3
題目板碑の研究，4 宮城県の題目板碑，5
宮崎県の題目板碑，6 北海道北見国網走発
見の板碑についての私見，7 横浜市港北区
新吉田町出土の板碑群，8 城南六区の板碑，
9 十三仏種子板碑の新資料，10 板碑の調
査・発表によせて
　墳墓の研究　1 墳墓研究の現状，2 宇治
宿禰銅板墓誌年代考，3 川崎市野川南耕地
出土の骨蔵器，4 川崎市有馬発見の中世墳
墓，5 墓標・位牌に見る中世の頭書
　仏具と金石文　1 仏具概説，2 川崎市の
中世在銘の鰐口，3「歳次」と「歳在」，4
金石文より見た中世の品川

『続々佛教考古學研究』

　I 瓦名称論　鎌倉・室町時代の瓦の名称
　II 板碑・墓標　1 板碑に刻まれた花瓶，
2 題目板碑について，3 所謂烏八臼の諸形
態
　III 仏具・僧具など　1 僧具，2 日蓮宗関
係の慶長以前の鐘銘，3 中世の紀年銘ある
水盤
　IV 日本私年号　日本私年号の研究（概要）
　V 墳墓・経塚　1 日野市坂西第 1 号墓の
装飾・戯画・文字，2 川崎市潮見台の火葬
墓，3 川崎市細山経塚調査概要
　VI 日本金石文文献　日本金石文関係書名
要目
　VII 研究余滴　1 "大道" の私年号を追っ
て，2 武蔵国分寺発掘日記抄－昭和 31 年度，
3 ネパール王国見聞記，4 インドの風俗－
ネパール仏跡調査団として，5 北海道の駅

名－一周の旅を偲び

『仏教考古学研究』

　A 5 判，430 頁，平成 5 年（1993）11 月，
雄山閣出版刊
　石村喜英の仏教考古学に関する論文を序
篇（研究の方途），二篇（古代寺院の諸問
題），三篇（仏教考古学の一側面），四篇（仏
教信仰上の一，二の形態），五篇（板碑の諸
問題）にわけて収録した論文集。
　『日本古代仏教文化史論考』（平成元年，山
喜房仏書林）とともに仏教文化史・仏教考
古学の研究に業績を残した著者の軌跡を総
覧した著作である。

『佛教考古学研究』

　B 5 判，365 頁，平成 12 年（2000）7 月，
同朋舎刊
　網干善教の仏教考古学に関する論文を収
めた論文集である。仏教考古学についての
見解，古代寺院，塼仏，瓦窯跡およびイン
ド・サヘート遺跡の発掘調査の概要につい
て執筆した論文を収めている。
　第一　佛教考古学とその課題，第二　上
代寺院における伽藍配置，第三　法興寺の
創建についての試論，第四　寺院跡よりみ
た飛鳥京域地割の復原，第五　飛鳥京跡建
築遺構の考察，第六　飛鳥川原寺について
の考察，第七　飛鳥川原寺裏山遺跡につい
ての考察（附　佛頭山東中腹出土の三尊塼
佛片），第八　三尊塼佛にみる阿弥陀佛の造
顕，第九　宇佐虚空蔵寺跡出土の塼佛につ
いての提言，第十　呉原寺の遺構・遺物，
第十一　山田寺竣成の経緯についての考察，
第十二　上代瓦窯に関する考察，第十三
中世大和における伽藍復興に関する一考察，
第十四　祇園精舎跡の発掘調査，第十五
祇園精舎伝流考（附載　佛教博物館構想と
提言）

『**仏教考古学調査法**』（考古学ライブラ
リー2）

A5判，80頁，昭和53年（1978）11月，
ニュー・サイエンス社刊

坂詰秀一執筆のハンディな仏教考古学の
入門書。I仏教史研究と考古学，II仏教考
古学の資料，III資料の種類とその活用につ
いて，触れた後，IV寺院，V塔婆，VI仏像
仏具，VII経塚，VIII墳墓，IX墓標の調査の実
際について説明し，Xとして主要参考文献
解題を加えている。

（岡本桂典編）

索　引
(頁数の太文字は本文中の見出し項目を示す)

事項索引

遺跡索引（寺院・神社を含む）

人名索引

〈編者紹介〉

坂詰秀一（さかづめ・ひでいち）

　1936 年　東京都生まれ

　1960 年　立正大学大学院文学研究科国史学専攻修了

　現　　在　立正大学名誉教授、文学博士

　主要著書　『仏教考古学の構想』『歴史考古学の構想と展開』（以上、雄山閣）、
　　　　　　『歴史と宗教の考古学』『太平洋戦争と考古学』（以上、吉川弘
　　　　　　文館）、『仏教考古学調査法』（ニューサイエンス社）、『日本考
　　　　　　古学の潮流』（学生社）、『歴史時代を掘る』（同成社）、『歴史考
　　　　　　古学入門事典』（柏書房）

　主要編著　『仏教考古学序説』（雄山閣）、『板碑の総合研究』（2 巻、柏書房）、
　　　　　　『歴史考古学の問題点』（近藤出版社）

　共 編 著　『日本歴史考古学を学ぶ』（3 巻、有斐閣）、『新版仏教考古学講座』
　　　　　　（7 巻）、『論争 学説日本の考古学』（7 巻）（以上、雄山閣）、『日
　　　　　　本考古学選集』（25 巻、築地書館）、『新日本考古学小辞典』（ニュー
　　　　　　サイエンス社）

平成 15 年 5 月 25 日 初版発行
平成 27 年 5 月 25 日 新装版初版発行　　　　　　　　　　　　　《検印省略》

ぶっきょうこうこがくじてん
仏教考古学事典【新装版】

　編　者　　坂詰秀一

　発行者　　宮田哲男

　発行所　　株式会社　雄山閣

　　　　　　〒 102-0071　東京都千代田区富士見 2-6-9
　　　　　　TEL 03-3262-3231　FAX 03-3262-6938
　　　　　　振 替 00130-5-1685
　　　　　　http://www.yuzankaku.co.jp

　印刷・製本　株式会社 ティーケー出版印刷

© Hideichi Sakazume 2015　　　　　ISBN978-4-639-02361-6　C3521

Printed in Japan　　　　　　　　　　N.D.C.200 467p 23cm

別冊・季刊考古学20

B5判　175頁
本体2,600円

近世大名墓の世界

坂詰秀一・松原典明 編

近世の墓については、最近では考古学的な視点からの発掘や
調査研究が進み、多くの新たな知見が得られている。
大名墓の在り方に当時の社会や思想が浮かび上がる。

■ 主 な 内 容 ■

近世大名墓の成立

A5判　181頁
本体2,400円

― 信長・秀吉・家康の墓と各地の大名墓を探る―

大名墓研究会 編

動乱のなか中世墓の伝統が壊れ、江戸時代の安定政権下に、近世大名墓が成立する。
中世から近世へと移り変わるなかで展開された、多彩な墓の歴史が見えてきた。

■ 主 な 内 容 ■